明清貢納制と巨大都市連鎖

——長江と大運河——

川勝　守著

汲古書院

序

中国の人口は一世紀初頭の漢代六千万人、隋唐も同じ、宋代八千万人、明で一億人、明末一億五千万人、十八世紀前半の清朝最盛期の康熙・雍正・乾隆時代で二億、それが同、十八世紀末に四億に倍増した。人口爆発と呼ぶ。その理由や人口増をもたらした条件は何か。少子化、人口縮小の今日の日本にとっては少し気になる歴史的現象である。それもあるが今日の巨大な中国経済発展の歴史的出発点を探ることに当面の関心が置かれる。

十八世紀の人口爆発については欧米の中国史研究者の方が先行していた。D・H・パーキンス教授が行った一三六八年以降の六百年の農業経済史が代表である。その研究が示すところは、その間に人口爆発を説明できる有効な史実は発見できなかったとする。十六・十七世紀に新到来したアメリカ大陸産の玉蜀黍、馬鈴薯は中国国民のカロリー増加には効果は少なく、飢饉救荒作物であった。ただ、同教授の一九六八年段階での中国経済の発展の鍵は中国における農業技術開発にあるのでなく、外来的技術を導入するのでなければ中国農業の発展はないとする説明は、今日の中国を考えれば肯定せざるを得ない。

歴史の皮肉は、というより、だから歴史学は重要だとなるが、パーキンス教授の研究は正しいのであるが、その時期の中国は文化大革命である。自力更正、はだしの医者、「農業は大寨に学べ」であり、学生知識人は都市から農村に下放され、新しい中国建設に参加しなければならなかった時代である。他方、中国では漢代以降二千年の中国人口と土地面積等の資源データを表化したことで中国農業のみならず中国史に基礎を建造した広州中山大学の梁方仲教授の研究もまた迫害を受けた。

一九七八年以降の改革開放、これは両教授の研究の展開を促した。さらに研究の国際化が研究者の交流を含み多面的多元的に展開したことが重要である。さまざまな試行錯誤の議論が現地中国で中国人研究者と諸外国研究者の間で議論されたことは未曾有な研究状況である。中国のただ今、その時々の発展の熱気事態が研究開発の因子である。すべての歴史は現代であるを実感せざるを得ない。万元戸、郷鎮企業、等々、これが研究を刺激した。

著者の旧著『明清江南農業経済史研究』（東京大学出版会、一九九三年）は万元戸出現を歴史的に説明しようとしたものであるが、同著の結論を次の文章で結ぶ。

　伝統的農業技術と商業流通網、これらを巧みに利用しつつ、自己の経営の最善を目指して営々と努力する数億の小経営、これらこそが十八世紀以後の人口増加を説明する史実である。

十六―十九世紀の中国農業における技術発展について、著者が検討した素材は稲の種類、品種の特性とその地域性、長江流域の「春花」栽培、長江デルタの綿作と水利、荒政と長江デルタ社会、江南麦租慣行、及び江南地主制度であった。商業性農業を展開することで自己の農業経営の発展を試みた農業史を構想したのであった。

次に郷鎮企業については『明清江南市鎮社会史研究』（汲古書院、一九九九年）を作った。ただ、これは戦前期における加藤繁氏の研究が前提でもある。唐宋時代の商業の発達と都市の興り、特に江南鎮市の研究が重要である。それでも一九七八年以降に江南市鎮現地を幾度となく訪問して得た知見は歴史研究の構想を一変させるものがあった。それを二、三挙げると、まず、市鎮社会の生産と流通の関係、そしてそれが更に上位の県城、府城、省城と連絡する都市ヒエラルヒーの問題がある。次に市鎮社会の教育、習俗、信仰など文化諸要素の問題がある。また都市としての歴史性に関わる市鎮住民の政治的意識の問題がある。都市自治の姿を見いだそうとして盛沢鎮の事例を検証したのである。

ただ、中国都市の本流は五千年の城郭都市にある。その検討が前著『中国城郭都市社会史研究』（汲古書院、二〇〇四年）である。今回の著書の直接の前提であるが、書名を『明清貢納制と巨大都市連鎖―長江と大運河―』としたことの理由が重要である。すなわち、明清期、中国近世都市の中に巨大都市を見出したことに繋がる問題がある。この巨大都市はすべて十八世紀以降の近世中国に新たに形成された都市であって、それが関係する要因が長江・大運河流通であるとしたのである。

　中国の流通構造を考える時、まず問題になるのは地域に対する行政組織の複雑な構造である。それは秦始皇帝の天下統一に始まる郡県制度に由来する。紀元前二二一年、秦は東方六カ国を滅ぼして全国を統一した。秦王政は皇帝を称し（始皇帝）、天下を三十六郡に分かち、従来のように諸侯王を設置せず、中央から官吏を派遣して郡県制を施行するなど、中央集権的改革を断行した。秦始皇帝の制度改革は、まず、「法度・衡石・丈尺を一にす」とあり、度量衡の統一である。次に「車は軌を同じくす」、「書は文字を同じくす」と続く。これは全国一律の経済開発には必須の条件整備となる。因みに秦の全国とは、『史記』始皇本紀の二十六年条の前掲文の続文に、「地は東は海曁（およ）び朝鮮に至り、西は臨洮・羌中に至り、南は北嚮戸に至り、北は河に拠り塞を為し、並びに陰山より遼東に至る」とある。東は東海（黄海ないし渤海）から朝鮮とし、初めて中華世界の東端に朝鮮を位置づけた。西は臨洮・羌中の甘粛西部の地、南は日南の北戸、すなわちヴェトナムの地まで、北は黄河の北端オルドスの長城地帯、並びにモンゴルの陰山から遼東に至る。

　その場合、始皇帝はあくまで国都を中心にした各地の開発を指向した。そのため天下の豪富を咸陽に徙すもの十二万戸に及んだという。ただそれは国都に移しただけでなく、漢中や河南南部、四川から雲南近くまで再移動を命じ、その経済力を秦の勢力地域に強制移住させ、地域開発に活用させようとしたのである。中国郡県制度は地方開発や流通構造の形成に密接に関連したのであり、その後の歴代が先例とせざるを得ない制度であった。

　ここで秦始皇帝以来の中国流通構造の本質的検討に入る余裕はないが、著者のこれまでの研究に対する反省を行っておきたい。それは江南デルタ地方を中心にし過ぎた点である。もっと江南を相対化する努力をすべきだったのである。さらに言えば、なぜ江南なのかが重額官田とか地主＝佃戸制度の進展とか、また耕作権利の自立物品化とかなど、経済発展の先進地域と位置づけたまでは良かったのであるが、その地域経済は全中国の経済の中でどのくらいの位置と意味を持っていたかを測定すべきであった。その中で西嶋定生氏の上海付近、明代松江府を中心にした初期棉業の研究は中国全体の綿作、綿花栽培の地域的考察と松江府の綿布生産の関係を構造的に究明したものでその慧眼に敬服せざるを得ない。地域と全体が構造的連関をもって見事に活写されているのである。

W・G・スキナー教授の大地域マクロ＝リジョンの考えがある。地域区分は良いとしても、大地域設定の意味は何か。全体と部分がいかに連関するかはどうなるか。やれ広東だ、やれ福建だ、やれ徽州だでは、文書や檔案を史料としても歴史像は部分である。現地調査も同様である。

本書は中国各地の全体的理解を企図した従来の著作に加え、以下の点を加味した新研究であることを追記しておきたい。すなわち著者の研究は戦後明清史研究の二大成果である商品生産の研究と賦役制度史研究の両者の研究から多くの知見を得ている。それに加えて、彼の東京大学東洋史研究室を中心とした歴代食貨志研究会の成果も前提とした。ただ、研究は先行するものを批判的に継承しなければ成立しないという学問の王道が存在する。いささかの努力を覚悟したい。

目　次

『明清貢納制と巨大都市連鎖—長江と大運河—』

序章　中国近世の経済システムと都市網の形成

はじめに

唐宋期と明清期という二つの時期に起こった二回の商業革命を比較し、そこに窺える中国経済の社会動態の構造的特色を理解したうえに、それが一八世紀の人口爆発や都市化の進展にどのように関連したか、今日の中国経済の歴史的前提を考える。

第一節　中国における二回の商業革命

九世紀の唐晩期以降、十二、三世紀の南宋及び元時代に至る時代の中国の経済的発展を代表する事柄として、長江下流域のいわゆる江南が水田開発（圩田・囲田）を基礎として、全国で最も先進的な基本経済地帯に成長した点がある。[1] この経済発展は時に「商業革命」と呼ばれる。[2] しかし、その後の十六世紀から十八世紀の時期にも、もう少し規模の大きな経済発展があり、[3] これも「商業革命」の名に値する。著者は前者を第一次商業革命、後者を第二次商業革命とそれぞれ呼びたい。[4]

第一次商業革命の要点について列挙しよう。①商業の拡大、商業組織の複雑化、②顕然たる貨幣経済の出現、③都市化の進展（市鎮の出現）、④都市居住階層の登場と彼ら独自の文化の生起、⑤国の商業政策の変化、⑥経済理論と実践の転換をもたらした国の財政政策の根本的再建、⑦商人やのちの郷紳につながる地方中間層の登場、等が指摘できる。①の商業の拡大は、江南農業が圩田・囲田の開発により生産量が増大したほか、占城稲の導入、早稲・中稲・晩稲区分の発達、二毛作の普及による大小二麦の栽培、等々の穀物生産の商品化が進展したことが大きい。穀物生産力の発展は、大運河による年間、平均二十五万トンという当時とすれば大量な北送を実現したほか、商品として商販市場に回された。さらに、唐以前では儒教主義の仁政の理想か机上の計画に終わった、各種の救荒政策、常平倉・社倉・義倉などの運営を現実的なものとし、社会の安定に寄与した。注目すべきは、宋元時代の両税や各種傜役は比較的低額、軽いものであった。それは財政収入に和買や和糴による商販市場における売買取引を国家政府が行うことを通じての収入収益のほかに、塩・茶・酒・明礬などの専売収入も巨額であり、その他、中国ギルドである行（商人）・作（職人）に対する営業税や流通税など各種商税など、要するに間接税の割合が異常に高かったのが直接税たる両税負担の軽い原因であった。銅銭（これを制銭と呼ぶ）も発行利益が見込まれ、塩法・茶法と並んで銭法が宋代財政経済の重要課題になる。

宋代では穀物供給が安定化し、財政も均衡が保たれていたため、それを前提として、人口圧と商販機会の強い江浙、徽州、福建、四川などで産業の特化が進展した。それらの地域では、藍・桑・茶・糯米・蔗糖・果実・蔬菜・養魚・漆・紙・麻・油脂原料・薬材・木材等の原料生産から、窯業・製油・醸造・製塩・製紙・製鉄・造船、そして伝統の製糸・絹織、等々の各種加工業、製造業が発達した。そうした多様な商品の生産が正しく唐宋商業革命における商業の拡大の基礎になっている。そして、各地に村市・草市・墟・集・歩（埠）・市・鎮等と呼ばれる小都市が数多く出現した。[5]

つぎに、第二次商業革命に移ろう。その要点はほぼ第一次のそれに共通する項目である。ただし、それぞれの内容に質的発展があり、加えて第一次には無かった要点内容が数点付け加わる。まず、①商業の拡大、商業組織の複雑化については、華北の山西商人（晋商）と華中の新安商人（徽商）を代表として、[6] その他、福建商人（閩商）・広東商人（粵商）・四川商人（巴蜀商）・山東商人（斉魯商）など、それぞれ地域的特産物を以て全国型の客商活動を行い、その活動拠点として同郷会館、商人会館を各地各都市に建設した。[7] また、理髪業に始まる各種職人の同業組合は公所を組織した。蘇州・杭州・南京等の絹織物業や上海付近の綿織物（織布）業、景徳鎮の陶磁器生産、その他製塩業や醸造業に商品生産が発生したのであるが、工程毎に分業化が始まり、それに応じた各種専門職人が同業ギルドの公所を組織した。一方、他地方から取引に来る客商の活動に触発されて、各地域にはそれぞれさらに細分化された下位の地域商人、例えば、江南地方では江寧（南京）商人、洞庭（蘇州）商人、杭州商人、紹興寧波商人（寧紹商人、浙江商人）等が当該地方のみならず、北京その他全国の地で活動した。②の顕然たる貨幣経済の出現については、十五、六世紀以降の銀流通の意義が重要である。銅銭経済と銀経済ではその規模、サイズが違い、いくら銅銭鋳造量数が巨大でも、銅銭一千に対して銀一である。それに銀銭比価がある。③都市化の進展については、都市化の概念定義が問題だが、これを都市的生産と流通、消費、都市的生活の普及などと考えれば、第一次に比して第二次のそれは比較にならない展開が見られた。第二の時期には重慶・長沙・漢口（武漢）・九江・安慶・蕪湖・済寧・天津、そして上海などの新都市が出現している。④都市居住階層の登場と彼ら独自の文化の生起については、第二次は第一次のそれの継続もあるが、都市内の階層分化や全国的人口移動の影響等が演劇たる京劇の形成や賭博や娯楽趣味など生活文化の開発につながった。⑤国の商業政策の変化、および⑥経済理論と実践の転換をもたらした国の財政政策の根本的再建については、第二次では銀流通を前提とし、商品生産と地主経営の貨幣地代への傾斜により、十六世紀の一条鞭法による国家の税・徭役の銀納化、さらに十八世紀における地丁銀による徭役・人頭税の土地税への一本化と銀納の徹底という税法の一大改変があった。なお、第一次の宋代では塩法・茶法・酒法など漢代以来の国家専売や和買・和糴など、国家が民と商売利潤を争う事態が生じたのに対して、第二次のそれは国家の規制を緩めて客商や内務府商人など特権商人など民間の自由裁量を増やした。⑦商人やのちの郷紳につながる地方中間層の登場については、十六～十八世紀は正しく郷紳の出現時期であることが重要である。

　十六～十八世紀における第二次商業革命の新要点は、まず、第一に大航海時代が始まり、西欧諸国の商船が到来し、アメリカ大陸産の銀が流入した。逆に中国からは生糸・絹・綿布・茶・陶磁器などの中国物産が輸出された。それらは当初、日本・琉球・朝鮮・東南アジア諸国に輸出される中継貿易であったが、やがて十八世紀以降には直接ヨーロッパに輸出されるようになった。十七、八世紀のフランスはブルボン王朝ルイ十四世を中心とした絶対主義と重商主義の全盛期でバロック様式のヴェルサイユ宮殿に赤絵の景徳鎮陶磁器の大きな壷が飾られ、同じく景徳鎮の螢茶碗で龍井茶を喫茶していた。この茶はあのマルコ＝ポーロの『東方見聞録』に出てくるキンサイ臨安（杭州）市の特産名茶である。居並ぶ王侯貴族の衣裳は毛織物より絹が多くなった。そこで中国、清朝から帰国したカトリックの宣教師は康熙大帝の名君ぶりと北京の宮殿の宏大さ豪華絢爛さ、そして官僚制と科挙制の制度の完全さを絶讃したのであった。イギリス・オランダは、フランスに先行して東インド会社を組織してアジア貿易に従事させ、生糸や茶、陶磁器の中国物産で巨利を博した。

十六世紀、まず中国沿岸に来た船はポルトガルとスペインであった。ポルトガルはマカオ（澳門）を拠点として中国物産の生糸を日本の博多や堺に持ち込み、日本の金銀や日本物産と交易した。スペインはペルー、ボリビア、メキシコなどの銀山を開発し、太平洋を横断して来航した（アカプルコ貿易）。東アジア諸国と貿易するためにフィリピンのマニラ市を建設して拠点とした。両国は中国にやや遅れて日本に来航した。ポルトガル人が鉄砲をもって種子島に来航したが、その船は中国人倭寇の王直の船であった。やがて、スペインはキリスト教宣教師ザビエルとともに鹿児島、平戸、山口に来た。日本では彼らを南蛮人と呼び、交易を南蛮貿易と呼んだ。ポルトガル人宣教師は日本布教のために日本語辞書や五十音図まで作成したが、それらはキリスト教や本国から持参したガラス器物や毛織物、その他カルタなどの玩具やカステラなどの菓子に至るまで南蛮文化と称される。

ポルトガルやスペインは日本に胡椒・香木・象牙やアメリカ産の銀を持ち込んだが、金銀は日本にあった。また胡椒や香木・象牙の南海物産は琉球の貿易担当が東アジアの冊封体制下での役割であった。もっとも変革者織田信長は自由貿易論者であったが、豊臣秀吉と徳川家康は朱印船貿易による貿易支配を狙っていた。ポルトガルが中国から日本に持ち込む生糸（白糸、特に湖州産は湖絲と呼ばれた）貿易は、当初、堺・京都・長崎、後に江戸・大坂が加わり五か所となった糸仲間という貿易カルテルの規制を受けた。五都市は十七世紀以降、徳川幕府の直轄地である。加えてキリスト教の禁教、信徒の多い九州大名にはダブルパンチである。古代以来の日本最大の国際貿易港博多と平戸等は凋落、長崎が取って代わった。ただ、重要な点はそうした日本の対外貿易などの構造変化が東アジア世界の中心、中国における第二次商業革命の構造転換にあることを知るべきである。

第二次商業革命の新要点の第二は、明の女直人支配の安定化により中国の華北から東北（満州）に帝国領域が拡大して農業開発が進み、綿花・大豆及び大豆製品などの農産物や朝鮮人参、毛皮などの特産物が中国市場、のみならず東アジア全域に拡大して流通したことにある。大豆製品には大豆油のほか、その製造過程で生じる豆滓（豆餅）があって、後者は長江下流域の商業性農業に肥料として供給されることがあった。物流は宋代の一方通行でなく、双方向の南北経済交流となった。これは四川や湖広地方と長江下流地方との間にも言える。その場合にははじめ材木、綿花、ついで十六世紀以降の湖広の水田開発（垸田と呼ぶ）による湖広米の流通がある。十六世紀末には十二世紀宋代の「両浙実らば天下の食足る」の諺に代わって「湖広実らば天下の食足る」の諺が出現した。ただし、この米流通にはもう少し複雑な内容があった。一体、中国には宋以後、占城稲（秈）の流行により、それに以前からの秈米と二種の米が植えられていた。秈米は作付け期間が短く（百日稲、八十稲の称あり）、耐旱性も粳米に比して強かったので、長江デルタ以外で多く栽培された。しかし、秈米は保存や輸送に難点があって、大運河を北送するには向いていなかった。また、値段も粳米がはるかに高かったので、販売や質入れには粳米が有用であって、それで長江下流農民は生産した粳を売り、秈を買うという米流通の構造が成立したのである。

次に、中国の物流に画期的な重要性をもつ雲南銅（滇銅）の開発と流通がある。清朝の雍正期以前に中国の銅銭（制銭）用の銅は日本からの輸入品（洋銅）が大半を占めていた。十七世紀以来、別子銅山や秋田の銅山で採掘した銅原料は大坂に運び住友の精錬所で純度の高い棹銅に製造し、長崎で唐商に販売した。銅の船荷は蘇州南の嘉興府平湖県乍浦に着き、嘉興・蘇州から大運河で北送された。雲南銅は雲南銅山から金沙江運河を通り、また一部山越え陸路で四川の瀘州に運んだ。ここから長江水運で重慶、三峡、湖北の宜昌、湖南長沙、再び湖北の漢口、江西九江、安徽省の安慶・蕪湖、江蘇の江寧南京、揚州附近で大運河に入って、淮安・徐州を経て、山東済寧・臨清、そして河北天津に至り、白河から通州に到着して北京に至った。以上の各地点はその多くが十八世紀中葉に新興都市に成長している。当然、新興都市には客商や地元商人の商販機会の拡大が著しかった。

第三には、地域開発や都市建設、それに伴う社会移動や新階層の登場など、国内外における移動、移住の問題がある。特に前項に述べた南北、東西の経済交流に伴い、商業活動のみならず、新田開発や銅山開発など大量の人の動きが移動、移住を活発にした。長江―大運河の物流幹線の成立は事態を急速に推進せしめた。先に述べたように、物と人の流れが物流と呼ばれる条件は一つには物資輸送が双方向的であり、往き荷も復り荷も貨物が存在することが必要である。宋元時代は穀物、茶、等々といった北行きは満杯だが、北から南は空では物流にならない。長江を下る荷があれば、上る荷もある。上海付近の綿布は上り荷である。また両淮塩の販売地区も四川省を除く長江一帯に西送された点に意味がある。

第二次商業革命の新要点の第四に、会館、公所に集まる各種商人・職人のギルド規則や法制的あり方が進展、新境地が出現したことがある。これには各地の会館等に残る金石碑文や牙帖など分析研究が今後も必要である。同郷会館や商人会館は北京・上海だけでなく、蘇州・南京の他、重慶・漢口（武漢）・蕪湖・済寧・天津等の連鎖都市群に成立していることを把握すべきである。それ以下の県城クラスや市鎮といった市場町（マーケット＝タウン）の商人ネットワークの分析も重要である。以下、明清期の都市網研究に譲るが、その前に明清期農業の基本的性格とその歴史的意義を確認しておきたい。

第二節　明清期農業の発展、特に商業性農業の進展

中国農業史は前五、六世紀に始まる鉄製農業の使用、および牛犂耕以後、いかなる展開があったか。これを一覧「中国農業史の概観」にして理解の助けとしよう【表1】。

【表1】の左半部を見よう。華北農業の発展は五世紀の旱地農法の完成にあり、八世紀には二年三毛作が普及して華北農業が完成期となることが分かる。他方、華中・華南農業は火耕水耨や陂塘灌漑の低位な状態は八世紀まで続いた。同世紀に田植の開始など水田稲作に発展があるまで華中華南農業の優位性はなかった。それでも七世紀初頭、隋煬帝による大運河開削と大量な米穀漕運の北送が見られて、確実に江南農業発展の契機となった。八世紀中葉における安史の乱による唐朝の危機も年間二〇〇万石と言われる米穀の漕運に

【表１】改定・中国農業史の概観

		ＢＣ５Ｃ～ＢＣ２Ｃ 戦国～秦・漢	～ＡＤ３Ｃ 前漢・後漢	３Ｃ～５Ｃ 三国・南北朝	隋	６Ｃ～８Ｃ 唐	８Ｃ～10Ｃ 五代・宋金	13・14Ｃ 金宋・元	14～16Ｃ 明	16・17Ｃ 明末清初	18・19Ｃ 清	20・21Ｃ 近現代
北部中国	農具	鉄製農具・牛犁〔作条犁〕		鍛〔反転板・耕犁〕・耙耮・耬・撻・碾磑・碓磨〔調整具〕								トラクター
	農法	小農経営【代田法】		旱地農法　Dry Farming		完成（完成期）						動力ポンプ・井戸灌漑
	水利	開渠導水〔台地灌漑〕・河岸築堤〔低地鹹地治水〕										
	作物	粟黍麦・桑麻		粟・麦・豆・桑・麻			高粱	綿花		アメリカ大陸作物		
	作付	粟田〔歳易〕・列条				二年三毛作（粟—麦－粟—休—）				玉蜀黍・落花生・馬鈴薯・たばこ		
	品種	魯桑		早粟・晩粟・春麦・秋麦								
	肥料	灰糞・焼田・蚕矢		緑肥								化学肥料
	畝収	粟1.5～2.0石（現1.0～1.4石）		粟3.0～4.0石＊１（現0.9～1.1石）								
	農産加工品	麻布・絹	麻布・絹	麻布・絹・錦・毛織物	麻布・絹・錦・毛織・麺		麻布・絹・麺					
	農書	『氾勝之書』		『斉民要術』				『農桑輯要』				
	土地制度	小農・大農	名田・公田 民屯・軍屯	魏屯田制・北魏均田制（粟田・桑田・麻田）	隋唐均田制 口分田・永業田	荘園制	荘園制・自作農		軍屯・商屯 衛所屯田・民田	自作農小経営		
	社会構造	【個別人身支配・爵制社会】		豪族支配・門閥貴族	門閥官人・小経営・良賤制		戸等制社会					社会主義
	税制	租・算賦・口賦・徭役		晋占田課田制・租調式		租庸調　両税法	両税法　職役	両税法　職役	両税法　里甲制			
華中・華南	農具	木・鉄具・牛耕			水田長床犁		鋼質長床犁・水車・踏車	鉄搭・秧弾・耘盪・薅馬・翻車	龍骨車・耘爪			トラクター
	農法	【火耕水耨】〔焼田・灌水除草〕			江南水稲法完成		種子預措、陸田化	塗田・中耕除草	耙田・場田			
	水利	築塘（支谷扇状地）・湖田・陂田【斗門・閘・堰堤】			陂・塘・塢〔扇状地〕		圩田・囲田・湖田・海塘		小圩田（分圩）・山地開墾			動力ポンプ 揚水灌漑
	作物	稲・麻・桑		稲・麻・桑・麦	稲・麦・麻・桑　茶		稲・二麦・茶	綿花	稲・二麦・豆・綿花・紅花・藍・麻・桑・茶	稲・麦・豆・綿花・紅花・藍・麻・桑・油菜・茶・玉蜀黍		
	作付	水稲（直播・歳易）				田植　二毛作	二毛作普及			二毛作（稲・麦豆・春花）		
	品種	籼（インディカ）・稉（ジャポニカ）・糯米（もち）			早稲・荊桑・赤米		早稲・晩稲・占城稲（早稲）、百日稲・六十日稲			二期作（籼、早稲・中稲・晩稲）		
	肥料			焼田			河泥・レンゲ草			豆餅・牛骨		化学肥料
	畝収	1.0石（歳易）			1.0石（歳易）		1.5石～2.0石		2.0～3.0石			3.0～4.0石
	農産加工品	麻布	麻布・絹	麻布・絹・蜀錦	麻布・絹・蜀錦		麻布・絹・蜀錦・酒	絹・酒・綿布		商品生産の展開		
	農書			『広志』		陸亀蒙『耒耜経』	陳旉『農書』	王禎『農書』		徐光啓『農政全書』『欽定授時通考』		
	土地制度					荘園制（佃戸制）	荘園制（佃戸制）		民田・官田	郷紳地主制		租桟
	社会構造	【個別人身支配・爵制社会】		豪族支配・門閥貴族制社会・良賤制社会			官僚士大夫・戸等制社会			郷紳支配・宗族制社会		
	税制			晋課田制・戸調式		租庸調　両税法	両税法　職役	両税法　職役	両税法　里甲制	一条鞭法（地銀・丁銀）	地丁銀制（地丁合一）	社会主義
備考注記		＊１　度量衡の差違有り										

よって支えられていたと言える。また、八世紀唐中期における江南農業の発展は水稲作に陸亀蒙『耒耜経』という農書や茶業に陸羽『茶経』がそれぞれ登場したことで説明できる。

一覧表の右半分が問題である。左半分とは逆に華北の停滞性がよく分かる。かわって下段の華中・華南の農業発展が著しい。水田面積の増加は圩田・囲田という水利田の開発によるものであるが、水利調節による農田管理によって大小二麦を裏作とする二毛作の普及が見られて農家収入を増大させた。ただ、十～十三世紀の宋元時代の佃戸制の歴史的評価は、それを封建的農奴、隷農とみる理解（周藤吉之、仁井田陞）と契約関係で自由度が高く、経営地主に使用される農民と考える意見（宮崎市定）とに見解が分かれる。宮崎氏はそれを資本主義的とさえ言い、宋代近世説を提起した。周藤氏らは当然中世説である。

ただ、宮崎氏がいう地主の土地は一円的大土地所有ではなく、散在的、零細地片の集積だとする理解は中国農業経営の前提であって重要な事実認識である。なお、宋代になっても、北辺長城内外には遼、西夏、そして金という異民族王朝の版図が広がる。これに対峙する宋の軍隊、及び国都開封以下、多くの官僚や都市民に供給する年間宋量六百万石、明代換算四百万石の漕運が運ばれた。この大規模な需要の存在こそ、江南農業生産の前提であることに注目しておきたい。加えてこれらの漕運米穀の確保には両税収入分では足らず、大量の和買・和糴を行う理由がここにあった。宮崎氏のいう契約的土地経営も国家による商業主義的米穀流通構造に関連していることに留意すべきである。また、下段華中華南に地主制とあるのに対して、上段華北には荘園制・自作農と土地経営にも差違がある。

十四世紀明より右を見よう。肥料欄に華北に豆餅・牛骨（金肥）とあり、これは華中も同様、棉栽培など商業性農業ではじめて肥料として使用されることに注目したい。上段は他には徐光啓『農政全書』や一条鞭法・地丁銀制など、全国を対象にしたものの部分である。それに対して、下段は比較的記載数が多い。小圩田（分圩）は水利の功績利益を考慮した農地管理のため、大圩を小圩に分轄することをいう。同時に山地開墾は十七、八世紀の開発が少数民族地域に及んだことを示す。中国の明清史家傅衣凌氏はここに煙草や蔗糖・藍・紅花などの商業性農業の展開をみて山地農業を先進的とした。それが次の油菜・紅花に関わるが、油菜は十七世紀初頭に初見する「春花」の重要な内容である。二毛作に稲・麦・春花とある。「春花」の語義は文字通り春の花であり、黄色一面の油菜が主であるが、明末当時油料理が中華菜の大宗になったことを示す。もっとも蚕豆、エンドウ豆等の春夏の豆も春花に入り、商品作物であった。要するに麦とともに二毛作の裏作である。集約的農業経営を示すとともに商業性農業の普及を示す。二期作は占城稲（秈）の普及で華中華南に一般化した。なお、稲はさらに多収品種が開発されたというが実態は不明である。なお、農書に華中華南農業の実情を叙述した王禎『農書』や清の『欽定授時通考』があるが、前者は南宋から元、後者は清乾隆帝の欽定である。

明清期の農業史の最大の問題点は十八世紀の人口爆発を支えたはずの農業生産力拡大を示すものが発見できないことであろう。もちろん、十六、七世紀の長江中流の湖北湖南の水田増加や十八、九世紀の雲南・貴州の西南、台湾、新疆、それの東北三省や内蒙古へ開拓前線が延び耕地面積の増加はある。加えて玉蜀黍・馬鈴薯ジャガイモ・落花生などアメリカ大陸産作物や甘蔗サツマイモなどの新種作物の登場がある。ただ、後者は救荒用が主で多くは期待できず、耕地面積増加も三倍四倍の人口増加を説明するには不足している。答えは貧富の差の拡大による食の遍在としたら残酷である。むしろ農業の商業化、営利化による小農経営の拡大進展、つまり発展無き経済成長とするのも一つの考えである。これは今日の中国農業の問題点にもつながる。

第三節　明清期江南手工業と商品生産の展開

明清期江南各地の手工業生産は目覚ましい進展を見せた。農村地帯に製糸・絹織物業、紡績・織布業などの手工業が成長し、その商品はほぼ全国的規模で流通市場を形成した。そして、農村手工業の展開は、次項に述べるように、各地方に中小の経済都市、すなわち市鎮を形成した。こうして、農村―市鎮という手工業生産のネットワークの網が江南一帯に張られたが、従来からの地方行政都市である県城・州城・府城でも、商工業都市としての性格を強める都市もあった。上海西北地区の嘉定県城、蘇州東北の崑山県城や太倉州城、同南方の呉江県城、さらに南方に在る浙江嘉興府城などが、その例である。

ただし、以上のような明清期、江南各地の農村・都市に展開した手工業における商品生産の展開がいかなる中国経済の社会動態の内容性格を示すか、戦後、新中国の中国歴史学界では「資本主義の萌芽」という評価を中心として活発な議論が展開した。一方、戦前からの伝統を有する日本の中国社会経済史の研究においては、その歴史的意義をいかに考えるかで評価が分かれた。代表的研究を簡単に紹介しよう。

西嶋定生氏(9)は現在の上海付近の松江府棉業（以下、「棉」字は「綿」字に統一する）を中国初期綿業と呼び、西ヨーロッパの農村工業の概念を適用して研究を展開させた。まず、明末、十七世紀初頭に上海県城に滞在したスペインのイエズス会士の宣教師セメドーの観察記事により、同一家屋内に数台の織機が並べられており、その製品が都市と農村で違いが有り、都市からは皇帝御用の上質綿布が上納されている。セメドーによれば、上海で最も東よりの地方は非常に多量の綿花を産出するというが、それは土地高仰による水利灌漑労働の過重によるものという。さらに西嶋氏は明代賦役制度史の展開と江南綿業との連関を考察するが、宣徳八年（一四三三）に巡撫周忱によって行われた税制改革の結果、ひとまず直接的輸租手段として公認された松江府の綿布生産が、その公認による生産意欲の刺激と、さらに地理的に先進地帯に立脚していたため、明代中期以後の銀流通の普遍化による商業市場の飛躍的膨張の渦中に投入されたことによって、単に現物形態による輸租手段として跼蹐するのみではなくて、ついに完全なる商品生産としての性格を獲得するに至ったことを示すものにほかならないと理解した。さらに、紡績経営の分業形態および立地形態について、農村の老婦が朝になると市場へ来て綿紗すなわち木綿糸を売り、綿花を求めて家に帰り、翌朝になるとまた綿紗を売りに来ている史料から、西嶋氏は、ゆえに紡織過程のうち、少なくとも綿花および綿紗は商品形態として市場に現れるのであるから、工程のうえでまずここに経営形態の区分が認められるとした。そして、西嶋氏はこうした明代松江府下における綿業を物語る史料には、田家の収穫、すなわち生産者の労苦の結果も、納税を済ませれば余剰はその年中には費えてしまうという。それでも当地では綿業が生活の糧だと力説している。そのばあい、木綿生産者の前には買い手商人たる木綿問屋の厳しい商売が待ち構えていたことに留意すべきであると強調した。そして、そうした木綿問屋の「布荘」が「殺荘」と憎悪される史料を指摘する。

西嶋氏は明清時代に江南の松江府地方に展開した農村綿業の歴史的性格について、「農村織布業の構造は、零細過小農の副業生産である限り、そこに見出される分業形態も近代的合理主義にもとづく生産能率の向上を目的とするものではなく、その生活の貧窮に原因する再生産周期の短縮から生じたものであり、しかも各経営単位は、単純再生産を繰り返すことにより、それ以上に展開することを阻止されている」とした。

西嶋氏の商品生産の理解について、田中正俊氏は、湖州府・嘉興府の製糸業（湖絲）、蘇州府・嘉興府の正絹・紬・緞子・錦（金襴）等の各種絹織物業を検討し、問屋制前貸しの概念の適応によりその発展を検証した。すなわち、浙江省の嘉興府崇徳県（石門県）の農業生産は水田稲作と畑作地に二分され、養蚕が盛んであり、農家経営のために米穀を当舗（質屋）に質銀する過程を述べる。これについて田中氏は、米穀についても、その生産様式の如何にかかわらず、流通現象とその間の価格変動とが見られる。かくして表示される交換価値によって農・工両者が比較され、「公私の仰給は、惟だ蚕息のみ是れ頼り」という製糸手工業の優越性が圧倒的であったとする。そして田中氏は農業と手工業との関係について、両者は商品生産を媒介として相互に社会化される特定の結合関係に向かって変質しはじめる。一見同一経営内において生産行程上農工未分離な手工業であるかに見えるものも、実はその同一農民の農業生産物の直接の加工業―農業に癒着した手工業ではなく、手工業の内部における分業化をもともないつつ、農業との間に商品生産の楔を打ち込まれ、農業から引き離されて、成長拡大してゆく性格を担っており、その結果、やがては、小農民経営内において個別化する傾向にあった農業生産そのものの荒廃がもたらされるという。田中氏は西嶋氏が手工業商品生産の社会的分業は未成熟として、低い評価しか与えなかったのにたいして、逆に社会的分業がいくつかの局面で確実に進行しており、また、税役収取においても製糸業商品生産の利益は優越的地位を占めたとするのである。

第四節　明清時代における江南都市網の形成

明清時代における江南都市網の形成については戦前期の加藤繁氏の開拓者的研究にはじまるが、戦後の商品生産研究の中で田中正俊氏[10]は次のような江南市鎮発達状況を紹介する。

盛沢は明初（十四世紀後半）にはわずか五、六〇戸の集落であったが、成化年間（十五世紀後半）、商人を含めて居民が次第に多くなり、一五六一年（嘉靖四〇年）には数百家を数え、綿や紬を業として「市」となり、一六二〇年代、紬・生糸の牙行「問屋」の軒を列ねるもの千余家、一七、一八世紀の交、康熙年間には居民は一万余家に達し、一七四〇年（乾隆五年）に「鎮」に昇格し、蘇州府呉江県中第一の鎮と称せられた。また、同じく蘇州府呉江県の震沢は、元末の至正年間（一四世紀半ば）に「村市蕭条たり数十家」といわれる状態であったが、明の成化年間には三、四〇〇家、嘉靖年間に千家となるに至った。さらに一七二六年（清の雍正四年）には、呉江県から震沢県が分離独立し、その管轄下の震沢鎮は、乾隆年間には居民は二、三千家を数えたという。このような発達と繁栄とを市鎮にもたらした原動力は、農村地帯における農村手工業の成長であり、その商品のほぼ全国的規模での流通市場の展開であった。このような江南市鎮の事例として、その代表的なものを挙げれば、製糸・絹織物業にもとづく、江南の嘉興府秀水県の王江涇鎮・濮院鎮、同府嘉興県の王店鎮、湖州府帰安県の双林鎮・菱湖鎮、烏程県の烏鎮・南潯鎮などがあり、農村綿業の中心都市については、同じく江南の嘉興府嘉善県の楓涇鎮・魏塘鎮、松江府華亭県の朱涇鎮、蘇州府太倉州嘉定県の新涇鎮・安亭鎮などがある。農村手工業の展開を基盤とする都市の新たな成立は、市鎮レベルのものに限られていたわけではない。従来からの地方行政都市である府城・県城にも、その地域における手工業の発達にもとづいて、商工業都市としての性格を新たにそなえ、あるいはいっそう強めて、繁栄するものが少なからず見られた。右の呉江県城や華亭県城、また大都市の蘇州府城などはその例である。

このうち、明清時代の松江府、上海附近を中心とした綿業地帯の市鎮ネットワークについては、西嶋定生氏の指摘があり、鶴王市（太倉州）―綿花産出地、新涇鎮―綿花集散地、朱家角鎮（青浦県）・荘家行鎮（奉賢県）―綿布集散地、南翔鎮・羅店鎮（共に嘉定県）―徽商系布商結集地と各地の分業的役割分担に区別があるほかに、特に綿布生産地はその種類によって、烏泥涇鎮（上海県）―番布系、三林塘鎮（同県）―斜文布・整文布・高麗布、安亭鎮（嘉定県）―棊布系に分かれるという。以上の上海附近の市鎮はすべて水路でむすばれていることが確認できる（川勝守著書参照）。

次に、嘉興府、湖州府等の浙江省北部の生糸・絹織物業地帯の市鎮都市ネットワークについては、佐伯有一氏に言及があり、王江涇鎮（嘉興府秀水県）―綢、濮院鎮（同県）―絲紵、菱湖鎮（湖州府帰安県）―水紬、双林鎮（同県）―包頭紗・花絹・素絹、盛沢鎮（蘇州府呉江県）―綾・羅・紗・紬などの絹織物の各種がそれぞれ特産化していたという。その他、藤井宏、横山英、小山正明、寺田隆信、森正夫各氏等の明清商品生産の研究中にも江南市鎮はよく出てくる。ただ、必ずしも専論ではない。専論としては北村敬直氏に浙江省湖州府烏程県南潯鎮の木綿問屋の論考が一九六〇年に出された位である。

明清期の江南市鎮についての研究は一九七八、九年以降、日本でも中国でも一変した。中国には樊樹志、陳学文、台湾に劉石吉、日本に川勝守らが続々と研究論文や専著を発表したのであった。ここでは明清期の市鎮は単なる地方の小経済都市というイメージでなく、市鎮の人的構成から政治的立場、さらには市鎮文化までが説明されている。

第五節　明清時代における江南都市の社会構造

今日、蘇州市近辺の周荘鎮・同里鎮、また杭州市附近の烏鎮などが明清古市鎮というイメージで観光地となっている。世界遺産の候補地にも挙がっている。なお、すでに登録された地には山西商人の城郭都市平遙などがある。ここで中国都市発展史の上で明清都市、特に江南市鎮が持つ歴史的意義を説明しておきたい。以下、私見を述べよう。

明清期の中国都市、とりわけ市鎮は、市鎮をつくり構成する人々によって社会的に歴史的に形成されたこと、いうなれば市鎮住民の諸闘争によって市鎮社会は形成されたということを歴史的に確認してみたい。それにより中国都市を日本や西欧の都市発展史と比較可能な歴史的諸事実を確認しておく。以上が著者の考えである。ただし、それはウィリアム・ローウェ教授が十九世紀以降の漢口を素材として分析した大著の立場と共通する。

さて、乾隆『盛湖志』巻下、建置志の史料を挙げる。説明のためA、Bの段落に切る。

A　本朝鼎興以来、文教日に盛ん。雍正年間奉じたる特旨に、省会各々書院を設け、帑金万両を発し、修脯費と為す。惟うに江南は則ち江寧・蘇州・揚州のみ、並びに皆これを設けり。盛沢は向に義学・社学無し。前任蘇府雅は、公費を勧捐し、設くに書院一所有り、充字圩の西柵に在り。乾隆九年七月十三日、知蘇州府事の覚羅雅爾哈善は、記を撰して碑を学舎の第三進の東隣顔に立て、松陵学舎と曰う。知県丁元正、分防県丞熊晋。碑陰、乾隆十年清和月、県丞署県事熊晋記。

　　計開

姚重英・殷宜錞等共に三十九人、及び済寧・済南・平陽の衆商共に実銀一千零二十両零四分を捐す。

一、沈渭綸の房屋一所を置買し、基地・漁池・空地を併せ、共に三畝九分、価は二百七十両。文契附巻。

一、修造を除くの外、各典に存する生息銀五百両、毎年息銀は六十両、閏に遇えば五両を加う。

一、東首房屋十一間、出賃は毎歳に足制銭十五千四百八十文、閏に遇えば三百九十文を加う。

一、毎歳の塾師の修脯は五十両、門役工食六両、余の会課の飯食併せて修理等の費を作す、毎年例として分防庁の造冊に由り、府に報じて核銷せしむ。

一、学舎の計は共に三進、第一進の牆門三間、第二進の敬業堂五間、第三進の七間内に先賢紫陽文公朱子の神位を設く。

B　又、添設の義学教読は、其れ年の公費を按じ、本邑の原任長沙府通判倪南冥名は兆鵬の捐に係る。捐る所の田畝は、仍りて本家の掌管に属し、毎年七折銭二十八両を交し、修脯費と作す。

C　又、乾隆年間、社倉五所を設立し、社長王任堂等五人、其の事を分任す。穀は亦各家に分貯す。

D　中丞書院は、巡撫呉公名は存礼の設と為すなり。康熙五十年以後、郡豪は普済堂の名に借りて、私に一鎮の紬匹に税し、櫃を設けて日を按じ銭を斂む。是の時、行頭范秉如・湯維柱・戴起瞻等、撫憲は奔控して、立ちどころに禁止を飭す。其の患遂に熄む。鎮人はこれを感じ、書院を建立す。規模宏敞、千余金を費やす。乾隆三十三年、県胥は稽査匪類の名色に藉り、紬絲各行に令して、月を按じ巡環填報し累を為す。亦経の行頭陸恵中等、府の飭銷を控す。此れ前事とともに、皆商民を擾累する弊政なり。故にこれを附記し、以て後人の参考に備う。

E　盛沢属分湖司、白衣庵に借寓し、所為の公署無ければなり。分防庁に添設してより、遂に即ち呉公書院を以て、これを広めて署と為す。

F　駐防汛公署、向に充字圩三官堂に寓す。康熙十九年、汛官張騎龍は里老等とともに、西観音堂を価買してこれに居り、遂に公署と為す。西柵口に在り、後に又汛官一員を添設して借寓す。

G　施棺局、設は火神廟内に在り、乾隆六年、里人資を募りて公建す。凡そ孤貧の者は、局に到り棺を領すに分文も費さず。幷に槥銭を給し、立てて碑碣有り。今董事陸恵中等、実心事に任じ、鎮人共に楽いてこれ道う。近ころ又水龍を添置し、以て救災の用に備う。

H　義塚、管君宜等、普同塔を地蔵庵の東に設く。徽人は義塚を洞真宮に設け、紹興人は義塚を海角湾の種福庵の前に設く。近ころ乾隆年間、分防熊公名は晋、義塚を飯字圩東南の向家蕩近に設く。皆美事なり。

I　新庄、旧庄は向に市河南北大街に在り。四郷の紬を業とするもの、倶に庄に赴いて售買す。乾隆壬申三月より、庄頭の火災を被る者多し。因りて西腸圩の極南において、地面空潤の処を択び、百余間を構造し、これを新庄と謂う。

史料は蘇州市の南方、大運河沿いの町、絹織物特に紬の特産地である蘇州府呉江県盛沢鎮の公共施設に関するものである。まず、書院・義学・社学などの教育機関が最初に取り上げられる。これは盛沢鎮が教育機関を極めて重視していることが分かる。次に、社倉・施棺局・義塚といった社会事業、それと絹・紬の織物会所である新庄の設置が並ぶ。それらの建設設置にしても、管理運営にしても、盛沢鎮の自治組織に担当されていた。Dの事例では、行頭范秉如・湯維柱・戴起瞻等は郡豪、すなわち蘇州の郷紳、もしくは地方官が善堂たる普済堂を建設するという名目で盛沢鎮の紬織物に課税まがいの割付寄付を要求してきたことを江南巡撫に奔走して控告し、その名の禁止を布告することに成功した。このDの冒頭に見える中丞書院は、康熙五十年（一七一一）、巡撫呉公名は存礼の設立で、その名を取った巡撫＝中丞の書院であるが、むしろ盛沢鎮の鎮の紬行行頭の働きの方を称賛する。そして千余金の資金を拠出して規模壮大な盛沢鎮書院を建立したのであった。ついで、乾隆三十三年（一七六八）、呉江県の胥吏が稽査匪類の名色にかりて、紬絲各行に毎月付け届けを強要してきた。月を按じ巡環塡報し累を為すとは月決め上納金を請求することである。この時も経糸の行頭陸恵中等は蘇州知府に控訴して白紙撤回に成功している。これは前事とともに、皆商民を擾累する弊政であるから、二度と繰り返さないようにこれを附記し、後人の参考に供したいというのである。二事例は彼の織田信長の軍資金上納を拒否した堺町衆の動きを彷彿させるものがある。都市自治を掌握したギルド・マーチャントの力を示した記念碑的出来事である。

彼らは、「惟うに江南は則ち江寧・蘇州・揚州のみ、並びに皆これ（書院）を設けり。盛沢は向に義学・社学無し」（前掲A）といい、盛沢鎮の人々が江南の超一流都市、巨大都市である南京・蘇州・揚州とも対抗する気概を持っていることが分かる。なお、前掲Aの史料には、乾隆九年（一七四四）七月十三日建立の松陵学舎の建設には、当の盛沢鎮人は姚重英・殷宜錞等とともに合計三十九名が参加しているが、それに加えて済寧・済南の山東商人、さらに平陽の山西商人らの遠隔地客商が衆商として義捐寄付を行っている。さらにHの各義塚設置については、本盛沢鎮の管君宜等が普同塔を地蔵庵の東に設くとある記事に続いて、「徽人は義塚を洞真宮に設け、紹興人は義塚を海角湾の種福庵の前に設く」とあって、徽州商人すなわち新安商人が義塚を洞真宮に設け、紹興人（恐らくは寧波人も併せて寧紹商人＝浙江商人）が義塚を海角湾の種福庵の前に設くとあるのである。

以上から、全国型客商が盛沢鎮特産の紬・絹等絹織物の購入を目指して当市鎮に集結していることが分かる。その取引場所が、Ｉの新庄である。旧庄は向に市河南北大街に在って、四郷の紬を業とするもの、倶に庄に赴いて售買していたが、乾隆壬申（十七年、一七五二年）三月以来、庄頭の火災を被る者多く、因りて西腸圩の極南に地面空潤の処を択び、百余間を構造して、これを新庄と謂うとある。

なお、共同墓地たる義塚のほかに、Ｇの施棺局などが貧窮者救済を目的とした市鎮社会住民の相互扶助の施設である。さらにこれが盛沢鎮の火神廟内に在って、事業は拡大展開して、近ころ水龍（消防ポンプ）を添置し、市鎮の火災に備えることがはじまったという。

市鎮は家々が立て込む都市空間で、当然火災は類焼となる。都市共同体が形成されるのであるが、火の信仰を集める火神廟に消防ポンプが設置されるのが新しい。いずれにしてもそれらはすべて義塚、施棺局とともに「皆美事なり」といわれる善挙である。以上に、盛沢鎮の都市機能とその管理運営の自治的発展がよく示されているのである。

盛沢鎮人やここに集まる全国的客商らが学問教育を重視したことは、Aの松陵学舎の建設とその運営規定によく示されているのであるが、その建物の奥には先賢紫陽文公朱子の神位を設けていた。朱子学の書院だという解釈でも良いが、むしろこの地に集まる新安商人、徽商の郷里の先賢が朱子であることも考えられる。安徽徽州府婺源県が南宋の大儒朱熹の本籍地である。いずれにしてもその規定に示された書院経営の内容が極めて具体的である点も注目される。書院主要建物に加えて、一般民家を買い上げた基地・漁池・空地が基本財産になり、資金計算は修繕費、造営費用のほか、各質典、質屋高利貸しに生息銀五百両を貸し付け、毎年利息の息銀は六十両、閏に遇えば五両を加算、これは銀立てであり、後の毎歳の塾師、書院教師の修脯（月謝）五十両、門役工食（日当）六両とすべて銀払い部分に対応するから通常経費の出入りに当たる。それに対して東首房屋十一間、出賃は毎歳に足制銭十五千四百八十文、閏に遇えば三百九十文を加うとあり、こちらは制銭銅銭勘定計算が見られる。全国型客商が落とす銀経済と蘇州周辺の銅銭経済という貨幣経済の二重構造もまた窺えるのが江南市鎮社会の特色でもある。

【参考文献】

①斯波義信『宋代商業史研究』風間書房、一九六八年。
②斯波義信『宋代江南経済史の研究』汲古書院、一九八八年。
③渡部忠世・桜井由躬雄編『中国江南の稲作文化—その学際的研究—』日本放送出版社、一九八四年。
④天野元之助『中国農業経済史研究』お茶の水書房、一九六一年。
⑤西嶋定生『中国経済史研究』東京大学出版会、一九六六年。

⑥田中正俊『中国近代経済史研究序説』東京大学出版会、一九七三年。
⑦川勝守『中国封建国家の支配構造―明清賦役制度史研究―』東京大学出版会、一九八〇年。
⑧川勝守『明清江南農業経済史研究』東京大学出版会、一九九二年。
⑨川勝守『明清江南市鎮社会史研究』汲古書院、一九九九年。
⑩川勝守『中国城郭都市社会史研究』汲古書院、二〇〇四年。

前編　明代貢納制と諸物産流通構造の展開

第一章　明朝国家における人口・資源センサス

はじめに

明太祖は、天下の戸口を籍して、戸帖と戸籍とを置き、具に名と歳とを書せしめた。洪武十四年（一三八一）、天下に詔して、賦役黄冊を編せしめた。その作成の基礎として里甲制度を施行し、皇帝の権力は農村末端にまで及んだ。こうして明代は国家による戸口の把握が中国史上最も行き届いたと考えられる[1]。

里甲制度に基づく戸口の調査、センサス統計は明代賦・役制度の基礎をなすものであるにも拘わらず、その研究は中国の梁方仲教授の人口・田賦統計史研究[2]を除けば、里甲編成との関連を論じた研究[3]か、一九八〇年代以降の改革開放政策以後における歴代人口論的統計研究[4]が見られるくらいである。歴史人口学の分析はまだ緒に就いたばかりというべきであろう。そこで制度史研究でも。これまで取り上げられることの少なかった課題の数点について、歴史人口学、ないし歴史社会学、あるいは歴史人類学をも意識した考察を行ってみたい。

第一節　明太祖の戸口・田土統計と特殊戸規定

明太祖は自己が貧農の出身であり、農の艱難はこれをよく知ると常に左右に言っていた。それは一つには「胡虜には百年の運なし」という元朝打倒の政治思想の具体的各論として、草原・沙漠の遊牧民に農耕の中華を支配する知識は無いものとしたのかも知れない。特に明王朝は史上初めて江南より起義して中国を統一した王朝とされ、それは江南の経済力が華北を上回ったためとされる(5)。

呉元年（一三六七）九月、前年秋以来数カ月の蘇州包囲で遂に張士誠は捕虜となり、明朝建国の具体的日程が確実となった。明王朝国家としての官制、諸制度が次々に設置されているが、蘇州張士誠を降した翌月の呉元年十月乙未二日(6)には蘇州衛指揮使司を置き、同時に蘇州の富民を徙して濠州を実たしている。蘇州における二つの策は同日であるだけで一見何の関係もなさそうであるが、蘇州の富民は敵方張士誠の支持者であったこと、濠州は江北安徽の朱元璋郷里の鳳陽附近の地であり、戦乱で人口が消耗した土地柄を考えれば、明太祖の強力な軍事力を背景として蘇州富民の強制移住を断行し、その資力を以て江北荒廃地の復興、開発を行わせたものと言えよう。また、それに続いて、同月壬子九日には、広徳府の民義四百六十人を放ちて農に帰るを命ず。初め広陽・建平等県は丁を験べて兵を出さしむ。これを民義と謂い、以て広徳を守らしむ、とあったが、朱元璋はこれを聞き、それが農を妨ぐるものとして、悉く放ちてこれを罷めたというのである。この件も明太祖の重農政策の一環と理解できよう。

明太祖の勧農策はその覇業開始時期から着手されていた。早くも至正十六年（一三五六）、元の江南支配の拠点である集慶路・南京を攻略し、ここを根拠地として群雄・競争相手との戦争に邁進するが、この年の秋七月己卯朔に営田司を設置し、江南の圩田・囲田等の治水灌漑施設の整備に当たっている。以後も明太祖は戦争に勝利して支配領域が拡大するや、地方官を督励して各種の勧農政策を遂行させている。明建国も近くなった至正二十五年（一三六五）に、朱元璋は所在に令を下して指示した。『明太祖実録』乙巳六月乙卯に、

凡農民田五畝至十畝者栽桑・麻・木綿各半畝、十畝以上者倍之。其田多者率以是為。有司親臨督勧惰、不如令者有罰、不種桑使出

絹一疋、不種麻及木綿使出麻布・綿布各一疋。

凡そ農民の田五畝より十畝に至る者は桑・麻・木綿の各半畝を栽え、十畝以上の者は之に倍せ。その田多き者は率ね是を以て差を為せ。有司は親ら臨みて勤惰を督し、令の如くならざる者は罰有り、桑を種えざるは絹一疋を出さしめ、麻及び木綿を種えざるは麻布・綿布各一疋を出さしむ。

この史料は従来、国家が自給自足的な自作農の育成を意図していたことを示すものであるとともに、およそ農民経営を農業と家内工業との結合として国家が把握し、農業生産物と同時に、生糸・絹・布などの家内工業生産物をも収奪の対象としていたことを示すものであると鶴見尚弘氏によって理解されたものである。(7) 特に、農民経営を農業と工業の強固な結合として明清商品生産の研究を進めたのは田中正俊氏であった。(8) ただし、田中氏は地主—佃戸関係の進展した明末清初江南農業に即して史的分析を加えたのであって、むしろ自作農育成を企図した明初、太祖の政策に直接関わるとは考えられない。それでも、たとえ自作農であっても、国家収取において農民の生糸・絹・布の手工業を対象徴収物品としているのは事実であろうか。罰則規定が絹・麻布・綿布を徴収するという点からも肯定できよう。それと、前半部でいうところが農民は単に桑葉栽培ないし養蚕、麻・木綿（綿花）栽培という農業部分だけとしたら、それぞれの工業化の部分の分業を生むことになり、かえって農村の市場経済化を激化させてしまうことになり、これは明太祖の経済政策一般とは矛盾することになる。

明太祖は王朝建設後、農業生産力の恢復に努め、各地の地方官を督令して耕地面積の増大を図った。洪武元年（一三六八）には各州県の荒田は、旧所有権の有無を論ぜず、開墾者の所有を認め、三年間の田租を免除した。地方ごと、地域ごとに頻発する水害、旱魃、蝗害等の自然災害がもたらす凶作にも租税免除や軽減を図った。さらに、洪武三年（一三七〇）以降、頻繁に江南・山西・広東その他の無田の民と江南の富戸を、元末の戦乱で荒廃の激しかった山東・河南、及び江北の地に集団で移住させた。(9) こうして洪武元年から同十四年（一三八一）までに開墾され耕地となった田地として中央に報告された田土数は百八十万余頃にのぼり、この額は一三八一年の田土統計三百六十六万七千余頃の約二分の一を占めている。(10) この後も引き続き開墾政策は進められ、洪武二十四年（一三九一）ごろに

表１　『明太祖実録』中の開墾田地数

洪武年	西暦	月日	田地種類及び所在地	開墾田地数(頃)	『明太祖実録』巻数
元年	1368	是歳	天下州県墾田	770.00	巻37
2年	1369	12月庚寅	天下郡県墾田	898.00	巻47
3年	1370	是歳	山東・河南・江西府州県墾田	2135.20	巻59
4年	1371	是歳	天下郡県墾田	106622.42	巻70
6年	1373	是歳	天下墾田	353980.00	巻86
7年	1374	是歳	天下郡県墾荒田	921124.00	巻95
8年	1375	是歳	直隷寧国諸府・山西・陝西・江西・浙江各省墾田地	62308.28	巻102
9年	1376	是歳	天下墾田地	27564.27	巻110
10年	1377	是歳	墾田	1513.79	巻116
12年	1379	是歳	開墾田土	273104.33	巻128
13年	1380	12月是月	天下開墾荒閑田地	53931.00	巻134
16年	1383	是歳	墾荒田	1265.44	巻158
計				1806478.18頃	

典拠：梁方仲『中国歴代戸口・田地・田賦統計』乙表28の修正

は、全国の田土総額は三百八十七万四千七百四十六頃に達した[11]。

全国的に見られる山地平原の開発開墾及び荒田開墾や長江以南に見られる圩田・囲田・湖田や埦田等水利田等の新田開発などによる耕地面積増大は徙民という人口移動政策と相俟って秦漢帝国以来の土地制度の中核的政策であった。歴代王朝の屯田策や均田制などいずれも開発開墾と人口移動を関連させて初めて現実化できたのであった。ただ、明以前の各王朝では屯田策を除けば、開墾や徙民の実績は必ずしも多くはなく、その実態も詳細は不明なばあいが多い。それに較べて、明太祖のそれは具体的である。中国広州中山大学梁方仲教授の労作[12]から明太祖洪武年間明実録記事における開墾によって増大したとされる記事の一覧を【表1】に作成しよう。その結果、墾田総数は先に示した百八十万余頃の数字が確認できるが、その半数が洪武七年（一三七四）である。なお、開墾地方名が具体的に示されているのは、洪武三年（一三七〇）の山東・河南・江西の府州県の二千百三十五頃余、同八年（一三七五）の直隷（南直隷）寧国府、山西、陝西、江西、浙江各布政司（省）墾田六万二千三百八頃余、さらに同十六年（一三八三）には内訳として直隷応天府・鎮江府・太平府・常州府の四府七百三十八頃余、山西平陽府五百二十七頃余が挙げられている。必ずしも多い額ではないが、地方名が具体的であることに意味がある。山東・河南・江西は先述のように元末紅巾の乱や元朝軍隊との戦争など戦乱による荒廃の激しかった地域、直隷（南直隷）寧国府、山西、陝西、江西、浙江は宋元以来の経済発展によって農村の分解が進み、地域内経済格差が増大した地域である。因みに華北白蓮教の指導者韓山童の偽詔に「貧は江南に極まり、富は塞北に称う[13]」といい、その紅巾軍の動くところ、「盗の過ぐる所、非落の民みな相挺して変をなし、巨室を殺掠して、惨酷聞くに忍びず[14]」という状態であり、浙江の元末の群雄のひとり方国珍の「田主もまた人たるのみ」（『草木子』）という言は有名である。

さて、朱元璋・明太祖は始め華北白蓮教の指導者韓山童グループに参加し、やがて紅巾軍の部将として江北を転戦した。戦乱による江北の惨状を具に経験したのであったが、その後長江を南渡し、集慶路南京を拠点にしてから後に劉基や宋濂などの浙東地主と称される儒者、知識人が政権に参加してきた。「爾百姓果たしてよく業に安んじ動かされざれば即ちわが良民なり。旧と田産房屋を有す者は、前に依って生と為し、額に依って糧を納むれば、余の科取なし。汝等をして永く郷里を保たしめ、室家を全うせしめん[15]」という太祖の言は王朝国家為政者の考え方をよく示している。しかし、明太祖は地主階級の利益を保障することを約束したとしても[16]、地主の主張そのものの代弁者ではなかった[17]。といっても嘗ての白蓮教徒とは決別していた。秩序の破壊ではなく、秩序の再建、維持に行政の目標を置いたのであり、彼が開墾政策や徙民政策を強力に進め、水利灌漑設備の維持管理につとめ、数々の農業振興政策に全力を挙げたことは王朝国家の皇帝として当然であった。そして明太祖の政策の成果は戸口数と田土面積数の大幅な増加となって現れていた。ここでも、梁方仲教授が作成した、「明洪武・弘治・嘉靖三期分区戸口・田地及税糧数」を【表2】として挙げよう。これによれば、多くの直隷布政司において明初洪武年間の数額が後の弘治・嘉靖期よりも多いことが確認できる。その数字がどれだけ現実の数額であるか疑問であり、後の時期の数字は隠田や登記漏れが多いとも考えられ、だから嘉靖期以降、特に万暦期には張居正丈量が必要であったとなろう[18]。しかし、逆に言えば、明初太祖の戸口・田土の把握率がいかに高いものか、その政策遂行、行政力の程度の高さが示される。

【表2】から、南北直隷・十三布政司ごとの比較を行っておこう。戸・口数、田土数、夏税麦数、秋糧米数のいずれも他を圧する地域は南直隷である。南直隷は応天府南京所属の府州県であるが、その内、蘇州府・松江府の両府は浙江布政司の嘉興府・湖州府・杭州府の三府とともに浙西五府、また太湖周辺五府と称されて、重額租賦納入の官田地帯であった。これについては森正夫氏に詳細な研究がある[19]。また、その重額租賦納入の改善方としての制度改革に綿布代納制度があり、それが農家副業としての色彩を強く持つ農村工業として担われたにもかかわらず、商品生産の歴史的意義を有した中国初期綿業の展開であったという研究をなしたのが西嶋定生氏であっ

表2　明洪武・弘治・嘉靖3期分区戸口・田地・及び両税糧額数

直隷・布政使司別	洪武26年（1393）					弘治15年（1502）					嘉靖21年（1542）				
	戸	口	田土	夏税麦	秋糧米	戸	口	田土	夏税麦	秋糧米	戸	口	田土	夏税麦	秋糧米
			頃	石	石			頃	石	石			頃	石	石
北直隷	334792	1926595	582500	353280	817240	427144	4205347	274033	435827	1017506	448061	4568259	276327	435853	1019665
南直隷	1911833	10755938	1566275	969061	6244379	1909227	10179252	696720	1327714	6236184	2015646	10402198	716298	1257245	6130292
浙江	2138225	10487567	517052	85520	2667207	1501304	5277862	473896	254239	2366386	1528157	5108855	473171	153952	2368169
江西	1553923	8982481	431186	79050	2585256	1385138	6895293	402465	87913	2559706	1357048	6098931	401739	117313	2527905
湖広	775851	4702660	2202176	138766	2323670	517674	4173285	209027	130910	2036995	542915	4436255	249594	101000	2032601
福建	815527	3916806	146260	665	977420	508649	2062683	135260	877	841353	519878	2111027	135775	877	842072
山東	753894	5255876	724036	773297	1805620	858557	7621210	555867	893679	2098700	837342	7718202	555884	899422	2099556
山西	595444	4072127	418642	707367	2093570	588962	4870965	391554	682292	2026922	592890	5069515	391567	681412	2034340
河南	315617	1912542	1449470	556059	1642850	550973	4989320	416294	622103	1782108	603871	5278275	416322	621117	1807799
陝西	294526	2316569	315252	676986	1236178	362051	3934176	263718	744445	1200542	395607	4086558	263786	664717	1045920
四川	215719	1466778	112033	325550	741278	257357	2668791	107937	55593	715346	260885	2809170	109907	35207	684872
広東	675599	3007932	237341	5320	1044073	471862	1858257	255788	6008	1018377	492961	2051243	256968	4398	1013603
広西	211263	1482671	102404	1869	492355	182422	1005042	92473	3381	436988	209164	1093770	92869	1093	439525
雲南	59576	259270		18730	58349	126874	1410094	17279	34062	105776	123537	1431017	17666	34950	106593
貴州						43354	264798		253	48334	44257	266920	2952	239	45026
13布政使司計	8405164	47863280	6655852	3369179	17667831	7355177	47031776	3321558	3520755	17237533	7508512	47559738	3368200	3315697	17047981
総計	10652789	60545812	8804624	4691520	24729450	9691548	61416375	4292311	5184297	24488224	9972220	62530195	4360563	4992134	24198473
	10651789		8804627						5284296	24491223	9972219		4360825	5008795	24197938

典拠：梁方仲『中国歴代戸口・田地・田賦統計』乙表29の修正

た[20]。

以上のように明太祖の農民政策の基調は自給自足の自作農育成をもとに農民の再生産構造の構築を遂行したのであり、その政策の一応の成果として戸口統計や田土統計の精度の確立が見られたことが言える。そこで制度史的研究課題に浮かぶのは、『明史』食貨志に見える次の各種特殊人戸の存在形態は明太祖の政策遂行といかなる関連があるかの疑問である、以下に検討を加えてみたい。

其人戸、避徭役者、曰逃戸、年饉、或避兵、他徙者、曰流民、有故而出、僑於外者、曰附籍、朝廷所移民、曰移徙。

其の人戸の、徭役を避くる者を、逃戸と曰い、年饉えて、或いは兵を避けて、他徙する者を、流民と曰い、故有りて出で、外に僑る者を、附籍と曰い、朝廷の移す所の民を、移徙と曰う。

一般編戸の民と区別される第一は徭役を避くる者を逃戸、第二に飢饉や戦乱で他の土地へ移住した者を流民、第三に事故すなわち犯罪や政治的圧迫を受けて外地に僑籍を作った者を附籍、第四に国家が移民させた者を移徙とそれぞれ定義する。以上の四種は最初の逃戸は明確に違法行為、したがって改正が処置として行われるべきものである。それに対して、二の流民、三の附籍は違法ではあるが事情は理解され、その違法性を犯罪とは見なさず、事態は便宜に従って処置せよというものである。最後の四は国家自体が特殊人戸設定の原因を作ったもので、当事者の保護は当然である。なお、二の流民と三の附籍についての『明史』食貨志・戸口の記述は英宗正統年間以降であり、ここでは言及しないことにする。

以上から四種の内、明初の段階で太祖の農民対策との関連で戸籍制度上由々しき問題は逃戸と移徙であるが、これは節を改めて叙述したい。

第二節　明初の逃戸と太祖の農民政策

「徭役を避くる」という内容が特に問題となるのであろう。これについては、太祖が明王朝建国以前から準備し、建国と同時に公布した『明律』戸律・戸役・逃避差役条に次の規定が見える。

凡民戸、逃往隣境州県躲避差役者杖一百、発還原籍当差。其親管里長提調官吏、故縦、及隣境人戸、隠蔽在己者、各与同罪。若里長知而不逐遣、及原管官司、不移文起取、若移文起取、而所在官司、占恡不発者各杖六十。其在洪武七年十月以前流移他郡曾経附籍当差者勿論、限外逃者論如律。

凡そ民戸の、逃げて隣境の州県に往き躲ら差役を避くる者は杖一百、発して原籍に還えし差に当てしむ。其の親管せる里長と提調の官吏の、故に縦し、及び隣境の人戸の、隠蔽して己に在る者は、各々与に罪を同じうす。若しくは里長の知りて逐遣せず、及び原管の官司の、移文起取せず、若しくは移文起取するに、而して所在の官司の、占恡して発せざる者は各々杖六十。其れ洪武七年十月以前に在り、他郡に流移して、曾て附籍当差を経る者は論ずる勿くも、限外に逃る者は論ずること律の如くす。

従来、ここに見える「原籍当差」の問題は「民を理むるに、地著を本と為す」（『漢書』食貨志）との理念に基づき、当時の戸籍が原籍主義をとり、原則として寄留や移籍を認めなかったために生じたとも言えようと理解された[21]。ただ、『漢書』食貨志の「地著を本とす」というのは加藤繁氏の訳注では、「地著は土着と同じ。人民が其の地に安住して、他所に移転せざるをいふ[22]」とあり、むしろ人民が其の地に安住することに重点がある。それに続く『漢書』食貨志の文は「故に必ず歩を建て晦を立てて其の経界を正しうす。六尺を歩と為し、歩百を晦と為し、云云。」とし、土地境界と地積測量の正確さの重要性を主張する。農民の生産安定維持が志向されているのである。それはともかく、なぜ、中国にあって漢代以来、原籍主義が原則とされ、それが強固な伝統になっていたのかの歴史的説明は為されてこなかった。大きな制度改革であった租庸調から両税法への改革にしても原籍主義の変更はなく、両税法以来の大改革とされる一条鞭法や次の清朝地丁銀制でも同様であった。なお、右史料末に見える「其れ洪武七年十月以前に在り、他郡に流移して、云云。」の根拠であるが、『明太祖実録』には明文が見られない。正徳『大明会典』巻十七、戸部二、民科、州県一、国志に、

洪武七年、以京畿応天等府直隷六部、改行中書省為浙江等十二布政使司。

洪武七年に京畿応天等府は六部に直隷し、行中書省は浙江等十二布政使司に改編した。この地方行政組織の改編に伴う逃避差役の取り扱いの行政処理かと思われる。

著者は漢の県のサイズが戸一万、口五万を基準としたことに注目した[23]。ただ、その基準が各王朝のいかなる統治理念、行政理念に関連するかとなると、旧著では宋以降、特に明清期のそれについて考察したのに止まっていた。宋以前については別の機会に取り上げたいが、宋以降となると、やはり明太祖に見たごとき農民政策や経済運営の基本姿勢等に関係する問題の究明が必要であろう。戸一万、口五万という県の行政が対象とする人口を固定し、その移動による変動を防ぐことによって行政効果を高めようとしたというのが著者

の取りあえずの考えである。この理解を検証する歴史事例を以下に挙げよう。
明初の逃戸について『明史』食貨志・戸口に次の記事がある。[24]

凡逃戸、明初、督令還本籍復業、賜復一年。老弱不能帰、及不願帰者、令在所著籍、授田輸賦。

凡そ逃戸は、明初には、督して本籍に還し、業に復せしめ、復を賜うこと一年なり。老弱にして帰る能はざる、及び帰るを願はざる者は、在所をして籍に著け、田を授けて賦を輸さしむ。

明初の逃戸について、逃戸は催促させて本籍に帰還させ、本業の農業に復させる。税役免除一年、老弱で帰還できない者と帰還を願わない者はその所在に本籍を作り、田業を授けて賦役を負担させるという。以上は洪武の事例であるが、いかにも明太祖らしい農民の生業を重視し、その安定を図る政策である。太祖が明朝国家を建国した当初はともかく各人戸に戸帖を作成し、戸内口数、年齢、田産多寡、その他を申告させ、それを基に戸籍を作成させた。洪武十四年以降は里甲制度という村落制度に組織化した。

明洪武元年（一三六八）、李善長・楊憲等の勅撰になる『大明令』戸令の冒頭に規定される「漏口脱戸准首」には、

凡各処漏口脱戸之人、許赴所在官司出首、与免本罪、収籍当差。

これは行政法である令に、凡そ各処の漏口脱戸の人は、所在の官司に赴いて出首すれば許し、与に漏口脱戸の本罪を免じて、籍に収め差に当つとしたのである。本罪を免じるとは先の『明律』戸律・戸役・逃避差役条にいう杖一百を免れるというのであろう。漏口脱戸が自首すればその罪を免じて、籍に収め差に当てることを優先させた処置である。

ところで、正徳『大明会典』巻二十一、戸部六、戸口二、逃戸并附籍の事例には、

洪武二十三年、令監生同各府州県官、拘集各里甲人等、審知逃戸、該県移文差親隣里甲於各処起取。其各里甲下、或有他郡流移者、即時送県、官給行糧、押赴原籍州県復業。

洪武二十三年、令監生同じく各府州県官に令して、各里甲人等を拘集し、審かに逃戸を知らべ、該県は移文して親隣の里甲を各処に差して起取せしむ。其れ各里甲の下、或いは他郡流移の者有らば、即時に県に送り、官は行糧を給し、原籍の州県に押赴して復

業せしめよ。

洪武二十三年は翌年が第二回黄冊纂造に当たり、その前年としてその準備の規定が相次いで公布された。右の令もその一であるが、逃戸に旅費まで支給して原籍に帰還させ、復業させるという。明太祖政権の戸口把握率増加に対する並々ならぬ決意を感じるものであろう。しかも、この時の逃戸が他郡（明では府）流移とあって、県レベルではなく、相当遠距離へ移動していたことが知られる。

第三節　明初の移徙と太祖の農民政策

明初の移徙については、『明史』食貨志・戸口に次のように記述している。

其移徙者、明初、嘗徙蘇・松・嘉・湖・杭民之無田者、四千余戸、往耕臨濠、給牛・種・車・糧、以資遣之、三年不征其税。徐達平沙漠、徙北平山後民三万五千八百余戸、散処諸府・衛、籍為軍者、給衣糧、民給田。又以沙漠遺民三万二千八百余戸、屯田北平。置屯二百五十四、開地千三百四十三頃。復徙江南民十四万於鳳陽。

其の移徙なる者は、明の初め、嘗つて蘇・松・嘉・湖・杭の民の田無き者、四千余戸を徙し、往いて臨濠に耕さしめ、牛・種・車・糧を給して、以て之れを資遣し、三年其の税を征せず。徐達の沙漠を平ぐるや、北平の山後の民三万五千八百余戸を徙して、諸府・衛に散処せしめ、籍して軍と為す者には、衣糧を給し、民には田を給す。又た沙漠の遺民三万二千八百余戸を以て、北平に屯田せしむ。屯を置くこと二百五十四、地を開くこと千三百四十三頃なり。復た江南の民十四万を鳳陽に徙す。

明初の移徙、国家による一地方住民の強制的集団移住について、一は江南の蘇州・松江・嘉興・湖州・杭州五府の無田者四千戸を江北臨濠の耕作に従事させたという記事と、二に大将軍徐達の漠北軍事作戦の展開にからんで屯田を開発させたという二史料である。前者については、次の『明太祖実録』洪武三年六月辛巳二十四日条によった。

上諭中書省臣曰、蘇・松・嘉・湖・杭五郡、地狭民衆、細民無田以耕、往往逐末利而食不給。臨濠朕故郷也。田多未闢、土有遺利、宜令五郡民無田産者、往臨濠開種、就以所種田為己業、官給牛・種・舟・糧、以資遣之、仍三年不徴其税。於是徙者、凡四千余戸。

上、中書省臣に諭して曰わく、蘇・松・嘉・湖・杭の五郡は、地狭く民衆く、細民は田の以て耕する無く、往往にして末利を逐いても食給らず。臨濠は朕が故郷なり。田は多く未だ闢かれず、土は遺利有り、宜しく五郡の民の田産無き者に令して、臨濠に往きて開種せしめ、就きては種うる所の田を以て己が業と為し、官は牛・種・舟・糧を給し、以て之を資遣し、仍お三年其の税を徴せざらしめんと。是に於いて徙る者は、凡そ四千余戸なり。

明太祖は中書省の官僚に指示した。蘇州・松江・嘉興・湖州・杭州五府の無田者四千戸を江北の臨濠府に遷徙させる。牛・種子・舟・食糧を支給し[25]、旅費と生産費用等も与え、租税は三年免除すると。開墾開発等に当たって生産が軌道に乗るのを待つ漢代以来の伝統である。臨濠府は明太祖の出身地であったところから、この地方の安定振興に明太祖は特別な関心と熱意を持っていた。すでに明建国前後のころから太祖の両親以前七代の皇陵墳墓が建設されたが、引き続き洪武二年九月より、この地を中都と名付け広大な国都建設が企図された[26]。先に見たように蘇州府や松江府の富民を移住させて中都を充実させるなど、嘗て秦始皇帝が天下の富民一〇数万を国都咸陽に遷したことの再現を見せた。それを資本の移転とすれば、今回の蘇州・松江・嘉興・湖州・杭州五府の無田者四千戸の移住が労働力の供給であることは自明であろう。なお、洪武七年八月に臨濠府は鳳陽府と改称された。数年間に建設は順調に進展したのであろう。そして、明初の移徙について、右の『明史』食貨志・戸口の文末は「復た江南の民十四万を鳳陽に徙す」という。相当の人口移動政策が断行されたことが分かる。

さて、洪武初年における人口移動政策はもう一つ、軍屯田に関するものであるが、右掲載史料は『明太祖実録』洪武四年六月戊申二十七日条の次の記事によっている。

魏国公徐達駐師北平、以沙漠既平、徙北平山後之民三万五千八百戸、一十九万七千二十七口、散処衛・府、籍為軍者、給以糧、籍為民者、給田以耕。凡已降而内徙者、戸三万四千五百六十、口一十八万五千一百三十二。招降及捕獲者、戸二千二百四十、口一万一千八百九十五。宜興州楼子・塔厓・獅厓・松垜・窑子峪・水峪・臺荘七塞、戸一千三十八、口五千八百九十五、永平府夢洞・山

表3　洪武4年、北平府管内屯田

州県名	屯田数	戸数	1屯田当り戸数
大興県	49	5745	117.24
宛平県	41	6166	150.39
良郷県	23	2881	125.26
固安県	37	4851	131.11
通州	8	916	114.50
三河県	26	2831	108.88
漷州	9	1155	128.33
武清県	15	2031	135.40
薊州	10	1093	109.30
昌平県	26	3811	146.58
順義県	10	1370	137.00
計	254	32850	129.33

出典：『明太祖実録』洪武四年六月戊申条。

雕・窩匡・高家峪・大斧匡・石虎・青礦洞・荘家洞・楊馬山・買驢独匡・判官峪十一塞、戸一千二百二、口六千。達又以沙漠遺民三万二千八百六十戸、屯田北平府管内之地。凡置屯二百五十四、開田一千三百四十三頃。大興県四十九屯、五千七百四十五戸、宛平県四十一屯、六千一百六十六戸、良郷県二十三屯、二千八百八十一戸、固安県三十七屯、四千八百五十一戸、通州八屯、九百一十六戸、三河県二十六屯、二千八百三十一戸、漷州九屯、一千一百五十五戸、武清県一十五屯、二千三十一戸、薊州一十屯、一千九十三戸、昌平県二十六屯、三千八百一十一戸、順義県一十屯、一千三百七十戸。

徐達（一三三二～八五年）は明太祖と同郷の出身で武将第一として太祖に信任された。洪武三年（一三七〇）正月、右丞相をもって征虜大将軍に任ぜられ、大軍を率いて北伐に向かい、モンゴル高原南部の漠南の地に拠った北元勢力を壊滅させた。その功績で魏国公に封じられ、ついで翌四年四月より七月まで北平（現、北京）に駐在して諸衛を設置整備した。右文はじめに見える山後とは、北京の背後を東北より西南に走る山脈があり、そこには長城が築かれている。[27]モンゴル帝国は漠南の地に上都を定め、中国計略の根拠地としたが、特に山後の地、すなわち長城地帯の北部周縁地方を太祖チンギスカン時代に宣寧府、ついで太宗オゴタイ汗七年（一二三五）に山西東路総管府とし、世祖フビライ汗の中統四年（一二六三）に、宣徳府と改め、上都路に隷せしめた。ついで世祖至元三年（一二六六）に地震が起こった責任を感じて順寧府と改めた。宣徳・宣平・順聖三県と保安州・蔚州の二州を領した。洪武四年、徐達はこの地を平定するや、順寧府を廃した。宣徳・宣平・順聖三県と保安州・蔚州の二州もこの年に廃止された。

徐達は北平山後之民三万五千八百戸、一十九万七千二十七口を遷徙して、衛・府に散在させたのであるが、その籍を軍と為す者には、軍糧を給し、その籍を民と為す者には、田産を支給して耕作させた。この場合、軍と為す者は衛・所に所属することは明らかだが、民籍がどこの州県に戸籍を所属させたかは不明である。さらに、徐達の軍事行動に伴う移徙政策については、前掲史料に、「凡已降而内徙者、戸三万四千五百六十、口一十八万五千一百三十二。招降及捕獲者、戸二千二百四十、口一万一千八百九十五。宜興州楼子・塔厓・獅厓・松垜・窖子峪・水峪・臺荘七寨、戸一千三十八、口五千八百九十五、永平府夢洞・山雕・窩厓・高家峪・大斧厓・石虎・青礦洞・荘家洞・楊馬山・買驢独厓・判官峪十一寨、戸一千二百二、六千」とあり、強制移住対象人口は合計およそ三万六千戸、口二十万と数えられる。これは先に【表2】の洪武二十六年の北直隷（北平布政使司）の戸・口のそれぞれ一〇％に当たり、決して少ない数字ではない。もっとも、元朝ではモンゴル平原の故地と中華の大元ウルスを結ぶ必要が絶対的であったのに対して、南京を首都とする明はむしろ江南を中心にした国家であって長城地帯は単なる軍事境界線にすぎず、人口皆無状態も明初とすれば、むしろ必要であったとも思える。少なくとも、元末以来の戦乱に疲弊した民力の恢復には良策であったと思う。なお、この地帯の衛所の設置自体も後のことである。

『明太祖実録』洪武四年六月戊申二十七日条の史料の後半は大将軍徐達が沙漠の遺民三万二千八百六十戸を徙して、屯田北平府管内の地に屯（軍屯田、また衛所屯田）、二百五十四を置き、田一千三百四十三頃を開いたとするものである。因みに一屯当たりの田二二・六二頃となる。その州県ごとの内訳を【表3】としよう。その戸数計は三万二千八百五十であるので、一戸当たりの田は〇・〇四〇八七頃、すなわち四畝〇八七であって、これで華北の一家が農家経営できる数字でないことは明らかである。ただ、一屯田当たりの戸数は最小一〇八・八八、最多一五〇・三九、平均一二九・三三となり、彼の明代戸数編成による一里＝一一〇戸に近い数字であることが注目される。屯田集落が里甲制度に関係することを著者は旧著[28]で指摘したが、そもそも屯田の設置基準が一一〇戸の里甲制に関することと自体、屯田にしても里甲制にしても、現実の村落のあり方を前提にしていることは当然である。ただ、その所属耕地面積が再生産を維持するに足りないとしたら、屯民の生活方途はこれを他に求めるほかにないのである。周辺の国境地帯では国外貿易の道もその一つであろう。[29]

『明史』食貨志・戸口は、洪武年間におけるさらにもう一つの事例を挙げる。

戸部郎中劉九皐言、古狭郷之民、聴遷之寛郷。欲地無遺利、人無失業也。太祖採其議、遷山西沢・潞民於河北。後屢徙浙西及山西民於滁・和、北平・山東・河南。又徙登・莱・青民於東昌・兗州。又徙直隷・浙江民二万戸於京師、充倉脚夫。太祖時徙民最多、其間有以罪徙者。

戸部郎中劉九皐言う、古は狭郷の民は、之を寛郷に遷すことを聴せり。地の遺利無く、人の業を失う無きことを欲すればなり、と。太祖は其の議を採り、山西の沢州・潞州の民を河北に遷し。後に屢々浙西及び山西の民を滁州・和州、北平・山東・河南に徙せり。又登州・莱州・青州の民を東昌府・兗州に徙せり。又直隷・浙江の民二万戸を京師に徙し、倉の脚夫に充つ。太祖時に民を徙すこと最も多く、其の間、罪を以て徙さるる者有り。

農業余剰人口の地域ごとの修正補正を行うという行政措置である。財務官僚戸部郎中劉九皐の上言のように、古来土地狭く人多き狭郷の民をこれを土地広く人少なき寛郷に遷すことを認めた。本章で累説してきた「漢代以来の原籍主義」の例外として「地の遺利を残さない」政策の提言である。この方策も『漢書』食貨志にいう「戦国に至り、……是の時李悝、魏の文侯の為に地力を尽すの教えを作す」とある伝統に合致するものであることに注目しておきたい。これが明太祖の農業対策の基本の一であり、地の遺利無く、人の業を失う無きことに全力を挙げた。太祖は其の議を採り、山西の沢州・潞州の民を河北に遷し。後に屢々浙西の民を江北の滁州・和州に移動させ、山西の民を北平・山東・河南に徙した。又山東の登州・莱州・青州の民を同じく東昌府・兗州に徙した。又直隷・浙江の民二万戸を京師南京に徙し、倉の脚夫に充てた。最後のものなどは単に農業余剰人口というだけでなく、国都南京の流通機構の整備に人員を振り向けたとも考えられる。

太祖時に民を徙すこと最も多くというごとく明太祖の地域ごとの人口再配分政策は徹底していた。その上に、其の間、罪を以て徙さるる者有りというのである。

結　び

以上のごとき『明史』食貨志に見える明太祖の徙民政策は、『明太祖実録』によれば、洪武二十一年八月条に山西沢州・潞州の民を河北、と言っても河南帰徳州及び太興県を含めた黄河南の地も該当するから、河北河南の地へ移動させたことが見え、また洪武二十二年四月己亥朔の条には、蘇州・松江・杭州・湖州・温州・台州の無田の民を、淮河以南の滁州・和州に徙した記事が見える。さらに、同二十二年九月甲戌には、山西の民を募って北平・山東・河南の地の曠土に移住させたことが見える。地主制が発展して無田者が増大した江南地方はともかく、山西の民が人口移動、徙民政策の対象とされているのは、農民が窮乏化して農業生産が維持できない状態になったためと思われる。いずれにしても、明太祖の徙民政策は相当にきめの細かい行政を現しているのであって、それゆえに戸口と田土統計のセンサスも正確であったものと思われる。明初が明一代を通じて、戸口・田土の各数字が一番多いという一見奇妙な数字の持つ意味である。

明王朝は明太祖が作った国家政府である。その制度の善し悪しはともかくにも明太祖の徳性に由緒がある。内閣や北京遷都に伴う制度でその起源を太宗成祖永楽帝にあるものを除けば、すべて明太祖に帰す。明の祖宗の法とは明太祖のそれである。それに全国各地に明太祖の覇業に対する特別な思いが込められていた。特に江北龍飛の地は著しかった。女真族金の中国浸入以来、金南宋の国境地帯となり、人口減少を経験し、加えて、元末の紅巾乱徒の戦場となった江北の地は明太祖の出現で一気に地域復興の夢が膨らんだ。国家も手厚い地域保護の政策を進める。人は集まってきた。南直隷、安徽、直隷穎州の正徳『穎州志』巻三、版図に載せる明王朝一代の戸口統計は異常な増加である。

按長編、宋室不競生民塗炭。建炎二年戊申、高宗南巡、金酋奄穎昌、遷其民於河北、乃以其地畀劉豫。紹興三年春三月、李横始復取之。三月又為豫所陷。其後南侵、豫子麟屯順昌、聞藕塘敗、始抜砦去。及豫廃金虜、以故地帰宋。順昌太守陳規、撫綏遺民、未幾虜敗盟猖獗。岳飛・劉錡・王貴・岳雲、相継拒禦、奈何賊檜沮撓売。国急詔岳武、穆班師。淮北之民、負戴従而南。金虜兀朮忿中原難治、又駆従而北。於是河淮之界、蕩為荒墟。自時厥後二百余年、左袵淪汚。至正辛卯、州人劉福通紅巾倡乱、陥穎州。大明昌運、汝穎兵興、民之従龍者、席捲而行。及天下大定、故家旧人、寥寥村落、十余年間、遺民稍復。又為黄河蕩析、至是百年。河徙患息、流民帰聚。生歯雖日滋、而図籍不復古矣。

洪武十四年辛酉人戸一千七百戸、分置十四里。

洪武二十四年辛未、一如旧額。

永楽元年癸未人戸一千五百五十戸。

永楽十年壬辰人戸一千六百二十三戸。

永楽二十年壬寅人戸一千六百三十八戸。

宣徳七年壬子人戸一千六百八十戸。

正統七年壬戌人戸二千一十八戸。土居主戸一千六百八十戸、流移客戸三百三十八戸。

景泰三年壬申人戸二千九百戸。土居主戸一千七百戸、流移客戸一千二百戸。

天順六年壬午人戸四千六百三十八戸。土居主戸二千四百七十八戸、流移客戸二千一百六十戸。

成化八年壬辰人戸六千一百八十二戸。土居主戸二千五百三十二戸、流移客戸三千六百五十戸。

成化十八年壬寅人戸八千九百戸。土居主戸二千五百四十四戸、流移客戸六千三百五十六戸。


洪武十四年の戸数は永楽から宣徳間一時若干の減少を見る。正統以後増加に転じた。特に流移客戸の増加が著しい。ただ、その裏打ちになるような行政の措置は明らかではない。正統以後の変化については本書の各章で言及しよう。

注

（1）　川勝守『中国封建国家の支配構造』東京大学出版会、一九八〇年、参照。
（2）　梁方仲『中国歴代戸口・田地・田賦統計』上海人民出版社、一九八〇年。
（3）　清水泰次「明代の人口」『東亜攷究会会報』四号、一九二二年、同、「明代の戸口冊（黄冊）の研究」『社会経済史学』五巻一号、一九三五年、

横田整三「明代に於ける戸口の移動現象に就いて」『東洋学報』二六巻一、二号、一九三八、九年。

（4）趙文林・謝淑君『中国人口史』人民出版社、一九八四年。

（5）和田清『中国史概説』下、岩波書店、一九五一年。しかし、明太祖朱元璋出身地の安徽省鳳陽県と漢高祖劉邦出身地の江蘇省徐州沛県とは至近距離にあり、明太祖は常々自己の起業を漢高祖に準えて互いに社会の下層から立身したことを述懐している。また帝位推戴も父老の勧進という共通の演出も試み、その農本主義も漢高祖を意識したかも知れない。ただ、漢高祖の場合、秦末起義の競争相手である楚項羽がむしろ江南をも基盤としていたのに対すると、漢高祖は江南を基盤として全国を統一したとは言えない。

（6）中央研究院歴史語原研究所校印『明太祖実録』巻二十六、呉元年十月乙未条。なお、本書で使う明実録は特に断らないときは、すべて台湾中央研究院歴史語原研究所校印本である。

（7）鶴見尚弘「明代における郷村支配」、岩波講座『世界歴史』十二、一九七一年。

（8）田中正俊「明末清初江南農村手工業に関する一考察」『和田博士古稀記念　東洋史論叢』講談社、一九六一年、後、同著『中国近代経済史研究序説』東京大学出版会、一九七三年。

（9）川勝守、前掲『中国封建国家の支配構造』七〇頁、参照。

（10）鶴見尚弘、前掲「明代における郷村支配」五九頁、参照。

（11）藤井宏「明代の田土統計に関する一考察（一）～（三）」『東洋学報』三〇巻三、四号、三一巻一号、一九四三、四七年。

（12）梁方仲、前掲『中国歴代戸口・田地・田賦統計』三三一頁、参照。

（13）『草木子』巻三、上。

（14）『宋学士文集』巻八、故盧陵張光遠墓誌銘。

（15）『紀録彙編』所収、「続停驂録摘抄」。

（16）山根幸夫「『元末の反乱』と明朝支配の確立」、岩波講座『世界歴史』十二、一九七一年。

（17）陳高華「元末浙東地主与朱元璋」『新建設』一九六三年五期、等、参照。

（18）川勝守、「張居正丈量策の展開―特に明末江南における地主制の発展について―（1）（2）」『史学雑誌』八〇編三号、四号、一九七一年、後、前掲『中国封建国家の支配構造』所収、及び、西村元照「張居正の土地丈量―全体像と歴史的意義把握のために―（上）（下）」『東洋史研

究』三〇巻一号、二・三号、一九七一年、参照。
(19) 森正夫「明初江南の官田について─蘇州・松江二府におけるその具体像─（上）（下）」『東洋史研究』十九巻三、四号、一九六〇、六一年、及び、同、「16世紀太湖周辺地帯における官田制度の改革（上）（下）」『東洋史研究』二十一巻四号、二十二巻一号、一九六三年、後、同著『明代江南土地制度の研究』同朋舎、一九八八年、所収。
(20) 西嶋定生「松江府に於ける棉業形成過程について」『社会経済史学』十三巻十一、十二号、一九四四年、同「支那初期棉業の成立とその構造」『オリエンタリカ』二号、一九四九年、等、後、同著『中国経済史研究』東京大学出版会、一九六六年、所収。
(21) 松本善海（分担）『明史食貨志譯註』上巻、一八頁、東洋文庫、一九五七年。松本氏は関連先行論文として、清水泰次「明代の流民と流賊」『史学雑誌』四六編二、三号、一九三五年、横田整三「明代に於ける戸口の移動現象に就いて」『東洋学報』二六巻一、二号、一九三八、三九年、を挙げている。
(22) 加藤繁・訳注『史記平準書・漢書食貨志』一二二頁、岩波書店、一九四二年。
(23) 川勝守『明清江南市鎮社会史研究』八〇頁、汲古書院、一九九九年、参照。
(24) 松本善海、前掲『明史食貨志譯註』上巻、一八・一九頁、参照。
(25) 牛・種子・舟・食糧と実録は舟を示す。この個所の前掲明史は車、南船北馬が思い出されるが、ご愛嬌的互換ミスである。
(26) 王剣英『明中都』中華書局、北京、一九九二年、参照。
(27) 八達嶺は著名な長城の一地点である。したがって、山後はその山脈、言い換えれば長城の背後、モンゴル高原に続く一帯で、明代では英宗の時にオイラート・エセン（也先）がここを破って北京に迫り、応戦した英宗を土木堡に捕虜にした事件は有名である。
(28) 川勝守、前掲『中国封建国家の支配構造』七〇頁、参照。
(29) 明初には「商屯」なる特異な制度があり、これも関連すると思う。塩商人に屯田を請け負わすのであるが、当然その農業労働力を軍屯田民に仰いだことは容易に考えられる。しかし、その制度は永続できず、途中で立ち消えとなる。これはそもそも明初の北京周辺屯田経営の破綻を示すものであろう。

第二章　明代塩法の流通構造

はじめに

明代に戸口食塩とよぶ特異な塩制度、すなわち塩法があった[1]。官民に塩を強制的に配給し、代価を納入させる制度である。この問題は主として塩制度である塩法で取り上げられてきた。中国では広大な面積の割合に、海岸線が短く、塩の産地が限られていた。その産地は先秦時代以来、山西南部解州塩池の解塩がその中心であった。解塩はまた池塩ともいう。古代王朝の殷はこの地の塩を占有し、塩を四方の民族に販売して商業流通の主導権を握った。殷がまた商という国名を持つ所以である。もっとも地名、固有名詞の商が普通名詞の商行為、商業に転化したのである。周王朝でも殷人は塩販売を担当したが、やがて春秋時代の晋、戦国時代の魏がいずれも解州塩の生産と流通を独占して、六カ国に経済的主導権を握っていた。他方、春秋末期から鉄製農具が使用されて、山東や長江下流域が開発されると、山東半島の斉や東南沿海の呉・越が海塩生産を以て覇を称え、交易の利を追求する商人の活動が活発になる。斉や呉・越は魚塩の地と称され、魚介類とともに海塩を生産した。海塩を中国では末塩と称するように商業対象であったことが注目される。中国の塩は他に地下の塩岩を水に解かし井戸で汲み上げる井塩が四川や雲南地方にあるが、西方陝西・甘粛省や新疆・内モンゴル地方にも岩塩や塩池がある。ただ、歴代王朝では四川の井塩や甘粛の池塩は地方的流通に止まり、国家が主に塩法の対象にした塩は山西池塩か山東・江蘇・浙江・福建の東南地方の末塩であり、やがて明清期には渤海湾沿岸の長蘆塩も加わる[2]。

本章は明代戸口食塩を流通構造史との関連で取り上げる。塩法そのものを課題とするのではない。それでも塩の国家による専売制と塩の販売網、行塩区とよばれる問題は明清時代における物品の流通構造の前提を為すので適宜検討を加えることにする。

第一節　明初の塩法と行塩区画

明初の塩行政制度である塩法について、『明史』食貨志・塩法[3]は次のように言う。

丙午歳、始置両淮塩官、呉元年置両浙塩官。洪武初、諸産塩地次第設官。都転運塩使司六、曰両淮、曰両浙、曰長蘆、曰山東、曰福建、曰河東。塩課提挙司七、曰広東、曰海北、曰四川、曰雲南。雲南提挙司凡四、曰黒塩井・白塩井・安寧塩井・五井。又陝西霊州塩課司一。

丙午の歳に始めて両淮の塩官を置き、呉元年に両浙の塩官を置く。洪武初、諸産塩地に次第に官を設く。都転運塩使司六あり、両淮と曰い、両浙と曰い、長蘆と曰い、山東と曰い、福建と曰い、河東と曰う。塩課提挙司七あり、広東と曰い、海北と曰い、四川と曰い、雲南と曰う。雲南の提挙司は凡そ四あり、黒塩井・白塩井・安寧塩井・五井と曰う。又た陝西霊州の塩課司一あり。

丙午歳とは至正二十六年（一三六六）であるが、この年四月に朱元璋は両淮地方を占領した。時に朱元璋はすでに西方の群雄陳友諒を江西鄱陽湖上の水戦で撃破し、返す刀で東に向かい蘇州城張士誠を平定し、江南統一を急いでいた[4]。両淮は塩商人あがりの張士誠の出身地であり、北方を睨む重要な拠点であった。ここを計略することで張士誠は孤立させられる。ただ、両淮を占領した限りは、進駐軍の責任として両淮塩法担当の行政官を決め、その最善の行政施策を行う必要がある。丙午歳の翌年が呉元年（一三六七）である。数年前に浙東地方を占領下に入れていたが、呉元年には張士誠から杭州、ついで嘉興、さらに張士誠を虜として以降、蘇州・松江両府一帯を占拠した。そして明建国後の洪武初年の各地の諸産塩地に塩官を設置していった。その大綱は全国主要行塩区画を両淮、両浙、長蘆、山東、福建、河東の六都に分け、各都転運塩使司を置いた。その他に広東、海北、四川、雲南黒塩井、雲南白塩井、雲南安寧塩井、

表１　明洪武期、塩官司組織表

産塩地名	塩官司名称	所轄分司	批験所	塩場・塩課司数	塩引歳額
両淮	都転運塩使司	泰州・淮安・通州	儀真・淮安	30	大352,000余引
両浙	都転運塩使司	嘉興・松江・寧紹・温台	杭州・紹興・嘉興・温州	35	大220,400余引
長蘆	都転運塩使司	滄州・青州	長蘆・小直沽	24	大63,100余引
山東	都転運塩使司	膠莱・濱楽	濼口	19	大143,300余引
福建	都転運塩使司			7	大104,500余引
河東	都転運塩使司				大152,000余引
広東	塩課提挙司			14	大46,800余引
海北	塩課提挙司			15	大27,000余引
四川	塩課提挙司			17	大25,318余引
雲南黒塩井	塩課提挙司			3	大4,569余引
雲南白塩井	塩課提挙司			1	
雲南安寧塩井	塩課提挙司			1	
雲南五井	塩課提挙司			7	
陝西霊州	塩課司				大13,338余引
計	14司		173余		大1,152,325余引

典拠：『明史』食貨志・塩法、正徳『大明会典』巻35、戸部20、庫蔵、塩法。及び万暦『大明会典』巻32、33で補う。

雲南五井の七塩課提挙司による管理を行わせた。また、陝西霊州に塩課司一が置かれた。

『明史』食貨志・塩法は以下、六都転運塩使司、七塩課提挙司、及び陝西霊州の塩課司について、それらに所属する所轄分司及び批験所などを説明する。これを【表１】の「明洪武期、塩官司組織表」に作成しよう。

これによれば、六都転運塩使司中で両淮都転運塩使司に泰州・淮安・通州の三所轄分司があり、また儀真・淮安の二批験所がある。批験所は塩荷物の検査所ではあるが、商人の塩販売取引の免許状である塩引の確認、及び袋詰重量の検閲に重点が置かれた。課税管理が中心で、専売逃れの密売用の塩、すなわち私塩通行防止が目的である。中国の流通が品質管理でなく、課税逃れ、脱税行為を重視していることが分かる。

次に両浙都転運塩使司には杭州府に置かれた両浙都転運塩使司のほかに、嘉興・松江・寧紹・温台の四所轄分司がある。松江府ははじめ浙江に属し、後に蘇州府とともに南直隷、江蘇省分となる。現在の上海市付近の松江府から南へ嘉興府、紹興府・寧波府・台州府・温州府と続き、批験所は杭州・紹興・嘉興・温州と地域交通経済の重要拠点に設置された。

長蘆都転運塩使司は渤海湾北部沿海であるが、滄州・青州と河北・山東に二所轄分司があり、長蘆・小直沽の二批験所があった。

山東都転運塩使司には膠莱・濱楽の二所轄分司があり、濼口の批験所が附属する。

問題は六都転運塩使司と言っても、所轄分司や批験所が所属するのは両淮、両浙、長蘆、山東の四都転運塩使司であって、その他の福建、河東の二都転運塩使司には所轄分司も批験所も確認できない。規模が小さく、地域も狭いからであろう。さらに、七塩課提挙司も全く所属機関がない。流通構造上の役割がさらに小さいからであろう。なお、塩場＝塩課司や塩引歳額についても、『明史』食貨志・塩法は概説的であり、しかも記載漏れがある。だいたいの傾向が分かるに止まるに過ぎない。そこで「諸司職掌」以下の明代史料に即してより塩法の具体を確認しておこう。

「諸司職掌」の産塩官司や塩引額、及び行塩地方についてを【表2】に作成する。これによれば、六都転運塩使司、七塩課提挙司の名称は長蘆が北平河間塩運司となっているのを除けばだいたい同じである。また塩場数は、両浙、福建、山東、北平河間（長蘆）の四都転運塩使司と広東、海北の二塩課提挙司分の塩場数は同数である。変動が見られるのは両淮は三十場が二十九場となり、四川の十七井は上流等九井以下五十三井となり、もし井が塩場とすれば、大幅な増加となっている。雲南四井も特に五井塩課提挙司の七井という数が不明となっている。歳辦額の異同もだいたい同じことが言える。

【表2】の重要データは行塩地方の府州名の列挙である。これにより、各産塩六都転運塩使司、七塩課提挙司等の生産塩がどこの地域に流通販売されるかが分かるのである。なお、【表2】では歳弁塩額を大塩引額と同斤額と両方とも表に示した。

塩引は宋以降の塩専売制である通商法、あるいは商専売法において、官が塩商人に下付する塩販売の免許証である。北宋王安石時代の煕寧七年（一〇七四）にその名が初見されるとされるが、塩販売免許証として法制化されたのは崇寧年間（一一〇二〜〇六年）という。[5]塩引により塩販売地が指定されるに至る。元は一袋二〇〇斤（一斤五〇〇グラムとすれば一〇〇キログラム）の二袋分四〇〇斤を一引とする制であったが、明初、一引によって販売を許可される塩の量を二〇〇斤（明では一斤六〇〇グラム、一引一二〇キログラム）としたが、塩生産者である竈戸から徴収する塩は依然として一引四〇〇斤として計算した。そこで両者を区別するために四〇〇斤を一引とするものを大塩引、その半額二〇〇斤を一引とするものは小引と呼んだ。

さて、【表2】中で大引塩額の確認できない地方があり、陝西、四川、雲南、及び河東である。もっとも河東は明初、塩法制度そのものの施行がよく分からない。なにか混乱があったようである。陝西、四川、雲南はその行塩地方が一省分、あるいはさらにその一地

表２　明洪武26年（1393）、「諸司職掌」の産塩官司・塩引額と行塩地方

産塩官司名	塩場数	歳辦塩・大塩引額	歳辦塩・斤額	行塩地方
両浙塩運司	35	22万0457引200斤	8818万3000斤	杭州府・紹興府・寧波府・台州府・温州府・蘇州府・衢州府・処州府・徽州府・嘉興府・湖州府・松江府・厳州府・常州府・鎮江府・広信府・金華府・広徳州
福建塩運司	7	10万4572引300斤	4182万9100斤	福州府・興化府・泉州府・汀州府・漳州府・邵武府・建寧府・延平府
山東塩運司	19	14万3387引150斤	5735万4950斤	済南府・青州府・兗州府・東昌府・莱州府・東平州・開封府・登州府・徐州・邳州・宿州
両淮塩運司	29	35万2576引100斤	14103万0500斤	応天府・寧国府・太平府・揚州府・鳳陽府・廬州府・安慶府・池州府・淮安府・和州・南昌府・九江府・南康府・建昌府・贛州府・南安府・臨江府・撫州府・吉安府・袁州府・瑞州府・饒州府・武昌府・黄州府・沔陽州・岳州府・夷陵州・荊州府・常徳府・長沙府・澧州・沅州・衡州府・徳安府・辰州府・安陸州・靖州・襄陽府・宝慶府
北平河間塩運司	24	６万3153引300斤	2526万1500斤	順天府・真定府・保定府・順徳府・広平府・大名府・(長蘆塩運司、後増)・永平府・河間府・隆慶府・保安州・彰徳府・衛輝府
広東塩課提挙司	14	４万6855引100斤	1874万2100斤	広州府・肇慶府・恵州府・韶州府・南雄府・潮州府・徳慶府
海北塩課提挙司	15	２万7040引200斤	1081万6200斤	雷州府・高州府・廉州府・桂林府・柳州府・梧州府・潯州府・慶遠府・南寧府・平楽府・瓊州府・永州府・彬州・太平府・田州府・思明府・鎮安府・龍州・泗城州・奉議州・利州・桂陽州
陝西	西和県 漳県		13万1530斤 51万5670斤	鞏昌府・臨洮府・河州
四川塩課提挙司	上流等９井＊ 永通等７井＊ 郁山井＊ 涂甘井＊ 雲安場等２井＊ 通海等３井＊ 福海等６井＊ 広福等３井＊ 華池等３井＊ 新羅等２井＊ 富義等11井＊ 羅泉等２井＊ 黄市等２井＊ 仙泉井＊		191万9570斤 84万4770斤 22万6800斤 16万4200斤 212万4620斤 24万4330斤 49万0770斤 22万4470斤 22万4220斤 72万5500斤 188万8000斤 31万1300斤 69万0040斤 ３万8850斤	成都府・嘉定府・叙州府・潼川州・保寧府・順慶府・広元・夔州府・広安州・雅州
雲南五井塩課提挙司 雲南黒塩井塩課提挙司 雲南安寧塩井塩課提挙司 雲南白塩井塩課提挙司		折綿布720段	27万2137斤 57万2340斤 77万2680斤 21万0720斤	
河東塩運司（後増）			6080万0000斤	西安府・漢中府・延安府・鳳翔府・懐慶府・河南府・汝寧府・南陽府・平陽府・潞州・沢州・沁州・辺州

典拠：『皇明制書』所収、「諸司職掌」戸部。後増は正徳『大明会典』巻35、戸部・塩法。

表3　明初、行塩地方別歳弁塩斤額戸口対応表

産塩官司名	分司名	塩場・塩課司名	歳辦塩・斤額(A)	行塩地方	略称	戸数	口数(B)	A／B斤	備考
両浙都転運		許村場・本司仁和場	8818万3000斤	杭州府・紹興府・寧波府・台州府・温州府・蘇州府・	浙江	213万8225	1048万7567		
塩使司	嘉興分司	西路・鮑郎・蘆課・海沙・横浦		衢州府・処州府・徽州府・嘉興府・湖州府・松江府・	蘇	49万1514	235万5030		
	松江分司	下沙・青村・袁浦・浦東・天賜・青浦・下沙二・下		厳州府・常州府・鎮江府・広信府・金華府・広徳州	徽	12万5548	59万2364		
		沙三			松	24万9950	121万9937		
	寧紹分司	西興・銭清・三江・曹娥・龍頭・石堰・鳴鶴・清泉・			常	15万2164	77万5513		
		長山・穿山・玉泉・大嵩・昌国正監			鎮	8万7364	52万2383		
	温台分司	永嘉・双穂・長林・黄巌・杜瀆・長亭・天富南監・			広信	5万1920	＊25万1910		①
		天富北監			広徳	4万4267	24万7979		
						計339万0952	1645万2683	5.3598	
両淮都転運	泰州分司	富安・拼茶・安豊・角斜・梁垜・東台・何垜・小海・	14103万0500斤	応天府・寧国府・太平府・揚州府・鳳陽府・廬州府・	南直	73万9424	486万1821		②
塩使司		草偃・丁渓		安慶府・池州府・淮安府・和州・南昌府・九江府・南	江西	150万2003	873万0571		③
	淮安分司	白駒・劉庄・廟湾・板浦・伍祐・徐瀆・莞瀆・臨洪・		康府・建昌府・贛州府・南安府・臨江府・撫州府・吉	湖広	77万5851	470万2660		
		新興		安府・袁州府・瑞州府・饒州府・武昌府・黄州府・沔					
	通州分司	呂四・余東・余中・余西・金沙・西亭・石港・馬塘・		陽州・岳州府・夷陵州・荊州府・常徳府・長沙府・澧					
		掘港・豊利・天賜		州・沅州・衡州府・徳安府・辰州府・安陸州・靖州・					
				襄陽府・宝慶府		計301万7278	1829万5052	7.7087	
福建都転運		上里・浯州・海口・牛田・恵安・汭州・潯美	4182万9100斤	福州府・興化府・泉州府・汀州府・漳州府・邵武府・	福建	81万5527	391万6806		
塩使司				建寧府・延平府				10.6794	
山東都転運	膠莱分司	信陽・濤洛・石河・行村・登寧・西由・海滄	5735万4950斤	済南府・青州府・兗州府・東昌府・莱州府・東平州・	山東	75万3876	525万5876		
塩使司				開封府・登州府・徐州・邳州・宿州	開封	9万4270	65万7231		④
	濱楽分司	王家岡・官台・固堤・新鎮・寧海・高家港・豊国・			徐州	2万2683	18万0821		
		永阜・利国・豊民・富国・永利			邳・宿	1万0780	7万5156		⑤
						計88万1609	616万9084	9.2972	
河間長蘆都	滄州分司	海閏・阜民・利国・海豊・利民・益民・海阜・阜財・	2526万1500斤	順天府・真定府・保定府・順徳府・広平府・大名府・	北平	33万4792	192万6595		⑥
転運塩運司		富民・閏国・深州海盈		永平府・河間府・隆慶州・保安州・彰徳府・衛輝府	彰徳	3万1790	18万2938		⑦
	青州分司	越支・厳鎮・恵民・興国・富国・蘆台・豊財・厚財・		(後増)	衛輝	2万3320	15万7284		⑧
		三汊・石碑・帰化・済民				計38万9902	226万6817	11.1440	
広東塩課		小江・石橋・東莞・招収・靖康・矬峒・隆井・淡水・	1874万2100斤	広州府・肇慶府・恵州府・韶州府・南雄府・潮州府・	広東	67万5599	300万7932		
提挙司		双恩・鹹水・帰徳・黄田・海晏・香山		徳慶府	減	▲10万6920	▲75万0375		⑨
						計56万8679	225万7557	8.3019	
海北塩課		博茂・新安・武郎・茂暉・白石・大小英感恩・臨川・	1081万6200斤	雷州府・高州府・廉州府・桂林府・柳州府・梧州府・	広西	21万1263	148万2671		
提挙司		三村馬梟・官寨丹兜・白沙・博頓蘭馨・西塩白皮・		潯州府・慶遠府・南寧府・平楽府・瓊州府・永州府・	雷・高・廉・瓊	10万6920	75万0375		⑩
		蚕村調楼・陳村楽会・東海		彬州・太平府・田州府・思明府・鎮安府・龍州・泗城					
				州・泰議州・利州・桂陽州		計31万8183	223万3046	4.8437	

河東都転運塩使司	解塩東場分司 解塩西場分司 解塩中場分司		6080万0000斤	西安府・漢中府・延安府・鳳翔府・懐慶府・河南府・汝寧府・南陽府・平陽府・潞州・沢州・沁州・遼州（後増）	陝西	29万4526	231万6569		⑪
					減	▲２万9370	▲23万1006		
					河南	31万5617	197万2542		
					減	▲14万9380	▲99万7453		⑫
					平陽＋	22万6270	154万7415		⑬
						計65万7663	692万4636	10.2622	
陝西		霊州塩課司		鞏昌府・臨洮府・河州	鞏・臨・河	２万9370	23万1006		⑭
		西和県	13万1530斤						
		漳県	51万5670斤						
			計64万7200斤					2.8017	
四川塩課提挙司		広福等３井	22万4470斤	成都府・嘉定府・叙州府・潼川州・保寧府・順慶府・広元・夔州府・広安州・雅州	四川	21万5719	146万6778		
		仙泉井	３万8850斤						
		華池等３井	22万4220斤						
		郁山井	22万6800斤						
		通海等３井	24万4330斤						
		涂甘井	16万4200斤						
		上流等９井	191万9570斤						
		永通等７井	84万4770斤						
		羅泉等５井	31万1300斤						
		黄市等２井	69万0040斤						
		大寧県大寧場							
		福興等６井	49万0770斤						
		新羅等２井	72万5500斤						
		雲安場等５井	212万4620斤						
		富義等13井	188万8000斤						
	塩井衛	黒塩井							
		白塩井	小計1011万7540					6.8978	⑮
雲南黒塩井塩課提挙司		黒塩井・阿陋猴井・琅井	57万2340斤		雲南	５万9596	25万9270		
雲南白塩井塩課提挙司		白塩井	21万0720斤						
雲南安寧塩井塩課提挙司		安寧塩井	77万2680斤						
雲南五井塩課提挙司		師井・諸鄧塩井・山井塩井・大井塩井・順盪塩井	27万2137斤						
			計182万7877斤					7.0501	

典拠：『皇明制書』所収、「諸司職掌」戸部。後増は正徳『大明会典』巻35、戸部・塩法。

備考欄註：①広信府は江西布政使司所属、戸数を『大明一統志』による。梁方仲『中国歴代戸口・田地・田賦統計』甲表73、参照。口数は両浙都転運塩使司の他の一戸当たりの口数の平均値を求め、これを前傾戸数に掛けた。以下、②以下も同じ手続きである。②「諸司職掌」応天府以下の合計。③「諸司職掌」江西戸口から先の広信府分を減じた。④も①と同じ。⑤も同じ。⑥は左の行塩地方に挙げていない府州も「諸司職掌」北平布政使司分戸口の記載通りに数えた。⑦⑧⑩もすべて①と同じ。⑨広東分から⑩の雷州府・高州府ら四府を除く。⑪⑫⑭も前同。⑬は山西分の平陽府、潞州・沢州・沁州・遼州の合計。⑭は四川の井の総計ではない。総計は不明。

域の限定された流通圏しかない場合である。それらは斤数のみしか示されておらず、大塩引の流通は無かったのかも知れない。明では時代とともに大引は廃れて、専ら小引が通用することとなったとされるが、(6)明初から明前半期の時期においても、小引が流通していたことが窺える事実である。なお、行塩地方の内容の詳細は塩生産地である塩場＝塩課司の詳細や行塩地方の地方行政各々の戸口数との関連等の具体的データを揃えて表に記入した【表3】を作成し、そこで検討を加えたい。

【表3】のデータの根拠は洪武二十六年に成立した「諸司職掌」戸部・塩法条であるが、不明部分を正徳『大明会典』巻三十五、戸部・塩法に引用記載されている「諸司職掌」も参考にして、適宜補っておきたい。なお、戸口数の不明部分は表の最右欄に註を付けた通りである。まず、一番左欄は前二表と異同は無い。ただ、並ぶ順序が【表1】は両淮・両浙・長蘆・山東・福建・河東の六都転運塩使司、次に広東・海北・四川、及び雲南四カ所の塩課提挙司と続き、最後に陝西霊州塩課司であったのに対して、【表2】は両浙・福建・山東・両淮、そして北平河間塩運司、すなわち長蘆都転運塩使司と続く。以上で五都転運塩使司である。次に広東・海北の嶺南二塩課提挙司であり、次に陝西の西和県と漳県分が挙げられている。その下は四川塩課提挙司分の各井計五十三井となり、次に雲南四塩課提挙司となっている。最下欄は河東塩運司となっている。

左欄二番目は分司名であるが、【表1】の所轄分司が両淮・両浙・長蘆・山東の四都転運塩使司であったのに対して、河東にも解塩東場分司、解塩西場分司、解塩中場分司の三分司のあることが分かる。ただし、その詳細は不明である。詳細というのは両淮・両浙・長蘆・山東四都転運塩使司の各分司にはそれぞれ塩場＝塩課司が数多く所属していることが分かり、その具体的所在も知られるのであるのに対して、河東の分司は(7)解州塩池の塩生産一カ所であってそれを行塩地方の方角によって三分したからであろう。

次に分司の地理的な意味を考えてみよう。両浙都転運塩使司は北から松江分司、嘉興分司、寧紹分司、温台分司と並ぶ。長江以南の東シナ海を江蘇南部から浙江省全域に及ぶ。所属塩場、塩生産地は東シナ海の海塩である。そこに示される地名は今日でも松江分司の下沙（川沙）、青村・袁浦・浦東・青浦は上海付近五万分の一地勢図に確認できるほか、今日訪れても各地に地名として残る。それに比して嘉興分司、寧紹分司、温台分司は一、二を除き、ほとんど確認できない。(8)また地勢図や地図でもほとんど不明である。清朝初期に鄭成功に対して取った遷海令などの影響で海浜集落に伝統の断絶があったかも知れない。それでも関係産塩の行塩地方は松江府・嘉興府・杭州府・紹興府・寧波府・台州府・温州府という浙江の主要海浜地区を分割していることが重要である。両浙地区の塩の管理体制は十分というべきであろう。

次に両淮地区の分司は泰州・淮安・通州の三であるが、長江北隣の通州、その北の泰州、最北部の淮安の各分司となる。両淮地方は古来著名な塩場地域で唐代から北宋代が最盛期であったが、一一二七年の靖康の変の後より金・南宋の国境地帯となって、塩生産は激減した。元朝の中国統一以降に恢復に向かったが、元末の紅巾軍の主戦場が近くであった。それでも、蘇州によった張士誠は揚州北部の高郵出身の塩商であったため、塩生産は保護したものと思われる。彼が明太祖に最後まで競争相手であり得たのも塩生産と流通の利益と思われるが、それが比較的被害少なく明太祖に継承されたことは明王朝政府にとって幸運であった。塩場では通州の呂四場、淮安の白駒場が著名で今日にその地名が残る。なお、通州の掘港は如東市の起源となった。ただ、両淮地区の泰州・淮安・通州の三分司の地区区分は両浙の松江・嘉興・寧紹・温台の四分司区分に比すると分司管轄地域が狭く、塩場所属関係も不明瞭である。両淮塩場が過密であることを示すと同時に、後に見るようにその流通取引地区、すなわち行塩地方が広範囲でそれだけ塩額も大きく、そのため両淮塩行政には強力な行政管理が求められたことの現れと思われる。

次に山東都転運塩使司には膠莱・濱楽の二分司がある。膠莱分司は現在の青島市附近の膠州湾から山東半島の北岸、反対側の莱州の海浜塩場を管理し、濱楽分司は現在の済南市東北八〇キロメートルにある蒲台県附近で清河河口一帯の海浜塩場を管理した。塩場地名は未確認である。

次に河間長蘆都転運塩使司には滄州分司と青州分司があるが、前者滄州分司は現在天津市南部近郊に所在し、渤海湾西部の塩場を管理した。後者青州分司は薊州宋家湾の越支場を治した。現在の唐山市の在る、渤海湾北部海浜の塩場管理である。

さて、以下で【表3】の最も重要な行塩地方の流通構造的諸問題に入ろう。最左欄の各産塩官司ごとに行塩地方を確認しておこう。なお、理解を容易にするために【図1】として「明代行塩区画図」を作成したので参照願いたい。

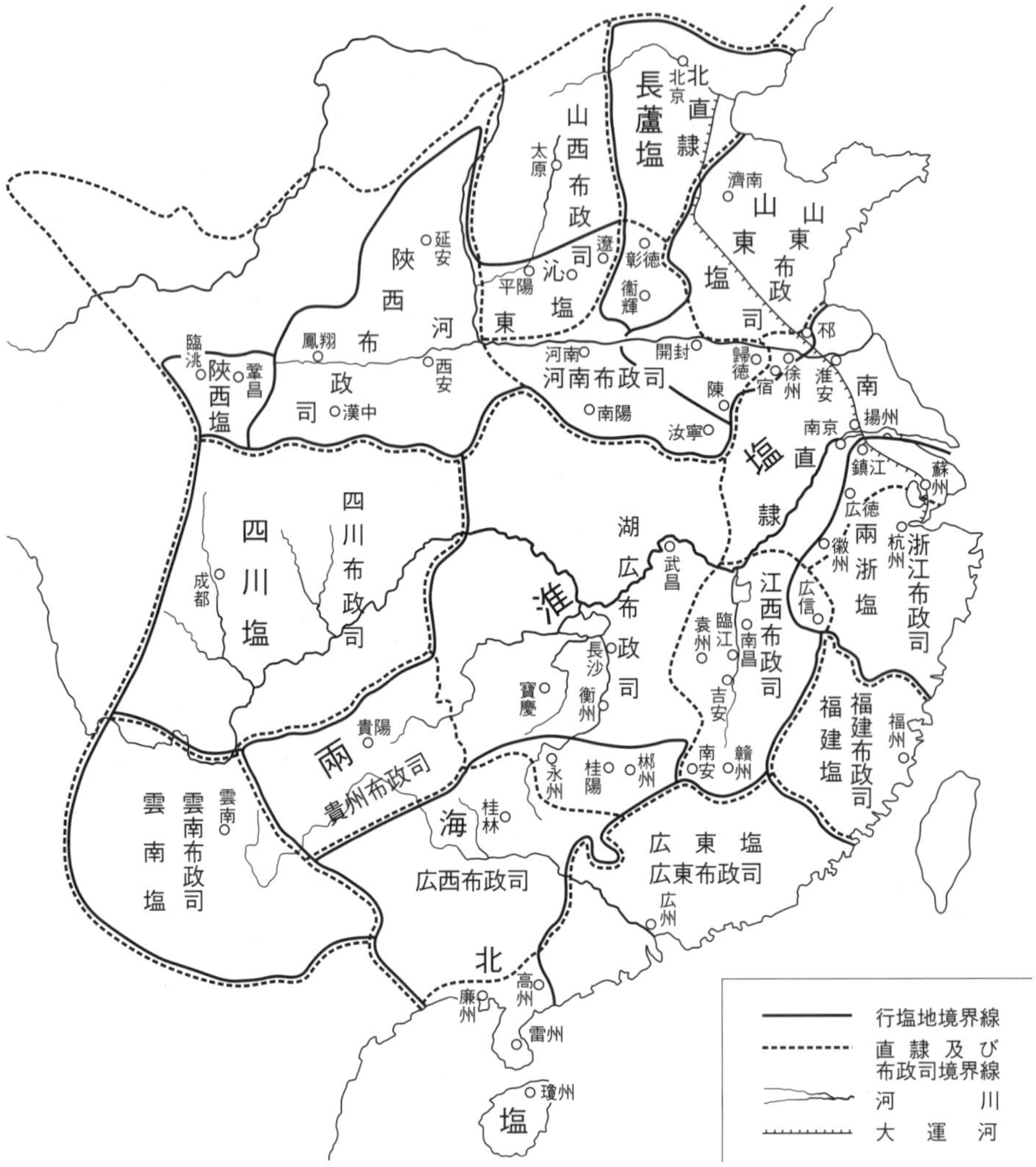
長蘆塩
北直隷
北京
山西布政司
太原
山東塩
山東布政司
済南
陝西布政司
延安
河東塩
沁
遼
彰徳
衛輝
平陽
鳳翔
西安
漢中
臨洮
鞏昌
陝西塩
河南布政司
河南
開封
南陽
汝寧
帰徳
陳
宿
徐州
邳
淮安
南直隷
南京
揚州
鎮江
蘇州
広徳
徽州
杭州
両浙塩
浙江布政司
四川塩
四川布政司
成都
湖広布政司
武昌
長沙
衡州
寶慶
淮
江西布政司
臨江
南昌
袁州
吉安
贛州
南安
広信
福建塩
福建布政司
福州
両
貴州布政司
貴陽
永州
桂陽
郴州
海
桂林
広東塩
広東布政司
広州
雲南塩
雲南布政司
雲南
広西布政司
北
高州
廉州
雷州
瓊州
塩
行塩地境界線
直隷及び布政司境界線
河川
大運河

図1　明代行塩区画図

両浙都転運塩使司関係の行塩地方は杭州府・紹興府・寧波府・台州府・温州府と並び、浙江布政使司行政区域を省都杭州から南方へ海浜沿いに下る。次に一転して直隷管内ではあるが北方の重要都市蘇州府を挙げ、そして杭州西南方の衢州府・処州府と浙江内陸部の塩消費地を挙げ、次に直隷徽州府に続き、さらに再び杭州北方の嘉興府・湖州府を挙げ、嘉興府に続く直隷松江府となる。次に南方厳州府、北方直隷常州府・鎮江府と続き、さらに江西広信府となる。残るは浙江最後の金華府と直隷の広徳州である。以上を纏めると、浙江布政使司全体と直隷の蘇州府・松江府・常州府・鎮江府、それと浙江杭州府・厳州府に隣接した徽州府、厳州府から金華府・衢州府を経てその西隣の江西布政使司広信府が両浙都転運塩使司関係産塩の行塩地方の全体である。水系を中心にして交通的地理的関係を考えてみよう。杭州から厳州までは銭塘江、別名富春江があり、厳州府城で二流、やや北寄りに西方へ溯ると新安江と名を変えて徽州府歙県城に至る。水運の便が宜しい。他方、厳州府からもう一本の支流東陽江を南方へ溯ると金華府域蘭渓県城を通り、衢州府に入り、江山県より山越えすれば江西広信府城は近い。山の向こうには玉山から玉渓水運が利用できる。最後に直隷広徳州は南京応天府南方ではあるが、杭州府ないしその北の湖州府から荊渓沿いに山越え道が古来在る。その便が良いのであろう。要するに北部の蘇州・松江・常州・鎮江は大運河と長江デルタのクリーク水路が交通路、その他はすべて海浜に流れる大小河川水路を溯って塩の流通網が成立したのである。ただし、明代には倭寇という大敵があったことに留意しておこう。

さて、次に第二に挙げられているのは両淮都転運塩使司関係の行塩地方であるが、ここは直隷（南直隷）と江西・湖広の両布政使司分で長江中・下流域である。

南京応天府からまず附近の寧国府・太平府と江南江東諸府があり、次に南京より長江北方の揚州府から右廻りして鳳陽府・廬州府・安慶府と行き、再び長江を南渡して池州府、そして塩産地の中心地たる揚州府北の淮安府・和州となる。ただし、滁州を挙げていないが、ここでは戸口数を補って置いた。[9] したがって直隷分は先の第一グループの両浙分に数えられた直隷の蘇州府・徽州府・松江府・常州府・鎮江府・広徳州の各府州戸口数を除くが、さらに以下の山東分に徐州・邳州・宿州の三州が入っていることも注意したい。両淮塩は大運河を北上しないのである。

次のグループは、江西布政使司の南昌府・九江府・南康府の長江南接、鄱陽湖西部地区、そして鄱陽湖から武陽水を溯上して汝水（建昌江）の突き当たりの建昌府を挙げる。次に贛州府を挙げるが、江西第一の大河である贛江を鄱陽湖から溯上して南昌府城を通過し、途中数府を経て、突き当たりに所在するのが贛州府である。次は贛州府の西隣の南安府、その次はまた南昌府近くにもどり、贛江沿いの臨江府、先の建昌府途中の撫州府を挙げ、次いで臨江府上流の吉安府、袁江府と並ぶ。残るは南昌府西隣の瑞州府、東隣の饒州府で江西は先の両浙分に入れられた広信府を除く全府が含まれている。

次は武昌府以下の湖広布政使司分となる。黄州府、沔陽州（後の承天府内）と長江・漢江水域の湖北分、岳州府・夷陵州の湖南分、また荊州府の湖北分と長江沿いの府州を挙げる。次に湖南分各府州を挙げるが、岳州府西南の大湖洞庭湖附近の常徳府・長沙府と続き、次に岳州府の洞庭湖に注ぐ澧水上流の澧州（岳州府内）、同じく沅水上流の沅州（辰州府）の二州を挙げ、次に長沙府先の衡州府と続く。そして次に再び長江北部の湖北分の徳安府を挙げるが、同府は武昌府・漢口から長江に注ぐ漢水の分流である鄖水沿いに所在する。その次は先の沅州手前の湖南の辰州府、湖北の安陸州（徳安府）、貴州より最深部の湖南靖州、ここも辰州府から贛江を溯る。そして先の武昌府漢口で長江に入る湖北の大河漢水沿いの鄖陽州上流の襄陽府と湖南長沙府の上流の宝慶府で止まる。以上、湖広布政使司管内府州を検討すると、永州府のみが含まれないことが分かる。これは後に海北塩課提挙司分に含まれるのであるが、その理由は湖南からは水系が通ぜず、相当の山越え道となるからである。逆に広西方面からは水系は通じている。

なお、先の両浙都転運塩使司関係も然りであるが、この両淮都転運塩使司関係の行塩地方の府州名の列挙は全く無意味な順序ではなさそうである。その場合、特に江西分と湖広分で明確になったこととして、両省省都をまず挙げ、その周辺を次に挙げることはしても、その次は水系上流地区の府州を挙げることがある。江西では鄱陽湖から武陽水を溯上して汝水（建昌江）の突き当たりの建昌府を挙げ、次に贛州府を挙げるが、江西第一の大河である贛江を鄱陽湖から溯上して南昌府城を通過し、途中数府を経て、突き当たりの府である。次は贛州府の西隣の南安府と言った具合で、その次はまた入口近い府州となる。湖広でも岳州府の洞庭湖に注ぐ澧水上流の澧州（岳州府内）、同じく沅水上流の沅州（辰州府）の二州を挙げ、次に長沙府先の衡州府と続く。入口近い徳安府は後である。同じ奥地でも辰州府より先に沅州が挙げられている。奥地に塩は無い。塩の商業販売の利益の優先順序の感じもするのである。

さて、第三段目の福建都転運塩使司関係産塩の行塩地方は省都会の福州府から南へ興化府、泉州府と海浜沿いに南下した後、内陸の汀州府から海浜の漳州府と福建の一番南部に行く。そして次は福州府から福建第一の大河川の閩江を最深部まで遡った個所に所在する邵武府を挙げ、その東隣、やはり山地の建寧府、延平府と続く。福建の行塩地方は福建一省分であるので、行政の関心は山越えで江西や湖広地方に塩流通が起こるか否かの問題であろう。

次に四段目の山東都転運塩使司関係産塩の行塩地方は山東省都の済南府から青州府、兗州府、東昌府と山東半島西部の海浜から離れた地区を挙げ、その後に青州東方の南北に黄海と渤海湾の海浜地区を持つ莱州府を挙げ、その次に兗州府内北部の東平州、さらに省境を越えて河南の開封府を挙げ、その次に山東半島最先端部の登州府と一応山東全てを挙げた後に江蘇最北部の徐州・邳州・宿州三州を挙げている。ここも行塩地方が山東半島産出塩で完結的で固有な塩消費地を有している。

次に五番目は河間長蘆都転運塩使司関係産塩の行塩地方は現行『皇明制書』本の「諸司職掌」に記述が見えないものである。正徳『大明会典』巻三十五、戸部二十、戸蔵、塩法に行塩地方として、「諸司職掌」の引用がある。山東、両浙、両淮、広東、海北、四川、福建、陝西、雲南の順に行塩地方の府州名を列挙しているが、それは現行『皇明制書』本の「諸司職掌」の記事と全く同じである。その続きに長蘆塩運司〈注記　後補〉とあり、次に河東塩運司〈注記　後補〉とあり、【表3】の行塩地方府州名を示す。これによれば、洪武期の北平布政使司の中心の順天府、次は海浜から離れた真定府、同じく保定府、順徳府・広平府・大名府と内陸部各府を挙げた後に長蘆塩場の現地である永平府、同じく河間府と続く。その次に隆慶州があるが、この地名は後に延慶州となった。もっとも隆慶州は『明史』地理志によれば、永楽十二年の設置であり、永平府に属したので、洪武時期では永平府扱いでよい。保安州も永楽二年に置かれたから、同様である。最後に近くの二府、すなわち彰徳府と衛輝府は河南布政使司分である。彰徳府は河北順徳府邯鄲市の西南、殷墟の在る安陽市の辺りであり、その続き西南方に衛輝府がある。いずれも黄河北部に在り、古くから燕地へ行く街道沿いの各府である。

その下、六番目の広東塩課提挙司分の行塩地方は省都広州府、次にその西隣の肇慶府、広州府東隣の恵州府、広州府北隣の韶州府、その奥の江西に山越えする地区である南雄府、恵州府東隣の福建との省境に位置する潮州府、そして肇慶府西隣の徳慶府（徳慶州）と挙げられている。広東は、やはり広州中心でその四方の府州のみである。

次の七番目の海北塩課提挙司分の行塩地方はまず、広東省最西南部の諸府の中心地である雷州府、その手前、東北にある高州府、雷州府の先、西隣の廉州府と広東布政使司分各府を挙げ、次に広西布政使司の省都の桂林府が挙げられる。次にその西隣の柳州府、広西最東南の広東高州府と接する梧州府、その西隣の潯州府、柳州府西隣の慶遠府、潯州府西隣の南寧府、一転して桂林府東南隣の平楽府、そして再び、広東布政司分となり、雷州府から海を渡る海南島に所在する瓊州府が挙げられる。そして、桂林府から省境を越えて湖広布政司に入り、永州府を挙げる。それより後に挙げられる同じく湖広の彬州、そして広西の太平府・田州府・思明府・鎮安州・龍州・泗城州・奉議州・利州、そして湖広衡州府桂陽州などは多くが少数民族地区府州である。ただし、広西各府州の塩流通も、水系による舟運が交通手段であることは留意しておく必要がある。

次の八番目の河東都転運塩使司関係産塩は山西解州塩、解塩の行塩地方であるが。古来の伝統が感じられる。まず陝西布政司の省都西安府、漢中府、延安府、鳳翔府と陝西主要各府を挙げ、次いで河南懐慶府、河南府、汝寧府、南陽府と河南主要各府を挙げた後に山西布政司の平陽府、潞州、沢州、沁州、遼州を挙げる。なお、山西布政司ではその中部以北の太原府、その北の大同府を挙げていないのは疑問である。何か手違いが感じられる。

次の九番目の陝西霊州塩課司分産塩の行塩地方は鞏昌府・臨洮府、及び河州と言った陝西布政司の西部地区である。

次の十番目の四川塩課提挙司分産塩の行塩地方はまず、省都の成都府、嘉定府、叙州府、潼川州、保寧府、順慶府、次に保寧府北部、古来蜀の桟道と呼ばれ物資交易、交通の要衝たる広元、そして長江三峡の夔州府、順慶府の広安州、そして雅州を挙げている。ここでも重慶府と濾州という巴地方の重要府州を挙げていない。

最下欄の雲南各塩井塩課提挙司は行塩地方名を一切挙げていない。

以上で【表3】の行塩地方について、六都転運塩使司、七塩課提挙司を地区別に考察したが、挙げられた各行塩地方ごとの各府州に

表４　明初、行塩地方ごとの一人当一日塩消費量

地方名	歳弁塩斤額（A）	口数（B）	一口歳弁塩額（A／B）	同、公斤数（g）	同、一日当g
両浙	8818万3000斤	1645万2683	5.3598斤	3215.88	8.8106
両淮	14103万0500斤	1829万5052	7.7087斤	4625.22	12.6718
福建	4182万9100斤	391万6806	10.6794斤	6407.64	17.5552
山東	5735万4950斤	616万9084	9.2972斤	5578.32	15.2831
河間長蘆	2726万1500斤	226万6817	11.1440斤	6686.40	18.3189
広東	1874万2100斤	225万7557	8.3019斤	4981.14	13.6470
海北	1081万6200斤	223万3046	4.8437斤	2906.22	7.9622
河東	6080万0000斤	692万4636	10.2622斤	6157.32	16.8694
陝西	64万7200斤	23万1006	2.8017斤	1681.02	4.6055
四川	1011万7540斤	146万6778	6.8978斤	4138.68	11.3388
雲南	182万7877斤	25万9270	7.0501斤	4230.06	11.5892

典拠：表３。

ついて、主として洪武二十六年の「諸司職掌」を基準として計算してみよう。なお、不明な部分や足りないものを正徳『大明会典』戸口数、及び天順『大明一統志』戸口数で補っておく。なお、作業工程を若干説明すると、各行塩地方に示された府州名を『明史』地理志、各直隷、布政使司の所属府州名に照合し、各直隷府州と各布政使司名に集積した。略称欄がそれである。この欄の処理手続きの注記は最右欄の備考欄に丸数字を付け、これを【表３】欄外下に注記を付けて説明した。特に各布政使司内府州の戸口数は天順『大明一統志』でしか確認できない。ただ、同志は戸数のみで口数の記載がない。その場合には、「諸司職掌」戸口数に挙げた各布政使司の戸数と口数の割合を計算して、それを『大明一統志』の戸数に掛けて計算した。それが各産塩官司地区ごとの戸数と口数である。

そして最後に各産塩官司ごとの歳弁塩の斤数（これをAとする）を各産塩官司行塩地方ごとの口数で割り算した数字を求めた。両浙は五・三五九八斤、両淮は七・七〇八七斤、福建は一〇・六七九四斤、山東は九・二九七二斤、河間長蘆は一一・一四四〇斤、広東は八・三〇一九斤、海北は四・八四三七斤、河東は一〇・二六二二斤、陝西は二・八〇一七斤、四川は六・八九七八斤、雲南は七・〇五〇一斤、という数字が出る。この数字が意味することは一口当たりの年間塩の歳弁額数となり、一人当たりの塩消費量となる。各地方ごとの塩消費量の差違が分かるのであるが、なお、以上を分かり易くするために、各地方ごとの一人当たりの一日塩消費を求めてみよう。これを【表４】とする。

【表４】によれば、一人当たりの一日塩消費量は、両浙が八・八一〇六グラム、両淮が一二・六七一八グラム、福建が一七・五五五二グラム、山東が一五・二八三一グラム、河間長蘆が一

八・三一八九グラム、広東が一三・六四七〇グラム、海北が七・九六二二グラム、河東が一六・八六九四グラム、陝西が四・六〇五五グラム、四川が一一・三三八八グラム、雲南が一一・五八九二グラムとなる。一人当たりの塩消費量として、約一〇グラムの塩消費を標準とすれば、陝西の四・六〇五五グラムがやや少なすぎる他はだいたい基準に合致している。それでも、福建の一七・五五五二グラム、山東の一五・二八三一グラム、河間長蘆の一八・三一八九グラム、河東の一六・八六九四グラムは少し多めであり、特に河間長蘆の一八・三一八九グラムは多い。なお、河東の他、河間長蘆は山西の太原府や大同府、あるいは内モンゴル等にも流通したことは考えられ、これが数字から落ちているとすると、一日一人当たりの塩消費量のグラム数はさらに減じるかもしれない。

それにしても、以上の【表3】【表4】の検討の結果、明初の塩法、特に戸口センサスを基準とした戸口食塩法が具体性を持ち、正確な数字に拠っていたことが確認できることになる。

第二節　明初行塩地方のその後の変更

すでに前節に見たように各地区産出の塩の流通は行塩地方がそれぞれ直隷・布政使司行政区分に大まかにグループ分けされていたのであるが、例外的に幾つかの府州が本来の直隷・布政使司ではなく、他に所属することがあった。両浙都転運塩使司関係の行塩地方では杭州府以下の浙江布政使司行政区域とともに、直隷の蘇州府、徽州府、松江府、常州府、鎮江府、広徳州、さらに江西広信府が含まれていた。蘇州府や松江府は、近接する嘉興府、湖州府、また杭州府とともに浙西地方と呼ばれ、宋元時代には同一の行政区分に属していたことがある。明もはじめはそれに従ったが、南京応天府を国都とした関係と、明太祖朱元璋の覇権に対して、張士誠が蘇州に拠って最後まで抵抗したことに鑑み、蘇州府を直隷の地とする必要が生じたのである。そのために杭州府は紹興府・寧波府以下とともに浙江布政使司を作り、蘇州府や松江府は常州府・鎮江府とともに直隷とされた。しかし、塩の流通地域、すなわち行塩地方の区分となると、東シナ海海浜の南北に長く続く塩場、塩生産地と流通地方を管理すること、特に湖州府・嘉興府と蘇州府・松江府の境界を交通規制することは不可能に近い。そこで両浙都転運塩使司関係の行塩地方は北を鎮江府として、長江を自然の障碍とすることが便利であるとした。鎮江府・常州府と応天府の間は長江と太湖に挟まれ、陸上交通路は狭かった。また中小のクリークは極く少ない。残る課題は太湖と長江の船運管理だけである。なお、江西広信府と直隷広徳州については、すでに前節に述べた通りである。それにしても、両浙都転運塩使司関係の行塩地方は杭州府・湖州府・嘉興府・蘇州府・松江府・常州府・鎮江府と結ぶ大運河や呉興運河、それと蘇州府と松江府間を結ぶ蘇州河以下の大小のクリークによって成立する水路交通を前提としていた。杭州府と紹興府、寧波府も運河があるが、ここは沿海航路も発達している。さらに浙江中部、南部との内陸交通も河川利用が可能であり、その延長に先の江西広信府の行塩地方所属があるのである。[10]

次に第二の両淮都転運塩使司関係の行塩地方は直隷（南直隷）と江西・湖広の両布政使司分で長江中・下流域である。まず、長江そのものの水路交通、舟運が考慮される必要がある。中心地は南京応天府から揚州府、安慶府、江西布政使司の南昌府・九江府以下となり、先の両浙分に入れられた広信府を除く全府が含まれる。次は武昌府以下の湖広布政使司分となる。湖広布政使司管内府州を検討すると、永州府のみが含まれず、その理由としてやはり水系水路交通問題があることを先に指摘した。いずれにしても、この両淮都転運塩使司関係の行塩地方では、塩場が集中する淮安府の北隣に位置し、大運河の水路交通も便利な江蘇最北部の徐州・邳州・宿州三州が山東分に属して両淮分に入らず、また江西の広信府が両浙分に入れられ、湖広分の永州府が海北塩課提挙司分に含まれるなど、他地方への振り替えが見られても、当該両淮都転運塩使司関係の行塩地方に例外的に入ってくる府州名は見られないことが注目される。それだけ両淮分の行塩地方は広大でかつ重要地区なのであろう。なお、明清時代の塩商として著名な新安商人、また徽州商人はこの両淮行塩地方の塩取引を独占したのであった。[11]

福建都転運塩使司関係産塩の行塩地方は全く例外地域がない。福建一省で完結的な流通構造となっている。

山東都転運塩使司関係産塩の行塩地方は山東布政使司全体に加えて、例外地域として、兗州府西隣の河南開封府、及び江蘇最北部の徐州・邳州・宿州三州を挙げている。ただ、江蘇最北部の徐州と河南開封府との間の地域に河南帰徳府が所在するが、帰徳府の行塩地方の指定は記述が見られない。

次に河間長蘆都転運塩使司関係産塩の行塩地方には北平布政使司以外の例外地域として、河南の彰徳府と衛輝府とがある。ただ、この二府は北平布政使司最南部の大名府とともに、水路交通を使用すれば、山東か両淮塩区に連絡でき、その方が便利かも知れない。にもかかわらず、そのような措置を講ぜず、河南の彰徳府や衛輝府を河間長蘆都転運塩使に所管せしめ、その行塩地方にしたのは、古くからの道路管理を前提にもっぱら塩流通の管理行政面からの地理感覚と判断できる。山東や両淮の産塩を河南東部に認めては、塩流通管理が不可能となるのであろう。この点に関して、先に江蘇最北部の徐州と河南開封府との間の地域に河南帰徳府が所在するが、この府の行塩地方の指定が見られないとしたが、その理由は帰徳府には実際に山東からの塩が入っていたが、行政管理上の理由から欠如したとも考えられるのである。

広東塩課提挙司分の行塩地方は全て省都広州府を中心とした広東布政使司東部地区各府であって、例外的地区の府州名の提示はない。それに比して次の七番目の海北塩課提挙司分の行塩地方は複雑である。まず、広東省最西南部の諸府の中心地である雷州府、その手前、東北にある高州府。雷州府の先、西隣の廉州府、さらに海南島の瓊州府といった広東布政使司分各府を挙げ、次に広西布政使司であるが、その続きに広西省都桂林府から省境を越えて湖広布政司所轄の永州府を挙げる。

次の八番目の河東都転運塩使司関係産塩は山西解州塩、解塩の行塩地方であるが。古来の伝統に基く複雑さが見られる。まず陝西布政司の省都西安府、漢中府、延安府、鳳翔府と陝西主要各府、次いで河南懐慶府、河南府、汝寧府、南陽府と河南主要各府、そして山西布政司の平陽府、潞州、沢州、沁州、遼州を挙げる。なお、おそらく殷周以来の解池の池塩の流通範囲がまだ存続しているのであろう。それでも山西中部の大都会である太原府、北部の首都大同府を挙げていないのは問題である。あるいは、長蘆塩、山東塩、あるいは両淮塩の流入があるのかも知れない。

九番目の陝西や十番目の四川、及び十一番目の雲南などの行塩地方はほぼ例外地域はない。ただ、四川南部の大都会である重慶府と瀘州という巴地方の重要府州を挙げていないのが注目される。

以上については明初、洪武期における「諸司職掌」などの史料を基に考えたことであり、明代のその後に明初の規定に変更が加えられたことがある。それを『明史』食貨志・塩法によって確認してみよう。両淮から始まる。

両淮。……塩行直隷之応天・寧国・太平・揚州・鳳凰・廬州・安慶・池州・淮安九府、滁・和二州、江西・湖広二布政司、河南之河南・汝寧・南陽三府、及陳州。正統中、貴州亦食淮塩。成化十八年、湖広衡州・永州改行海北塩、正徳二年、江西贛州・南安・吉安改行広東塩。所輸辺甘粛・延綏・寧夏・宣府・大同・遼東・固原、山西神池諸堡、上供光禄寺・神宮監・内官監。歳入太倉余塩銀六十万両。

両淮。……塩は直隷の応天・寧国・太平・揚州・鳳凰・廬州・安慶・池州・淮安の九府、滁・和の二州、江西・湖広の二布政司、河南の河南・汝寧・南陽の三府、及び陳州に行わる。正統中に、貴州も亦た淮塩を食す。成化十八年に、湖広の衡州・永州は改めて海北塩を行い、正徳二年に、江西の贛州・南安・吉安は改めて広東塩を行う。輸する所の辺は甘粛・延綏・寧夏・宣府・大同・遼東・固原・山西の神池諸堡、上供は光禄寺・神宮監・内官監なり。歳ごとに太倉に入るる余塩銀六十万両あり。

はじめの個所で両淮塩は直隷の応天府等九府と滁・和の二州といい、先に指摘した現行「諸司職掌」や正徳『大明会典』の両淮行塩地方が落とした滁州を補い、さらに河南の河南府・汝寧府・南陽府三府と陳州も補っている。ただし、この河南分については藤井宏氏の指摘[12]の如く誤りで、正徳・万暦の両会典にもそれを示す記事は無く、後世明一代を通じてその事実は無かったものとすべきであろう。また、江西・湖広の二布政司が両淮の行塩地方だというのも、二布政司所属府州がすべて両淮塩地方と理解したら、これも本章ですでに見たように誤りである。正統中の「貴州も亦た淮塩を食す」については、『明英宗実録』正統二年（一四三七）五月丙午条に拠るが、明初、洪武の時、貴州の鎮遠府以下の六府は湖広布政使司に属し、両淮塩を食していた。それが成祖の永楽中に貴州布政使司を設置し[13]、同地方の行塩は四川塩を食すことに改編した。ところが四川と貴州の間は山越え行程が難渋で正統中に再び両淮塩地方となったのである。成化十八年（一四八二）に、「湖広の衡州・永州は改めて海北塩を行い」というが、湖広布政使司の永州府は明初以来、海北塩課提挙司分の行塩地方であったことも先に記述した通りである。残る湖広の衡州が海北に改編されることが有ったかが問題であるが、藤井宏氏の指摘[14]によれば、『皇明世法録』巻二十九、嘉靖四十年御史王題「湖広行塩」議によると、永州府・郴州府はもと海北の行塩地であったが、成化十八年に広東、広西、及び湖広の巡撫が会同して議し、その結果を中央に題本にして報告した結果として、湖広の衡州・永州二州に広東塩を食すことにしたという決定がある。正確に言えば、この時、湖広の衡州府は両淮塩から広東塩へ、同じく湖広の永州府は海北塩から広東塩への切り替えがあったのである。海北塩と広東塩の間がいかなる競争、競合の関係であったかは不明である。藤井氏のように全く問題は無かったと言い切ることもできないだろう。ただ、成化十八年当時に湖広の衡州府、及び宝慶府において、両淮塩と広東塩が激しい争奪戦を演じていたことは藤井氏の指摘の通りである。明武宗の正徳二年（一五〇七）に、「江西の贛州・南安・吉安は改めて広東塩を行う」とあるが、これについては明実録も万暦大明会典も記事がない。藤井氏は江西南部の贛州・南安・吉安三府が広東塩を食すことは明初、洪武期に史料があり、また、当該地方に関する各種明・清地方志の史料から正徳年前後に三府の一、二府が広東塩を食したという史料を博捜し、特に、先の『皇明世法録』巻二十九、嘉靖四十二年御史徐題「復旧制以広運行」議に正徳二年江西に於いて軍餉急欠のため、贛州・南安両府に広東塩を通じ抽税して以て軍餉の補いとしたことが見えるという。また、その後に吉安府、袁江府、臨江府など江西中西部にも広東塩の流通をいう史料があるとする[15]。藤井氏の指摘は重要な事実の指摘には違いないが、正徳・嘉靖間になぜ、江西南部諸府に行塩の帰属をめぐる問題が起こったか。広東塩伸張の背景にいかなる勢力が存在したかを藤井氏は明らかにしていない憾みがある。何といってもこの時期の特徴は正徳初年、宦官劉瑾の専横極まる時期で広東の珠池等の利権争奪を激しく行った時期に当たる[16]。その数年後、宦官劉瑾は誅殺される（正徳五年八月）が、前年には内モンゴルより小王子の侵入があり、湖広・江西・四川に盗賊が起こっていた。やがて、湖広の荊襄地方に劉六、劉七の農民叛乱が起こる。時に湖広・江西・広東・福建四省交わる山岳地帯の少数民族にも抵抗の動きがあり、叛乱状態は長期化した。明代一代の大儒王陽明、すなわち王守仁が僉都御史として巡撫南贛汀漳地方の任に就いたのは正徳十一年秋のことであった。その翌年までに王守仁は江西を平定した。彼は任務を果たして故郷の浙江に帰るが、正徳十四年六月には明皇族の一人寧王宸濠が反乱を起こす。王守仁は再び平定を命じられる。以上、いずれにしても、孝宗成化十八年から明武宗の正徳期は広東塩の湖広、江西、広西への伸張が見られ、それが広東水系の分水嶺に当たる山岳地帯の少数民族の蜂起騒擾となっていることが推測され、その全ての軍事行動に王陽明が関係したことは明らかである。

両淮塩行塩流通構造に関して、右『明史』食貨志・塩法の史料後半に「輸する所の辺」の問題と「上供」問題との二がある。「輸する所の辺」とは、ここでは両淮の塩引を以て開中を行い、塩商に軍餉を輸納せしめる辺鎮の意とする。藤井氏はここについて『名山蔵』塩法記では「輸する所の辺」が「派する所の辺」となっていることに注目して、両淮の塩引を割当てられる辺鎮の意となっているとした。「輸する所の辺」という表現の中には辺鎮の開中のみ含まれ、塩商が運司に納める余塩銀のことは含まれていないと理解する。[17]

さらに藤井氏は次の展望をする。明初においては商人をして辺境の衛所に将兵の軍糧と軍馬の草餉を輸納させ、その代価として一定量の塩を両淮その他で与え、所定の区域で販売させた。その後、銀の流通に伴い、糧草の輸納は納銀に変化し、その納銀も辺境における納銀から都転運塩使司における納銀に変化した。しかし嘉靖年間になると辺方の開中も復活し、大体両淮などにおいては正塩は辺方で開中し、商人をして糧草あるいは銀を辺鎮に納めしめ、余塩は商人をして運司に納銀せしめることにしたという。北方九辺鎮をめぐる軍餉の調達と塩引支給の相関関係は了解されるであろう。ただ、ここで藤井氏の塩引流通構造の理解に根本的問題点を指摘すれば、辺境辺鎮の軍草調達にこの地域の塩流通、行塩地方の指定のない両淮塩を対象とすることを、いかに説明するかの問題がある。これについては、藤井氏はそれを担った商人であるいわゆる新安商人を研究し、その課題に答えようとしたことが考えられる。ただ、ここではその検討を行わず、章を改めて以下に扱うこととしたい。また、「上供」についても割愛したい。[18] ただし、藤井氏は「上供は光禄寺・神宮監・内官監なり」という上供は、『皇明世法録』巻二九、塩法の嘉靖五年御史戴題、「塩法条約」や正徳『大明会典』巻四一、南京戸部の記事によって、それらが南京衙門に対する「上供」であったと指摘している。[19] 肯定できる考え方であるが、明初洪武期はよいとしても、永楽北京遷都後も然りとすれば、種々の問題が生じよう。

次に『明史』食貨志・塩法、両浙の行塩地方の記事をあげよう。

両浙。……塩行浙江、直隷之松江・蘇州・常州・鎮江・徽州五府、及広徳州、江西之広信府。所輸辺甘粛・延綏・寧夏・固原、山西神池諸堡。歳入太倉余塩銀十四万両。

両浙。……塩は浙江、直隷の松江・蘇州・常州・鎮江・徽州の五府、及び広徳州と、江西の広信府に行はる。輸する所の辺は甘粛・延綏・寧夏・固原、山西神池諸堡あり。歳ごとに太倉に入るる余塩銀十四万両あり。

先の明初の規定通り、何の変更もない。歳に太倉に入る余塩銀も両淮が六十万両とあったのが十四万両と約四分の一となっている。また、輸する所の辺鎮も両淮に比較すれば、甘粛・延綏・寧夏・固原、山西神池諸堡と宣府・大同・遼東分を減じているし、上供分の記載はない。負担はそれだけ軽いというべきであろう。

次に河間長蘆についての『明史』食貨志・塩法の記事を挙げよう。

明初置北平河間塩運司、後改称河間長蘆。……塩行北直隷、河南之彰徳・衛輝二府。所輸辺宣府・大同・薊州、上供郊廟百神祭祀・内府羞膳、及給百官有司。歳入太倉余塩銀十二万両。

明初に北平河間塩運司を置くも、後に改めて河間長蘆と称す。……塩は北直隷、河南の彰徳・衛輝の二府に行わる。輸する所の辺は宣府・大同・薊州あり、上供は郊廟百神の祭祀・内府羞膳と、及び百官有司に給うあり。歳ごとに太倉に入るる余塩銀十二万両あり。

ここも変更が見られない。太倉国庫歳入銀が十二万両と一段と規模が小さい。輸する所の辺鎮も宣府・大同・薊州の三鎮である。ただ、上供は郊廟百神祭祀・内府羞膳、及び百官有司の支給分とある。

次は山東である。

山東。……塩行山東、直隷徐・邳・宿三州、河南開封府。後開封改食河東塩。所輸辺遼東及山西神池諸堡。歳入太倉余塩銀五万両。

山東。……塩は山東、直隷徐・邳・宿三州、河南開封府に行わる。後に開封は改めて河東塩を食す。輸する所の辺は遼東及び山西神池諸堡なり。歳ごとに太倉に入るる余塩銀五万両あり。

太倉国庫歳入銀が五万両とさらに一段と規模が小さい。塩の行う地区では河南開封府は後に河東塩を食したという。藤井氏はこれを検討して、実録は万暦に至って開封・帰徳二府をめぐる河東・長蘆・山東の帰属争いの記事を頻々として載せているが、万暦十四年四月甲戌の条に見える戸科給事中姚学閔等の条陳四事によると、開封・帰徳二府はもと山東塩を食していたが、解塩が盛生したので河東に改属した。しかし万暦十四年の頃には河東塩の品質悪化のため、長蘆塩に改属を希望する者が多い事を述べている。この後この二府はあるいは長蘆・山東に属し、あるいは河東に属すなどして明末に至った。なお、山東においても兗州・東昌二府、或いは徐・宿二州を除いては長蘆と同様にいたる所で土塩を産する地方が多く、そのために官引の消化が停滞し、早くから戸口食塩の問題が起こっていたとする。[20] 以上、各産塩区に所属する行塩地方の帰属問題は戸口食塩との関連を含めて明代の塩の流通構造の基本課題を提出している。また明代後期には票塩が実施されていると指摘した。[21]

ところで河南開封府について、その所属県の一地方志である嘉靖『蘭陽県志』巻二、田賦、塩法には、

国朝設運司数処、以掌塩法。而吾邑為河東行塩之地、然山川険阻、転運良艱、征塩非民之患、而禁塩乃民之大患也。不曲為多方以便転運、而惟禁両淮・長蘆之私販焉。苛於誅責、豈朝廷運塩之本意哉。〈新増〉

開封府蘭陽県はすでに嘉靖の頃から河東・両淮・長蘆の間で運塩をめぐる角逐があった。しかも同県は本来「河東行塩之地」だという。「山東行塩之地」だとは言わないのである。山東から河東に行塩指定が変更になって久しいことを示すのであろう。それに問題なのは行塩指定に違反すると、たちまち私販とされる。両淮・長蘆之私販は禁止されるのであるが、それは民便に適わないと批判して、苛法による制度原則論は朝廷運塩の本意ではないとまで言うのである。ここに明後期における塩法の制度的崩壊が見られる。

次は福建である。

福建。……塩行境内。歳入太倉銀二万二千余両。

福建……塩は境内に行わる。歳ごとに太倉に入るる銀は二万二千余両あり。

まことに簡単、福建一省に完結した塩の流通構造である。しかし、塩生産可能な長い海岸線があり、他方、これまた長い江西方面への省境線があって、各地で生産される私塩を山越えによって江西方面へ進出することを防ぐことは容易ではない。『塩政志』巻七、所載の成化四年、左鈺「禁越境私販疏」など、福建私塩の存在はしばしば行政課題となっていた。

次は河東である。

河東。……塩行陝西之西安・漢中・延安・鳳翔四府、河南之帰徳・懐慶・河南・汝寧・南陽五府及汝州、山西之平陽・潞安二府、沢・沁・遼三州。地有両見者、塩得兼行。隆慶中、延安改食霊州池塩。崇禎中、鳳翔・漢中二府、亦改食霊州塩。歳入太倉銀四千余両。給宣府鎮及大同代府禄糧、抵補山西民糧銀共十九万両有奇。

河東。……塩は陝西の西安・漢中・延安・鳳翔の四府、河南の帰徳・懐慶・河南・汝寧・南陽の五府と及び汝州、山西の平陽・潞安の二府、沢・沁・遼の三州に行はる。地の両見すること有る者は、塩の兼ね行はるるを得るなり。隆慶中に、延安は改めて霊州の池塩を食し、崇禎中に、鳳翔・漢中の二府も、亦た改めて霊州塩を食す。歳ごとに太倉に入るる銀四千余両あり。宣府鎮及び大同代府の禄糧に給し、山西の民糧に抵補せる銀は共に十九万両有奇なり。

河南の冒頭に帰徳府を挙げているのが注目される。先に述べたように、洪武二十六年の「諸司職掌」は帰徳府はどこの帰属か、全く文言がなかった。近くの開封府が山東とすれば、帰徳府もそうかも知れない。ここで本来、帰徳府は河東に帰属するという由緒を強調するのであろう。なお、先には山西潞州とあったのが潞安府に格上げになっている。州から府への昇格は嘉靖二年（一五二三）という。[22] 隆慶中に、延安府は改めて霊州池塩を食しとあり、崇禎中に、鳳翔・漢中の二府も、霊州塩を食すようにするという改正があった。歳ごとに太倉に入る銀四千余両というから先の諸地域に比すれば思ったほど額は多くない。むしろ極めて小額だというべきであろう。それは「四千余両あり」に続いて、以下に「宣府鎮及び大同代府の禄糧に給し、山西の民糧に抵補せる銀は共に十九万両有奇なり」といい、山西の巨大辺鎮である宣府鎮、及び大同代王府の禄糧分として、山西の民糧に抵補せる銀は共に十九万両有奇というかなり大きな額数を挙げているので了解される。なお、右に「地の両見すること有る者は、塩の兼ね行はるるを得るなり」とは、河南布政司の河南・汝寧・南陽三府が両淮と河東の両方に行塩地として挙げられていることであるが、藤井氏の指摘のようにそれは『明史』食貨志のそもそもの誤りである。三府は河東の行塩地に属すことは明らかである。

次は陝西である。

陝西霊州有大小塩池。……塩行陝西之鞏昌・臨洮二府、及河州。歳解寧夏・延綏・固原餉銀三万六千余両。

陝西の霊州に大小塩池有り。……塩は陝西の鞏昌・臨洮二府、及び河州に行はる。歳ごとに寧夏・延綏・固原に解る餉銀三万六千余両あり。

これも簡単であるが、陝西・甘粛の霊州の大小塩池の産塩は西北辺鎮の寧夏・延綏・固原三鎮に解支する軍餉銀三万六千余両に供されたのである。

次は広東と海北である。

広東、塩行広州・肇慶・恵州・韶州・南雄・潮州六府。

海北、塩行広東之雷州・高州・廉州・瓊州四府、湖広之桂陽・彬二州、広西之桂林・柳州・梧州・潯州・慶遠・南寧・平楽・太平・思明・鎮安十府、田・龍・泗城・奉議・利五州。

歳入太倉塩課銀万一千両。

広東では広州以下六府とする。先の「諸司職掌」は徳慶州をあげたがこれを落としている。海北は変更はないかのようであるが、先に記したように、明代後期の広東塩の伸張、特に湖広最南部の永州府や衡州府、また彬州などにおける両淮塩と広東塩の角逐競争などが有ったはずである。

次は四川と雲南である。

四川。……塩行四川之成都・叙州・順慶・保寧・夔州五府、潼川・嘉定・広安・雅・広元五州県。歳解陝西鎮塩課銀七万一千余両。

雲南。……塩行境内。歳入太倉塩課銀三万五千余両。

四川も変更はない。ただ、貴州布政司管内府州への塩流通はどうなっていたか、何も記述しない。四川からは古来の蜀桟道を通って、陝西辺鎮への塩課銀両、辺餉分七万一千両余が解支されていた。雲南も境内、すなわち雲南布政司管内府州に行塩しているのである。それでも雲南は四川の約半分の歳ごとの太倉に入る塩課銀両がある。

なお、『明史』食貨志・塩法は以上各塩産地区分の検討について、一時的軍事占領地の塩政の説明を行う。

成祖時、嘗設交阯提挙司。其後交阯失、乃罷。遼東塩場不設官、軍余煎弁、召商易粟、以給軍。

成祖の時に、嘗つて交阯提挙司を設く。其の後交阯は失われ、乃ち罷む。遼東の塩場には官を設けず、軍余、煎弁し、商を召して粟に易へ、以て軍に給す。

成祖永楽帝の安南ヴェトナム遠征によって、占領地に交阯提挙司を設けて、内地並みの塩行政を行った。その後、交阯の占領地府州は失われて交阯提挙司は廃止された。他方、遼東沿海の製塩は官制度を設けず、商人を招いて軍餉を入れさせ、開中法によった。南北軍事行動地の塩行政は明塩政の縮図であった。

第三節　明代地方志にみる戸口食塩法

明代に戸口食塩とよぶ塩制度があった。すでに五代後唐に起源があるとされ、宋元時代を通じて戸口食塩系統の塩法が山東・福建、その他地方で行われ、元末明初には山東・陝西・浙西・福建の産塩地附近の地方で施行されていた。ところが成祖の永楽二年（一四〇四）にこの制度を全国的に実施した。目的は当時流通が滞りがちであった鈔流通の確保であったとされる。

そもそも官民の戸口を按じて食塩の数量を決定し、官民に塩を強制的に配給して、銀・銭・鈔、或いは米麦等の代価を納入させる制度であるが、この戸口食塩法について、藤井宏氏はそれが一種の課税であると理解している。(23) 明代にあって、当初から、納鈔有って支塩無き、いわば一種の新租税の賦課として発足したものと推定されるともいうのである。一体、明初以来、戸口食塩の納入代価は鈔で納入するのが基準であり、そのために塩鈔とか、戸口食塩鈔とかの用語が成立していた。

ここで藤井氏の所説の是非を問う前に、藤井氏がその検討を十分にできなかった作業を行っておこう。それは明代初期の制度が大きく変わる明中期、ほぼ成化・弘治期以前の地方志史料によって、戸口食塩法の実相を伝える事実を確認することである。

表5　弘治『徽州府志』の戸口食塩鈔

府県名	口数	毎口連閏納鈔数	共鈔数	男子		婦女	
	口	貫・文	口	口数	鈔数：貫・文	口数	鈔数：貫・文
本府	12万9950	6貫500文	84万4675貫	8万1982	53万2883貫	4万7968	31万1792貫
歙県	4万0115	6貫500文	26万0747貫500文	2万5233	16万4014貫500文	1万4882	9万6733貫
休寧県	3万3806	6貫500文	21万9739貫	2万0517	13万3360貫500文	1万3289	8万6378貫500文
婺源県	3万0028	6貫500文	19万5182貫	2万0023	13万0149貫500文	1万0005	6万5032貫500文
祁門県	1万6031	6貫500文	10万4201貫500文	9341	6万0716貫500文	6690	4万3485貫
黟県	6018	6貫500文	3万9117貫	4041	2万6260貫500文	1977	1万2850貫500文
績渓県	3952	6貫500文	2万5688貫	2827	1万8375貫500文	1125	7312貫500文

典拠：弘治『徽州府志』巻3、食貨2、財賦。

南直隷徽州府の弘治十五年（一五〇二）『徽州府志』巻三、食貨二、財賦、軍需徭役附には次の一項がある。[24]

実徽戸口食塩鈔、〈不知起於何年。〉本府戸口一十二万九千九百五十口、毎口連閏納鈔六貫五百文、共鈔八十四万四千六百七十五貫、男子八万一千九百八十二口、鈔五十三万二千八百八十三貫、婦女四万七千九百六十八口、鈔三十一万一千七百九十二貫。〈○歙県戸口四万一百一十五口、鈔二十六万七百四十七貫五百文、男子二万五千二百三十三口、鈔一十六万四千一十四貫五百文、婦女一万四千八百八十二口、鈔九万六千七百三十三貫。○休寧県戸口三万三千八百六口、鈔二十一万九千七百三十九貫、男子二万五百一十七口、鈔一十三万三千三百六十貫五百文、婦女一万三千二百八十九口、鈔八万六千三百七十八貫五百文。○婺源県戸口三万二十八口、鈔一十九万五千一百八十二貫、男子二万二十三口、鈔一十三万一百四十九貫五百文、婦女一万五口、鈔六万五千三十二貫五百文。○祁門県戸口一万六千三十一口、鈔一十万四千二百一貫五百文、男子九千三百四十一口、鈔六万七百一十六貫五百文、婦女六千六百九十口、鈔四万三千四百八十五貫。○黟県戸口六千一十八口、鈔三万九千一百一十七貫、男子四千四十一口、鈔二万六千二百六十貫五百文、婦女一千九百七十七口、鈔一万二千八百五十貫五百文。○績渓県戸口三千九百五十二口、鈔二万五千六百八十八貫、男子二千八百二十七口、鈔一万八千三百七十五貫五百文、婦女一千一百二十五口、鈔七千三百一十二貫五百文。〉

徽州府の本府、各県の各口数、鈔数、男子・婦女の内訳などについて分かり易くするために、右史料を【表5】に作成してみた。上段三項目に毎口連閏納鈔数があり、六貫五〇〇文である。これを二項目の口数に掛けると、四項目の共鈔数となる。試算してみると、本府、各県とも全く一致する。次に徽州府の本府、各県ともに男子・婦女に二分して口数と鈔数を出す。各鈔数を口数で割り算してみよう。計算が合わないのは黟県男子の六・四九八五だけである。すべて六・五、すなわち毎口連閏納鈔数の六貫五〇〇文となる。因みに以上の計算から南直隷徽州府においては、男子と婦女の毎口連閏納鈔数は全く同じであることが確認される。なお、弘治十五年『徽州府志』巻二、食貨一、戸口記載の明代戸口数の事例は【表6】とした。

【表6】と【表5】との戸口統計の不一致は明らかである。右の戸口食塩鈔実徴数の方が少ない。逆に言えば、徽州府各県内戸口の内、戸口食塩鈔が課税されない場合のあることを示している。なお、弘治十五年『徽州府志』巻二、食貨一、戸口記載の明代戸口数では天順六年（一四六二）次と成化十八年（一四八二）次に男子、婦女に分けた口数統計がある。あるいはそれが戸口食塩鈔に関係した戸口統計かも知れない。また弘治十五年『徽州府志』編纂に近い弘治十五年の統計が民戸・軍戸・匠戸・医戸の順に並んだ特殊戸別戸数を挙げている。それぞれ特殊戸の口数が無くなるのはいかなる意味か。問題は残るようである。

最後に先の弘治十五年『徽州府志』の戸口食塩鈔関係の文言で看過できない点として、冒頭部の実徴戸口食塩鈔の割り注に、〈不知起於何年。〉とある個所である。さらに他の地方志の史料を検討しよう。

浙江、温州府楽清県の永楽『楽清県志』[25]巻三、税糧の次の記事は塩法諸税の両税法等税制との関連を理解する上で極めて重要である。その税糧項目の全体を挙げる。説明の便宜のために（Ⅰ）、（Ⅱ）、（Ⅲ）、（Ⅳ）の群に分類する。

Ⅰ。洪武二十四年

夏税

麦糧麦三千二百一十三石四斗四升四合八勺

鈔税鈔二百五十七錠三貫八百一十四文

秋糧

米糧米一万一千三百三十四石六合八勺

麦糧麦四十三石九斗五升八合四勺

豆租豆四十一石六斗三升三合四勺
鈔租鈔四百二十五錠二貫四百七十一文
戸口塩糧米八千七百三十一石七升

永楽十年
夏税
麦糧麦三千七十五石八斗八升五合
鈔税鈔三百五十九錠二十八文
秋糧
米糧米一万五千六百八十九石四斗三升四合
麦糧麦四十三石九斗五升八合四勺
豆租豆四十一石六斗三升三合四勺
鈔租鈔五百九十三定四貫五百八十五文
戸口塩糧米八千六百五十九石六斗七升二合五勺

Ⅱ。各色課程
鈔四千五百四十三定一貫二百四十七文
桐油八千二百二十九斤七両二銭
黄麻七百九十一斤四両五銭
塩四千三百四十六引七十八斤一十二両

Ⅲ。本県課程

表6　弘治『徽州府志』の戸口統計表

年次	西暦	府県名	総数		軍戸		匠戸		民戸		医戸		儒戸		僧尼戸		道士戸	
			戸	口	戸	口	戸	口	戸	口	戸	口	戸	口	戸	口		
洪武４年	1371	本府	11万7110	53万6925	6661	４万5572	6038	３万6501	10万3901	45万3901	43	228	59	255	348	631	51	78
		歙県	３万7764	16万8986	2918	１万7154	2686	１万5927	３万2008	13万5532	13	62	4	22	116	259	19	30
		休寧県	３万0985	15万4295														
		婺源県	２万7645	12万0564	1430	１万1738	998	6157	２万5120	10万2409	17	90	9	45	55	99	16	26
		祁門県	6101	３万0563	39	130	227	1225	5782	２万9116	2	20	6	27	43	43	2	2
		黟県	4816	２万1193	187	1340	285	1529	4196	１万8151	3	15	3	13	38	30	4	5
		績渓県	9799	４万1324	386	2925	262	1675	9074	３万6588	2	10	36	146	35	76	4	4
洪武９年	1375	本府	12万0762	54万9485	8883	５万8940	6205	３万6336	10万5889	45万3112	45	234	68	292	326	512	46	59
		歙県	３万9901	16万8169	2946	１万7430	2722	１万5520	３万3064	13万4862	14	65	12	63	116	206	17	23
		休寧県	３万1698	15万4734	2035	１万4687	1616	9857	２万7981	13万0060	7	38	2	11	52	75	5	5
		婺源県	２万8723	13万0683	2801	２万0682	1061	6529	２万4768	10万3233	17	91	9	40	52	89	15	19
		祁門県	6407	３万1753	232	877	277	1140	5906	２万9664	2	13	6	25	33	33	1	1
		黟県	5079	２万1642	322	1419	284	1496	4428	１万8653	3	15	3	8	35	46	4	5
		績渓県	9954	４万2500	547	3845	285	1794	9045	３万6639	36	145	2	12	35	63	4	6
洪武24年	1391	本府	13万1662	58万1082														
		歙県	４万0064	17万7304														
		休寧県	３万6863	17万4114														
		婺源県	２万8027	13万7701														
		祁門県	6943	３万0749														
		黟県	6380	２万2001														
		績渓県	１万3385	３万9213														
永楽10年	1412	本府	12万8955	52万9001														
		歙県	４万3112	17万6891														
		休寧県	３万9222	17万2975														
		婺源県	２万6174	10万0160														
		祁門県	7020	３万2916														

		黟県	4885	2 万0664													
		績渓県	8442	2 万4395													
					男子口数		婦女口数										
天順 6 年	1462	本府	9 万6704	51万0415	33万6295		17万4122										
		歙県	3 万0869	17万2939	11万2823		6 万0116										
		休寧県	3 万4002	16万5957	11万2009		5 万3948										
		婺源県	1 万7770	8 万0902	5 万5650		2 万5252										
		祁門県	6638	4 万4271	2 万7540		1 万6731										
		黟県	3626	2 万4587	1 万4898		9689										
		績渓県	3799	2 万1769	1 万3383		8386										
成化18年	1482	本府	9 万6189	53万0850	35万1668		17万9182										
		歙県	3 万1281	17万6581	11万6235		6 万0346										
		休寧県	3 万3780	17万2816	11万7945		5 万4871										
		婺源県	1 万7145	8 万8727	5 万9090		2 万9637										
		祁門県	6578	4 万2336	2 万6961		1 万5375										
		黟県	3630	2 万4741	1 万5541		9200										
		績渓県	3775	2 万5649	1 万5896		9753										
					民戸	軍戸	匠戸	医戸	僧戸	道戸	陰陽戸	校尉力士戸	勇士戸	捕戸	寄荘戸	厨役戸	官戸
弘治 5 年	1492	本府	9 万61889	55万7355	8 万5859	4392	3499	34	264	45	2	20	1	18	2051	1	3
		歙県	3 万1281	19万0352	2 万7533	1380	1726	14	106	16		2			504		
		休寧県	3 万3780	17万8102	3 万0806	1480	1040	13	43	6		3		4	394		3
		婺源県	1 万7145	9 万1855	1 万5360	1046	381	1	52	13		1			279		
		祁門県	6578	4 万3809	5987	202	126	2	26	3	1	6		14	210	1	
		黟県	3630	2 万6117	3154	126	114	3	10	5	1	5			212		
		績渓県	3775	2 万7120	3019	158	112	1	27	2		3	1		452		

典拠：弘治『徽州府志』巻 2 、食貨 1 。

酒醋課程鈔三百二十一定
茶課米准収鈔三十定一貫六百六十五文
窯業竈課鈔八十二定八百文
碓磨油搾課鈔八十二定二貫一百二十七文
房地賃鈔六十六定四百七十五文
門攤課鈔五十一定二百文
牛租鈔二十八定二貫五百文

本県税課局
商税鈔六百一定九百三十文
魚課鈔五百二十六定四貫二百文
門攤課鈔八十二定三貫六百文
契本工墨鈔一貫二百文

河泊所
魚課
鈔二千六百七十定三貫五百五十文
魚油准収桐油八千二百二十九斤七両二銭
翎鰾准黄麻七百九十一斤四両五銭

Ⅳ。長林場塩課司、歳弁塩三千七百四十一引一百七十二斤一十一両九銭、該支工本鈔五百四十八定一貫四百三十二文。
天富北監場塩課司、歳弁塩一千六百四引三百六斤一銭、該支工本鈔三百二十定四貫七百六十五文。

農桑絲七百五十九両二銭、毎絲二十両折絹一匹、該絹三十七匹零、絲一十九両二銭

まず、Ⅰには洪武二十四年と永楽十年の夏税・秋糧分、すなわち両税が計上されている。いずれも夏税は麦糧麦の現物の石・斗・升・合・勺数と絹絲等の売買代金の鈔税鈔の錠貫文数である。秋糧分は米糧米、麦糧麦、豆租豆、鈔租鈔で現物と代価鈔であることは夏税と同様である。問題はその次に洪武二十四年と永楽十年ともに戸口塩糧米の項目があり、米の石・斗・升・合・勺数があり、戸口食塩を米穀の現物で徴収したことを示している。永楽十年という時点でも、まだ戸口食塩鈔には成っていないことが分かる。

次にⅡの各色課程という項目には鈔の定・貫・文数、桐油の斤・両・銭数、黄麻の斤・両・銭数と塩の四千三百四十六引七十八斤一十二両という数字が挙げられている。この塩は商税の鈔額、桐油斤数、黄麻斤数とともに、楽清県の課税対象になっている商品である。簡単に言えば、塩商が開中をして入手した塩引に応じて、楽清県で塩販売した実績を表示するものである。以上の二者は中央戸部が末端の州県単位に割り付けた夏税秋糧及び戸口食塩と併せて徴収される各色課程である。

次にⅢの本県課程とある項目は酒醋課程鈔、茶課米准収鈔、窯業竈課鈔、碓磨油搾課鈔、房地賃鈔、門攤課鈔、牛租鈔とすべて定・貫・文数で表示された鈔形態の徴税であり、商税関連であることは明白である。また、本県税課局という項目には商税鈔、魚課鈔、門攤課鈔という細目があり、それらも鈔の定・貫・文数で表示されている。本県課程と本県税課局は対象となる課程種目に差違があるのと、徴収機関が片や県衙門、片や県税課局という違いがあるのであろう。いずれにしてもⅢには塩関連の税務はなかったようである。なお、Ⅲには河泊所という専ら魚課を掌った徴税機関があるが、これは同じ海産物対象でも、塩税の徴税に関係しなかったようである。

最後のⅣは長林場塩課司と天富北監場塩課司の歳弁塩引数と該支工本鈔数を記す。該支工本鈔数とは、竈戸の納入する塩課に対する代償として政府より与えられる米穀、銭鈔を示している。右の長林場塩課司の歳弁塩三千七百四十一引一百七十二斤一十一両九銭は一大引四〇〇斤単位で三七四一・四四引であり、また同、該支工本鈔五百四十八定一貫四百三十二は一定を五貫として貫単位にすると、二七四〇・四三二貫であり、一引当たり〇・七三二五貫となる。次に天富北監場塩課司の歳弁塩一千六百四引三百六斤一銭は一六〇四・七六五三、該支工本鈔三百二十定四貫七百六十五文は一六〇四・七六五貫であり、一引当たりは一・〇〇〇貫となる。同じ県内の塩場

で該支工本鈔の単価が異なることになる。

藤井宏氏は明実録丙午（一三六六年）二月己巳条に拠り、額塩一大引に対して工本米一石を給したという史料を示し[26]、ついで同実録の洪武十三年二月癸丑条に「官に輸するに四百斤を以つて一引となし、官は工本米一石を給し、米価の低昂を以つて準となし、兼ねて銭鈔を支して以つて竈民に資す」とある史料を引き、当初はあくまで米穀を基準とし、その後に銅銭や鈔の支給があったとしている[27]。そして、同、実録の洪武十七年正月辛亥条に全国的な工本鈔支給規定の制定があったが、すでにこの時までに毎引、両淮・両浙は鈔二貫五百文、河間・広東・海北・山東は八百文、四川は七百文、福建は毎引上色なるもの七百文、下色なるもの六百文であった。戸部尚書栗恕は煎塩の力は一なのに、工本鈔に不同が有るのは不可として、今後は淮・浙工本は二貫五百文、河間・広東・海北・山東・福建・四川は二貫とするとして、明太祖に許可されている。藤井氏はこれは正徳『大明会典』巻三六、塩法二、万暦『大明会典』巻三四、塩法三、工本塩鈔にも同じく洪武十七年の規定としてあり[28]、これが明代の基本基準と考えているようである。

事実、正徳『大明会典』巻三六、塩法二の事例に規定されている各地の塩工本鈔の規定では以後その数を改定するという記事は成化年間ぐらいまで見られないようである。万暦『大明会典』巻三四、塩法三、工本塩鈔の場合は塩工本に関する規定そのものが洪武十七年以降、同二十八年、宣徳五年とあるだけで、いずれも工本鈔支給規定の各産地ごとの相互調整に過ぎない。さて、先の温州府楽清県の長林場塩課司と天富北監場塩課司の該支工本鈔であるが、前者は一引当たり〇・七三二五貫、後者は一引当たりは一・〇〇〇貫というのは規定の両浙は鈔二貫五百文と比較していかにも低い。計算の基になる単位換算に間違いがあるのであろうか。それともそれが現実の数字であろうか。

南直隷応天府句容県について、弘治九年（一四九六）『句容県志』巻三、税料課程に、

戸口食塩鈔、本県官民人戸照依丁口、毎年徴鈔一十七万五千七百九十二貫、起解本府交納。

戸口食塩は本県の戸口を対象として鈔を徴収し、それを府、ここでは応天府に起解して交納したというのである。

明前半期の戸口食塩鈔の実態を示す地方志記事は実に少ない。記事があっても、次のような一府県に実数を示すに止まる。南直隷蘇

州府呉江県について、弘治元年（一四八八）『呉江志』巻八、歳貢に、

　戸口食塩鈔、今歳弁六十万二千貫。

とあり、北直隷（河北）保定府易州県について、弘治十五年（一五〇二）『易州志』巻四、貢賦、課程に、

　戸口食塩課鈔、九万八千三十四貫。

とあるが、これは商税や酒税と並ぶ課程として戸口食塩課鈔が存在したことを示す史料になっている。藤井宏氏の戸口食塩課鈔に関する理解の鋭さを示すべきというべきであろう。ただ、制度の始めから然りと言えるかが問題であろう。

なお、加えて次のごとき興味ある史料がある。浙江、湖州府武康県の嘉靖『武康県志』巻四、食貨志、塩糧には、

　元戸口食塩二千二十一引三百觔一十一両七銭六文、僧道食塩五十七引、園戸醤塩三引。

　皇明、市民塩鈔凡三千三百七十三口、郷民塩糧凡一万四千四百口。

とあり、元の戸口食塩に続いて、明の制度を述べるが市民口数と郷民口数を挙げ、戸口食塩が単なる課税対象としての戸口数でなく、食塩消費戸口として具体的に戸口の実態を押さえようとする政策意図が窺えるのである。同じ趣向の史料に北直隷、順天府覇州の嘉靖『覇州志』巻七、食貨志、賦税がある。

　　食塩戸口

　戸口食塩鈔六万一千六百四十四貫。

　官吏食塩鈔六百八十四貫。

　民食塩鈔六万九百六十貫。

　市民食塩鈔五万五千六百二十六貫。

　民食塩鈔は先の郷民塩糧に当たるのであろう。ただ、ここ北京附近の北直隷順天府覇州では郷民食塩鈔と市民食塩鈔の数がかなり接近している。なお、官吏食塩鈔という名が見えるがこれは何であろうか。ただ、計算して、官吏と民を足してみると、丁度最初の戸口

食塩の数となる。となると、市民食塩は民食塩の中に含まれるか。そうなると民から市民を差し引いた五三三四人が郷民となるのであろうか。これはやはり考えられない。覇州の食塩戸口の実態は興味あるものである。

さらに、南直隷揚州府儀真県の隆慶『儀真県志』巻六、戸口攷、国朝に、洪武中、永楽中、宣徳中、正統中、景泰中、天順中、弘治中、成化中、正徳中と明初以来の戸口の増減を記した後に、嘉靖二十一年と同三十一、四十一年の戸数、丁口数を挙げ、そして、凡戸必計里編審丁銀官為立則と凡丁銀毎歳各輸于官給民壮兵快工食と明中期における均徭法によって賦役制度改革に言及する。その後に次の記事がある。本文と割り注を区別して掲載しよう。

凡戸必計丁口食塩額鈔。〈永楽初、丁口八千三十六、該食塩八万九千七百六十五斤、鈔四千四百八十八貫二百五十文。成化中、戸一千七百二十四、男婦大口四千八百七十七、食塩三万一千七百斤八両、該鈔三万一千七百貫五百文。嘉靖中、食塩起運鈔一万五千一十二貫、折色銅銭如之、本色鈔七千五百六貫。存留鈔一万四千七百貫、折色銅銭如之、本色鈔七千三百五十貫。〉

永楽初、丁口八〇三六、該食塩八万九七六五斤、鈔四四八八貫二五〇文。

成化中、戸一七二四。

男婦大口四八七七、食塩三万一七〇〇斤八両、該鈔三万一七〇〇貫五〇〇文。

嘉靖中、食塩起運鈔一万五〇一二貫、折色銅銭如之、本色鈔　七五〇六貫、

存留鈔一万四千七百貫、折色銅銭如之、本色鈔七千三百五十貫。

ここには永楽年に戸口食塩法が創設されて以来、成化、嘉靖と戸口変動と徴収塩鈔額の変動を記述する。しかも成化期以降は男女口数の区別が制度的に行われたとするが、意外と府県行政が把握している塩供給の実態が窺えるようである。

第四節　明代行塩地方の局地的事例

すでに述べた通り、河南開封府は山東都転運塩使司に行塩地方が指定されていた。簡単に言えば山東塩の地区である。その東方は江蘇最北部の徐州・邳州・宿州三州などとともに山東兗州府に続く。だが先に挙げた河南開封府の所属県の一地方志である嘉靖『蘭陽県志』巻二、田賦、塩法には、同蘭陽県はすでに嘉靖の頃から河東・両淮・長蘆の間で運塩をめぐる角逐があった。しかも同県は本来「河東行塩之地」だという指摘があった。これは山東から河東に行塩指定が変更になって久しいことを示す。現地はあくまで行塩指定の遵守ではなく、民便に準拠すべきだという議論であって、明後期における塩法の制度的崩壊を見たのである。果たして然りであろうか。再び河南開封府属県の明代後期初頭の地方志の具体的事例を検討する。

開封府尉氏県の嘉靖『尉氏県志』巻二、官政類、塩法は前文、明代塩法前史、明代塩法と構成する。極めて力を入れた叙述であることがよく伝わる。まず、前文に言う。

塩切日用、古昔与民共之。後世征榷利興、法網始密。尉氏所行解池之塩、其味視淮・浙為稍劣。故負販之徒、往往触禁。志以別之。

塩は切に日用なり、古昔は民とこれを共にす。後世に征榷の利興り、法網始めて密なり。尉氏の行う所は解池の塩なり、其の味は淮・浙に視べて稍や劣と為す。故に負販の徒は、往往禁に触る。志以てこれを別つ。

開封府所属の尉氏県もまた蘭陽県と同様に山西解池の塩の行塩地区であったが、両淮塩・両浙塩に比べて質が悪く、そこで塩商人の行塩地方指定違反が起こったとし、地方志に同県塩法の記事掲載の必要を説くのであった。そして、歴代の塩政について記す。

東莱呂氏曰、河東塩出於池。解池塩之尤着者、朝廷特立使以領之。北方之塩尽出解池。其塩有契丹・西夏之塩相参雑。解池之塩味不及西夏、而西北之価直又賤、所以沿辺多盗。販二国者以奪解塩。国家常措置関防、西夏常護視入中国界。解池之塩、大抵如耕種、疏為畦隴、決水灌其間。必俟南風起、此塩遂熟。風一夜起、水一夜結。成塩全資於天、而人不興焉。徽宗初年、雨水不常、囲塹不密、守護不同、為外水入池、不復成塩。数年大失課利。後大興徭役、車出外水、漸可再復。此解塩之変也。○宋旧制、河南曹・濮以西、秦・鳳以東、皆食解塩。自仁宗時、解塩通商、官不復榷。熙寧中、市易司始榷開封曹濮等州。大理寺丞張景温提挙出売解塩。於是開封府界州県皆官自売。未幾復用商人議、以唐・鄧等州、西京信陽、南京河陽等処、令提挙解塩司、運塩売之。〈塩鈔、旧法毎席六緡。至是二緡有余。商不入粟、辺儲失備。乃議所以更之。皮公弼・沈括等言、官売当罷。於是河陽同・華・解州、河中陝府・陳留・雍丘・襄邑・中牟・管城・尉氏・鄢陵・扶溝・大康・咸平・新鄭、聴通商。其入不及官売者、官復自売。○已上倶出文献通考。

東莱呂氏（呂本中）曰わく、河東塩は池に出づ。解池の塩の尤も着なるは、朝廷特に使を立て以て之を領せしむ。北方の塩は尽く解池の出でり。其の塩契丹・西夏塩の相い参雑する有り。解池の塩味は西夏に及ばず、而して西北の価直は又た賤く、沿辺は盗多き所以なり。二国に販する者は以て解塩を奪う。国家は常に関防を措置し、西夏常に護視して中国界に入る。解池の塩は、大抵耕種の如く、疏して畦隴と為し、水を決して其の間に灌ぐ。必ず南風の起こるを俟ち、此塩は遂に熟す。風は一夜に起り、水は一夜に結ぶ。塩を成すは全て天に資し、而して人はこれに興らず。徽宗初年、雨水常ならず、囲塹密ならず、守護同じからず、為に外水は池に入り、復た塩を成さず。数年大いに課利を失えり。後に大いに徭役を興し、車にて外水を出し、漸く再び復す可し。此れ解塩の変なり。○宋の旧制は、河南の曹州・濮州の以西、秦州・鳳州の以東は、皆な解塩を食す。仁宗の時より、解塩通商し、官復た榷せず。熙寧中に、市易司始めて開封の曹濮等の州に榷す。大理寺丞張景温は解塩を出売するを提挙す。是に於いて開封府界の州県は皆な官自ら売る。未だ幾ばくならずして復た商人の議を用い、以て唐・鄧等州より、西京の信陽、南京の河陽等処は、提挙解塩司に令して、塩を運び之を売らしむ。〈塩鈔は旧法に、席ごとに六緡。是に至りて二緡有余なり。商は粟を入れず、辺儲備を失う。乃ち議して之を更へる所以なり。皮公弼・沈括等の言う、官売は当に罷むべしと。是に於いて河陽の同・華・解州、河中の陝府・陳留・雍丘・襄邑・中牟・管城・尉氏・鄢陵・扶溝・大康・咸平・新鄭は、通商を聴さる。其の入の官売に及ばざるは、官復た自ら売る。○已上倶に文献通考に出ず〉。

宋代における塩制度展開の概要が解池塩に即して説明される。官専売か通商法かであるが、北の契丹・西夏、特に西北西夏の安価で質の良い塩の密貿易に苦心したようである。これらは明代北辺問題にも関連していた。さて、明太祖以来の明塩法を見よう。

大明塩法、有商塩、有食塩。

明の塩法、ここでは塩流通制度としておこう。商塩と食塩の二法である。商塩について段落を切りながら説明しよう。

商塩

国朝塩課、専以供給辺方糧餉、或水旱凶荒亦藉賑済、其利甚博。然必私塩禁厳、而後官塩流通。法久弊滋、故自洪武以来、塩法条件、因時漸密云〈出大明会典〉。

諸司職掌所載、開封府為山東塩運司行塩地方。今河北延津等県是也。洪武二年置河東都転運塩使司。其山西解池塩行三省。在河南則開封尉氏等県是也。本府密邇両淮。淮塩味甘、奸商将官私塩越境取売。及将各処無課土塩・鹻塩・小塩煎熬貨売、以致官塩阻滞。天順四年、令山西按察司分巡道、兼巡視河東塩池。成化九年差監察御史一員於河東運司巡塩。毎年四季、尉氏県按季、差本県塩店戸一名、賫解発過塩引若干張、赴山西巡塩監察院銷繳。

国朝の塩課、専ら辺方に糧餉を供給するを以て、或いは水旱凶荒、亦た賑済に藉り、其の利甚だ博し。然るに必ず私塩の禁は厳しく、而る後に官塩流通す。法久しく弊滋く、故に洪武より以来、塩法の条件は時に因り漸く密なりと云う〈大明会典に出ず〉。

諸司職掌に載る所は、開封府は山東塩運司の行塩地方為り。今河北の延津等県は是なり。洪武二年に河東都転運塩使司を置く。其れ山西解池の塩は三省に行わる。河南に在りては則ち開封尉氏等県は是なり。本府は密に両淮に邇し。淮塩は味甘く、奸商は官私塩を将て越境して取売す。各処の無課の土塩・鹻塩・小塩を将て煎熬貨売するに及び、以て官塩の阻滞を致す。天順四年、山西按察司分巡道に令して、兼ねて河東塩地を巡視せしむ。成化九年、監察御史一員を河東運司に差して巡塩せしむ。毎年四季、尉氏県は季を按じ、本県の塩店戸一名を差し、賫解発過せる塩引は若干張、山西巡塩監察院に赴きて銷繳せしむ。

正徳大明会典により、国朝明の塩課は専ら商人に北辺軍隊に糧餉を納入させる代わりに塩引を発給し、それで官塩を流通販売させた。私塩厳禁が制度の原点だという。次に洪武二十六年の諸司職掌を引き、開封府が山東塩運司の行塩地方であるとした。ところが洪武二年に河東都転運塩使司を置き、開封府尉氏等県はその行塩地方だとする規定もある。この両者の関係がどうなのかが些か不明瞭である。ここに質の良い両淮塩が商人によって持ち込まれる。官は行塩地方の指定違反を取り締まるため、天順四年（一四六〇）に山西按察司分巡道の河東行塩地方の巡視、さらに成化九年（一四七三）には中央から監察御史一員を派遣して巡塩せしめた。いわゆる巡塩御史の設置である。また四季ごとの尉氏県側も塩販売に関係する塩店戸一名を山西巡塩監察院に赴任させて、銷繳した、すなわち決済した塩引を引き取らせた。塩店戸は従来知られていない塩法関係の役職戸である。地方各府県が官塩販売を委託し、塩引管理業務を代行させたようである。

さて、尉氏県志塩法の商塩の続きを挙げる。洪武の初めに定めた塩引目内条例の条文である。

洪武初定塩引目内条例。
凡両淮運司、遇客商販売塩貨、毎塩二百斤為一引、給与半印引目、毎引納官本米若干、収米入倉、随即給引支塩。
凡各場竈丁人等、除正額塩外、将煎到余塩夾帯出塩場、及私塩貨売者絞。
○百夫長知情容縦、或通同貨売者同罪。
○両隣知私煎塩貨不首者、杖一百充軍。
凡守禦官吏、巡検司巡獲私塩、倶発有司帰問、犯人絞。
○有軍器者斬。
○塩貨車頭・船頭、疋没官、引領牙人及窩蔵寄放者、杖一百、発煙瘴地面充軍。
○挑担駄載者、杖一百充軍。
○有能自首者免罪。

○常人捉獲者、賞銀一十両。
○仍須追究是何場分竈戸所売塩貨、依律処断。塩運司拿獲私塩随発有司追断、不許擅問。有司通同作弊脱放、与犯人私塩同罪。
凡起運司塩毎引四百斤帯耗塩一十斤為二袋。客塩毎引二百斤為一袋、経過批験所、依数掣摯。官塩自揚子江至湖南襄・鄧、倶係経過官司弁験塩引。如無批験掣摯印記者、笞五十、押回盤験。

凡諸色軍民権豪勢要人等、乗坐無引私塩船隻、不伏盤験者、杖一百、軍民倶発煙瘴地面充軍。
○有官者、依上断罪罷職。
凡将官運塩貨偸取、或将沙土插和抵換者、計贓比常盗加一等。如係客商塩貨以常盗論。客商将買到官塩插和沙土貨売者、杖八十。

凡客商興販塩貨、不許塩引相離、違者同私塩追断。如売塩了畢、五日之内、不行繳納退引者、杖六十。
○旧引影射塩貨、同私塩論罪。
○偽造塩引者、処斬。
凡起運官塩幷場戸往来船載上倉将帯軍器者並行処斬。

凡諸人買私塩食用者、減販私塩人罪一等。
○因而販売者処絞。
凡各処塩運司運載官塩、許用官船転運。如竈戸・塩丁却用別船装載、即同私塩科断。

〈按、河東運司塩法新旧事例、雑見於各条中者不一。大抵以此条為之張本。故詳録之。而他不備載也〉。

洪武の初め、塩引目内条例を定む。

凡そ両淮運司は、客商の販売せる塩貨に遇うに、塩二百斤ごとに一引と為し、給して半印の引目を与え、引ごとに官に本米若干を納め、米を収めて倉に入れ、随いて即ち引を給して塩を支す。

凡そ各場の竈丁人等、正額塩を除く外、煎到の余塩を将て夾帯して塩場を出、及び私塩貨売する者は絞す。

○百夫長の情を知りて容縦し、或いは通同貨売せる者は同罪。
○両隣の私に煎せる塩貨を知りて首せざる者、杖一百に軍に充つ。
凡そ守禦の官吏、巡検司は私塩を巡獲せば、倶に有司に発して帰問し、犯人は絞す。
○軍器を有する者は斬。
○塩貨の車頭・船頭、疋没官、牙人を引領して窩蔵寄放に及ぶ者は、杖一百、煙瘴の地面に発して軍に充つ。
○挑担駄載する者は、杖一百にて軍に充つ。
○能く自首有る者は免罪。
○常人の捉獲する者は、賞銀一十両。
○仍お須らく是れ何場分竈戸の売る所の塩貨を追究すべく、律に依り斬に処す。塩運司の拿獲せる私塩は、随いて有司に発して追断し、擅に問うを許さず。有司の通同して弊を作し脱放し、犯人とともに私塩と同罪。
凡そ起運の司塩は引ごとに四百斤に帯耗の塩一十斤を二袋と為す。客塩は引ごとに二百斤を一袋と為し、経過せる批験所は、数に依り掣摯せる官塩は、揚子江より湖南の襄州府・鄧州府に至り、倶に経過せる官司の弁験せる塩引に系る。如し批験の掣摯の印記無き者は、笞五十、押して盤験に回す。

凡そ諸色軍民の権豪勢要人等、無引私塩の船隻に乗坐して盤験に伏さざる者、杖一百、軍民倶に煙瘴の地面に発して軍に充つ。
○官に有る者は、上に依り断罪、職を罷む。
凡そ官運塩貨をば偸取し、或いは沙土を将て挿和抵換せる者、贓を計り常の盗に比べ一等を加う。如し客商塩貨に係れば常盗を以て論ず。客商の買到せる官塩をば沙土を挿和して貨売する者は、杖八十。

凡そ客商興販の塩貨は、塩引を相離すを許さず、違者は私塩と同じく追断す。如し売塩了畢し、五日の内、繳納退引を行わざる者、杖六十。

○旧引の影射せる塩貨は、私塩と同じく論罪。
○塩引を偽造する者は、斬に処す。
凡そ起運の官塩、并に場戸往来船載の上倉、将に軍器を帯せんとする者は並に処斬に処すと行ず。

凡そ諸人の私塩を買い食用する者は、私塩を販する人に罪一等を減ず。
○因ありて販売せる者は絞に処す。
凡そ各処の塩運司の運載せる官塩は、官船を用いて転運するを許す。如し竈戸・塩丁の却て別船を用いて装載せば、即ち私塩と同じく科断す。

〈按ずるに、河東運司塩法の新旧事例は、雑ら各条中に見える者は一ならず。大抵此の条を以て之が張本と為す。故に之を詳録せり。而して他は備に載せざるなり〉。

私塩の禁が厳重に遵守されることが明代塩法の一方の要である商塩、あるいは商人開中法の伝統である。私塩とそれに繋がる塩政の制度が崩れるのは何としても避けなければならない(29)。さて、次に食塩、すなわち戸口食塩法を見よう。

食塩
永楽二年、令両京官吏人等及各処官民、戸口食塩、毎歳大口納鈔一十二貫支塩一十二斤、小口納鈔六貫支塩六斤。市民食塩毎引納鈔二百貫、郷民食塩毎引納鈔五石、毎石折鈔一百貫、毎引該鈔五百貫〈今時塩鈔説見後〉。

永楽二年、両京の官吏人等及び各処の官民に令して戸口食塩は、毎歳大口は鈔一十二貫を納れれば塩一十二斤を支し、小口は鈔六貫を納れれば支塩六斤を支せしむ。市民の食塩は引ごとに鈔二百貫を納れ、郷民の食塩は引ごとに五石を納れ、石ごとに鈔一百貫に折し、引ごとに鈔五百貫に該てしむ〈今時の塩鈔説は後に見ゆ〉。
○三年、戸口食塩、各随地方徴収、歳用糧多処徴米、歳用糧少処徴鈔。
三年、戸口食塩は、各々地方に随いて徴収し、歳用の糧多き処は米を徴し、歳用の糧少き処は鈔を徴せしむ。

○四年、令未食塩官民人等、一体見丁納鈔支塩。大口十五歳以上、月支塩一斤納鈔一貫、小口十歳以上、月支塩半斤納鈔五百文。

四年、未だ塩を食さざる官民人等に令して、一体丁を見て鈔を納れ塩を支せしむ。大口十五歳以上は、月ごとに塩一斤を支するに鈔一貫を納れしめ、小口十歳以上は、月ごとに塩半斤を支するに鈔五百文を納れしむ。

正統三年、令各処徴収戸口食塩鈔貫、不拘軟爛、但有字貫者、即与収受。

正統三年、令するに各処徴収せる戸口食塩の鈔貫は、軟爛に拘わらず、但だ字貫有れば、即ち収受に与らしむ。

○又、令天下戸口塩鈔、倶減半徴収。官吏幷随住大口全徴。

又、令するに天下の戸口塩鈔は、倶に半を減じて徴収せしむ。官吏幷に随住の大口は全て徴せよ。

○四年、令該関食塩、如過期三年之上者、住支。

四年、令するに該関の食塩は、如し期を過ぐること三年の上ならば、支を住めよ。

○又、令未出幼男女及孤寡残疾、充軍当匠、亡故人口、免徴塩鈔。

○又、令するに未だ出さざる幼の男女及び孤寡残疾のもの、充軍当匠のもの、亡故の人口は、塩鈔を徴するを免ぜしむ。

景泰五年、令官吏人等食塩吏典承差、許報五口至十口。文武官員、許報十五口至三十口。

景泰五年、令するに官吏人等の塩を食す吏典承差は、五口より十口に至るを報ずるを許す。文武の官員は、十五口より三十口に至るを報ずるを許す。

成化二年、令戸口塩該納米者仍旧納米、該納鈔者銭鈔中半兼収。

成化二年、令するに戸口塩の米を納れるに該る者は旧に仍りて米を納れ、鈔を納れる者は銭と鈔の半に中りて兼収せしむ。

○六年、令免今年各処戸口塩鈔。以後不許折収銀米。

六年、令するに今年各処の戸口塩鈔を免ぜしむ。以後は折収銀米を許さず。

○十年、令戸口塩価起解京庫者、銭鈔兼収、毎鈔一貫折銭二文。存留本処願納米者聴、願納鈔者照旧。

十年、令するに戸口塩価の京庫に起解する者は、銭と鈔兼ねて収め、鈔一貫ごとに銭二文に折せしむ。本処に存留して米を納るを願う者は聴し、鈔を納るるを願う者は旧に照らせ。

弘治二年、令各処戸口食塩鈔、許原封折腰対半徴収、各封成塊就於批文内、填写実数、解部験進、該庫交収。

弘治二年、令するに各処の戸口食塩鈔は、原封折腰対半徴収を許し、各封成塊は批文の内に就けば、実数を填写し、部に解して験進し、該庫交収せしむ。

〈按、食塩、有司開具戸口名数、令人赴運塩使司関支、回県計口給散。嗣後有司難之、不復請給、而納米納鈔、則仍其旧。屢賜減免、可以覩〉。

〈按ずるに、食塩は、有司は戸口名数を開具し、人をして運塩使司に赴き関支せしめ、県に回りて口を計りて給散せしむ。嗣の後に有司は之を難とし、復た請給せず、而して納米納鈔は、則ち其の旧に仍らしむ。しばしば減免を賜わること、以て覩る可し〉。

この永楽二年から弘治二年に至る戸口食塩の規定は正徳『大明会典』巻二十七、戸部十二、経費二、官民戸口塩鈔の項に載る事例である。ただし、河南開封府尉氏県に関する令を抜粋し網羅している。したがって、嘉靖『尉氏県志』が会典の条文をただ引き写しただけで実情を反映したものでないとも言える。事実、藤井宏氏は戸口食塩は制度のはじめから塩を支給したものでなく、一般人民に対するものは、宋・元以来伝統的に戸口食塩法の実施された地方その他特殊な事情にある地方を除く大部分の地方に於いては、当初から、納鈔あって支塩なき、いわば一種の新租税の賦課として発足したものと推定されるという(30)。

河南、開封府尉氏県は明らかに戸口食塩の支給実態があった地域であり、それだからこそ大明会典の事例を忠実に引用している。さらにそれに付した注記によって、同県でも塩の支給を難とする有司もいたとし、納米納鈔だけを旧のままとしたとする。そこで納米納鈔のみが実態として徴税的となったので、しばしば減免が認められたという。それでは河南開封府尉氏県は藤井氏のいう特殊の地域かといえば、先の県志塩法の序文や明以前の宋元塩法を見ると、その事実はなかったようである。むしろ戸口食塩法の一般的行政体としてその制度管理、制度維持の努力が窺えるのである。

第五節　明代地方志戸口統計の男子・婦女数と戸口食塩法

前節に詳細に検討した河南、開封府尉氏県の嘉靖『尉氏県志』巻二、官政類、塩法の条には、正徳『大明会典』巻二十七、戸部十二、経費二、官民戸口塩鈔の項に載る永楽二年から弘治二年に至る戸口食塩の事例の諸規定を挙げていた。それに対して同嘉靖『尉氏県志』巻一、風土類、戸口は洪武二十四年以来の戸口統計を次のように記載している。


洪武二十四年、戸三千八百七十四、口四万六百九十一。

永楽十年、戸三千九百三十四、口四万九百九十三。

成化十八年、戸三千二百三十九、口四万二千六百六十一。男二万七千九百八十五、女一万四千六百七十六。

成化二十年尉氏県旧志云、戸三千百三十九、口四万二千六百六十一。民戸二千六百四十、軍戸三千五百五十。

　男子二万七千九百八十五、婦女一万四千六百七十六。成丁二万〇〇七六、不成丁七百九百九。

正徳実録原額人戸三千六百四十八、男子三万三千八百四十三、婦女二万三千百五十三。

正徳一四年復業四戸。正徳十五年復業四十三戸。正徳十六年復業三十一戸。

河南賦役総会文冊〈嘉靖二十四年〉、尉氏県見在人七千七百八十丁。


洪武、永楽年に記載の無かった男女それぞれの口数が見られる。そして嘉靖期直前の正徳年の復業戸数の確認や嘉靖二十四年の河南賦役総会文冊の引用等戸口数把握の厳密化を図る行政努力が見られる。現在人丁の計上が必要なのである。なお、成化二十年の尉氏県旧志を引いて「戸三千百三十九、口四万二千六百六十一。民戸二千六百四十、軍戸三百五十五。男子二万七千九百八千五、婦女一万四千六百七十六。成丁二万七千六、不成丁七千九百九」というように男子・婦女数と成丁・不成丁数も挙げている。

先掲の正徳『大明会典』巻二十七、官民戸口塩鈔の項に載る永楽二年以降の事例には、永楽二年の条に毎歳大口・小口、市民・郷民

の納鈔納米数を規定したことがあった。前節に引いた浙江、湖州府武康県の嘉靖『武康県志』巻四、食貨志、塩糧に、
皇明、市民塩鈔凡三千三百七十三口、郷民塩糧凡一万四千四百口。
とあって市民塩鈔口数と郷民塩糧口数を区別して挙げ、また北直隷、順天府覇州の嘉靖『覇州志』巻七、食貨志、賦税に、
食塩戸口
戸口食塩鈔六万一千六百四十四貫。
官吏食塩鈔六百八十四貫。
民食塩鈔六万九百六十貫。
市民食塩鈔五万五千六百二十六貫。
とあるように官吏、市民、また民は郷民を含み、いずれにしても市民・郷民を区別した塩鈔貫高の提示は規定通りであることを示している。

それでも、河南、開封府尉氏県の事例に見た男子と婦女の区別の規定は前掲の尉氏県志引用の正徳『大明会典』の官民戸口塩鈔の規定には無かった。実は正徳『大明会典』官民戸口塩鈔の規定では正統九年の項に次の規定がある。
○九年、令浙江等布政司幷南北直隷蘇松等府州県、戸口食塩米鈔、先委官取勘該管人戸、分豁旧管収除実在男婦大小人口、幷該徴米鈔数目、造冊齎繳、照税糧実徴文冊、定限差人送部。如違限及数目不清、差来人送問、経該官吏査提問罪。
○九年、浙江等布政司幷に南北直隷蘇松等府州県に令して、戸口食塩米鈔は、先に委官をして該管人戸を取勘し、旧管収除を分豁して実在の男婦大小の人口、幷に該徴米と鈔数目をば、冊に造りて齎繳し、税糧実徴文冊に照らし、限を定めて人を差し部に送らしむ。如し限に違い及び数目の清ならずは、来人を差し送問し、該の官吏の査提を経て罪を問わしむ。

ここに実在の男子婦女の大口小口の人口数を計上報告することが規定されている。ただし、正統九年（一四四四）では浙江等布政司幷に南北直隷の蘇松等府州県が命令の直接対象地方であった。先の開封府尉氏県の事例は河南地方であったので、浙江以外の各布政司

府州県の各地方志から男子、婦女、並びに大小口の戸口統計数を区別している事例を拾うと、まず男子、婦女、並びに大口（成丁）、小口（不成丁）の四者を完全に区別した事例は次である。

①河南、汝寧府、光州、光山県の嘉靖『光山県志』巻四、田賦志、戸口に、

洪武二十四年、戸三千九百二十四、口二万二千八百四十九。

永楽十年、戸四千三百十四、口三万二千五百四。

成化十八年、戸三千八百七十九、口三万五千百二十五。

弘治十五年、戸四百八十三、口八万四千八百四十三。

正徳三年、戸四千九百九。口七万二千百七十三。

嘉靖二十四年、戸四千八百三十三、口五万二千二百十四。

内計、軍戸九百七十六、民戸三千四百五十四、匠戸二百五十三、校尉戸四、厨役戸四、力士戸七、

雑役戸百七十六、医夫二十四、楽戸六。

男子已成丁一万五千百七十五、未成丁一万千二百二十三。

婦女大口一万四千六百九十八、小口一万千百十八。

②河南、彰徳府臨漳県の正徳『臨漳県志』巻三、戸口に、

洪武二十四年、戸二千七百二十、民戸二千六十九、軍戸五百二十九、匠戸九十三、力士戸三、

校尉戸四、陰陽戸一、医戸一、楽戸十九。

口二万五千三百四十一、男子成丁一万千十八、不成丁九千九百三十二。

婦女大一万二千十八、小千百六十二。

永楽十年、戸口仍前。

成化　八年、戸五千五百二十三、民戸四千六百七十六、軍戸五百二十七、匠戸九寿三、力士戸三、
校尉戸五、陰陽戸一、医戸一、楽戸十九。

口四万六千六百三十六、男子成丁一万六千六百十二、不成丁一万二千九百十七。

婦女大一万七千八百二十四、小八十二。

弘治十五年、戸五千六百五十九、民戸五千二、軍戸五百二十七、匠戸九十三、力士戸三、
校尉戸四、陰陽戸四、医戸七、楽戸十九。

男子三万五千百十八、男子成丁一万六千八百十三、不成丁一万八千三百八。

婦女二万千九百六、婦女大一万七千九百十三、小三千九百九十三。

③浙江、台州府黄巌県の万暦『黄巌県志』巻三、食貨志、戸口、皇明に、

洪武四年、〈割註〉戸六万八千六百九十三、口三十二万三千五百八十。
永楽九年、戸三万四千八百六十二、口十五万五千三百七十五。
至成化五年析戸七千二百四十九、口二万九千五百八十一、隷太平県。
弘治実徴、戸一万千百二十九、口四万四千六百二十一。
男子二万六千百九十五、成丁一万千七百五十九、不丁一万四千四百三十六、
婦女一万八千四百二十六、大口九千三百二十八、小口九千九十八。
嘉靖実徴、戸一万九百八、口四万五千八百二十。
男子二万七千四百四十七、成丁一万千九百三十一、不丁一万五千五百十六、
婦女一万八千三百七十九、大口九千二百三十八、小口九千百四十一。
隆慶実徴、戸九千百八十八、口四万五千八百二十六。

男子二万七千四百四十七、成丁一万千九百三十一、不丁一万五千五百十六、
婦女一万八千三百七十九、大口九千二百三十八、小口九千百四十一。
戸口食塩米、八百三十六石二升一合二勺五抄、内顔料米百二十八石八斗八升八合四勺。
銅銭鈔銀二三両四銭三分五厘三毛。

④浙江、台州府太平県の嘉靖『太平県志』巻三、食貨志、戸口、国朝に、
洪武二十四年人戸五万三千三百八十九、人口二十四万二千六百四十九。〈割註〉

成化八年、戸七千二百四十九、口二万九千五百八十一。

成化十三年楽清県分撥、戸四千四百、口一万八千七百二十七。

成化十八年、戸一万千六百五十一、口四万七千三百九十。

弘治五年、戸一万千六百五十一、口四万七千五百六。

弘治十五年、戸一万千八十二、口四万六千六百八十六。

正徳七年、戸一万八百九十二、口四万六千八百八十二。

嘉靖元年、戸一万九百四十八、口四万六千八百九十二。

嘉靖一一年、戸一万八百九十二、内、
民戸六千八百六十六、軍戸二千八百九十七、灶戸六百五十三、匠戸四百七十六。

口四万六千八百九十二、内、男子三万千三百六十二、成丁一万五千七百四十一、
不成丁一万五千六百二十一、婦女一万五千五百二十六、大口一万千二百一、小口四千三百十九。

⑤最後に広東海南島瓊州府の正徳『瓊臺志』巻十、戸口を挙げよう。ここでは黎族という少数民族戸数も挙げているのが特色である。

戸　洪武二十四年　永楽十年

府　總戸六万八千五百二十二、　總戸八万八千六百六。　民七万千二百十二、　黎一万七千三百九十四。
瓊山県、戸一万四千九百三十二、　民一万六千二百二十八、　黎　二千百六十九。
澄邁県、戸　八千三百六十七、　民　八千五百十九、　黎　二千百六十九。
臨高県、戸　七千九百八十五、　民　八千六百三十八、　黎　二千七百七。
定安県、戸　四千二百七十、　民　四千三百六十三、　黎　九百五十四。
文昌県、戸　六千二百七十六、　民　六千七百七十、　黎　三百八。
会同県、戸　千百四十五、　民　千百十六、　黎
楽会県、戸　千七百八十三、　民　千七百十六、　黎　四百三十三。
儋　州、戸一万三千八百七十六、　民一万三千八百四十三、　黎　四千三百七十七。
　宜倫県戸一万千九百三十二、　民一万二千三百五十九、　黎　三千四百十七。
　昌化県戸　千九百四十四、　民　千四百八十四、　黎　九百六十。
萬　州、戸　五千五百三十九、　民　五千六百四十五、　黎　百五十七。
　萬寧県戸　四千三百七十四、　民　四千四百六十七、　黎　八十四。
　陵水県戸　千百六十五、　民　千百七十八、　黎　七十三。
崖　州、戸　四千三百四十九、　民　四千三百七十四、　黎　四千二十。
　寧遠県戸　二千七百六十、　民　二千七百八十五、　黎　二千二十五。
　感恩県戸　千五百八十九、　民　千五百八十九、　黎　千九百九十五。
口　洪武二十四年　永楽十年
府　総口二十九万八千三十、　総口三十三万七千四百七十九　民二十九万六千九十三、　黎四万千三百八十六。

瓊山県口　八万二千百四十三、　民　八万二千三百七、　黎　五千三百六。
澄邁県口　三万三千五百三十八、　民　三万二千九百十七、　黎　六千二百四十四。
臨高県口　三万四千二百七十七、　民　三万六千百七十九、　黎　六千三百三十八。
定安県口　一万二千九百一、　民　一万三千九百二十五、　黎　二千三百二十九。
文昌県口　二万四千二百一、　民　二万二千六百二十四、　黎　七百三十九。
会同県口　四千五十、　民　三千五百十七、　黎
楽会県口　七千八百九十八、　民　九千七十三、　黎　九百九十。
儋　州口　五万七千三百八十七、　民　五万二千六百四十五、　黎　九千三百五十二。
宜倫県口四万九千二十七、　民　四万五千九百七十五、　黎　七千四百二十一。
昌化県口　八千三百六十、　民　六千六百七十、　黎　千九百三十一。
萬　州口　一万七千七百二十、　民　一万八千八、　黎　三百四十八。
萬寧県口一万四千三百二、　民　一万四千四百七十二、　黎　百八十。
陵水県口　三千四百十八、　民　三千五百三十六、　黎　百六十八。
崖　州口　二万四千九百十五、　民　二万四千八百九十八、　黎　九千七百三十二。
寧遠県口一万二百八十二、　民　一万八千四百八十四、　黎　四千八百五十七。
感恩県口　六千六百三十三、　民　六千四百十四、　黎　四千八百七十五。

戸　成化八年　弘治五年　口　成化八年　弘治五年
府　総戸五万四千四百八十五、　総戸五万四千七百五。口二十六万六千三百四、　総口二十二万七千九百六十七。
瓊山県戸一万五千六百八十二、　一万四千七百八十七。口　七万五千六百六十一、　七万八千三百六十二。

澄邁県戸　七千百四十五、　七千七百四十一。口　二万七千六百六十八、　二万七千七十七。
臨高県戸　六千五百二十六、　六千百七十一。口　三万七千二百四十二、　三万三百七十五。
定安県戸　三千二百八、　三千五百六十三。口　一万四千二百九十、　一万三千百十九。
文昌県戸　五千四十九、　五千百九十一。口　一万七千七十六、　一万二千七百一。
会同県戸　八百七十三、　千二。口　三千五百九十七、　三千百八十四。
楽会県戸　千五百六十五、　千七百七。口　一万二百二十二、　一万三千三百二十。
儋　州戸　六千六十三、　三千九百五十五。口　三万九千七十四、　六千百九十二。
昌化県戸　六百二十四、　六百七十。口　三千三百二十、　二千九百三十八。
萬　州戸　三千五百七十二、　三千八百九。口　一万三千八百七十、　一万四千四百三十五。
陵水県戸　千九十八、　千七十一。口　三千六百二十二、　三千六百七十一。
崖　州戸　二千三百七十二、　二千四百二十四。口　一万七千五百八十四、　一万七千八百九十三。
感恩県戸　七百八、　六百十四。口　三千七十八、　千九百九十九。

正徳七年

府総　戸五万四千七百九十八、民戸四万三千百七十四、軍戸三千三百三十六、雑役戸七千七百四十七。
官戸十、校尉力士戸四十八、医戸三十、僧道戸七、水馬站所戸八百十六、弓舖祇禁戸千六百二十二、竈戸千九百五十二、蛋戸千九百十三、窑冶戸百六十、各色匠戸千百八十九、寄庄戸五百四十一。
口二十五万百四十三、男子十七万九千五百二十四、成丁十二万千百四十七、不成丁五万八千三百七十七、婦女七万六百十九。

瓊山県戸一万六千九百七、民戸一万四千六百十七、軍戸六百六十七、雑役戸千五百五。

官戸九、校尉力士戸十、医戸十八、僧道戸六、水馬站所戸二百七十六、弓舗兵祇禁戸九十六、竈戸二百九十一、蛋戸百八十三、窑冶戸十五、各色匠戸六百一、寄庄戸百十八。

口七万八千八百三十八、男子五万七千二百六十六、成丁三万六千五十六、不成丁二万千二百十、婦女二万千五百七十二。

澄邁県戸七千二百六十四、民戸五千八百八十五、軍戸五百、雑役戸六百四十一。

力士戸七、馬站戸五十九、竈戸四十四、蛋戸百五十二、窑冶戸八十一、各色匠戸百五十八、弓舗兵祇禁戸百四十、寄庄戸二百三十八。

口二万七千百三十二、男子二万八百九十二、成丁一万五千六百七、不成丁五千二百八十五、婦女六千二百四十。

臨高県戸六千二百三十一、民戸四千七百九十五、軍戸三百九十七、雑役戸千十三。

官戸一、校尉力士戸四、医戸十二、道戸一、馬站戸四十四、竈戸三百三十二、窑冶戸二十、蛋戸二百二十一、各色匠戸六十七、弓舗兵祇禁戸三百十一、寄庄戸二十六。

口三万三千二百八十二、男子二万八千九百七十七、成丁一万七千五百七十七、不成丁一万千四百、婦女四千三百五。

定安県戸三千六百九十八、民戸三千五百七十五、軍戸五十四、雑役戸六十六。

力士戸十一、各色匠戸二、弓舗兵祇禁戸五十三、寄庄戸三。

口一万三千四百九、男子八千七百五十七、成丁七千五十、不成丁千七百七、婦女四千六百五十二。

文昌県戸五千二百五、民戸三千九百十、軍戸二百八十九、雑役戸九百二十八。

力士戸七、馬站戸十二、蛋戸二百三十、竈戸二百八十四、窑冶戸十六、各色匠戸九十四、弓舗兵祇禁戸二百八十五、寄庄戸七十八。

口一万九千二百九十七、男子一万二千七百八、成丁八千三百八十一、不成丁四千三百二十七、婦女六千五百八十九。

会同県戸千六百二、民戸七百六、軍戸五十七、雑役戸二百九十四。

馬站戸二十八、竈戸九十八、窰冶戸四、蛋戸八十八、弓舗兵祇禁戸七十六、寄庄戸五。
口三百九十、男子二千六百五十、成丁千九百六十七、不成丁六百八十三、婦女千二百六十。
楽会県戸千七百六十八、民戸千四百六十四、軍戸七十九、雑役戸二百二十五。
弓舗兵祇禁戸五十五、馬站戸三十六、蛋戸百十二、各色匠戸二十二。
口一万三千四百四十七、男子八千二十二、成丁四千九百七十六、不成丁三千四十六、婦女五千四百二十五。
儋州戸三千九百六十七、民戸二千四百十八、軍戸六百十八、雑役戸九百三十一。
校尉力士戸五、馬站戸八十、竈戸三百四十、蛋戸三百三十三、窰冶戸二十四、各色匠戸三十八、弓舗兵祇禁戸百十一。
口二万百二十一、男子一万五千七十八、成丁一万二千五百十一、不成丁二千五百六十七、婦女五千四十三。
昌化県戸六百七十二、民戸四百五十、軍戸百三十六、雑役戸八十六。
力士戸一、馬站戸二十二、弓舗兵戸五、竈戸三十二、蛋戸十二、各色匠戸十四。
口二千六百、男子千七百二十一、成丁千五百五十二、不成丁百六十九、婦女八百七十九。
萬州戸三千八百九、民戸二千九百四十一、軍戸百八十三、雑役戸六百七十八。
馬站戸五十六、竈戸三百二十六、蛋戸七十七、弓舗兵祇禁戸五十六、各色匠戸百六十三。
寄庄戸七。
口一万四千四百八十五、男子九百十一、成丁六千五百二十一、不成丁二千四百九十、婦女五千四百七十四。
陵水県戸千七十一、民戸六百八十九、軍戸三十九、雑役戸二百七十七。
馬站戸五十一、竈戸六十一、蛋戸百、各色匠戸八。弓舗兵祇禁戸五十六、寄庄戸六十六。
口三千六百八十七、男子二千五百二十四、成丁二千四百七十一、不成丁五十三、婦女千百六十三。
崖州戸二千四百三十五、民戸千二百九十七、軍戸二百三十九、雑役戸八百九十九。

校尉戸二、馬站戸百十六、竈戸百五、蛋戸三百四十九、各色匠戸十七、弓舗兵祇禁戸三百十。

口一万七千九百三十六、男子一万五百八十六、成丁五千三百十六、不成丁五千二百七十、婦女七千三百五十。


感恩県戸七百九、民戸四百二十七、軍戸七十八、雑役戸二百四。

校尉戸一、馬站戸三十五、竈戸三十九、蛋戸五十六、各色匠戸五、弓舗兵祇禁戸六十八。

口千九百九十九、男子千三百三十二、成丁千百六十二、不成丁百七十〇、婦女六百六十七。

①は河南、汝寧府光州光山県の嘉靖『光山県志』、②は河南、彰徳府臨漳県の正徳『臨漳県志』、③は浙江、台州府黄巌県の万暦『黄巌県志』、④は浙江、台州府太平県の嘉靖『太平県志』、そして⑤は広東、海南島の正徳『瓊臺志』という事例で華北、華中、華南と事例がある。そしてそれら事例は戸口記載の全体的に極めて詳細である。なお、諸色戸計については第四章で扱う。

次に、やや省略した形であるが、男子、婦女のみを戸口統計で特別に記載している事例を拾うと次のものがある。なお、戸数の次の◆印は軍、民、匠等の諸色戸数を計上しているが、煩雑となるので割愛した。なお、これについては次章で扱うことにしたい。

⑥北直隷、北京郊外居庸関外の地の隆慶州の嘉靖『隆慶志』巻三、食貨、戸口に、

本州

永楽　二十年実在、戸千六百四十七　口　八千百四十八、　男四千四百二十三、婦女三千七百二十五。
宣徳　七年実在、戸千九百二十九、口　九千九百四十六、男五千六百二十三、婦女四千三百二十三。
正統　七年実在、戸二千二十、　口一万千八百九十九、男六千八百二十七、婦女五千七十二。
景泰　七年実在、戸千五百四十、　口　九千八百五十六、男五千七百四十一、婦女四千百十五。
天順　六年実在、戸二千五十一、　口一万三千八十、　男七千九百六十三、婦女五千百十七。
成化　八年実在、戸二千五十一、　口一万四千三百七十四、男八千九百五十八、婦女五千四百十六。
弘治　五年実在、戸二千七十八、　口一万四千三百七十七、男九千三百二十一、婦女五千五十六。

正徳　七年実在、戸二千五百十三、口一万四千三百八十、男八千九百八十一、婦女五千三百九十九。

嘉靖二十一年実在、戸二千七百、口一万六千五百三十八、男九千三百十、婦女七千二百二十八。

嘉靖二十八年実在、戸　九三一、口　七千三百四十五、男四千四百四十、婦女二千五百九。

⑦北直隷、河北保定府易州の弘治十五年（一五〇二）『易州志』巻四、戸口に、

州
洪武二十四年戸口、永楽十年戸口、宣徳十年戸口、正統七年戸口、倶欠。

景泰三年、戸七千五百九十八◆口四万八千十四、男子二万九千六百六十一、婦女一万八千三百五十三。

天順六年、戸口、欠。

成化八年、戸旧管四千九百三十◆男子九千九百五十三、婦女六千三百九十六。

成化十八年、戸四千五百五十七◆口三万七千三百四十三、男子二万四千三百一、婦女一万三千四十二。

弘治五年、戸四千五百七十三。口四万千六百四十、男子二万七千二百四十五、婦女一万四千三百九十五。

淶水県
成化八年、戸三千百二十一◆口二万四千七百八十四、男子一万六千五十五、婦女八千七百二十九。
成化十八年、戸口、欠。
弘治五年、戸三千百九十、口三万五百四十六、男二万千四百六十九、婦女九千四十六。

⑧北直隷、広平府威県の嘉靖『威県志』巻四、食貨志、戸口に、

成化間、　戸千二百五十◆
　口一万二千八百十一、男九千六百九十六、婦三千百五十五。
嘉靖元年、戸千九百四◆

口二万三百六十五、男一万五千二百四十、婦五千百十九。

嘉靖二一年、戸千九百十四◆

口二万四百四十五、男一万五千三百十、婦五千百三十三。

⑨北直隷、大名府の正徳『大名府志』巻三、田賦志、戸口に、

大名府

正統　七年、戸四万七千五百二十、口　八万九千四百二十五。

弘治　五年、戸六万六千二百、口五十七万四千九百七十二。

弘治十五年、戸六万八千七百九十四◆、口六十万五千百四十九。

男子三十七万八千百六十七、婦女二十二万六千九百八十二。

元城県

正統　七年、戸三千十八、口二万四千百九十。

弘治　五年、戸三千七百三十六、口五万八千八百八。

弘治十五年、戸三千七百四十八◆、口五万四千六百三十五。

男子三万五千九百九十三、婦女一万八千六百四十二。

大名県

正統　七年、戸千二百六十七、口九千二百七十四。

弘治　五年、戸二千十八、口一万七千九百九十七。

弘治十五年、戸二千五百二十八◆、口一万九千六百二十六。

男子一万二千五十二、婦女七千五百七十三。

南楽県
正統　七年、戸二千九百九十一、口一万七千八百三十九。
弘治　五年、戸三千七百六十三、口三万五千七百九十五。
弘治十五年、戸三千九百二十五◆、口三万八千九百九十四。
　男子二万三千五百三十九、婦女一万五千四百五十五。
魏県
正統　七年、戸四千二百八十七、口一万九千五百二十五。
弘治　五年、戸五千九十四、口三万六千百三十六。
弘治十五年、戸五千三百八十六◆、口三万八千二百八。
　男子二万四千九百五十一、婦女一万三千二百五十七。
清豊県
正統　七年、戸四千二十五、口二万八千三百十六。
弘治　五年、戸五千七百四、口五万四千三百四十五。
弘治十五年、戸六千九十五◆、口五万六千八百十九。
　男子三万八千七十、婦女一万八千七百四十。
内黄県
正統　七年、戸二千八百五十四、口一万四千百三十四。
弘治　五年、戸三千九百三十七、口三万六千百六十。
弘治十五年、戸四千十三◆、口三万九千百三十一。

男子二万二千八百六十七、婦女一万六千二百六十四。
濬県
正統　七年、戸四千七百十一、口二万四千二百五十一。
弘治　五年、戸五千八百一、口五万千四百一。
弘治十五年、戸六千六十六◆、口五万七千二百九十。
男子三万四千五百十八、婦女二万二千七百七十二。
滑県
正統　七年、戸八千六百十三、口四万六千二百七十一。
弘治　五年、戸九千九百六十八、口九万四千百七十六。
弘治十五年、戸九千九百六十八◆、口九万五千百七十六。
男子五万九千八百五十三、婦女三万五千三百二十三。
開州
正統　七年、戸九千六百七十五、口六万八千二百十六。
弘治　五年、戸一万三千二十九、口八万九千六百七十六。
弘治十五年、戸一万三千三十一◆、口八万九千六百八十三。
男子五万六千四百四十、婦女三万二千二百四十三。
長垣県
正統　七年、戸六千六十九、口三万七千四百九。
弘治　五年、戸八千六七十、口七万六千四百三十五。

弘治十五年、戸九千二百三十六◆、口八万二千九百七十一。

男子四万八千八百六十一、婦女三万四千百九。

東明県
弘治　五年、戸四千四百七十三、口三万二千十三。
弘治十五年、戸四千九百九十八◆、口三万二千六百十六。
男子一万千二十一、婦女二万千五百九十五。

⑩河南、帰徳府夏邑県の嘉靖『夏邑県志』巻三、田賦志、戸口に、
戸二千三百五十四、口二万千五百六十八。以上成化・弘治年冊。

戸二千七百二十二◆、口二万二千四百九十二。

男一万五千五百九十一、婦六千九百一。以上嘉靖二十六年冊。

⑪南直隷、安徽、広徳州建平県の嘉靖『建平県志』巻二、田賦志、戸口に、
洪武二十四年、戸一万五千百九十八、口八万千九百六十八。

永楽十年、戸一万六千九百六十五、口八万八千四十三。

弘治十五年、戸一万六千五百七十二、口八万九千二百三十七。

嘉靖元年、戸一万六千二百十五◆、口八万六千六百九十八、男子六万五千八百十四、婦女二万八百八十四。

⑫南直隷、安徽、池州府銅陵県の嘉靖『銅陵県志』巻四、田賦志、戸口に、
洪武二十四年黄冊、戸五千二、口二万二千六百八十五。

嘉靖四十二年黄冊、戸三千七百八十四、口一万四千八百九十三。

男子一万四千八百九十三。婦女五千七百六十九口。

⑬浙江、紹興府新昌県の万暦『新昌県志』巻六、民賦志、戸口、国朝に、

洪武十四年、戸一万千十二、口六万八千四百七十二。

成化十二年、戸四千八百一、口一万六千三百。

万暦　六年、戸七千三百五十◆、口男婦共一万三千二十三、男子八千五百七、婦女四千五百十六。

⑭福建、建寧府建陽県、嘉靖『建陽県志』巻四、戸賦志、戸口、国朝に、

洪武二十四、戸三万千二百四十四、口十二万四千二百七十七、男子六万四千三百六十一、婦女五万九千九百六。

永楽十、戸二万九千八百十二、口　九万四千九百五、男子五万四千四百六十九、婦女四万四百三十六。

宣徳　七、戸二万八千三百八十一、口　八万八千五百四十三、男子五万三千六百六十六、婦女三万四千九百三十七。

正統　十、戸二万九千七百十一、口　八万七千五百六十四、男子五万五千九百六十三、婦女三万千六百一。

弘治　五、戸二万四千百三、口　八万三千二百三十八、男子五万五千八百、婦女二万七千四百三十八。

嘉靖十一、戸二万四千七百三十一、口　八万三千二百三十六、男子五万五千八百、婦女二万七千四百三十六。

嘉靖二十一、戸二万四千七百三十一、口　八万三千二百三十六、男子五万五千八百、婦女二万七千四百三十六。

嘉靖三十一、戸二万五千十五、口　八万三千二百八十三、男子五万三千九百七十、婦女二万九千三百十三。

⑥は北直隷、隆慶州の嘉靖『隆慶志』、⑦は北直隷、河北保定府易州の弘治『易州志』、⑧は北直隷、広平府威県の嘉靖『威県志』、⑨は北直隷、大名府の正徳『大名府志』、⑩は河南、帰徳府夏邑県の嘉靖『夏邑県志』、⑪は南直隷、安徽広徳州建平県の嘉靖『建平県志』、⑫は南直隷、安徽池州府銅陵県の嘉靖『銅陵県志』、⑬は浙江、紹興府新昌県の万暦『新昌県志』、⑭は福建、建寧府建陽県、嘉靖『建陽県志』である。その多くが弘治以降の統計であるのに対して、⑭福建、建寧府建陽県では洪武二十四年から男子、婦女の口数統計を示し、⑥の北直隷、北京郊外居庸関外の地の隆慶州の事例では永楽二十年の実在戸口数に男、婦女の口数を挙げている。なお、両事例とも洪武、永楽より嘉靖期までの明代主要年次の戸口数が挙げられている。

なお、⑥の河北北京郊外居庸関外の地の隆慶州の嘉靖『隆慶志』巻三、食貨、戸口は前傾戸口数の提示に続いて、

本州戸口有食塩鈔、毎口納銀一分八厘。塩実未支而納銀則如故。嘉靖十七年知州丁沢、又増其口、以其銀為本州知州吏目、四教官、二巡検、折色俸銭。至二十五年、知州劉雲鴻、因教官倶実支、而口数太多、乃減損而調停之、以各官応得之俸為定数。始惬于民情矣。

本州の戸口に食塩鈔有り、口ごとに銀一分八厘を納めしむ。塩は実に未だ支せずして銀を納むること則ち故の如し。嘉靖十七年知州丁沢、又た其の口を増し、其の銀を以て本州知州吏目、四教官、二巡検の折色俸銭と為す。二十五年に至り、知州劉雲鴻、教官の倶な実支に因り、而して口数太だ多く、乃ち減損して而してこれを調停し、以て各官応得の俸を定数と為す。始めて民情に惬たり。

ここに述べられる事態は戸口食塩が納銀あって支塩無し、まさに藤井宏氏が指摘した通りの事態である。それを本州知州吏目、四教官、二巡検、また儒学教官の折色俸銭に充当したというのも藤井氏の理解通りに見える。ただ、これは全体としてその前提となる塩法制度では、かえって戸口食塩の制度の初めは塩の支給が実行された。最近それが実行されていないという不満にも読める史料である。

第六節　明後期における戸口食塩法の地域的展開

正徳『大明会典』巻二十七、戸部十二、経費二、官民戸口塩鈔の項に載る戸口食塩の事例は弘治二年（一四八九）で終わる。それ以後の諸規定を挙げていない。そこで万暦『大明会典』巻四十一、戸部二十八、経費二、官民戸口塩鈔によって明代後期の事例を見よう。

○弘治十六年議准、天下司府州県、今後該府起運戸口食塩銭鈔、照例銭鈔兼収。各差解戸、随順差官、赴京交納。存留者、納米・納銭、聴従其便。

弘治十六年議准、天下の司府州県、今後該府起運せる戸口食塩銭鈔は、例に照らして銭鈔兼収せよ。各々解戸を差し、随順して

官を差し、京に赴いて交納せよ。存留の者は、米を納めるか銭を納めるかは、其の便に従うを聴す。
○正徳八年議准、山東被賊傷残、食塩戸口見在者、照旧徴納。死亡者、除豁。田地被災五分者、于存留糧内、減免二分。
正徳八年議准、山東の賊に傷を被りて残の、食塩戸口の見に在る者は、旧に照らして徴納せよ。死亡する者は、除豁す。田地の災を被ること五分なる者は、存留の糧内において、二分を減免す。
○十三年、令河南・山東二布政司戸口食塩折収銭鈔、解司鑰庫上納。
十三年、河南・山東の二布政司に令して戸口食塩の折収銭鈔は、司の鑰庫に解り上納せしむ。
○十六年、令山東等布政司幷南北直隷府州県、例該起運戸口食塩銭糧、徴収本色。
十六年、山東等の布政司幷に南北の直隷府州県に令して、例として該の起運戸口食塩銭糧は、本色を徴収せしむ。
○嘉靖元年、令将靖江王府二次奏討食塩六十引、行広東布政司、差人領齎原擬価銀六十両、送至広西布政司発買熟塩一万二千斤進用。不許仍前差官関支。
嘉靖元年、令して靖江王府の二次奏討の食塩六十引を将て、広東布政司に行じ、人を差して原擬の価銀六十両を領齎せしめ、送りて広西布政司に至り熟塩一万二千斤を発買して進用せしむ。前に仍りて官を差し関支するを許さず。
○六年詔、各処起運京庫戸口塩鈔、今後毎鈔一貫折銀一厘一毛四糸三忽、毎銭七文折銀一分。計鈔一塊、共折銀四両、経収大戸人等、不得分外科歛、侵欺入己。
六年詔、各処の京庫に起運せる戸口塩鈔は、今後鈔一貫ごとに銀一厘一毛四糸三忽に折し、銭七文ごとに銀一分に折せしむ。鈔の一塊を計り、共に折銀は四両、経収せる大戸人等は、分外科歛して、侵欺して己に入るるを得ず。
○十四年、令在京各衙門関支食塩、倶限正月以裏、将官吏塩斤数目、及支塩人員姓名、類造印信批照一張、前赴運司換与支塩官単幷出塩水程、至天津、執単赴兵備道告験塗抹、類発批験所、繳回運司。至河西務、赴収料主事処験盤、張家湾赴通州坐糧員外処験卸。崇文門照例験訖水程、赴管九門兼理塩法戸部委官処験放。水程収抹、類送本部、発回運司銷照。如有影射夾帯、所在官司盤出、照例拏問衆奏。各衙門差委支塩人員、有私出批票縦容興販、幷運司不査挙者、聴巡塩御史衆究。

十四年、令して在京各衙門の食塩を関支するは、倶に正月以裏を限り、官吏の塩斤数目、及び塩を支せる人員の姓名を将て、類して印信批照一張を造り、前みて運司に赴き支塩の官単幷に出塩の水程と換与し、天津に至り、単を執り兵備道に赴きて験の塗抹を告げ、類して批験所に発し、運司に繳回せしむ。河西務に至り、収料主事の処に赴きて験盤す。張家湾は通州坐糧員外の処に赴きて験卸す。崇文門は例に照らして水程を験し訖り、管九門兼理塩法戸部委官の処に赴きて験放す。水程収抹は、類して本部に送り、運司に発回して銷照す。如し影射夾帯有れば、所在の官司は盤出し、例に照らして拏問衆奏せよ。各衙門は差して支塩の人員を委ね、私に批票を出して縦容興販し幷びに運司の査挙せざる者有れば、巡塩御史の衆究を聴す。

○十五年、令陝西西・鳳・延・鞏・漢中五府、多余戸口鈔銀、各照原議、処補禄糧・布花、及固原歳用不敷之数。

十五年、陝西西・鳳・延・鞏・漢中の五府に令して、多く戸口鈔銀を余すは、各々原議に照らし、禄糧・布花、及び固原歳用の敷かざるの数を処補せしむ。

○二十四年題准、大名府原解保定府庫戸口食塩銭鈔、於内分撥銭二十八万五千七百六十文、鈔一千四万二千八百四十貫解部、転発薊州庫交収、以備営州前屯衛幷寛河所官吏折俸支用。

二十四年題准、大名府の原と保定府庫に解する戸口食塩銭鈔は、内分に於いて銭二十八万五千七百六十文、鈔一千四万二千八百四十貫を撥して部に解り、薊州庫に転発して交収せしめ、以て営州前屯衛、幷に寛河所の官吏折俸の支用に備えしむ。

○二十七年題准、戸口食塩銭鈔、照例文武衙門官吏及随住人戸、全徴支塩。市民男婦減半納鈔、郷民納米有願納鈔者照市民徴収。其司府州県、例該起運京庫銭鈔、内経中半徴収者、照嘉靖六年詔例、毎鈔一千貫銭二千文、折銀四両徴解、不許分外科取。其起運宣府等処応解折色者、照旧徴銀起解。存留者、収貯本処官庫、支給官軍俸糧等項。郷民納米、分派缺糧倉分上納、取獲通関繳報。

二十七年題准、戸口食塩銭鈔は、例に照らして文武衙門官吏及随住人戸は、全徴して塩を支す。市民の男・婦は半を減じて鈔を納め、郷民の米を納むるに鈔を納むるを願う者有らば市民に照らして徴収せしむ。其の司府州県、例として該の京庫に起運せる銭鈔は、内に中半徴収する者を経て、嘉靖六年の詔の例に照らし、鈔一千貫、銭二千文ごとに、銀四両に折して徴解し、分外科取を許さず。その宣府等処に起運して応解折色する者は、旧に照らし徴銀起解す。存留する者は、本処の官庫に収貯せしめ、官軍の俸糧等項に支給す。郷民の納米は、缺糧倉分に分派して上納し、通関を取獲して繳報せしむ。

○三十一年、令長蘆運司、毎年終、将汝・趙二府塩数、一体動支本司贓罰銀各四百両、照数解給。

三十一年、長蘆運司に令し、毎年終に、汝・趙二府の塩数を将て、一体本司の贓罰銀各四百両を動支して、数に照らして解給せしむ。

弘治十六年（一五〇三）の議准は全国の府州県に中央戸部に送る戸口食塩鈔分は事例の通り、銭と鈔の兼収とし、官員を派遣して北京に交納させるとし、地方存留分は米、銭その便の形で納めさせた。正徳八年（一五一三）には傷害者や死亡者、また災害被害者に対してどの程度の減免するかを規定する。同十三年（一五一八）の令は河南山東の二地方で折収した戸口食塩銭鈔を京庫に上納させる規定、以後戸口食塩鈔の京庫中央への運上方が細かく規定される。次の同十六年（一五二一）は山東等布政司及び南北直隷の府州県に対して北京京庫へ起運する戸口食塩銭糧は本色を徴収するという。理由は不明である。嘉靖元年（一五二二）、靖江王府関係の食塩鈔を広東布政司の担当で広西布政司生産塩を買い付け進用させるという規定である。広東と広西間の行塩地方の争奪問題が背景にあるのだろうか。同六年（一五二七）のは戸口食塩銭鈔の折銀規定である。同十四年（一五三五）は在京各衙門の食塩支給方法であり、恐らくは長蘆塩場から天津や通州を経て、北京崇文門に至る塩流通構造を規定している。塩場、運司から批験所、天津兵備道、河西務収料主事、通州坐糧員外郎、崇文門管九門兼理塩法戸部委官と繋がる北京官員関連戸口食塩職官構造が窺える。なお、この時期ごろたりから戸口食塩が官吏の俸給の一部として重要であることが指摘される。翌年十五年の陝西布政司西安府・鳳翔府・延安府・鞏昌府及び漢中府五府に対してその戸口食塩の多くの余鈔銀が官禄の糧、、綿花及び固源庫支給分のそれぞれの不足を補うものだとする。さて、同二十四年（一五四五）の北直隷大名府が本来保定府庫に送った戸口食塩を以後は営州諸衛所軍士の俸給分に回そうという提案である。嘉靖の北辺防衛に関連した兵員増加が背景にあろう。次いで同二十七年（一五四八）は戸口食塩銭鈔は、例に照らして文武衙門官吏及随住人戸は、全徴して塩を支す。市民の男・婦は半を減じて鈔を納め、郷民の米を納むるに鈔を納むるを願う者有らば市民に照らして徴収せしむといった納鈔規定の従来の確認である。北京衙門、また宣府等処の辺鎮それら文武の官員の俸給に食塩が支給される。制度はぜひとも維持する必要がある嘉靖六年の詔の例に照らし、鈔一千貫、銭二千文ごとに、銀四両の折銀などの確認といった従来の規定遵守の工夫がよく分かる。さて、最後は同三十一年（一五五二）の長蘆運司に対しての命令で河南汝寧府と直隷趙州二地方の食塩を彰徳府広平府分と取り合わせようとする。行塩地方の調整も意図された。

嘉靖六年の詔の例に照らし、鈔一千貫、銭二千文ごとに、銀四両に折して徴解し、そして、万暦『大明会典』官民戸口塩鈔の条は次の塩鈔起存数目で結ぶ。戸口食塩徴収地区とその納入方法、どこの官員や衛所軍士に配給されるかの図式が描かれるのである。

塩鈔起存数目

①一、陝西・山西・四川・雲南・広東・広西・貴州七布政司及応天府幷直隷隆慶・保安二州、該徴銭鈔、倶存留本処備用。

②一、浙江布政司及順天府、北直隷真定・保定、南直隷蘇州・松江・鎮江・常州・淮安・揚州・徽州・池州・廬州・鳳陽・太平・寧国・安慶一十五府、滁・徐・和三州、該徴銭鈔、一半存留本処備用、一半起運京庫。

③一、江西・福建・湖広三布政司銭鈔、一半存留本処備用、一半起運南京該庫。

④一、河南・山東二布政司銭鈔、一半存留本処備用、一半起運京庫、数内摘発鈔八十万一百三十四貫、銭一百六十万二百六十八文、解赴宣府、以備開平等衛所官軍折支俸糧。

⑤一、北直隷河間府銭鈔、本府存留鈔六十五万貫、准折本処官軍俸糧。其余倶解京庫。

⑥一、大名府銭鈔、一半起解京庫、一半起解保定府。起解京庫数内、改撥鈔三十八万八千一十一貫、銭七十七万六千二十三文、解宣府折支開平等衛所官軍俸糧。起解保定数内、分撥鈔二十八万五千七百六十文、鈔一十四万二千八百四十貫、解赴戸部、転発薊州庫交収、以備営州左・右・中・前・後五屯衛幷寛河一所官軍折俸。

⑦一、南直隷広徳州幷北直隷順徳・広平二府銭鈔、尽数解京。其永平府所収銭鈔、該解遼東者、照例折銀、送広寧等庫交収。

①は、陝西・山西・四川・雲南・広東・広西・貴州の七布政司及び応天府幷に北直隷の隆慶・保安の二州では、該の徴した銭鈔を、倶に本処の備用に存留する。七布政司は明領域の西北陝西から四川・雲南・広東・広西・貴州と西南に至る最も遠方の地域と、北のモンゴル勢力の侵入に備える山西並びに北直隷隆慶・保安の二州といった長城地帯、それに南京応天府であり、以上の地方から徴収した戸口食塩はすべて存留分とし、当地の文武の官員の俸給に充てるという。

②は、浙江布政司及び順天府、北直隷の真定・保定二府に加えて南直隷の蘇州・松江・鎮江・常州・淮安・揚州・徽州・池州・廬州・鳳陽・太平・寧国・安慶の一三府、併せて一五府と滁州・徐州・和州三州については、該の徴した銭鈔は、一半は本処の備用に存留し、一半は北京京庫に起運する。当該地方は明代中国で最も経済的に豊かな財富の地であった。半分は国庫に入れたいとするのも当然である。

③は、江西・福建・湖広の三布政司銭鈔は、一半は存留として本処の備用に費す、一半は南京該庫起運する。北京までは比較的に遠い。南京財政も重要であろう[31]。

④は、河南・山東の二布政司の戸口食塩銭鈔は、一半は本処備用に存留し、一半は北京京庫に起運するが、数内で鈔八十万一百三十四貫、銭一百六十万二百六十八文を摘発し、解赴山西大同附近の宣府辺鎮に解赴し、以て開平等衛所官軍折支俸糧に備える。

⑤は、北直隷河間府の銭鈔、本府の存留鈔六十五万貫は、本処の官軍俸糧に折するを准すが、其の余は倶に京庫に解る。

⑥は、大名府の銭鈔は、一半は京庫に起解し、一半は保定府に起解する。京庫に起解する数内で、改めて鈔三十八万八千一十一貫、銭七十七万六千二十三文を撥して、宣府に解り、開平等衛所官軍俸糧に折支する。保定府に起解する数内は、分かちて鈔二十八万五千七百六十文、鈔一十四万二千八百四十貫を撥し、戸部に解赴し、転じて薊州庫に発して交収せしめ、以て営州左・右・中・前・後五屯衛幷に寛河一所の官軍折俸に備える。

⑦は南直隷広徳州幷に北直隷順徳・広平二府の銭鈔は、尽数（ことごとく）北京に解る。北直隷の永平府の収めた所の銭鈔は、該の

遼東に解る者は、例に照らして銀に折し、広寧等庫に送り交収させる。
明代塩法が辺に軍餉を入れる制度であるという宿命的行政課題は依然として重要である。それが戸口食塩法の重責であることは明後期でも変わらなかった。

結び

明代塩法という極めて複雑な制度を取り上げた。明王朝は各産塩地に塩官を設置した。その大綱は全国主要行塩区画を両淮、両浙、長蘆、山東、福建、河東の六として、それぞれに都転運塩使司を置き、その他に広東、海北、四川、雲南黒塩井、雲南白塩井、雲南安寧塩井、雲南五井の七塩課提挙司による管理を行わせた。また、陝西霊州に塩課司を置き、それぞれ地域の特質、特殊性に応じた行政を施行したのである。

それにしても、明代塩法はまことに巧妙な制度である。明代塩法を塩の流通構造として押さえてみると、塩販売の指定地である行塩地方の仕組みの巧みさが窺える。対象行塩地方に指定される各直隷・布政使司の府県の戸口数との対応をみると、実に合理的な塩販売量が測定できる。ただ戸口食塩法関係の史料は不十分で今後の研究が必要である。

それでも、塩という単一商品の流通構造は広大な中国大陸全体を覆うスケールを持っていたことが確認された。特に従来戸口食塩法は新税制だとか、附加税だとか言われ、それが単なる課税であるかのごとき理解があった。しかし、本章の各表に表示したごとき、その戸口対応は実に具体的である。各産塩の行塩地方、すなわち各地産塩の流通構造は各地ごとにひとり当たりの一日消費の塩のグラム数の差違まで確認できるのである。

注

（1）以下、本章で考察する塩制度、塩法について、日本の先行研究に以下がある。①中山八郎「開中法と占窩」『池内博士還暦記念東洋史論叢』一九四〇年、②同「明代に於ける余塩私売の起源」『加藤博士還暦記念東洋史集説』一九四一年、③藤井宏「開中の意義及び起源」『加藤博士還暦記念東洋史集説』一九四一年、④高中利恵「明代両淮の塩業形態の推移」『史学研究』四六号、一九五一年、⑤藤井宏「明代塩場の研究（上）・（下）」『北海道大学文学部紀要』一号、三号、一九五二年、一九五四年、⑥佐伯富「明代の票法―明代塩政の一齣―」『史林』三七巻四号、一九五四年、⑦寺田隆信「開中法の展開」『明代満蒙史研究』一九六三年、⑧佐伯富「明代における竈戸について」『東洋史研究』四三巻四号、一九八五年、⑨同「明代における行塩地問題―河東塩を中心にして―」『東方学会創立四〇周年東方学論叢』一九八七年、以上。

論題を見るだけで明代の塩業とその国家政策、塩制度、塩法などの特徴がわかる。開中法、占窩、余塩私売、票法、そして塩場と竈戸、行塩地問題などである。

（2）以上、佐伯富「しお　塩」『アジア歴史事典』4巻、平凡社、一九六〇年、参照。なお、池塩、海塩、井塩、岩塩、土塩などの塩の種類や海塩の製法たる煎熬法・天日製法などについては、和田清編輯『明史食貨志譯註』東洋文庫、一九五七年の塩法条（同書上巻、四四七頁以下）、参照。

（3）前掲『明史食貨志譯註』塩法、上巻、三九九頁以下（藤井宏氏の執筆担当）参照。以下、本章の『明史』食貨志はすべてその訳注を参照されたい。

（4）川勝守『中国城郭都市社会史研究』汲古書院、二〇〇四年、第二章第一節参照。

（5）藤井宏「えんいん　塩引」『アジア歴史事典』1巻、平凡社、一九五九年、参照。

（6）前掲『明史食貨志譯註』塩法、上巻、四一一頁、註（四二）参照。（藤井宏氏執筆担当）そこに実録の洪武二十三年正月甲午の条によって、両淮・両浙では塩生産者である竈戸より徴収する額弁塩課も小引で計算されたことが見えるという。

（7）河東の行塩地問題については、佐伯富「明代における行塩地問題―河東塩を中心にして―」『東方学会創立四〇周年東方学論叢』一九八七年、参照。

（8）浙江温州府の永楽『楽清県志』巻三に、長林場塩課司の歳弁塩引数と該支工本鈔数、及び天富北監場塩課司の歳弁塩引数と該支工本鈔数を挙げ、同書、巻四、庁舎に次の塩課司の施設建物を挙げる。

長林場塩課司、在本県長安郷六都塔頭。

　宋政和元年創。元仍其旧設司、令丞・監弁塩課。国朝洪武元年設置亦仍元旧署。以軍伍之有功及疾傷者、為百夫長、尋以灶戸塩額多
　者、為之。洪武二十五年、始設官署事。

正庁三間、儀門三間、架閣庫一間、塩倉一十五間、大使舎三間、厨房二間。

正場一処、在本都三里。

　塩倉七間、官舎三間、厨房一間。

子場一処、在瑞応郷十四都蒲岐。

　庁一間、塩倉一十七間、官舎三間、厨房一間。

官制、大使一員、吏額、攢典一名、竈丁七百一十六丁。

天富北監場塩課司、在本県玉環郷三十二都。

　元在三十六都海島中設司、令丞・監弁塩課。国朝洪武元年設置仍其旧。以軍伍之有功及疾傷者、為百夫長、尋以竈戸塩額多者、為之。

　二十年、為防禦事、徙海島居民于腹裏、本司移創今址。

正庁三間、軒簷一間、大使舎三間、厨房二間。

子場一処。

　華厳倉五間、清港子倉一十二間、白沙倉八間、智字団子倉三間、峡門子場倉一十間。

官制、大使一員、吏額、攢典一名、竈丁四百一十六丁。

温州府楽清県に長林場塩課司と天富北監場塩課司とが分かるが、二場の来歴、規模、機能に小異があるようである。

(9) 南京応天府の長江北対岸に所在する直隷の滁州を挙げていない。前掲『明史食貨志譯註』上巻、四一二頁、註(四五)、参照。
(10) 斯波義信『宋代江南経済史の研究』汲古書院、一九八八年。
(11) 藤井宏「新安商人の研究」『東洋学報』三六巻一、二、三、四号、一九五三、四年、参照。
(12) 前注(9)と同じ。
(13) 川勝守「明代、雲南・貴州両省の成立」『東方学』一一二輯、二〇〇六年、後、本書第@章、参照。

(14) 藤井宏執筆、前掲『明史食貨志譯註』上巻、四一三頁、註（四七）、参照。
(15) 藤井宏執筆、前掲『明史食貨志譯註』上巻、四一三頁、註（四八）、参照。
(16) 岸和行「明代の広東における珠池と珠盗」九州大学文学部『東洋史論集』一四号、一九八五年、参照。
(17) 藤井宏執筆、前掲『明史食貨志譯註』上巻、四一四頁、註（四九）、参照。
(18) 藤井宏執筆、前掲『明史食貨志譯註』上巻、四一八頁、註（五九）、参照。藤井氏は塩場の上供負担や塩生産者である竈戸の上供負担は史料的に明確にできないとし、今後の課題とする。
(19) 明代における上供は、一般民戸を対象にしたものは上供物料とも呼ばれ、国都の宮廷および諸官庁は必要とした各種物品を各地方の特産品に応じて割当てたものであり、その調達は現年里甲の負担とされた。山根幸夫「明代里長の職責に関する一考察」『東方学』三輯、一九五二年、同、著『明代徭役制度の展開』東京女子大学学会、一九六六年、及び、岩見宏「明代における上供物料と徭役」『東洋学報』五五巻二号、一九七二年、後、同著『明代徭役制度の研究』同朋舎、一九八六年所収、等、参照。ただし、上供負担の歴史的位置づけで山根氏と岩見氏には意見に相違が見られる。本書次章の第三章参照。
(20) 藤井宏執筆、前掲『明史食貨志譯註』上巻、四二七頁、註（九六）、参照。
(21) 佐伯富「明代の票法―明代塩政の一齣―」『史林』三七巻四号、一九五四年、参照。
(22) 『明史』巻四十一、地理志、山西。
(23) 藤井宏執筆、前掲『明史食貨志譯註』上巻、六〇七頁、註（六四〇）、参照。
なお、藤井氏の戸口食塩法に関する論文に、「明代の戸口食塩法に就いて」『社会経済史学』十三巻三号、一九四三年がある。
(24) 弘治『徽州府志』は東洋文庫蔵の旧北平図書館本と上海古籍書店景印寧波天一閣本とがある。後者に拠った。
(25) 浙江温州府、永楽『楽清県志』も上海古籍書店景印寧波天一閣本を利用した。
(26) 藤井宏執筆、前掲『明史食貨志譯註』上巻、四七七頁、註（二三九）、参照。
(27) 藤井宏執筆、前掲『明史食貨志譯註』上巻、四七八頁、註（二四二）、参照。
(28) 藤井宏執筆、前掲『明史食貨志譯註』上巻、四七八頁、註（二四三）、参照。
(29) 「洪武初定塩引目内条例」は正徳『大明会典』巻三十六、塩法二の冒頭に引用されている。なお、藤井宏執筆、前掲『明史食貨志譯註』上巻、

四六三、四八〇、五〇〇に引用があり、特に四六三頁、註（一八八）には数箇条に渉り解説がある。ただ、私塩の禁は絞と極刑に処せられたのが、現行の更定『大明律』巻八ではこれが余程ゆるめられ、「凡そ私塩を犯す者は杖一百、徒三年。若し軍器有る者は一等を加へ、平人を誣指する者は三等を加ふ。捕ふるを拒む者は斬る」とあるとするが、その差異の原因には触れていない。

(30) 戸口食塩、ないし戸口食塩法については、前掲『明史食貨志譯註』では四二五、四二八、六〇七、六一五、七〇七、七二四、七二八、一〇九二の各頁に説明がある。特に藤井宏氏の執筆になる六〇七頁の註（六四〇）が詳しいが、今後の研究の余地が残る。

(31) 川勝守「明末、南京兵士の叛乱—明末の都市構造についての一考察—」『星博士退官記念中国史論叢』一九七八年。

第三章　明代戸籍制度の地域的考察

はじめに

『明史』食貨志は戸口の条から始まるが、その文章は以下である。「太祖、天下の戸口を籍して、戸帖と戸籍とを置き、具に名と歳と居地とを書せしむ。籍は戸部に上り、帖は之を民に給す。有司は歳ごとに其の登耗を計りて、以て聞す。郊祀に及ばば、中書省は、戸籍を以て壇下に陳ね、之を天に薦め、祭り畢りて、之を蔵す[1]」と。文中に中書省が出てくることから、中書省が丞相胡惟庸の変を契機として廃止された洪武十三年（一三八〇）以前の事態を念頭に置いている。因みに中書省は明の前朝元では国政の中枢機関である。明太祖もこれを継承したが、洪武十三年の同省廃止に伴って右文章の戸口籍帖作成方針に何か変更があったか。次の議論が明代史研究にあった。

洪武十三年の翌十四年（一三八一）には第一回の黄冊攢造が行われ、全国的戸口調査が行われた。しかし、これは不十分な調査でその十年後の洪武二十四年の第二回黄冊攢造の時までに調査手続きや戸帖、戸籍に記入すべき内容に再検討が行われた。それで作成されたのが洪武二十四年の賦役黄冊でそれが明一代を通じて原額となった。この間の経緯については著者は旧著で検討を加え、一応の結論を出した[2]。洪武十四年と同二十四年で何が変更されたか。細々とした追加はともかくとして、これまでの諸研究でも重視されたのは「丁力」から「丁糧」の変更がある。丁力は各戸の労働力、糧とは田土である。後者は税糧で夏税秋糧の両税課税の主源泉である土地面積が重視されたのである。

戸口の記載される黄冊は賦役黄冊の名のとおり田賦と徭役の課税科派の基本台帳であった。ただ、そのまえに、そもそも黄冊攅造の実行機関は里甲制度であったが、すでにこれまでの研究で明らかなように、浙江の湖州府の「小黄冊図の法」とよぶ里甲制が洪武三年に施行されており、それは「丁力田糧の多いもの」を里長とするといった規定があった。なお、江蘇の呉江県にも洪武二年の里甲の組織が見え、恐らくはその他各地を含めて、里甲は元時代にも溯る郷村組織であったと理解された[3]。

本章は実は従来のように戸口編成から明代里甲制度を研究し、その共同体としての機能役割とか、賦役徴収に関わる収取・負担体系の歴史的特質を考察することを意図していない。ただ、明代戸口調査の特質、ないし性格をめぐる研究である。それは明代戸口統計が各地の地方志に計上されたときに見られる諸色戸数の表現表記の差異に着目したのである。

第一節　元代諸色戸計と明代戸籍制度の関係

元の諸色戸計については植松正「元代江南の戸口統計と徴税請負制度」[4]に詳しい。植松氏の研究によれば、元代諸色戸計の由来とその問題点は以下のようになろう。

一般の人民は民戸として戸籍に登録されたが、そのほか特殊の戸籍に登録されるものもあった。南宋期に兵となっていたものは軍戸として登録された。元朝政府としては、外国遠征遂行のためにも軍戸を確保する必要があったが、新附軍のなかには逃亡したり、別の戸名を称するものが多いために、兵員の補充に苦慮していた。総じて人々は軍戸に編入されることを極力避けようとしたから、民戸としての正式の登録を求めて訴訟も多く起こったようである。儒戸と医戸に対しても、至元二十七年の戸籍を基準として差役を優免する措置を行い、それ以後の登録を認めないこととした。そのほか站戸、船戸、匠戸、楽人戸などの特殊戸計に登録されるものもあった。「抄作民数（抄して民の数となす）」とか「皆籍民之（皆籍してこれを民となす）」などの表現は、直接には民戸としての登録を意味するが、それは同時に差税を負担すべきことを含意する。差税とは差発と税糧のことである。以上が植松氏から得た知見であるが、民戸、軍戸はともかくそのほか站戸、船戸、匠戸、楽人戸などがどのような手続きで指定されたものか、至元二十七年の時点でそれぞれの業務に当たっていた人戸が固定されたとしか考えられない。

さて、山根幸夫氏は明代徭役制度を一書に纏めるに当たり、先秦時代より元代に至るまでの、各時代における徭役制度の特徴を略述する。元代については華北と華中・華南とでは制度的にかなり相違があるが、しかし、元代の役法で特徴的なことは、一般民戸の他に、匠戸・站戸・舗兵戸・弓手戸などの特殊な戸籍が制定され、これらの戸は呉興続志にいうように「民役に当てず」、もっぱら特殊な徭役に服したことであるとする。これらの特殊な戸籍に属するものを、至正『金陵新志』巻八、民俗志、戸口の条から拾ってみると、

医戸・儒戸・淘金戸・弓手戸・楽人戸・財賦佃戸・急逓舗夫戸・水馬站戸・匠戸・運糧戸・陰陽戸・打捕戸・平章養老戸・軍戸・怯怜口戸・禿禿哈戸・哈剌赤戸。

などが挙げられる。そして山根氏は、明初は元の制度をうけて、このような特殊の戸（雑役戸とよばれた）を残していたが、次第に一般民戸あるいは軍戸の中へ解消していったという。[5] 山根氏はあるいは明の諸色戸籍が元の制度を踏襲したもので、時代とともに解消したと理解したのであろう。それは先の元時代史研究の専門である植松氏の指摘の通り、すでに元代において、「総じて人々は軍戸に編入されることを極力避けようとした」ということがあったかも知れない。ただし植松氏はそのほか站戸、船戸、匠戸、楽人戸などの特殊戸計に登録されるものがその後いかなる存在であったかについて言及されていない。

明初、元の制度をうけて特殊な戸を残していたことは、『明史』食貨志・戸口の条に、

凡戸三等。曰民、曰軍、曰匠。民有儒、有医、有陰陽。軍有校尉、有力士・弓・舗兵。匠有厨役・裁縫・馬船之類。瀕海有塩竈。寺有僧、観有道士。畢以其業著籍、人戸以籍為断。

凡そ戸に三等あり。民と曰い、軍と曰い、匠と曰う。民に儒有り、医有り、陰陽有り。軍に校尉あり、力士・弓・舗兵有り。匠に厨役・裁縫・馬船の類有り。瀕海に塩竈有り。寺に僧あり、観に道士有り。畢な其の業を以て籍に著け、人戸は籍を以て断と為す。

さて、ここで民戸以外の各特殊戸籍の由来を松本善海氏の理解[6]に従って確認しておこう。ただし、若干の追加説明がある。

軍戸は、内外の衛所に所属して軍士と為った者、及び罪により軍流に処せられた者である。兵部の所管になり、一般民戸が戸部に戸籍が所管されるのと区別がある。

匠戸は諸工匠、すなわち日本流に言えば職人の戸で、工部の所管に属す。その壮丁が輪番で官の工作に従事した。

儒戸とは、元代に「儒人戸」を雑戸として、一般民戸とは戸籍を別にした旧例にならって、明初に設けられたものである。ただ、その後の事情は詳らかでないとされる。

医戸とは、太医院の所管に属する医士・医生の戸で、父祖代々その業を継いだ。各地方州県衙門の属署には医学が確認できる。

陰陽戸とは、欽天監の所管に属する天文生・陰陽人の戸で、世よ天文・暦算を業とした。ただ、これが直隷・各布政使司を通じて地方各府の州県に配置せしめられた目的は何か。次章以下に見る貢賦内容の歳進・歳弁之征の一項に見える「暦日紙、天字号黄紙張、白紙張、暑字号黄紙張」（浙江、紹興府浦江県の万暦『浦江県志』巻五、財賦志、貢賦）の徴収に関係ありや否やなど検討課題は多い。また地方州県衙門の属署には陰陽学がある。

校尉・力士は、ともに錦衣衛に所属して、鹵簿に扈従する者である。そのうち校尉は儀仗を執り、力士は金鼓・旗幟を領した。これらも地方各州県に配置させられた目的は何かが問題となろう。

弓兵は、在外各府州県の関津や要害の所に設けられた巡検司[7]に所属し、その警備に当たる者である。

舗兵、正しくは鋪兵は、原則として十里ごとに設けられた急逓鋪に所属し、公文書の逓信輸送に当たる者である。

厨役は、光禄寺、太常寺、又諸王府に所属し、司の厨房に当たる者である。日本流に言えば膳部となろう。これもそれを必要とする地方から離れた州県にまで置かれた理由は何かが問題となろう。

裁縫は、工部、又は内府の尚衣等の監に所属し、衣服の裁縫に当たった者である。

馬船は、万暦『大明会典』巻二〇〇、工部二〇、河渠五、船隻の条に、「国初、四川・雲南にて市易せる馬騾、及び蛮夷の酋長の貢ぐ馬は、皆大江に由りて以て京師に達す。洪武十年、武昌・岳州・荊州・帰州に令して、各々馬船五十隻を造らしめ、毎隻に民夫三十名を定め、以て輸送に備えしむ」とあるのに始まる。これは北京遷都の後は、専ら大運河による官物の輸送を事とした、馬快船へと転化し、また南京の江淮・済川の二衛の所管に移された（なお元代と明代の諸色戸名対照は【表1】参照）。

塩竈は、一般に竈戸と呼ばれ、本書第二章に見た都転運塩使司、または塩課提挙司の所管に属して、製塩に従事する者である。必ずしも瀕海に限られないが、明史が作成された時点では北の長蘆から山東、両淮、浙江、福建、広東の塩生産が圧倒的であった事態を反映しているのであろう。

ただ、最後の寺に僧あり、観に道士有りとは僧侶、道士をそれぞれ言うようであるが、明史の誤解で前者は仏教寺院の使用人であり、後者は道観を維持する人戸をいうようである。なお、帝陵を維持管理する陵戸の他、楽戸その他諸々の特殊人戸の存在があった。

ところで以上に引いた『明史』食貨志・戸口の「凡戸三等」以下の文章は明朱健撰『古今治平略』巻二、国朝賦役とほぼ同文である。同書は明極末の崇禎十二年（一六三九）に成るのである。松本氏は、戸に三等有りとは明初の戸籍制度としては正しくなく、洪武二十六年（一三九三）の「諸司職掌」戸部、賦役に

凡各処有司、十年一造黄冊、分豁上中下三等人戸、仍開軍・民・灶（竈）・匠等籍、除排年里甲、依次充当外、其雑泛差役、各照所分上中下三等人戸点差。

凡そ各処の有司は、十年に一たび黄冊を造り、上中下三等の人戸を分豁し、仍って軍・民・灶（竈）・匠等の籍を開き、排年の里甲の、次に依って充当するを除くの外、其の雑泛の差役は、各々所分かつ所の上中下三等の人戸に照らして点差せしむ。

とある雑役賦課のための上中下三等と混同したものとしている。[8] 妥当な見解にみえるが、しかりとすれば「諸司職掌」の規定を誤解したことになり、俄には信じがたいことになる。果たして然りか。凡そ戸に三等有り、民、軍、匠とは完全に誤りと言えるかは問題であろう。それに松本氏は無視しているが、民に儒有り、医有り、陰陽有りと、軍に校尉あり、力士・弓・舗兵有り、匠に厨役・裁縫・馬船の類有りという民・軍・匠三等の更に細分という特殊戸籍の系列の問題がある。因みに山根幸夫氏は民・軍・匠・竈の四籍以外を

表1　元代・明代諸色戸名対照表

	出典→ 戸名	元代 植松『元代江南政治社会研究』83頁・104頁。	元代 至正金陵志巻8戸口	元代 至順鎮江志巻3戸口	元代 至元嘉禾志巻6戸口	元代 昌国州図志巻3戸口	明代 明史食貨志戸口	備考
1	民戸	○83	○＊1	○	○	○	○	＊1無名色戸
3	儒戸	○83	○	○	○	○	○	
4	医戸	○83	○	○		○	○	
14	陰陽戸		○			○	○	
8	楽人戸	○83	○	○				
10	淘金戸		○					
12	財賦佃戸		○	○＊1				＊1財賦戸
13	運糧戸		○					
15	打捕戸		○					
16	平章養老戸		○					
17	怯怜口戸		○					
18	禿禿哈戸		○					
19	哈剌赤戸			○				
20	海道稍水			○				
21	龍華会善友				○			
2	軍戸	○83	○	○		○	○	
25	校尉戸						○	
26	力士戸						○	
11	弓手戸		○				○	
9	舗兵	○104	○＊1	○＊2		○＊2	○	＊1急遞舗夫戸、＊2急遞舗
5	站戸	○83	○＊1	○＊2、＊3、＊4				＊1水馬站戸、＊2馬站、＊3水站、＊4通運站
7	匠戸	○83	○	○		○	○	
6	船戸	○83					○＊1	＊1馬船戸
27	厨役戸						○	
28	裁縫戸						○	
24	竈戸					○	○	＊1塩竈戸
22	僧戸				○＊1	○＊2	○	＊1僧戸・尼戸、＊2僧道戸
23	道戸				○	○＊1	○	

雑役戸と呼んでいる事例を提示した。これを如何に考えるか。ここに明代地方志によって、各地方の戸籍編成の実例を集めて、その具体像を窺う必要が生じたのである。

第二節　明代における諸色戸籍の地域的考察

まず、明代諸色戸籍を地方志戸口の条で具体的に説明している記事を挙げよう。南直隷揚州府儀真県の隆慶『儀真県志』巻六、戸口攷に次の記載がある。

凡図冊有民戸、有軍戸〈其先世或由抽集、或由収集、或以罪充発、或三戸垜充、垜充者正戸絶則二戸補、二戸絶則三戸補、倶絶然後勘結、以免勾稽〉、有匠戸〈凡匠諸色名目至多。其籍隷京部而輪遣以供造作者、曰当班。納価放還三歳一班者、曰免役。留于本県以供成造者、曰存留〉、有寄籍官戸〈先世為軍官後、経調遣而子孫仍留原籍当差〉、有力士戸〈永充者為京営世籍〉、有漁戸、有船戸〈倶祖充隷応天府六合河泊所、歳弁採打貲貢鮮、及麻鉄翎鰾油料、仍当里甲正差〉、有紅船戸〈属逓運所差弁〉、有女戸〈其初、以田糧立戸、曰某阿某阿〉、有僧道戸〈其先以寺観田糧入版図〉、有医戸。

ここで挙げている戸の種類は民戸、軍戸、匠戸、寄籍官戸、力士戸、漁戸、船戸、紅船戸、女戸、僧道戸、医戸である。民戸と医戸の説明はない。説明のある戸を順に見よう。

軍戸は其の先世が軍士に抽集され、また収集された戸、或いは罪によって充発された者、更に相互に補充関係をもって垜充（積みかさねて充当）している場合がある。予備軍が居るのである。

匠戸は各工匠諸色の名目が多くある。北京、南京の工部に属して輪番の役で充当される。詳しくは次章で扱う。

寄籍官戸は先世が軍・官の後であり、調遣すなわち他処の任地に移住することを経て子孫が原籍に留まり差に当たった者である。明初、国都南京に軍籍や官籍を持った者の子孫の戸であろう。

力士戸は永充者として南京京衛に世籍を有した戸である。

漁戸と船戸はともに祖が応天府六合河泊所に所属して、歳弁の貲貢鮮及び麻鉄翎鰾油料を採打し、よって上供物料の里甲正役に当たっていた戸である。

紅船戸は逓運所に属して差弁、すなわち使者交通の役に当たる戸である。

女戸はその先が田糧立戸した時に某阿某阿と女性名を戸名としたもの。詳細は不明である。

僧道戸はその先が寺観田土の糧の負担者、すなわち寺田観田の佃戸であった戸である。僧侶や道士の戸ではないことに注意したい。

以上であるが、共通する特質は全て負担関係から定義された戸であるという戸の特殊性がある。決して職業区別ではない。それとその先世の就役が戸決定になっている。その点で元時代の諸色戸籍と同一範疇である。ところが、隆慶『儀真県志』巻六、戸口攷は戸種の説明をしても、戸口統計上の実数については記載していない。一体、南京応天府から東方の長江デルタ地方では諸色戸籍を戸口条に記載する地方志は殆ど無い。そこで他の地方の地方志を検討しよう。ただし、雑役戸という戸名の見えるものは次節に回すことにしたい。また、前章で戸口食塩に関連して男子や婦女、大口（成丁）・小口（未成丁）の区別が付いているものは▲印を付け省略することにした。

すでに前章にその一部を紹介した河南、開封府尉氏県の嘉靖『尉氏県志』巻一、風土類、戸口の諸色戸計は最も簡単である。

洪武二十四年、戸三千八百七十四、口四万六百九十一。

永楽十年、戸三千九百三十四、口四万九百九十三。

成化十八年、戸三千二百三十九、口四万二千六百六十一。▲

成化二十年尉氏県旧志云戸三千百三十九、口四万二千六百六十一▲。民戸二千六百四十、軍戸三百五十五。

同県は民戸と軍戸の区別しか行っていない。ところが同県隣県の同じ開封府の鄢陵県では嘉靖『鄢陵志』巻三、田賦志、戸口に、

洪武二十四年冊定、戸五千二百七十、口一万五千四百三十四。

正徳七年以後、戸三千九百八十七、口五万二千七百二十三。

民戸三千四百一戸、軍戸五百三十一戸、校尉五戸、力士五戸、各色人匠四十五戸。

これから考えると先の尉氏県は軍戸の中に校尉五戸、力士五戸を含めたかも知れない。なお、鄢陵県では民戸、軍戸、校尉戸、力士戸の他に各色人匠四十五戸が居るという。ただ、両県には匠戸の記載はなかった。河南開封府東隣の府である帰徳府の夏邑県では嘉靖『夏邑県志』巻三、田賦志、戸口に、

戸二千三百五十四、口二万千五百六十八。以上成化・弘治年冊。

戸二千七百二十二、口二万二千四百九十二。▲

軍戸三百二十二、民戸二千三百七十四、匠戸二十、校尉四、力士二。

この県には匠戸が少ないが存在する。校尉戸も四、力士戸も二と少ない。その南方、南京応天府に近く、明極初に一時明太祖の出身地である中都鳳陽府に所属して鳳陽府戸口充実に動員された河南、汝寧府、光州、光山県の嘉靖『光山県志』巻四、田賦志、戸口には、

洪武二十四年、戸三千九百二十四、口二万二千八百四十九。

永楽十年、戸四千三百一十四、口三万二千五百四。

成化十八年、戸三千八百七十九、口三万五千百二十五。

弘治十五年、戸四千八百十三、口八万四千八百四十三。

正徳三年、戸四千九百九。口七万二千百七十三。

嘉靖二十四年、戸四千八百三十三、口五万二千二百十四。▲

内計、軍戸九百七十六、民戸三千四百五十四、匠戸二百五十三、校尉戸四、厨役戸四、力士戸七、雑役戸百七十六、医夫二十四、楽戸六。

前章でも触れたが同県戸口は嘉靖二十四年（一五四五）の段階でも極めて規定通りの戸籍記載を見せている。同年の口数内訳は「男

子已成丁一万五千百七十五、未成丁一万千二百二十三。婦女大口一万四千六百九十八、小口一万千百十八」とあった。諸色戸計も詳細で軍戸九百七十六、民戸三千四百五十四、匠戸二百五十三、校尉戸四、厨役戸四、力士戸七、雑役戸百七十六、医夫二十四、楽戸六という。ここに見える雑役戸は文字通りの雑役戸で恐らくは中都の皇陵の管理に使用されるとか、先の南直隷揚州府儀真県にあった漁戸のごとき存在と思われる。なお、次節でも取り上げよう。それにしても明後期の嘉靖二十四年の段階で同県ではなぜ諸色戸計が健全なのであろうか。一つの鍵は匠戸二百五十三と他の州県に比して匠戸の数の多いことが注目される。生糸、絹、綿布生産、等々の手工業の先進的地域である長江デルタの蘇州府、松江府、嘉興府、湖州府、また杭州府等諸州県でもない。また江西窯業の中心である景徳鎮の所在する饒州府浮梁や鉄製品で知られる広東仏山鎮の所属地方でもない。これは同県の国家負担、賦役制度の問題である。これについては以下の各章で扱うことにするが、取りあえず、同県匠戸は南京への就役が明初以来義務づけられていたとしておこう。次に第二の鍵として校尉戸四、厨役戸四、力士戸七、雑役戸百七十六、医夫二十四、楽戸らの存在であるが、北の北京と南の南京、中間中都関係の祭祀や儀礼に動員される伝統が考えられる。

なお、河南、汝寧府、光州、光山県では医夫二十四と他の州県に比して医の数が多い。何が原因か不明であるが、或いは薬草などの産出が多いのかも知れない。それと医夫と医戸と記載していない理由も不詳である。

同じ河南の北直隷、北京に近い彰徳府臨漳県の正徳『臨漳県志』巻三、戸口に、

洪武二十四年、戸二千七百二十、民戸二千六十九、軍戸五百二十九、匠戸九十三、力士戸三、口二万五千三百四十一。▲校尉戸四、陰陽戸一、医戸一、楽戸十九。

永楽十年、戸口仍前。

成化　八年、戸五五百二十三、民戸四千六百七十六、軍戸五百二十七、匠戸九十三、力士戸三、口四万六千六百三十六。▲校尉戸五、陰陽戸一、医戸一、楽戸十九。

弘治十五年、戸五千六百五十九、民戸五千二、軍戸五百二十七、匠戸九十三、力士戸三、▲校尉戸四、陰陽戸四、医戸七、楽戸十

九。

同県でも民戸以外の軍戸五百二十七、匠戸九十三、力士戸三、校尉戸四、陰陽戸四、医戸七、楽戸十九の種類と戸数は明初洪武時より弘治年間まで殆ど変化がなく、しかも諸色戸計が一貫して記載されている点が注目される。同県も匠戸が諸色戸の中では数が多い。北京に就役する匠戸であろう。

さらに大運河地域ではまず、山東地方の済南府、泰安州の莱蕪県の嘉靖『莱蕪県志』巻三、貢賦志、戸口に、

戸五千二百十九、口四万八千百六十、寄庄五十戸、匠四十名、馬頭十三名、船頭五十五名。

さすがに馬頭十三名、船頭五五名という長江流域の運輸業者の役名の戸が見える。

さらに先の南直隷揚州府儀真県と同じ揚州府宝応県の嘉靖『宝応県志略』巻二、田賦志、戸には、

嘉靖七年、戸五千四百五十六、口五万六千八百二十二。視元年戸増七十、口増三千五百十七。

視成化八年至正徳十六年、戸増千五百二十六、口増一万六千八十二。

視洪武二十年至成化七年、戸増千八百八十四、口増三万千三百三十。

民戸四千三百九十七、軍戸八百七十五、官戸三十九、将軍校尉力士戸二十五、匠戸七十一、厨戸二、魚戸四十七、灶戸十二。

ここに見える官戸とは、先の儀真県に見えた寄籍官戸であろう。漁戸も同様である。あるいは嘉靖『光山県志』にいう雑役戸かも知れない。宝応県志では灶戸、すなわち竈戸を挙げているが両淮塩区の一郭にしては少ない戸数である。

次に南京南方では南直隷、安徽、広徳州建平県の嘉靖『建平県志』巻二、田賦志、戸口に、

洪武二十四年、戸一万五千百九十八、口八万千九百六十八。

永楽十年、戸一万六千九百六十五、口八万八千四十三。

弘治十五年、戸一万六千五百七十二、口八万九千二百三十七。

嘉靖元年、戸一万六千二百十五、民一万四千五百二十四、軍七百二十九、匠六十五、儒一、校尉一、口八万六千六百九十八。▲力

士一、医四、陰陽三十四、鋪兵九十六、祇禁十七、弓兵九十、水防夫二十、猟一、僧四十四、道三。

諸色戸の数が多く、十四を数える。南京近くの土地柄であろう。ただ、同県も先の河南、汝寧府光山の医夫と同じ水防夫が見える。広徳州建平県は南京南方のいわゆる江東地方にあって、その大圩田地帯の水源に当たり水防が義務付けられたと思われる。⑼匠戸は南京就役であろう。鋪兵が多いのは、広徳州建平県から天目山系の連峰の山道を越えれば湖絲の産地である湖州府や絹織物の商都杭州府に至る街道が通る。原則として十里ごとに設けられた急逓鋪に所属し、公文書の逓信輸送に当たる鋪兵の用途の広い地方である。

さらに、浙江では、紹興府新昌県の万暦『新昌県志』巻六、民賦志、戸口、国朝に、

洪武十四年、戸一万千十二、口六万八千四百七十二。

成化十二年、戸四千八百一、口一万六千三百。

万暦　六年、戸七千三百五十、口男婦共一万三千二十三。▲

軍戸五百十九、民戸六千四百十二、官戸三十三、生員戸二百三十四、水馬駅站戸三十、各色人匠戸六十四、捕戸二十、僧戸十六、医戸五、陰陽戸五、楽戸十二。

とあり、ここでは官戸三十三の他に生員戸二百三十四が注目される。紹興府は寧波府とともに浙東地方と呼ばれ、明太祖の覇業に協力した、浙東地主の章溢・劉基・胡深・季漢ら、また明初の大儒宋濂の出身地であった。⑽なお、後には明一代の大儒というより明儒と称された王陽明先生守仁の出身地であり講学の拠点であった。儒の伝統の厚い土地柄、五世同居と顕彰される戸籍制度の模範地区であるとともに教育学問の地方である。やがて明末には『明儒学案』の黄宗義や日本に渡来した朱舜水の故郷でもある。近代の魯迅もまた然り。水馬駅站戸三十は物資豊で運河発達交通の要衝の地の証拠であるが、各色人匠戸六十四や捕戸二十も注目される。山野河海の獲物が多いのであろう。匠戸は織物生産者の他に船建造や寺院建築の需要が多い。僧戸も大寺院維持の寺田土の耕作者である。

また同じ紹興府の浦江県の万暦『浦江県志』巻二、民物志、戸口に、

洪武二十有四年冊定戸口、戸二万千五百九十二、口九万九千六百七十五。

嘉靖元年冊定戸口、戸一万千二百四十、口六万八千二百三十七。

民戸九千七百二十一、軍戸六百十八、医戸一、竈戸三、機戸七十五、匠戸六百九十八、捕戸九十一、校尉力士戸五、舗兵戸一、

水馬駅站夫戸十五、土工戸三、酒戸一。

ここは絹織物生産業者の機戸七十五を匠戸と区別して戸計している。それでも匠戸六百九十八が注目される。塩生産戸の竈戸は三と案外少ないが、捕戸九十一が多い。山野河海の獲物が多く、上供物品、貢物指定が多いのであろう。紹興酒で知られる土地柄酒戸一が面白い。土工三は何であろう。港湾や運河技術の伝統保持者の家かも知れない。

次に浙江もう少し南方の台州府太平県の嘉靖『太平県志』巻三、食貨志、戸口、国朝に、

洪武二十四年人戸五万三千三百八十九、人口二十四万二千六百四十九。〈割註〉

成化八年、戸七千二百四十九、口二万九千五百八十一。

成化十三年楽清県分撥、戸四千四百、口一万八千七百二十七。

成化十八年、戸一万千六百五十一、口四万七千三百九十。

弘治五年、戸一万千六百五十一、口四万七千五百十六。

弘治十五年、戸一万千八十二、口四万六千六百八十六。

正徳七年、戸一万八百九十二、口四万六千八百八十二。

嘉靖元年、戸一万九百四十八、口四万六千八百九十二。

嘉靖十一年、戸一万八百九十二、内、民戸六千八百六十六、軍戸二千八百九十七、灶戸六百五十三、口四万六千八百九十二、▲匠

戸四百七十六。

この県の塩生産者である灶戸（竈戸）六百五十三の数は多い。他の県はどうなっているかがかえって問題となろう。軍戸の数も多い。明太祖は蘇州平江府の張士誠を攻撃するとき、その後背地である浙江地方を抑えたが[11]、その遺風が残っているのか。

次に江西の事例を見よう。江西は明太祖朱元璋と争った群雄陳友諒の勢力圏であった。戦後、張士誠の蘇州府・松江府らの重額官田地帯と同じ取り扱いを受けたとされる。江西中心部地域の撫州府東郷県の嘉靖『東郷県志』巻上、戸口十には、

臨川県割過人戸二万三千四百五十四戸。
金谿県割過人戸　二千六百六十六戸。
進賢県割過人戸　一千四百六十三戸。
余干県割過人戸　七百五十六戸。
安仁県割過人戸　九百七十二戸。
正徳九年大造黄冊計二万九千三百零九戸、一十二万二千二百五十九丁口。
嘉靖二年大造黄冊実在人戸二万九千八戸、人口一十二万一千八百五十九丁口。
　民戸二万四千七百二十戸、軍戸二千三百八十一戸、各色匠戸一千六百七十五。
　儒戸六、陰陽戸一、医戸四十七、軍官戸一、力士校尉戸六十一、馬船戸八。
　僧戸八十五、捕戸一、道戸一。

ここも諸色戸計の制度は忠実に維持されている。特に各色匠戸一千六百七十五は特別に多い。南京への就役負担を過重に受けているのであろう。軍戸の数も多い。ここでも医戸四十七は目立つ。僧戸八十五も大寺院が多いことか。馬船戸八は、江西内陸部でも水運と陸運の交通の重要性を示すが、同時に馬船戸の存在が長江水運に限られないことを示す。

次に江西、建昌府の正徳『建昌府志』巻三、図籍、国朝に、

洪武二十四年額、戸十一万四千四百九十三、口五十一万三千百二十六。〈割註〉
　南城県、戸五万二千七百六十三、口二十二万七千八百五十九。
　南豊県、戸三万二千二百六、口十七万六千八百八十八。

新城県、戸一万八千五百六十三、口七万六百六十。
広昌県、戸一万九百六十一、口三万七千七百九。
永楽十年額、戸九万三千三百四十六、口二十九万二千七百三十六。〈割註〉
南城県、戸四万五千二百三十七、口十四万三千八百二十九。
南豊県、戸二万六千八百八十、口九万七百三十八。
新城県、戸一万三千二百十三、口四万千六百四十三。
広昌県、戸六千十六、口一万六千五百。
弘治十五額、戸六万四千六百二十二、口三十万二千六十六。〈割註〉
南城県、戸三万五千十、口十七万三千七百八十二。
南豊県、戸一万七千五百三十、口七万八千五百五十七。
新城県、戸八千七百八十六、口四万四千七百七十三。
広昌県、戸二千七百十三、口八千九百五十六。
正徳七年額、戸六万四千七百五十三、口三十一万千二百二十一。
○軍戸四千二百九十、口三万七百十三。○民戸五万八千四百五十三、口二十六万四千八十八。
○匠戸千五百七十八、口一万三千六百十六。○医戸四十九、口二百七十九。○魚業戸八、口百十三。
○儒戸五、口六十九。○僧戸三百四、口千七百二十五。○道戸六十六、口六百十九。
南城県、戸三万五千五百十、口十七万四千百八十二。
○軍戸二千五百五十四、口一万八千四百二十三。○民戸三万千九百九十五、口十四万八千七百六十九。
○匠戸七百二十、口五千七百四十一。○校尉力士戸四十、口百八十六、○馬船戸二。

○厨役戸二。○魚業戸十。○儒戸三。○医戸三十六、口百八十三。
○僧戸百二十三、口六百四十。○道戸三十四、口二百三。
南豊県、戸一万七千六百八十七、口八万四千八百三十二。
○軍戸九百七十四、口六千百二十四。○民戸一万六百五十五、口七万四千四百四十。
○匠戸五百三十一、口三千六百三十一。○医戸十二、口八十七。○魚業戸七、口百十一。
○僧戸九十四、口三百五十五。○道戸十四、口八十四。
新城県、戸八千七百八十六、口四万四千七百六十。
○軍戸五百、口四千百五十三。○民戸七千九百四十、口三万六千八百八十二。
○匠戸二百五十七、口二千六百五十一。○医戸一、口九。○儒戸三、口五十二。
○僧戸七十、六百九十。○道戸十五、口三百二十三。
広昌県、戸二千七百七十、口七千四百四十七。
○軍戸二百六十二、口二千十三。○民戸二千四百十八、口三千七百九十二。
○匠戸七十、口千五百九十三。○僧戸十七、口四十。○道戸三、口九。

明代戸口計の正徳七年額各属県に諸色戸計が見える、建昌府全体では軍戸四千二百九十、口三万七百十三、対して民戸五万八千四百五十三、口二十六万四千八十八、そして匠戸千五百七十八、口一万三千六百十六が殆どの戸口数を占める。特別には魚業戸八、口百十三が注目されるが、僧戸三百四、口千七百二十五と道戸六十六、口六百十九も江西が伝統的に仏教道教の盛んな地方であることを示している。寺院や道観の経営基盤を支える人々の戸口数が多いのである。医戸四十九、口二百七十九も内容を検討する必要があろう。建昌府では府と各県の諸色人戸が戸だけでなく口も計上されていることが注目される。ただ、諸色戸口は建昌府府郭である南城県は数多く、南城から贛江を溯上した南豊県が次いでいる。南城県の軍戸二千五百五十四、口一万八千四百二十三、南豊県の軍戸九百七十四、口六千百二十四と両県では軍戸が数多く、戸数全体での割合も高い、匠戸も南城県匠戸七百二十、口五千七百四十一、南豊県匠戸五百三十一、口三千六百三十一と数が多い。建昌府匠戸も南京就役が多かったのであろう。さて、南城・南豊両県に比して、新城・広昌両県の諸色戸口計は単純である。新城県が軍戸五百、口四千百五十三、匠戸二百五十七、口二千六百五十一、医戸一、口九、儒戸三、口五十二、僧戸七十、六百九十、道戸十五、口三百二十三であり、広昌県が軍戸二百六十二、口二千十三、匠戸七十、口千五百九十三、僧戸十七、口四十、道戸三、口九である。軍・民・匠の各戸と僧戸、道戸であるという構成になっている。

それでも建昌府では各県の匠戸の存在が重要な位置を占めている点に注目したい。

次に江西地方最深部の贛州府瑞金県では嘉靖『瑞金県志』巻一、地輿類、戸口に、

洪武二十四年、戸千四百二十一、口五千七百二十二。

永楽元年、　　　　無考。

永楽十年、戸千八百二十八、口八千二百。

永楽二十年、戸千七百五十二、口八千五百十一。

宣徳七年、戸千五百二十二、口六千九百十一。

正統七年、戸千五百七十二、口六千百十一。

景泰三年、戸千四百十八、口七千九百九十八。

天順六年、戸千百十一、口六千九百八十二。

成化八年、戸七百六十九、口三千二百十二。

成化十八年、戸七百九十四、口三千四百六十五。

弘治五年、戸八百六十四、口三千二百五十六。

弘治十五年、戸八百七十四、口三千二百五十一。

正徳七年、戸七百五十七、口三千二百五十七。
嘉靖元年、戸七百六十五、口三千二百三十八。
嘉靖十一年、戸七百六十五、口三千四百十四。
嘉靖二十一年、戸八百八、口三千五百四十二。
軍百二十三戸、匠九戸、僧二戸、道一戸、力士一戸。

まことに単純であるが先の建昌府の傾向と一致する。力士一戸は何をするのであろうか。それにしても匠戸以下は微々たる戸数である。

次に、四川地方の嘉定州洪雅県の嘉靖『洪雅県志』巻三、食貨志、戸口に、

戸六百六十八、民二百九十三、校尉六、軍百三十三、水馬駅站三十六、灶八十三、防夫七十一、匠二十、魚七、弓兵皀隷人八、僧十一。

一応の諸色戸計は揃っている。灶八十三と塩生産者の竈戸が割合多く計上されている。また、水馬駅站三十六とこれも少なくはない。因みに四川、嘉定州洪雅県は霊地峨眉山周辺地で、巡礼参詣者が多く、また四川山林資源の交易流通のセンターである。なお、防夫七十一も多い。水防夫か、火防夫か。内容が不明なのが惜しまれる。

次に華南に移ると、まず、福建、泉州府安渓県の嘉靖『安渓県志』巻一、地輿類、戸口、国朝に

洪武二十四年造冊、人戸千九百八十、人口九千十六。
永楽元年造冊、人戸二千六、人口九千五十四。
永楽十年造冊、人戸二千十九、人口九千八十六。
宣徳七年造冊、人戸二千三十五、人口九千百十二。
正統七年造冊、人戸二千四十八、人口九千百三十。

景泰三年造冊、人戸千六十四、人口九千百五十六。
天順六年造冊、人戸二千七十六、人口九千百八十九。
成化八年造冊、人戸二千九十四、人口九千二百十一。
成化十八年造冊、人戸二千百九、人口九千二百三十六。
弘治五年造冊、人戸二千百二十一、人口九千二百六十五。
弘治十五年造冊、人戸二千百四十三、人口九千二百九十九。
正徳七年造冊、人戸二千二百六十三、人口九千三百四十二。
嘉靖元年造冊、人戸二千三百九十一、人口九千八百七十八。
　民戸二千六十六戸、軍戸二百八十九戸、匠戸三十四戸、舗兵五戸。
嘉靖十一年造冊、人戸二千五百十五、人口
　民戸二千百九十一戸、軍戸二千八百一戸、匠戸三十八戸、舗兵五戸。
嘉靖二十一年造冊、人戸二千六百三十、人口
　民戸二千二百九十八戸、軍戸二百八十九戸、匠戸三十八戸、舗兵五戸。
嘉靖三十一年造冊、人戸　　　人口
　民戸　　　軍戸　　　匠戸三十八戸、舗兵五戸。

泉州安渓県では嘉靖元年、十一年、二十一年と諸色戸計を記載した後、嘉靖三十一年分では匠戸三十八戸、舗兵五戸のみを記して、中断した点が史料として重要である。匠戸は重要視されているのであろう。それと軍・民・匠と三等の戸籍の分類がよく分かる。

次に、広東、潮州府潮陽県の隆慶『潮陽県志』巻七、民賦物産志、戸口に、

洪武二十四年、戸一万九千百二十六、口　七万二千三百九十。

永楽寿年、戸一万八千五百七十一、口　七万二千九百七。

弘治十五年、戸一万九千八百八十五、口十一万二千四百三十八。

正徳七年、戸一万九千八百八十五、口十一万四千五百九十五。

嘉靖四年、分設恵来県割去人戸三千七十二、人口一万七千五百一。

実在人戸一万六千八百十三、人口九万七千九十四。

嘉靖十一年、戸一万六千八百二十二、口　九万七千五百三十五。

嘉靖二十一年、戸一万六千八百九十六、口　九万七千五百八。

嘉靖三十一年、戸一万八千百五十八、口　九万九千二十八。

民戸一万三千六十七、軍戸千百七十八、官吏生儒戸百十六、校尉力士戸五、僧道戸三、陰陽戸十六、各色匠戸九百十四、竈戸千九百二十五、窑戸十五、蛋戸四十一、峯戸捕戸三十七。

嘉靖四十五年、新設普寧県割去人戸四千五百六十五、人口二万四千百七十三。

実在人戸一万五千八百九十七、人口七万八千四百六十三。

民戸一万千一十七、軍戸千百十四、官吏生儒戸百十六、校尉力士戸五、僧道戸三、陰陽戸十六、各色匠戸八百八十二、竈戸千九百二十五、窑戸十五、蛋戸三十五、峯戸捕戸四。


ここは竈戸が嘉靖三十一年と嘉靖四十五年で同じく千九百二十五と数多く、また安定的である。広東塩の主要産地の一地方として塩生産の重要性を示している。さらに、官吏生儒戸百十六も注目される。地方読書人層の存在が窺える。なお、同県でも各色匠戸八百八十二は多い戸数である。嶺南特産品製造に当たっていたのであろう。なお、広東地方に蛋戸や峯戸という少数民族視される存在の人戸が居た[12]。これも賦役の負担体系によった戸口統計を反映している。嘉靖三十一年で蛋戸四十一、峯戸捕戸三十七、嘉靖四十五年で蛋戸三十五、峯戸捕戸四である。蛋戸の減少は微少であるが、峯戸捕戸の激減は何であろうか。嘉靖期の倭寇に関係がありそうである。広

東ではさらに南西部の広東、廉州府欽州の嘉靖『欽州志』巻三、食貨、民数に、

洪武二十四年、戸　九百五十二、口一万千十三。
永楽十年、戸二千四十四、口一万三千五百八十三。
宣徳　欠
正統　欠
景泰　欠
天順　六年、戸一千四百二、口九千七百八十六。
成化　八年、戸一千二百十五、口八千八百五十七。
弘治　、戸一千五百五、口二万四百九十四。
正徳　七年、戸一千五百七十六、口一万百八十八。
嘉靖十一年、戸一千四百八十七。民戸一千百三十、軍戸百四十六〈軍冊一百六十三戸、見清逃絶一百十一戸。惟存五十二戸〉、竈戸二十五〈塩冊戸一十八。惟存一十一戸〉、弓兵舗兵戸百七十三、蛋戸十一〈逃絶三戸。惟存八戸。原有軍七十六名。逃絶六十九名。惟存七名〉、力士戸二。
口一万二千六百二十六、民口九千百六十一、軍口一千百十四〈按、軍戸既不同軍冊口、亦当異。但無従考耳〉、竈口百七十四〈竈冊口八十、今一百十二〉、弓兵舗兵口、蛋口百四、力士口十六。

これも広東地方諸色戸籍統計の特質を現している。やはり、竈戸や蛋戸の戸数を記載する。なお、軍戸百四十六は軍冊には百六十三戸とあったとか、竈戸二十五は塩冊戸には十八戸であるとか、戸の消耗変動を示す帳簿台帳の戸数を挙げている（以上、本節で扱った明代直隷府州県の諸色戸名事例の一覧は【表2】参照）。

表2　明代直隷府州県の諸色戸名事例

		1	2	3	4	5	6	7	8	9	10	11	12	13	14	15	16	17	18	19
各直隷布政使司府州→		南直	河南	河南	河南	河南	河南	山東	南直	南直	浙江	浙江	浙江	江西	江西	江西	四川	福建	広東	広東
		揚州府	開封府	開封府	帰徳府	汝寧府	彰徳府	済南府	揚州府	広徳州	紹興府	紹興府	台州府	撫州府	建昌府	贛州府	嘉定州	泉州府	潮州府	廉州府
府州県志名→		隆慶儀真県志	嘉靖尉氏県志	嘉靖鄢陵志	嘉靖夏邑県志	嘉靖光山県志	正徳臨漳県志	嘉靖莱蕪県志	嘉靖宝応県志略	嘉靖建平県志	万暦新昌県志	万暦浦江県志	嘉靖太平県志	嘉靖東郷県志	正徳建昌府志	嘉靖瑞金県志	嘉靖洪雅県志	嘉靖安渓県志	隆慶潮陽県志	嘉靖欽州志
戸名		巻6戸口	巻3戸口	巻3戸口	巻3戸口	巻4戸口	巻3戸口	巻3戸口	巻2戸	巻2戸口	巻6戸口	巻2戸口	巻3戸口	巻上戸口	巻3図籍	巻1戸口	巻3戸口	巻1戸口	巻7戸口	巻3戸口
1	民戸	○	○	○	○	○	○	○	○	○	○	○	○	○	○	○	○	○	○	○
2	官戸								○		○									
3	生員戸								○											
4	官吏生員戸																		○	
5	儒戸									○				○	○					
6	医戸	○				○	○			○	○	○		○	○					
7	陰陽戸						○			○	○			○						○
8	楽戸					○	○				○									
9	打捕戸										○	○		○						
10	漁戸	○							○						○		○			
11	猟戸								○											
12	馬船戸													○	○					
13	船戸	○																		
14	馬頭戸							○												
15	船頭戸							○												
16	紅船戸	○																		
17	女戸	○																		
18	寄籍官戸	○																		
19	寄荘戸	○																		
20	軍戸	○	○	○	○	○	○		○	○	○	○	○	○	○	○	○	○	○	○
21	軍官戸													○						
22	将軍校尉力士戸								○			○		○	○				○	
23	校尉戸			○	○	○	○			○							○			
24	力士戸	○		○	○	○	○			○						○				○
25	弓兵舗兵戸																			○
26	弓手戸									○							○			
27	舗兵戸									○		○						○		
28	祗禁戸									○										
29	水防夫戸									○							○			
30	水馬駅站戸										○	○					○			
31	匠戸	○		○	○	○	○	○	○	○	○	○	○	○	○	○	○	○	○	
32	機戸											○								
33	厨役戸					○			○											
34	土工戸										○									
35	酒戸										○									
36	窑戸																		○	
37	竈戸								○			○	○	○			○		○	○
38	蛋戸																		○	○
39	輋戸捕戸																		○	
40	僧道戸	○																	○	
41	僧戸									○	○			○	○	○	○			
42	道戸									○				○	○	○				
43	雑役戸					○		○												

第三節　明代地方志に雑役戸の名称が見える地域について

かつて山根幸夫氏は雑役戸について、次の説明をした。雑役戸とよばれるものは、無論、軍・民・匠などのいずれかの戸に属しているが、一般の軍・民・匠戸とは異なり、特殊な徭役に世襲的に服役した人戸であると。山根氏は正徳『朝邑県志』田賦条に、

軍戸二千三百八十七戸、匠戸三百六戸、雑役戸一百七十八戸、余は俱に民戸なり。

とあるように、軍・民・匠戸以外に一括して雑役戸とよばれたものがある。同じく正徳『武功県志』巻二、田賦志には、

民戸九百七十七、軍戸九百一十九、匠戸三十三、校尉力士戸五、厨戸一、打捕・陰陽・医戸各二、楽戸九。

とあるから、軍・民・匠を除く校尉戸・力士戸・厨戸・打捕戸・陰陽戸・楽戸などが「雑役戸」ということになるとしている。[13]そして山根氏はこのような雑役戸が、国初に比較的に多かったのは、元制の残存で、時代がたつにつれて、これらの特殊戸は減少し、一般民戸に対する役に変化していったとも理解している。ただ、特殊戸が減少し、一般民戸に対する役に変化したとすれば、戸口統計の上で雑役戸、あるいは雑役戸に該当する特殊戸の数がなぜ地方志戸口の条に計上されるのかという疑問が浮かぶのである。特殊戸の存在については前節で事例を挙げた。次に雑役戸の事例を挙げよう。

明代地方志に雑役戸の戸名称を記載している地方志は、まず、北直隷の順天府、すなわち北京近郊の覇州の嘉靖『覇州志』巻五、食貨志、戸口に、次のようにみえる。以下本章の戸口数は千、百、十を省く。

軍民匠役共三七二〇戸、民戸二七五七戸、軍戸八四七戸、雑戸一一六戸。

口、五万二四六三。

民戸と軍戸の他を雑役戸と称したようである。併せて一一六戸で戸数全体の三・一二％である。次に同じ北直隷、河北保定府易州県の弘治十五年（一五〇二）『易州志』巻四、戸口には、

洪武二十四年戸口、永楽十年戸口、宣徳十年戸口、正統七年戸口、倶欠。
景泰三年、戸七五九八、民戸四〇八五、軍戸三〇七〇、雑役戸四四三。
　口四万八〇一四。▲
天順六年、戸口、欠。
成化八年、戸、旧管四九一八、新増一二、共四九三〇。民戸二一四四、軍戸二二四四、雑役戸一六五。畸零戸三七七。
　口、旧管一万六二七九、新増七二、共一万六三五一。▲
成化十八年、戸四五五七、民戸二一三九、軍戸二二五三、雑役戸一六五。
　口三万七三四三。▲
弘治五年、戸四五七三、口四万一六四〇。▲
涞水県
成化八年、戸三一二一、民戸一九九〇、軍戸八三九、雑役戸二八九、畸零戸六。
　口二万四七八四。▲
成化十八年、戸口、欠。
弘治五年、戸三一九〇、口三万〇五四六。

ここも民戸、軍戸以外を雑役戸と称したようである。全体戸数の割合は易州では景泰三年が五・八三％、成化八年が三・三五％、同十八年が三・六二％、易州所属県の涞水県の成化八年が九・二六％と若干高い。なお、易州で弘治五年以降、易州所属県の涞水県で成化十八年以降には民戸、軍戸、雑役戸と区別する記載を行わなくなった。

次に北直隷、広平府威県の嘉靖『威県志』巻四、食貨志、戸口に、
成化間、戸一二五〇、民九四二、軍二九七、雑役一〇〇、校尉五、力士五、厨役三、匠二〇、馬夫七、驢夫五、牛夫九、水夫二二、

防夫二、捕一、弓兵二一、皀隷一〇、楽七、僧二〇。

口一万二八一一。▲

嘉靖元年、戸一九〇四、民一九五〇、軍二〇六、雑役一〇七、校尉五、力士七、厨役四、匠一一、馬夫七、驢夫五、牛夫九、水夫二二、防夫二、捕一、弓兵二一、皀隷一〇、楽七、僧二。

口二万〇三六五。▲

嘉靖二十一年、戸一九一四、民一九六八、軍二〇六、雑役一〇七、校尉五、力士七、厨役四、匠一一、馬夫七、驢夫五、牛夫九、水夫二二、防夫二、捕一、弓兵二一、皀隷一〇、楽七、僧二。

口二万〇四四五。▲

成化間では民、軍、雑役の各戸計は一三三九で最初の戸数一二五〇と合わない。また校尉以下僧戸までの計も一三七となり、雑役一〇〇に合わない。以下同様である。戸口数の集計数が合わない理由は分からない。それでも雑役が校尉戸以下の合算である可能性はある。校尉戸、力士戸、厨役、匠戸、弓兵、皀隷、楽戸、及び僧戸のように一般に広く認められる諸色戸の他に、馬夫七、驢夫五、牛夫九、水夫二二、防夫二、捕一など地域的特質を有する各色戸の存在が確認される。その存在は先の雑役の戸がここに列挙されている各種戸以外に一〇〇以上の特殊な戸が存在することを完全に否定する。したがって、北直隷、広平府威県の雑役戸は山根幸夫氏の指摘の通り、民戸、軍戸以外の戸となろう。ただ、匠戸を外したことは考えられ、民戸、軍戸、匠戸を除いた各色数は成化間で一一七、嘉靖元年で一〇二となり、かなり近似の数である。

次に北直隷、大名府の正徳『大名府志』巻三、田賦志、戸口に、

大名府

正統　七年、戸四万七五二〇、口　八万九四二五。

弘治　五年、戸六万六二〇〇、口五七万四九七二。

弘治十五年、戸六万八七九四、口六〇万五一四九。▲
　民戸六万〇四〇四、軍戸五八一六、雑役戸一八三九、寄庄戸七三五。
元城県
正統　七年、戸三〇一八、口二万四一九〇。
弘治　五年、戸三七三六、口五万八八〇八。
弘治十五年、戸三七四八、口五万四六三五。▲
　民戸三二〇〇、軍戸三三七、雑役戸一一一。
大名県
正統　七年、戸一二六七、口九二七四。
弘治　五年、戸二〇一八、口一万七九九七。
弘治十五年、戸二五二八、口一万九六二六。▲
　民戸一四一八、軍戸二九〇、雑役戸八五、寄庄戸七三五。
南楽県
正統　七年、戸二九九一、口一万七八三九。
弘治　五年、戸三七六三、口三万五七九五。
弘治十五年、戸三九二五、口三万八九九四。▲
　民戸三五二六、軍戸二三〇、雑役戸一六九。
魏県
正統　七年、戸四二八七、口一万九五二五。

弘治　五年、戸五〇九四、口三万六一三六。
弘治十五年、戸五三八六、口三万八二〇八。▲
民戸五〇九〇、軍戸一六三、雑役戸一三三。
清豊県
正統　七年、戸四〇二五、口二万八三一六。
弘治　五年、戸五七〇四、口五万四三四五。
弘治十五年、戸六〇九五、口五万六八一九。▲
民戸五四五四、軍戸四三四、雑役戸二〇七。
内黄県
正統　七年、戸二八五四、口一万四一三四。
弘治　五年、戸三九三七、口三万六一六〇。
弘治十五年、戸四〇一三、口三万九一三一。▲
民戸三五三〇、軍戸三五〇、雑役戸三三。
濬県
正統　七年、戸四七一一、口二万四二五一。
弘治　五年、戸五八〇一、口五万一四〇一。
弘治十五年、戸六〇六六、口五万七二九〇。▲
民戸五三八五、軍戸三五、雑役戸一四六。
滑県

正統　七年、戸八六一三、口四万六二七一。
弘治　五年、戸九九六八、口九万四一七六。
弘治十五年、戸九九六八、口九万五一七六。▲
民戸八五八九、軍戸一〇二〇、雑役戸三五九。

開州
正統　七年、戸九六七五、口六万八二一六。
弘治　五年、戸一万三〇二九、口八万九六七六。
弘治十五年、戸一万三〇三一、口八万九六八三。▲
民戸一万一七四三、軍戸一〇二八、雑役戸二六〇。

長垣県
正統　七年、戸六〇六九、口三万七四〇九。
弘治　五年、戸八六七〇、口七万六四三五。
弘治十五年、戸九二三六、口八万二九七一。▲
民戸八二一六、軍戸八一二、雑役戸一九八。

東明県
弘治　五年、戸四四七三、口三万二〇一三。
弘治十五年、戸四九九八、口三万二六一六。▲
民戸四一四三、軍戸六一七、雑役戸三八。

大名府は民戸、軍戸、雑役戸と分けられる。雑役戸は民戸、軍戸の以外の戸であることは明らかである。因みに大名府における雑役戸の全体戸数に占める割合を見ると、大名府の雑役戸一八三九は弘治十五年の戸六万八七九四戸の二・六七％である。各県は元城県の雑役戸一一は弘治十五年の戸三七四八の二・九六％、大名県の雑役戸八五は弘治十五年の戸二五二八の三・三六％、南楽県の雑役戸一六九は弘治十五年の戸三九二五の四・三一％、魏県の雑役戸一三三は弘治十五年の戸五三八六の二・四七％、清豊県の雑役戸二〇七は弘治十五年の戸六〇九五の三・四〇％、内黄県の雑役戸三三は弘治十五年の戸四〇一三の〇・八二％、濬県の雑役戸一四六は弘治十五年の戸六〇六六の二・四一％、滑県の雑役戸三五九は弘治十五年の戸九九六八の三・六八％、開州の雑役戸二六〇は弘治十五年の戸一万三〇三一の二・〇〇％、長垣県の雑役戸一九八は弘治十五年の戸九二三六の二・一四％、東明県の雑役戸三八は弘治十五年の戸四九九八の〇・七六％である。

次に、北直隷河北嘉靖『雄乗』巻上、風土三、戸口に、

高皇帝朝、戸一七七三、口一万三二五七。
文皇帝朝、戸二三五七、口二万一三四六。
章皇帝朝、戸二二八三、口二万八九五。
睿皇帝朝、戸二四三九、口二万三一九三。
景皇帝朝、戸一九八七、口一万九七三六。
純皇帝朝、戸二五二六、口二万六〇九六。
敬皇帝朝、戸二三四五、口二万二一四八。
毅皇帝朝、戸二二七六、口二万一五三九。
今上皇帝朝、戸二三五五、口二万九八一一。民戸一七八〇、軍戸五二三、雑役戸三二。

これも同様である。民戸、軍戸と雑役戸の三等分である。

江南では、まず明代江南第一の都市である蘇州南郊外の蘇州府呉江県の弘治『呉江志』巻二、板籍、戸口には、

元至元二十七年、戸八万四三〇〇、口三二万〇八五二。内該、民戸七万八九九〇、儒戸一二〇、医戸四三、弓手戸一〇九、海紅梢水戸五、財賦佃戸三〇九九、水站戸二七九、馬站戸一三〇、逓運站戸三九、鋪兵戸九〇、織染匠戸六一一、雑造匠戸二〇九、塩軍戸一〇〇、新附軍戸一六九、僧寺一〇八一、道観二五。

明洪武　四年、戸八万〇三八四、口三六万一六八六。
洪武　九年、戸八万一五七二、口三六万八二八八。
洪武　二十年、戸七万四八三一、口三〇万八〇一七。
永楽　十年、戸七万四八四九、口二五万九一〇一。
宣徳　七年、戸七万九六四五、口二六万八〇二九。
正統　七年、戸七万二七〇八、口二六万八〇二九。
景泰　三年、戸六万七八〇四、口二七万一四二一。
天順　六年、戸六万八三六五、口二七万二六九一。
成化二十二年、戸七万二四四五、口二七万三九三二。
内該、官戸三一、軍戸一九〇〇、民戸六万五二一三、儒戸二、生員戸一〇、旌表戸一、医戸一九、各色匠戸二〇〇七、校尉戸六、力士戸一、水馬駅逓運夫戸一二六、吏戸一二、雑役戸二二四四、厨戸四八、僧戸一四四、道戸一四、楽戸一三。

ここにも成化二十二年の内訳戸数の中間に雑役戸が見えるが、呉江県では元朝の諸色戸も記載しており、それと比較をすると、元にあって明の成化二十二年に記載の見えない弓手戸、海紅梢水戸、財賦佃戸、水站戸、馬站戸、逓運站戸、鋪兵戸などを合計した可能性もある。

次に長江中流域の湖広地方、漢陽府の嘉靖『漢陽府志』巻五、食貨志には、

永楽十年黄冊戸軍民匠等六千三百四十、口男一万五千三百二十二、女一万七千九百十六。

嘉靖二十一年黄冊戸、軍二千四百二十五、民三千八十二、雑役戸五百六十八。
口、男一万九千七百五十四、女一万三千一百六十。

この雑役戸は軍戸、民戸以外の戸を指すのは明らかである。

次に華南地方では福建、漳州府龍渓県の嘉靖『龍渓県志』巻四、田賦に、

至洪武十四年始頒黄冊式於天下、定軍民塩匠等戸、各以本等名色占籍。唯民戸丁多、許開拆自為戸。十年則覈其老幼生死而更造之。凡科敷・物料及差役、十年一事。男子年十六以上為成丁、丁当米一石事。其身貴者、老者、疲癃残疾者、皆復之不事。正徳十四年、御史沈灼、行八分法。毎一丁歳徴銀八分、以克歳弁等料。唯差役仍旧十年一事云。

嘉靖十二年黄冊本県軍民塩匠等籍。戸二万一七四四、口一一万三五二一。
民戸一万六六九二、口八万六一五九。軍戸四四七八、口二万四八二二。雑役戸五七四、口二五四〇。匠戸五〇二、口二一九〇。
校尉力士戸五、口四一。医戸二、口六。舗兵戸八、口四四。炉冶戸四八、口二〇〇。礶冶戸九、口五九。

ここも諸色戸籍は戸口の数が計上されている。炉冶戸や礶冶戸といった少数ではあるが重要な戸口の存在がある。ただ、当県の雑役戸は何であろうか。民戸、軍戸以外とも思える。匠戸以下の累計は五七四戸で丁度雑役戸として記載される五七四と一致する。口数も匠戸以下の累計が二五四〇、これも合う。

最後に広東の海南島瓊州府について、正徳『瓊臺志』巻十、戸口を挙げよう。ここでは黎族という少数民族戸数も挙げているのが特色である。ただし、明初の洪武二十四年、永楽十年、明中期の成化八年及び弘治五年については、すでに前章で引用したので割愛し、正徳七年の戸口統計のみを各県について挙げるに止めたい。

正徳七年
府総　戸五万四七九八、民戸四万三一七四、軍戸三三三六、雑役戸七七四七。官戸一〇、校尉力士戸四八、医戸三〇、僧道戸七、

水馬站所戸八一六、弓鋪祇禁戸一六二二、竈戸一九五二、蛋戸一九一三、窰冶戸一六〇、各色匠戸一一八九、寄庄戸五四一。

口二五万〇一四三。▲

瓊山県戸一万六九〇七、民戸一万四六一七、軍戸六六七、雑役戸一五〇五。官戸九、校尉力士戸一〇、医戸一八、僧道戸六、水馬站所戸二七六、弓鋪兵祇禁戸九六、竈戸二九一、蛋戸一八三、窰冶戸一五、各色匠戸六〇一、寄庄戸一一八。

口七万八八三八。▲

澄邁県戸七二六四、民戸五八八五、軍戸五〇〇、雑役戸六四一。

力士戸七、馬站戸五九、竈戸四四、蛋戸一五二、窰冶戸八一、各色匠戸一五八、弓鋪兵祇禁戸一四〇、寄庄戸二三八。

口二万七一三二。▲

臨高県戸六二三一、民戸四七九五、軍戸三九七、雑役戸一〇一三。

官戸一、校尉力士戸四、医戸一二、道戸一、馬站戸四四、竈戸三三二、窰冶戸二〇、蛋戸二二一、各色匠戸六七、弓鋪兵祇禁戸三一一、寄庄戸二六。

口三万三二八二。▲

定安県戸三六九八、民戸三五七五、軍戸五四、雑役戸六六。

力士戸一一、各色匠戸二、弓鋪兵祇禁戸五三、寄庄戸三。

口一万三四〇九。▲

文昌県戸五二〇五、民戸三九一〇、軍戸二八九、雑役戸九二八。

力士戸七、馬站戸一二、蛋戸二三〇、竈戸二八四、窰冶戸一六、各色匠戸九四、弓鋪兵祇禁戸二八五、寄庄戸七八。

口一万九二九七。▲
会同県戸一六〇二、民戸七〇六、軍戸五七、雑役戸二九四。
馬站戸二八、竈戸九八、窰冶戸四、蛋戸八八、弓鋪兵祇禁戸七六、寄庄戸五。
口三九一〇。▲
楽会県戸一七六八。民戸一四六四、軍戸七九、雑役戸二二五。
弓鋪兵祇禁戸五五、馬站戸三六、蛋戸一一二、各色匠戸二二。
口一万三四四七。▲
儋州戸三九六七、民戸二四一八、軍戸六一八、雑役戸九三一。
校尉力士戸五、馬站戸八〇、竈戸三四〇、蛋戸三三三、窰冶戸二四、各色匠戸三八、弓鋪兵祇禁戸一一一。
口二万〇一二一。▲
昌化県戸六七二、民戸四五〇、軍戸一三六、雑役戸八六。
力士戸一、馬站戸二二、弓鋪兵戸五、竈戸三二、蛋戸一二、各色匠戸一四。
口二六〇〇。▲
萬州戸三八〇九、民戸二九四一、軍戸一八三、雑役戸六七八。
馬站戸五六、竈戸三二六、蛋戸七七、弓鋪兵祇禁戸五六、各色匠戸一六三。寄庄戸七。
口一万四四八五。▲
陵水県戸一〇七一、民戸六八九、軍戸三九、雑役戸二七七。
馬站戸五一、竈戸六一、蛋戸一〇〇、各色匠戸八。弓鋪兵祇禁戸五六、寄庄戸六六。
口三六八七。▲

崖州戸二四三五、民戸一二九七、軍戸二三九、雑役戸八九九。

校尉戸二、馬站戸一一六、竈戸一〇五、蛋戸三四九、各色匠戸一七、弓舗兵祇禁戸三一〇。

口一万七九三六。▲

感恩県戸七〇九、民戸四二七、軍戸七八、雑役戸二〇四。

校尉戸一、馬站戸三五、竈戸三九、蛋戸五六、各色匠戸五、弓舗兵祇禁戸六八。

口一九九九。▲

ここも念のため集計を行ってみよう。府総の雑役戸は七七四七、官戸以下を集計すると八二八八、ここも合わない。試みに各色匠戸一一八九を除くと七〇九九、それでも合わない。それに雑役戸七七四七は府総戸数の五万四七九八の一四・一四％と先にいくつかの府県で計算した三％、あるいは一％未満といった割に比較して相当に高い。また戸数そのものが七七四七と相当に多い数である。それでも民戸、軍戸、雑役戸三者の合計は五万四二五七であり、府戸總数の五万四七九八に合わないまでも、近似の数字である。だから雑役戸が官戸以下の計であることは間違いない。なお、雑役に含まれる各色戸では竈戸一九五二、蛋戸一九一三、弓舗祇禁戸一六二三、各色匠戸一一八九、水馬站所戸八一六が多い。広東塩産地であること、珠池の真珠養殖などを業とする蛋戸は[13]、当広東地方の土地柄を示すが、特産豊、また安南その他の東南アジアに繋がる交易の場、当然、弓手、舗兵、祇禁戸や水馬站所戸の業務は多い。窑冶戸一六〇も当地方の窯業経営がかなり存在していることを示すものか。なお、寄庄戸五四一の数も多い[14]。なお、以上の瓊州府總の戸口戸籍記事の特徴は所属各州県にも当てはまるので、その分析紹介記事は省略する。ただ、各州県雑役戸の戸数総数の割合を出しておこう。

瓊山県は、雑役戸一五〇五、県戸一万六九〇七であるから八・九〇％、各色匠戸六〇一、水馬站所戸二七六、竈戸二九一、蛋戸一八三が注目される。

澄邁県は、雑役戸六四一、県戸七二六四であるから八・八二％、寄庄戸二三八、各色匠戸一五八、蛋戸一五二、弓舗兵祇禁戸一四〇、窑冶戸八一、馬站戸五九、竈戸四四と続く。

臨高県は、雑役戸一〇一三、県戸六二三一であるから一六・二六%、相当に高い。竈戸三三二、弓舗兵祇禁戸三一一、蛋戸二二一と多い。馬站戸四四も目立つ。各色匠戸は六七と多くなく、寄庄戸二六と少ない。

定安県は、雑役戸六六、県戸三六九八だから一・七八%、当地にしては割合が低い。弓舗兵祇禁戸五三と比較的に多い。各色匠戸は二と極端に少なく、蛋戸は居ない。寄庄戸も三であり、開発の遅れが目立つ。

文昌県は、雑役戸九二八、県戸五二〇五だから一七・八三%、相当に高い。弓舗兵祇禁戸二八五、竈戸二八四、蛋戸二三〇と多く、各色匠戸九四、寄庄戸七八とあまり多くなく、窑冶戸一六、馬站戸一二である。

会同県は、雑役戸二九四、県戸一六〇二であるから一八・三五%、高い方である。竈戸九八、蛋戸八八、弓舗兵祇禁戸七六が多い。匠戸は確認できない。

楽会県は雑役戸二二五、県戸一七六八であるから一二・七三%、蛋戸一一二が多く、弓舗兵祇禁戸五五、馬站戸三六、各色匠戸二二と続く。竈戸は存在しない。

儋州は、雑役戸九三一で州戸三九六七、二三・四七%である。割合は四番目に高い。竈戸三四〇、蛋戸三三三が多く、弓舗兵祇禁戸一一一、馬站戸八〇、各色匠戸三八、窑冶戸二四と続く。

昌化県は、雑役戸八六で県戸六七二、一二・八〇%、一体余り各色戸数は多くなく、竈戸三二、馬站戸二二、各色匠戸一四、蛋戸一二である。

萬州は、雑役戸六七八で州戸三八〇九、一七・八〇%、竈戸三二六が多く、各色匠戸一六三が続き、蛋戸は七七である。馬站戸五六、弓舗兵祇禁戸五六となる。

陵水県は、雑役戸二七七、県戸一〇七一であるから二五・八六%である。割合は三番目に高い。蛋戸一〇〇、寄庄戸六六、竈戸六一、弓舗兵祇禁戸五六、馬站戸五一が多い順である。各色匠戸は八と少ない。

崖州は雑役戸八九九、州戸二四三五であるから三六・九二%、割合は一番高い。蛋戸が三四九と多く、弓舗兵祇禁戸三一〇、馬站戸

一一六、竈戸一〇五と続く。各色匠戸は一七と多くない。

最後の感恩県は雑役戸二〇四、県戸七〇九であるから二八・七七％、割合は二番目に高い。総数が多くなく、弓舗兵祇禁戸六八、蛋戸五六、竈戸三九、馬站戸三五であり、各色匠戸は五と少ない。

結　び

明代戸籍制度の地域的考察を行った。特に諸色戸籍という、一般民戸以外の諸範疇の戸籍を問題にした。明太祖は天下の戸口を籍して、戸帖と戸籍とを置き、具に名と歳と居地とを書せしめ、籍は戸部に上せという通り、戸籍が明王朝の人民支配の重要な基礎であることは事実である。そして一一〇戸を以て一里を作り、この里甲の制度が明国家が農村の末端に至るまで支配を及ぼすことができた組織であった。

ところで諸色戸籍とは何であったか。従来これが議論されたことは少なかった。諸色戸籍は明の前代、元朝の支配の特徴であって、当初、明は元の制度を踏襲して行政を施行した。したがって、明朝支配が確立すれば、蛇が殻を脱ぐように棄ててしまう。かの中書省にしても、丞相にしても、洪武十三年の政変を契機として廃止してしまったではないか。極端な理解をすれば。諸色戸籍も明初で終わるはずだという理解すら見られた。

ところが、意外と強い伝統が残っていた。というより地方社会に強い影響を与えているところもあった。明代を代表する政治家、三帝の大学士であり万暦帝の先生であった首輔張居正が軍戸籍であることは周知である。その実態は今後、別種の史料を使用して究明したいと考えているが、さし当たり本章で検討した限りでの結論を述べておきたい。

まず、諸色戸籍は明後期まで強固に存続している。むしろ明後期の社会経済の進展や賦役制度改革の影響を受けて、諸色戸籍は新たな意味を持ってきたのではないか。著者はこれまでにも広東の蛋戸が十五世紀末の成化以降、魚課や魚油等の負担を増加させたという事実を確認したが、諸色戸籍も負担の体系であって、その負担が形を変えながら存続し続けたことは間違いない。ただ、制度が確実に崩壊したかに見える諸色戸籍もある。匠戸が代表であるので次に匠戸を取り上げたい。

注

(1) 和田清編『明史食貨志訳注』(東洋文庫、一九五七年)上巻、五頁以下、戸口の担当は松本善海氏である。
(2) 川勝守『中国封建国家の支配構造』(東京大学出版会、一九八〇年)四五頁以下。ただし、川勝の研究は先行する山根幸夫『明代徭役制度の展開』(東京女子大学学会、一九六六年)二四頁以下に多くを拠っている。
(3) 鶴見尚弘「明代における郷村支配」旧『岩波講座　世界歴史』一二、一九七一年、参照。
(4) 植松正「元代江南の戸口統計と徴税請負制度」『元代江南政治社会史研究』汲古書院、一九九七年。
(5) 山根幸夫、前掲『明代徭役制度の展開』五頁、参照。
(6) 前注(1)と同じ。
(7) 川勝守「明代、鎮市の水柵と巡検司制度―長江デルタ地域について―」『東方学』第七四輯、一九八七年、後著『明清江南市鎮社会史研究』汲古書院、一九九九年所収、参照。
(8) 前掲、『明史食貨志訳注』一五、一六頁、注(四八)。
(9) 渡部忠世・桜井由躬雄編『中国江南の稲作文化』第二章、宋・元代の圩田・囲田をめぐって(川勝守報告)、日本放送出版協会、一九八四年、参照。
(10) 容肇祖「劉基的哲学思想及其社会政治観点」『哲学研究』一九六一年三期、陳高華「元末浙東地主与朱元璋」『新建設』一九六三年五期、同「元末農民起義中南方漢族地主的政治動向」『新建設』一九六四年一期、及び山根幸夫「『元末の反乱』と明朝支配の確立」、岩波講座『世界歴史』一二巻、一九七一年、等、参照。
(11) 川勝守『中国城郭都市社会史研究』(汲古書院、二〇〇四年)第二章第一節、元末の反乱と城郭都市、参照。
(12) 岸和行「明代の広東における珠池と珠池盗」、九州大学『東洋史論集』一四号、一九八五年、同「明代中後期珠江デルタの沙田・鴨埠・魚埠」、

九州大学『東洋史論集』一九号、一九九一年、参照。

(13) 山根幸夫、前掲『明代徭役制度の展開』八三頁、参照。

(14) かつて著者は明代の広東、香山県で蛋戸が里甲制度に編成された事例を挙げた。川勝守、前掲『中国封建国家の支配構造』七三頁以下、参照。

(15) 寄庄戸についても川勝守、前掲『中国封建国家の支配構造』一六二頁以下、参照。

第四章　明代匠戸制の地域的考察

はじめに

かつて佐伯有一氏は明代匠戸の就役制度を匠役制と呼び、長江デルタの蘇州府や杭州府などの都市における織物業がその匠役制の支配を受けた都市機戸によって担われていたとした[1]。しかし、十六、十七世紀の明末清初、生産諸力の発展を踏まえて展開した農村、都市における商品生産の展開によって、匠役制は崩壊し、新たな生産関係が当該都市手工業に登場したとする[2]。佐伯氏は明代匠役制を封建的な徭役労働に基づく制度として捉え、明末清初における制度の解体過程を描き説得力はある。ただし、佐伯氏は絹製品を中心にした都市織物業を研究対象としただけで、匠役制は機戸の役の検討に止っていた。佐伯氏はその他の匠戸の存在にも注意を喚起してはいるが、その歴史的研究を展開深化させるには至らなかった。特に機戸とその他の匠戸との関係はどうなのかなど重要な課題が残った。

明代徭役制度について概括的かつ基本的な研究を残した山根幸夫氏[3]も、里甲制度を中心にした一般民戸の役法研究に焦点を定め、匠戸等の役負担はその存在が有るとまで言及するが、それ以上の検討は行わない。

次いで小山正明氏は、里甲に編成された各戸は、大別して一般民戸のほかに、軍役を負担する軍戸、匠役を負担する匠戸、塩課を負担する竈戸の四籍に分類され、この籍別は世襲化されて変更を許されないのが原則であったが、この籍別の如何にかかわりなく、賦役黄冊の攢造にあたって里長戸・甲首戸として登録された戸が、一〇年に一度ずつ一律に負担を義務づけられたのが里甲正役であったと[4]

いう。小山氏もまた一般民戸の里甲正役の負担、並びに雑泛差役（雑役）負担を明代徭役制度、国家収取体系の中心と位置づけている。匠戸等の存在をその周縁部に位置付けているに過ぎない。

なお、明代で匠戸が関係する造作には陶磁器生産などの窯業もあり、これについては佐久間重男氏(5)、高中利恵氏(6)、金沢陽氏(7)等の労作がある。ただ、諸氏の研究も景徳鎮等における民窯の発展を検証することに力点を置き、それは歴史理解として正しいのではあるが、その前段階の匠役制度に意を尽くしていない。

著者は先に中国における都市伝統の歴史的研究を行うに当たり、中国城郭都市を取り上げた。そこで城郭の建設に関わった諸匠戸の存在に注目した(8)。本章はこの研究に続くものであるが、未だ準備作業的な段階であることをお断りしておきたい。

第一節　明初匠戸の就役規定—洪武二十六年「諸司職掌」について—

『明史』食貨志・賦役・役法に次の記述がある。

凡軍・匠・竈戸役、皆永充。軍戸死若逃者、於原籍勾補。

軍戸・匠戸・竈戸の役は、皆永充という。世襲の戸であって一般民戸とは戸籍を異にする。軍戸が死亡したり若くは逃亡した者は、原籍において勾補、すなわち欠員が補充される。以下に匠戸も勾補すること軍の如しとある。この明史役法の記事を訳注した山根幸夫氏はこの記事は、食貨志編者の手になった文と思われるとする(9)。

さて、明史役法は前掲文について、次の記事を載せる。

匠戸二等、曰住坐、曰輪班。住坐之匠、月上工十日。不赴班者、輸罰銀月六銭、故謂之輪班。監局中官、多占匠役、又括充幼匠、動以千計。死若逃者、勾補如軍。

匠戸は二等、住坐と曰い、輪班と曰う。住坐の匠は、月ごとに上工すること十日なり。班に赴かざる者は、罰銀月ごとに六銭を輪す、故に之を輪班と謂う。監局の中官は、多く匠役を占め、又た幼匠を括充すること、動もすれば千を以て計る。死し、若くは逃ぐる者は、勾補すること軍の如し。

右で明史役法の原文は輪班の輪を輪に作っているが山根氏が会典の原文によって輪に訂正したのに従った。さて、匠戸に二等あり、住坐、輪班。そしてそれぞれの任務規定は以下で扱うが、取りあえず住坐は月ごとに工のために上京が十日で、赴任を拒否した者の、罰銀は月六銭だという、輪番制の原則が述べられる。ただ以下監局中官云云とあって、明らかに明中期以降の現象が語られる。宦官が匠戸を私的に抱え込むというのである。明史の記事は明初の事態とその後の改編が必ずしも明確ではないので、匠戸の就役規定について、明初以来の諸規定を整理してみたい。

「諸司職掌」[10]所載の「工部職掌」に工匠の就役についての諸規定が見え、宮城各殿や城郭池濠建設に関連した工事施工規定については前著[11]で紹介した。それを以下示しながら、前著で引用しなかった部分を中心として規定を検討する。まず「工部職掌」冒頭部の営部、内府造作は前著で引用した。その次の儀仗について、

儀仗。

凡製造皇帝・皇太子・親王鹵簿・車駕等項儀仗、及修理者、除金銀器皿於内府成造、其余器仗照数行下軍器等局、委官督工計料、依式修造完備、進赴鑾駕房、収貯供用。

凡そ皇帝・皇太子・親王の鹵簿・車駕等項の儀仗を製造し、及び修理するは、金銀器皿の内府に於いて成造するを除き、其の余の器仗は数に照らして行を軍器等局に下し、官を委して工を督し料を計り、式に依りて修造完備せしむめ、進みて鑾駕房に赴き、収貯供用せしむ。

儀仗用品の製造、修理の規定であるが、金銀流通を極力抑えた明太祖の意向を汲んで金銀器物は内府扱いとするほかの工部担当の方針を決めたもので、工部の軍器局以下の部署で担当官である委官を認定して工程を設計管理させるというものである。そして以下に工部所属衙門の各局部署の担当物品名を挙げる。

軍器局造　戟、矟、節、角、鑼、刃盾、弓箭、小鼓、仗鼓、擱鼓、金鉦、骨朶、夾矟、楽人太鼓。
営繕所造　青道御仗、交椅坏、脚踏坏、馬杭頭管、戯竹、龍笛、笛、板。
針工局造　金鼓旗、白沢旗、令旗、紅曲蓋、紫方傘、紅方傘、伝教旛、告止旛、降引旛、紅団扇、青団扇、紅方扇、紅綉傘、紅銷金傘、儀鍠氅、戈氅、戟氅、信旛、幢、麾。
宝源局造　香炉、香盒、香椅、脚踏銀盆、水罐。
鞍轡局造　払子、鞍籠、誕馬錦韉。
中帽局造　立爪、臥爪、鐙仗、響節、儀刀、梧刀、班釼、幢竿、殳叉、斧。
軍器局造十四品、営繕所造八品、針工局造二十品、宝源局造五品、鞍轡局造三品、中帽局造十品をそれぞれ指定する。
さて、「工部職掌」の規定は次に城垣、壇場、廟宇、公廨、倉庫、営房と続くが、前著で取り上げた。次は獄具である。
さらに、刑具や獄具については在京各衙門の負担とする。
「工部職掌」獄具
凡在京各衙門、合用刑具、皆須較勘如法。応合応付者、方許応付。
応天府採弁　笞、杖、械。
龍江提挙司成造　枷、杻。
宝源局打造　鉄索、鉄鐐。
刑具や獄具については在京各衙門の負担とする。応天府採弁三品、龍江提挙司成造二品、宝源局打造二品と分担されている。
次に工匠の規定で、これが詳細であるが、工役囚人についてであるが、これは前著で扱った。次に輪班人匠であるが、これも前著で引用したが、重要であるのでその冒頭の総論的規定と五年一班以下の輪班人匠の項目のみを再掲載しよう。
輪班人匠。

凡天下各色人匠、編成班次、輪流将賚原編勘合為照。上工以一季為満。完日随即査原勘令、及工程明白、就便放回、週而復始。如是造作数多、輪班之数不敷、定奪奏聞。

起取撮工本戸差役定例、与免二丁、余丁一体当差。

設若単丁重役、及一年一輪者、開除一名。

年老残疾戸無丁者、相視掲籍、明白疎放。

其在京各色人匠、例応一月上工、一十日、歇二十日。

若工少人多、量加歇役。

如是輪班、各匠無工可造、聴令自行趂作。

凡そ天下の各色人匠は、班次に編成し、輪流は将賚原編の勘合を照と為す。上工は一季を以て満と為す。完日すれば随即ち原勘の令を査し、及び工程明白なれば、就便ち放回せしめ、週して復た始む。如し是れ造作の数多く、輪班の数敷かざれば、定奪奏聞せよ。

起取撮工本戸の差役の定例は、与に二丁を免じ、余丁は一体当差す。

設え若し単丁役を重ね、一年一輪に及ぶ者は、開きて一名を除す。

年老残疾の戸の丁無き者は、相い掲籍を視て、明白ならば疎放す。

其の在京の各色の人匠は、例として応に一月上工すること、一十日にして、歇むこと二十日なるべし。

若し工少なく人多ければ、量りて歇役を加う。

是の如き輪班は、各匠の工の造す可き無ければ、自ら趂作を行わ令むを聴す。

ここに見える「其れ在京の各色の人匠は、例として応に一月に上工すること一十日、歇むこと二十日なるべし」という規定が先の『明史』食貨志役法の住坐の匠の規定の原史料とされる。[12] ただ「不赴班者、輪罰銀月六銭」の規定は見えない。さらにそれでは明史食貨志にいう明代匠戸の役の他の一つである輪班の匠の規定はどうなるかが問題である。これは後に触れよう。

次に各色人匠一十二万九千九百七十七名を計りて、その各年輪班年次の匠役名を次のように挙げる。

五年一班、木匠三万三九二八名、裁縫匠四六五二名。

四年一班、鋸匠九六七九名、瓦匠七五九〇名、油漆匠五一三七名、竹匠一万二七〇八名、五墨匠二七五三名、粧鑾匠五七三名、雕鑾匠五〇二名、鉄匠四五四一名、双線匠一八九九名。

三年一班、土工匠一三七六名、熟銅匠一二〇四名、穿甲匠二〇五一名、搭材匠一一一二名、筆匠一二〇名、織匠一〇四三名、絡絲匠二四〇名、挽花匠二九一名、染匠六〇〇名。

二年一班、石匠六〇一七名、艌匠九三六〇名、紅木匠一万五〇六名、箬蓬匠四七七名、櫓匠三九名、蘆蓬匠二二名、戧金匠五四名、条匠一四九名、刊字匠一五〇名、熟皮匠九九二名、扇匠六六名、魫燈匠七五名、氈匠二九九名、毯匠一五八名、捲胎匠一〇九名、皷匠一〇二名、削藤匠四八名、木桶匠九四名、鞍匠一三名、銀匠九一四名、銷金匠五九名、索匠二五五名、穿珠匠一〇四名。

一年一班、表褙匠三一二名、黒窰匠二三七三名、鋳匠一〇六〇名、繍匠一五〇名、蒸籠匠二三名、箭匠四二一名、銀硃匠八四名、刀匠一二名、瑠璃匠一七一四名、剉磨匠一一二五名、弩匠一一二名、黄丹匠二二名、藤枕匠三四名、刷印匠五〇〇八名、弓匠一六二名、旋匠四六名、缸窰匠一〇九名、洗白匠三〇名、羅帛匠六九名。

各年次の匠戸の検討など前著を参照願いたい。やや、追加を述べよう。五年一班が二種の匠戸、四年一班が九種の匠戸、三年一班が九種の匠戸、二年一班が二三種の匠戸、一年一班が十九種の匠戸となっている。匠戸の種類では二年一班が最も多く、次いで一年一班、逆に五年一班は二種と少ない。名数では五年一次の木匠が三万三九二八名と多く、次いで四年一班の竹匠一万二七〇八名と二年一次の紅木匠一万五〇六名が一万名を越える。その次に四年一次の鋸匠九六七九名が一万名近い。木や竹を使う船大工が想定されるが建築の可能性もある。前著では宮殿城郭関連の建設工事に焦点を合わせ。それは十九種、九万七二九七で全体一二万九九七七名の七五％であるとした。やや、鋳匠など他種業種の匠戸を差し引いても七〇％は下らない。

「諸司職掌」は次に虞部の項目を立てるが、工部関連製造修理部署が必要とする原材料調達方等の規定を示す。まず、祭祀に必要な野味、皮張・翎毛の各地方割付数量を挙げ、さらに祭祀関連の禁令を載せる。これらについては地方貢物との関係を考え、章を改めて述べることにしたい。

次に軍器軍装である。工部の部局として軍器製造には軍器局、軍装には針工局、鞍轡には鞍轡局をそれぞれ設けて掌管させた。軍器軍装の需要見積もりは軍士の構成が基礎となるが、軍法により律を定めて一百戸ごとに、

鎗手四十名、銃手一十名、刀牌手二十名、弓箭手三十名。

とした。そして各部局が製造する物品を挙げる。

軍器局造、二意角弓、交趾弓、黒漆鈚子箭、有蜩弓弦、無蜩弓弦、魚肚鎗頭、蘆葉鎗頭、馬軍雁翎刀、歩軍腰刀、将軍刀、馬軍叉、紅油円牌、水磨鉄帽、水磨頭盔、水磨鎖子、護頂頭盔、紅漆斉腰甲、水磨斉腰鋼甲、水磨柳葉鋼甲、水銀摩洋長身甲、併鎗馬赤甲。

針工局造、長胖襖、袓襻袴。

鞍轡局造、鞍、轡、鞭。

製造する匠戸は、三年一班の穿甲匠二〇五一名、二年一班の鞍匠一三名、一年一班の箭匠四二一名、刀匠一二名、弩匠一一二名、弓匠一六二名であるが、四年一班の粧鑾匠五七三名、雕鑾匠五〇二名も天子の車馬装飾であって関係するかも知れない。ただ、針工局関係匠戸は判断ができない。

さて、以下、窑(窯)冶、陶器、鋳器、銅鉄、鋳銭、顔料、紙劄、石灰の各種原材料の項目を規定する。

窯冶磚瓦は前著に記したが、四年一班の瓦匠七五九〇名、一年一班の黒窑匠一三七三名、瑠璃匠一七一四名、缸窑匠一〇九名が製造に関係する。

次の陶器についての規定は、

凡焼造供用器皿等物、須要定奪様制、計算人工物料、如果数多起取人匠、赴京置窑興工。設或数少行移饒処等府焼造。

南京で陶器焼造を行うのは恐らくは明太祖の意向で、重量物品で輸送の労を省きたかったのであろうが、実際には実行不可能であった。瓦各種のように大量の必要で単価が安いものは南京製造を固守したが、それでも水運の便を考えると地方調達も可能としたこともある。[13]なお、陶器製造に関わる匠戸の名称は記載されていない。

次に鋳器、顔料、紙劄であるがそれらは単なる匠役制の問題に止まらない明代の国家、帝室両御用物品の製造と流通に関わる問題を有しているので章を改めて論じたい。

「諸司職掌」に規定された匠戸の規定は以上のほかに、最後に夫役の項がある。

凡在京城垣河道、毎歳応合修繕。其用工数多、須於農隙之時、於近京免糧応天・太平・鎮江・寧国・広徳等五府州、預先定奪奏聞、行移各府起取除役占等項、照依欽定則例優免外、其余人戸毎四丁共輳一夫。

南京近郊の応天・太平・鎮江・寧国・広徳等五府州の免糧戸から夫役を徴収しようというものでやや臨時的、特殊な役であり、匠戸の役と直接の関係はなさそうである。

山根幸夫氏は「諸司職掌」に見える先の「其の在京の各色の人匠は、例として応に一月上工すること、十日にして、歇むこと二十日なるべし」という匠戸が、永楽以後、住坐に編入せられたのであるとするが、[13]その検証のために正徳『大明会典』の記事を見ておこう。

第二節　明代匠戸の就役規定の展開—正徳『大明会典』について—

まず、正徳『大明会典』巻一四七、工部一、内府造作の事例を挙げる。

洪武十一年、令在京工匠上工者、日給柴米塩菜。歇工者、停給。

二十四年、令工匠役作内府者、量其労力、日給鈔貫。

この二項は在京工匠の上工者の手当であり、洪武十一年（一三七八）には一日当たり柴（燃料費）と米塩（食事代）を支給するとしたが、同二十四年にはその仕事量を量って鈔貫を給した。ただ、いずれも日給は明示されていない。

永楽四年、営建北京、遣大臣詣四川・湖広・江西・浙江・山西、督軍民採木、及督北京軍民匠、造磚瓦。徴天下諸色匠作。在京諸衛及河南・山東・陝西・山西都司、中都留守司、直隷各衛、選軍士、河南・山東・陝西・山西等布政司、直隷鳳陽・淮安・揚州・廬州・安慶・徐州・和州、選民丁、倶限明年五月、赴北京聴役、半年交代。

永楽帝の北京遷都に伴う北京城造営である[14]。南京から北京に国都中心が変わることによって起こる労働力と物資調達の変動が行政課題となる。永楽帝は取りあえずは明太祖の制度を使った。永楽四年（一四〇六）、大臣を四川・湖広・江西・浙江・山西に派遣して軍戸民戸を督励して採木させる。また北京の軍戸・民戸・匠戸に磚瓦を造らせる。天下の諸色匠戸工作者を徴収する。北京在京諸衛、河南・山東・陝西・山西都司、中都留守司、及び南直隷各衛から軍士を選ぶ。河南・山東・陝西・山西等の布政司、直隷鳳陽・淮安・揚州・廬州・安慶・徐州・和州から民丁を選び、ともに明年五月を限り、北京に赴任就役させ、半年交代とするというものである。次いで翌年の令でも、

五年、令各処上工人匠、倶照旧印綬監起牌上工、不許擅自撥取。

各地から北京への上工匠戸は旧の印綬監の起牌に照らして上工させ、新規の方式を取らない。さらに永楽八年（一四一〇）でも、

八年、令内府上工人匠、一牌上止写一人名字、不許双名相合。

内府上工の人匠を先の内府責任者の印綬監が配給した起牌上はただ一名の名字のみを記入させ、二人以上を一牌で徴収させない。

十九年、令内府尚衣・司礼・司設等監、織染・針工・銀作等局、南京帯来人匠、毎月支糧三斗。無工住支。

永楽十九年（一四二一）、内府の尚衣・司礼・司設等監、すなわち宦官衙門に令して、工部の織染・針工・銀作等局において、南京在京者で北京に帯同してきた人匠については、毎月糧三斗を支給する。工作業の無い者は支給を住める。この時点で永楽帝は以後の人匠就役の原則を作った。まず、宮殿造営の責任者は宦官である。次に匠戸の役の就任者の月ごとの糧の支給が定められ、不就役者の無支

給も定められた。しかし、明史食貨志にいう「匠戸二等、曰住坐、曰輪班。住坐之匠、月上工十日。不赴班者、輪罰銀月六銭、故謂之輪班」という規定とは距離がある。それでも、永楽十九年の人匠規定はその後の先例となった。以下各年次の事例を会典によって列挙しよう。

①宣徳七年、令各衛軍匠、内府上工者、分為両班、月支糧五斗。
②九年、勅内府各監局、内官内使等。凡在内各衙門修造、必明白具奏。有擅為者、悉処重罪。
③又令内官監工匠、月支糧五斗。上工之日、光禄寺仍給飯食。
④正統元年、令巾帽局撮工人匠、月支米三斗、完工住支。
⑤五年、令各処起取営造軍匠、月支糧三斗外、其原籍月糧一石内、又扣除三斗。於見役処添支。
⑥景泰元年、令在京各監局、及各廠上工軍匠、光禄寺不関飯者月支米一石、関飯者五斗。
⑦三年、令兵仗局、儹造軍器軍匠、仍支米五斗。民匠四斗。
⑧天順元年、令司設監各色軍匠、月支米五斗。
⑨令燕山前等衛人匠、於尚衣監上工者、添支月糧一斗。
⑩令御馬監軍匠、添支月糧一斗。民匠余丁、月支糧三斗。
⑪二年、令錦衣等衛、及順天府軍匠、添支月糧為五斗。
⑫本年、令内官監軍匠、添支月糧一斗。民匠余丁、上工日、関与飯食。
⑬又令司礼監軍匠、月支糧三斗。
⑭成化九年、令錦衣等衛鎮撫司高手軍匠、月支糧一石。
⑮十年、令内承運庫人匠鋪戸、月支糧二斗。
⑯十二年、令軍器・鞍轡局軍匠、月支米五斗。

⑰又令修理城軍匠、毎月添支口糧二斗。民匠三斗。旗軍、并不係食糧陰陽生、一斗。
⑱令留守等衛余丁、印綬監習学匠藝者、月支米三斗。

一連の記事をみると、変遷が分かる。ただ、ここで問題となる重要な三点を指摘しておこう。
一は①宣徳七年、⑤正統五年、⑥景泰元年、⑦景泰三年、⑧天順元年、⑩天順元年、⑪天順二年、⑫天順二年、⑬天順二年、⑭成化九年、⑯成化十二年、⑰成化十二年と頻出する軍匠である。従来の研究では、軍匠は軍戸と匠戸であると理解されてきた[15]、確かに①宣徳七年の「令各衛軍匠、内府上工者」や⑤正統五年の「令各処起取営造軍匠」、⑥景泰元年、「及各廠上工軍匠」、⑧天順元年、「令司設監各色軍匠」、⑬天順二年「又令司礼監軍匠、月支糧三斗」、⑭成化九年、「令錦衣等衛鎮撫司高手軍匠」、⑯十二年、「令軍器・鞍轡局軍匠」などは軍戸と匠戸と二者に分けることも可能である。ところが、

⑦三年、令兵仗局、儹造軍器軍匠、仍支米五斗。民匠四斗。
⑩令御馬監軍匠、添支月糧一斗。民匠余丁、月支糧三斗。
⑰又令修理城軍匠、毎月添支口糧二斗。民匠三斗。旗軍、并不係食糧陰陽生、一斗。

三例は軍匠と民匠が同時に出てきて、しかも両者に月支糧額に差異があることが示される。それらをそれぞれ軍戸と匠戸、民戸と匠戸の二者、併せて四者に分けることは不可能である。これらは軍匠と民匠に二分する以外に考えられない。したがって、宣徳七年以降、軍匠という存在が出現してきたと言える。そしてそれに対して一般の匠戸を民匠と呼んだと思われる。このことから実は宣徳七年以降、成化年間に至る月支糧支給高の多少は軍匠と民匠の区別に関係していた。正統五年の⑤の記事に、

令各処起取営造軍匠、月支糧三斗外、其原籍月糧一石内、又扣除三斗。於見役処添支。

とあるのは各処の起取した営造の軍匠は、①の宣徳七年の規定に「令各衛軍匠、内府上工者、分為両班、月支糧五斗」と月五斗の支給が定められていたのを月三斗とするというものであるが、二斗分少ない理由は其の原籍で月一石の支給があるからだという。

次に「月支糧」という表現と「月支米」という表現に差異があるか。後者は工食米の感じがする。これも匠戸規定を複雑にしている

要素である。

しかし、いずれにしても『明史』食貨志、役法にいう匠戸の住坐、輪班、その上工規定の中の「輪罰銀月六銭」の規定は正徳『大明会典』以前の史料には確認できないことになる。因みに正徳大明会典一百八十巻は正徳六年（一五一一）四月初十日の皇帝勅諭で内閣への施行発布が行われた行政法であるが、同四年十二月十九日の御製の序文が付き、さらに勅命をうけた大学士李東陽の同日付けの進上表がついている。ただ、正徳六年四月十日の勅諭によれば、そもそも弘治十年三月初六日の皇帝勅諭によって会典編纂の令がだされ、同月初八日に聖旨を奉じて内閣は書名を大明会典としたとし、一応の完成を見た弘治十五年十二月十一日付けの御製の大明会典序が整い、発布の運びとなった。その後弘治帝の崩御もあって、施行が延びて正徳時の交付になったのである。内容は弘治の時のものでその後の変更はまず無いと思われる。

次に正徳『大明会典』巻一五四、工部八、輪班人匠の事例を見よう。

①洪武二十六年、本部奏准、各照諸司役作繁簡更定班次、率三年或二年輪当給与勘合。凡二十三万二千八十九名。

②宣徳元年、詔、凡工匠、戸有二丁三丁者留一丁、四丁五丁者留二丁、六丁以上者留三丁、余皆放回、俟後更代。単丁、量年久近次第放回。残疾老幼及無本等工程者、皆放回。

③五年、奏准、南京及浙江等処工匠、起至北京者、倶未有定籍、許令附籍大興・宛平二県。

④六年、奏准、差官査理浙江・南直隷蘇松等府州、失班工匠、惟造軍器及織造者存留。若単丁以営造放回者、令当後班。其丁多失班一次者、赴部補班。二次三次以上者、并従前不当班者、送問罰班。其広東・江西二布政司、令南京工部、照例遣官査理。

⑤又令今後逃初来者、皆優容一月、使居止定、然後供役。

⑥十年、詔、民匠先因在逃、編充武成三衛軍匠者、待山陵畢日、仍充民匠、令在京居住、依例輪班。

⑦景泰五年、奏准、輪班工匠、二年三年者、倶令四年一班、重編勘合給付。

⑧天順元年、勅、外府輪班人匠、照永楽年間定制差撥、不許内官兼管。

⑨成化七年、議准、各監局軍匠、有故逃者、行該部査補。不許径拘京衛所官杖併、逼要出銭雇人買免。
⑩二十一年、奏准、輪班工匠、有願出銀価者、毎名毎月、南匠出銀九銭免赴京、所司類齎勘合赴部批工。北匠出銀六銭、到部随即批放。不願者仍旧当班。
⑪弘治元年、奏准、添設主事、清理内外衙門、軍民住坐・輪班二匠。其輪班者、做工納価等項、清査年終類奏。其住坐者、軍匠行移兵部施行、民匠転行清軍御史督併。各衙門具備細脚色、造冊繳部査考。其内府監局行逃、務要依式開具従実貫址、及上工処所。違者先行法司、提問経該吏典、及識字人役。
⑫十三年、奏准、内府匠作、犯該監守常人盗、窃盗、掏摸、搶奪者、倶問罪、送発工部做工炒鉄等項。其余有犯徒流罪者、拘役住支月糧。笞杖、准令納鈔。
⑬両京工部各色、作頭犯該雑犯死罪、無力做工、与侵盗誆騙、受財枉法、徒罪以上者、依律拘役満日、倶革去作頭、止当本等匠役。若累犯不悛、情犯重者、監候奏請発落。杖罪以下、与別項罪犯、拘役満日、仍当作頭。

ここに今まで不明であった諸点が説明できる。まず、事例を年次順に確認しよう。

①は洪武二十六年の工部の奏准に、各おの諸司の役作繁簡を参照して更に班次を改定し、率ね三年或二年一次に輪当することとして勘合を給与した。詳細は不明であるが、五年一次、四年一次、三年一次、二年一次、一年一次の五段階を三年一次と二年一次に平均化したのかも知れない。さらに、この年人匠定員は二十三万二千八十九名と言い、先の「諸司職掌」工部の輪班人匠各色の総数一十二万九千九百七十七名に比べて二倍近い増加である。これが永楽帝の北京遷都以降に問題となる。

②は永楽帝以降の事態であるが、宣徳元年（一四二六）の詔で、凡そ工匠の戸に二丁三丁有る者は一丁を留め、四丁五丁者は二丁、六丁以上は三丁を留め、余は皆放回し、後の更代を俟つとする。匠戸成丁の抑制を図ったのであろう。単丁の戸や残疾老幼の戸も精算対象になった。匠戸定員の削除が図られるのである。

③宣徳五年（一四三〇）の工部の奏准に、南京及び浙江等処の工匠の北京に赴任する者を大興・宛平二県に附籍させるという。本籍

変更をさせるのである。

④は翌六年の奏准で北京工部から官を派遣して浙江・南直隷蘇松等府州の失班工匠を調査整理させるもので、その結果、軍器を造る者と織造に在る者は存留とする。単丁は営造放回とし後の班に当たらせる。其の丁多く失班一次なる者は、北京工部に赴任させて班を補う。失班二次三次以上と、并に従前班に当たらなかった者は、工部に送って罰班を問わしめる。さらに広東・江西の二布政司は、南京工部に命令して、例に照らし官を遣わして査理せしめる。北京遷都に伴い、遠隔地となった浙江・南直隷蘇松等府州の失班工匠の調査整理であり、さらに遠方の広東・江西の二布政司の人匠対策でこちらは南京工部に処理させようという。いずれにしても北京遷都に伴う明代匠役制の制度改編が急務となっている。

⑤の今後逃初来者に対して皆優容一月とし居止を定めしめ、然る後に役を供したというのも匠戸の保護に転じた様子が窺える。

⑥の宣徳十年（一四三五）の詔に民匠で先に逃亡の罪で、武成三衛に編充され軍匠とされた者は、山陵畢る日を待ち、仍って民匠に充られる。在京居住するものは、例に例り班に輪される。この条で軍匠と民匠の区別は明確となった。なお、山陵とはこの年に崩御した宣宗宣徳帝の皇陵である。

⑦は景泰五年（一四五四）の奏准で輪班工匠の二年三年一次の者を、倶に四年一班とし、重ねて勘合を編して給付させた。オイラートのエセン（也先）＝ハンの土木の変後の時代、工匠の就班年次が二年三年一次から四年一班に引き上げられた。これも匠戸の保護策であろう。

⑧は英宗復辟後の天順元年（一四五七）の勅に、外府の輪班人匠は永楽年間の定制に照らして差撥し、内官の兼管を許さずというもので、これも匠戸の保護策である。

⑨は成化七年（一四七一）の議准に、各監局の軍匠で事故や逃亡経験の有る者は、該部工部に行令して查補させ、京衛所官の枚併に径拘し、逼って出銭を要し人を雇って免を買うような行為を許さない。すなわち軍衛軍官には処罰させないというものであろう。

⑩は成化二十一年（一四八五）の奏准で輪班工匠の、銀価を出すを願う者有れば、毎名毎月、南匠は銀九銭を出させて北京に赴むく

を免じ、所司は勘合を類賫して工部に赴き工を批準せよ。北匠は出銀六銭、工部に到れば随即批放す。銀を出すことを願わざる者は旧に仍りて班に当てる。南匠と北匠の名が見えることと、その銀納銀価格額が分かる。それでも南匠、北匠とは何か。南京輪班、北京輪班とすると、なぜ南匠の銀価の方が高いかが説明付かない。

⑪は弘治元年（一四八八）の奏准で、工部主事を添設して、内外衙門の軍民住坐・輪班二匠を清理審査させた。其の輪班は、做工納価等項について、年終の類奏記録を清査し、其の住坐は、軍匠は兵部に行移して施行させるとし、民匠は行を清軍御史に転じて督併させた。ここでも軍匠と民匠の管理の差違がある。以下、各衙門具備細脚色は、冊に造り工部に繳して査考する。其の内府監局の行逃は、務めてかならず式に依り実に従て本貫居址、本籍と現住所、及び上工の処所を開具させる。違者は先ず法司に行移して、該吏典及び識字人役の提問を経させる。各部部局各所における匠役の実務管理を厳重にするのである。

⑫は弘治十三年（一五〇〇）の奏准であるが、内府匠作について、該の監守が常人盗、窃盗、掏摸、搶奪を犯した者は、倶に罪を問い、工部に送発して工炒鉄等項を倣らせる。其の余の犯して徒・流の罪に有る者、役に拘して月糧を支するを住める。笞・杖の罪の有るものは准して納鈔させる。

⑬は両京工部各色、作頭の該雑犯死罪を犯し、力無きに工を倣させ、侵盗誆騙に与り、財を受けて法を枉げ、徒罪以上の者は、律に依り拘役したる満日、倶に作頭を革去し、止だ本等の匠役に当たるのみとする。若し累犯して悛めず、情犯重き者は、監候として軍役に発落するように奏請する。いずれにしても匠役管理が次第に厳重になる傾向が窺える。

第三節　明代における匠戸の地域的事例

地方志史料によって、明代匠戸の役を検討してみよう。まず、南直隷揚州府儀真県の隆慶『儀真県志』巻六、戸口攷には、

凡図冊有民戸、有軍戸、有匠戸〈凡匠諸色名目至多。其籍隷京部、而輪遣以供造作者、曰当班。納価放還、三歳一班者、曰免役。

留于本県以供成造者、曰存留。〉。

割り注の匠戸の部分を訓読しておこう。

匠戸有り。凡そ匠の諸色は名目至りて多し。其の籍京部（在京戸部）に隷し、而して輪遣して以て造作に供する者は、当班と曰う。価を納れて放還し三歳一班なる者は、免役と曰う。本県において留り以て成造に供する者は、存留と曰う。

ここでは当班、免役、存留に分けている。『明史』食貨志にいう住坐と輪班の二分に比べて分かり易い。ただ、隆慶の地方志で儀真県の匠戸の事態が明初から然りとは断定できない。それに儀真県志では匠戸各種の名色を具体的に挙げていない。

浙江、紹興府浦江県の万暦『浦江県志』巻二、民物志、戸口に、

嘉靖元年冊定戸口、戸一万一二四〇、口六万八二三七。

民戸九七二一、軍戸六一八、医戸一、竈戸三、機戸七五、匠戸六九八、捕戸九一、校尉力士戸五、舗兵戸一、水馬駅站夫戸一五、土工戸三、酒戸一。

附録、各匠

銀匠七名、鉄匠三〇名、銅匠八名、錫匠五名、木匠七四名、竹匠一九名、石匠一九名、瓦匠二二名、鋸匠七名、刊字匠一名、漆匠二名、絡絲匠二名、織匠二名、伍墨匠八名、裁縫匠一九名、穿甲匠二四名、黒窑匠七名、双線匠七名、土工匠三名、楽器匠一名、紙匠一名、泥水匠一名、染匠二四名、機匠三九名、索匠一八名。

附録に見える各匠名数は二十五、先に「諸司職掌」に挙げた六十二種の四割程度である。ただ、錫匠五名、楽器匠一名、泥水匠一名、機匠三九名の四者は「諸司職掌」に無かった。機匠は機織り機械の専門職人である。織匠二名、裁縫匠一九名以下の織物関連匠戸と、木匠七四名、竹匠一九名、石匠一九名、瓦匠二二名、鋸匠七名など建築関係、銀匠七名、鉄匠三〇名、銅匠八名の金属関係といった地方州県の匠役体制はそれなりに完備していると言うべきであろう。

次に江西、臨江府の隆慶『臨江府志』巻七、賦役、匠役に、

通府原額輪班・住坐・存留三項共一万七百八十六戸、除逃絶外、実在共三千七百七十四戸。〈以下、二行割注〉

国初原額、清江三千三十戸、新淦三千一百九十八戸、新喩二千四百零九戸、峡江二千一百四十九戸、通共一万七百八十六戸。

遠年事故逃絶、清江一千六百八十四戸、新淦二千四百一戸、新喩一千三百一十四戸、峡江一千六百一十三戸、通共七千一十二戸。

今実在、清江一千三百四十六戸、新淦七百九十七戸、新喩一千九十五戸、峡江五百三十六戸、通共三千七百七十四戸。

京師住坐

清江、○鉄匠十九戸、○鋸匠十八戸、○船木匠十四戸、○竹匠二十三戸、○艌匠九戸、○瓦匠十戸、○刊字匠七戸、○木匠十一戸、○銀匠四戸、○土匠三戸、○冠帽匠五戸、○織機匠三戸、○打角匠二戸、○双線匠三戸、○鋳匠二戸、○熟皮匠三戸、○縫匠一戸、○絡絲匠一戸、○絡緯匠一戸、○刷印匠一戸、○錫匠一戸、○索匠一戸、○油漆匠一戸、○伍墨匠一戸、○木梳匠一戸、○黒窰匠一戸、○染匠二戸。

新淦、○木匠十二戸、○竹匠六戸、○鋸匠一戸、○鉄匠一戸、○銀匠四戸、○船木匠一戸、○雕銮匠一戸、○粧銮匠二戸、○鋳匠二戸、○駝尾匠一戸、○針匠二戸。

新喩、○染匠十二戸、○伍墨匠十一戸、○石匠一戸、○双線匠三戸、○油漆匠四戸、○錫匠八戸、○銀匠六戸、○鉄匠四戸、○竹匠八戸、○木匠十三戸、○裁縫匠四戸、○船木匠四戸、○絡絲匠三戸、○刀匠一戸、○搭材匠二戸、○瓦匠一戸、○土匠二戸、○熟皮匠一戸、○弾花匠五戸。

峡江、○鉄匠五戸、○雕銮匠一戸、○箭匠一戸、○木匠四戸、○錫匠三戸、○双線匠一戸。　以上、共、二百八十九戸。

南京輪班

清江、○裁縫匠一百九十二戸、○船木匠一百五十七戸、○竹匠八十九戸、○鉄匠六十四戸、○鋸匠五十六戸、○穿甲匠七十四戸、○木匠三十七戸、○銀匠三十九戸、○瓦匠二十五戸、○土工匠三十一戸、○黒窰匠二十八戸、○艌匠三十七戸、○鋳匠二十二戸、○黄冊匠二十五戸、○錫匠二十一戸、○木桶匠二十戸、○油漆匠十二戸、○熟皮匠十五戸、○刷印匠二十五戸、○傘匠十四戸、○双線匠十一戸、○索匠六戸、○刊字匠七戸、○弾花匠八戸、○針匠四戸、○木梳匠六戸、○銀硃匠六戸、○伍墨匠六戸、○綿匠四戸、○梳桜匠二戸、○糊綿匠二戸、○裱褙匠二戸、○紅麹匠二戸、○綿絮匠一戸、○冠帽匠三戸、○筆匠二戸、○秤匠一戸、○氈匠一戸、○打角匠一戸、○搭材匠一戸、○鼓匠一戸、○鋪翠匠一戸、○打紙匠一戸、○染匠三戸、○傘匠一戸。

新淦、○裁縫匠九十一戸、○船木匠一百一十七戸、○竹匠七十二戸、○鉄匠四十戸、○鋸匠二十九戸、○穿甲匠五十二戸、○木匠二十三戸、○銀匠二十三戸、○瓦匠十三戸、○土工匠二十三戸、○黒窰匠二十五戸、○艌匠十八戸、○鋳匠二戸、○黄冊匠一戸、○錫匠二十四戸、○油漆匠十六戸、○鼓匠二戸、○刷印匠八戸、○傘匠十一戸、○刊字匠一戸、○弾花匠一戸、○綿絮匠五戸、○針匠一十四戸、○木梳匠七戸、○粧銮匠一戸、○伍墨匠二戸、○裱褙匠二戸、○頭巾匠一戸、○角梳匠一戸、○羅帛花匠五戸、○打角匠一戸、○扇匠一戸、○石匠一戸、○篾匠二戸、○機匠一戸、○搭材匠二戸、○秤匠二戸、○弓匠七戸、○箭匠一十五戸。

新喩、○裁縫匠一百八十八戸、○船木匠一百三十九戸、○木匠六十四戸、○穿甲匠六十三戸、○瓦匠一十九戸、○銀匠四十二戸、○錫匠二十四戸、○鉄匠四十五戸、○鋳匠六戸、○竹匠六十四戸、○箭匠一十一戸、○剉磨匠七戸、○黒窰匠一十二戸、○油漆匠一十九戸、○傘匠十八戸、○刷印匠九戸、○艌匠二十八戸、○紙匠十戸、○木桶匠四戸、○索匠二戸、○鞍子匠一戸、○弓匠一戸、○羅帛匠三戸、○針匠二戸、○砕砿匠一戸、○搭材匠一戸、○鋸匠三十戸、○刊字匠三戸、○土工匠二戸、○瑠璃匠一戸、○染匠二戸、○伍墨匠四戸、○熟皮匠三戸。

峡江、○裁縫匠五十七戸、○船木匠二十九戸、○竹匠一百四十一戸、○鉄匠二十九戸、○鋸匠五十八戸、○穿甲匠四十四戸、○木匠八十八戸、○瓦匠四戸、○土工匠六戸、○艌匠二戸、○鋳匠一戸、○錫匠三戸、○傘匠四戸、○刊字匠三戸、○伍墨匠三戸、○裱褙匠一戸、○篦匠四戸、○泥水匠三戸、○石匠二戸、○羅帛花匠一戸、○粧銮匠一戸、○銀匠十八戸。

以上共三千六十七戸、倶四年輪班一季、毎輪班工銀、計閏二両四銭、無閏一両八銭。

南京住坐

清江、○染匠十七戸、○織機匠二戸、○織匠三戸、○絡緯匠二戸、○腰機匠三戸。

新淦、○染匠七戸、○絡絲匠三戸、○鈔＊匠一戸、○腰機匠一戸。{＊鋳匠？}

新喩、○染匠四十六戸、○絡絲匠二十五戸、○大機匠六戸、○腰機匠五戸、○木匠一戸、○船木匠一戸、○縫匠一戸。

以上一百二十四戸。峡江無。

存留江西織染局

清江、○染匠九十二戸、○腰機匠二戸、○織機匠二戸、○絡絲匠三戸、○絡緯匠二戸、○挽花匠一戸。

新淦、○染匠八十三戸、○絡絲匠二戸、○腰機匠三戸。

新喩、○染匠六十戸、○絡絲匠一十五戸、○絡緯匠六戸、○大機匠一戸、○挽花匠一戸。

峡江、○染匠二十戸。

以上共二百九十三戸、俱四年輪班一次、毎次班工銀、不計有無閏、俱四両。

江西、臨江府の輪班・住坐・存留の三項、しかも北京、南京を区別した非常に正確なデータであるが、臨江府と所属各県の清江、新淦、新喩、峡江の国初原額輪班・住坐・存留三項とその後の遠年事故逃絶額、今実在額が示され、当地方における匠戸の存在の変遷がよく分かる。十六世紀も後半に入った隆慶年間でも江西臨江府の匠役制度は健全である。崩壊していない。それに加えて指摘すべきは、臨江府と所属各県ともに北京輪班は永楽以降の伝統、南京輪班は先掲の「諸司職掌」の内府輪班の匠戸の役名を数多く挙げ、また、京師住坐、南京住坐、存留江西織染局など、匠役制の構成が具体的に分かる。敢えて言えば、明代匠戸の制度はかかる江西地方の匠戸の存在を基盤として成立していたと言えるのであろう。

結び

最後に、『明史』食貨志、役法にいう匠戸の住坐、輪班、その上工規定の中の「輪罰銀月六銭」の規定に直接の前提になる地方志史料を提示して結びに替えよう。すなわち、福建、泉州府安渓県の嘉靖『安渓県志』巻三、官制類、匠役、附に、

国制、凡工匠執役于京師者、則廩食於官、毎月一旬上工、二旬歇工。其隷于外者、則拘役在官、逓年造作、以供上用。本県各色輪班、染匠二戸、鉄匠四戸、裁縫匠二戸、熟皮匠一戸、木匠三戸、草席匠一戸、伍墨匠一戸、共一十四戸。毎季毎戸納銀一両八銭。閏月二両四銭、解府類解。

「毎月一旬上工、二旬歇工」は一〇日就役して二〇日休む、全く同じである。そして最後に「毎季毎戸納銀一両八銭。閏月二両四銭、解府類解」という。「輪罰銀月六銭」の規定とは一致しないが、嘉靖『安渓県志』の方が具体的で説得力がある史料である。

次に同じく浙江の台州府黄巌県の万暦『黄巌県志』巻三、食貨志、匠班、万暦間に、

工部納班匠九十八名、毎名班銀四銭五分、路費銀二分五厘、共班銀四十四両一銭、路費銀二両四銭五分。

存留本府織染局匠九名、班銀四両五分、路費銀二銭二分五厘。

存留本府造解弓張、不納班匠九名。万暦六年、奉開読事例内、査豁絶匠一十九名、請詳未報。

これも輪匠就役のため上工、その毎名班銀四銭五分と路費銀二分五厘の支給、具体的である。ただし、これらは万暦『大明会典』巻一八九、工部九、工匠の条に、成化二十一年の奏准として、「輪班の工匠、銀価を出さんと願う者有らば、毎名月毎に、南匠は銀九銭を出さしめ、京に赴くを免れず。……北匠は銀六銭を出さしめ、部に到って、随即抵放す。願わざる者は、旧に仍つて班に当らしむ」とあるのに拠ったとされ、いずれにしても六銭は罰銀ではなく、均徭の銀差などと同じく、匠役の銀納化に他ならなかったとされた[16]。匠役の銀納化がどこまで進展していたか。万暦『黄巌県志』の就役に当たって路費銀の規定、これが銀納化の数か、匠戸の就役に対す

る路費支給か、今後の検討が必要であろう。

注

（1）佐伯有一「明前半期の機戸―王朝権力による掌握をめぐって―」『東洋文化研究所紀要』第八冊、一九五六年。
（2）佐伯有一「明代匠役制の崩壊と都市絹織物流通市場の展開」『東洋文化研究所紀要』第十冊、一九五六年。
（3）山根幸夫『明代徭役制度の展開』東京女子大学学会、一九六六年。
（4）小山正明「賦・役制度の変革」、岩波講座『世界歴史』一二巻、一九七一年。
（5）佐久間重男「景徳鎮白土考」『和田博士古稀記念東洋史論叢』一九六一年、同「明代景徳鎮窯業の一考察」『清水博士追悼記念明代史論叢』大安、一九六二年、「明末景徳鎮の民窯の発展と民衆」『鈴木俊教授還暦記念東洋史論叢』一九六四年、等。
（6）高中利恵「明清時代の景徳鎮の陶業」『社会経済史学』三三巻五・六号、一九六七年。
（7）金沢陽「明代福建における民窯とその活動」『明代史研究』七号、一九七九年、同「明代龍泉窯業の展開について」『明代史研究』一〇号、一九八二年、同「明代の磁州窯について」『三上次男博士喜寿論文集』陶磁篇、一九八五年、「明代の地方窯―景徳鎮磁の全国市場形成下のいくつかの地方民窯の動向について―」『青山史学』一三号、一九九二年、等。
（8）川勝守『中国城郭都市社会研究』汲古書院、二〇〇四年。
（9）和田清編『明史食貨志譯註』（東洋文庫、一九五七年）上巻、二五八頁以下、役法の担当は山根幸夫氏である。
（10）「諸司職掌」は、古典研究会影印本『皇明制書』上巻（大安、一九六六年）、使用。
（11）川勝守、前掲『中国城郭都市社会研究』二〇二頁以下、参照。
（12）山根幸夫『明史食貨志譯註』上巻、二五九頁、注（六二〇）。
（13）前注（12）に同じ。
（14）新宮学『北京遷都の研究』汲古書院、二〇〇四年、参照。
（15）前掲、和田清編『明史食貨志譯註』塩法、四六八頁、註（二〇四）、担当は藤井宏氏である。
（16）山根幸夫『明史食貨志譯註』上巻、二五九頁、注（六二一）参照。

第五章　明前期、御用物品の流通構造——工部・内府関連事例をめぐって——

はじめに

ユーラシア大陸の主要な領域を版図に収めたモンゴル帝国の支配は短かった。モンゴル支配を終わらせた勢力は強力なモンゴルにうち勝つ力を有したのであろうか。これを元朝を倒した明王朝で考えてみよう。明太祖は元末の宗教指導者に引き入れられた農民反乱であった紅巾の乱から身を起こしたが、早い段階から効果の高い行政措置を講じ、元朝に政権交替を迫った。明太祖の覇業の軌跡を追ってみると、そこに後の明太祖政権の基本的経済政策が窺える。明太祖の行政実績は明王朝を通じての国家の基本政策方針となった。

ところで今までの諸章で見てきた諸制度にしても、かの元の行省を布政使司にしたことなど、とかく明初の行政は元のそれの継承と思われる。それも然りの部分は確かにあるが、全てが継承ではない。むしろ元王朝が中国支配に失敗し、政権が自壊した原因を踏まえてそれを歴史的教訓としながら、地方の行政施行の実績を積み重ねながら試行錯誤して確立していった明太祖の独特な政治行政の姿が目立つ。

第一節　明太祖覇業過程における行政実績

『明太祖実録』の各年月日によって、朱元璋（明太祖）の経済政策の施行、行政実績をその流れを中心として年次ごとに整理してみよう。

戊戌の年（一三五八年）二月乙亥には元帥康茂才を営田使に任じ堤防の修繕等江南水利を管理させ、同年十一月辛丑には民兵万戸府とそれに附属する屯田を置いた。この年の十二月には浙東地方に対して寧越税課司及び雑造・織染二局を置き、先進経済地帯を掌握管理させている。

庚子（一三六〇年）十二月癸巳には酒醋の税を徴収することを始め、翌辛丑（一三六一年）二月甲申には初めて塩法をつくり、局を置き官を立ててこれを管掌させた。商人が塩を販鬻する際、二十分の一を取り、これを軍餉に充てるというもので後の明の塩法の基本となる。翌日己亥の日、宝源局を置いて「大中通宝」銭を鋳造させた。国家政府の基本制度の設立である。なお、この時、米一石を銭一千文という公定銭価を定め、同時に従来の歴代通貨の交換レートを、四百文を一貫、四十貫を銀一両とし、四文を銀一銭とした。この時の鋳銭額は四百三十一万文という。直後の丙午の日、茶法を立てている。茶引による茶の専売ではあるが、通商法的な商に茶税納入を行わせるものであり、塩法と軌を一にする。

壬寅（一三六二年）冬十月辛卯には関市批験所を設け、商人の投機的商行為を監視して物価騰貴を抑えさせた。特に浙東の金華府と江西広信府間の塩流通を規制させた。これも明代行塩地方策定の前身を為した。

癸卯（一三六三年）二月壬申には将士に屯田の令を下し、兵農一致による政治と軍事の協力を図った。元帥康茂才が責任者である。この年の閏三月丁丑、処州翼総制胡深の言により、浙東の温州府・台州府二府産塩を江西方面に販売する塩税を十分の一とした。なお、この癸卯の年末一年間の宝源局鋳銭額は三千七百九十一万文という。辛丑年の四百三十一万文から二年間で八・八倍になった。

甲辰（一三六四年）正月丁卯、官店銭を減収させた。これより先、官店を要所に設け、通過税の商税徴収を行っていたが、朱元璋（明太祖）はその税が甚だ多く民の弊害になっているとした。同月庚午、朱元璋は白虎殿に坐し、孔子直系の子孫孔克仁と天下の形勢を論じ、元の失政を批判し、その復興策として両淮・江南諸郡の帰附の民を近城の地に帰農させ、兵農一致の屯田を施行する事がよいとした。このころ、朱元璋は長江中流域の群雄陳友諒をやぶり、甲辰二月甲寅に陳友諒の子の陳理を降し、広大な湖広地方を手に入れた。同年夏四月丙午、中書省臣が言う。湖広行省所属の州県はもと鉄冶が有った。方今、用武の際であり、鉄があらざれば軍用に資すること無し。請う炉冶を興建し、工を募りて鉄を煉れという提言を認めている。さらに同月己酉、朱元璋は中書省に命じ、商税は三十分の一とすること、在京官店を宣課司とし、各府州県は通課司とするとした。やがて、これらは税課司に改編される。壬戌の日、江西行省に命じ貨泉局を置き、大使副使各一人を設け、「大中通宝」大小五等の銭式を頒布し、これを鋳造させた。これも後に全国的な明の銭法になる。この年末十二月辛卯、次の諸処の通課司十六所を裁革した。すなわち、鎮江府二の丹陽県と金壇県、太平府二の涇県と南陵県、徽州府二の績渓県と巌寺鎮。滁州一、和州一、無為州一、巣県一、さらに金華府四の浦江・武義・義烏・東陽の各県、そして処州府二の、宝定と鮑村である。そして新たに置いた通課司は二十三、直隷鄱陽府（後の江西、九江府）二の附城と石港鎮、江西行省二の南昌府と吉安府、湖広行省が十九、武昌府、蘄州府、岳州府・華容県・巴陵県・益陽県・湘郷県、黄州府、陽羅街埠（長沙）、常徳府、鄱陽府、荊州府、峡州（宜昌）、澧州府である。廃止した通課司は南直隷各府、新たな通課司は江西と湖広地方と見事に色分けされる。通課司は単なる徴税機関ではないことが窺えよう。

乙巳（一三六五年）六月乙卯、令を下して、凡そ農民の田五畝より十畝に至る者は桑麻木綿各半畝を栽え、十畝以上の者は之を倍とす。其の田多き者は率ね是を以て差と為せ。有司は親しく勧惰を臨督せよ。令の如からざる者は罰有り。桑を種えざるは絹一疋を出し、麻及び木綿を種えざるは麻布綿布を出さしむること各々一疋なりとされた。このことは国家が自給自足的な自作農の育成を意図していたことを示すもの(1)と理解された。ただ、これまで見てきたように朱元璋（明太祖）の経済政策は必ずしも抑商的な農本主義ではなく、むしろ農業経営の総合的安定を目指したものと考えるべきであろう。その限りで地域に合った作物選択がむしろ強調されている点に留意しておくべきだろう。

丙午（一三六六年）正月辛卯、朱元璋は中書省臣に国の道を為すは足食を以て本と為すとそれぞれが本業に就き耕作に勤めることを勧めたが、これは明太祖の終生変わらぬ政治姿勢であった。翌月二月己巳、両淮都転運塩使司を置き、所属の数多の塩場管理を掌握した。当時、平江府（蘇州）の張士誠が江南で最後に残る朱元璋の敵対勢力で、その財政基盤を奪うことに朱元璋は成功したのである。塩法行政は飛躍的に発展した。これについては既に第二章で検討した。次にこの月の事として令を下して種糯を禁じたことが見える。民間は酒醴を造り、米麦を糜費している。そこで禁酒の令を行じる。今春米麦の価が稍平ならば、予は以て頗る民に益が有るとおもう。然るに其の源を塞がずして其の流を遏ぎるのは不可能である。そこで今年の糯を種えるのを無いようにさせ、それで酒を造る源を塞ぐ。五穀豊に積み価平か、吾が民は養う所を得て其の生を楽うは養民の実に幾いという。明太祖が過度の流通を抑え、民の衣食住の安定に重点を置いた経済思想が窺えるが、元朝が酒税収入を重視したこととの関連も考えるべきであろう。同年五月壬午、本書第一章でも触れた明太祖の郷里である江北濠州への人口移動、徙民政策の着手が見える。

呉元年（一三六七）二月癸丑、両浙都転運塩使司を杭州に置いた。浙江の塩場管理と両浙塩の行塩地方の策定が完成した。浙東金華府と江西広信府との関係に対する行政実績が前提となった。三月丁丑、宣州が新茶を貢献してきた。内夫人に命じて親煮させ宗廟に薦めた。明代らしい貢物の先例となった。翌年は明建国の年である。

明太祖は即位前からの以上のごとき諸政策を即位後も継承し、その行政方針の大綱を洪武二十六年（一三九三）に「諸司職掌」に纏め、以後の明朝の祖法としたのである。これについては、すでにこれまでも言及してきたが、国家や帝室に必要な物品を如何に調達するか。前章に引き続き工部職掌をみよう。

第二節　「諸司職掌」における用度規定と産物指定

ここは「諸司職掌」[2]の工部職掌、虞部は工部各局部署が原材料とする資源についての規定を定める。ただし、狭い意味の貢物である祭祀に必要な野味のほか、儀礼用軍装に必要な皮張・翎毛などについては次の第六章で取り上げる。次の軍器軍装はすでに第四章で検討した。その次の窑（竈）冶は前著で取り上げた。[3]

次の陶器についての規定は、

凡焼造供用器皿等物、須要定奪様制、計算人工物料、如果数多起取人匠、赴京置窑興工。設或数少行移饒処等府焼造。

南京で陶器焼造を行うのは恐らくは明太祖の意向であり、重量物品で輸送の労を省きたかったのであろうが、実際には実行不可能であった。瓦各種のように大量に必要で単価が安いものは南京製造を固守したが、それでも水運の便を考えると地方調達も可能としたこともある。[4]なお、陶器製造に関わる匠戸の名称は記載されていない。

次に鋳器である。

凡鋳造銅鍋・銅櫃等器、及打造銅鍋・銅竈・鉄窗・鉄猫等件、行下宝源局定奪模範、及計算合用銅鉄木炭等項、明白具数呈部。行下丁字庫抽分、竹木局放支、督工依式鋳造。

鋳造、生銅一斤用炭一十二両。

　黄熟銅一斤用炭一斤。

　紅熟銅一斤用炭一斤。

　生鉄一斤用炭一斤。

打造、紅熟銅一斤用炭八斤。

　黄熟銅一斤用炭八斤。

　爪鉄一斤用炭一斤八両。

これは銅・鉄製品の鋳造、打造用炭使用量の規定である。その炭は南京戸部所属の甲乙丙丁戊の五字庫の一つ丁字庫から支給された。

一年一班の鋳匠一〇六〇名のほかに、三年一班の熟銅匠一二〇四名や四年一班の鉄匠四五四一名も関係するのだろうか。

次に銅鉄の項目がある。

凡各処炉冶、毎歳煽煉銅鉄、彼先行移各司歳弁、後至洪武十八年四月内、欽依住罷。至今不曾復設。如果缺用、即須奏聞、復設炉冶採取生礦煽煉、着令有司差人陸続起解、照例送庫収貯。如係臨辺用鉄去処、就存聴用。

凡そ各処の炉冶は、歳ごとに銅鉄を煽煉するに、彼れ先づ各司に行移して歳弁せしめ、後に洪武十八年四月内に至り、欽んで住め罷むに依らしむ。今に至るも曾て復た設けず。如し果して缺用すれば、即ち須らく奏聞し、復た炉冶を設け生礦を採取して煽煉し、有司に着令して人を差し陸続として起解せしめ、例に照らして庫に送り収貯せしむべし。如し辺に臨み鉄を用うの去処に係わらば、就ち存して用うるを聴す。

そして各処炉冶の該鉄一千八百四十七万五千二十六斤を計して、

湖広六百七十五万二千九百二十七斤。
広東一百八十九万六千六百四十一斤。
北平　三十五万一千二百四十一斤。
江西三百二十六万　斤。
陝西　一万二千六百六十六斤。
山東三百一十五万二千一百八十七斤。
四川　四十六万八千　八十九斤。
河南　七十一万八千三百三十六斤。
浙江　五十九万一千六百八十六斤。
山西一百一十四万六千九百一十七斤。

福建　一十二万四千三百三十六斤。

鉄の最大産地は湖広地方（湖北・湖南）であって、全体の三六・六％の産額がある。次いで江西、山東が続き、以上三省で七一・三％を占める。その次は広東、山西が一〇〇万斤以上であるが、その他は数一〇万規模である。鉄資源の所在は明代行政にとっていかなる意味があるか、その後の制度改革などの前提になるであろう。

その次の鋳銭は工部と内府の関係を良く示す前文が付く。

凡在京鼓鋳銅銭、行移宝源局、委官於内府置局、毎季計算人匠数目、其合用銅炭油蔴等項物料、行下丁字庫等衙門放支。如遇鋳完収貯奏聞。差官類進内府司鑰庫交納。取批廻実収長単附巻。若在外各布政司一体鼓鋳、本部類行各司行下宝源局、委官監督人匠、照依在京則例、鋳完銭数、就於彼処官庫収貯、聴候支用。

凡そ在京の鼓鋳銅銭は、宝源局に行移し、委官を内府に於いて局を置き、季ごとに人匠の数目を計算し、其の合に用うべき銅炭油蔴等項の物料は、行を丁字庫等衙門に下して放支せしむ。如し鋳完収貯に遇わば奏聞せよ。差官は内府司鑰庫に類進して交納せよ。批廻を取り実に長単を収めて巻に附せしむ。若し在外の各布政司の一体鼓鋳は、本部の類して各司に行じ行を宝源局に下し、委官は人匠を監督し、在京則例に照依して、鋳完の銭数を、彼処の官庫に就いて収貯せしめ、支用に候つを聴す。

そして以下に銅銭鋳造工程に関係した数量等の則例が付くのである。

則例

当拾銭一千箇、燻模用油一十一両二銭。鋳銭連火耗用生銅六十六斤六両五銭。炭五十三斤一十五両二銭。

当五銭二千箇、燻模用油一斤四両。鋳銭連火耗用生銅六十六斤六両五銭。炭五十三斤一十五両二銭。

当三銭三千三百三十三箇、燻模用油一斤一十四両。鋳銭連火耗用生銅六十五斤九両二銭五分。炭五十三斤八両三銭五分。

折二銭五千箇、燻模用油一斤四両。鋳銭連火耗用生銅六十六斤六両五銭。炭五十三斤一十五両二銭。

小銭一万箇、燻模用油一斤四両。鋳銭連火耗用生銅六十六斤六両五銭。炭五十三斤一十五両二銭。

穿銭麻。
当拾銭、毎串五百箇、用一両。
当五銭、毎串五百箇、用八銭。
当三銭、毎串一千箇、用一両。
折二銭、毎串一千箇、用七銭。
小銭、　毎串一千箇、用五銭。
銅一斤鋳銭不等。外増火耗一両。
当拾銭一十六箇、折小銭一百六十文。
当五銭三十二箇、折小銭一百六十文。
当三銭五十四箇、折小銭一百六十文。
折二銭八十　箇、折小銭一百六十文。
小銭一百六十文。
鋳匠毎一名一日鋳。
当拾銭一百二十六箇。
当五銭一百六十二箇。
当三銭二百三十四箇。
折二銭三百二十四箇。
小銭六百三十箇。
銼匠毎一名一日銼。

当拾銭二百五十二箇。
当五銭三百二十四箇。
当三銭四百六十八箇。
折二銭六百四十八箇。
小銭一千二百六十箇。

各処炉座銭数。

山東二十二座半、　毎歳鋳銭一千二百一十二万二千文。
山西四十座、　毎歳鋳銭二千三百三十二万八千文。
河南二十二座半、　毎歳鋳銭一千三百三十二万二千文。
浙江二十一座、　毎歳鋳銭一千一百六十六万四千文。
江西一百一十五座、　毎歳鋳銭六千七百　六万八千文。
北平二十一座、　毎歳鋳銭一千二百八十三万四百文。
広西一十五座、　毎歳鋳銭　九百　三万九千六百文。
陝西三十九座半、　毎歳鋳銭一千一百三十七万二千四百文。
四川一十座、　毎歳鋳銭　五百八十三万二千文。

ただ、右の中間に見える銼匠とは何か。これに当たる匠戸名は先に挙げられていなかった。銼子はヤスリの意であるから、周縁にヤスリをかける職人かも知れない。通貨の信用流通に関係するから内府もしくは宝源局お抱えかも知れない。制銭銅銭は当拾銭、当五銭、当三銭、折二銭、小銭と五種とされた。さらに鋳局が山東、山西、河南、浙江、江西、北平、広西、陝西、四川に各十座から二十座置かれたが、江西には一百一十五座と特別に多い数の炉座が設けられた。江西は毎歳鋳銭も他の五、六倍もある六千七百文になった。

次は顔料と紙割である。

凡合用顔料、専設顔料局掌管。淘洗青緑、将見在甲字庫石礦、按月計料支出淘洗、分作等第進納。若焼造銀硃用水銀、黄丹用黒鉛、倶一体按月支料焼煉完備。逐月差匠進赴甲字庫収貯。如果各色物料缺少、定奪奏聞、行移出産去処採取、或給価収買。鈔法紫粉、所用数多、止用蛤粉・蘇木染、造時常預為行下本局、多為備弁用度。如缺、蛤粉一体収買。

凡そ合に用うべき顔料は、専ら顔料局を設けて掌管せしむべし。青緑を淘洗するは、見在する甲字庫の石礦を将て、月を按じ料を計り支出して淘洗し、分作等第して進納すべし。若しくは銀硃を焼造するに水銀を用い、黄丹は黒鉛を用い、倶に一体月を按じて料を支し焼煉完備せよ。逐月に匠を差し甲字庫に進赴し収貯せよ。如し果たして各色の物料缺少ならば、定奪奏聞し、出産の去処に行移して採取せしめ、或いは価を給して収買せよ。鈔法の紫粉は、用うる所数多く、止だ蛤粉と蘇木を用いて染むるのみ、造る時常に預め為に行を本局に下し、多く用度に備弁するを為す。如し缺くれば、蛤粉は一体収買せよ。

顔料調達や支給法は顔料局の手で行われたが、その管理も大事でその用度支給に規制があった。特に重要な事実が書かれる。すなわち大明宝鈔の印刷に使用される顔料は蛤粉と蘇木であってその使用管理の手続きは特に厳重であった。偽造を防止するためであることは容易に察せられる。次に顔料調合方の黒鉛以下を示す。

黒鉛一斤、焼造黄丹一斤五銭三分五厘。
水銀一斤、焼造銀硃一十四両八分二硃三両五銭二分。
洗青緑石礦一斤、淘造浄青緑一十一両四銭三分。
暗色碌石礦一斤、淘造浄石碌一十両八銭七分六厘。
蛤粉一斤、染造紫粉一斤一両六銭。
硇砂一斤、焼造硇砂碌一十五両五銭。

次は紙割である。

凡毎歳印造、茶塩引由契本塩糧勘合等項、合用紙劄着令有司抄解。其合用之数、如庫缺少、定奪奏聞、行移各司府州照依上年紙数、抄造解納。如遇起解到部、随即弁験堪中如法、差人進赴乙字庫収貯、聴用。

凡そ毎歳の印造、茶・塩の引・由と契本と塩糧・勘合等の項は、合に用うべき紙劄は有司に着令して抄解せしむ。其の合に用うべきの数、如し庫の缺少すれば、定奪奏聞し、各司の府州に行移して上年紙数に照依し、抄造解納せよ。如し起解に遇い部に到らば、随即ち験堪中を弁ずること法の如く、人を差して乙字庫に進赴して収貯して、用うるを聴す。

そして以下、紙劄の産地を挙げる。

産紙地方分派造解額数。

陝西十五万張、湖広十七万張、山西十万張、山東五万五千張、福建四万張、

北平十万張、浙江二十五万張、江西二十万張、河南五万五千張、直隷三十八万張。

顔料に産地の記載はない。紙劄は直隷、ただし南直隷が比較的多くて三十八万張で全体一五八万張の二四・〇五%、次が浙江二十五万張の一五・八二%、江西二十万張の一二・六六%、湖広十七万張、四省合わせて一〇〇万張、六三・二九%となる。長江流域が優勢である。紙は文人士大夫の必需品であるので産地の趨勢は文運の土地柄を説明する材料となる。

次に「諸司職掌」工部職掌の水部に移る。水部は河渠、橋道、舡隻、車輛、織造、誥勅、鉄券尺寸、冠服、器用、斛斗秤尺から成る。このうち河渠と橋道は各地の具体的記事がないので略す。そして舡隻について、

凡在京幷沿海去処、毎歳海運遼東糧儲船隻、毎年一次修理。其各衛征戦風快船隻等項、若有缺少損壊、及当修理者、務要会計木釘灰油麻藤、及所用工具、依数撥用。如有不敷、亦当預為規画、或令軍民採弁、或就客商収買、或外処撥支審度便利、定擬奏聞。行下龍江提挙司、計料明白、行移各庫放支物料。其工程物件、照依料例文冊。然後興工。如或新造海運船隻、須要度量産木水便地方、差人打造。其風快小船就京打造者、亦須依例計造木料等項、就於各場庫支撥。若内外有船隻、務要周知其数。設或需索運用、酌量労逸多寡撥与。其各湖河泊所帯弁魚油鰾、毎歳催督進納備用。

凡そ在京幷に沿海の去処は、歳ごとに遼東の糧儲を海運する船隻を、年ごとに一次修理す。其の各衛の征戦の風快船隻等の項は、若し缺少損壊、及び当に修理すべき者有らば、務要めて木・釘・灰・油・麻・藤、及び所用の工具を会計して、数に依り撥用せよ。如し敷かざる有らば、亦た当に預め規画を為し、或いは軍民に令して採弁せしめ、或いは客商に就きて収買せしめ、或いは外処に撥支するか便利を審度し、定めて擬し奏聞せよ、行、龍江提挙司に下し、料を計りて明白ならば、各庫に行移して物料を放支す。其の工程の物件は、料例文冊に照依せよ。然る後に工を興せ。如し或いは新造せる海運の船隻、須らく要ず産木の水便の地方を度量し、人を差して打造すべし。其の風快の小船は京に就きて打造せる者は、亦た須らく例に依り計造の木料等項を、各場庫に就きて支撥す。若し内外船隻有れば、務めて要ず其の数を周知せよ。設し或いは需索運用し、労逸の多寡を酌量して撥与せよ。其の各湖の河泊所帯弁の魚油鰾は、歳ごとに催督して進納し用に備えよ。

前半、遼東諸衛所へ軍糧を漕運する海運のこと[5]を記して、その船隻修理や新造に関連した用材、木・釘・灰・油・麻・藤、及び所用の工具の規定の仕様書通りの発注を記載し、後半では南京附近の小型快速船についての用度調達を記す。常に需索運用を警戒し、労逸の多寡を酌量する官務事業の原則遵守が強調される。最後は各湖の河泊所の帯弁する魚油鰾の進納御用に備えるという。さて、以下に船隻用材の規画が計上される。

一千料海船一隻合用

杉木三百二根、雑木一百四十九根、株木二十根、楡木舵桿二根、栗木二根、櫓坯三十八枝、丁線三万五千七百四十二箇、雑作一百六十一条箇、桐油二千一十二斤八両。

石灰九千三十七斤八両、

艌麻一千二百五十三斤三両二銭。

船上什物

絡麻一千二百九十四斤、

黄藤八百八十五斤、
白麻二十斤、
棕毛二千二百八十三斤一十二両。
四百料鑽風海船一隻合用
杉木二百二十八根、桅心木二根、雑木六十七根、鉄力木舵桿二根、
櫓坏三十枝、松木五根、
丁線一万八千五百八十箇、雑作九十四条箇、
石灰三千五斤一十三両、
桐魚油一千一斤一十五両。
艌麻七百二十九斤八両八銭。
船上什物
絡麻五百七十四斤一十四両四銭、
黄藤三百八十三斤八両、
白麻一十斤
棕毛七十三斤。

一千料海船一隻合用の材料と四百料鑽風海船一隻合用の材料の内容であるが木材には両者で用材の違いがあるものがある。それでも概して数量の多少である。

さて、次は車輛である。

凡大小車輛若有成造、及修理者、務要計算合用木植魚膠鉄箍等項物料、行下丁字庫等衙門依数放支、如式修造。其有司預備車輛、

必須備知其数。倘或需索使用酌量労逸多寡撥与。

凡そ大小の車輛若しくは成造、及び修理する者有らば、務要めて合に用うべき木植・魚膠・鉄箍等項の物料を計算し、行を丁字庫等衙門に下し数に依りて放支し、式の如く修造せよ。其の有司は預め車輛を備えるに、必ず須らく備に其の数を知るべし。倘し或は使用を需索するに労逸の多寡を酌量して撥与せよ。

そして次に車輛の材料を計上する。

牛車一輛合用

　楡木二根、棗木一根、槐木一根、杉木板枋一根。

　魚線膠一斤、鉄箍八箇、鉄釘四十枚、鉄穿四箇、車澗八条、車頭二箇。

さて、ここで部局が変わって織造である。

織造

段疋

凡供用袍服段疋、及祭祀制帛等項、須於内府置局如法、織造依時進送。毎歳公用段疋、務要会計歳用数目、幷行外局織造、所用物料、除蘇木明礬官庫支用、蚕絲・紅花・藍靛於所産去処税糧内折収、槐花・梔子・烏梅於所産令民採取。按歳差人進納、該庫支用。

段疋

凡そ供用の袍服段疋、及び祭祀の制帛等項は、須らく内府に於いて局を置くこと法の如く、織造時に依りて進送す。歳ごとに公用の段疋は、務要めて歳用の数目を会計し、幷に外局織造に行じ、所用の物料は、蘇木・明礬の官庫支用を除き、蚕絲・紅花・藍靛を所産の去処の税糧内に折収し、槐花・梔子・烏梅を産する所に民を令して採取せしむ。歳を按じて人を差して進納し、該庫支用す。

上供御用に使用される袍服叚疋すなわち衣服や夜具類、及び祭祀儀礼用品は内府に局を置き、これを織造局とし、織造局は時期に依って進上する。歳ごとに公用の織物類は、歳どしに必要数目を会計し、同時に官僚用品の織造局にも命令を出し、所用の物量は蘇木・明礬が国庫からの支給を除き、その他の蚕絲・紅花・藍靛は産地の税糧から折納させ、槐花・梔子・烏梅は産地で採集させるという。ここで織物染料等の顔料調達方法が三形態に分かれていることが注目される。まず、蘇木・明礬を国庫の支給に仰ぐというのは中国国内調達をさせないというのである。外国からの貢物に頼るとすれば国庫からの支給を仰ぐほかはない。ただ、蘇木・明礬の中国国内産も確認できるので、その規制が厳重であると解釈しておこう。次に蚕絲・紅花・藍靛の税糧折納方式と槐花・梔子・烏梅の産地採集貢献方式とがある。税糧折納はすでに西嶋定生氏の綿花綿布折徴体系が明らかにされている(6)が、それは宣徳期一四三〇年代以降のことである。蚕絲は以下に見えるように湖州府産と指定してある。湖絲の登場である。これについては田中正俊氏の研究(7)がある。いずれにしても膨大な体系でそれを扱うには更に一書が必要である。ここでは問題の所在のみを示して後日を期したい。第三方式の採集貢献については次の第六章で検討する。

そして以下、織物原材料と染色素材を挙げる。

丹礬紅毎斤染紅用、

蘇木一斤、黄丹四両、明礬四両、梔子二両。

黒緑毎斤用、

靛青二斤八両、槐花四両、明礬三両。

深青毎斤用靛青四斤。

蚕絲湖州府六万斤。

紅花、山東七千斤、河南八千斤。

藍靛、応天府二万斤、鎮江府二万斤、揚州府二万斤、淮安府二万斤、太平府二万斤。

槐花、衢州府六百斤、金華府八百斤、厳州府六百斤、徽州府一千斤、寧国府八百斤、広徳州二百斤。
烏梅、衢州府一千五百斤、金華府二千斤、厳州府一千四百斤、徽州府一千五百斤、寧国府一千五百斤、広徳州五百斤。
梔子、衢州府五百斤、金華府五百斤、厳州府二百斤、徽州府五百斤、寧国府五百斤、広徳州二百斤。

最初の三項の丹礬紅、黒緑、深青の顔料はそれぞれ製品調合仕様である。蚕絲湖州府六万斤以下が産地指定である。生糸は湖絲と称される浙江湖州府産六万斤が指定される。紅花以下は織物染料で各色が染められるが、紅花は山東七千斤、河南八千斤といずれも華北産である。南京へ大運河を南下するのである。藍靛は応天府二万斤、鎮江府二万斤、揚州府二万斤、淮安府二万斤、太平府二万斤といずれも南京周辺の直隷各府であるが先の蚕絲湖州府六万斤、紅花山東七千斤、河南八千斤と合わせて税糧分の折納とさせているのはそれら産地の優遇措置である。産地保護とも思われる。それに対して、槐花・烏梅・梔子が衢州府・金華府・厳州府・徽州府・寧国府に割り当てられる。衢州府・金華府・厳州府三府は浙江、徽州府・寧国府は直隷である。貢の意味が強い。それほど大量の徴収物品ではない。これについては次の第六章で取り上げる。

工部職掌の水部は次に誥勅を取上げる。

凡文武官員誥勅、照依品級制度如式製造。所用五色紵絲、誥身誥帯黄蝋花椒白麺紙剳等項、差人赴内府織染局等衙門関支。其公侯襲封鉄券、行下宝源局依式打造。所用爪鉄木炭須於丁字庫抽分竹木局関支。如遇完備進赴内府鑲嵌。

凡そ文武の官員の誥勅、品級制度に照依して式の如く製造せよ。用うる所の五色の紵絲、誥身誥帯の黄蝋・花椒・白麺・紙剳等の項は、人を差して内府織染局等衙門に赴かせて関支せよ。其の公・侯の襲封鉄券は、行を宝源局に下し式に依り打造せしめよ。用うる所の爪鉄・木炭は須らく丁字庫に於いて竹木局に抽分して関支せよ。如し完備に遇えば内府に進赴して鑲嵌せよ。

文武の官員の誥身勅書は品級制度に照依して式の如く製造させる。所用の五色紵絲や、誥身誥帯の黄蝋・花椒・白麺・紙剳といった材料の入手調達方を規定する。これも帝国国家の格式規格であろう。ここに見える公爵・侯爵等の冊封文書は鉄券とよばれ、その尺寸様式は以下に、「鉄券尺寸」として、公、侯、伯各鉄券の尺寸数が示される。次に冠服、器用、斛斗秤尺と続く。水部が終わると、次は屯部であるがこれは割愛しよう。

第三節　正徳『大明会典』工部の用度事例と産物指定

正徳『大明会典』工部はいずれもその冒頭に「諸司職掌」工部職掌を引き、続いて事例を列挙する様式を取る。そこで前節にみた工部各局が製造、修理に当たって必要とする諸物品をいかに調達するか、どこの産地を指定するかは王朝国家行政の重要な課題である。ところが明代にはもうひとつ重大な政治問題があった。永楽帝の北京遷都に関わる国都、国家中央の位置の変更に伴う国家の流通構造の改変である。ここでは南京を国都とした明太祖の洪武二十六年の「諸司職掌」工部職掌の産地指定の変更追加事例を見よう。

まず、正徳『大明会典』巻一五六、工部一〇、軍器軍装では事例に以下を挙げる。

凡青布鉄甲毎副用鉄四十斤八両、造甲毎副重二十四斤至二十五斤。銅手銃重五六斤至十斤。

軍器・鞍轡二局成造。

毎年一造

鉄盔三千六百頂、甲三千六百副、腰刀三千六百把、長鎗一千八百条、鉄牌盔二百四十頂、団牌二百四十面、撒袋一千八百副、腰刀鞋帯三千六百条、

三年一造

碗口銅銃三千箇、手把銅銃三千把、銃箭頭九万箇、信砲三千箇、椵木馬子三万箇、檀木槌子三千把、檀木送子三千根、檀木馬子九万箇。

南京兵仗局前廠季造数

硃紅油貼金勇字鉄盔一百五十頂、硃紅漆貼金勇字皮盔二百頂、硃紅油貼金勇字牌手鉄盔五十頂、併鎗馬赤甲四百副。

以下、各年次の事例は略す。

次は正徳『大明会典』は巻一五七、工部一一に窑冶を載せ、磚瓦・陶器・鋳器の各項目の事例を挙げるが、詳細は省略する。次に銅鉄の項目の「諸司職掌」に続く部分の見今各処歳弁鉄課を挙げる。

福建布政司共二十八万四千六百三十斤。

浙江布政司七万四千五百八十三斤。

広東潮州府程郷県七万斤。

遵化鉄冶班匠工程、焼炭人匠七十一戸、該木炭一十四万三千七十斤。

淘沙人匠六十三戸、該鉄沙四百四十七石三斗。

鋳銭等匠六十戸。

附近州県人夫六百八十三名。

毎年十月上工、至次年四月放工、

毎年該運　京鉄三十万斤。

遵化三衛一所一県十万斤。

薊州三衛一所　七万斤。

三河二衛　二県六万斤。

通州四衛　一州七万斤。

先の洪武二六年の「諸司職掌」銅鉄項に挙げられた各処炉冶の該鉄一千八百四十七万五千二十六斤の内、湖広六百七十五万二千九百二十七斤、江西三百二十六万斤、陝西一万二千六百六十六斤、山東三百一十五万二千一百八十七斤、四川四十六万八千八十九斤、河南七十一万八千三百三十六斤、山西一百一十四万六千九百一十七斤が全く姿を消している。ただ、福建は先に一十二万四千三百三十六斤とあったのが、福建布政司共二十八万四千六百三十斤とあって、二倍以上に増産されている。しかし、逆に浙江布政司は先に五十九万一千六百八十六斤とあったのが七万四千五百八十三斤と激減している。広東も同様に一百八十九万六千六百四十一斤とあったのが広東潮州府程郷県七万斤と極端な減産である。さて、遵化鉄冶は毎年該運京鉄三十万斤、遵化三衛一所一県十万斤、薊州三衛一所七万斤、三河二衛二県六万斤、通州四衛一州七万斤、合計七十万斤と先の北平三十五万一千二百四十一斤の約二倍の産出量である。なお、遵化鉄冶は製鉄業務を担当する三種の人匠一百九十四名、附近州県の人夫六百八十三名という規模である。零細規模の製鉄業というべきであろう。ともかく、正徳『大明会典』巻一五七、工部一一銅鉄の項目の見今各処歳弁鉄課は一百一十二万九千二百一十三斤であって、先の洪武二十六年の「諸司職掌」各処炉冶該鉄高一千八百四十七万五千二十六斤のわずか六・一一%に激減している。

そこで正徳『大明会典』巻一五七、工部一一、銅鉄の事例を見よう。

①洪武初、置湖広炉冶。

②七年、置江西南昌府進賢冶、臨江府新喩冶、袁州府分宜冶、湖広興国冶、蘄州黄梅冶、山東済南府莱蕪冶、広東広州府陽山冶、陝西鞏昌冶、山西平陽府吉州富国・豊国二冶、太原府大通冶、潞州潤国冶、沢州益国冶。毎冶各大使一員、副使一員。

③十八年、罷各布政司鉄冶。

④二十七年、復置山西平陽府吉州富国・豊国二鉄冶。

⑤又復置江西袁州府分宜県鉄冶

⑥二十八年、罷各布政司官冶、令民得採煉出売、毎歳輸課三十分取二。

⑦永楽二十年、設四川龍州鉄冶。

⑧成化十九年、令遵化鉄廠歳運京鉄毎車一輛、装鉄不得過一千七百斤、車価不得過三両五銭。倶候農隙之時、領運交納。

すでに明太祖の洪武十八年（一三八五）に全国各布政司の鉄冶は停止されるほど産出が思わしくなかった。それでも洪武二十七年（一三九四）以降に再開の努力は見られた。でも一年後には停止し、民は自弁で採煉するだけにした。その輸課は三〇分の一という低額である。永楽二十年（一四二二）に四川龍州鉄冶が開設された。西南地方の新規開発にしか希望はないかも知れない。最後の⑧の事例では成化十九年（一四八三）、令遵化鉄廠に令して歳ごとに北京に運ぶ鉄毎車一輛に、積載量は一千七百斤を過ぐるを得ず、車価は三両五銭を過ぐるを得ずとした。運輸業者の鉄製品の輸送は成り立たない。俱に農隙の時をまって、農民に領運させ交納するだけだとする。まことに零細である。

次に「諸司職掌」工部職掌の水部の舡隻と車輛についてが、正徳『大明会典』の事例にいかに継承されたかを見よう。正徳『大明会典』巻一六〇、工部一四、船隻の事例には、

後定四百料糧船一隻合用

底板楠木三根。桟板楠木三根。出脚楠木一根。梁頭雑木三根。前後伏獅拿獅雑木二根。草鞋底楡木一根。封頭楠木連三方一塊。封梢楠木短方一塊。挽脚梁雑木一段。

面梁楠木連二方一塊。将軍柱雑木一段。桅夾雑木一段。

大小釘鐲七百箇。艌麻二百斤。油灰六百斤。桐油三十斤。

船上什物

大桅一根、頭桅一根、大篷一扇、頭篷一扇、律索三副、度律三条、猫纜一条、猫頂一条、繫水一条、紆亶一条、箍頭縄一条、八皮四条、抱桅索二副、櫓四枝、脚索二副、招頭木一根、篙子十条、挽子一把、水橛二根、榔頭一箇、跳板一塊、櫓縄四条、戽斗一箇、鉄猫一箇、弔桶一箇、挨亶木二根、竹水斗一箇、舵一扇、舵牙一根、舵関門棒一根、水桶一箇、前後襯倉水基竹瓦、蓋篷并襯倉蘆席。

「諸司職掌」の船隻四百料に比較してはるかに詳細、特に船構造材のリストは実際の航行を偲ばせる船構造が分かる。また船上什物も船甲板の様子が具体的に示される。

次に各項の船隻である。一項ずつ検討を加える。

一、黄船。国初造黄船、制有大小、皆為御用之物。至洪熙元年、計三十七隻。正統十一年、計二十五隻、常以十隻留京師河下聴用。成化八年、本部奏准、照快船事例、定限五年一修、十年成造。其停泊去処、常用廠房苫蓋、軍夫看守。

まず黄船であるが、国初の黄船は大小の制式があった。すべて御用の為の船で永楽時代が終わった洪熙元年（一四二五）で計三十七隻あった。それが正統十一年（一四四六）に二十五隻に減じた。常に十隻が北京の河下に停留して御用を待っている。成化八年（一四七二）、工部の奏准に、快船（馬快船）事例に照らして修理は五年一修、新造は十年ごととした。その停泊の個所には常に廠房苫蓋を設けて、軍夫が看守する。

一、馬快船。国初四川・雲南市易馬騾及蛮夷酋長者、皆由大江以達京師。有司載送悉用民船。洪武十年、令武昌・岳州・荊州・帰州各造馬船五十隻、毎隻定民夫三十人、以備転送。

馬快船は国初に四川・雲南の交易市場で貿易した馬騾及び蛮夷の酋長の貢献物を、皆長江によって京師南京に達していた。有司はその載送に悉く民船を用いた。そこで洪武十年（一三七七）、湖広の武昌・岳州・荊州・帰州各府に令して造馬船五十隻を造らせ、隻ごとに民夫三十人と定め、以て転送に備えさせた。

一、海運船。永楽五年、改造海運船二百四十九隻、備使西洋諸国。○正統七年、令南京造遮洋船三百五十隻、給官軍、由海道運糧赴薊州等倉。○登州衛毎年装運遼東布花鈔錠、原設海船一百隻。正統間、止存三十一隻。

海運船は永楽五年（一四〇七）、改めて海運船二百四十九隻を造り、西洋諸国に使するに備えた。史上有名な明成祖永楽帝による宦官鄭和の南海、西洋諸国への派遣である。ただ、その後海運船は二種ある。一は正統七年（一四四二）、南京に令して遮洋船三百五十隻を造らせ、官軍に給し、海道より糧を運び薊州等倉に赴かせた。これも史上著名なオイラートのエセン＝ハンとの戦争に備える軍糧輸送である。次にもう一は山東の登州衛で毎年遼東の綿布・綿花と鈔錠を装運する海船で、原は海船一百隻を設けた。それが正統間には、止た三十一隻しか存しなかったという。明代前半期の海運船は臨時的であり、発展性はなかったというべきであろう。

一、解船。

南京各該衙門、毎年進貢等項物件、共三十起、用船一百六十二隻。
南京司礼監二起制帛一起、計二十扛、実用船五隻。
筆料　　　一起、　　実用船二隻。
南京守備幷尚膳監等衙門、各項物件、二十八起、実用船一百五十五隻。
　用氷物件六起。
　　守備処三起。
　　　鮮梅四十扛、或三十五扛、実用船八隻。
　　　枇杷四十扛、或三十五扛、実用船八隻。
　　　楊梅四十扛、或三十五扛、実用船八隻。
　　尚膳監三起。
　　　鮮筍四十五扛、実用船八隻。
　　　頭起鰣四十四扛、実用船七隻。
　　　二起鰣四十四扛、実用船七隻。
　不用氷物件二十二起。
　　守備処五起。
　　　鮮藕・苧薺・橄欖等物五十五扛、実用船六隻。
　　　鮮茶十二扛、実用船四隻。
　　　木樨花十二扛、実用船二隻。
　　　石榴・柿子四十五扛、実用船六隻。

柑・橘・甘蔗五十扛、実用船六隻。
尚膳監八起。
天鵞等物二十六扛、実用船三隻。
醃菜臺等物一百三十罈、実用船七隻。
糟笋一百二十罈、実用船五隻。
蜜煎桜桃等物七十罈、実用船四隻。
乾鰣魚等物一百二十盒罈、実用船七隻。
紫蘇糕等物二百四十八罈、実用船八隻。
木樨花煎等物一百五罈、実用船四隻。
鵁鶄等物十五扛、実用船二隻。
司苑局五起。
苧薺七十扛、実用船四隻。
薑種芋苗等物八十扛、実用船五隻。
苗薑一百担、実用船六隻。
鮮藕六十五扛、実用船五隻。
十様果一百四十扛、実用船六隻。
内府供用庫三起。
香稲五十扛、実用船六隻。
薑臺等物一百五十五扛、実用船六隻。

十様果一百一十五扛、実用船五隻。

御馬監一起。

苜蓿種四十扛、実用船二隻。

解船は天子御用物品の解送に当たる船隻で規模壮大である。全体としては南京各該衙門、毎年進貢等項物件、共に三十起、用船一百六十二隻と表現されている。三十起、一百六十二隻はまず、南京司礼監二起制帛が計二十扛が一起分の実用船五隻、筆料が一起の実用船二隻、南京守備幷尚膳監等衙門各項物件が二十八起で実用船一百五十五隻、確かに合計三十起の一百六十二隻となる。そして、さらに南京守備幷尚膳監等衙門各項物件二十八起実用船一百五十五隻分の船隻輸送は、用氷物件六起四十六隻と不用氷物件二十二起一百九隻に二分される。用氷物件とは氷詰めで輸送する船で六起あるが、守備太監配下の三起と尚膳監の三起とに二分される。前者は庭園の植木類、後者は食膳食材類で、魚は鰣（このしろ）である。この魚は二起、一起四十四扛、計八十八扛もある。一扛は一担であろう。筍は筍である。尚膳監も当然宦官である。守備処三起と尚膳監三起とし、扛数船隻数ほぼ同じというのは両宦官グループのバランスを考慮したかも知れぬ。

次に不用氷物件二十二起があるが、これは守備処五起二十四隻、尚膳監八起四十隻、司苑局五起二十六隻、内府供用庫三起十七隻、御馬監一起二隻に分かれる。すべて宦官部局である。ただ、各部局の運搬品目の差違はよく分からないことがある。十様果が司苑局五起と内府供用庫三起にほぼ同数運ばれることもあった。ただ、司苑局五起の運搬物は庭園の植木苗であるようだ。これ以上に詳細を検討することはやめるが、それにしても、いかにも明代らしいのはやはり宦官による御用献上輸送が注目される。この現象は永楽以降の現象、しかも北京遷都に伴う北京御用の膨張からであろう。なお、以上の解船規定についての年次順事例は記載されない。次第に宦官の専権事項と成ったのかも知れない。

さて、各項の船隻は次に備倭船、戦船と続くが流通構造や物流に直接関係しないので割愛する。次に糧船を挙げる。

一、糧船。

各処官軍償運糧、共浅船一万三千余隻。
湖広・江西・浙江三都司・江南衛分、皆於本処改造。
其南京江北直隷、及山東等都司船八千余隻、例於衛河清江提挙司改造。
　松木者五年一造、雑木者七年一造、杉木者十年一造。
一各衛所、見駕遮洋浅船、共一万八百六十隻。
有司五千一百四十一隻、加一百六十三隻。
清江提挙司四千七百四十隻。内除一千四十六隻。
浅船六百三十四隻。内除三百二十隻。

糧船、特に各処の官軍が漕運に使用する大運河専用の浅船について、その数と建造、修理方法などに関する規定である。すでに星斌夫氏に詳細な研究があるので参照されたい(8)。なお、正徳『大明会典』の以上の船隻の続きは「一各原衛所造船」「各船禁令」と続くがここでは検討しない。

次に正徳『大明会典』巻一六〇、「車輛」の事例を見よう。
洪武五年、令造独轅車山西・河南八百、北平・山東一千輛。
○永楽十三年、令各処造車、務用乾燥堅壮木植、依降去様車成造。就於車上、編号印烙、附冊開写看験提調官吏、并匠作姓名、日
　後有不堅固、照名究治。
○正統十四年、造戦車一千輛、毎輛上用牛皮十六張、下用馬皮二十四張。

南船北馬の通り、洪武五年には華北の山西・河南に八百、北平・山東に一千輛の荷物運搬用の独轅車が造られた。永楽十三年（一四一五）、北京遷都が定着すると車両輸送が重要になる。車両は木製品であるが堅固に造る必要がある。正統十四年は土木の変の直前で戦車一千両が造られた。牛皮馬皮張りである。さて、次に計各処造車数目が載る。ただし、これは正統十四年の戦車とは異なる。物資

輸送用の荷車である。


河南布政司一千四百輛、都司五百輛。

陝西布政司五百輛、都司三十輛。

山東布政司一千二百五十輛、都司六百二十輛。

山西布政司一千五百輛、都司八百輛。

鳳陽府二百五十輛。徐州三十輛。淮安府一百五十輛。

淮安衛二十五輛。大河衛二十五輛。寿州衛二十輛。泗州衛二十輛。邳州衛二十輛。

中都留守司二百五十輛。宿州衛二十輛。徐州衛二十輛。

北京行後府一千輛。


山西、河南、山東、北京が車輛の主要な活躍の地方である。陝西の物資輸送量は少ない。江北北部の鳳陽府や淮安府も小規模ではあるが車輛を必要とする。これらは地域の交通経済考察の前提条件となる。

正徳『大明会典』巻一六一、工部一五、織造、叚疋の事例の計各処歳造叚疋数目は、次の各地方の織物産出高を挙げる。


浙江等布政司幷直隷蘇松等府州県毎年織造紵絲紗羅綾紬絹共三万五千三百二十四疋一丈七寸六分。遇閏月加二千六百六十二疋二丈八尺八寸二分。

浙江布政司紵絲紗羅紬共一万二千八百一十七疋。遇閏月加八百五十一疋。

紵絲一万四百二疋。線羅五百二十疋。生平羅一千疋。紗三百六十六疋。色紬五百二十八疋。遇閏月加紵絲七百九十五疋、線羅三十一疋、生平羅二十五疋。

江西布政司紵絲二千八百三疋。遇閏月加二百四十五疋。

河南布政司紵絲八百疋。遇閏月加六十七疋。

山東布政司紵絲七百二十疋。遇閏月加六十疋。

福建布政司紵絲二千二百五十八疋。遇閏月加一百九十一疋二丈四尺。

湖広布政司紵絲一千九百六十一疋。遇閏月加一百六十九疋。

山西布政司紵絲一千疋。遇閏月加八十六疋。綾五百疋。絹五百疋。

四川布政司紵絲四千五百一十六疋。遇閏月加三百七十七疋。

蘇州府紵絲一千五百三十四疋。遇閏月加一百三十九疋。

松江府紵絲一千一百六十七疋。遇閏月加九十七疋。

鎮江府紵絲一千四百四十疋。遇閏月加一百二十疋。

常州府紵絲一百疋。遇閏月加一十七疋。

徽州府紵絲七百二十一疋。遇閏月加四十八疋。

寧国府紵絲六百九十六疋。遇閏月加四十七疋。

広徳州紵絲二百四十疋。遇閏月加一十四疋。

揚州府紵絲紬絹共一千一百三十二疋。遇閏月加七十二疋。闊生絹七百一疋。紵絲一百三十一疋。紬三百疋。改織紵絲一百疋。自天
　順三年起。

太平府闊生絹五百疋。遇閏月加四十二疋。

池州府闊生絹共二百十一疋一丈七寸二分。遇閏月加二十疋四尺八寸二分。

安慶府闊生絹六百八疋。遇閏月不加。


浙江布政司紵絲紗羅紬は一万二千八百一十七疋で全国の三万五千三百二十四疋余に対して三六・二八%である。浙江の産額に蘇州

松江以下の南直隷各府州の計八千三百四十九疋余を加えると、二万一千一百六十六疋となり、全国の五九・九二％となる。以外では四川の四千五百一十六疋が多く、一二・七八％、江西二千八百三疋の七・九四％、福建二千二百五十八疋の六・三九％、湖広一千九百六十一疋の五・五五％、華北では山西が一千疋で二・八三％である。以上が割合を出す意味がある地方であろう長江流域の華中地方に集中し、長江下流域が圧倒的に優勢である。

結び

正徳『大明会典』巻一五七、工部一一、鋳銭の事例は次のわずかに五事例が載るのみである。

洪武四年、令鋳洪武通宝銭。

○二十年、令各布政司、停止鋳銭。

○二十二年、復鋳銭、与鈔兼用、更定銭様分両。

○永楽六年、令鋳永楽通宝銭。

○宣徳八年、令鋳宣徳通宝銭。

明前半期の三帝の時代に洪武通宝、永楽通宝、宣徳通宝という制銭が発行された。中でも永楽通宝は我が国にも大量に流通した著名な銅銭である。しかし、洪武二十年に地方の各布政司に鋳銭を停止させた。三年後の同、二十二年には復た銭を鋳させ、鈔とともに兼用させ、銭様の分両を更定した。実は銅資源もまた乏しくなっていた。鉄資源の減産は本文で見た通りである。四川や雲南などがわずかに希望であるが、その地域開発には多大の困難があった。取りあえずは明帝国軍民の貢献に期待するほかにない。

本章の考察の結果、明初から明中期に及ぶ十四世紀から十六世紀初頭の間の中国経済の動向で重要な事実が判明した。まず、鉄・銅と言った金属資源は枯渇状態になっている。開発余地は湖広から四川、さらに雲南・貴州各布政司といった西南地方に限られた。反面生糸、絹織物製品を中心とした繊維製品は長江下流デルタが空前の繁栄を見せた。また、御用物品を中心とした南方物産の大運河北上、南北経済交流は経済発展の新たな要因となった。技術の改良が資源の枯渇を上回って経済成長に貢献したのである。ただし、その成長には永楽帝による北京遷都の影響があったことも考えられる。

注

（1）鶴見尚弘「明代における郷村支配」、岩波講座『世界歴史』一二巻、一九七一年。
（2）古典研究会影印本『皇明制書』上巻（大安、一九六六年）所収。
（3）川勝守『中国城郭都市社会研究』汲古書院、二〇〇四年。
（4）実際、南京城郭、城門等には附近の応天府等南直隷に加えて、江西や湖広地方製造の磚が存在する。恐らくは均工夫の役によって調達されたものであろう。川勝守、前掲『中国城郭都市社会研究』の口絵写真参照。
（5）星斌夫『明代漕運の研究』日本学術振興会、一九六三年、同『明清時代交通史の研究』山川出版社、一九七一年、『大運河』近藤出版社、一九七一年、参照。
（6）西嶋定生『中国経済史研究』第三部　商品生産の展開とその構造―中国初期棉業史の研究―、東京大学出版会、一九六六年。
（7）田中正俊『中国近代経済史研究序説』東京大学出版会、一九七三年。
（8）前注（5）と同じ。

第六章　明代前期における歳進・歳弁上供の流通構造

はじめに

上供は一般民戸を対象とする州県においては、夏税・秋糧外に特別な品目を指定して里甲に対して課せられた負担とされる。ただ、上供が里長の職責として明初から存在したか[1]、途中から発生したものか[2]、という見解の相違が研究者の間に見られる。そもそも「明初は上供簡省なりき。郡県の、香米・人参・葡萄酒を貢するや、太祖、以て民を労すと為して、之を却く」（『明史』食貨志・上供採造）という指摘も有るとおり、明太祖がそれが民の負担になることを押さえたので、明初の上供は規模も小さく、あまり民の負担として問題になるものではなかったと言えようか。果たして然りであろうか。

山根幸夫氏は、現年里甲の負担すべき職責として、上供・公費のあったことを指摘し、上供とは上用に供するため出弁された物料の意であるとする。そして、その名称は各地方によって不同で、あるいは「貢献」と称し、また「供億」「土貢」「方物」などともよんだ。また、特に天子の御用に供するものを「歳進」といい、国用に供するものを「歳派」あるいは「歳弁」と称することもあったとする[3]。

本章は山根氏が指摘した上供物料の地方による名称の「歳進」、「歳弁」等の差違に注目してその事例を地方志に確認して、その差違の持つ意味を考えてみたい。

第一節　「諸司職掌」における野味・皮張・翎毛の産地指定

「諸司職掌」[4]の工部職掌、虞部には工部各局部署が原材料とする資源についての規定を定める。本章では前章で検討を保留した狭い意味の貢物である祭祀に必要な野味のほか、儀礼用の軍装等に必要な皮張・翎毛などについて扱う。まず、虞部冒頭の言にいう。

郎中員外郎主事、掌天下虞衡山沢之事、而弁其時禁採捕。

工部郎中・員外郎・主事の各々は天下の虞を掌握し、山沢の事を衡（はか）り、その時禁採捕を弁ずという。そして、野味についていう。野味とは山林で捕獲する禽獣の意である。古来の犠牲には用いないとした。ただ、日本でいう初穂的な供え物の意と理解するのであろう。

凡毎歳祭祀、及供御幷歳時筵宴、合用野味、預先行移各司府州、着落所属。於山林去処多弁走獣、湖泊去処多弁飛禽、照依坐定歳弁数目、令各処猟戸除春夏孕子之時不採外、当於秋間採捕。其各項活野味、依例用寛大籠櫃、差人沿途如法喂養苗壮、到部出給長単一様二本、幷関給勘合、進赴内府・光禄寺交収、将長単一本批廻入券、一本就留本司備照。如有倒死不堪之数、験其解物人在路、果無延緩稽遅日期者、止是着令賠償起解、如是故行遅緩者問罪。

凡そ歳ごとの祭祀、及び供御幷に歳時の筵宴、合に用うべき野味は、預め先ず各司の府州に行移して、所属に着落せしむ。山林の去処に於いて多く走獣を弁じ、湖泊の去処に多く飛禽を弁じ、坐定せる歳弁数目に照依して、各処の猟戸に令して春夏の子を孕むの時に採らざるを除くの外、当に秋間に於いて採捕すべし。其の各項の活野味は、例に依りて寛大な籠櫃を用い、人を沿途に差して法の如く茁壮を喂養し、部に到らば長単一様の二本を出給し、幷せて勘合を関給し、内府・光禄寺に進赴して交収せしめ、長単一本を将って批廻入券し、一本を本司に就留して備照とせしむ。如し倒死して堪ざるの数有らば、其の物を解る人の在路を験し、果たして延緩稽遅の日期無き者は、止だ是れ着令して賠償起解せしめ、如し是れ故に遅緩を行う者は罪を問わしむ。

毎歳の祭祀、天子に献上する御用、遇わせて毎歳四季に行われる宴会、それらに使用される野味の調達方法である。各布政司が各府州に行政文書を下し、所属に割付けを行う。地方末端は県となる。山林の多い処では走る獣、湖池では飛ぶ鳥禽を、予め定められた数目を各処の猟師の戸に禁猟時期を除いて秋の期間に採捕させる。各種活きたままの野味の献上がある。寛くて大きな籠か櫃に入れ、使者を派遣して沿途の用心をさせ北京にまで運び、内府・光禄寺に進呈させる。野味は活きた禽獣である点が重要である。そして次に各処の歳弁数量を挙げる。

計各処歳弁一万四千二百五十隻。

湖広三千隻。

本司分派附近府州二千五百隻。

坐去鴬遠府州五百隻。

辰州府八十隻。永州府一百隻。衡州府七十隻。宝慶府七十隻。襄陽府一百二十隻。

郴州三十隻。靖州二十隻。安陸州二十隻。

江西一千隻。

本司分派附近府分八百隻。

坐去鴬遠府分二百隻。

南安府一十五隻。袁州府六十隻。贛州府六十隻。吉安府六十五隻。

直隷七千五百隻。

河南一千二百隻。

浙江八百隻。

山東七百五十隻。

湖広三千隻と江西一千隻とがいずれも本司分派附近府州と坐去窵遠府州とに二分され、湖広は五対一、江西は四対一の比率とされている。なお、全体歳弁一万四千二百五十隻のうち、直隷は七千五百隻であって、五二・六三%を占めている。次いで湖広三千隻で二一・〇五%、河南の一千二百隻の八・四二%となっている。華北地域も河南と山東のみ、また四川、福建、広東等への割付はない。遠隔地は無く、また水運輸送に頼る地域への割付けであることが知られる。

次は皮張である。

凡各処毎歳差人、起解雑色皮張、及各該軍衛屯田去処、倒死頭疋皮貨到部、照例関給長単勘合、付解人進納。若熟皮劄付丁字庫交収。生皮劄付皮作局熟造類進。設或成造軍器等項、皮張不敷、須要預為収買。其収貯在庫之数、務要時常整点、不致腐壊。

凡そ各処歳ごとに人を差して、雑色の皮張を起解し、及び各々該軍衛屯田の去処に、倒死の頭疋の皮貨部に到り、例に照らして長単を関給して勘合し、解人に付して進納せしむ。若し熟皮は丁字庫に劄付して交収し、生皮は皮作局に劄付し熟造して類進すべし。設し或いは軍器等項に成造するに、皮張敷かざれば、須らく要ず預め収買を為せ。其の収貯したる在庫の数は、務めて要ず時常に整点し、腐壊を致さざれ。

皮張は獣畜の皮を剥いだままの原材料の生皮と加工して皮製品にした熟皮とが有り、それぞれ納入方に差違がある。皮張は野味と違い、活きた獣類である必要はないが軍器等の原材料として大量の需要があり、そのために各地に多数の納入を割当てた。「皮張不敷、須要預為収買」とは地方現地の調達対応の苦心を示している。

そして次に計各処歳弁雑皮二十一万二千張と総数を挙げ、内訳を示す。

江西二万張。

浙江二万張。

河南一万張。

福建一万張。

山東一万五千張。
四川一万張。
広西一万張。
広東一万張。
湖広二万張。
陝西二万張。
北平二万張。
山西二万張。
直隷二万二千張。

これは全国的な割付けとなっている。南京に近い直隷がやや多いが次の江西、浙江、湖広、陝西、北平、山西六布政司の二万張クラスと差はない。山東は一万五千張、河南、福建、四川、広西、広東の五布政司は一万張であるが、地域のいかなる格差か、あるいは戸口の数かも知れない。

次は翎毛である。

凡造箭合用翎毛、或各処歳弁、或官為収買。如遇差人起解到部、箚付丁字庫交収、仍出給長単勘合、付解人進納。
凡そ箭に造るに合に用うべき翎毛は、或いは各処の歳弁、或いは官の収買を為す。如し差人の起解して部に到るに遇わば、丁字庫に箚付して交収し、仍りて長単を出給して勘合し、解人に付して進納せよ。

そして次に計各処歳弁千三百五十五万六千根と総数を挙げ、内訳を示す。

江西三百万根。
浙江三百万根。

河南六十万根。
福建五十万根。
山東六十万根。
四川一十万根。
広西一十万根。
広東一十万根。
湖広二百万根。
陝西五十万根。
北平五十万根。
山西五十万四千根。
直隷二百五万二千根。

これも皮張と全く同じ全国的割付である。ただ、最大は江西と浙江の三百万根、直隷は二百五万二千根、湖広がやや直隷より少なく二百万根である。以上四省が二百万、三百万という巨額で四省計一千五万二千根となり、計各処歳弁千三百五十五万六千根の七四・一五%を占める。河南・山東の六十万根、福建・陝西・北平の五十万根とあり、広西・広東・四川は一十万根と少ない割付けである。

最後に禁令を載せる。

禁令

凡歴代帝王忠臣烈士、先聖先賢、名山嶽鎮神祇、凡有徳沢於民者、皆建廟立祠、因時致祭。各有禁約、設官掌管、時常点視、不許軍民於内作践藝濆。其有荒蕪山場蘆蕩去処、如遇官府営造、取用竹木蘆柴等項、須要臨時定奪禁約、設若官無所用、聴民採取。

凡そ歴代の帝王・忠臣・烈士、先聖・先賢、名山・嶽鎮・神祇の、凡そ徳沢を民に有る者は、皆廟を建て祠を立て、時に因り祭を致すに。各々禁約有り、官を設けて掌管せしめ、時常点視し、軍民の内に於いて作践藝瀆するを許さず。其の荒蕪・山場・蘆蕩の去処有り、如し官府の営造に遇い、取用せる竹木蘆柴等項は、須らく要ず時に臨んで定奪して禁約し、設え若し官に用うる所無くんば、民の採取を聴せ。

これが先の虞部冒頭の言にいう其時禁採捕の内容である。簡単に言えば山野河海の自然の恵を山川神祇の神々に感謝しなければならぬ。季節的に禁猟の時期を設けるという。

第二節　正徳『大明会典』工部における野味・皮張・翎毛の産地指定

問題点を端的に言おう。明太祖が明朝国家の制度の根本として定めたところは「諸司職掌」に集約されるが、その工部職掌、虞部には祭祀に必要な野味のほか、儀礼用の軍装等に必要な皮張・翎毛などについて規定されていた。そこには活鹿や活雁等の禽獣献上があり、それは南京中心の御用運上体制であった。それが永楽帝の北京遷都で情況が一変する。永楽帝以降の北京に居住する諸天子・皇帝は明朝国家の祭祀の中心的課題をいかに構築したか。正徳『大明会典』巻一五五、工部九、採捕、野味、以下の変更、追加点の事例を検討しよう。まず、「諸司職掌」の各処歳弁一万五千二百五十隻、以下各地高に続いて、

見今歳弁野味一万四千五百一十四隻。

浙江八百隻。

江西一千隻。

湖広三千隻。

河南一千二百隻。

山東七百五十隻。

応天府三百隻。直隷蘇州府四百隻。鎮江府三百隻。廬州府八百隻。寧国府二百隻。
揚州府一千五十三隻。淮安府二千六十一隻。池州府二百隻。常州府三百隻。
安慶府五百隻。松江府三百隻。太平府三百八隻。徽州府二百一隻。和州一百隻。
広徳州二百九隻。徐州五百隻。滁州一十二隻。

応天府三百隻以下の累計七千七百四十四隻、先が七千五百であるからかえって二百四十四隻増加である。他地方の変動は見られない。「諸司職掌」の割当ては維持されたのであるが、もしかしたらこの事は明朝国家の祭祀体制は北京遷都でも変更がなく、宗廟と明太祖陵の存在する南京こそが帝都であることを示すのかも知れない。北京はあくまで行在であり続けた。さて、正徳『大明会典』巻一五五、工部九、野味の事例は次である。

宣徳十年、奏准、江南直隷・及布政司所進野味、倶送南京光禄寺、江北直隷・及布政司所進野味、倶送北京光禄寺、
○正統元年、奏准、各処所進獐麅鵽鸕等野味、依彼中時値易価鈔、就彼官庫収貯、年終開報。
○成化二十年、奏准、大祀、該用大様角鹿二十五隻、先期会計、行廬・鳳二府、河南布政司歳弁鹿隻内、毎三隻准買一隻常数外、増三隻備用。余仍歳弁起解。
○南京工部、奏准、江南司府州県、歳弁活鹿、毎一隻収銀一両七銭、天鵞一隻収銀五銭、解南京光禄寺収買供進。
○弘治元年、南京光禄寺、奏准、令原産有司府州県、照旧採捕解納。

以上の諸事例でも野味についてはその御用である祭祀にしても、南京中心であることに変更のないことが窺える。次に皮張の「諸司職掌」に続く見今歳弁雑皮三十四万七百六十一張の割当ては次の通りである。

浙江三万三千張。
江西三万三千張。
福建二万張。

湖広三万三千張。

山東二万五千張。

山西三万二千張。

広東一万五千張。

広西一万五千張。

四川一万五千張。

河南二万五千張。

陝西三万張。

順天府五千七百八十張。

直隷蘇州府四千張。鎮江府四千張。廬州府二千張。寧国府四千張。揚州府五千張。

淮安府四千張。池州府一千張。常州府二千張。安慶府一千張。松江府二千張。

太平府四千張。徽州府三千張。和州一千張。広徳州三千張。徐州三千張。

真定府三千七百一十三張。保定府三千七百五十張。河間府二千一百三十六張。永平府一千三百九十張。順徳府七百張。広平府二千
二百一十四張。大名府三千七十八張。


皮張は先に「諸司職掌」では各処計二十一万二千張であったのが、見今歳弁雑皮は三十四万七百六十一張となった。一十二万八千七百六十一張の増、六〇・七四％の増加である。

浙江一万三千張、江西一万三千張、福建一万張、湖広一万三千張、山東一万張、山西一万二千張、広東五千張、広西五千張、四川五千張、河南一万張、陝西一万張と各処いずれも増え計一十万六千の増加である。さて、順天府五千七百八十張、真定府三千七百一十三張、保定府三千七百五十張、河間府二千一百三十六張、永平府一千三百九十張、順徳府七百張、広平府二千二百一十四張、大名府三千

七十八張の計は二万二千七百六十一張、旧北平分二万張に比して二千七百六十一張の増加、増加幅は大きくない。それに対して直隷蘇州府四千張以下の南直隷分の計は四万三千張で二万一千張の増加である。皮張は全国各処ほぼ同じ割合で増加した。

次は翎毛の見今歳弁翎毛二千二百七十二万六千五百五十根の割当ては次の通りである。

浙江三百九十三万一千一百四十四根。

江西三百九十七万七千六十六根。

福建七十四万三千九百四十二根。

湖広五百七十七万九千七十七根。

山東六十万根。

山西五十万四千根。（＊五万四千根を修正）

広東六十九万九千一百三十九根。

広西二十一万四千七百二十六根。

四川二十四万四千四十八根。

河南六十万根。

陝西五十万根。

順天府六万八千一百七十八根。

応天府一十六万五千二百七根。直隷蘇州府九十五万五千一百三十五根。鎮江府二十三万一千一百六十四根。廬州府二十二万四千五百六根。寧国府一十二万八千四百一根。揚州府三十万一千二百六根。淮安府五十三万六千八百四十五根。池州府二十三万七千二百八十八根。常州府一十八万二千九百三十三根。安慶府一百八万九千七百七十八根。松江府三十四万五千九百六根。太平府七万根。徽州府五万根。

和州二十一万三千八百一十五根。広徳州一万根。徐州五万根。滁州六千根。
河間府六万七千根。

翎毛は先に「諸司職掌」では各処計一千三百五十五万六千根であったのが、見今歳弁雑皮は二千二百七十二万六千五百五十根となった。九百一十七万五百五十根の増、六七・六五％の増加である。浙江九十三万一千一百四十四根、江西九十七万七千六十六根、福建二十四万三千九百四十二根、湖広三百七十七万九千七十七根、広東五十九万九千一百三十九根、広西一十一万四千七百二十六根、四川一十四万四千四十八根の増で以上華中華南各処計は六百七十八万九千一百四十二根の増加、五〇・〇八％の増加率である。それに対して山東・山西・河南・陝西の華北四省は全く同額、割り当て額に増加はない。北直隷は、旧北平が五十万根であったのが順天府六万八千一百七十八根と河間府六万七千根の一十三万五千一百七十八根しか割当てがない。四十六万四千八百二十二根の減少である。それに対して南直隷二百五万二千根は、応天府一十六万五千二百七根以下の南直隷分の計は四百七十九万八千一百八十四根となり、二百七十四万六千一百八十四根の増加であり、二倍以上となっている。湖広布政司と南直隷が巨額の負担をし、次いで浙江・江西の負担が大きい。長江流域を中心にした負担体系と思われる。

さて、次に正徳『大明会典』巻一五五、工部九、翎毛に続く事例を検討しよう。

洪武二十三年、詔、浙江等処河泊所翎毛、不係土産、免徴。

○正統十四年、奏准、浙江等布政司、幷直隷府州県、今後解納歳時帯毛硝熟麂皮、毎三分為率、一分作退毛硝熟鴨翎、倶折鵝翎。

洪武二十三年（一三九〇）に詔で浙江等処の河泊所に対して翎毛の土産に係わらないものは免徴とされた。捕獲が困難な地方が現れている。一方、正統十四年（一四四九）には工部の奏准で浙江等布政司、幷に直隷府州県に対して今後解納する歳時の帯毛硝熟麂皮は、その三分の一を退毛硝熟鴨翎とし、さらに倶に鵝翎に折納しても良いとした。これも捕獲困難が原因である。

なお、以下に付く禁令の事例に、

宣徳十年、詔、各処山場園林・湖池・坑冶、及花果樹木等項、原係民業、曾経官府採取、見有人看守、及禁約者、悉聴採取。

宣徳十年（一四三五）に詔によって各地方の山場園林・湖池・坑冶、及花果樹木等の項について、原と民業に係り、曾て官府の採取を経て、現に地主の看守が有るもの及び禁約あるものは、悉く民の採取を許すとした。翎毛等が次第に買収する方向になることを示すものであろう。

第三節　明代地方志に見る野味・皮張・翎毛等の御用・国用情況

次に上供の割付けを受けた側の各布政司の各府州県側の史料を検討しよう。浙江、温州府楽清県の永楽『楽清県志』巻三、貢、国朝は永楽年間編纂の貴重な史料である。

歳進
海味　水母線・石首魚・鰲魚・鰻魚・鱸魚・鯔魚・黄鯖魚・亀脚・蝣蛸・穀菜・蝦米・石髪菜
永楽二年弁進。
生葛
茶一十斤
歳弁
弓三百六十張　　箭三千二百七十二技　　弦千八百条
軟皮五百張　雑色毛皮一百七十張　鵝翎二万五千根
叚絲本府歳織叚疋荒絲一百八十四斤、百尺撚線湿金条二百技
日暦紙歳鮮　　礼部黄紙三千五百張　　白紙五万張。布政使司白紙五万三千張。

歳進は各種海味、すなわち海産物の野味に含まれる物、それに生葛と茶一十斤と言った山野の味が付く。「海の物、山の物、野の物」

という諸物でそれを天子に献進するというのである。なお、野味であるから宗廟等に供物として奉献するのであろう。歳弁は弓三百六十張、箭三千二百七十二技、弦千八百条の弓箭弦と軟皮五百張、雑色毛皮一百七十張の皮張と鵝翎二万五千根の翎毛である。そして本府歳織の叚疋荒絲一百八十四斤、百尺撚線湿金条二百技の叚絲という織造関係の分担と、日暦紙歳鮮礼部黄紙三千五百張、白紙五万張。布政使司白紙五万三千張と言った紙劄である。

以上楽清県の負担は歳進が野味、歳弁が皮張と翎毛、それに弓箭弦、叚絲、紙劄といういずれも「諸司職掌」工部に規定されている物品である。戸部職掌には徴収規定がない。

さて、以下、各処直隷・布政司ごとに歳進・歳弁等の負担を地方ごとに史料を挙げる。

【南直隷】

①南直隷応天府句容県について、弘治九年（一四九六）『句容県志』巻三、貢弁に、

前代歳貢土物、翎毛八千一百張、貉皮一千九百八十六張、茅山蒼木二百斤。

国朝歳弁土物、活鹿一十一隻、活雁五十八隻、活鵁鶄二十八隻、活兎三隻。薦新山薬四十斤。

前代元朝は茅山蒼木二百斤の野味、貉皮一千九百八十六張の皮張、翎毛八千一百張の翎毛と三点がセットになって徴収されていた。それが国朝明では活鹿一十一隻、活雁五十八隻、活鵁鶄二十八隻、活兎三隻の野味のみである。むしろ南京応天府に至近の地区として野味負担地区に特化している。

②同じ応天府の高淳県について、正徳『高淳県志』巻一、賦課、歳弁に、

黄蝋二百斤、白蝋三十斤、類草二百斤、蒲杖草二百斤。

○田賦付文、按溧水志、洪武乙丑高祖以応天府属県、繫興王之地、欽奉恩例、民田税糧全免、官田減半徴収。迄今奉例如昔。

ここも野味だけである。ただ、通常見られる活鹿・活雁や茶などではない。黄蝋二百斤、白蝋三十斤等の他、類草二百斤、蒲杖草二百斤などは長江周辺の土産である。先行する溧水志を引いて、洪武乙丑十八年（一三八五）明太祖は応天府属県は興王の地であるから

恩例を奉じて、民田の税糧は全免、官田は減半徴収と減免させた。それで応天府属県は感謝の印として野味の負担をするというのであろう。天子御用の原理である。

③蘇州府崑山県について、嘉靖『崑山県志』巻一、土貢、国朝に、

雑皮四百張、活鵝鶬九隻、活雁五十四隻、活獐五箇、翎毛六万根。

活鵝鶬九隻、活雁五十四隻、活獐五箇は野味、雑皮四百張と翎毛六万根。三点セットである。

④蘇州府呉江県について、弘治元年（一四八八）『呉江志』巻二、貢賦に、

薬材、歳弁一千九百五十四斤八両。

白匾豆四十六斤、黒牽牛二百斤、白牽牛一十五斤八両、紫蘇二百一十五斤、荊木一百九十五斤、陳皮五百七十八斤、青皮二百五十五斤、紫蘇子四斤八両、薄荷二百一十五斤、蝉殻七斤、罌粟殻二十二斤八両、小茴香一十五斤八両、枇杷葉三斤、香附子七十八斤、烏梅三十斤、山茨菰七斤八両、海金沙一斤。

皮翎、元歳弁貉皮一百二張、狐狸皮二百一十八張、雁翎三千四百五十根。

今歳弁雑色皮八百張〈成化二十二年、折造胖襖一百五十件〉。翎毛一十六万根〈成化二十二年、折鈔六百四十錠〉。

野味、今歳弁活麞七箇、活鵝鶬七隻、活雁五十隻〈成化二十二年、折鈔二百五錠〉。

黄蝋、今歳弁五百三十七斤。

灯草、今歳弁二百二十七斤。

呉江県も本来、野味、皮張、翎毛の三点がセットになっていた。成化二十二年（一四八六）、皮張が胖襖（戦場用綿入れの短衣）に折納され、翎毛と野味の活翎七箇、活鵝鶬七隻、活雁五十隻は折鈔とされた。それでも薬材諸種と黄蝋、灯草らの歳弁は土地の特産で多く、本色徴収が残った。

⑤常州府江陰県について、嘉靖『江陰県志』巻四、食貨志、進貢に、

毎歳醃子鯿魚一万觔。額定魚戸協弁官為管解。旧志、国初、止魚鮝五百觔。

ここも野味だけ、海魚で魚戸の漁によるものである。魚戸の諸色戸指定も存続するのであろう。

⑥揚州府の嘉靖『惟揚志』巻八、田賦志、徴弁、国朝揚州府額設に、以下の徴収物品体系が示されている。便宜的にⅠからⅩⅨに分類しよう。

Ⅰ。府、桑二万三千八百七十五株。科絲不等、共絲一万六千四百五十二両五銭。毎絲不等、折絹一疋、共絹八百四十一疋二丈四尺零、絲六十四両五銭。官桑三十四株、民桑二万三千八百四十一株。

江都県、桑二千七百六十株。毎株科絲二銭一分七厘五毛、共絲六百両三銭。毎絲二十両、折絹一疋、共絹三十疋零、絲三銭。

儀真県、桑三千七百八十株。毎株科絲二銭、共絲七百五十六両三銭。毎絲二十両、折絹一疋、共絹三十七疋二丈四尺。

泰興県、桑三千一百一十七株。毎株科絲一両、共絲三千一百一十七両。毎絲二十両、折絹一疋、共絹一百五十五疋零、絲一十七両。

高郵州、桑一千五百九十四株。毎株科絲一両、共絲一千五百九十四両。毎絲二十両、折絹一疋、共絹七十九疋二丈二尺四寸。

興化県、桑一千一百八十六株。毎株科絲一両、共絲一千一百八十六両。毎絲二十両、折絹一疋、共絹五十九疋九尺六寸。

宝応県、桑一千四百五十二株。毎株科絲一両、共絲一千四百五十二両。毎絲二十両、折絹一疋、共絹七十二疋零、絲一十二両。

官桑三十四株、民桑一千四百一十八株。

泰州、桑二千一百四十八株。毎株科絲一両五銭、共絲三千二百二十二両。毎絲十八両、折絹一疋、共絹一百七十九疋。

如皐県、桑三千六百九十七株。毎株科絲一両、共絲三千七十六百九十七両。毎絲二十両、折絹一疋、共絹一百八十四疋零、絲一十七両。

通州、桑二千六百五十九株。毎株科絲二銭、共絲五百三十一両八銭。毎絲十八両、折絹一疋、共絹二十九疋零、絲九両八銭五分。

海門県、桑一千四百八十二株。毎株科絲二銭、共絲二百九十六両四銭。毎絲十八両、折絹一疋、共絹一十六疋零、絲八両四銭。

Ⅱ。揚州府歳造叚疋各色紵絲二百三十疋、生絲絹七百疋。〈割註　此歳造出於桑絲者、与後派買不同。生絲絹乃上折絹外、細密絲絹耳。〉
江都県、紵絲二十六疋、生絲絹八十二疋。
儀真県、紵絲五疋、生絲絹一十七疋。
泰興県、紵絲三十疋、生絲絹一百一十九疋。
高郵州、紵絲二十七疋、生絲絹七十五疋。
興化県、紵絲二十二疋、生絲絹六十四疋。
宝応県、紵絲七疋、生絲絹二十三疋。
泰州、紵絲三十九疋、生絲絹一百一十疋。
如皐県、紵絲二十六疋、生絲絹四十五疋。
通州、紵絲三十七疋、生絲絹一百一十疋。
海門県、紵絲一十一疋、生絲絹五十五疋。

Ⅲ。揚州府歳派羅叚三百一十疋。
江都県、大紅紵絲一十六疋、深青紵絲六疋、大紅線羅一十一疋、青線羅一十六疋。
儀真県、大紅紵絲二疋、深青紵絲一疋、大紅線羅二疋、青線羅二疋。
泰興県、大紅紵絲一十五疋、深青紵絲六疋、大紅線羅一十疋、青線羅一十五疋。
高郵州、大紅紵絲一十一疋、深青紵絲四疋、大紅線羅七疋、青線羅一十一疋。
興化県、大紅紵絲九疋、深青紵絲三疋、大紅線羅五疋、青線羅五疋。
宝応県、大紅紵絲四疋、深青紵絲一疋、大紅線羅三疋、青線羅四疋。
泰州、大紅紵絲二十一疋、深青紵絲十疋、大紅線羅一十五疋、青線羅二十一疋。

如皐県、大紅紵絲五疋、深青紵絲二疋、大紅線羅四疋、青線羅五疋。
通州、大紅紵絲一十三疋、深青紵絲五疋、大紅線羅一十三疋、青線羅一十三疋。
海門県、大紅紵絲四疋、深青紵絲二疋、大紅線羅三疋、青線羅四疋。

Ⅳ。揚州府歳弁藍靛二万斤。
江都県、二千五百斤。
儀真県、三百斤。
泰興県、三千九百斤。
高郵州、二千二百斤。
興化県、二千一百斤。
宝応県、六百斤。
泰州、四千二百斤。
如皐県、一千一百五十斤。
通州、三千五百斤。
海門県、一千斤。

Ⅴ。揚州府歳弁茭苗苕菷一千五百把。
江都県、二百把。
儀真県、二百五把。
泰興県、二百一十五把。
高郵州、一百七十五把。

興化県、一百五十把。
宝応県、六十把。
泰州、三百把。
如皐県、七十五把。
通州、二百三十五把。
海門県、七十五把。

Ⅵ。揚州府歳弁皮翎一万六千六百張根、皮六千六百張、翎毛一万根。
江都県、獐皮七十張、羊皮一百九十張、麂皮六十張。
儀真県、獐皮二十張、麂皮三十張。
泰興県、獐皮二百五十八張、羊皮一百三十三張。
高郵州、獐皮一百九十七張、羊皮一百三十三張、麂皮八十張、翎毛三千五百根。
興化県、獐皮三百八十張、翎毛三千五百根。
宝応県、獐皮七十二張、羊皮四十五張、麂皮四十四張、水獺猫皮五十張、野猫皮二十九張、獐皮六十五張、翎毛三千根。
泰州、獐皮一千四百五十三張、羊皮三十二張、麂皮一十五張。
如皐県、獐皮一千四百五十張。
通州、獐皮四百七十張、羊皮一百五十張、鹿皮一十張。
海門県、獐皮一百六十張、羊皮一十五張、鹿皮五張。

Ⅶ。揚州府歳弁魚油翎鰾黄白麻熟鉄、共。三十万五千二百六十斤九両六銭八分五厘。
江都県、黄麻一千八百六十七斤十両、白麻三十二斤十二両二銭二分、桐油八十八斤四両、魚鰾三十三斤八両六銭八分二厘、鵝翎毛二万四千五百四十三根。
高郵州、黄麻一万二百九十七斤九両、白麻六百一十七斤八両、魚線膠一百八十三斤一両三銭五分、鵝翎毛五万八千五百八十七根。
興化県、黄麻七千一十斤六両二銭五分、白麻一千二百七十三斤五両七銭一分五厘、熟鉄一千二百六十六斤四両四銭、魚線膠一百四十九斤一十両八銭三分三厘、鵝翎毛二万三千五百四十五根四分。
宝応県、黄麻二千一百一十五斤七両二銭、白麻二千斤、魚線膠六十八斤九両四銭、鵝翎毛二万一千九百四十八根。
泰州、黄麻二千六百三十一斤一十五両二銭八分、白麻一万六千四十四斤七両四銭六分、鵝翎毛二万一千九百四十八根、魚線膠六十八斤九両四銭。
通州、黄麻二千六百六十四斤三両六銭六分、魚線膠五十五斤八両八銭、鵝翎毛一万七千七百六十二根。
Ⅷ。揚州府所属河泊所歳弁魚油翎鰾黄白麻熟鉄、共、三十万五千二百六十斤根九両六銭八分五厘。（略）
Ⅸ。揚州府歳弁蒲草一万斤。
高郵州、一千六百五十斤。
興化県、一千四百五十斤。
宝応県、五百六十斤。
泰州、三千七十斤。
如皐県、八百九十斤。
通州、二千三百八十斤。
Ⅹ。揚州府歳弁顔料
二硃蒲草二千斤。
靛花青五百斤。

藤黄五百斤。
黒鉛一千斤。
烏梅二千斤。
黄熟銅一千斤。
紅熟銅一千斤。
生銅二千斤。
生水牛皮一百張。
黄牛皮一百張。
錫五千斤。
牛觔二百斤。〈按会典、以上顔料仰於存留麦内折徴、則見非出土貢之数〉

XI。揚州府歳弁果品
蓮肉五百斤。核桃四千斤。銀杏三百斤。茴香三百斤。篆笋二千斤。菱米四百斤。
蒔蘿五千斤。葉茶五百斤。蜂蜜四百斤。

XII。揚州府歳弁黄蝋葉茶
黄蝋一千一百斤。芽茶一千四百斤。葉茶一千五百斤。

XIII。揚州府歳弁野味一千五十二隻。
解京天鵝六十二隻。高郵州三十隻、興化県五隻、宝応県二隻、泰州二十五隻。
解京活鹿二隻。泰州一隻、海門県一隻。
存留折鈔雁三百一十三隻。江都県二十隻、泰興県十八隻、高郵州六十三隻、興化県六十八隻、宝応県二十五隻、泰州一百五隻、如皐県六隻、海門県八隻。

鶺鴒九十七隻。泰州八十六隻、如皐県三隻、通州三隻、海門県五隻。

野鶏七十七隻。江都県十隻、泰興県三十二隻、宝応県七隻、通州二隻、海門県八隻。

鶺鵝三百一十三隻。江都県二十三隻、泰興県一百隻、宝応県二十九隻、泰州一百一十三隻、如皐県四隻、通州四十四隻。

獐一百九隻。江都県十隻、泰興県十隻、高郵州七隻、宝応県二十三隻、泰州二十隻、如皐県三十隻、通州七隻、海門県二隻。

兎一百五隻。江都県二十五隻、泰興県十三隻、高郵州十隻、宝応県九隻、如皐県八隻、通州四十隻。

XIV。揚州府歳造錐箭二万枝。〈此箭在軍政志歳造箭外〉

江都県二千枝、儀真県一千三百枝、泰興県一千八百枝、高郵州三千一百枝、興化県一千三百枝、宝応県一千五百枝、泰州三千一百枝、如皐県一千五百枝、通州三千一百枝、海門県県一千三百枝。

XV。揚州府歳弁軍器料銀一千一十一両八銭四分五毛。〈備造揚州等衛軍器〉

江都県一百七十五両九銭六分六厘。

儀真県八十七両九銭八分三厘。

泰興県二百六十三両九銭四分九厘。

高郵州一百三十一両九銭七分四厘五毛。

興化県四十三両九銭九分一厘五毛。

宝応県四十三両九銭九分一厘五毛。

泰州　四十三両九銭九分一厘五毛。

如皐県八十七両九銭八分三厘。

通州　四十三両九銭九分一厘五毛。

海門県八十七両九銭八分三厘。

XⅥ。揚州府歳弁塩鈔七十万六千六百五十七貫銅銭一百四十一万三千三百一十四文。

○解京鈔三十五万三千五百一十一貫五百文。

江都県四万二千七十三貫五百文。

泰興県一万三千七百八十六貫五百文。

儀真県七千一百七十貫。

高郵州三万五千四百九十一貫五百文。

宝応県二万三千二百二十九貫。

興化県二万三千二百八十四貫五百文。

泰州一十二万六十三貫。

如皐県一万九千四百六十一貫。

通州五万三貫五百文。

海門県七千六百三十二貫。

○存留鈔三十六万二千五百三十貫五百文。

江都県四万一千八百九十三貫五百文。

泰興県二万三千六百五十貫五百文。

儀真県一万七百四貫。

高郵州三万五千二百七十五貫五百文。

宝応県二万三千九十七貫。

興化県二万三千一百五十二貫五百文。
泰州一十一万九千八百九十五貫。
如皐県一万九千三百一十一貫。
通州五万四千八百四十七貫五百文。
海門県一万七百四貫。
○解京銅銭六十九万三千四百六十八文。
江都県八万四千一百四十七文。
泰興県二万七千五百七十三文。
儀真県一万四千三百四十文。
高郵州七万九百九十三文。
宝応県四万六千四百五十八文。
興化県四万六千五百六十九文。
泰州二十四万一百二十六文。
如皐県三万八千九百二十二文。
通州一十一万文。
海門県一万四千三百四十文。
○存留銅銭七十二万五千二十四文。
江都県八万三千七百八十七文。
泰興県四万七千三百文。

儀真県二万一千四百八文。
高郵州七万五百五十一文。
宝応県四万六千一百九十四文。
興化県四万六千一三百五文。
泰州二十三万九千七百九十文。
如皐県三万八千六百二十二文。
通州一十万九千六百五十九文。
海門県二万一千四百八文。

XⅦ。揚州府所属税課司局河泊所額弁課程鈔五十九万五千七百七十三貫四百一十九文五分。
在城税課司二十万九千六百九十六貫。
瓜州税課司二万九千八百九貫七文。
邵伯税課司二万一千一百三十貫。
儀真税課局五万五百二十八貫七十文。
泰興税課局二万五千五百三十五貫一百九十文。
高郵税課局二万七千五百四十六貫七十五文。
興化税課局一万八千四百七十貫五百九十五文。
宝応税課局一万二千九百七十九貫九百九文。
泰州税課局二万八千四百四十三貫四百三十文。
如皐税課局四千五百九十九貫八百二十三文。

通州税課局五万四千六百七十一貫四百五文。
海門税課局一千六百八十二貫八百文。
○江都河泊所二万二千六十貫。
高郵河泊所一万七千四百四十五貫六百四十文。
興化河泊所一万七千七百六十一貫五百三十文。
宝応河泊所九千九百九十三貫四百四十文。
泰州河泊所三万一千三百四十九貫一百四十文。
通州河泊所一万一千四百五十九貫三百六十五文。

XⅧ。揚州府歳弁解京薬材七百四十五斤十五両八銭。
江都県、半夏七十二斤、苦葶藶二斤四両、蛇牀子三斤九両六銭、蒔蘿一斤五両六銭、蘿蔔子一十二斤九両六銭、蒲黄二斤四両。
儀真県、半夏九斤、苦葶藶一十四両四銭、蛇牀子一十四両四銭、蒔蘿七両二銭、蘿蔔子一斤十二両八銭、蒲黄十四両四銭。
泰興県、半夏七十二斤、苦葶藶二斤四両、蛇牀子三斤九両六銭、蒔蘿一斤五両六銭、蘿蔔子一十四斤六両四銭、蒲黄二斤四両。
高郵州、半夏四十五斤、苦葶藶二斤十一両、蛇牀子三斤九両六銭、蒔蘿一斤五両六銭、蘿蔔子九斤十四両四銭、蒲黄二斤十一両二銭。
興化県、半夏四十五斤、苦葶藶二斤十一両二銭、蛇牀子三斤九両六銭、蒔蘿十四両四銭、蘿蔔子九斤十四両四銭、蒲黄二斤十一両二銭。
宝応県、半夏十八斤、苦葶藶十四両四銭、蛇牀子一斤十二両八銭、蒔蘿七両二銭、蘿蔔子三斤九両六銭、蒲黄十四両四銭。
泰州、半夏一百八斤、苦葶藶三斤九両六銭、蛇牀子五斤六両四銭、蒔蘿一斤十二両八銭、蘿蔔子一十九斤十二両、蒲黄三斤九両六銭。

如皐県、朴硝石一百三十五斤。

通州、半夏五十四斤、苦葶藶一斤十二両八銭、蛇牀子二斤十一両二銭、蒔蘿一十五両四銭、蘿蔔子一十三斤二銭、蒲黄二斤一両八銭。

海門県、半夏二十七斤、苦葶藶十四両四銭、蛇牀子一斤十二両八銭、蒔蘿七両二銭、蘿蔔子三斤九両六銭、蒲黄十四両四銭。

○解南京薬材八十二斤十四両四銭。

江都県、半夏八斤、苦葶藶四両、蛇牀子六両四銭、蒔蘿二両四銭、蒲黄四両、蘿蔔子一斤六両四銭。

儀真県、半夏一斤、苦葶藶一斤六両、蛇牀子一斤六両、蒔蘿八銭、蒲黄一両六銭、蘿蔔子三両二銭。

泰興県、半夏八斤、苦葶藶四両、蛇牀子六両四銭、蘿蔔子一斤九両六銭、蒲黄四両、蒔蘿二両四銭。

高郵州、半夏五斤、蒔蘿二両四銭、蛇牀子六両四銭、苦葶藶四両八銭、蒲黄四両八銭、蘿蔔子一斤一両六銭。

興化県、半夏五斤、苦葶藶四両八銭、蛇牀子六両四銭、蒔蘿一両六銭、蒲黄四両八銭、蘿蔔子一斤一両六銭。

宝応県、半夏二斤、苦葶藶一両六銭、蛇牀子三両二銭、蒔蘿八銭、蒲黄一両六銭、蘿蔔子六両四銭。

泰州、半夏一十二斤、苦葶藶六両四銭、蛇牀子九両六銭、蒔蘿三両二銭、蒲黄六両四銭、蘿蔔子二斤三両二銭。

如皐県、朴硝石一十五斤。

通州、半夏六斤、苦葶藶三両二銭、蛇牀子四両八銭、蒔蘿一両六銭、蒲黄三両二銭、蘿蔔子一斤八両。

海門県、半夏三斤、苦葶藶一両六銭、蛇牀子三両二銭、蒔蘿八銭、蒲黄一両六銭、蘿蔔子六両四銭。

XIX。揚州府歳派暦日紙価銀二十四両。

◎揚州府歳派椿草銀五百一十九両七銭。

江都県一十一浅、共、銀八十八両。

瓜洲閘壩、共、銀一百二十二両八銭。

清江閘壩、共、銀一百二十四両。

潮宗上下二閘、共、銀五両六銭。

儀真県　三浅、共、銀八十八両。

高郵州二十三浅、共、銀六十四両。

宝応県　九浅、共、銀一百三両二銭。

Ⅰは農桑、すなわち農桑絲絹である。具名は農桑絲折絹である。農桑についてはこれまでも議論された。(5) はじめ清水泰次氏が『明太祖実録』乙巳（一三六五年）六月乙卯条に「令を下して、凡そ農民の田五畝より十畝に至る者は桑麻木綿各半畝を栽え、十畝以上の者は之を倍とす。其の田多き者は率ね是を以て差と為せ。有司は親しく勧惰を臨督せよ。令の如からざる者は罰有り。桑を種えざるは絹一疋を出し、麻及び木綿を種えざるは麻布綿布を出さしむること各々一疋なり」という罰として課した絹布としたのに対して、山根幸夫氏は『明史稿』に「不種桑、出絹一疋、不種麻及木綿、出麻布・絹布各一疋。遂定桑麻科徴。此農桑絲絹所由起也」により、桑地に対して課せられた税と理解した。ただ、その税の名目は何かとなると、罰則の延長しか考えられない。それに対して、すでに前章で見たように「諸司職掌」工部の織造、叚疋に紅花や藍靛、烏梅ら染料顔料と共に挙げられている蚕絲湖州府六万斤が注目される。そして先の応天府の事例に見たように両税減免と引き替えに野味負担を受けたと同じように、湖絲にしても揚州等の農桑負担にしてもその負担が特別に指定されたのであろう。だから実質は両税だとも言えるが、関係部局が工部関係である点が重要である。この点はⅡの揚州府歳造叚疋各色紵絲二百三十疋、生絲絹七百疋、Ⅲの揚州府歳派羅叚三百一十疋、Ⅳの揚州府歳弁藍靛二万斤にも共通する。科絲のほか、叚疋各色紵絲・歳派羅叚・歳弁藍靛、すべて工部関連部局の産地指定を受けた指定銘柄産品である。なお、Ⅱの揚州府歳造叚疋各色紵絲には割註として、「此歳造出於桑絲者、与後派買不同。生絲絹乃上折絹外、細密絲絹耳。」とあるのはこの間の経緯を雄弁に物語る。Ⅲの揚州府歳派羅叚三百一十疋は江都県の大紅紵絲一十六疋、深青紵絲六疋、大紅線羅一十一疋、青線羅一十六疋以下、高級絹製品である。

さて、次のⅤの揚州府歳弁茭苗苕帚一千五百把は「諸司職掌」工部、船隻の一、鮮船に挙げられていた南京各該衙門、毎年進貢等項物件、共三十起、用船一百六十二隻に関連する物品であろう。これも工部関連である。

次にⅥの揚州府歳弁皮翎一万六千六百張根、皮六千六百張、翎毛一万根は本章が主題にしている明代貢物、御用物品の中核的物品三種の内二種、皮張と翎毛である。各県は三種、または二種の皮張だけ、あるいはそれに加えて翎毛の負担をする。皮張は翎皮、羊皮、麂皮であるが、宝応県には獐皮七十二張・羊皮四十五張・麂皮四十四張の上に、水獺猫皮五十張・野猫皮二十九張・獾皮六十五張などの特殊皮張が挙げられている。

次にⅦの揚州府歳弁魚油翎鰾黄白麻熟鉄の項目はまず、江都県、黄麻一千八百六十七斤十両、白麻三十二斤十二両二銭二分、桐油八十八斤四両、魚鰾三十三斤八両六銭八分二厘、鵝翎毛二万四千五百四十三根とあるが、黄麻・白麻・桐油と魚鰾、及び鵝翎毛である。この鵝翎毛が先のⅥの揚州府歳弁皮翎の翎毛との区別は何かといえば、先のⅥは皮張とともに用いる高級品、Ⅶは黄麻・白麻・桐油と魚鰾と同様に用いる工業原料用品である。なお、高郵州や興化県には魚線膠とあり、また熟鉄、鉄製品も見える。[6]

次にⅧは揚州府所属河泊所歳弁魚油翎鰾黄白麻熟鉄であるが、河泊所について専論する次章で扱う。

次にⅨは揚州府歳弁蒲草一万斤、Ⅹは揚州府歳弁顔料であるが、これらもすでに述べたところに関係する工業用材料、原料である。ⅩⅠは揚州府歳弁果品で蓮肉五百斤・核桃四千斤・銀杏三百斤・茴香三百斤・榛笋二千斤・菱米四百斤・葧蘿五千斤・葉茶五百斤・蜂蜜四百斤であるが、先のⅤの揚州府歳弁茭苗苕帚と同様に、「諸司職掌」工部、船隻の一、鮮船に挙げられていた南京各該衙門、毎年進貢等項物件に関連する。これも工部関連である。ⅩⅡの揚州府歳弁黄蝋葉茶も同様な献上品であるが、細目は黄蝋、芽茶、葉茶等である。

さて、ⅩⅢの揚州府歳弁野味一千五十二隻は野味であるが、解京天鵝六十二隻、高郵州三十隻、興化県五隻、宝応県二隻、泰州二十五隻、解京活鹿二隻。泰州一隻、海門県一隻と北京・南京工部へ起運するものをまず挙げ、次に存留分を示すがそれらはすでに折鈔されたものが多く挙げられている。すなわち存留折鈔分は雁、鵏鵽、鶬鶊、獐、兎で各州県すべてに割付けがある。

次にXIVの揚州府歳造錐箭二万枝は割註に此箭は軍政志歳造の箭の外に在りというから、やはり規定以外の御用、献上品である。各州県一千枝台、二千枝台、三千台と様々である。

次にXVの揚州府歳弁軍器料銀一千一十一両八銭四分五毛。これは割註に揚州等衛の軍器に備造するとある。各州県に銀額が挙げられている。

次にXVIの揚州府歳弁塩鈔七十万六千六百五十七貫、銅銭一百四十一万三千三百一十四文、解京鈔三十五万三千五百一十一貫五百文は塩税関係である。

次にXVIIIの揚州府歳弁解京薬材七百四十五斤十五両八銭は江都県に半夏七十二斤、苦葶藶二斤四両、蛇牀子三斤九両六銭、蒔蘿一斤五両六銭、蘿蔔子一十二斤九両六銭、蒲黄二斤四両と薬剤の種類とそれぞれの価値が示されている。

最後にXIXの揚州府歳派暦日紙価銀二十四両は紙劄関係でこれも工部である。またその続きには揚州府歳派椿草銀五百一十九両七銭等が見えるが、銀納形態なのでここでは割愛する。以上、明代南直隷揚州府の野味・皮張・翎毛等の御用・国用情況であるが、ここには明代前中期における野味・皮張・翎毛等の御用・国用・国用情況の典型が示されている。ただ、結論を出す前に、さらに他処の事例を挙げよう。

⑦揚州府通州の万暦『通州志』巻四、物土志、貢賦には、

貢賦之目五、曰歳進、曰歳造、曰歳弁、曰歳派、曰額。

徴歳進、䴉鸕三隻、鶺鴒四十四隻、野鶏二十隻、兎十四隻、獐七隻。鰳九十九尾、相伝初進百尾上、以其一賜漁者。

歳造、紵絲二十七疋、生絲絹一百一十疋、箭三千一百枝、歳審価銀六十両四銭五分。

〈Ⅱ揚州府歳造叚疋各色紵絲二百三十疋、生絲絹七百疋。〈割註　此歳造出於桑絲者、与後派買不同。生絲絹乃上折絹外、細密絲絹耳。〉

通州、紵絲三十七疋、生絲絹一百一十疋。

歳弁、鹿皮一百五十張、獐皮四百七十張、羊皮一百五十張、藍靛三千五百斤、歳審価銀七十六両二銭五分。今添水脚銀一両五銭二分五厘。

〔Ⅵ　揚州府歳弁皮翎一万六千六百張根、皮六千六百張、翎毛一万根。

通州、獐皮四百七十張、羊皮一百五十張、鹿皮一十張。〕

〔Ⅳ　揚州府歳弁藍靛二万斤。

通州、三千五百斤。〕

茭蒂二百三十五把、歳審価銀五両六銭二分五厘。今添水脚銀八分四厘三毛七糸五忽。

〔Ⅴ　揚州府歳弁茭苗苕蒂一千五百把。

通州、二百三十五把。〕

蒲草、二千三百八十斤、歳審価銀三十五両七銭。今添水脚銀一両七分一厘。

臘茶料銀一百一十三両六銭四分。水脚銀三両四銭九厘二毛。

菉笋料銀五十六両六銭、水脚銀一両六銭九分八厘。

牲口上下半年銀三百八十一両三銭、水脚銀八両四銭三分九厘。

胖衣価銀一百三十八両五銭二分五厘六毛。

磚料銀一百七十七両三銭四分九厘、水脚銀三両五銭四分六厘九毛八糸。

これは先の⑥揚州府の嘉靖『惟揚志』巻八、田賦志、徴弁、国朝揚州府額設と大体対応が可能である。その作業のために、先の同府の徴収物品体系を便宜的にⅠからⅩⅨに分類した数字を史料中に入れた。それでも、歳進はともかくとして、歳造には銀納化が、歳弁には銀納と水脚銀、輸送費の付加があることが明中期以降の銀差力差の均徭法改革後の形態であることを示している。問題は銀納化の一般的趨勢にも拘わらず本色現物上納が依然として存続することだろう。この点は次節でも説明したい。

⑧揚州府通州海門県の嘉靖『海門県志』巻四、食貨志、歳弁に、

鹿皮五張、獐皮一百有六十張、藍靛一千斤、羊皮一百有五張、薬材六味、茭蓆七十有五把。軍器銀八十有七両九銭八分三厘。

これも銀納化が進展しているのか、現物が残っているのか一見しても不明だが、鹿皮五張、獐皮一百有六十張、藍靛一千斤、羊皮一百有五張等が軍器銀八十有七両九銭八分三厘というのは値が安すぎるから別物と理解した方がよい。鹿皮五張、獐皮一百有六十張、藍靛一千斤、羊皮一百有五張、薬材六味、茭蓆七十有五把と軍器銀八十有七両九銭八分三厘の二者の負担があり、前者の存在は見られたとすべきであろう。これも先の嘉靖『惟揚志』巻八、田賦志、徴弁と比較して見ると、Ⅵの揚州府歳弁皮翎一万六千六百張根、皮六千六百張、翎毛一万根。海門県、獐皮一百六十張、羊皮一十五張、鹿皮五張、Ⅳの揚州府歳弁藍靛二万斤、海門県、一千斤、Ⅴの揚州府歳弁茭苗苕蒂一千五百把。海門県、七十五把、等々で数字に差異が見られ、かえって同県の負担が増大していることが分かる。

⑨南直隷、江蘇、淮安府海州の隆慶『海州志』巻三、戸賦、土貢には、

按旧志、上貢之物、

曰桑絲二千六十二両四銭二分。

曰野味、獐五十五隻、麂二隻、兎二十隻、鶺鴒二十箇、鵁鶄四隻、雁二十隻、

曰薬餌、骨砕補十斤、黄芩三十斤、

曰皮張、獐皮二百七十八張、麂皮一十張、鹿皮三千一張、貉皮一十張、山羊皮二十九張、

曰翎毛、四万一千一百九十根、箭枝二千九百八十三枝。

此即周官内外府王府所掌良貨賄邦、布以待邦用者、謂之任土作貢。国初解納本色京師、富商大賈、聚物以索高価。各郡県解至者、又責以不中程式。而折耗者、多今皆編入里甲、徴銀解府類解矣。故志之以備旧制云。

海州志では上貢の物を桑絲・野味・薬餌・皮張・翎毛としている。最も基本的な分類である。なお、歳進の貢物は国初は本色を京師に解納していたが、富商大賈が上納品を独占して値をつり上げた。そこで郡県の上納責任者は多く里甲に割付負担させ、徴銀を輸送す

るようになっていると言う。ただ、国初の本色負担が里甲の役、特に里甲正役であったとも言っていないが、そうでなかったとも言っていない。ここでは均徭法後に銀納が里甲に割り付けられた、あるいは里甲銀の一部になったというだけである。

⑩寧国府の嘉靖『寧国府志』巻六、職貢紀に、

歳貢之目五、一曰物料、二曰緞疋、三曰軍器、四曰方物、五曰野味。

物料一十四項、〈割註〉毎歳弐硃料坐派銀一千九百八十五両七銭有奇。

○臘茶料坐派銀二百四十両有奇、内茶係採弁無価。

○核桂等料坐派銀三百九十八両、以上倶解戸部。

○蜂蜜料坐派銀三十七両四銭有奇、解南京戸部。

○肥猪肥鵞料坐派銀一千四十一両、解礼部。

○薬味薬材料額弁銀二百四十九両九銭、内一百八十一両三銭有奇、解礼部。六十八両六銭有奇、解南京礼部。

○暦日紙料坐派銀一百三十八両有奇、解南京礼部。

○鹿皮料額弁銀二千両。

○白硝鹿皮料坐派銀七百三十二両四銭有奇。

○箭枝料額弁銀三百九十両。

○烏梅料額弁銀八十四両。以上、倶解工部。

○修城料額弁銀四百両。

○竹掃箒銀料額弁銀両。

○活鹿坐派銀一十八両、以上、倶解南京工部。各項料銀転派六県徴解。

凡物料額弁者、歳有恒数。惟坐派則贏縮不斉一。視部劄所徴応之。今具見数如左。

別有山羊・松木・黒鉛・金箔・猫竹・絲線・綾紬、修理家火等、料為価、幾至四千両。或間歳・数歳時一派徴、故略之。

緞疋、本府織染局。……凡織造惟素緞、局匠自為之。織金非其所習。故常買諸他郡。

軍器、宣州衛。……凡軍器成必送府、覈其如式与否、而後遣之。

方物。

宣城、歳進雪梨四十斤、解南京礼部。○木瓜、上等一千八百箇、中等五百箇、下等二百箇、又乾瓜十斤、倶解礼部。○酒瓶一十二万箇、内、一十一万五千箇解儀真抽分廠、転解工部。五千箇解南京工部。

太平、黄連二十斤、解礼部。

凡貢雪梨用立秋後五日、木瓜霜降後一日、黄連酒瓶歳一輸進、不限以時。初瓶尽輸南京、醸酒以進。近用廷議、詔大官（宦官）自醸、瓶遂転入京師。又雪梨旧嘗進御、頗以遠致為艱。正徳辛巳、巡按御史王君完、始奏免之。惟南京太廟薦新如故。

（下略）

野味、
宣城、歳弁天鵞四隻、折鈔六百貫。○鶺鴒三十隻、折鈔一百三十五貫。○班鳩十三隻、折鈔六十五貫。○兎八隻、折鈔一百二十貫。○雁二隻、折鈔二十四貫。○野鶏二隻、折鈔一十四貫。○獐四隻、折鈔一百六十貫。○共折銀三両七銭。

南陵、鵁鶄四隻、折鈔六十貫。○麂九隻、折鈔四百五十貫。○活鹿四隻、折鈔二千四百貫。○兎六隻。○獐六隻。○雁四隻。○野鶏一隻。以上折徴鈔銀、以宣城為差。

太平、鶺鴒八隻。○麂四隻。○兎二隻。以上折徴鈔銀、以宣城為差。

凡野味、地不恒産、並以鈔折。鈔法既格、故又徴銀。惟宣・南以天鵞・活鹿之直、輸于工部、余悉儲之府庫、備歳費焉。

右貢自方物之外、類乖任土之義。朝廷責貢于郡、郡責財于民。民以財克貢。故有軍需之征。其法取闔郡之丁与田而籍之。


ここでも歳貢之目を五、一曰物料、二曰緞疋、三曰軍器、四曰方物、五曰野味としている。なお、北京戸部・礼部・工部へ解納する物品と南京戸部・礼部・工部へ納入する物品の区別が注記で明確に示されている。ただ、物料一十四項も注記によれば毎歳坐派銀が示され、また野味も折鈔貫高が記されて銀納の進展が窺える。緞疋、軍器、方物が現物納であったようである。緞疋について、「本府織染局。……凡そ織造は惟だ素緞、局匠自らこれを為る。織金は其の習う所に非ず。故に常に諸を他郡に買う」という重要な事実を指摘している。寧国府の織染局では織造局が用意した素緞を織染局所属の匠戸がこれを染める。織金は府内に技能習得者が居ないので割り付け分を他府から調達するという。

方物については具体的な事情が指摘される。宣城県では、歳進雪梨四十斤を南京礼部へ、木瓜の上等一千八百箇、中等五百箇、下等二百箇と乾瓜十斤を共に北京礼部へ、酒瓶一十二万箇、内、一十一万五千箇は儀真抽分廠を解り、転じて北京工部へ解り、五千箇を南京工部へ解るという。次に太平県では、黄連二十斤を北京礼部へ解ると定めた。そして次にそれぞれの納入方をいう。方物の説明では、凡そ貢ぎの雪梨は立秋後五日を用い、木瓜は霜降後の一日なり、黄連酒瓶は歳ごとに一輸進し、限るに時を以てせず。初瓶は尽く南京に輸し、醸酒以て進む。近く廷議を用い、大官（宦官）に詔して自ら醸せしめ、瓶は遂に転入京師に転入した。また雪梨は旧と嘗て進御したが、頗る以て遠く致て艱と為すとした。正徳辛巳十六年（一五二一）、巡按御史王君完は、始めて之を免ぜんことを奏した。惟だ南京太廟の薦新は故の如しであるとする。そして以下に割り注に以下の奏文略を挙げる。

査得按属宣城毎歳貢梨四十斤、進太廟薦新。又用四千五百斤、解赴礼部転進。内府分賜各衙門食用。此以下奉上、非泰也。第嘗考之、会典止開南京供薦、未有進北京之文。臣聞、前梨其色味固与諸梨同也。士民矯揉其色、名之曰雪梨。実欲賈虚誉、以罔市利。聖祖定鼎金陵、毎歳僅擬梨四十斤、宣城近在畿服、任負可至、雖多取将不為雪則寡取之。聖祖愛民之仁、蓋欲節其力而不尽也。於時、如直隷河間幷山東等処、亦有脆白等梨、香美甲於天下、而不以紀貢者、地遠民労、無益而有損故也。厥後遷都冀北、於河間等処最近、亦猶宣城之於金陵、又何舎近図遠、尚爾取弁於宣城雪梨乎。況此梨者、毎二十斤計可一簍。一簍之費、雖百銭未了也。顧船七隻支銀一百二十六両、官一員部之、給盤纏三十両園戸四名、盤纏百倍于官。較其梨価纔十分之一耳。果何益哉。幸而抵京、則経該内官生事需索、少不如意、動輒指摘解領之失、往往逮繫、瘦死于獄、無所抵告。吁以一梨之微。偶因獲薦庭、実而其流之禍、至於如此。君門万里、其誰赴愬之哉。臣思、此梨専為薦新。而設寧神之道、莫大於得四表之懽心。今以一貢、而宣民疲于奔命。労民傷財、鋳為怒府。伏望皇上、遠祖三代慎徳之道、近守祖宗仁義之法、毅然賜罷、永為蠲除。以培我国家仁寿之脉於億万斯年、豈非一盛徳事哉。奉聖旨、是南京太廟薦新照旧弁。解進貢到京的、既過時朽敗。以後不必進。礼部知道。欽此。

査得たる按属の宣城は歳ごとに梨四十斤を貢ぎ、太廟に進め新を薦る。又た四千五百斤を用いて、解りて礼部に赴き転進す。内府は分けて各衙門に賜り食用とす。此れ下を以て上に奉る、泰に非ざるなり也。第だ嘗て之を考するに、会典は止だ南京供薦と開くのみにして、未だ北京に進むの文有らず。臣聞く、前梨は其の色と味固り諸梨と同じきなり。士民は其の色を矯揉して、之を名づけて雪梨と曰う。実は虚誉を買り以て市の利を罔せんと欲す。聖祖は金陵に定鼎するや、歳ごとに僅に梨四十斤を擬すのみにして、宣城は近在の畿服、任負至る可く、多く取ると雖も将て虐と為さざれば則ち寡くこれを取る。聖祖の愛民の仁、蓋し其の力を節して尽さざらんと欲すればなり。時に於いて、直隷の河間幷に山東等処の如きは、亦た脆白等の梨有り、香美は天下に甲たり、而して以て貢に紀さざるは、地は遠く民は労し、益無くして損有る故なればなり。厥の後に都を冀北に遷し、河間等の処に於いて最も近き、亦た猶お宣城の金陵に於けるがごとく、又何ぞ近を舎てて遠を図り、尚爾として宣城に雪梨を取弁せんか。況や此の梨は、二十斤の計ごとに一簍なる可し。一簍の費、百銭と雖も未だ了らざるなり。船七隻を顧うは銀一百二十六両を支し、官の一員之を部し、盤纏三十両を園戸四名に給し、盤纏は官に百倍す。其の梨価に較べ纔に十分の一なるのみ。果たして何の益あらんか。幸にして京に抵れば、則ち該の内官の事を生じて需索するを経、少しく意の如くならざれば、動ともすれば輒ち解領の失を指摘され、往往にして逮繫せられて、獄に瘐死するも、抵告する所無し。吁あ一梨の微を以て、偶ま獲薦庭実に因り、而して其の流の禍は、此の如きに至る。君門万里、其れ誰か赴きてこれを愬んか。臣思う、此の梨は専ら薦新と為す。而して神を寧ずるの道を設くるは、四表の懽心を得るより大なるは莫し。今一貢を以て、而して民は奔命に疲ると宣ぶ。民を労し財を傷つけ、鋳して怒府と為す。伏して望むは皇上、遠くは三代慎徳の道を祖とし、近くは祖宗仁義の法を守り、毅然として賜罷め、永く蠲除と為さんことを。以て我が国家の仁寿の脉を億万斯年に培うは、豈に一盛徳の事の非ざらんか。奉じたる聖旨に、是れ南京太廟の薦新は、旧に照らして弁ぜよ。解りて進貢して京に到る的は、既に時を過ぎて朽敗せり。以後は必ずしも進めず。礼部は知道せよ。此を欽めとあり。明太祖時期における宣城県歳進雪梨の貢献の由緒と北京遷都後の問題点、そしてそれが宦官の餌食になる過程とその廃止に至る顚末が具体的に語られるのである。

⑪徽州府、弘治十五年（一五〇二）『徽州府志』巻二、食貨一、土貢に、

皮張

翎毛〈以下、二行細註〉

洪武九年、

本府毎歳捕獣戸九十四、毎戸弁虎皮一張、雑皮九張、共、皮九百四十張。

捕禽戸九、毎戸弁翎毛四千根、共、三万六千根。

歙県　捕獣戸四十七、毎戸弁雑皮四百二十三張、虎皮四十七張。

捕禽戸五、共、弁翎毛二万根。

休寧県　捕獣戸十九、毎戸弁雑皮九張、虎皮一張、共、皮一百九十張。

捕禽戸四、毎戸弁六梢翎毛四千根、共、一万六千根。

婺源県　捕戸歳弁帯毛退毛雑軟皮二百九十張。

祁門県　捕戸一十一、毎戸弁虎皮一張、雑皮九張、共、皮一百一十張。

黟県　捕戸一十七、毎戸弁雑皮九張、虎皮一張、共、皮一百七十張。

績渓県　捕戸、弁帯毛退毛雑軟皮一百七十張。

○右洪武九年郡志所載如此。按正統年間続志又載。

国初土貢。

歙県、活麂五隻、活兎七隻、活鶉鳩一百隻、帯毛退毛雑軟皮一千一百九十二張、翎毛二万九千六百三十枚。
休寧県、活玉面貍八隻、活九節貍一十二隻、活土翎貍一隻、活鶉鳩三十隻、帯毛退毛雑軟皮七百三十四張、翎毛二万三百七十枚。
婺源県、帯毛退毛雑軟皮二百九十張。
祁門県、活兎十三隻、活玉面貍一隻、活九節貍三隻、香貍一隻、帯毛退毛雑軟皮三百三十張。
黟県、活兎十一隻、活玉面貍三隻、活九節貍二隻、香貍四隻、帯毛退毛雑軟皮二百八十四張。
績渓県、帯毛退毛雑軟皮一百七十張。

与洪武九年郡志不合、続志所載必是洪武以前未定之額。又按黟県志載、正統年間捕戸耗除、奉工部勘合、准令野味変易価鈔、送府庫交納皮張減数、止貢帯毛退毛雑軟等皮。其余五県志、雖不載、要之事同一体。又査得即今各県捕戸、毎歳止各供応祭祀麂兎、再無野味価鈔及皮張等貢。但不知何年蠲減。

上供紙、本府。
歙県、毎月解納榜紙四千八百張。
休寧県、毎月解納榜紙三千八百張。
績渓県、毎月解納榜紙一千張。
其余各色紙毎年有用、則以時估給価。和買無定額、無定色。
上供帛、自国初己亥年始。毎月織造紵絲四十二疋。至洪武六年、改造紬絹毎月額織造絹二百九十二疋、紬二十五疋、共、三百一十七疋。洪武二十二年、住罷人匠起取赴京、住坐機張房屋倒塌無存。永楽元年、奉工部基字四百三十六号勘合劄付、復設織染局、置立官堂作匠、官買荒絲・顔料、歳造青紅緑三色光素串四紵絲七百二十一疋、吐絲四十五觔一両、煉熟三十四觔八両、打成絮胎二十二条、類絲六十七觔九両五錢。閏月加造、紵絲五十九疋、絮胎二十二条、類絲五觔八両五錢。以後、毎年額造深青黒緑丹礬紅三色光素紵絲、共七百二十四疋、深青二百四十疋、黒緑二百四十疋、丹礬紅二百四十一疋、通共該荒絲・顔料価銀二千二百六十六両九銭七分、毎閏月年加造五十九疋、三色均加。惟紅多一疋、合用荒絲・顔料価銀、坐派六県里甲弁納。歙県該絲料八百五十三觔五両九銭三分六厘七毛、休寧県該絲料一百三十三觔一十三両七銭一分六厘八毛、婺源県該絲料五百二十三觔一十三両六銭二分四厘五毛、祁門県該絲料一百九十四觔五両三銭一分二厘三毛、黟県該絲料九十七觔二両六銭五分八厘二毛、績渓県該絲料九十五觔八銭五分九厘三毛。

皮張、翎毛、土貢、上供紙、上供帛と明初の徽州府は典型的な割付けを受けていた。皮張翎毛の納入にはそれ以下二行の細註によれば、洪武九年、いずれも所属各県の捕獣戸が虎皮、雑皮、帯毛退毛雑軟皮等の皮張を調達し、捕禽戸が翎毛を弁じていた。虎は貴重である。なお、末尾に右は洪武九年郡志所載如此。按正統年間続志又載とあって、徽州府では正統年間（一四三六～四九）までは明初の状態が続いたという。次に国初の土貢としては活麂、活兎、活鵓鳩、活玉面狸、活九節狸、活土貛狸、香狸等の野味、帯毛退毛雑軟皮の皮張、及び翎毛の割当てがあった。南直隷の中核府としての負担が窺える。ただ、その各県内訳は徽州府志の各年次作成志により差違があり、さらに黟県志の記載によれば、正統年間に捕戸が耗除され、工部の勘合を奉じて野味を価鈔に変易することが准されたという。上供紙、上供帛には変更はなかったようである。

⑫鳳陽府寿州の嘉靖『寿州志』巻四、食貨志、貢賦に、

州　歳進〈野味〉、天鵞二十隻、賀鶴四隻、鷀鸕十隻、雁十三隻。

〈薬材〉、北京桔梗五百四十斤、玄参九斤、紫胡九十斤。

南京桔梗六十斤、玄参一斤、紫胡十斤。

霍丘県、〈薬材〉、北京桔梗九斤、玄参一斤、紫胡九斤。

南京桔梗八十一斤、玄参八斤、紫胡九斤。

州歳弁、雑皮二百三十張、翎毛八千根、黄草根三百斤、胖襖四十一副四分、鞋褲如襖数。

蒙城県、雑皮一百四十張、翎毛二千根、黄草根三十六斤、胖襖十四副、鞋褲如数。

霍丘県、雑皮五十九張、胖襖十六副七分、鞋褲如数。

寿州、蒙城県、霍丘県も歳進の野味に天鵞、賀鶴、鵁鶄、雁があり、附属として薬材各種が北京・南京に分けて上納を指定され、雑皮、翎毛も型通りである。黄草、胖襖、鞋褲が注目される。良質な生糸絹を産出する地域でないためであろう。

⑬鳳陽府天長県の嘉靖『天長県志』巻三、田賦、歳弁、

歳弁退毛硝熟皮二十張、鹿皮十五張、羊皮四張、獐皮一張。

歳弁黄草根二十五斤、歳時首宿種子一都九升。

寿州附近の同じ鳳陽府の事例である。割付けは零細である。

⑭南京南方の広徳州建平県の嘉靖『建平県志』巻二、田賦志、土貢に、

芽茶二十五斤。

歳弁、茯苓二百二十斤。野味六十一隻、折鈔七十一定、収貯本県官庫。雑色皮六百六十六張、折造胖衣褲鞋六十七副。翎毛三千三百三十三根、折鈔一十三定一貫六百六十文、収貯本県官庫。

芽茶が特産物であろう。野味、皮張、翎毛は折鈔とされている。

⑮直隷潁州の正徳『潁州志』巻三、貢賦には、

天順六年、桑絲折絹四十五匹零二丈七寸。

成化八年、桑絲折絹六十四匹零七尺八寸。

帯毛硝熟貉皮一十五張。

退毛硝熟羊皮五十二張。

退毛硝熟獐皮一十五張。

退毛硝熟牛犢皮一張。

黄草根四十六斤。

成化十八年桑絲折絹七十二匹零一丈。

歳弁各色皮張共八十三張。

帯毛硝熟貉皮一十五張。

退毛硝熟羊皮五十二張。

退毛硝熟獐皮一十五張。

退毛硝熟牛犢皮一張。

黄草根四十六斤。

成化十八年（一四八二）まで皮張・黄草根は本色納である。桑絲折絹も変化がない。

以上が南直隷の事例であるが、各府県とも成化・弘治時期の明中期には折鈔、さらに銀納化は相当に進展していた。ただ、生糸・絹のほか、各種土産に良質な特産物が多いことは本色での納入を継続させている。また南京附近であって、南京太廟に貢献する由緒を有するものと、大運河船隻で運ばれる指定物資を産出する府州県が集中していた。銀納化は単純ではない。

【浙江】

①浙江、紹興府浦江県の万暦『浦江県志』巻五、財賦志、貢賦に、

大明永楽中歳進・歳弁之征。

活玉面狸二尾、活鷳二隻、茶芽二觔。以上係歳進。

皮張、雑色毛皮一千一百四十六張。

翎毛二万七千根。

弓張、弓一百八十張、箭一千八百根、弦九百条。

薬材、半夏三十八斤、山梔子二十七斤、穿山甲六両、薏苡仁四斤八両、前胡三十八斤、牛膝南星一十五両、半夏麹二斤、天門冬三斤、蔓荊子一斤六両。

顔料、槐花一百一十斤、梔子七十斤、烏梅三百斤。

桑穣、八千九百斤。

荒絲、六百二斤一十二両、解赴本府局織造羅叚正額五百五十六斤六両一銭五分四厘、閏月四十六斤五両八銭四分六厘。

暦日紙、天字号黄紙二千一百八張、白紙四万六百八十三張、暑字号黄紙三百三十張、白紙二万一千九百張。以上係歳弁。

大明永楽中の歳進・歳弁之征である。まず歳進として、活玉面狸二尾、活鷴二隻、茶芽二觔が以上は歳進に係わるとするが野味である。次に皮張が雑色毛皮一千一百四十六張、翎毛が二万七千根と三点セットが揃っている。そして弓張が弓一百八十張、箭一千八百根、弦九百条の三種、薬材が半夏三十八斤、山梔子二十七斤、穿山甲六両、薏苡仁四斤八両、前胡三十八斤、牛膝南星一十五両、半夏麹二斤、天門冬三斤、蔓荊子一斤六両と各種あり、顔料は槐花一百一十斤、梔子七十斤、烏梅三百斤とある。桑穣とは桑の枝の皮からとった繊維で、製紙の材料となる。(7) 特に大明宝鈔の材料になるというので洪武八年に詔で民間に桑穣の栽培が命じられた。(8) 桑穣八千九百斤。さて、次に荒絲六百二斤一十二両とあるが、荒絲とは粗製の絲のことである。これが本府紹興府に解赴されて織造局で羅叚に製造された。その額が五百五十六斤六両一銭五分四厘、閏月には四十六斤五両八銭四分六厘の増しが付く。最後は紙劄の暦日紙、天字号黄紙二千一百八張と白紙四万六百八十三張、暑字号黄紙三百三十張、白紙二万一千九百張と各種あり。以上が歳弁に係わるという。大明永楽中の歳進・歳弁之征というのは、本節冒頭に挙げた浙江、温州府楽清県の永楽『楽清県志』巻三、貢、国朝の記事を前提にしているが内容的に全く同じ構成である。これを項目的に類似の地志を以下に挙げよう。

②台州府黄巌県の万暦『黄巌県志』巻三、食貨志、貢賦、皇明に、

洪武初、歳供、旧亦曰歳貢。

海物、石首魚・鋭魚・鯔魚・鱸魚・螟乾・白鮝・泥螺。後悉罷。惟貢茶芽六斤。

歳弁。

薬材、白朮六十二斤八両。

顔料、靛青一十九斤一十二両・猪胰三斤五両・棓子八斤六両三銭二分・明礬七斤九両六銭・槐花九斤八両六銭・黄梔二斤十一両・

木紫二百斤。

皮張。

弓張、弓五百五十張、弦二千七百五十条、箭四千五百九十枝。

翎毛、七万九千三百一十根。

農桑、六千九十八株。該料絲四十三斤一十一両八銭、折絹三十四疋二丈九尺四寸。

暦日紙、天字号黄紙二千六百四十四張、白紙四万五千一百九十三張、暑字号白紙四万七千八百五十五張。

弘治以来歳弁額、叚疋丹礬・紅深青黒墨顔料・荒絲・靛青・緋丹・明礬・猪胰・木紫・槐花・木洗練等灰、銀一百五十八両四銭三分。

嘉靖間、増至二百七十二両七厘七毛二糸。

農桑絲絹二十一疋一丈八尺。

弓箭弦翎、弓三百三十四張、弦一千六百六十五条、箭二千七百八十枝、翎毛一万六千六百二十四根。

皮張、雑色皮三十四張。嘉靖間、増至二百四十一両二銭二分二厘。

薬材、白朮三十七斤・粟殼一十八斤・半夏麹二斤・台芎七十六斤・生地黄三十斤・猪牙皀角二斤・茶芽四斤。

暦日紙、南京黄白一万七百五十九張、使司黄白、共、二万四千八百八十張。

黒煤一十一斤十両・黄丹一斤十両。

牲口肥猪三十一口、銀五十四両、肥鵞九十二隻、銀二十七両六銭。

台州府は温州府の北隣の府である。楽清県の永楽『楽清県志』と全く同じ構成である。ただ、最初の一般に歳進とする貢物を歳供、旧と亦歳貢と曰うとある。

③台州府太平県の嘉靖『太平県志』巻三、食貨志、貢賦、国朝に、

洪武初、歳供、旧亦曰歳貢。

海錯、石首魚・鯔魚・鰻魚・鋭魚・鱸魚・黄鱝魚・龍頭魚・海鱝魚・銀魚・蝦米・泥螺・水母線・螟乾・白鰣・蚶。

茶芽・蜂蜜・黄蝋・薬味・肥猪肥鵞・火燻猪肉。

歳弁、叚匹、皮張、暦日紙、顔料、弓矢弦翎。

弘治以来額弁派弁物料、凡民出其土之所有、以供上用、謂之歳弁。今謂之額弁。皆有常数。其或非土所有則官給価鈔、或折税糧。

今民収買送官、謂之買弁。後因鈔価、多為吏胥所侵、恵不及民。由是不復支給故直、謂之派弁。

叚疋、折白銀一百二十二両六銭六分八厘。

顔料、米一百三十八石八斗八升八合三勺。

弓、二百十六張、箭一千八百一十枝、弦一千八十五条。已上三項、共銀二百三十九両六銭九分六厘四毛。

魚油、折解銀硃五斤八両九銭七分八厘。

翎鰾、折解黄麻二十一斤六両一銭九分四厘

皮張、雑色皮二十三張、折銀二百九両七銭九分九厘一毛。

薬材、白朮二十五斤・台芎五十斤・猪牙皀角一斤・粟殻一十二斤・半夏麺一斤・生地黄二十斤、価銀二両六銭三分二厘。

茶芽、二斤四両、内四両折耗。

暦日紙、価銀一十七両四銭七分二厘。

前の②の万暦『黄巌県志』と同じ内容構成である。太平県志は嘉靖の成立で、黄巌県志が太平県志を参考にしたであろう。魚油、翎

鰾、皮張は折銀額が示されている。

④浙江、厳州府淳安県の嘉靖『淳安県志』巻四、貢賦、国朝に、

茶芽五斤、蓮心、野味二十四隻、

薬材、茯苓四百七十斤七両、呉茱萸一十二斤四両、菝葜一十二両六銭四分。

顔料、槐花一百二十斤、烏梅一百五十斤、梔子三十五斤。

翎毛、四万五千根。

皮張、五百八十八張。

暦日紙、歳無常数。

弓張、四百九十八張、随弓弦二千四百九十二条、毎歳弁料解府、発雑造局造解。

叚疋各色光素紵絲二百四十七疋三丈一尺八寸、毎歳弁料解府、発織染局造解。

これも、明代初期、永楽時代の内容をよく伝えている。

⑤浙江、温州府の嘉靖『温州府志』巻三、貢賦に、

歳進、茶芽二十斤、永嘉・楽清各十斤。石首魚・龍頭魚・鯗魚・鱸魚・黄鯽魚・鯔魚・鰻魚・蝦米・蟛蜞・亀脚・殼菜・石髪菜・水母線・金橘・金荳・生葛。

石首魚以下、永嘉・瑞安・楽清・平陽、旧各貢所有。今上即位、悉罷。

ここの歳進は典型的な土産である。今上、嘉靖帝即位とともに旧の貢は罷められたという。当然銀納化されたのであろう。ただ、対象が石首魚以下とあるから、はじめの茶芽二十斤、永嘉・楽清各十斤は実徴として本色徴収が残ったのであろう。

【江西】

①江西、九江府の嘉靖『九江府志』巻四、食貨志、職貢、国朝に、
茶芽一百二十斤、徳化県三十六斤、徳安県三十六斤、瑞昌県四十八斤。

天鵝一十九隻、湖口県三隻、彭沢県一十六隻。

雁一十隻、湖口県弁。

野鶏七隻、湖口県弁。

野鴨一十二隻、彭沢県弁。

麂五十一隻、湖口県九隻、彭沢県四十二隻。

弓三百張、徳化県六十一張、徳安県二十四張、瑞昌県五十八張、湖口県七十五張、彭沢県八十二張。

箭五千三枝、徳化県一千二十三枝、徳安県四百三枝、瑞昌県九百六十六枝、湖口県一千二百四十八枝、彭沢県一千三百六十三枝。

弦一千五百条、徳化県三百五条、徳安県一百二十条、瑞昌県二百九十条、湖口県三百七十五条、彭沢県四百九条。

麂皮一千零三張、徳化県二百五十一張、徳安県一百五十三張、瑞昌県二百五十九張、湖口県一百五十四張、彭沢県一百八十三張。

胖襖褲鞋一百十六副、徳化県二十三副、徳安県七分、瑞昌県一十八副五厘、湖口県二十七副九分五厘、彭沢県四十六副五厘。

軍器、民七料該銀二百七十一両四銭四分。


九江府では歳進貢物である、茶芽、そして野味の天鵝・雁・野鶏・野鴨・麂と弓箭弦、皮張の麂皮、その加工品である胖襖褲鞋をそれぞれ所属の徳化県・徳安県・瑞昌県・湖口県・彭沢県に割り付けた。翎毛や顔料・薬材の負担はない。なお、軍器は民七料該銀二百七十一両四銭四分という。いずれにしても、九江府では本色の現物負担は続いているのであろう。

②撫州府の嘉靖『東郷県志』巻上、貢賦十二、貢に、
野味、茶芽、黄蝋、薬材、雑皮、翎毛、弓、箭、弦。

これも簡単ではあるが、撫州府の東郷県が本色の現物負担は続いていることが分かる。

③建昌府の正徳『建昌府志』巻四、貢賦、国朝に、

旧額歳貢

茶芽三十三斤、南城県一十八斤、南豊県七斤、新城県四斤、広昌県四斤。

鷴鶏一十八隻、南城県四隻、新城県四、広昌県一十隻。

野鶏二十六隻、南城県二十四隻、南豊県一十隻、新城県六隻。

活兎六隻、南豊県四隻、新城県二隻。

翎毛、一十六万九千根、南城県五万九千根、南豊県四万八千根、新城県三万七千根、広昌県二万五千根。

雑皮二千一百六十張、南城県八百三十二張、南豊県六百三十一張、新城県四百四十三張、広昌県二百五十四張。

今額

茶芽三十三斤。

薬材、香薷等薬、南城・南豊・新城三県輪年坐派、毎年該銀二十七両三銭七分。

野味、六十隻、毎隻折鈔五貫。

翎毛、一十六万九千根、折鈔解府貯庫。

弓一千八百五十九張、毎張価銀六銭二分。

箭一万五千七百九十枝、毎枝価銀三分。

弦九千二百九十二条、毎条価銀五分。

雑皮二千一百六十張、折造胖襖解京。

南城県

茶芽九斤、帯解銀二両七銭。

鷴鶏四隻、毎隻折鈔七貫、共二十八貫。
野鶏二十隻、毎隻折鈔五貫、共一百貫。○本色鈔六十四貫、銭一百二十八文、年終解府貯庫。
翎毛、五万九千根、折収鈔二百六十四貫八百文、年終解府貯庫。
弓八百張、箭六千八百枝、弦四千条。○共折銀九百両。
雑皮八百三十二張、奉例坐派八百張内、一半折造胖襖褲鞋四十九副。一半折銀七十三両五銭、毎一副該一両五銭外、本色麂皮三
　十二張、倶解京。

南豊県

茶芽七斤。野味一十四隻。翎毛、四万八千根、共該鈔一百九十二貫。
弓六百張、箭五千一百枝、弦三千条、○共解銀六百七十五両。
雑皮六百三十一張、折造胖襖解京。麂皮、仍解本色外、一半折銀。

新城県

茶芽四斤、兎二隻、白鷴四隻、野鶏六隻。○共折鈔八十七貫。○鈔四十三貫五百文。○銭八十七文。
翎毛、三万七千根、折収鈔一百四十八四貫。
弓四百張、箭三千四百枝、弦二千条。○共解銀四百五十両。
雑皮四百三十二張、一半折造胖襖、一半照数計価解京。

広昌県

茶芽三斤。野味一十隻。翎毛、二万五千根、共鈔一百六十貫。
弓五十九張、箭四百九十六枝、弦二百九十二条、○共解銀六十六両六分。
雑皮二百五十四張、一半折造胖襖、一半解銀外、麂皮本色解京。

建昌府では旧額の歳貢として、茶芽、野味の鷴鶏・野鶏・活兎、翎毛、皮張の雑皮が所属の南城・南豊・新城・広昌の各県にそれぞれ割付があった。ただし、一律ではなく、割付に県ごとに有無が見られる。それが今額では茶芽三十三斤は本式形態も額数も変化は無かったが、次に野味、翎毛は折鈔貫高が示され、雑皮張は折造胖襖に折造されて北京に解送されている。さらに薬材、香藞等薬、南城・南豊・新城三県輪年坐派、毎年該銀二十七両三銭七分とあり、弓一千八百五十九張、毎張価銀六銭二分、箭一万五千七百九十枝、毎枝価銀三分、弦九千二百九十二条、毎条価銀五分とあり、新たな付加が加わっている。該銀や価銀数の提示は必ずしも折銀ではなく、銀納化したとも理解される可能性が無いわけではないが、以下の各県では、野味については南城県に鷴鶏四隻、毎隻折鈔七貫、共二十八貫、野鶏二十隻、毎隻折鈔五貫、共一百貫。○本色鈔六十四貫、銭一百二十八文、年終解府貯庫、翎毛、五万九千根、折収鈔二百六十四貫八百文、年終解府貯庫とあって、鈔に折して収めていた。弓八百張、箭六千八百枝、弦四千条については共に折銀九百両とあって銀納である。さらに、茶芽九斤には帯解銀二両七銭とあり、これも銀が附属している。南豊県では茶芽七斤、野味一十四隻、翎毛四万八千根、共該鈔一百九十二貫とあって鈔で納入されていた。正確に言えば折鈔表示であるが鈔貫文と小数が銭文勘定である。同県も弓箭弦は銀で解納されていた。また各県ともに雑皮張は折造胖襖の形態で北京工部に解送されていた。

④袁州府の正徳『袁州府志』巻二、貢賦、大明に、

本府歳進、茶芽一十八斤〈洪武四年進十斤、永楽二年増八斤〉。活野味六十隻〈野鶏五十六隻、鵁鶄三隻、青鶴一隻〉。

歳弁、翎毛二千二百七十二根。○雑色皮一千六百九十張。

歳造、弓二千張。○箭二万枝。○弦一万条。

宜春県、茶芽五斤六両。○活野鶏一十六隻、鵁鶄二隻。○翎毛八百九十二根、閏月又増七十五根。○雑色皮五百四十張。○弓六百六十張、箭六千四百二十枝、弦三千三百条。

分宜県、茶芽二斤一十五両。○活野鶏一十二隻。○鵞翎五百五十根。○雑色皮二百八十五張。○弓三百六十張、箭三千六百枝、弦一千八百条。

萍郷県、茶芽五斤六両。〇活野鶏一十七隻、鵁鶄一隻。〇翎毛九百三十根。〇雑色皮五百四十張。〇弓三百二十張、箭六千四百二十枝、弦三千三百条。

万載県、茶芽四斤五両。〇活野鶏一十一隻、青鶴一隻。〇雑色皮三百二十五張。〇弓六百六十張、箭三千五百六十枝、弦一千六百条。

袁州府の歳進も茶芽一十八斤〈洪武四年進十斤、永楽二年増八斤〉、活野味六十隻〈野鶏五十六隻、鵁鶄三隻、青鶴一隻〉と原型である。歳弁が翎毛二千二百七十二根と雑色皮一千六百九十張、歳造が弓二千張、箭二万枝、弦一万条である。それが宜春・分宜・萍郷・万載四県に割付られている。

⑤贛州府の嘉靖『贛州府志』巻四、食貨志、貢賦、国朝貢に、

茶芽十一斤、野鶏二十七隻、鵓鳩九隻、鷓鴣四隻、班鳩二十隻、白硝麂皮一百六十八張、帯毛麂皮一百三十三張、翎毛四万一千四百一十二根、弓二千張、弦箭各一万、胖襖褲鞋二百三十副四分五厘。

これも江西各府と同じ傾向であり、歳進の茶芽と野味の野鶏・鵓鳩・鷓鴣・班鳩の禽鳥類と歳弁の皮張の白硝麂皮・帯毛麂皮及び翎毛の三点セットが定められ、次に歳造の弓弦箭と胖襖褲鞋である。胖襖褲鞋の割付は江西特有の負担である。

【湖広・湖北】

①漢陽府の嘉靖『漢陽府志』巻五、食貨志には、府県の永楽十年黄冊戸軍民匠等戸口数、官・民田地山塘数、税、大麦・小麦・絲田地絲・折絹・農桑絲・織絹、糧、歳織深青紵絲・黒緑紵絲・丹礬紅紵絲という両税徴収物品を挙げた上に、

額弁、活天鵝二十五隻、活雁八十九隻、活鵁鶄一十隻、活鹿六隻、活麂七隻、活野鶏二隻、活野鴨七十二隻、白硝獐皮三百六十九張、麂皮一百六十三張、帯毛獐皮一百四十八張、麂皮二十張、狗獾皮五十五張、花猫皮二十五張、香猫皮二十張、雑毛獐羔皮二十張、麂羔皮五張、鹿羔皮五張、黄猫皮二十張、花猫皮一十張、野皮二十張、狗獾皮二十張、鵝翎二万八千根。鴨翎二千根。

税課局四
　額弁商税課鈔三万六千三百七十八貫七百八十文。
　　醋課鈔　　　二百七十五貫五百二十文。
　没官房租鈔　　二百一十三貫四百六十文。

額弁
　魚課鈔九万二千八百四十四貫三百九十文。
　魚油五万一千九百一十二斤九両八銭四分。
　魚鰾六百六十七斤八両三銭六分。
　鵝翎二十二万六千九百七十一根。
　鴨翎一十一万九千六百二十三根。

ここに見える府の額弁内容は野味が活天鵝二十五隻、活雁八十九隻、活鵁鶄一十隻、活鹿六隻、活麂七隻、活野鶏二隻、活野鴨七十二隻の七品目計二百四隻であり、皮張が白硝獐皮三百六十九張、麂皮一百六十三張、帯毛獐皮一百四十八張、麂皮二十張、狗貛皮五十五張、花猫皮二十五張、香猫皮二十張、雑毛獐羔皮二十張、麂羔皮五張、鹿羔皮五張、黄猫皮二十張、花猫皮一十張、野皮二十張、狗貛皮二十張の十四品目計九百張となり、翎毛が鵝翎二万八千根と鴨翎二千根の二品目三万根となっている。また税課局分額弁には魚課鈔のほかに魚油・魚鰾・鵝翎・鴨翎がある。ここでも先の鵝翎・鴨翎が計三万根という数量に対して鵝翎二十二万六千九百七十一根、鴨翎一十一万九千六百二十三根、計三十四万六千五百九十四根という十倍の数量である。弓箭弦の割当が無いだけに、大量の鵝翎・鴨翎は弓箭弦用の原料かも知れない。さて、右漢陽府志は前掲永楽十年黄冊額数に続いて、嘉靖二十一年黄冊戸口数、税、大麦・小麦・絲田地絲・農桑絲以上二絲折納、北絹疋数・扛折銀両数、南農桑絹疋数・扛折銀数、糧、民米・南京倉米・運糧官軍行月二糧共、以上三項外、尚有余米、歳派無常と挙げた後に、

額弁、薬味北京五十一斤一十四両七銭。南京五斤九両九銭八分。光素段八十疋、麂皮一百九十張、胖襖褲鞋一百四十八副半、天鵝二十五隻、活鹿六隻、暦日銀一十九両四銭、共該正扛銀六百九十六両七銭六分九厘七毛五糸。遇加徴銀三十八両。査照總会文冊内、派弁。

商税、本府帯徴漢口四季税鈔存留折銀一百六十両徴解。

劉家隔門攤鈔折銀三百二十二両六銭、遇閏加銀一十両。

湖課、起運両京乾魚正銀二千六百三両四分外、扛解銀九両四銭五分六厘。

魚油翎鰾黄白麻線膠幷改折生熟銅鉄通共正扛銀一千四百六十九両一銭三厘七毛一糸八忽七微五塵、毎百両外、加扛解銀一十二両、二県存留鈔銀三百四十両八銭八分三厘三毛八忽五微。

鮹魚椒料共銀五十五両七厘九毛。

鰉魚車脚共銀二百四十両外、水竹銀一十二両。

額弁として薬味北京五十一斤一十四両七銭、南京五斤九両九銭八分。光素段八十疋、麂皮一百九十張、胖襖褲鞋一百四十八副半、天鵝二十五隻、活鹿六隻、暦日紙銀一十九両四銭、共該正扛銀六百九十六両七銭六分九厘七毛五糸。遇加徴銀三十八両。査照総会文冊内、派弁とあり、歳進が野味の天鵝・活鹿及び薬味北京・薬味南京、歳弁が皮張の麂皮及び胖襖褲鞋、歳造が光素段・暦日紙を挙げているが、共該正扛銀とあって銀納化しているようである。なお、さらに以下に歳弁として、商税が本府帯徴漢口四季税鈔存留折銀一百六十両徴解と劉家隔門攤鈔折銀三百二十二両六銭、遇閏加銀一十両の二項目を示し、次に湖課として起運両京乾魚正銀二千六百三両四分外、扛解銀九両四銭五分六厘とある。この項目の小計として最後に魚油翎鰾黄白麻線膠幷改折生熟銅鉄通共正扛銀一千四百六十九両一銭三厘七毛一糸八忽七微五塵、毎百両外、加扛解銀一十二両、二県存留鈔銀三百四十両八銭八分三厘三毛八忽五微、鰉魚椒料共銀五十五両七厘九毛、鰉魚車脚共銀二百四十両外、水竹銀一十二両という額数が挙げられている。

②承天府、鄱陽州の嘉靖『鄱陽志』巻九、食貨第五、貢に、

州、天鵝六十五隻、雁五十五隻、麂皮二百張、鹿皮二十張、獐皮一百四十張、花猫皮一十五張、狗獾皮五十五張、香猫皮三十張、獺皮二十張、雁翎六千根、鴨翎一万二千根、叚匹五十二張〈各色〉、弓一百二十張、弦六百条、箭三万九千枝。

県、天鵝四十五隻、雁三十五隻、麂皮一百張、鹿皮八張、獐皮一百三十二張、花猫皮二十張、狗獾皮二十六張、香猫皮二十二張、獺皮十二張、雁翎一万二千根、鴨翎一万根、叚匹二十三張〈各色〉、弓五十四張、弦二百六十条、箭一万七千三百三十三枝。

これも、①の漢陽府志の永楽十年黄冊の額弁に挙げられている内容と同じである。明前半期の歳進、歳弁、歳造の割当本色額であろう。

③黄州府の弘治庚申十三年（一五〇〇）『黄州府志』巻三、官制、貢賦には、

本府

歳進、活鹿三隻、活雁二百三十八隻、鵁鶄二十九隻、天鵝六隻、鴛鴦一十六隻。

歳弁、雑皮三千三百五十七張、翎毛一十万九千二百根、薬材。

歳造、深青叚一百四十八匹、黒緑叚一百五匹、丹礬紅叚九十七匹。

黄岡県

歳進、活雁一百一十隻、活鴛鴦一十六隻、活鵁鶄一十六隻、折鈔五千貫。

歳弁、鹿皮三百五十張、麞皮一百九十張、麂皮四百張、薬材。

歳造、深青叚三十三匹、黒緑叚三十四匹、丹礬紅叚三十一匹。

麻城県

歳進、活雁五隻。

歳弁、雑皮三百三十五張。

歳造、深青叚一十四匹、黒緑叚一十四匹、丹礬紅叚一十四匹。

黄陂県
　歳進、活兎一隻、活雁二隻。
　歳弁、雑皮九十六張、鵝翎九千六百根
　歳造、各色段三十三匹。
蘄水県
　歳進、活雁二隻。
　歳弁、麂皮三百四張、雑皮一百六十四張、鵝翎二万三千四百根。
　歳造、各色段七十二匹。
羅田県
　歳進、活野鶏一隻、活雁一隻、活鵁鶄一隻。
　歳弁、野猫皮十三張、狐皮十三張、黄鼠皮十三張、白額狸皮七張、黄面狸皮四張、麂皮一百四十張、麂羔皮八十張、鵝翎一万一千根。
歳造
蘄州
　歳進、活麂二隻。
　歳弁、雑皮二百七十一張、薬材。
　歳造、各色段四十二匹。
黄梅県
　歳進、活禽麂八隻。

歳弁、麂皮二十五張、麞皮一百五十張、翎毛一万一千根。

歳造、深青叚一十四、丹礬紅叚六、黒緑叚五匹。

広済県

歳進、活天鵝四隻、活雁七隻、活鵁鶄一十九隻。

歳弁、白硝退毛鹿皮二百七十八張、白硝退毛麞皮一百二十五張、熟硝帯毛虎皮一張、鵝翎六千三百根、鴨翎毛一万四千根。

歳造、深青叚二十四、黒緑叚一十三匹、丹礬紅叚八匹。


黄州府も本府、黄岡・麻城・黄陂・蘄水・羅田各県・蘄州・黄梅・広済両県について、歳進として、野味の活鹿・活雁・活鵁鶄・活天鵝・活鴛鴦・活兎・活野鶏などを挙げ、次に歳弁として、本府各県に皮張の雑皮・鹿皮・麞皮・麂皮、翎毛・鵝翎、及び薬材を挙げるが、羅田県には歳弁として、野猫皮十三張、狐皮十三張、黄鼠皮十三張、白額狸皮七張、黄面狸皮四張、麂皮一百四十張、麂羔皮八十張、鵝翎一万一千根、広済県には白硝退毛鹿皮二百七十八張、白硝退毛麞皮一百二十五張、熟硝帯毛虎皮一張、鵝翎六千三百根、鴨翎毛一万四千根と多種多様な皮張及び皮張製品が注目される。いずれにしても、黄州府では黄岡県の歳進項の末尾に折鈔五千貫とある他には折鈔、並びに折銀の記載は見られず、本色現物納入が弘治庚申十三年（一五〇〇）でも続いていることが分かる。なお、三番目の納入形態を歳造と呼んでいるが、本府各県ともに深青叚、黒緑叚、丹礬紅叚の三種である。

④黄州府蘄州の嘉靖『蘄州志』巻二、貢賦には、

蘄州

歳進、野味、活麂二隻。

歳弁、雑皮二百七十一張。白硝退毛鹿皮二百四十張、白硝退毛獐皮一十八張、熟硝帯毛虎皮二張。

歳造、各色紵絲四十一匹。深青叚三十疋、黒緑叚六疋、丹礬紅叚五疋。


前の③黄州府志の蘄州の項と殆ど同じである。歳弁に雑皮二百七十一張、薬材とあったのが薬材を落とし、歳造の各色紵絲四十一匹

が黄州府志では四十二匹となっていた違いくらいである。内容の詳細はこちらの嘉靖『蘄州志』が詳しい。

⑤徳安府の随州応山県の嘉靖『応山県志』巻上、土貢に、

歳造、色叚。深青二疋、丹礬紅一疋、黒緑三疋。

歳進、野味、活麞二十六隻、活鹿二十一隻。

歳弁、皮張翎毛白硝麞麂等皮一百八十二張。鵝翎一万二千六百根。

これも同傾向の内容である。

⑥襄陽府光化県の嘉靖『光化県志』巻一田賦類、土貢附、田賦に、

歳弁

活鹿一隻、活獐一隻、活山鶏二隻、活野鶏二隻、活雁二隻、白硝熟雑皮一百一十六張、帯毛熟皮八十張、翎毛八千五百根。

①の嘉靖『漢陽府志』の額弁や②の嘉靖『鄱陽志』貢と同様に歳進、歳弁、歳造の区別はしない。ただ内容的には活鹿・活獐・活山鶏・活野鶏・活雁の野味と白硝熟雑皮・帯毛熟皮の皮張と翎毛を内容とする歳弁の構成である。

【湖広・湖南】

⑦常徳府の嘉靖『常徳府志』巻七、食貨志、土貢、歳弁に、

本府、紵絲一百六十八疋、弓百張、弦五百条、箭三万二千五百枝、麂皮四百四十五張、雑皮七百張、翎毛二十四万八千七百七十九根、薬味一百六十五斤九両六銭、野味、鹿一十隻、雁九十隻、鵁鶄一十隻、鶏鳩九十隻。

武陵県、紵絲串四、六十二疋、内、深青二十疋、丹礬紅二十疋、黒緑二十二疋。

弓三十張、弦一百五十条、箭一万枝、麂皮一百張、雑皮二百七十張、翎毛二万三千根、薬味六十二斤四両六銭、野味、雁二十隻、鵁鶄一十隻、鶏鳩四十隻。

桃源県、紵絲四十七疋、弓二十五張、弦一百二十五条、箭一万枝、麂皮一百二十五張、雑皮二百張、翎毛二万根、薬味四十二斤十両二銭、野味、鶉鴣五十隻。

龍陽県、紵絲五十四疋、弓二十五張、弦一百二十五条、箭一万枝、麂皮一百七十張、雑皮一百八十張、翎毛二万三千根、薬味四十四斤一十四両八銭、野味、雁七十隻。

沅江県、紵絲五疋、弓二十張、弦一百条、箭二千五百枝、麂皮五十張、雑皮五十張、翎毛三千根、薬味一十五斤二銭、野味、鹿一十隻。

九潭湖河泊所、翎毛二万八千九百八根。

沅江湖河泊所、翎毛一十五万八百七十一根。

本府各県ともに紵絲をまず挙げるが、武陵県では深青二十疋、丹礬紅二十疋、黒緑二十二疋の顔料が付く。「諸司職掌」工部職掌、水部、織造、叚疋に供用袍服叚疋の規定に顔料調合内容の規定に続いて「蚕絲湖州府六万斤」とあり、続いて紅花・藍靛・槐花の産地指定をしている。絲とそれを染める顔料とは統一的に工部織造・織染局では考えられていた。武陵県もそのセットが評価されているのであろう。さて、紵絲に続いて本府各県とも弓、弦、箭が続く。歳造部分をまず挙げて、次に麂皮・雑皮等の皮張と翎毛を挙げる。その次に見える薬味と野味の鹿・雁・鵁鶄・鶉鴣は歳進である。本府の翎毛二十四万八千七百七十九根と負担は多数である。

【四川】

①四川、嘉定州洪雅県の嘉靖『洪雅県志』巻三、食貨志、歳弁に、

甲丁二庫料銀七十二両。

蝋価一十五両六銭。

京料盤纏銀二十両。

歳弁銀額だけが示されている。

華南地方に移ろう。

【福建】

①福建、建寧府、嘉靖『建寧府志』巻十四、貢賦、歳弁造には、

歳弁、上供茶一千八百五十六斤、雑皮三千張、翎毛九万根、翠羽一百一十箇。

歳造、黒漆弓二千張、箭二万九千三百枝、弦一万条。

深青光素紵絲四百五十三疋、閏月加造三十八疋。

○建安県

歳弁、上供茶一千三百八斤、雑皮六百五十張、翎毛一万八千根、翠毛四十八箇。

歳造、黒漆弓三百五十張、箭三千四百九十二枝、弦一千七百四十六条。

深青光素紵絲七十六疋七尺、閏月加造六疋。

○甌寧県

歳弁、雑皮六百三十張、翎毛一万八千五百根、翠毛六十二箇。

歳造、黒漆角弓四百五十張、弦二千二百五十四条。箭四千五百八枝、

深青光素紵絲七十六疋七尺、閏月加造六疋。

○浦城県

歳弁、雑皮四百九十張、翎毛一万五千根。

歳造、黒漆角弓三百二十七張、弦一千六百三十四条、箭五千八百二枝、

深青光素紵絲一百二疋二丈九尺六寸、閏月加造六疋。
○建陽県
歳弁、雑皮六百二十張、翎毛一万八千根。
歳造、黒漆角弓四百三十五張、箭七千七百一十二枝、弦二千一百七十二条、
深青光素紵絲九十五疋二丈五尺一寸、閏月加造六疋。
○松渓県
歳弁、雑皮一百五十張、翎毛六千根。
歳造、黒漆角弓一百二十四張、箭二千二百三枝、弦六百二十一条、
深青光素紵絲三十二疋、閏月加造五疋。
○崇安県
歳弁、上供茶五百四十八斤、翎毛九千根、魚鰾一千三斤九両七銭七分。
歳造、黒漆角弓一百八張、箭三千一百九十五枝、弦九百一条、
深青光素紵絲三十九疋一丈五尺三寸、閏月加造四疋。
○政和県
歳弁。
歳弁、雑皮一百二十張、翎毛四千根。
歳造、黒漆角弓一百一張、箭一千八百枝、弦五百七条、
深青光素紵絲二十二疋三丈四寸二分、閏月加造三疋。
○寿寧県

歳弁、雑皮五十張。

歳造、黒漆角弓三十三張、箭五百五十八枝、弦一百六十五条、

深青光素紵絲八疋一尺三寸、閏月加造二疋。

福建建寧府各県では歳弁に上供茶、雑皮、翎毛、翠羽等を挙げ、歳造として黒漆弓二千張、箭二万九千三百枝、弦一万条、及び深青光素紵絲を挙げている。当地の紵絲も評価されているのであろう。なお、弓箭弦もいずれも黒漆塗りの加工度の高い製品である。なお、上供茶は歳進であり、雑皮、翎毛は歳弁、翠羽は特産品の土産であり歳進である。さらに建寧府の特徴としては各県と大体同じ負担である。地域発展度が均質なのであろう。

②建寧府建陽県の嘉靖『建陽県志』巻四、戸賦志、貢賦、貢、国朝歳弁には、

歳弁、雑皮六百二十張、翎毛一万八千根。

歳造、黒漆角弓四百三十五張、箭七千七百一十二枝、弦二千一百七十二条、

深青光素紵絲九十五疋二丈五尺一寸、閏月加造六疋。

先の建寧府志建陽県の項と全く同じである。

③福建、泉州府安渓県の嘉靖『安渓県志』巻一、地輿類に、

額弁

暦日紙二万張〈弘治年間無査。正徳十一年二万張、連松烟工食価銀七両四銭。余年至嘉靖以来倶同〉。

薬味、樟脳三十五斤、三頼子四十斤〈弘治間無査。正徳十一年徴銀一十一両。余年及至嘉靖以来倶同〉。

牲口〈年分二季輪銀。弘治間無考。正徳十年徴銀一十二両二銭二分四毛五糸。至嘉靖以来倶同〉。

弓箭、弓一百四十六張、弦七百三十条、箭一千七百一十二枝〈弘治五年、多至一百七十八両三銭八分、少者一百九両六銭三分。正徳元年間、多至一百七十八両三銭八分、少者一百九両、及嘉靖以来倶同〉。

軍器、〈弘治五年、徴銀多至八十六両九銭三分、少者二十七両九銭零。正徳元年、少者二十七両九銭零、多至五十三両六銭。嘉靖以来、多至三十六両三銭零、少者二十七両九銭零〉。
雑皮、〈弘治五年、雑皮折造胖襖二十領、徴銀少者一十九両二銭三分、多至五十二両五銭零。正徳元年、多至二十一両五銭零。嘉靖元年、二十一両五銭〉。
翎毛二千四百根、〈弘治五年起至十六年止、折銀六銭三分。正徳元年起至十六年止、折銀五銭零。嘉靖以来、倶同〉。
鹿皮、鹿皮一張、麂皮四十張、〈弘治五年至正徳・嘉靖年間同。毎年、鹿皮一張銀九銭、麂皮四十張、毎張徴銀五銭五分〉。
翠毛五箇、〈弘治五年至正徳止、毎年翠毛五箇銀一両五銭五分。嘉靖年起毎年翠毛五箇銀一両五銭〉。

歳弁

水牛底皮二張、〈弘治五年起至正徳年間止、毎年水牛底皮二張、毎徴銀一十三両。嘉靖元年起水牛底皮二張、毎張銀八両五銭〉。
白糖厨料、〈弘治至正徳十五年、倶派里甲無査。十六年、徴銀六十九両四銭二分九厘零。嘉靖元年、銀三十四両七銭一分二厘零。二年、四十八両五銭八分零。三年、六十九両四銭二分。四年、六十四両八分零。余年増減不一〉。
黄蝋葉茶、〈弘治至正徳十五年、倶派里甲無考。十六年至嘉靖元年、徴銀一十四両一銭六分零。二年同。三年、銀二十八両三銭三分零。四年、銀二十六両三銭一分零。余年増減不一〉。
石大青、〈弘治五年、少者銀五銭六分、多至九十五両七分。正徳八年、少者二両五銭、多至一百両五銭三分。嘉靖年間無徴〉。
黒鉛、〈弘治五年無考。正徳四年、銀少者八銭二分、多至七両三銭。嘉靖以来倶無徴〉。
銀硃、内有膩硃〈弘治八年徴銀、少者八両三銭、多至四十一両零。至正徳六年、少者九銭、多至八十八両一銭。嘉靖年間無徴〉。
紅熟銅、〈弘治五年、十一年至十二年、毎年銀七銭七分。十六年、九銭三分。正徳十一年、銀少者二分、多至九両。嘉靖元年徴。三年、毎年徴銀七両六銭〉。
黄熟銅、〈弘治五年徴銀、少者八銭四分、多至一両三分。正徳六年、少者一銭二分、多至二十八両三銭。嘉靖元年徴銀一十四両六銭八分零。九年徵銀一十三両五銭七分零〉。
生銅、〈弘治九年徵銀、少者二両四銭、多至七十六両五銭。正徳・嘉靖、俱無徵〉。
熟鉄、〈弘治六年徵銀、少者八銭三分、多至九両四銭。正徳四年、少者銀五銭三分、多至二十七両九銭六分〉。
金箔、〈弘治五年徵銀、少者二銭一分、多至七両四銭五分。正徳十四年、少者二両三銭七分、多至一十三両八銭四分。嘉靖三年、少者四両六銭、多至二十一両六銭零〉。
焰硝一千斤三両、〈弘治五年、十年、毎年徵銀八両三銭四分。至正徳四年、少者三銭二分、多至三十五両五銭四分。嘉靖七年徵銀九両二銭〉。
杉木、〈弘治・正徳・嘉靖間俱無徵〉。
牛觔、〈弘治五年徵銀、少者三銭二分、多至四両一銭。正徳三年、少者三銭二分、多至五銭七分。嘉靖間、無徵〉。
綿羊皮、〈弘治十三年徵銀、少者二両四銭四分、多至十八両八銭。嘉靖元年、少者一十八両二銭〉。
蘇青、〈正徳三、四年、徵銀三両四銭。五年、徵銀銭二分。六年、銀一銭四分。嘉靖無徵〉。
皮張、〈弘治七年徵銀、少者七銭二分、多至三両四銭。正徳七年、少者銀四銭九分。九年、多至十一両二銭。嘉靖元年、七銭〉。
楠木、〈弘治五年、十一年、毎年徵銀一十六両八銭七分。正徳・嘉靖年間無徵〉。
柁木、〈弘治間無徵。正徳八年徵銀、少者七両二銭、多至二十六両二銭六厘。嘉靖年間無徵〉。
串五絲、〈弘治五年徵銀、少者一両二分、多至七両二分。正徳・嘉靖年間俱無徵〉。
綾紗紙劄、〈弘治十四年、銀二百六両五銭二分。正徳三年、銀一百四十一両四銭一分。十年、一百一十二両八銭七分。十六年、一百七両九銭六厘。嘉靖八年、銀一百四十六両五銭三厘〉。
明綱甲葉、〈正徳十年、十一年徵銀共一百八十五両五銭。嘉靖年間無徵〉。
青熟絲綢綿煖皮、〈弘治間無徵。正徳四年、少者銀六銭一分。十四年、多至七両三銭。嘉靖元年、五両七銭三分〉。

雑弁

生漆、〈弘治六年徴銀、少者二銭二厘。三年、多至一十七両四銭一分。正徳五年、少者四両三銭二分。十一年、多至四十二両五銭三分。嘉靖年間、無徴〉。

棕木、〈弘治八年徴銀、少者二銭、多至一両八銭。正徳十三年、少者三銭、多至八両九銭六分。嘉靖年間、多至四十二両五銭四分〉。

水膠、〈弘治九年徴銀、少者五銭二分五厘、多至四両一銭八分。正徳十二年、少者一銭五分、多至八両九銭六分。嘉靖三年、少者三銭、多至七両一銭六分〉。

雑皮、〈弘治・正徳間無徴〉。

黄蠟、〈弘治五年、徴銀一両三分。十七年、多至五両四銭。正徳間以来無徴〉。

白麻、〈弘治十年、徴銀七両三銭二分。十二年、一十四両四銭四分。正徳六年、少者七銭九分。八年、多至四両三銭。嘉靖四年、徴銀六十両一銭八分〉。

布疋、〈弘治十年、徴銀一十一両五銭。十六年、五両三銭。正徳八年、少者一両三分五厘、多至二十九両八銭八分。嘉靖間無徴〉。

紙張、〈弘治十五年、十六年、銀五両七銭六分。正徳四年、少者二両二分。十三年、多至一十八両一銭九分。嘉靖二年、六両六分。七年、徴三銭二分〉。

紵絲線羅、〈正徳十一年、銀六十九両三銭五分。嘉靖三年、少者三十八両三線、多至七十八両九銭九分〉。

荒絲、〈正徳三年、徴銀少者二線。八年、多至一両一銭。嘉靖八年、徴銀一百三十二両三線八分零〉。

翠毛、〈弘治間無徴。正徳八年、少者銀三銭一分。十四年、多至銀七両二分。嘉靖年間無徴〉。

生鉄、〈弘治間無徴。正徳十三年、徴銀四銭二分。嘉靖二年、徴銀五銭九分四厘〉。

鉄線、〈弘治九年、少者六銭三分、多至四十五両五銭。嘉靖五年、徴銀四十六両二銭一分〉。

木炭、〈正徳八年、少者二両八銭三分、多至六十六両九銭四分。嘉靖元年、八両七銭。三年、三十二両四銭二分〉。

福建、泉州府安渓県では、額弁として暦日紙二万張、薬味の樟脳三十五斤・三頼子四十斤、牲口、弓箭の弓一百四十六張・弦七百三十条・箭一千七百一十二枝、軍器、雑皮、翎毛二千四百根、鹿皮、鹿皮一張、麂皮四十張、翠毛五箇等は通常見られる歳進物の薬味と皮張、翎毛、弓箭弦、及び暦日紙という歳弁とされる物産を挙げ、他方、歳弁として水牛底皮二張、白糖厨料、黄蝋葉茶、石大青、黒鉛、銀硃、紅熟銅、黄熟銅、生銅、熟鉄、金箔、焔硝一千斤三両、杉木、木炭、牛觔、綿羊皮、蘇青、皮張、楠木、柁木、串五絲、綾紗紙箚、明綱甲葉、青熟絲綱綿煖皮を挙げる。さらに同県では次に、雑弁として、生漆、棕木、水膠、雑皮、黄蝋、白麻、布疋、紙張、紵絲線羅、荒絲、翠毛、生鉄、鉄線の諸物産を挙げている。そしていずれの品物も注記が割注で示され、概して弘治年間から正徳年間に銀納化されたり、徴収が無くなったりした事態を示している。その変化は一覧表に示しておこう。これによれば暦日紙二万張以下の額弁物品は全て弘治年間から正徳年間までに銀納化されており、歳弁とされた水牛底皮二張以下も、同じく弘治年間から正徳年間に銀納化している。なお、石大青・黒鉛・銀硃内有膩硃・生銅の鉱物や杉木、牛觔、蘇青、楠木、柁木、串五絲、明綱甲葉は早くは弘治期に遅くとも嘉靖以来倶無徴とされ、割当が廃止された。これは雑弁にも同じ傾向がある、多くは徴銀形態であるが、生漆、雑皮〈弘治・正徳間無徴〉、黄蝋、布疋は徴収が無くなった。なお、福建の鉱産物の徴収形態については後の各章で扱うことにしたい。

【広東】

①広東、廉州府欽州の嘉靖『欽州志』巻三、食貨、田賦、土貢、欽州国朝に、

草荳蔲十八斤、草菓子一百二十斤、天竺黄一両六銭、雑皮四百五十張〈毎張価銀二銭二分二厘。歳弁貢銀九十九両九銭〉。

草荳蔲十八斤、草菓子一百二十斤が特産物として歳進に指定されているのであろう。天竺黄一両六銭と雑皮四百五十張とは、共に銀納化されているのであろう。

【北直隷】

華北地方に移ろう。

①河北北京郊外居庸関外の地の隆慶州の嘉靖『隆慶志』巻三、食貨、土貢には、
　惟歳弁薬物四品、差官鮮太医院、収用本州歳弁。

　　甘草三百斤、黄芩三百斤、蒼木二百斤、芍薬二百斤。

永寧県歳弁、甘草一百五十斤、黄芩一百五十斤、蒼木一百斤、芍薬一百斤。

　前項薬材自成化年来、折銀解京、計丁出弁、事頗煩擾。嘉靖二十七年、知州劉雲鴻、属民集議、随糧弁納、毎地五十畝、納薬半
　　斤、折銀二分五厘。軽而易集、民称便焉。

ここは薬材だけ、歳進であろう。
②真定府趙州の隆慶『趙州志』巻三、田賦、貢賦、本州歳貢として、
　帯羊毛皮五十張、鵝翎三百根、野鶏翎八百根。

歳弁の皮張である帯羊毛皮五十張と翎毛に当たる鵝翎三百根、野鶏翎八百根とである。
③保定府について、成化八年（一四七二）重修、弘治刻本『保定府志』巻六、食貨一、財賦、土貢、国朝歳弁には、
　雑皮二千八百七十六張、雑毛一十万五千七百一十五根、幷、麞・兎・鹿・野猪等畜八百隻・鶏・鵝・羊・鹿・猪・野鶏・麞、貉皮・
　　麞皮・狐皮・羊皮山・山羊皮・獾皮・軟白羊皮・野猫皮、鵝翎・雁翎・野雉翎・鶴翎・鴨翎。
保定府ではまず②と同様に歳弁の雑皮二千八百七十六張、雑毛一十万五千七百一十五根を挙げるが、続いて歳進、野味の麞・兎・鹿・
野猪等畜、及び鶏・鵝・羊・鹿・猪・野鶏・麞、次に皮張の貉皮・麞皮・狐皮・羊皮山・山羊皮・獾皮・軟白羊皮・野猫皮を挙げ、三
番目に翎毛の鵝翎・雁翎・野雉翎・鶴翎・鴨翎を挙げる。
そして、同、『保定府志』巻六の同項、歳弁皮翎等物には雑皮二千八百七十六張、雑毛一十万五千七百一十五根の各州県内訳として、
　清苑県、羊皮五十張、獐皮一百張、貉皮五十張、狐皮一十張、雑翎毛共一万一千二百四十根。
　易州、雑皮三百八十張、雑翎九千五百根。

淶水県、雑皮一百七十三張、雑翎四千三百二十五根。
満城県、雑皮二百一十五張、雑翎一万四千三百七十五根、捕戸雑翎九十根。
唐県、帯毛硝熟羊皮一百六十二張、帯毛硝熟鹿皮六十八張、翎毛三千九百二十五根、鵝翎一千九百二十五根、野雉翎一千九百六十七根。
慶都県、帯毛硝熟雑皮四十一張、雑翎六百根。
祁州、帯毛硝熟雑皮六十一張、羊皮九張、狐皮九張、貉皮一十八張、獾皮一十四張、獐皮一十一張、鵝翎七千二十五根、雁翎八百根、捕戸雑翎六十一根。
深沢県、獐皮二張、羊皮二張、狐皮一十九張、貉皮一十九張、獾皮一十九張、鵝翎三百五十根、野雉翎一千六百七十五根。
束鹿県、羊皮五十七張、獐皮一十六張、鹿皮七張、鵝翎二百根、野雉翎一千八百根、捕戸雑翎一万二千根。
博野県、羊皮九十三張、狐皮四十一張、貉皮四十一張、獐皮三十張、鵝翎二千二百五十根、雁翎二千八百七十五根、捕戸雑翎一万五千根。
蠡県、軟羊皮四百七十張、雑皮二百八十張、雑翎七千根。
安州、獐皮一十二張、羊皮四張、貉皮三十二張、狐皮四張、鵝翎二百根、鶴翎一百五十根、雁翎一千根。
高陽県、羊皮六張、獐皮一十二張、貉皮三十六張、狐皮一十二張、鵝翎五百一十五根、雁翎九百五十五根。
新安県、雑皮五十張、雑翎一千二百五十根。
雄県、貉皮三十張、狐皮二十張、獐皮三十張、羊皮二十張、翎毛二千六百根。
新城県、狐皮二十張、貉皮二十四張、獾皮四張、羊皮一十五張、狐狸皮三十四張、硝熟軟白羊皮四十張、雑翎三千五百三根。
容城県、雑皮二十九張、獾皮五張、狐皮九張、貉皮一十張、熟軟白羊皮五張、野雉翎七百根、雁翎二十五根。
定興県、狐皮三張、貉皮六張、獾皮二張、野猫皮二張、羊皮一百六十七張、鴨翎二千根、野雉翎一千五百根、鵝翎一千根。

安粛県、帯毛硝熟雑羊皮二十六張、雑翎三千七百五十根。

非常に詳細な州県割当を示している。ただ、各州県ともにその割当は零細である。

④保定府易州の弘治十五年（一五〇二）『易州志』巻四、貢賦、土貢、国朝には、

成化八年以後歳貢、歳貢桑絲八十四斤六両五銭、人丁絲一万七千四十二両、共折絹八十四疋一丈五尺五分。綿花三百二十七斤、栗二百三十二石、棗四十五石。鵝梨二百四十枚、雑皮三百八十張、雑翎九千五百根。

淶水県土貢、歳貢桑絲六十六斤四両一銭、人丁絲折絹三十五疋一尺五寸。綿花二百六十四斤八両、狐狸皮三十張、貉子皮一十二張、山羊皮一十一張、綿羊皮九十六張、雑翎二千七百二十五根。

先の保定府志の易州の記載と比べると、易州の雑皮三百八十張、雑翎九千五百根は全く一致するが州属淶水県の雑皮一百七十三張、雑翎四千三百二十五根の額数に違いがある。なお、成化八年以後歳貢に綿花の他に栗二百三十二石、棗四十五石。鵝梨二百四十枚、雑皮三百八十張、雑翎九千五百根がある。綿花・栗・棗は土産特産として歳進に当たるのであろう。淶水県土貢には綿花の他に狐狸皮三十張、貉子皮一十二張、山羊皮一十一張、綿羊皮九十六張、雑翎二千七百二十五根がある。それにしても保定府は北直隷の貢献物の特徴をよく現している。歳進、歳弁はあっても歳造物品が無いのである。

⑤広平府の嘉靖『広平府志』巻六、版籍志、一、地の貢の部に、

永年等九県雑皮二千一百五張、永年県五百八十三張、曲周県二百二十五張、肥郷県四十六張、鶏沢県一百八十六張、広平県五十四張、邯鄲県五百四十二張、成安県二百八十八張、成県九十七張、清河県八十四張。

雑翎五千一百八十根、永年県一万八百根、曲周県七千根、肥郷県七千根、鶏沢県六千三百根、広平県二百根、邯鄲県五千根、成安県一千六百根、成県五千七百八十根、清河県一千五百根。

歳弁の雑皮と雑翎との各県割当てが示されている。

⑥大名府の正徳『大名府志』巻三、田賦志、貢賦には、まず大名府について、

雑皮三千八百六張、獐羊皮一千五百二十二張、貛狼皮一千張。
雑翎五万四千六百一十根、雁翎九千五根、雁翎二千三百根、鵝翎二万一千九十五根、野鶏翎二万根、鵞翎二千一百一十根。
蓮肉四百三十斤、蘑姑四百六十五斤、檀木九十丈、椴木五百丈、荊条三千五百斤、雑革二万五千斤、▲麻一千五百斤、紙筋一千二百五十斤、
水和炭四万三千二百五十斤、黄豆稭一万千五百斤、大皀角五十斤、地骨皮五十斤、桑白皮一百斤、香油四百斤、黄白暦日紙一十六万二千張。白真黄牛皮一百二十張、
白硝山羊皮三百七十張、白甸驢皮前截五十五截、白綿羊毛二十斤、肥猪二百七十六口、祭猪七口、大尾綿羯羊一十六隻、鶏二千五百八十隻、鵝五千隻。

はじめの二項は雑皮と雑翎で歳弁の皮張と翎毛であり、蓮肉以下は土産的特産物の歳進であろう。檀木九十丈、椴木五百丈は建築、もしくは家具調度用材であり、水和炭は薪炭燃料であろう。いずれも北京近郊の木材資源として貴重である。最初の雑皮三千八百六張にしても、狐狸皮三百九十四張、獐羊皮一千五百二十二張、貛狼皮一千張等、また雑翎五万四千六百一十根、雁翎九千五根、雁翎二千三百根、鵝翎二万一千九十五根、野鶏翎二万根、鵞翎二千一百一十根、雑革二万五千斤という禽獣皮革羽毛の割当てから、正徳期十六世紀初以前の大名府に山林原野が多く残されていたことが分かる。さて、各県別を見よう。

元城県、雑皮二百二十張、雑翎二千四百根。

大名県

南楽県、雑皮一百二十張、雑翎三千根。

魏県、雑皮八十張、雑翎二千根。

清豊県、雑皮一百二十三張、雑翎三千一十根。

内黄県、雑皮一百四十七張、雑翎三千二百五十根。

濬県、雑皮四百五十八張、雑翎七千四百五十根。

滑県、雑皮六百一十六張、雑翎九千七百二十根。

開州、雑皮六百六十張、雑翎一万三千根。

長垣県、雑皮四百四張、雑翎六千八百五十根。

東明県、雑皮一百八十張、雑翎二千五百六十根。

各県雑皮計三千八張、同雑翎計五万三千二百四十根となる。先の総計と合わないのは大名県分が記載されていないからであろう。
⑦大名府内黄県、嘉靖『内黄県志』巻二、田賦、貢賦、
雑皮一百四十七張、雑翎三千二百五十根。
⑥の正徳『大名府志』の内黄県分と全く合致する。

【河南】
①河南、河南府偃師県の弘治十七年修『偃師県志』巻一、貢賦、
歳額
活鹿四隻、活雁三隻、雑革二百五十五張、雑色翎毛八千七百三十五枝。
零細である。山林原野が少ないのであろう。
②彰徳府の嘉靖『彰徳府志』巻四、田賦志、各県に、
安陽県、正賦、雑賦・桑・塩鈔一十五万八千四百八十四貫。

貢　活鹿二隻、活雁二十三隻、羊粉皮九百四十五張、孶牧馬三百五十四匹、児馬一百匹、騍馬二百五十匹。

湯陰県、正賦、雑賦・桑・税課鈔三千七百七錠二貫八百文。

貢　防風二百斤、艾葉五十斤、活雁十隻、活鵝鶒二隻、孳牧馬二百三十匹。

臨漳県、正賦、雑賦・桑・税課五千五十六貫一百九十三文。魚課五錠四貫一百五十文。

貢　雑革三百三十二張、活鵝鶒八隻、孳牧馬三百匹。

林県、正賦、雑賦・桑・税課一百五十五錠十三貫八百四十文。

貢　防風一百斤、大角活鹿一隻、雑皮五百一十七張半。

磁州、正賦、雑賦・桑・税課一万三千六百五十貫六百四十八文。

貢　防風三百斤、瓶罈一万一千九百三十六箇、鹿十三隻、雑革四百九十四張。

孳牧馬一百三十匹。

武安県、正賦、雑賦・桑・税課九千一百五十五貫。

貢　紅土二百斤、礬紅土二百斤、大角鹿一隻、白硝羊皮六百一十九張。

渉県、正賦、雑賦・桑・税課四千五百三十七貫六十七文。

貢　防風一百斤、活鹿三隻、羊皮二百五十八張、鹿皮二十張。

正賦、雑賦・桑・塩鈔に続いて貢を載せる。各州県ともに零細であるが、安陽県（殷墟がある）の児馬一百匹・騍馬二百五十匹、湯陰県の孳牧馬二百三十匹、臨漳県の孳牧馬三百匹、磁州の孳牧馬一百三十匹、等の養馬負担が特色である。その他、湯陰県の防風二百斤・艾葉五十斤や林県の防風一百斤、磁州の防風三百斤、武安県の紅土二百斤・礬紅土二百斤、渉県の防風一百斤は薬材である。なお、磁州は磁州窯で知られるが瓶罈一万一千九百三十六箇が挙げられており、貢とは土地の特産物、土産であることを雄弁に物語る。

③汝州の正徳『汝州志』巻三、課程に、

汝州、活鹿二隻、雑革三百七十七張、各色折鈔二千五百九十錠二貫六百九十四文。

郟県、活鹿二隻、雑革三百一十九張五分四厘、各色折鈔四千三百一十錠二貫六百九十四文。

魯山県、活鹿一隻、雑革二百一十八張、各色折鈔一千三百七十八錠一貫六百六十八文。

宝豊県、雑革二百三十六張、各色折鈔一千四百三十九錠四貫六十六文。

伊陽県、雑革二百七張、各色折鈔二千五百八十五錠一貫一文。

各県共に零細な野味と皮張を挙げるが、いずれも折鈔額を示す。資源が枯渇しているのであろう。

④河南、汝寧府、光州、光山県の嘉靖『光山県志』巻四、田賦志、貢賦に、

歳弁

商税課銭一千二百七錠　三貫六十文。有閏一千三百六十三錠三百八十二文。

酒課　四錠　一貫六百文。有閏五錠三貫四百文。

醋課　一錠九十貫九百六十文。有閏一錠九十二貫四十文。

房地課　一十五錠　一貫八百文。有閏一十六錠九十一貫四百八文。

竹地課　一十錠　一貫七百九十二文。有閏一十錠六貫四十二文。

紅課　二十錠　二貫七百文。有閏二十一錠六貫二百六十文。

額弁

戸口食塩男婦共二万九千八百七十三丁口、

塩鈔八万二貫五百文、共、折銀二百三十五両七銭五分七厘五毛。

歳貢麂皮十張、狐皮三張、薬料杏仁一百斤、生銅銀六百六十両、胖襖銀九十三両四分。

附論、邑之水不通舟楫、無商賈之利。少種桑麻、無蚕絲之利。衣食之源、立命之本、所恃者、惟農耳。然糞多力勤、遠不及江南之民、則仰事俯育。輸租供役、安能尽給乎。春秋左伝云、農夫是穮、是蓑必有。有年蓋利生于勤民。事不可緩也。邑之農、其鑒於此夫。

ここでは歳弁に酒課・醋課・房地課等の商税課銭や額弁に戸口食塩を含む。それに続く額弁には僅かに歳貢として麂皮十張、狐皮三張、薬料杏仁一百斤、生銅銀六百六十両、胖襖銀九十三両四分が挙げられているだけである。この歳貢が本章で扱う際進・歳弁・歳造だとすると極めて零細である。

【山西】

①山西、太原府太原県の嘉靖『太原県志』巻一、土貢に、

桃一千九百斤、羊四十五隻。

歳弁各色皮三百張。帯毛硝熟羊皮二百張。羊硝熟粉皮一百張、翎毛八千枝。

酒醋課鈔、七十一錠一貫六百四十文。

戸口食塩鈔、二千六百七十一錠二百五十文。

歳弁、桑穰六千斤。

税課、歳弁商税課鈔、一千五百八錠一貫一百文。

歳弁は皮革製品と桑穰六千斤である、桃一千九百斤とは特産の歳進であろう。

【陝西】

①陝西、漢中府寧羌州略陽県の嘉靖『略陽県志』巻三、貢賦には、

賦、塩鈔、折銀八十両八銭三分八厘。

貢、農桑絹、一十三疋七尺五寸。

湯羊、三十五隻、折銀一十四両五銭。

胖襖、一十三領、綿褲、一十三腰、</br>

胖襖、一十三領、綿褲、一十三腰、𢡟鞋、一十三双、暦日紙、八百張、

歳弁の湯羊三十五隻は折銀されている。同じく歳弁歳造の胖襖一十三領・綿褲一十三腰・𢡟鞋一十三双、それと暦日紙八百張は本色納入であろう。

第四節　明代地方志に見る歳進・歳弁・歳造物品の銀納化

すでに前節でもいくつかの府州県の地志に明中期における歳進・歳弁・歳造物品の銀納化の事例を見た。ここで改めて、数種の地方志によって銀納化の史料を確認検討しておこう。まず、浙江、湖州府武康県の嘉靖『武康県志』巻四、食貨志、塩糧に、

局絲、三百三十三斤一十両七銭七分四毛。
顏料銀、一百三十七両五銭八分四厘一毛。
鮮扛銀、二十三両四銭六分七厘九糸四忽七微一塵。
肥猪鵝鶏折価銀、三十両六銭二分三厘四毛一糸八忽八微四塵。
活鹿野味折価銀、三両四銭六分四厘。
山羊折価銀、六両五銭四分九厘。
薬材折価銀、五両三銭二分四厘四毛六塵。
弓一百三張。弦五百一十五条。箭九百三十九枝。
幷、領毛折価銀、一両一銭九分四毛。
　水牛底皮金箔等項料価銀一百四十七両二銭九厘九毛七糸四忽一微六塵。

とあるように局絲以下の徴収物品がすべて銀額表示されている。次に、南直隷揚州府儀真県の隆慶『儀真県志』巻六、田賦攷に、

凡桑絲、原額民桑三千七百八十株、該歳弁農桑七百五十六両、毎絲二十両折織絹一疋、絹数見上。〔京庫農桑絲絹三十七疋二丈四尺。〕

凡毎年坐派。

歳造叚疋銀三十三両三銭三分一厘、水脚銀九銭九分九厘九毛三糸。

歳弁顔料藍靛料銀七両五銭、水脚銀二銭二分五厘。

工部四司料銀一百八十一両七銭一分、水脚銀五両四銭三分五厘。

本色胖襖銀六両、水脚一銭八分。

麂皮価銀一十八両、水脚銀五銭四分。

磚料銀三十両九銭七分三厘三毛、水脚銀九銭三分五厘。

凡額弁、芟苗苕帚銀六銭二分五厘、水脚銀一分八厘七毛五糸。

箭枝銀二十五両三銭五分、水脚銀七銭六分五毛。

民七軍器料銀八十七両九銭八分三厘、水脚銀二両六銭三分九厘四毛九糸。

又例派軍三料銀一百二十両、解送儀真衛成造軍器。

凡額派起京供応牲口、

春夏半年該銀一十六両六銭一分、加派銀七両一銭六分二厘三毛五糸六忽二微。

秋冬半年該銀一十六両六銭一分、加派銀七両一銭六分二厘三毛五糸六忽二微。

南京薬味、半夏一斤、価銀八分二厘。

北京薬味、半夏十二斤八両、価銀七銭三分八厘、水脚銀二銭五分。

以上額坐派弁、倶不出于田賦、毎年係本県堆塩地租包索税銀動支、差人領解。

内容的には前節【南直隷】⑥の揚州府の嘉靖『惟揚志』巻八、田賦志、徴弁、国朝揚州府額設の儀真県の項と同じであるが、凡毎年坐派の歳造叚疋銀、水脚銀、歳弁顔料藍靛料銀、水脚銀二銭二分五厘、工部四司料銀、水脚銀、本色胖襖銀、水脚銀、麂皮価銀、水脚銀、磚料銀、水脚銀はいずれも銀納化したものと輸送経費を付加している。引用史料の末尾に「以上額坐派弁、倶不出于田賦、毎年係本県堆塩地租包索税銀動支、差人領解」とあるのが、歳弁類の性格を示す。決して田賦ではない。ただ、塩鈔や商税課程との区分は問題であろう。

次に同じく揚州府の嘉靖『宝応県志略』巻二、田賦志に、

丁賦均徭、旧額十年一輪、後以地衡民貧。逐歳編審、為銀差・力差。

銀差則有歳進野味、

〈割注〉天鵞二隻、雁二十五隻、兎七隻、獐二十三隻、野鶏六隻、鶺鴒二十五隻、折銀一両八銭五分。

歳造叚匹、

〈割注〉紵絲四匹、生絲紬十匹、生絲絹二十三疋、箭一千五百枝、折銀九十二両九銭五分。

歳弁皮翎、

〈割注〉獐皮七十二張、羊皮四十五張、水獺猫皮五十七張、野猫皮二十九張、獾皮六十五張、麂皮四十五張、翎毛三千張、藍靛六斤、蒲草五百六十斤、折銀二十八両七銭七分五厘。

牲口、猪一十口、綿羯羊六隻、鵞三十隻、鶏一百二十七隻、折銀四十一両九銭。

薬味、北京半夏三十三斤、南京半夏二斤八両、折銀一両四銭六分。

箭枝、二十九両。

軍器、四十三両九銭。

乳牛、二隻、八両。

備用馬、一千六十八両。

成化年間に施行された均徭法の施行がある。従来の上供物料・地方公費の里甲正役や雑役を銀差・力差に分けていずれも銀納化する徭役制度＝役法の改革で従来、山根幸夫氏や岩見宏氏に充分な研究がある[9]。右の嘉靖『宝応県志略』では銀差則有歳進野味とあって、歳進の野味が銀差に入ったと明言している。

それでは銀納化はどうして進展したのだろうか。本章の歳進や歳弁に関わる事態として、本章前節でも華北諸省のように資源枯渇の事態があった。これは華中や華南でも見られた事態であるが、華中などではなお複雑な事情が見られた。

江西、建昌府の正徳『建昌府志』巻四、貢賦、国朝には、

弘治二年、額貢野味倶奉使司箚文、折収鈔貫。惟活天鵞仍貢本色、虞猟苦之、恒棄業。知府孫偉申白各該司部、実非土産、折鈔。民甚便之。

正徳十一年、江西右布政使王啓奏罷貢献以靖地方、議査省所司幸加意焉。〈割註〉臣聞、防川者不患川潰之時、而患於築塞之後堤守為難、療病者不患病作之時、而患於痊復之後調理為難。切見江西自王浩八等倡乱以後、連年用兵、財力倶耗。一旦平復、如新築之堤朝夕巡視惟恐其復潰、新痊之躯動息保養惟恐其復作。誠裕民止盗、損上益下之時也。陛下不以臣為不才、使居江西旬宣之官。夙夜兢惕、思莫補報。到任以来、首詢民隠、皆謂進貢未除、厲階猶在。臣寝食不安。是以忘其愚陋、兼在待罪之時、急急為陛下言之。且以江西地方、限帯山河、無海錯異品可以供上用、無珍禽異獣可以供玩好。雖欲進貢不過常物。況地瘠民貧、常賦之供、猶至逋欠。臣自弘治年間任官于此、未嘗見有所謂進貢。自賊臣劉瑾詐伝聖旨之後、遠近皆欲自結仮進貢之名為納賄之計。江西始有進貢斂官銭入私府、誅求無厭、民不堪命。姦人乗釁而起流毒、境内致勤王師累年始平。其禍皆起於進貢。今瘡痍之民甫定、呻吟之声未已、正宜休息優養、以解倒懸之意。若復如旧、誠恐流禍生乱、不止於往日。且如進新笋・新葛、不惟出笋出葛之人戸受其害、凡一郡之人、同為幇補、猶不能交納、則笋与葛之害騒然矣。進茶芽・班竹、不惟出茶出竹之人戸受其害、凡一郡之人、同為供送、猶不能支持、則茶与竹之害騒然矣。他皆類是、此猶不足惜也。時新未熟、巳名上用、使者所至、凌虐官府、則催弁之害騒然矣。此猶不

足惜也。出省蔵之官銀、巧作買弁、僉水夫之工銭、名為乾折。雖餅罐杠櫃之類、皆有所出不止十倍其価、則科派之害騒然矣。其取無窮、其名不一。臣謂、估計雖銀茶・銀筝之類、亦可弁也。而進貢之費、不可考也。迄至駅逓馬頭去処、亦騒然一空、下至商賈船隻、不敢湾泊。失今不止其害必深。夫川既築、豈可使之再潰、病既療、豈可使之再発。近見都御史彭沢論奏進貢事、理甚悉所司奉行未至、猶有応止而未止者。如江西地方、誠宜停罷、以蘇民困。如蒙准言、乞勅該部計議、早賜施行、地方幸甚。

弘治二年（一四八九）に歳額の貢である野味は俱に布政使司の箚文を奉じて、折して鈔貫を収めた。惟だ活天鵞は仍お本色を貢ぎ、虞猟は之を苦とし、恒に業を棄てた。そこで建昌府知府孫偉が各該司と工部に申請して曰うには、実に土産に非ざるは、鈔に折せよと。民は甚だ之を便としたと。次いで正徳十一年（一五一六）に、江西右布政使王啓は貢献を罷め以て地方を靖ぜんことを奏し、査省して所司の幸にこれに意を加うを議す。以下の割註は江西右布政使王啓の奏文である。訓読文にしておこう。

臣聞く、川を防ぐ者は川の潰すの時を患えず、而して築塞の後に於いて堤守を難と為すを患え、病を療す者は病作るの時を患えず、痊復るの後に調理難と為すを患うと。切に見る江西は王浩八等の倡乱以後より、連年兵を用い、財力倶に耗す。一旦平復するも、新築の堤は朝夕巡視して惟だ其の復た潰すを恐れ、新痊の軀は動息保養して惟だ其の復た作るを恐るるが如く、誠に民を裕かに盗を止め、上を損し下を益するの時なり。陛下は以て臣を不才と為さず、使して江西の旬宣の官に居らしむ。夙夜兢惕して、思い報に補すこと莫し。到任以来、首めて民隠を詢うに、皆謂う進貢は未だ除かれず、厲階猶お在りと。臣は寝食も安からず。是を以て其の愚陋を忘れ、兼て罪を待つの時に在り、急急として陛下の為に之を言う。且つ以らく江西地方は、山河を帯すに限り、海錯異品の以て上用に供す可き無く、珍禽異獣の以て玩好に供す可き無し。貢を進めんと欲すと雖も常物に過ぎず。況んや地は瘠せ民は貧、常賦の供も、猶お逋欠に至るがごとし。臣は弘治年間に官を此に任じてより、未だ嘗て所謂る進貢有るを見ず。賊臣劉瑾の聖旨を詐伝するの後より、遠近は皆な自ら進貢の名に結仮して納賄の計を為さんと欲し、江西は始めて進貢有りて官銭を斂めて私府に入れ、誅求厭くこと無く、民は命に堪えず。姦人は釁に乗じて流毒を起こし、境内勤王師を致し、累年始めて平らかなり。其の禍は皆進貢より起こる。今瘡痍の民は甫めて定るも、呻吟の声は未だ已まず、正しく宜しく休息優養し、以て倒懸の意を解くべし。若し復すこと旧の如くんば、誠に流禍生乱して、往日に止らざるを恐る。且つ新筝・新葛を進むが如きは、惟だ出筝出葛の人戸の其の害を受くるのみならず、凡そ一郡の人、同じく幇補を為すも、猶お能く交納せざれば、則ち筝と葛との害は騒然たり。茶芽・班竹を進むは、惟だ出茶出竹の人戸其の害を受くるのみならず、凡そ一郡の人、同じく供送を為すも、猶お能く支持せざれば、則ち茶と竹の害は騒然たり。他は皆な是に類す、此れ猶お惜しむに足らざるがごときなり。時新未熟、巳に上用を名として、使者の至る所、官府を凌虐すれば、則ち催弁の害は騒然たり。此れ猶お惜しむに足らざるがごときなり。省蔵の官銀を出すこと、巧に買弁と作し、水夫の工銭を僉むること、名づけて乾折と為す。餅罐杠櫃の類と雖も、皆な出す所は其の価に十倍するに止らざる有れば、則ち科派の害は騒然たり。其の無窮に取る、其の名は一ならず。臣謂らく、估計は銀茶・銀筝の類と雖も、亦た弁ず可きなり。而して進貢の費は、考す可からざるなり。駅逓・馬頭の去処に至るまで、亦た騒然として一空、下は商賈の船隻に至るも、敢て湾泊せず。今を失うこと止だ其の害の必ず深きのみならず。夫れ川は既に築かれ、豈に之を再び潰せしめる可き、病既に療ゆ、豈に之を再び発す可きや。近く都御史彭沢の進貢の事を奏すを論ずを見るに、理甚だ悉す。所司奉行未だ至らず、猶お応に止むべくも未だ止まざる者有り。江西地方の如きは、誠に宜しく停罷して、以て民困を蘇らすべし。如し准しの言を蒙り、乞う該部に勅して計議し、早く施行を賜れば、地方は幸甚なり。

進貢が宦官の私腹を肥やす手段になっている。宜しく停止すべきだというのであるが、後半に重要な指摘がある。省蔵の官銀を出すこと、巧に買弁と作し、水夫の工銭を僉むること、名づけて乾折と為すという個所であるが、歳進・歳弁・歳造の上供御用を官銀を出して買い上げ方式、すなわち買弁とする方式の問題点をいう。それは当面、皆な出す所は其の価に十倍するに止らざる有れば、則ち科派の害は騒然たり。其の無窮に取る、其の名は一ならずという。その点について、南直隷、安徽、池州府の嘉靖『池州府志』巻四、田賦篇、土貢には、

物料一十四項、共、銀五千七百一十四両五銭五分一毛三糸。〈割註〉天鵞五隻、毎隻価銀五銭、東流捕戸弁解。○光粉黄熟銅等料銀一千七百七十九両六銭二分、秋糧存留内動支。○雑色熟皮銀一千両。○蜜蜂等料銀二百四十一両一銭。○臘茶銀二百四十両。○

蜜蜂砂糖銀一十三両三銭二分。○薑種銀五十六両、三年一派。○白綿銀四両。○乾薑等薬味銀四十両五銭。○肥猪鵞銀五百二十六両。○生絹銀一百八十両二銭二分七厘六毛三糸、吐絲銀八銭二厘五毛。○芒苗掃箒銀一百四十七両六銭八分。○青紵絲等料銀九百一十二両八銭。○胖襖銀五百七十両。

以上銀倶丁田内動支。惟胖襖捕戸貼銀五十四両二銭七分。

物料一十四項、共、銀五千七百一十四両五銭五分一毛三糸とし、その割註には天鵞五隻、毎隻価銀五銭、東流捕戸弁解とある他は、光粉黄熟銅等料銀一千七百七十九両六銭二分、秋糧存留内動支とあって両税存留分からの支給とされ、雑色熟皮銀一千両以下は以上の銀は倶に丁田銀内より動支する。惟だ胖襖は捕戸が銀五十四両二銭七分を貼すとしている。貼すとは役の代わりに銀を出すことである。従って以上に見える銀は銀納化された銀ではなく、買弁の為に動支する官銀である部分もあることになる。

広東、廉州府欽州の嘉靖『欽州志』巻三、食貨、田賦、土貢、欽州国朝に、

草荳蔻十八斤、草菓子一百二十斤、天竺黄一両六銭、雑皮四百五十張〈毎張価銀二銭二分二厘。歳弁貢銀九十九両九銭〉。

とある価銀も同じ買弁銀かも知れない。

結　び

明代の進貢制度は極めて複雑な展開をした。その一つの原因に宦官存在が絡み、その飽くなき利潤追求、其の無窮に取るという事に制度の根本的欠陥があった。なお、本章で挙げたような貢献廃止論はその後どうなったかと言えば、形を変えながらむしろ徴収は複雑化し、過大過重になった。例えば、浙江、紹興府新昌県の万暦『新昌県志』巻六、民賦志、貢額に、

額徴解京銀。臘茶銀・顔料銀・桐油銀・万暦五年新増桐油路費銀・麂皮銀・胖襖銀・弓張銀・薬材銀・薬材路費銀・農桑折絹銀・叚疋銀・漆木料銀・四司工料銀・菉笋銀。

名目がやたらと増加していることが分かる。壮大でスケールの大きな賦役制度の変革をいくら懸命に努力しても宦官にはひとたまりもない。改革派の官僚が東林党を結んで宦官に抗した明末現象は必然であった。銀納化は果たして制度改革になったのであろうか。明代収取体系全体の中で考える必要があろう。

ただ、地方志を使って歳進・歳弁・歳造の全国的実状を検討したが、その作業から得られた結論として、長江流域を中心とした織物業に代表される産業経済の発展地域と華北地方のように資源枯渇し負担が零細になる経済発展の遅れた地域とに地域格差が拡大していることが窺える。こうした明中期の歴史的課題については、なお以下の諸章で考察を加えることにしたい。

注

（1）山根幸夫「明代里長の職責に関する一考察」『東方学』三輯、一九五二年、及び、同著『明代徭役制度の展開』東京女子大学学会、一九六六年、四二、四三頁以下、参照。

（2）岩見宏「明代における上供物料と徭役」『東洋学報』五五巻二号、一九七二年、後、同著『明代徭役制度の研究』同朋舎、一九八六年所収、等、参照。

（3）山根幸夫、前掲『明代徭役制度の展開』四三頁、参照。

（4）古典研究会影印本『皇明制書』上巻（大安、一九六六年）所収。

（5）和田清編『明史食貨志譯註』賦税項、上巻一三六頁、註（六五）、（六六）参照。解説担当は山根幸夫氏。

（6）鰾は鰾膠、鯉等から製造する。粘着力が強いという。工部各部局の必需品である。

（7）藪内清編『天工開物の研究』（恒星社、一九五三年）三四二、三四三頁、参照。

（8）『明史』食貨志・銭鈔に「（洪武）七年、帝乃ち宝鈔提挙司を設け、明年、始めて中書省に詔して大明宝鈔を造り、命じて民間に通行せしむ。桑穰を以て料と為す」とあることから考えると、桑穰は大明宝鈔の材料になったのである。前掲、『明史食貨志譯註』銭鈔項（百瀬弘氏担当）、下巻六九二頁、註（二四）、参照。

（9）山根幸夫氏の前掲論文・著書、岩見宏氏の前掲論文・著書、参照。

第七章　明代前期における河泊所と魚課―江南河川資源の流通構造について―

はじめに

明代に河泊所と呼ぶ徴税機構がある。星斌夫氏によれば、専ら魚課を掌り、主として黄河以南の地に置かれた。魚課とは魚網・魚船・魚標の所有高を標準として魚戸に課せられる税をいい、魚税・魚賦・魚租ともいう。[1]『明史』食貨志はこれを商税の項に収めるが、これに訳注を加えた佐久間重男氏は魚課が湖池河泊の所在地に居住営業する漁戸即ち漁師に課する税で、商人を対象とする商税とは自ら異なり、河泊所を商税官庁の中に包含せしむべきではないとする。[2]従うべきである。佐久間氏によれば、河泊所は明初に約三百余箇所を数えたが、その後廃止併合が行われ、万暦年間には百余カ所となり、その所在地は主として黄河以南、なかんずく湖広に集中せられたという。なお、中山八郎氏は、河泊所の官は魚税を収むることを掌る。洪武十五年天下河泊所の数は二百五十二を数え、歳課糧五千石以上は官三人、千石以上は二人、三百石以上は一人を設けたという。[3]

明代の河泊所については以上のことが知られているが、それ以上に河泊所を論文で取り上げることは無かった。一つには史料が零細であることと、他の賦役制度の研究に比べて研究意義が小さいと思われたかも知れない。本章は歳進・歳弁・歳造の進貢制度を扱った前章、第六章に続いて、それらの周縁に位置する河泊所と魚課を特に長江流域における河川資源の流通構造の問題として検討したいと思う。

第一節　明代前期における河泊所について

河泊所の官について、洪武二十六年（一三九三）制定の「諸司職掌」[4] 吏部官制、在外、各府の所属衙門に司獄司・儒学・倉税課司雑造織染局税課分司・府州県巡検司・陰陽学・医学・僧綱司・道紀司・府州県水馬駅・府州県逓運所に続いて、府州県河泊所の名称が見え、その下に所官とある。吏部官制、在外、各府に続く各州の所属衙門には儒学・陰陽学・医学・各処税課局茶課司・長淮広済二関・各処鉄冶批験茶塩所・各処閘壩・州県倉・僧正司・道正司があり、同各県の所属衙門には儒学・陰陽学・医学・僧会司・道会司・四川阜民司福建銀屏山銀場局・陝西司竹局がある。ここでは州・県の所属衙門に河泊所を挙げない。また、「諸司職掌」吏部官制の在外衙門該設吏典の項では各府州県以下、各府州県の儒学・税課司局・倉・庫・逓運所・水馬駅・巡検司を挙げているが、河泊所を挙げていない。さらに、「諸司職掌」吏部官制。資格では未入流に河泊所官が見える。

正徳『大明会典』巻四、吏部三、官制二、官の項に載る応天府の所属衙門として上元江寧二県知県各一員・県丞各一員・主簿各二員以下に儒学・陰陽学・医学・司獄司・江東巡検司・江淮巡検司・都税司・龍江宣課司・聚宝門宣課司・江東宣課司・太平門税課司・株陵鎮巡検司・織染局・龍江税課局・大勝駅・江東駅・龍江水馬駅・龍江逓運所・批験茶引所に続いて、

龍江裏外河泊所、河泊所官二員。〈後、革一員〉。

とあり、続いて石灰関・龍江関の官属定員が規定されている。さらに、正徳『大明会典』巻五、吏部四、官制三、官の項、在外、各府の所属衙門にも司獄司・儒学・倉税課司雑造織染局税課分司・府州県巡検司・陰陽学・医学・僧綱司・道紀司・府州県水馬駅・府州県逓運所に続いて、

府州県河泊所、所官各一員。

府州県河泊所を挙げるが、先の「諸司職掌」の規定をそのまま載せたようである。ただ、正徳『大明会典』巻六、吏部五、官制四、

吏の項も、「諸司職掌」吏部官制の在外衙門該設吏典の項をそのまま載せ、河泊所の吏典規定は無い。

さらに正徳『大明会典』巻十一、吏部十、到任須知二、所属印信衙門に、

河泊所幾処、官幾員。陳州幾処、本州河泊所一処、項城河泊所一処。祥符県幾処、本県河泊所一処。余州県照開。

河南布政司の陳州と祥符県にも河泊所が設置されていた。河泊所の設置を黄河以南という所以である。ただ、その余の州県とは長江流域が殆どである。なお、正徳『大明会典』巻十二、吏部十一、資格では、未入流に河泊所官がある。

以上から明代前半における河泊所は特定の地方における在外府州県の所属衙門の一で、巡検司や税課司と並ぶ、或いはさらに下部に位置する徴税末端の一ということができよう。そこで各地方府州県志に河泊所がどのように記載されているか事例を集めてみた。

第二節　明代地方志に記載された河泊所の事例

まず、明代地方志の中でも早期に成立した浙江、温州府楽清県の永楽『楽清県志』巻四、庁舎、本県合属官署には、

館頭巡検司・蒲岐巡検司・北監巡検司・小鹿巡検司・温嶺巡検司

税課局、在本県東隅状元坊通衢之北。元儻民屋三間、在西隅三港祠前。国朝、洪武元年、設置、仍其旧、設官二員。尋革副使一員。十一年大使胡友諒移創今址。

正庁三間。外門一間。額門一間、扁曰税課局。東西廊房共二間。

官制、大使一員。吏額、司吏一名、攢典二名、巡欄一十名。

河泊所、在本県永興郷一都石馬印嶼山北。前代無考。国朝、洪武八年、為始差旗軍閘弁。十四年、総旗王移住創建公署。洪武十六年、始設官署事。

正庁三間。耳房左右各一間、外門一間。

官制、河泊所官一員。吏額、攢典一名。

長林場塩課司・天富他監場塩課司

西皐駅・舘頭駅・窑奥駅・嶺店駅

医学、陰陽学、僧会司、道会司。

とあり、巡検司五箇所、税課局に続いて挙げられている。税課局とは異なり、元制には無く、洪武八年（一三七五）、旗軍閘に官を派遣して徴税したのが起こりで、同十四年（一三八一）、総旗王某がここに移住して公署を創建した。洪武十六年に、始めて官を設けて事務を署理した。官制に河泊所官一員は「諸司職掌」の規定通りであるが、吏額があり、攢典一名という。吏が居るのは当然である。官庁建物も規模は小さいが整っている。

まず、長江流域を中心とした華中地方の事例を挙げよう。

【南直隷】

①南直隷応天府の六合県の嘉靖『六合県志』巻三、宮室志、公署には、

県署

税課局、旧在県治東南。洪武初、知県陸梅創立。正統間、奏革。景泰間、巡撫工部尚書周忱奏復。知県黄淵択県治前街西隙地建之。成化十九年、大使楊志孝修。弘治十年、大使王靖修。正徳六年、知県萬廷珵重建。嘉靖十四年、知県茅宰修。

門楼牌坊一座、庁堂四間、書房一間、臥房四間、馬房三間、厨房二間。

瓜埠巡検司、旧東南二十五里、瓜歩山下。呉元年間設。旧址去河半里許、観音堂後。洪武初、知県胡有源建。未詳何時徙今処。嘉靖二十九年、知県董邦政見墻舎圮壊、設法修建。規模整飭矣。仍建水関以為防衛。

門楼一座、正庁五間、土地祠一間、後房五間、馬房一間。

瓜埠三汊河泊所、旧県治東一里許。国朝丙午年、所官蘇守正建立。

門楼一間、正庁三間、後房二間、架閣庫二間〈今廃〉。

南直隷応天府六合県の瓜埠三汊河泊所は南京附近最大の河泊所であった。丙午年、一三六六年の創建というから明建国三年前、明太祖が南京を拠点として江南経営に邁進し始めた時期である。門楼一間、正庁三間、後房二間、架閣庫二間を備えた整備された役所であった。

②南直隷応天府高淳県の正徳『高淳県志』巻二、公署、舗逓附に、

県治、正庁、穿堂、後堂、馬政庁、幕庁、吏戸礼三房、兵刑工三房、儀門、土地廟、監房、知県庁、県丞庁、主簿庁、典史庁、吏舎、庫房。

察院、正庁、穿堂、後堂、儀門、東西廂房、厨房。

府館、正庁、穿堂、後堂、儀門、東西廂房、厨房。

税課局、陰陽学、医学、僧会司、道会司、申明亭、旌善亭、社亭、養済院、
牛児港河泊所〈県西隅〉、庁〈三間〉、門房〈三間〉、庁舎〈三間〉。

許家埠河泊所〈県西十里〉、庁〈三間〉、門房〈三間〉、庁舎〈三間〉。

広通鎮巡検司〈県東南六十里。知県劉啓東建〉、庁〈三間〉、門房〈三間〉、後堂〈三間〉。

広通鎮壩官衙〈県東南六十里〉、庁〈三間〉、門房〈三間〉、後堂〈三間〉。

広通鎮公館〈巡検司南、九間。知県劉啓東重建〉。演武場〈県治南一里〉。

舗逓。總舗〈県治左〉、南塘舗〈県治東十里〉、尋真舗〈県治東二十里〉、旧鎮舗〈県治東三十里〉、遊山舗〈県治東四十里〉、湯師舗〈県治東五十里〉、松児舗〈県治東六十里〉、永豊舗〈県南十五里〉、永寧舗〈県南三十里〉。

鼓楼〈三間、在県治前〉。


牛児港河泊所〈県西隅〉、庁〈三間〉、門房〈三間〉、庁舎〈三間〉と許家埠河泊所〈県西十里〉、庁〈三間〉、門房〈三間〉、庁舎〈三

間〉の二河泊所が確認され、それぞれの庁、門、庁舎の構成が分かる。税課局や巡検司と同様な規模であったと思われる。応天府附近の州県だけに人と物資の流通が激しく、巡検司、舗、税課局、そして河泊所と官衙の所属施設は具備されていた。

③揚州府の嘉靖『惟揚志』巻七、公署志、国朝府属設に、

江都県、治署、正堂、後堂、知県宅、県丞主簿宅、典史宅。

万寿巡検司〈在県東四十里〉。邵伯鎮巡検司〈在県北四十五里〉。瓜洲鎮巡検司〈在県南四十五里〉。帰仁巡検司〈在県東八十里青草沙、後遷于便益河口〉。上官橋巡検司〈在県西北八十里〉。

邵伯河泊所〈在県北四十五里〉。

申明・旌善亭〈本県在城幷市鎮郷沙共九十八座、倶洪武八年知県王希伊建〉。

儀真県、治署、正堂、後堂、知県宅、県丞宅、主簿宅、典史宅。

旧江口巡検司〈在県南三汊河北岸〉。

税課局〈在県東南大市街〉。子務〈在県南三汊河北〉。

陰陽学〈在県東南大市街〉。医学〈在県東南三壩〉。僧道会司
申明・旌善亭〈本県儀門外東南〉。

泰興県、治署、正堂、後堂、知県宅、県丞主簿典史宅。

黄橋巡検司〈在県東四十五里永豊鎮〉。口岸巡検司〈在県西北四十五里柴墟鎮〉。印荘巡検司〈在県南二十五里保全郷〉。

税課局〈在県西鎮安橋〉。

陰陽学〈在県治南〉。医学〈在県治前〉。僧道会司
申明・旌善亭〈二十四座、洪武三年知県王林建〉。

高郵州、治署、正堂後堂、知州宅、同知判官吏目宅。

巡検司〈在州東北一百二十里〉。張家溝巡検司〈在州北三十里〉。
税課局〈在州北新城遐観橋〉。
河泊所〈在州北新城済民橋西〉。
陰陽学〈在州東鼓楼内〉。医学〈在州北遐観橋〉。僧道正司
申明・旌善亭〈共三十二座、洪武三年知州趙原建〉。
興化県、治署、正堂後堂、知県宅、県丞主簿典史宅。
安豊巡検司〈在県東北七十里安仁郷〉。
税課局〈在県南門内〉。
河泊所〈在北門内〉。
陰陽学〈在西門外〉。医学〈在県東〉。僧道会司
申明・旌善亭〈二十座、洪武三年知県徐士誠建〉。
宝応県、治署、正堂、後堂、知県宅、県丞主簿典史宅。
槐楼巡検司〈在県南二十里槐楼鎮〉。衡陽巡検司〈在県西南一百二十里衡陽鎮〉。
税課局〈在県東南隅〉。
河泊所〈在南門外〉。
陰陽学〈在南門外〉。医学〈在嘉定橋北大街東〉。僧道会司
申明・旌善亭〈二十八所、洪武二十三年知県方仲陽建〉。
泰州、治署、正堂、後堂、知州宅、同知宅、判官宅、吏目宅。
海安巡検司〈在州南一百里〉。西渓巡検司〈在州東一百二十里〉。寧郷巡検司〈在州北六十里〉。

淤渓薄湖河泊所〈在北門外〉。

税課局〈在州西南、以上倶洪武初、知州張遇林建〉。

陰陽学〈在州南〉。医学〈在州前〉。僧道正司
申明・旌善亭〈在城二所、郷都一百四十一所、洪武二十三年知州陳宗建〉。

如皐県、治署、正堂後堂、知県宅、県丞主簿典史宅。

掘港巡検司〈在県東一百三十里〉。西場巡検司〈在県北三十里〉。石荘巡検司〈旧在県南九十里、今徙入内地去県六十里〉。

税課局〈旧在県後河北、今歳革、廃為養済院〉。

陰陽学〈在県東南〉。医学〈在県東〉。僧道会司
申明・旌善亭〈四十座、洪武三年知県宗仁簡建〉。

通州、治署、正堂、後堂、知州宅、同知判官吏目宅。

石港巡検司〈在州北八十里西成郷〉。狼山巡検司〈在州南十八里狼山郷〉。

税課局〈在南門内〉。

陰陽学〈在州北〉。医学〈在州前〉。僧道正司
申明・旌善亭〈在城七所、五郷各一所、洪武二十三年知州方顕建〉。

海門県、治署、正堂後堂、知県宅、県丞主簿典史宅。

張港巡検司〈在智正郷大沢観前〉。呉陵巡検司〈在仁和郷〉。

陰陽学〈在県西桂道坊〉。


揚州府各州県の河泊所は江都県邵伯河泊所、高郵州河泊所、興化県河泊所、宝応県河泊所、泰州淤渓薄湖河泊所である。十州県中で河泊所の設置が記録されている州県は五州県の半分である。税課局や巡検司がほぼどの州県にも設置されているのに比べて少ない。そ

の所在は州県城の附近（高郵州・興化県・宝応県・泰州）が多く、江都県邵伯河泊所は在県北四十五里とやや離れている。庁舎建物規模は分からない。

なお、揚州府儀真県については河泊所が確認されないが隆慶『儀真県志』巻六、戸口攷に、有漁戸、有船戸〈倶祖充隷応天府六合河泊所、歳弁採打貲貢鮮、及麻鉄翎鰾油料、仍当里甲正差。〉とあって、同県の漁戸、船戸は応天府六合県六合河泊所に属したようである。

④淮安府の万暦『淮安府志』巻三、建置志の各県庁舎には、

山陽県治、馬邏巡検司〈去治東北一百里。洪武十八年創建。官庁三間、司房一間、監房二間、門屋一間、庁舎一所〉、廟湾巡検司〈去治東北一百八十里。洪武十八年創建。官庁三間、司房一間、監房二間、門屋一間、庁舎一所〉、羊塞巡検司〈去治東北二百二十里。洪武十八年創建。官庁三間、司房一間、監房二間、門屋一間、庁舎一所〉、河泊所〈旧在城西門外。宣徳三年、改設於新城西門外。河泊楊栄卜地創建。正統五年。河泊吾体重修、官庁三間、耳房二間、司房一間、門屋三間、庁舎一所〉。……淮安壩批験所、廟湾場塩課司。

塩城県治、税課局〈在治西。洪武元年建。官庁三間、庫房三間、門屋一間、庁舎一所〉、清溝巡検司〈去治西北四十里。旧名崔溝巡検司。洪武二年建。十三年、裁革。二十九年、復立、改今名。官庁三間、司房三間、監房三間、大門三間、庁舎一所〉、喩口鎮巡検司〈去治北一百二十里。洪武二年建。官庁三間、司房三間、監房二間、門三間、庁舎一所〉、河泊所〈去治西一百四十里。洪武五年創。官庁三間、門屋三間、庁舎一所〉、五祐場塩課司、新興場塩課司。

清河県治、税課局〈在治南。洪武五年建。官庁三間、門一間、庁舎一所〉、馬頭巡検司〈在治東馬頭鎮内小清河口西。洪武三年建。官庁三間、司房二間、監房三間、門三間、庁舎一所〉。

桃源県治、税課局〈在治北。洪武五年創建。宣徳十年裁革。正統十一年復設。官庁三間、門屋一間〉、三汊鎮巡検司〈在治三十里。成化二十一年建。官庁三間、廂房東西各三間、門屋一間〉。

安東県治、税課局〈在治東南。洪武四年建。宣徳十年裁革。正統十一年復設。官庁三間、庫房一間、門屋一間、庁舎一所〉、壩上巡検司〈在治東南。官庁三間、司房三間、監房三間、門屋一間、官吏庁舎六間〉、長楽巡検司〈去治北一百里。洪武六年建。官庁三間、司房三間、監房三間、門屋三間、庁舎一所〉、伝湖等処河泊所〈旧在金城鎮。洪武十五年遷建於東城坊。官庁三間、門屋一間、庁舎一所〉。

沭陽県治、税課局〈在治西。官庁三間、門屋一間、庁舎一所〉、河泊所〈在治東八十里。官庁三間、門屋一間、庁舎一所〉。

海州治、高橋巡検司〈在博望都北、去治西九十里。洪武元年創建。官庁三間、司房二間、庫房一間、監房一間、門屋一間、庁舎一所。沿海烽候四処〉、恵沢巡検司〈在張家店舗。去治南一百二十里。洪武三年創建。官庁三間、司房三間、庫房二間、監房一間、門屋一間、庁舎一所。沿海烽候十二処〉、東海巡検司〈在東海城南。洪武二年創建。官庁三間、監房三間、門屋一間、庫房三間、監房三間、門屋一間、庁舎一所、沿海烽候十二処〉、税課司〈在治西。洪武五年建。官庁三間、司房三間、門屋一間〉、河泊所〈去治東南二十里。洪武十五年建。官庁三間、庫房三間、門屋一間、庁舎一所〉。

贛楡県治、税課局〈在治東南半里。洪武十五年建。正房三間、門一間、庁舎一所〉、荻水鎮巡検司〈在治北七十里。洪武元年建。官庁三間、司房三間、監房三間、門屋一間、庁舎一所〉、臨洪鎮巡検司〈去治南六十里。洪武元年建。官庁三間、司房三間、監房三間、門屋三間、庁舎一所〉。

邳州治、税課司〈去治西南二里。洪武十四年建。官庁三間、司房三間、門屋一間、庁舎一所〉、河泊所〈去治西北三十五里。洪武十四年建。官庁三間、司房三間、門屋一間、庁舎一所〉、直河口巡検司〈去治東南六十里。正統十三年建。官庁三間、司房三間、監房五間、門屋一間〉。

宿遷県治、税課局〈在治南。洪武四年建。官庁三間、門屋一間、庁舎一所〉、河泊所〈去治西南一十里。洪武十四年建。官庁三間、廂房東西各二間、門屋一間、庁舎一所〉。

睢寧県治、税課局〈在治西。官庁三間、門屋一間〉、河泊所〈去治東一十五里、在高作鎮。官庁三間、門屋一間〉。

淮安府では山陽県、塩城県、安東県、海州、邳州、宿遷県、睢寧県に河泊所が確認でき、清河県、桃源県、沭陽県、贛楡県には確認できない。淮安府の万暦『淮安府志』巻三、建置志が史料として貴重であるのは河泊所の由来や建物規模を記す点であるが、各州県の河泊所の由来と建物の規模を記す割註文は次の通りである。

山陽県、河泊所、旧在城西門外。宣徳三年、改設於新城西門外。河泊楊栄卜地創建。正統五年。河泊吾体重修、官庁三間、耳房二間、司房一間、門屋三間、庁舎一所。

塩城県、河泊所、去治西一百四十里。洪武五年創。官庁三間、門屋三間、庁舎一所。

安東県、伝湖等処河泊所、旧在金城鎮。洪武十五年遷建於東城坊。官庁三間、門屋一間、庁舎一所。

海州、河泊所、去治東南二十里。洪武十五年建。官庁三間、庫房三間、門屋一間、庁舎一所。

邳州、河泊所、去治西北三十五里。洪武十四年建。官庁三間、司房三間、門屋一間、庁舎一所。

宿遷県、河泊所、去治西南一十里。洪武十四年建。官庁三間、廂房東西各二間、門屋一間、庁舎一所。

睢寧県、河泊所、去治東一十五里、在高作鎮。官庁三間、門屋一間。

塩城県河泊所が洪武五年の創建で早く、次いで邳州、宿遷県の洪武十四年、安東県、海州の洪武十五年建となっている。山陽県河泊所は宣徳三年に改設したというので創建はもっと早いかも知れない。睢寧県河泊所は創建年次が不明である。建築規模は例えば山陽県の場合、馬邏巡検司が官庁三間、司房一間、監房二間、門屋一間、庁舎一所、同じく廟湾巡検司が官庁三間、司房一間、監房二間、門屋一間、庁舎一所、塩城県税課局の官庁三間、庫房三間、門屋一間、庁舎一所、などと比べて、山陽県河泊所は官庁三間、耳房二間、司房一間、門屋三間、庁舎一所とほぼ同じであるが、特に税課局とは役所機能が類似していただけに規模は同じである。特に県の所属衙門として税課局と河泊所だけを挙げている宿遷県と睢寧県の場合、宿遷県は税課局が官庁三間、門屋一間、庁舎一所、河泊所が官庁三間、廂房東西各二間、門屋一間、庁舎一所、睢寧県は税課局が官庁三間、門屋一間、河泊所が官庁三間、門屋一間とバランスを取っていることが分かる。

⑤安徽、寧国府の嘉靖『寧国府志』巻三、秩統紀に、

税課司大使一人〈従九品〉、司吏一人〈巡攔八人〉。

永実庫大使一人〈旧省惟庫、記存〉、攢典一人〈庫子七人〉。

凡六県歳輸及雑賦、若諸贖金、悉儲之。

南湖河泊所大使一人〈未入流、掌記〉、攢典一人。

魚潭河泊所大使一人〈未入流、掌記〉、攢典一人。

凡業漁有恒処、亦有恒課、使以時征之。其輸于工部者、生銅・熟鉄魚線膠翎毛輸府、則以鈔居工部之半。並以銀折。然漁戸率竄籍旁県、利有嬴詘、故徴歛為難。

ここでは一般に河泊所官と称されたのに対して、大使を称しているのは税課司大使や永実庫大使などと同扱いしているからであろう。ただ、税課司大使は従九品、吏も司吏一人〈巡攔八人〉であるのに対して河泊所大使一人は未入流、攢典一人が付く。さらに同、嘉靖『寧国府志』巻四、次舎紀には、

税課司、在陽徳門内街南。洪武間、知府胡乾祐建。

永実庫、在府正堂右。

軍儲倉、在泰和門内街北。有庁事、有後堂。前後各瀦水為池。外為重門。洪武初、知府陳灌建。後、知府袁旭拓之〈為廒三十六〉。嘉靖間、知府區越屠応坤益拓之〈増外廒六。教諭呉鉦有陵陽一新記〉。

織染局、在府治西街東。知府楊観建。弘治以後、匠益貧耗、歳幣官為買納、局遂廃、為公館〈内翰汪佃、謫判居此、建一枝軒、自為記〉。嘉靖十年、知府屠応坤始議復之。織貢如初。

宛陵駅、在北門養済院之北東、臨大河。正統間、知府沈性建。

南湖河泊所、在府北馬山埠〈距府六十里〉。

魚潭河泊所、在府東北三汊河口〈距府三里〉。二所並知府黄栄祖建。今悉圮。官僦民舎以居。

南京応天府南郊の長江流域、五県を所属させる寧国府にしては南湖河泊所、魚潭河泊所という二河泊所は少なすぎるし、記述も簡単過ぎる。

⑥安徽、池州府の嘉靖『池州府志』巻三、建置篇、属治に、

府、豊済倉。税課司。

大通逓運所〈在府治東北八十里大通鎮、瀕江〉、有坊、有譙楼、有庁、有宅、外繚以垣。

陰陽学・医学・僧綱司・道紀司。

県、巡検司、貴池二〈一在池口鎮黄龍磯上、即黄状元妻家翁氏故址也。一在李陽河〉、銅陵一〈在大通鎮〉、建徳一〈在永豊鎮〉、東流三〈一在雁汊鎮、裁革。一在吉陽鎮、一在香口鎮〉。倶有堂、有室、有譬楼、有私衙。

税課局、貴池無設、余県各一〈倶正統間裁革〉。

駅、貴池二〈一在池口。元甲辰設。駅丞施永昌建。弘治十三年知府祁司員重修。一在李陽河〉、銅陵一〈旧在大通鎮。洪武三年駅丞王得全建。嘉靖二年巡撫都御史呉廷挙移県南〉。倶有庁、有室、有序、有露台、有門楼、有衙。

河泊所、貴池三〈一在清渓。嘉靖間裁革。一在黄湓、瀕江。一在杜塢河濱、署廃〉、銅陵一〈在大通巡検司南五里。洪武五年河泊楊仲温建〉、東流三〈一在江口。一在張家灘、裁革。一在香口鎮〉。倶有門、有庁、有衙。

陰陽学、医学、僧会司、道会司。

池州府各県の河泊所は貴池県に三、一は清渓に在って嘉靖間裁革された。一は黄湓に在り、長江に瀕し、一は杜塢河濱に在り、みな官署は廃止されたという。銅陵県は一個所で大通巡検司南五里に在る。洪武五年に河泊楊仲温が建てた。東流県は三で一は江口に在り、一は張家灘に在ったが裁革された。一は香口鎮に在る。倶に門有り、庁有り、衙有りと。結局、嘉靖期、池州府の河泊所は貴池県の黄湓と杜塢河濱の二個所、銅陵県の大通巡検司南五里、東流県の江口と香口鎮の二個所が残存している。銅陵河泊所は洪武五年河泊楊仲

温の建立という。もっとも銅陵県の嘉靖『銅陵県志』巻二、建置志、合属によれば、

大通駅、初大通鎮。洪武三年、駅丞王得全剏置。今遷県治西門外。駅置站船一十三隻、水夫一百三十名。丁田内編充。見田賦志。

大通巡検司、在県南四十里大通鎮。洪武三年、巡検張庸創置。

大通河泊所、在県南四十五里順合耆。洪武元年、楊仲温創置。

税課局、在県西。今革。

医学、在県南、与陰陽学相連。成化十八年、知県黄済建。

陰陽学、在県治西南。成化十八年、知県黄済建。

僧会司、在崇福寺。

倉舗

預備倉一所、在県治西、儲有司官稲、以備賑済。

便民倉一所、在県西、濱大江。知県高仰重建。儲国税。

県前舗、棲鳳舗、順安舗、城山舗、分流舗、毎舗舗司一名、舗兵一名、県前舗三名、余皆二名。均徭内編。見田賦志。

大通河泊所は洪武元年に楊仲温創置とするが、確認の仕様がない。なお、池州府銅陵県また県所属の衙門はよく具備していたが、長江の水路交通の発達によって経済発展した地域だけにそのセンターの大通鎮に大鎮大通駅、大通巡検司、大通河泊所の諸役所が集中していたことが分かる。

【浙江】

①浙江、湖州府武康県の嘉靖『武康県志』巻三、創設志、公署に、

按察分司、布政分司、公館、県署、知県庁、県丞庁、水利県丞庁、主簿庁、典史庁、学署

税課局、在三橋埠。洪武間、大使戚十奴建。設官大使一員、吏一人。〈仍立上陌・下渚二処、纂節弁課〉。
河泊所、在風渚湖上。洪武間設。景泰間革。
陰陽学、医学、僧会司、道会司、便民倉、俸給倉、預備倉、申明亭、旌善亭、演武亭、養済院、
舗逓、県前舗、黄山舗、大施舗、分水舗、巡警舗

湖州府武康県の河泊所は、洪武間設で景泰間革という。同じく洪武間創設税課局は残存しているようである。

②台州府太平県の嘉靖『太平県志』巻四、職官志上、職官、諸属官に、

県属官、有巡検・倉場・河泊大使、皆不載名氏、第述其職制如左方。

巡検、宋時黄巌特設松門寨巡検一員。元仍之。国朝改松門為衛、移界首塞於長浦、又増設盤馬温嶺〈今徙三山〉・沙用巡検司。後又割楽清土入我境、有小鹿・蒲岐二巡検司。總巡検五員、俱従九品〈月支俸米五石〉。

倉場河泊大使、広盈一倉〈在松門〉、二倉〈在楚門〉、三倉〈在隘頑〉、四倉〈在新河〉、總大使四員。黄巌場〈在十都南監〉、宋名迂浦監、咸平間設監官一員、押袋一員。元、改陞塩司、置令丞管勾。洪武初、設黄巌場、選竈戸總催一人、充百夫長。二十二年、始給印記、置大使一員、掌九倉一団。

河泊所〈亦在十都南監〉、洪武中置、額設大使一員、与倉場大使、俱未入流〈月支俸米三石〉。


台州府太平県の河泊所も洪武中に置かれた。定員額として大使一員を設けたが、倉場大使とともに倶に未入流とされて規定通りであるが、その月ごとの支俸米は三石と思いの外高い。さて、嘉靖『太平県志』巻四、職官志上、公署によって、河泊所施設の所在等を確認すると、

県治、譙楼、際留倉、申明亭、旌善亭、按察分司、布政分司、府公館、黄巌場塩課司、在十都南監街〈旧隷黄巌。宋時名迂浦監。国初改今名〉。洪武二十二年建。〈庁屋三間、後屋三間、門屋三間。石碑一座、在正庁西。倉凡九所、惟青林・平渓・高浦・沙巷在本県境。余在黄巌。其得字・峡門・華厳・清港四倉在県西二十四、五等都、隷天富北監場〉。

黄巌河泊所、在十都南監街〈旧隷黄巌〉。洪武十七年建。〈嘉靖八年革。今郡守南康周公奏請復置。兼管周洋等九閘云〉。

広盈一倉、在松門衛城西南〈倉厫四座、凡二十間、庁屋三間、後屋三間、門屋一座〉、広盈二倉、在楚門所城西北〈倉厫二座、凡十五間、庁屋・後屋・門屋与一倉同〉、広盈三倉、在隘頑所城西北〈倉厫・庁屋・後屋・門屋倶同〉、広盈四倉、在新河所城西北〈倉厫二座、凡十二間、庁屋・後屋・門屋倶同〉。

黄巌河泊所は十都南監街に在り、旧と隷黄巌県分であった。洪武十七年の創建であるが嘉靖八年革除された。今郡守南康周公の奏請により復た設置された。兼ねて周洋等九閘を管理していると云う。建物建築規模等は不詳である。

③同じ台州府の黄巌県の万暦『黄巌県志』巻二、輿地志下、公署に、

長浦巡検司、在県東南四十里。洪武二年、因立海門衛、移界首巡検司于長浦。巡検王源築城剏署。城周一百四十丈、高二丈、城門一座、庁屋三間。

盤馬巡検司、洪武二十年、広洋衛指揮方文謙奏設。

温嶺巡検司、洪武元年設。二十年安陸侯奏移于楽清県苦山。

沙角巡検司、洪武二年設、在岐頭山下。二十年、命台州衛指揮霍移置沙角。已上三司、今皆隷太平。

黄巌場塩課司、在県東南六十里。宋名迂浦監。元改黄巌場監。元貞元年陞塩司、大徳三年設団竈・団戸。皇明洪武初、設黄巌場衙門、置百夫長、職掌塩課。二十二年給印記、設官吏。庁屋三間、門三間。石碑一座、在正庁西。倉凡九所、正監・鮑浦・沙南・沙北属本県。赤山属臨海。青林・平渓・高浦・第四・団分隷太平県。

河泊所、旧在県東南五十里、革除。間歳革併入税課司。永楽元年復置。嘉靖辛卯、御史端廷赦題革。辛丑周守志偉、建永通閘、奏復之、移置県北澄江側。隆慶間復革。

税課局、旧在県東北一里。宋置、武臣監官一員。元更置務于主簿庁。後徙黄山楼旧址、燬于兵。皇明洪武初、唐令宏重建。今廃。

黄巌県の河泊所は、旧と県東南五十里に在ったが、革除された。その間歳革めて税課司に併入された。永楽元年に復た設置された。

嘉靖辛卯（十年、一五三一年）に、御史端廷赦が題して革めた。辛丑に台州知府周志偉が永通閘を建て、奏してこれを復置し、県北の澄江側に移置した。隆慶間に復た革めた、というように置廃変遷が目まぐるしかった。安定的でないのである。

④温州府の嘉靖『温州府志』巻一、公署に、

府治、経歴司、照磨所〈倶在府治内〉、清軍館、理刑館〈倶在府儀門外〉、旌善亭、申明亭、司獄司、陰陽学、医学〈倶在府治前〉、税課司〈在県西街〉、織染局〈在県後〉、弓箭局〈在城西南隅〉、在城河泊所〈在県東〉、僧綱司〈在開元寺〉、道紀司〈在真華観〉、察院〈在府治東〉、布政分司、按察分司〈倶在城西南隅〉、塩運分司〈在城西南隅、宣徳間、改為市舶分司。今革〉、批験所〈在拱辰門外〉。

永嘉県治、旌善亭、申明亭、河泊所〈在外沙〉、中界山巡検司〈在華蓋郷〉、南渓税課局〈賢宰郷〉、永嘉場〈在華蓋郷〉。

瑞安県治、旌善亭、申明亭、陰陽学、医学、税課局〈在南門外〉、池村巡検司、三港税課局〈在嘉嶼郷〉、僧会司〈在悟真寺〉、道会司〈在集真観〉、双穂場塩課司、信字団、河泊所〈在清泉郷〉、布政分司、按察分司、府公館、東安公館。

楽清県治、旌善亭、申明亭、陰陽学、医学、税課局〈在県前〉、館頭巡検司、北監巡検司、河泊所〈在永康郷〉、恵民薬局〈在城隍廟〉、僧会司〈在東隅〉、道会司〈在西隅〉、長林場塩課司〈在長安郷塔頭、子場一、在蒲岐〉、天富北監場塩課司〈在玉環郷〉、布政分司、按察分司、府公館。

平陽県治、旌善亭、申明亭、陰陽学、医学、仙口巡検司、江口巡検司、舥艚巡検司、亀峯巡検司、税課司〈在峯門〉、河泊所〈在慕賢東郷〉、恵民薬局〈在峯門〉、僧会司〈在浄明寺〉、道会司〈在広福宮〉、天富南監場塩課司〈在慕賢郷〉、沙塘子場〈在萬全郷〉、蒲門子場〈在招順郷〉、布政分司、府公館。

泰順県治、旌善亭、申明亭、陰陽学、医学。

温州府では在城河泊所の他に、瑞安県河泊所、楽清県河泊所、平陽県河泊所が設置されていた。いずれも嘉靖の時点で革除されたという記事はない。なお、楽清県については本節冒頭に引いた浙江、温州府楽清県の永楽『楽清県志』の県であるが、同県の所属衙門は

十五世紀初頭も十六世紀中葉も余り変化が見られない。

【江西】

①江西、九江府の嘉靖『九江府志』巻四、食貨志、徭役、正役に、

府掾　吏房司吏一典吏二　戸房司吏一典吏二　礼房司吏一典吏二
　兵房司吏一典吏二　刑房司吏一典吏二　工房司吏一典吏二
　承発房典吏一　経歴司典吏一　駕閣庫典吏一　大盈庫典吏一　照磨所典吏一
府属　儒学司吏一　司獄司典吏一　税課司司吏一　潯陽駅司吏一　広盈庫攢典一
県掾　五県六房毎房、司吏一典吏一、駕閣庫典吏一、舗長司吏一。
徳化県属　儒学司吏一
　龍開河巡検司司吏一　城子鎮巡検司司吏一　南湖觜巡検司司吏一
　鶴問賽河泊所攢典一　官湖河泊所攢典一　小池小江河泊所攢典一
徳安県属　儒学司吏一
瑞昌県属　儒学司吏一　赤湖河泊所攢典一
湖口県属　儒学司吏一　湖口鎮巡検司司吏一　茭石磯鎮巡検司司吏一　彭蠡駅司吏一
　峯山磯逆沙夾河泊所攢典一
彭沢県属　儒学司吏一　峯山鎮巡検司司吏一　馬当鎮巡検司司吏一
　黄土港河泊所攢典一　仰天池河泊所攢典一　龍城駅司吏一

九江府の各衙門の吏典定員を詳細に挙げる。九江府の河泊所は徳化県属に鶴問賽河泊所、官湖河泊所、小池小江河泊所の三河泊所の

各々攢典一、瑞昌県属の赤湖河泊所に攢典一、湖口県属の峯山磯逆沙夾河泊所に攢典一、彭沢県属の鶴問賽河泊所、官湖河泊所、小池小江河泊所に各々攢典一が定員となっている。この内、隆慶『瑞昌県志』巻二、建置志、県宇末には、

赤湖河泊所、庁三間、私屋三間。在安泰・金城二郷界。洪武間、知県李鳳建。沈勝修。正徳七年、黄源大重建。

とあって、九江府瑞昌県赤湖河泊所は庁三間、私屋三間で安泰・金城二郷界に在り、洪武間に、瑞昌知県李鳳が建置した。沈勝が修し、正徳七年（一五一二）、黄源が大いに重建したという。この時期でも機能しているのである。

②袁州府の正徳『袁州府志』巻四、公署、国朝に、宜春県の正庁から県門の続きに、

申明亭、旌善亭、榜亭、河泊所〈在信義郷。正統十四年裁革〉、税課局〈在石裏郷。景泰三年、以課鈔稀少裁革〉、潤富嶺巡検司〈在集雲郷〉、黄圃巡検司〈在石裏郷。距県百里。洪武初立〉。

袁州府の河泊所は正統十四年（一四四九）に裁革されたという。なお、同じ袁州府属の分宜県、萍郷県、及び万裁県には申明亭、旌善亭や税課局・巡検司の記載は見えるが、河泊所の記述は見えない。

③南康府の嘉靖『南康府志』巻四、公署、本府に、

府治、布政分司、九江道、豊済倉、陰陽学、医学、僧綱司、道紀司、逓運所、在府南一里。洪武初、大使焦霖建。

庄廬駅、在府南一里。国初、駅丞王洋建。後脩不一。正徳初、厄于火。参政呉廷挙・同知府陳霖処財重建。

楊林河泊所、在府西南半里。呉元年河泊官陳善郷建。

批験茶引所、在府西一百里廬潭鎮。今革。

養済院、社倉。

南康府の楊林河泊所は府西南半里に在り、明太祖の即位の前年の呉元年（一三六七）に河泊官の陳善郷が建てたという。なお、南康府の嘉靖『南康府志』巻三、坊郷、本府、星子県附には、「通貨坊、在県治西河泊所前」とあって、河泊所が地名に使われている。

【湖広】

①湖北、漢陽府の嘉靖『漢陽府志』巻三、創置志に、

漢陽県

漢口鎮巡検司、在県治北三里漢水南。

沌口鎮巡検司、在県治西南三十里。

百人磯鎮巡検司、旧在県治南六十里。今遷東江脳。

蔡店鎮巡検司、在県治西六十里。

新灘鎮巡検司、在県治西南一百三十里。以上五鎮各置巡検一員、司吏各一。

蔡店駅。

長江河泊所、在県治南。廃。

三淪湖河泊所、在県治北二十五里。廃。

平塘湖河泊所、在県治西二十五里平塘渡口東。廃。

桑台湖河泊所、在県治西北三十里。

馬影湖河泊所、署廃。

蒲潭湖河泊所、署存。倶在県治西南六十里許、南北相対。

新潭湖河泊所、署存。在県治南一百三十里。以上七所各置官河泊一員、攢典各一名。

嘉靖『漢陽府志』では同府の河泊所の名称を七個所挙げるが、嘉靖期にはすでに長江河泊所、三淪湖河泊所、平塘湖河泊所は廃止されていた。また、馬影湖河泊所は署廃という。河泊所徴収額だけが名目的に残るのであろう。機能しているのは桑台湖河泊所、蒲潭湖河泊所、新潭湖河泊所の三カ所のみである。

②湖北、黄州府の弘治庚申十三年（一五〇〇）『黄州府志』巻三、官制、職役に、

本府、知府一員、同知一員、通判二員、推官一員

経歴司経歴一員、知事一員、典史二名。照磨所照磨一員、検校一員、典史二名。

儒学教授一員、訓導四員、　司史一名。司獄司司獄一員、　　獄典一名。

陰陽学正術一員。医学正科一員。僧正司僧正一員。道正司道正一員。

税課司大使一員、攢典一名。逓運所大使一員、攢典一名。

蘄陽駅駅丞一員、駅吏一名。　西河駅駅丞一員、駅吏一名。

赤東河泊所河泊一員、攢典一名。

黄岡等七県、巡検司一十三処巡検各一員、司吏各一名。

水馬駅共八処駅丞各一員、駅吏各一名。

河泊所共一十九処河泊各一員、攢典各一名。

陰陽学、除黄岡附郭六処、訓術各一員。医学、除黄岡附郭六処、訓科各一員。

僧正司、除黄岡附郭六処、僧会各一員。道正司、除黄岡附郭六処、道会各一員。

これも河泊所を含む各所属衙門の官と吏典定員を示す。

③湖北、承天府鄖陽州の嘉靖『沔陽志』巻七、創設第三に、

河泊所二十一、下五湖〈東南二百八十里〉、陽名湖〈東南七十里〉、司馬小陽〈東南九十里〉、沙湖〈東一百二十里〉、上帳湖〈西北一百八十里〉、下帳湖〈東北一百八十里〉、陽孟池〈東北一百二十里〉、馬骨汜〈北八十里〉、中下襄河〈東北六十里〉、澧馬潭〈西北一百二十里〉、葫蘆三湾〈西一百三十里〉、白雲三汊〈西北二百里〉、風波蒿台湖〈西北二百里〉、剅河新掘口〈西北一百二十里〉、叚下小港〈南五十里〉、直歩湖〈東南四十里〉、西湖〈東南五十里〉、李二河〈東南一百二十里〉、張家池〈東南一百四十里〉、白螺

湖〈南二百里〉、許家池〈南二百里〉、設官所官各一人、吏攢典各一名。国初、河泊所、有長下河・官港湖・螺子瀆・西港湖・烏流湖・千金湖・弖口・百石湖・青山湖・黄蓬湖・賽港湖、統三十有一。正統間、長下省入叚下小港、官港螺子省入直歩、西港省入西湖、烏流省入張家、千金省入白螺、百石省入弖河、青山省入風波。正徳間、黄蓬省入許家、賽港省入直歩。

湖北、承天府鄀陽州の河泊所二十一の所在と官員、吏典定員とを示す。なお、国初、承天府鄀陽州には三十一河泊所が設置されていた。それが正統間に七個所、正徳間に二個所他に併合されて嘉靖には二十一カ所になったという。河泊所は湖広地方に多かったということを証明する事例となろう。

④湖南、岳州府の隆慶『岳州府志』巻十、建置考に、

巴陵県、有河泊所六、魚苗洋〈県北十五里〉、鹿角古塚湖〈県南六十里〉、楊林竹根潭〈県南〉、扁山〈県南十里〉、鰕鬚池〈県南二十里〉、大城池〈県西四十里〉。

臨湘県、有河泊所二、連家湖〈県東南二里〉、松陽湖〈県南三十里。天順元年革。今印存〉。

華容県、有河泊所三、褚塘湖〈七都。元至正甲辰、国朝所官鄧雲鵬創〉、金山台池〈二三都。呉元年、所官黎興宗創〉、杜家潭〈六都。元至正甲辰、国朝所官潘文彬創〉。

澧州、有河泊所一、安郷〈州東南百五十里。旧隷安郷県。正統間、改澧州。成化重脩〉。

平江県、安郷県、石門県、慈利県、河泊所無し。

岳州府各県の河泊所も数多い。特に巴陵県と華容県に集中している。ここも呉元年創建と伝統も古い。また、その後に重脩したところもある。

⑤湖南、常徳府の嘉靖『常徳府志』巻四、建設志、公署に、

九潭湖河泊所、府東二里。洪武初建。

贛江県、贛江湖河泊所、県東一百歩。洪武十四年建。

二個所に河泊所の設置がいずれも洪武初に見られた。

⑥湖南、衡州府の嘉靖『衡州府志』巻三、公署、属県に、

衡陽県、河泊所〈在湘江東岸北。置官河泊一員、攢典一名〉。

とあり、衡州府では衡陽県にのみ河泊所の設置が見られた。同府属県の衡山県、耒陽県、常寧県、安仁県、酃県、桂陽県、臨武県、藍山県には無い。

次に華南地方の事例を見よう。

【福建】

①福建、建寧府、嘉靖『建寧府志』巻八、公署に、

甌寧県治……税課局〈在高陽里上洋口、距県七十里。元至正間建。国朝因之。嘉靖間裁革〉、河泊所〈在府城西移忠坊。洪武十四年建。嘉靖間裁革〉。

崇安県治……税課局〈在県治西営頭之左、即旧省会址。旧在宣化坊之左、名税務。国朝洪武初、改税課局、即重建。嘉靖間裁革〉、河泊所〈在県南。洪武十四年、以接官亭故址建。嘉靖間裁革〉。

建寧府の甌寧県と崇安県の事例が挙げられ、洪武十四年の創建だが嘉靖間に裁革されたという。

②建寧府建陽県、嘉靖『建陽県志』巻四、治署志舗舎に、

建陽税課局、后山税課局〈在崇泰里。宋大観三年置、名税務。元因之。国朝洪武三年改為税課局。嘉靖年間裁革〉

后山河泊所〈在崇泰里。洪武十六年建。正統六年省廃〉。

建寧府の建陽県には后山河泊所があり、洪武十六年創建であったが、正統六年（一四四一）に省廃されたという。嘉靖『建陽県志』

巻四、治署志舗舎が載せないのも当然である。

③邵武府の嘉靖『邵武府志』巻三、制宇、属県に

邵武県
河泊所、在于迎春門外。正徳十一年丙子革。
楊坊税課局、元為税課務。在県東六都。
拿口税課局、元為税課務。在県東二十二都。今皆革廃。

光沢県
税課局、在県西止馬舗東黄花林。宋為税務、在県治東南、建炎二年戊申、務省課隷主簿庁。元因之。洪武九年、改今局。令林孔孫建。宣徳九年甲寅革。正統十一年丙寅建于止馬市。弘治四年、令魏黙徙建今所。
河泊所、在県東登雲坊旧税課局地。洪武二十丁卯、令姚伯和建于県西南。後圮。正徳五年庚午、令盛塤、改建今所。後火。正徳十年乙亥革。

泰寧県
税課局、在県治南利渉橋西、宋名税務、建炎二年、課隷主簿庁。洪武二年建。
河泊所、在県治東南使館前、洪武十九年丙辰建。後圮。倶正統元年丙辰革。

建寧県
税課局、在県治東。洪武三年、令董煥建。三十年戊寅、火。永楽五年丁亥、復建。
河泊所、在県東渓東。

邵武府の河泊所は泰寧県が正統元年丙辰に革除され、光沢県が正徳十年乙亥革、邵武県が正徳十一年丙子革と相継いで廃止されている。残るは建寧県のみのようである。

【広東】

①広東、恵州府の嘉靖『恵州府志』巻六、建置志に

　帰善県属之署、海豊県、龍川県
　有河泊所、設官、河泊一人、吏、攢典一人。
　有平海倉、設官、大使一人、吏、攢典一人。
　有巡検司四、曰内外管里、曰碧甲、曰馴雉里、曰寛仁里。設官巡検各一人、吏各一人。
　有駅五、曰欣楽、曰平山、曰平政、曰水東、曰苦竹派。設官駅丞各一人、吏各一人。

河泊所の設置と官として河泊一人を設けたこと、吏は攢典一人であるとする。

　華北の事例を挙げよう。

【北直隷】

①河北、順天府覇州の嘉靖『覇州志』巻二、宮室志、公署末に、

　養済院、在州治西倉巷内。
　税課局、在州治東。今革。
　河泊所、在城東二十五里。今革。
　大良駅、在城東八十里。今革。

北京附近の順天府の事例である。嘉靖期の今はすべて革除されている。それでも明前期に黄河以北の華北にも河泊所が設けられていた事例にはできる。

②河間府の嘉靖『河間府志』巻四、宮室志、公署に、

府治○税課司、医学、陰陽学、申明亭、旌善亭、總逓舗、巨盈倉、僧綱司、道紀司。

任丘県治、預備倉、旌善亭、申明亭、鄚城駅、新中駅、鄚城逓運所〈鄚州〉、河泊所〈県東南、天順間倶裁革〉、陰陽学、医学、僧会司〈度釈寺〉、道会司〈欠〉、撫按察院行台、太僕行台、河間行府。

交河県治、戒石亭、医学、陰陽学、申明亭、旌善亭、養済院、預備倉、馬廠、僧会司〈在県治西北興化寺〉、富荘駅、新橋巡検司、泊頭鎮巡検司、新橋駅。

青県治、医学、陰陽学、申明亭、養済院、預備倉、馬廠、僧会司〈在県治西観音寺〉、察院、太僕分寺。

興済県治、戒石亭、医学、陰陽学、申明亭、旌善亭、養済院、預備倉、乾寧駅、察院、太僕分寺、公館。

静海県治、戒石亭、医学、陰陽学、申明亭、旌善亭、奉新駅、養済院、預備倉、僧会司〈在県治北観音寺〉、河泊所、察院、太僕分寺。天津衛、天津左衛、天津右衛〈以上三衛、倶在県北九十里、小直沽〉。

○天津、天津衛〈在本県小直沽〉、経歴司、鎮撫司、左右中前後千戸所、天津左衛〈在本県小直沽〉、経歴司、鎮撫司、左右中前後千戸所、天津右衛〈在本県小直沽〉、経歴司、鎮撫司、左右中前後千戸所、武学。

寧津県治、戒石亭、医学、陰陽学、申明亭、旌善亭、養済院、預備倉、僧会司〈在竜泉寺〉、察院、太僕分寺、公館。

景州治、戒石亭、医学、陰陽学、申明亭、旌善亭、養済院、広積倉、僧正司〈在州治西北開福寺内〉、安陸巡検司、東光駅〈以下欠頁〉

故城県治、戒石亭、医学、陰陽学、申明亭、旌善亭、養済院、預備倉、僧会司〈在県治北護国寺内〉、察院、公館、太僕分寺。

滄州治、戒石亭、医学、陰陽学、申明亭、旌善亭、養済院、長蘆官倉〈在州治西〉、長蘆巡検司、長蘆逓運所、磚河水駅〈以上在州治西南〉、長蘆税課局〈在州治西〉、僧正司〈在州治北水月寺内〉、察院、太僕分寺、長蘆都転運塩使司、長蘆批検引所、利民場塩課司、厳鎮場塩課司、豊財場塩課司、滄州千戸所。

南皮県治、戒石亭、医学、陰陽学、申明亭、旌善亭、養済院、恵民薬局、僧会司〈在興化寺内〉、察院、太僕分寺、府館。

塩山県治、戒石亭、医学、陰陽学、申明亭、旌善亭、養済院、河泊所〈在県治西〉、豊足倉、預備倉、官草廠、僧会司〈在県西一里〉、察院、太僕分寺、公館。

慶雲県治、戒石亭、医学、陰陽学、申明亭、旌善亭、養済院、預備倉、広儲倉、僧会司〈在県治西南僧会継重建〉、察院、太僕分寺、公館。

現在の天津市附近（当時静海県）の河間府各県公署でも、任丘県、静海県、塩山県に河泊所の存在が確認できる。任丘県河泊所は天順間（一四五七〜六四）に裁革されたという。なお、河間府は長蘆塩場の主要産地の一府である。

第三節　明代地方志に記載された河泊所による魚課徴収の事例

①南直隷応天府六合県について、嘉靖『六合県志』巻二、人事志、貢賦、課程附に、

瓜埠三汊河泊所毎年額弁魚課船料鈔三万二千五百四十八貫九百文。〈毎貫折銀六毛、該銀一十九両五銭二分九厘三毛四糸、解府転解南京戸部〉。

黄白麻魚鰾翎毛歳弁共一万三千二百三十七斤根三両六銭。

〈黄麻一千二斤八両二銭、毎斤徴銀二分二厘、

白麻一千二斤八両二銭、毎斤徴銀三分、

魚鰾三十二斤三両二銭、毎斤徴銀七分、

翎毛一万一千二百根、毎百根徴銀四分八厘、旧皆徴銀。

嘉靖二十九年徴解本色、赴府転解工部。

按成化志載、
洪武二十四年弁解過魚課銭鈔三万七千一百三十三貫五百八十文。
銅銭一十万六千三百八十文。貫鈔二万七千二十七貫二百文。
本年帯弁魚油四千三百一十一斤十四両四銭。
折収　黄白麻四千三百一十一斤十四両四銭。
魚鰾八十九斤一十三両三銭。
鰣魚二千三百二十五斤。
鯉魚二千三百二十五斤。
雑翎毛四万三千一百一十根。
永楽十年弁過魚課鈔三万二千五百四十八貫九百文。
本年帯弁魚油四千三百六十二斤五両。
折収　黄白麻四千三百六十二斤五両。
魚鰾九十一斤。
鰣魚二千斤。
鯉魚二千斤。
潰魚一百五十斤。
雑翎毛二万九千八十二根。及進貢鮒魚。以後志無考載。
邇来毎年元宵前弁看燈鰶魚十三尾、送南京尚膳監。
冬至前弁巧白魚魚四十斤、送南京太常寺、致薦奉先殿。

清明霜降前各解魚戸十六名、船十六隻、網十六扇、赴府転解南京内守備、発廠採捕鰣鮮、及做鮓鱘鱑等魚類。總進貢十二月、解魚戸二十名、船十隻、絲網十八扇、囲網二扇、採捕後湖、幷朝陽門等処城河魚鮮、送内府二十四衙門内臣俵用。春秋二仲月、各弁藁魚十尾、鮓魚十斤、送県応祭。

旧志である成化『六合県志』を引いて、洪武二十四年額と永楽十年額を挙げている。これにより本来の本色の魚課とそれが折納される過程がよく理解できる。すなわち、洪武二十四年弁解過魚課銭鈔額三万七千一百三十三貫五百八十文、銅銭一十万六千三百八十文。貫鈔二万七千二十七貫二百文である。ただし、以下の永楽十年の魚課には銅銭一十万六千三百八十文と貫鈔二万七千二十七貫二百文は記載されていないから、考察から省くべきかも知れない。魚課はそれ以下の部分が問題である。本年帯弁魚油は四千三百一十一斤十四両四銭、これが黄白麻四千三百一十一斤十四両四銭に折収される。すでに洪武二十四年の段階で黄白麻への折納があった。ただ、次に魚鰾八十九斤一十三両三銭、鱘魚二千三百二十五斤、鯉魚二千三百二十五斤、雑翎毛四万三千一百一十根の各々についてはそれぞれ本色納入であろう。各々が必要物資であったためである。

次に永楽十年の魚課について、その弁過魚課鈔三万二千五百四十八貫九百文、本年帯弁魚油四千三百六十二斤五両であり、これは黄白麻四千三百六十二斤五両に折収される。そして、魚鰾九十一斤、鱘魚二千斤、鯉魚二千斤、鱑魚一百五十斤、雑翎毛二万九千八十二根。及進貢鰣魚となっていた。

さて、嘉靖期の瓜埠三汊河泊所毎年額弁魚課船料鈔は三万二千五百四十八貫九百文。〈毎貫折銀六毛、該銀一十九両五銭二分九厘三毛四糸とあり、応天府に解り転じて解南京戸部に起解されたが、それは全額すべて銀納ではなく、黄白麻魚鰾翎毛歳弁共一万三千二百三十七斤根三両六銭の内、黄麻一千二斤八両二銭、毎斤徴銀二分二厘、白麻一千二斤八両二銭、毎斤徴銀三分、魚鰾三十二斤三両二銭、毎斤徴銀七分、翎毛一万一千二百根、毎百根徴銀四分八厘、旧と皆徴銀。嘉靖二十九年（一五五〇）に本色を徴解し、応天府から北京工部に転解したという。この徴銀の理解であるが銀を徴するとも理解されるが、本色に該当する銀とも理解される。本色を徴解し、工部に転解するという以上、工部各部局の造作原材料であるはずである。

②応天府高淳県について、正徳『高淳県志』巻一、賦課、課程に、

許家埠河泊所、〈折色黄麻二千五十九斤四両。翎毛三万八千二百一十根、折銀一十一両四銭六分三厘、魚鰾膠一百一十二斤、折銀二両二銭四分。〉

牛児河泊所、〈本色黄麻三千五百七十三斤二両八銭三分、白麻二千六百七十九斤一十四両一銭六分、翎毛三万八千三百八十一根。

河泊所の賦課項目として黄麻・翎毛・魚鰾膠が挙げられている。ただし、正徳期にはすべて折銀となっている。黄麻・翎毛は歳進や歳弁に割付けられる物料とどこが違うかが問題となろう。

③揚州府の嘉靖『惟揚志』巻八、田賦志、徴弁の記事から揚州府所属各河泊所に関わる記事は次の通りである。まず、揚州府所属河泊所歳弁魚油翎鰾黄白麻熟鉄額の提示がある。

揚州府所属河泊所歳弁魚油翎鰾黄白麻熟鉄共三十万五千二百六十斤根九両六銭八分五厘。

江都県、黄麻一千八百六十七斤一十両。白麻三十二斤一十二両二銭三分。桐油八十八斤四両。魚鰾三十三斤八両六銭八分二厘。鵝翎毛二万四千五百四十三根。

高郵州、黄麻一万〇二百九十七斤九両。白麻六百八十七斤八両。魚線膠一百八十三斤一両三銭五分。鵝翎毛五万八千五百八十七根。

興化県、黄麻七千一十斤六両二銭五分。白麻一千二百七十三斤五両七銭一分五厘。

熟鉄一千二百六十六斤両四銭。魚線膠一百四十九斤一十両八銭三分三厘。

鵝翎毛二万三千五百四十五根五分。

宝応県、黄麻二千一百一十五斤七両二銭。白麻二千斤。魚線膠六十八斤九両四銭。

鵝翎毛二万一千九百四十八根。

泰州、黄麻二千六百三十一斤一十五両二銭八分。白麻一万六千四十四斤七両四銭六分。

魚線膠三百四十四斤三両二銭二分。鵝翎毛一十一万一百三十六根。

通州、黄麻三千六百六十四斤三両六銭。魚線膠五十五斤八両八銭。
　鵝翎毛一万七千七百六十二根。

これは先の①南直隷応天府高淳県の事例と同じ内容である。揚州府所属河泊所歳弁の魚油・翎毛・魚鰾・黄麻・白麻・熟鉄のそれぞれの定額が示されている。なお、前節で触れたように、この各州県リストには該当する州県ごとに割註が付き、江都県〈奉例裁革本県代管〉、興化県〈奉例裁革本県代管〉、宝応県〈奉例裁革本県代管〉、通州〈奉例裁革本州代管〉となっている。これは当該する州県の河泊所が革除され、本州・県が代わりに所管しているというのである。因みに揚州府各州県の税課局と河泊所が徴収する額は次の通りである。

揚州府所属税課司局河泊所額弁課程鈔五十九万五千七百七十三貫四百一十九文五分。
在城税課司二十万九千六百九十六貫。
瓜州税課司二万九千八百九貫七文。
邵伯税課司二万一千一百三十貫。
儀真税課局五万五百二十八貫七十文。
泰興税課局二万五千五百三十五貫一百九十文。
高郵税課局二万七千五百四十六貫七十五文。
興化税課局一万八千四百七十貫五百九十五文。
宝応税課局一万二千九百七十九貫九百九文。
泰州税課局二万八千四百四十三貫四百三十文。
如皐税課局四千五百九十九貫八百二十三文。
通州税課局五万四千六百七十一貫四百五文。

海門税課局一千六百八十二貫八百文。

〇江都河泊所二万二千六十貫。

高郵河泊所一万七千四百四十五貫六百四十文。

興化河泊所一万七千七百六十一貫五百三十文。

宝応河泊所九千九百九十三貫四百四十文。

泰州河泊所三万一千三百四十九貫一百四十文。

通州河泊所一万一千四百五十九貫三百六十五文。

十五世紀後半から十六世紀にかけて、成化弘治年間から正徳・嘉靖期の頃であるが、長江流域の江南地方を中心として、農業生産における商品作物の栽培や生糸、絹、木綿などでの商品生産が展開して著しい経済成長が見られた。当然、市場・流通は活発となり、各地の市鎮など新しい経済都市を発生させ、水運交通の発達をみた。(5)にもかかわらず、それら経済発展に対応するはずの徴税機構の税課局（司）も河泊所も廃止され、州県衙門への合併が趨勢であった。この点について著者は前著(6)で言及したが、均徭法・一条鞭法など明後半の賦役制度改革との関連があるが、行政改革も関連していた。

④淮安府海州の隆慶『海州志』巻三、戸賦、課程に、

按旧志、有酒醋課鈔一千五百四十貫、房地賃租鈔四十五貫九百六十文、税課局商税等課鈔八千四百五十六貫九十文、河泊所課鈔一万三千一百一貫五百文、魚油四千一百一十九斤、魚鰾八十六斤、翎毛一万八百三斤。今税課局河泊所已革、酒醋地租亦不復征。姑存其名於此云。

弘治期の旧志を引いて海州衙門が徴収する酒醋課鈔、房地賃租鈔、及び税課局の商税等課鈔の他に、河泊所の課鈔一万三千一百一貫五百文、同、魚油四千一百一十九斤、魚鰾八十六斤、翎毛一万八百三斤であった。河泊所徴収額は圧倒的であった。今は税課局河泊所已に革除され、酒醋地租など徴収はなくなり、姑らく其の名を此に存するのみと云う。

⑤安徽、寧国府の嘉靖『寧国府志』巻六、職貢紀に、

魚課銅鉄膠翎五万五千四百八十四斤根、閏年増六千六百二十三斤根。
佃場鈔、二万八千九百五十四貫六百五十文、閏年増一千一貫一百文。
南湖河泊所、歳徴起運京庫生銅四百一十五斤。
鉄三千三百七十八斤。
魚線膠八十六斤。
翎毛二万七千七百有六根。共折銀九十三両七銭有奇。
閏年増料銀八両七銭有奇。
存留府庫鈔一万三千一百八十五貫八百文、折銀二十六両三銭有奇。
閏年増鈔銀一両有奇。
魚潭河泊所、歳徴起運京庫生銅三百一十四斤。
鉄二千五百五十五斤。
魚線膠六十五斤。
翎毛二万〇九百六十五根。共折銀七十両八銭有奇。
閏年増料銀五両八銭。
存留府庫鈔一万五千七百六十八貫八百五十文、折銀三十一六両五銭有奇。
閏年増鈔銀一両有奇。
凡魚課賦諸漁戸料与鈔並以銀折、毎銅一斤折銀八分、
鉄一斤折銀七分、

魚膠一斤折銀七分、
翎毛一根折銀五毛。
鈔貫本折色中半、如折塩鈔之法。
属南湖者、宣城居五之三、建平居二。属魚潭者、宣城居三之二、南・涇・寧三邑共居其一。毎所置催首数人督之。亦以其半資歳費。

寧国府の南湖河泊所と魚潭河泊所について、それぞれの魚課、すなわち魚課銅鉄膠翎額、並びに佃場鈔、具体的細目では生銅・鉄・魚線膠・翎毛といった鉱産物や水産資源等の工部各部局製造の原材料の数量金額が示されている。そしてそれらは後半部に凡魚課賦諸漁戸料与鈔並以銀折とあって、魚課として通称され、諸漁戸を徴収対象としたことが分かるのである。ただし、すでに銀納化が相当に進展している。

⑥江西、九江府の隆慶『瑞昌県志』巻二、賦役志、魚課に、

赤湖河泊所魚課鈔銭本折色共二千五百三十一錠三貫三百四十文。

魚油翎鰾共二万二千一百三十八斤根零。五両五銭、共折納黄白麻鉄等料六千九百七十斤一十三両八銭八分。

下巣湖魚課鈔銭本折色共二百三十九錠二貫二百八十文。

魚油翎鰾三千二斤根零。五銭、共折納黄白麻鉄等料六百七十三斤二両五銭六分。

長江魚課鈔銭本折色共一百七十七錠三貫八百三十文。

魚油翎鰾共三千二十七斤根零。四両八銭、共折納黄白麻鉄等料五百八十五斤七両九銭五分。

帯管徳化県黄土塘魚課鈔銭本折色共二百七十七錠一貫七百五十文。

魚油翎鰾共四千八百九十三斤根零。七両二銭、共折納黄白麻鉄等料八百九十四斤一両九銭五分。


江西、九江府瑞昌県各所、赤湖河泊所魚課、下巣湖魚課、長江魚課、帯管徳化県黄土塘魚課が本色額と折色額双方の具体的内容が分かる。ただし、折納は黄白麻鉄等料で表示されている[7]。なお、瑞昌県を管轄する九江府全体については、九江府の嘉靖『九江府志』巻

四、食貨志、職貢、国朝に、

本府属県各湖池原額黄白蔴等料、共、四万九千五百四十六斤十両九銭八分五厘。
徳化県各湖池共二万五千九百三十一斤一十五両三銭。
瑞昌県各湖池共　九千一百二十六斤　六両三銭四分。
湖口県各湖池共　六千二百一十八斤一十五両八銭。
彭沢県各湖池共　八千二百七十　斤　四両五銭四分。

ここでは瑞昌県各湖池共九千一百二十六斤六両三銭四分とあって、先の隆慶『瑞昌県志』には折納黄白麻鉄等料六千九百七十斤一十三両八銭八分と有った額と約二千斤余りの隔きがある。嘉靖期から隆慶期に増額されたのかも知れない。

⑦福建、漳州府龍渓県の嘉靖『龍渓県志』巻四、田賦に、

魚課有河泊所主之。本県帯弁河泊所一所歳徴米五百二十七石七斗一升五合二勺、折徴銀一百八十四両七銭三分三糸〈毎石不分本色折色通徴銀三銭五分〉。歳有閏月加徴米四十三石九斗七升六合二勺六抄七撮。折銀一十五両三銭九分一厘六毛九糸三忽四微五繊。

これも河泊所機能が本県帯弁に成った段階の河泊所名目徴収額の提示である。

⑧広東、潮州府潮陽県の隆慶『潮陽県志』巻七、民賦物産志、魚課に、

河泊所原額魚油二千三百二十二斤有奇。折収熟銅四百六十四斤一十両二銭七分二厘、閏月加銅三十八斤五両六銭六厘。

　魚鰾折収魚線膠四十八斤六両四銭三厘、閏月加膠三斤一十一両一銭四分三厘二毛。

　翎毛二万三千二百三十二枝、閏月加一千九百三十六枝、解京投納。

嘉靖三十七年、改徴折色銀六十一両二分三厘九糸。

　京脚銀一十八両三銭六厘九毛二糸七忽。

　司脚銀　六両一銭二厘三毛九忽。

共該銀八十五両四銭三分二厘三毛五糸六忽、

閏月加銀　　七両二分四厘七毛五糸四忽八微、解司転解。

折納熟鉄一十四斤四両、毎斤価銀二分、共銀二銭八分五厘。

対折魚線膠一斤六両一銭五分、毎斤価銀八分、共銀一銭一分。

魚課米　　七十三石八斗。

有徴課米五十一石七斗九升毎石折銀三銭一分五厘、

無徴課米二十二石一斗　　毎石折銀二銭六分五厘、共銀二十二両一銭七分三毛五糸。

魚油六十五斤六両。

対折黄麻六十五斤六両、毎斤価銀二分二厘、共銀一両四銭三分八厘三毛。

この広東地方の事例は河泊所魚課の本色折色関係の構造を具体的に分かり易く示している。まず、河泊所原額の魚油二千三百二十二斤有奇は、熟銅四百六十四斤一十両二銭七分二厘に折して徴収する。閏月には銅三十八斤五両六銭六厘を加える。次に、魚鰾は魚線膠四十八斤六両四銭三厘に折収する。閏月加膠三斤一十一両一銭四分三厘二毛である。鵞翎毛二万三千二百三十二枝はそのまま本色納である。その閏月加一千九百三十六枝、解京投納する。ところが、嘉靖三十七年（一五五八）に大変化が起こった。改徴して折色銀六十一両二分三厘九糸とし、京脚銀が一十八両三銭六厘九毛二糸七忽、司脚銀が六両一銭二厘三毛九忽、これらは解送経費であるが、併せて共に該銀八十五両四銭三分二厘三毛五糸六忽となり、閏月加銀は七両二分四厘七毛五糸四忽八微、それが広東布政司に解送され、北京に転解される。さらに嘉靖三十七年分の魚課は熟鉄一十四斤四両、毎斤価銀二分、共銀二銭八分五厘の折納部分と対折魚線膠一斤六両一銭五分、毎斤価銀八分、共銀一銭一分の部分とに二分されて賦課される。前者の鉄、あるいは銅が曲者であるが。というのはすでに広東の当地方では鉄も銅も産出がない。

さて、その下に魚課米七十三石八斗があり、有徴課米五十一石七斗九升毎石折銀三銭一分五厘、無徴課米二十二石一斗の計という。

それら魚課米は石ごとに銀二銭六分五厘に折せられ、共に銀は二十二両一銭七分三毛五糸。ところがさらに魚油六十五斤六両があり、これは黄麻六十五斤六両に対折される。対折は同量の重さで別の品物に替えるというのである。この黄麻は当地方産物である。ただし、その次の毎斤価銀二分二厘、共銀一両四銭三分八厘三毛とは魚油＝黄麻六十五斤六両分の斤当たり単価二分二厘とその銀額一両四銭三分八厘三毛をいう。決して銀納化を意味しない。

結び

明代前期の河泊所とその徴収税課である魚課について考察した。簡単に結論を述べよう。

明太祖は、西方の群雄陳友諒を平定して江西湖広地方を支配領域とするや、漁業を営む漁戸から河川資源の水産物を貢献させてきたが、やがて呉元年（一三六七）より、各地に河泊所という徴税機構を設けて、水産資源に対する税を魚課と呼び、夏税秋糧の両税、並びに商税や関税とも異なる収取体系を作った。里甲制度の整備が開始される洪武十四年（一三八一）ころより、河泊所は全国的に拡がり、華中・華南のみならず、河北北京附近に至るまで華北地方にも設置されたが、水辺の資源利用についての特別税だけに長江流域を中心としていた。特に湖広や江西地方、南直隷に多かった。河泊所は巡検司や税課局（司）などとともに各処州県の所属衙門として所官、また河泊、大使と称する官と攢典の吏とが各一名の定員とされ、官は未入流、およそ地方衙門の最末端機構であった。河泊所の役所建物は、淮安府山陽県河泊所は官庁三間、耳房二間、司房一間、門屋三間、庁舎一所であって、ほぼ役所機能が類似する税課局と規模は同じである。明代では時代が下るにつれて河泊所の廃止や統合が進み、所数が減少したこと従来の指摘の通りである。

次に河泊所の徴収対象である魚課について、制度のはじめは水辺の漁業を営む漁戸に対する賦課であって、多分両税納付の代わりに負担した制度であったと思われるが、やがて税目のみが一人歩きして、各府州県に対する割当とされる傾向がおこった。黄白麻や銅鉄などへの折納、さらには納鈔や納銭、さらには銀納など貨幣折納が一般的になったが、それでも、広東、潮州府潮陽県の事例などに見るように水産資源現物の本色納も続き、また魚課米の割付けがあった。銀納化は未だ部分的であったのである。

注

（1）和田清編『明史食貨志譯註』上巻、三八九頁、倉庫、註（二〇六）・（二〇八）、星斌夫氏、東洋文庫、一九五七年、参照。

（2）前掲、『明史食貨志譯註』下巻、八四五頁、商税、註（一四）、佐久間重男氏担当。

（3）前掲、『明史食貨志譯註』下巻、一〇六四頁、俸餉、註（八五）、中山八郎氏担当。

（4）古典研究会影印本『皇明制書』上巻（大安、一九六六年）所収。

（5）川勝守『明清江南農業経済史研究』東京大学出版会、一九九二年、及び同、『明清江南市鎮社会史研究』汲古書院、一九九九年、参照。

（6）川勝守「中国近世都市の社会構造」『史潮』新六号、一九七九年、後、同著『中国城郭都市社会史研究』汲古書院、二〇〇四年、所収、参照。

（7）魚課が麻等に折色されたことについては、前掲、『明史食貨志譯註』上巻、一三四頁、賦税、註（五七）、山根幸夫氏担当、参照。山根氏によれば、魚課は、明初河泊所を設けて、漁戸から魚油・翎・鰾を収めていたが、後には麻・銅・鉄・漆等で折収するようになり、また米でも折収するようになった。これを魚課米という。魚課米を出すのは福建布政司のみであったと指摘している。

第八章　明代地方志に見る商税・課程の地域史研究

はじめに

『明史』食貨志・商税に「関市の征は宋元頗る繁瑣にして、明初努めて簡約にす。その後増置すること漸く多し」という。中国は前漢武帝の均輸平準法の施行以来、物資流通に課税する伝統は連綿と続き、特に唐中期における七八〇年の両税法の施行と市制の崩壊は商業流通の一段の発達を見て、国の財政担当者は国庫の充実を期して商税増徴に工夫を凝らした。唐末五代のいわゆる唐宋変革は、これを商業発展史から見れば、商業革命とも称されるが、むしろすでに戦前期に加藤繁氏が研究された唐宋時代の商業、都市の発達、そして商税[1]は唐から宋へ右肩上がりの成長を遂げていた。それでも唐以前にあっては関市、市鎮そのものが軍事的色彩が強く、課税目的は附随した状況であった。宋以降は商税は専ら税収入の点から中央及び地方財政上に重要な財源の一に数えた。本章で検討を加える明代の商税制度については、これまで主に佐久間重男氏を中心として研究[2]が進められ、すでに充分な成果が挙げられているのであるが、なお、敢えて一章を費やしたいとする意図をここで説明しよう。

一つは先に『明史』食貨志・商税にいう商税が明初努めて簡約、その後増徴著しくなったという点に関わって、それは明代中期における経済発展や銀流通による流通構造の発展だという一言で説明が付くことなのか。敢えて言えば、明代中国における華北・華中・華南、また東南沿海部の浙江、福建、西南四川や湖南だと言った地方地方の経済状態の的確な理解把握が必要なのである。次に第二には前章で扱った魚課のごときも、また商税範疇とみなされ、その両者、さらに塩課や茶課その他を加えた課程という徴収物品がある。これがいかなる実態であったのかをまずは確認しておく必要がある。ただ、本章では明代地方志の課程・商税の条を中心にその地域史的研究を志す。商税・課程の制度史研究を体系的に理解することに意を用いない。それは後日を期すこととする。

第一節　明代華北地方の商税・課程について

華北地方、直隷・各布政司から事例を見よう。

【北直隷】

①北直隷、順天府覇州の嘉靖『覇州志』巻五、食貨志、課程に、

魚課鈔、八千七百五十五貫八百一十文、魚戸九戸。

商課等項課鈔、一万九百九十九貫二百文。

魚課鈔八千七百五十五貫八百一十文を魚戸九戸に割り付けた。それと商課等項課鈔一万貫余、最も簡単な課程の記述である。課鈔とあり、貫文表示であるので大明宝鈔で徴収されたのであろう。明初、洪武以来の伝統が維持されている。

②保定府易州の弘治十五年（一五〇二）『易州志』巻四、課程には、

本州、戸口食塩課鈔九万八千三十四貫、原額課鈔一万六千貫、商税課鈔一万三千一百五十五貫三十二文、油搾課鈔三百七十一貫四百文、白酵舗課鈔三百七十四貫、粉課鈔七十四貫八百八十文、窑冶課鈔四十貫一百六十文、醋課鈔九貫六百文、契本工墨課鈔四十二貫、紙馬舗課鈔三百九十一貫六百文、雑物課鈔一百三十一貫六百二十八文。

淶水県課程、原額課鈔一千二百一十九貫三百七十文、加増課鈔七百三十四貫三百八十二文、酒課鈔一百七十三貫九百八十文、油課鈔二百四十六貫九百一十文、房地賃鈔三百九貫三百五十文、樹株課鈔一百四十六貫六百六十文、窑冶課鈔一十六貫三十文、醋課

鈔二十二貫二百二十文、契本工墨課鈔一貫、紙馬舗課鈔二十一貫二百文、農桑課鈔二貫。

河北保定府易州の課程項目は戸口食塩課鈔、原額課鈔、商税課鈔、油搾課鈔、白酵舗課鈔、粉課鈔、竈冶課鈔、酷課鈔、契本工墨課鈔、紙馬舗課鈔、雑物課鈔から成っている。原額課鈔は次の商税課鈔以下の本州分と次の淶水県課程分を合算した額かも知れない。計算は合わない。本州の課程総計は、十万貫以上にはなる。特に商税課鈔一万三千一百五十五貫三十二文は華北としては多い。淶水県課程には戸口食塩課鈔の提示はなく、内訳は原額課鈔、加増課鈔、酒課鈔、油課鈔、房地賃鈔、樹株課鈔、竈冶課鈔、醋課鈔、契本工墨課鈔、紙馬舗課鈔、農桑課鈔となっている。全国的に共通する課程項目各種である。これらは多くが明初にはなく、その後、永楽期以降の増加と思われる。

③大名府の正徳『大名府志』巻三、田賦志に、

大名府、戸口食塩鈔、一百五十七万二千八百五十六貫。歳弁課鈔、九万七千四百三十貫三百七十六文。税課司課鈔、二万五千八百六十貫。

元城県、戸口食塩鈔、五万六千八百二十六貫。課鈔、九千三百三十四貫六百八十文。

大名県、塩鈔、四万六千三百七十四貫。課鈔、四千八百五十一貫六百二十四文。

南楽県、塩鈔、七万四千三百四十貫。課鈔、一万一千五百九十貫。

魏県、塩鈔、一十四万二千五百七十二貫。課鈔、四千三百貫二百文。

清豊県、塩鈔、一十二万五千三百一十貫。課鈔、六千一百七十六貫六百二十四文。

内黄県、塩鈔、七万九千九百二十六貫。課鈔、五千七百六十三貫二百三十文。

濬県、塩鈔、一十二万七千九百九十二貫。課鈔、六千七百四十貫七十文。

滑県、塩鈔、二十六万二千九百三十貫。課鈔、八千七百五十九貫三百三十二文。

開州、塩鈔、三十四万一千七百貫。課鈔、九千三百六十一貫八百三十六文。

長垣県、塩鈔、二十万一千九百四十二貫。課鈔、六千八百三十三貫文。

東明県、塩鈔、一十一万二千五百貫。課鈔、四千八百三十六貫。

大名府の本府と所属州県それぞれの戸口食塩鈔と歳弁課鈔額とを挙げる。大名府本府のみに 税課司課鈔額を挙げるが各州県にはない。各州県には税課司局の額が区別していないので、あるいはその設置が無かったかも知れない。

【河南】

①河南、開封府鄢陵県の嘉靖『鄢陵志』巻三、田賦志、課貢に、

原額商税酒醋門攤菓各課程鈔五千七十貫。

旧制土貢、皮七十五張、翎二千一十一枝、折鈔、六錠一百六十五文。

これも課程分が一括されている。次に旧制として土貢を挙げる。両者の一体関連性が窺えるようである。

②同じ、開封府蘭陽県、嘉靖『蘭陽県志』巻二、田賦志、課程に、

国朝酌行前代之法、薄為征税、以抑逐末、其示人重本之意。蓋深遠矣。

旧制課税程期。

酒課鈔、一百五十六錠四貫八百文。

醋課鈔、一錠四貫六百文。

魚課鈔、二百二十八錠三貫。

果課鈔、二十九錠二貫八百文。

商税鈔、一千六百九十二錠。

門攤鈔、七百九錠三貫四百文。

春季総課鈔、六百九十七錠一貫四百五十文、春輸。
夏季総課鈔、六百九十七錠一貫四百五十文、夏輸。
秋季総課鈔、六百九十七錠一貫四百五十文、秋輸。
冬季総課鈔、六百九十七錠一貫四百五十文、冬輸。
窯業竈課鈔八十二錠八百文
碓磨油搾課鈔八十二錠二貫一百二十七文
房地賃鈔六十六錠四百七十五文
牛租鈔二十八錠二貫五百文

国朝については前代之法を酌行して、薄く征税を為し、以て逐末を抑えたのは、其れ示人に本（農業）を重んずるの意を示すためだとする。蓋し深遠なりと明太祖の考えに賛同をする。そして旧制課税程期として、酒課鈔、醋課鈔、魚課鈔、果課鈔、商税鈔、門攤鈔の各錠貫文額数を挙げる。そしてその総計は二千八百一十八錠三貫六百文となる。これを春夏秋冬の四季分に分け、一季總課鈔を六百九十七錠一貫四百五十文としている。大体計算は合う。なお、その他、恐らく旧額では無く、今額であろうが、窯業竈課鈔、碓磨油搾課鈔、房地賃鈔、牛租鈔が付加されている。なお、蘭陽県については嘉靖『蘭陽県志』巻一、地理志、市集に、

市集、洪武二十九年、始立県市。○銅瓦廂集、在県西北二十五里。


鎮店。

叙曰、按事物紀原云、歴代未聞置鎮。後周武帝始置之。隋因其旧。唐分上中下三等。

宋朝之制、民聚不成県而有税課者、則為鎮。韻会曰店、停物舎也。古今注云、店置也。所吟置貨鬻物也。吾邑、地非要会、雖不能為鎮店、然亦有税課貨鬻者、是亦鎮店之類歟。

鎮店、銅瓦廂人民叢聚、税課漸多、可当一鎮。

とあって開封府附近州県にも銅瓦を扱う業者が鎮店を作ってそれが市集に発達しているという。

③同じ開封府尉氏県の嘉靖『尉氏県志』巻二、官政類、貢賦に、

大明尉氏県歳納薬、蔵霊仙一百斤、硝五十斤、杏仁二十五斤、天鵝一十八隻、鵁鶄一十隻折鈔八十四錠三貫、雁三十三隻折鈔二百□錠二貫、皮一百三十張、翎一十万八百五十二枝折鈔三百二錠二貫七百八十文。

課税酒課鈔、一百二十四錠四貫八百文。房課鈔、九錠六百文。商税鈔、八百二十八錠四貫三十文。門攤鈔、三百九十八錠一百四十文。

旧志本県塩鈔六万八千二百四貫五百文。

門攤課鈔、一百二十二錠四貫六百文。天鵝一十八隻。羊皮一百三張。

〈按正徳実録課程、止載門攤課鈔、六千三百六十九貫六百八十文。歳弁止載毎年折造胖襖銀両七銭三分、軍器銀一十九両三銭三分。貢献止載毎年貢天鵝一十八隻。未得其詳〉。

ここでも課程は歳進歳弁と同列扱いをしている。しかも、課税は酒課鈔、房課鈔、商税鈔、門攤鈔と項目も少なく額も小さい。

④汝寧府、光州、光山県の嘉靖『光山県志』巻四、田賦志、貢賦に、

歳弁

商税課銭一千二百七錠　三貫六十文。有閏一千三百六十三錠三百八十二文。

酒課　四錠　一貫六百文。有閏五錠三貫四百文。

醋課　一錠九十貫九百六十文。有閏一錠九十二貫四十文。

房地課　一十五錠　一貫八百文。有閏一十六錠九十一貫四百八文。

竹地課　一十錠　一貫七百九十二文。有閏一十錠六貫四十二文。

舡課　二十錠　二貫七百文。有閏二十一錠六貫二百六十文。

額弁

戸口食塩男婦共二万九千八百七十三丁口、

塩鈔八万二貫五百文、共、折銀二百三十五両七銭五分七厘五毛。

歳貢麂皮十張、狐皮三張、薬料杏仁一百斤、生銅銀六百六十両、胖襖銀九十三両四分。

附論、邑之水不通舟楫、無商賈之利。少種桑麻、無蚕絲之利。衣食之源、立命之本、所恃者、惟農耳。然糞多力勤、遠不及江南之民、則仰事俯育。輸租供役、安能尽給乎。春秋左伝云、農夫是穮、是蓘必有。有年蓋利生于勤民。事不可緩也。邑之農、其監於此夫。

附論に「邑＝県の水は舟楫を通ぜず、商賈の利無し。少しく桑麻を種うるも、蚕絲の利無し。衣食の源、立命の本にして、恃む所者は、惟だ農のみ」と言うだけあって、当県の歳弁は商税課銭、酒課、醋課、房地課、竹地課、紅課と項目も少なく額も小さい。ただ、邑の水は舟楫を通ぜずというわりに紅課を二十錠二貫七百文、有閏二十一錠六貫二百六十文載せ、房地課や特産であろう竹地課よりも課銭額が多いのはなぜだろう。汝寧府、光州、光山県から淮河水系を下れば、淮安・揚州の大運河に繋がるのである。交通が良くても物産産物が無く、民が貧しく購買力が無ければ、売買を事とする商賈は通って来ない。

⑤南陽府鄧州の嘉靖『鄧州志』巻十、賦役志、課税に、

鄧州戸口塩鈔、一万三千二百三十六貫、毎貫折銀三厘、共銀三十九両七銭八厘。

内将銀一十九両八銭五分四厘、解本司類解京庫。

又将銀一十九両八銭五分四厘、解本府。

遇閏司府二項各加鈔五百零二貫、各折銀一両六銭五分六厘。

集市商税、共銀二百三十四両二銭七分六厘。除将六両三銭六分六厘解唐府胭粉用外、銀二百二十七両九銭一分、解本司、補放禄糧用。

陂堰租銀、民領廃陂例納租銀、毎畝銀三分、自嘉靖四十二年十二月以前計領各陂地三百二十八頃六十六畝七分、共銀九百八十六両一厘、解本司、補支禄糧用。
地畝銅銭、民買軍地例納銅銭、上地毎畝六厘、中地五厘、下地四厘、計買軍地六百三十二頃五畝九分五厘六毛、共銀三百一十五両二銭一分五厘二毛三糸六忽、徴完州庫、聴撫治察院明文取用。
外濠魚課、外濠課銀一十五両、貯本州庫。凡外城東面五年一次修理、申請正支。
内郷県戸口塩鈔、四万四千零四貫、毎貫折銀三厘、共銀一百三十二両一分二厘。
　内将銀六十六両零六厘、解本司類解京庫。
　又将銀六十六両零六厘、解本府。
　遇閏司府二項各加鈔一千五百十九貫、各折銀四両五銭五分一厘。
集市商税、共銀七十七両一銭六分七厘。内課程銀一十一両九銭六分七厘、解本府続税銀六十五両二銭、解本司。
新野県戸口塩鈔、共四万一百一十貫、毎貫折銀三厘、共銀一百二十両三銭三分。
　内将銀六十両一銭六分五厘、解本司類解京庫。
　又将銀六十両一銭六分五厘、解本府。
　遇閏司府二項各加鈔一千六百七十一貫、各折銀五両一分三厘。
集市商税、共銀四十四両二銭五分、解本司。
陂堰租銀、本県九陂共地一百二十八頃四十三畝、内、羅陂・化陂・瓦亭三陂、毎畝徴銀五分、厚陂・周仁・墓塋・上羊・社長・
　白家六陂、毎畝徴銀三分、共租銀五百二十両五銭一分、解本司。
浙川県戸口塩鈔、共、三万一千六百九十八貫、毎貫折銀三厘、共銀九十五両九分四厘。
　内将銀四十七両五銭四分七厘、解本司類解京庫。

又将銀四十七両五銭四分七厘、解本府。

遇閏司府二項各加鈔一千三百二十貫、各折銀三両九銭六分。

集市商税、正銀八両五銭三分九厘。解本府余銀八十二両四銭五分五厘、解本司。

鄧州と所属内郷県、新野県、淅川県らの課程であるが、典型的な河南、華北一般の課程の内容を良く表している。戸口塩鈔の割合が圧倒的に高く、集市商税、陂堰租銀、地畝銅銭、外濠魚課などの課程は零細である。

⑥河南、汝州魯山県の嘉靖『魯山県志』巻二、田賦、課鈔に、

正徳年以前

商税、毎歳一千三百七十八錠一貫一百六十文。

塩鈔、毎歳一万三千二貫。

黄蝋、毎歳八百五十二斤。

野味、毎歳活鹿九隻〈成化二十二年、移檄歳弁大鹿一隻、原鹿六隻、蓋大一以折其三也〉。

商税鈔、五百九十五錠四貫七百四十文。

酒課鈔、一百二十錠一貫六百文。

門攤鈔、五百九十五錠四貫五百文。

醋課鈔、二十三貫五百文。

魚課鈔、二十錠四貫三百文。

房課鈔、一十二貫四百文。

菓課鈔、一十錠二貫。

汝州魯山県も戸口塩鈔額が圧倒的に大きいが、商税鈔も五百九十五錠四貫七百四十文あり、酒課鈔一百二十錠一貫六百文、門攤鈔五

百九十五錠四貫五百文と割合に額が大きい。

第二節　明代華中地方の商税・課程について

長江流域を中心とした華中地方の事例を挙げる。

【南直隷】

①南直隷応天府六合県について、嘉靖『六合県志』巻二、人事志、貢賦、課程附に、
本県房地賃鈔毎年一百五十二貫四百文。〈本色七十六貫二百文、折銀四分五厘七毛、折銅銭一百五十二文四分。解府転解戸部〉。

暦日黄紙一万五千四百七十張。〈共該里甲、官銀七両七銭三分五厘、毎年解府転解欽天監〉。

蘆洲課銀一千二百二十九両六銭五厘五毛九糸一忽二微八繊。〈

河西老洲銀四百二十両三銭四分。

　草洲銀九両。

団洲一処銀二十四両四銭四分四厘。

二処銀一十五両五銭二厘七毛八糸七忽。

柳洲銀二十両二分五厘九毛三糸。〈

扁担洲一処銀二十三両二分四厘七毛五糸。

　二処銀三十両二銭四分六厘。

白沙洲銀六十四両六銭四分三厘三毛八糸八忽。

楊家嘴洲銀六両九銭六分八厘四毛八糸。

琵琶頭洲銀二十二両八分七厘六毛。
菱角洲銀一両九分一厘三毛。
鶏心洲銀三銭二分八厘。
斗溝鶏心洲銀四十二両二銭一分八厘四毛。
扁担斗溝洲銀四十両二銭八分六厘一毛四糸四忽。
王家溝洲一処銀二十九両八銭三厘三毛。
　　二処銀六十両六銭五分七厘八毛二糸。
白沙老洲一処銀四十九両四銭八分八厘。
　　二処銀四十九両九銭九分四厘五毛四糸。
白沙小猪頭洲銀三十両八銭五分。
白沙裙辺洲銀九十八両一銭三分五厘一毛五糸。
瓜埠対岸洲銀一両七銭七分八厘。
土名洲銀二十一両六銭一分二厘。
新生沙攤銀九両一銭四分六厘。
　離江洲一処銀二十三両四銭五分六厘二毛二糸二忽六微。
　　二処銀六十三両九銭七分一厘八毛六糸。
夾圩洲銀二十一両九銭六分三厘三毛。
離江下沙攤洲銀四両六銭五分九厘八毛。
滁河西岸洲銀一両六銭六分六厘六毛六糸六忽。

龍池地銀三両四。
已上蘆課、旧止毎年徴五百六十両三分九厘六毛五糸六忽。
嘉靖二十八年知県邵漳奉例清査開墾起科共銀一千余両。毎年徴完解府転解南京戸工二部〉。
税課局酒醋課鈔毎年額弁四百七十七貫一百二十文。〈本色鈔二百三十八貫五百六十文、毎貫折銀六毛、共一銭四分三厘一毛三糸六忽、折色鈔二百三十八貫五百六十文、毎貫折銭四百七十八文。解府転解南京戸部〉。
商税鈔毎年額弁二万七千六百五十一貫六百文。〈按成化志載
洪武二十四年商税鈔一万六百八十五貫一百二十三文。
永楽十年商税鈔二万五千七百八十六貫三百八十文。自此以後無考載。
嘉靖八年十一月知県何宏奉例将本色折色毎貫各折銀三厘、共銀八十二両九銭五分六厘六毛。本県毎季僉発巡攔八名或六名、下局徴収解県、以備協済江浦県接遞夫価銀五十両。余皆作正項支銷。
嘉靖二十五年知県邵漳、申為薄説課充駅伝、以革宿弊、以均支応事。具申撫按□於均徭内編僉巡攔八名、即充舘夫。到□□立循環籍稽考盈縮。将徴収正余之数、通解赴県内、除裳邑駅応付、余作正支銷。又査本県毎年賦役里甲公用銀五百八十両七銭八分四、除秋糧帯徴三百三十三両三銭二分三厘、通県人丁、毎丁徴銀一分七厘、共、銀二百四十七両四銭六分一厘、具申撫按、准将該局解到、余銀約有三百余両、抵補里甲、免派人丁。至今行之不易。但邇来北河淤塞、官員使客皆由六合、関支借名舎人口糧、止於三分而所支。有廩給下程及飲食中火之類、為費甚多。用是舘夫陪補、殆無虚日、労悴已極。知県董邦政甚憫之、行乃復湯猪税。其門攤旧税及協済江浦江淮之銀、以行急未遑、請興革云。〉。
瓜埠巡検司毎年額弁船料課鈔五万四千六百一十一貫〈毎貫折銀六毛、該銀三十二両七銭六分六厘六毛〉。
〈按瓜埠南接大江、四方船貨、入六合者、必経其地。而歳弁船料鈔則徴於船戸。本県逐月僉発舗戸一名、到司徴収、按季解県、転解南京戸部。所収止弁正数、余皆侵為己有。嘉靖二十五年知県邵漳、申准撫按操巡衙門、除正数外、余銀内毎年将二十両修理

巡船以慎江防、四十両買稲備賑、毎月僉本県大戸収解。三十年知県董邦政、照旧毎月僉報以異地之民居六合、罔利而無差者、充之。民皆称便〉。

瓜埠三汊河泊所毎年額弁魚課船料鈔三万二千五百四十八貫九百文。（略）

この県の特徴は長江の流水土砂によって造成された蘆洲の課派が重要な位置を占めていることだろう。蘆洲課銀総計は一千二百二十九両六銭五厘五毛九糸一忽二微八繊ある。応天府六合県について、嘉靖『六合県志』巻二、人事志、貢賦、田土、蘆洲屯田附の各洲攤リストは、河西老洲、草洲、団洲二処、柳洲、扁担洲二処、白沙洲、琵琶頭洲、菱角洲、鶏心洲、斗溝鶏心洲、扁担斗溝洲、王家溝洲二処、白沙老洲二処、白沙小猪頭洲、白沙裙辺洲、瓜埠対岸洲、土名洲田、新生沙攤、離江洲二処、離江下沙攤洲、夾圩洲、滁河西岸洲、龍池洲を挙げている。ただ楊家嘴洲の洲名は見えない。ほぼ一致している。

応天府六合県の嘉靖時点の課程は、房地賃鈔が毎年一百五十二貫四百文で、内訳、本色鈔七十六貫二百文と、折銀四分五厘七毛さらに折銅銭一百五十二文四分の折納部分とがある。応天府に解られ北京戸部に転解された。次に暦日黄紙一万五千四百七十張は共に里甲負担となり、官銀七両七銭三分五厘の銀納であり、その銀は毎年応天府に解り北京欽天監に転解された。暦用紙の暦日黄紙は暦を作る欽天監の材料となる。次に蘆洲課銀一千二百二十九両六銭五厘五毛九糸一忽二微八繊、詳細は省く。嘉靖二十八年（一五四九）に知県邵漳は例を奉じて清査開墾起科共銀一千余両の毎年徴完を清査した。この蘆課は応天府に解られ、南京の戸部工部の二部に転解された。

さて、次は六合県税課局関係の酒醋課鈔、商税鈔について、やはり洪武二十四年と永楽十年の定額について、さらに嘉靖八年十一月の知県何宏の趣致と嘉靖二十五年知県邵漳の商税改革を奏言を載せる。

なお、瓜埠巡検司は毎年額弁船料課鈔五万四千六百一十一貫〈毎貫折銀六毛、該銀三十二両七銭六分六厘六毛〉という長江を通貨する船の課料があったという。割註文は重要な史料であるから訓読文にしておこう。

按ずるに瓜埠は南に大江に接し、四方の船貨、六合に入る者、必ず其の地を経る。而して歳弁の船料鈔は則ち船戸より徴す。本県は逐月僉に舗戸一名を発し、（布政）司に到りて徴収し、季を按じて県に解り、転じて南京戸部に解る。収むる所は止だ正数を弁ずるのみ、余は皆侵して已が有と為す。嘉靖二十五年知県邵漳は、撫按操巡衙門に申して准され、正数を除くの外は、余銀内の毎年二十両を将て巡船を修理し以て江防を慎み、四十両をば稲を買い賑に備え、月ごとに本県の大戸を僉めて収解せしむ。三十年知県董邦政は、旧に照らして月ごとに僉報して異地の民の居六合に居るを以て、罔利にして差無き者をこれに充てしむ。民は皆便と称す。

瓜埠三汊河泊所については前、八章で扱った。

②同じ応天府の高淳県について、正徳『高淳県志』巻一、賦課、課程に、

原額門攤商税酒醋鈔〈二万貫〉、門攤商税本色鈔〈八千三百五十五貫〉、折色鈔〈八千三百五十五貫〉、酒醋鈔〈本色一千六百、折色一千六百四十五貫□百四十五貫〉。

かなり額は大きいが、詳細を記載していない。

③常州府江陰県について、嘉靖『江陰県志』巻一、建置記、公署に、

税課局、在安利橋北。洪武元年建。正統二年、以課鈔不及三万、併入本県兼摂之。十二年、増鈔額復設。〈局設司吏一人。按国初、青鳴郷・蔡涇牐・夏港渡・習礼鎮・馬馱沙五処、各設纂節収税。今廃。又按宋・元場務、視今数倍。宋之場、曰折帛務、曰都酒税、曰利場酒税、曰畲村酒税、曰市舶。顔耆仲有寛民堂詩。又有各郷酒坊。元之務、曰在城務、曰悟空務、曰利城務、曰長寿務。〉

大運河と長江の間に位置する常州府江陰県は南方は明代最大の経済都市にして絹織物産業の最大センターである蘇州府があり、東南方には上海付近の松江府綿業地帯がある流通の中核地域であるが、宋元以来、税課局や酒務が設置されてきた伝統がある。さて、嘉靖『江陰県志』巻五、食貨志四上、課程、国朝に、

洪武十年税課局商税銭鈔、一千三百五十一万五千三百五十三文。

永楽十年商税等項鈔、一万九千六百八十三錠三貫六百七十文。

内、税課局商税鈔、一万八千二百五十八錠二貫八百四十文。

門攤鈔、七百四十八錠。
契本工墨銭鈔、八錠八百八十文。
酒醋課鈔、三百六十七錠四貫八百四十文。
房地賃鈔、三十八錠三貫六百文。
歳易桃梅李課鈔、一錠一貫九百一十文。
丁口食塩鈔、闕。
成化十八年税課局正弁課鈔、一万一千九百四十一錠三貫四百四十文。
銅銭、一十一万九千四百一十六文。
内、商税課鈔、一万一千二百二十五錠三貫二百四十文。
銅銭、一十一万二千二百五十六文。
門攤課鈔、三百七十四錠。
銅銭、三千七百四十文。
酒醋課鈔、一百八十三錠四貫八百四十文。
銅銭、一千八百四十文。
房地賃鈔、二百三十七錠四貫六百文。
銅銭、一千三百八十文。
油搾賃鈔、一十九錠一貫六百文。
銅銭、一百九十二文。
歳易桃梅李課鈔、四貫一百六十文。銅銭八文。

弘治　九年税課局正弁課鈔、一万一千九百四十一錠三貫四百四十文。
　銅銭、一十一万九千四百一十六文。
　内、商税課鈔、一万一千二百二十五錠三貫二百四十文。
　　銅銭、一十一万二千二百五十六文。
　門攤課鈔、三百七十四錠。
　　銅銭、三千七百四十文。
　酒醋課鈔、一百八十三錠四貫八百四十文。
　　銅銭、一千八百四十文。
　房地賃鈔、一百三十七錠四貫六百文。
　　銅銭、一千二百八十文。
　油搾賃鈔、一十九錠一貫六百文。
　　銅銭、一百九十二文。
　歳易桃梅李課鈔、四貫一百六十文。銅銭八文。
嘉靖二十一年分四季商税門攤等項課鈔銅銭、
　春季鈔、二千九百八十五錠一貫七十文。
　　銅銭、二万九千八百五十二文。
　夏季連閏課鈔、三千九百八十錠一貫四百二十六文。
　　銅銭、三万九千八百二文。
　秋季鈔、二千九百八十五錠一貫七十文。

銅銭、二万九千八百五十二文。

冬季鈔、二千九百八十六錠二百三十文。

銅銭、二万九千八百六十文。

已上課鈔銅銭折易価銀共、三百八十八両九分八厘。

国初、商税等項課鈔、倶験貨批収、歳運南京戸部交納、計鈔一万一千九百四十一錠三貫四百四十文、銅銭一十万九千四百一十六文。

嘉靖四年、巡按御史朱寔昌、以征税煩擾、更為門攤、令牙行四季収貯本県歳終起運如数。

洪武十年税課局商税銭鈔一千三百五十一万五千三百五十三文、永楽十年商税等項鈔一万九千六百八十三錠三貫六百七十文とするが、永楽十年については割註で内、税課局商税鈔一万八千二百五十八錠二貫八百四十文、門攤鈔七百四十八錠、契本工墨銭鈔八錠八百八十文、酒醋課鈔、三百六十七錠四貫八百四十文、房地賃鈔三十八錠三貫六百文、歳易桃梅李課鈔一錠一貫九百一十文、丁口食塩鈔、闕とする。内容的には標準的であるが額数は多い。

次に成化十八年税課局正弁課鈔一万一千九百四十一錠三貫四百四十文、弘治九年税課局正弁課鈔一万一千九百四十一錠三貫四百四十文とあまり変化はない。嘉靖二十一年分については商税門攤等項課鈔銅銭額を四季に分けるが、春・秋・冬の三季鈔が二千九百八十五錠一貫七十文、銅銭二万九千八百五十二文と同額であるのに対し、夏季の連閏課鈔は三千九百八十錠一貫四百二十六文、銅銭三万九千八百二文とそれぞれ多い。そして以上の課鈔銅銭の折易価銀は三百八十八両九分八厘となる。付文に当県課程の問題点についていう。

国初、商税等項の課鈔は、倶に貨を験べて批収し、歳ごとに南京戸部に運び交納するに、鈔一万一千九百四十一錠三貫四百四十文、銅銭一十万九千四百一十六文を計る。嘉靖四年、巡按御史朱寔昌は、征税煩擾を以て、更えて門攤を為して、牙行を令して四季に本県の歳終起運に収貯せしめること数の如くならしむ。

④南直隷揚州府儀真県の隆慶『儀真県志』巻六、田賦攷、国朝凡賦に、

凡課程〈歳弁各色課鈔二万二百一十一錠一貫一百四十文、本色鈔一万一百六錠一百五十文、兼収銅銭一十万一千五十二文、該鈔一

万一百五錠九百八十五文、額徴課鈔二万二百一錠二貫七百八十文、本色鈔一万一百錠九百七十五文、兼収銅銭一十万一千四文、該鈔一万一百錠一貫八百五文。〉、
凡商税課鈔〈一万八千七百五十九錠三貫四百九十文、本色鈔九千三百七十九錠四貫二百四十五文、兼収銅銭九万三千七百九十九文、該鈔九千三百七十九錠四貫二百四十五文。〉、
凡門攤課鈔〈一千一百四十五錠一貫、本色鈔五百七十二錠三貫、兼収銅銭五千七百二十六文、該鈔五百七十二錠三貫。〉、
凡酒醋課鈔〈二百四十二錠二貫、本色鈔一百二十一錠一貫、兼収銅銭一千二百一十二文、該鈔一百二十一錠一貫。〉、
凡房地課鈔〈五十三錠二貫一百二十文、本色鈔二十六錠三貫五百六十文、兼収銅銭二百六十七文、該鈔二十六錠三貫五百六十文。〉、
凡契本工墨〈本色鈔二貫九百一十文。〉、
凡樹株〈本色鈔一貫六百二十文。〉、
凡新増抄没犯人没官房屋賃鈔〈一錠一貫、本色鈔三貫、兼収銅銭六文、該鈔三貫。〉、
凡額外増羨房地賃鈔〈八錠二貫三百六十文、本色鈔四錠一貫一百八十文、兼収銅銭四十二文、該鈔四錠一貫一百八十文。〉、
凡佃塘蕩田地額租〈陳公塘軍民人等佃墾田一万一十六畝、毎年額徴租銀三百両四銭八分一厘三毛八忽。听候高郵提督河道郎中項下、挑河修理閘岸之費、按儀真官民田地之外、頃畝広而取利厚、額徴薄、而輸納緩者、陳公塘是也。歴代以為備漕瀦蓄、而為廃蹟。徴課建議講求者、雖多而任事者絶少矣。如之何哉。〉、
運河北蕩田蕩埂二三壩蕭公廟響水閘東等地〈毎年共徴銀五十四両一銭五分四厘、亦河郎中項下。〉、
凡瀕江旧額新増洲場蘆地〈計一万一千二百八十七畝六分六厘八毛三糸、該銀三百六十六両五銭九分六厘九毛八糸七忽二微、毎歳徴解南京工部。〉、
凡佃城濠租課〈略〉。
項目の挙げ方も本色・折色の方式も江南特有の複雑さが見られる。本色鈔での徴収が多く残存しているのは国家財政徴収の中枢部で

あり、鈔制度維持が政策目標であったためか。

⑤淮安府海州の隆慶『海州志』巻三、戸賦、課程に、

按旧志、有酒醋課鈔一千五百四十貫、房地賃租鈔四十五貫九百六十文、税課局商税等課鈔八千四百五十六貫九十文、河泊所課鈔一万三千一百一貫五百文、魚油四千一百一十九斤、魚鰾八十六斤、翎毛一万八百三斤。今税課局河泊所已革、酒醋地租亦不復征。姑存其名於此云。

ここも典型的な南直隷地域であるが、隆慶『海州志』巻三、戸賦、商税には次のような指摘もある。

海州旧無商税。前任知州鄭時挙奉府議、取充官俸、原無定額。嘉靖三十六年、七年、太倉空虚、尽取解部。四十四年、巡撫王公題復原議、為官軍廩糧、以補百姓逋負之数。今又議充軍餉加添歳額。嗚呼国用日増而民財有限、此輾転亦云窮矣。

課程徴収は通常の両税の徴収不足を補完するというのである。

⑥南直隷、安徽、寧国府の嘉靖『寧国府志』巻六、職貢紀に、

塩課鈔一百一十四万四百二十貫。

塩鈔、賦諸丁口、本折色中半、並以銀折〈本色鈔、毎貫折銀一厘一毛四糸二忽、折色鈔、毎貫折銅銭二文、毎銭七文折銀一分〉。洪武間、以塩給民。故徴鈔。今官不給塩而徴鈔如故。鈔額亦以洪武為準。丁有登耗、不恤焉。常以其半輸京師。余資歳費。

魚課銅鉄膠翎五万五千四百八十四斤根、閏年増六千六百二十三斤根。

税課鈔一十六万四千三百八十貫三百七十四文。

税課司、歳徴商税鈔七万八百四十四貫七百八十四文、折銀一百四十一両六銭有奇。

閏年増鈔銀一十一両七銭有奇。

門攤酒醋等鈔四千六十一貫五百二十文、共、折銀八両一銭有奇。

宣城、附府諸税併入税課司。

南陵、商税鈔一万九千一百七十九貫六百四十文、折銀三十八両三銭有奇。

　門攤酒醋等鈔七千一百六貫四百八十文、共、折銀一十四両二銭有奇。

涇県、商税鈔一万六千二百七十一貫九百三十文、折銀三十二両五銭有奇。

　門攤酒醋等鈔一万四千二百七十六貫六百文、共、折銀三十八両五銭有奇。

寧国、商税鈔一万八千三百五十九貫九百八十文、折銀三十九両八銭有奇。

　門攤酒醋等鈔一千五百六十貫四十文、共、折銀三両一銭有奇。

旌徳、商税鈔六千九百八十七貫四百文、　折銀一十三両九銭有奇。

　門攤酒醋等鈔三百五十一貫四百二十文、共、折銀七銭有奇。

太平、商税鈔四千四百九十貫四百三十文、折銀八両九銭有奇。

　門攤酒醋等鈔八百九十貫一百五十文、共、折銀一両七銭有奇。

凡税課、賦諸商賈、本折色中半、並以銀折〈如折塩鈔之法〉。属税課司者、輸于府庫。余各儲之県庫、歳費均取給焉。

寧国府各県の課程商税は商税鈔と門攤酒醋等鈔に二分されて計上されている。末尾の付記において、凡そ税課は諸を商賈に賦課し、本色と折色が中半、そしてすべて銀納という傾向を述べている。税課司に属す課程税課は府庫に輸した上に、余銀が有ったらこれを県庫に儲え、歳費をこれから取給するともいう。なお、嘉靖『寧国府志』巻六、職貢紀に、
　運船料価、宣州衛、歳造運船五隻。除折卸旧船釘料外、本府仍給銀三百九十七両余銀、軍士自備、亦謂之、軍三民七。
運船料価として同府宣州衛の歳造運船五隻についての経費計算が載る。
⑦安徽、広徳州建平県の嘉靖『建平県志』巻二、田賦志、賦税、課程に、
　歳徴課鈔、三百九十錠七貫九百六十五文。

茶課鈔、二百八十六錠三貫。

酒醋課鈔、三十一錠二貫四百八十文。

房屋賃鈔、七十三錠二貫四百八十五文
閏月加課鈔、八錠三貫七百四十八文。

塩鈔連閏官民人口五万四十四口、毎口徴銀一分二厘六毛六忽一微、共、銀六百三十両八銭五分九厘七毛八忽。

課程構成はやや少ないが標準的である。鈔銭の錠貫数表示が鈔流通を示している。

⑧鳳陽府寿州の嘉靖『寿州志』巻四、食貨志、課鈔に、
州、食塩鈔　毎年、起運銀二百六十九両三銭、存留銀三百九十四両三銭。

歳弁諸色課鈔、二百三十五錠一貫五百二十文。

税課局商税門攤等課銭六万五千三百八十一錠六百五十二貫。

蒙城県、食塩鈔　毎年、起運銀六十一両九銭七分六厘、存留銀九十両七銭五分。

商税門攤酒醋船雑等課鈔、一千一百七十八錠六貫六百五十文。

霍丘県、食塩鈔　毎年
商税各色〈同蒙〉等課鈔、一千六百四十六錠二百八十四文。

江北の流通経済の発達しない地域であるが、それでも税課局商税門攤等課銭の額は大きい。なお、食塩鈔は毎年、起運銀二百六十九両三銭に対して存留銀三百九十四両三銭、二対三の割合で存留銀が多い。また寿州と両県の商税門攤酒醋船雑等課鈔の比較も五〇対一以上と圧倒的に寿州の割合が高い。

⑨安徽、池州府銅陵県の嘉靖『銅陵県志』巻四、田賦志、課鈔に、
塩鈔、歳折銀四十両三銭。

酒醋等鈔、歳折銀七両四銭二分九厘八毛。

魚課鈔、大通河泊所歳折銀一十七両四銭三分九厘八毛。
魚油翎鰾、大通河泊所歳折銀四十五両九分四厘九毛。
蘆課、歳徴銀八百両。
長江沿いの地区にしては課鈔額は小さい。

【浙江】

①浙江台州府太平県の嘉靖『太平県志』巻三、食貨志、貢賦、歴代課程、国朝諸色課程に、
房地賃銭鈔、二百五十六錠二貫四百一十文。内房賃鈔、一百四十一錠四貫三百九文。
商税鈔、一百七十七錠四貫九百六十文。
魚課、原四百七十五名、今惟四百五十三名、鈔見田賦下。
＊魚課米二百五十六石九斗六升九合六勺。有閏月加米二十四石七合六勺。
　鈔二千一百四十五錠四貫六百七文。
酒醋課鈔、五十錠三貫九百三十文。
簡単であるが、項目も鈔額も華中地方の標準である。
②同じ台州府黄巌県の万暦『黄巌県志』巻三、食貨志、課程、皇明諸色課程に、
永楽実徴、本県正額鈔一千四百五十五錠四貫五百八十六文。
＊酒醋課鈔二百六十九錠一貫四百文。
＊茶課鈔一百二十六錠五百七十四文。
＊茶引油工墨鈔三十九錠四貫二百文。

＊窑竈課鈔一十二錠三貫六百文。
碓磨油搾課鈔六十錠三貫六百二文。
＊果価樹株課鈔五百文。
商税課鈔九百四十六錠一貫七百一十六文。
＊契本工墨鈔四貫。
税課局歳弁課鈔四千七百三十五貫七百一十文。
帯弁魚米八十三石五斗六升。
河泊所歳弁課鈔二百九十六錠六百文。
帯弁魚油翎鰾折収桐油黄絡麻七百七斤十一両一銭八分。
河泊所課米一千一百四十八石。
課鈔四百四十一錠四貫二百二十一文。
嘉靖実徴
魚課米九十六石三斗六升三合四勺。
鈔六十六錠二貫三百五十文。
河泊所該弁米七十五石八斗四升。
鈔六百四錠五百七十五文。
税課司商税鈔一千百二十六錠二貫六百一十四文。
＊契本工墨鈔四貫。
＊酒醋課鈔二百六十九錠一貫四百文。

＊茶課鈔一百二十六錠五百七十四文。
＊窑竈課鈔一十二錠三貫六百文。
＊茶引油工墨鈔三十九錠四貫二百文。
＊果価樹株課鈔五百文。

台州府黄巌県志は、永楽実徴の本県正額鈔一千四百五十五錠四貫五百八十六文と嘉靖実徴の両年次の項目と鈔数が計上されている。項目内訳の頭に＊印を付けたものが両年次の鈔数額が一致する項目である。上から順に酒醋課鈔二百六十九錠一貫四百文、茶課鈔一百二十六錠五百七十四文、茶引油工墨鈔三十九錠四貫二百文、窑竈課鈔一十二錠三貫六百文、果価樹株課鈔五百文、契本工墨鈔四貫である。徴収割付額が固定しているのであろう。両年次の額に違いのあるものを比べてみよう。

まず、永楽実徴の碓磨油搾課鈔六十錠三貫六百二文は嘉靖実徴は無い。同じく永楽実徴の課鈔四百四十一錠四貫二百二十一文は無くなっている。さて、問題は実は税課局と河泊所に関係する項目である。永楽実徴の商税課鈔九百四十六錠一貫七百一十六文、並びに税課局歳弁課鈔四千七百三十五貫七百一十文、すなわち九百四十七錠七百四十一文の計一千八百九十三錠一貫四百五十七文は、嘉靖実徴では税課司商税鈔一千百二十六錠二貫六百一十四文となる。相当の減収である。また永楽実徴帯弁魚米八十三石五斗六升、河泊所歳弁課鈔二百九十六錠六百文、帯弁魚油翎鰾折収桐油黄絡麻七百七斤十一両一銭八分、河泊所課米一千一百四十八石もやはり嘉靖実徴では魚課米九十六石三斗六升三合四勺、鈔六十六錠二貫三百五十文、河泊所該弁米七十五石八斗四升、鈔六百四錠五百七十五文となって、減額となっている。

③厳州府淳安県の嘉靖『淳安県志』巻四、貢賦、課程、国朝に、

茶課鈔三千七百一十二錠一貫八百八十文。
塩課鈔一千五百四十三錠五百文、糧米九百二十八石七斗六升八合七勺。
魚課鈔二十七錠一貫五百文。

酒醋課鈔一百三十五錠三貫七百二十文。
商税課鈔七百七十二錠三貫六百六十文。
門攤課鈔二十九錠一貫四百二十文。
碓磨油搾課鈔一百九十八錠一貫六百文。
鋳瀉炉戸課鈔三錠六百文。
房地賃鈔一百五十一錠二百一十文。
果価課鈔六錠六百八十文。
茶引油工墨鈔八十四錠二貫。
契本工課鈔四貫。

課程の項目も鈔額も多い。

④温州府楽清県の永楽『楽清県志』巻三、貢賦、各色課程に、

鈔四千五百四十三錠一貫二百四十七文。
桐油八千二百二十九斤七両二銭。
黄麻七百九十一斤四両五銭。
塩四千三百四十六引七十八斤一十二両。
本県課程
酒醋課程鈔三百二十一定
茶課米准収鈔三十定一貫六百六十五文
窯業竈課鈔八十二定八百文

碓磨油搾課鈔八十二定二貫一百二十七文
房地賃鈔六十六定四百七十五文
門攤課鈔五十一定二百文
牛租鈔二十八定二貫五百文

本県税課局
商税鈔六百一定九百三十文
魚課鈔五百二十六定四貫二百文
門攤課鈔八十二定三貫六百文
契本工墨鈔一貫二百文

河泊所
魚課
鈔二千六百七十定三貫五百五十文
魚油准収桐油八千二百二十九斤七両二銭
翎鰾准黄麻七百九十一斤四両五銭

本県、本県税課局、及び河泊所と三行政機関による課程徴収の具体的状況が分かる。内②湖北、黄州府の弘治庚申十三年（一五〇〇）『黄州府志』巻三、官制、貢賦、各項目も鈔額数も標準的であり、永楽期に課程徴収の体制が確立していることが分かる。

【江西】

①江西、九江府の嘉靖『九江府志』巻四、食貨志、職貢、国朝に、

本府所属各色課程鈔共三万六千五百七十七定一百九十文。

額数のみである。

②江西、撫州府の嘉靖『東郷県志』巻上、貢賦十二、貢に、

商課鈔九百四十錠五十文。

門攤課鈔三十四錠二貫八百文。

酒課鈔三十四錠二貫八百文。

茶引油鈔三十一錠一貫五百文。

契税工本鈔一百六十四錠六百五十文。

戸口食塩　本色鈔七万五千四百九十八貫。折色銅銭一十五万九百九十六文。

これも華中、長江流域の課程項目を挙げている。ただし、額はやや小さい。

③江西、建昌府の正徳『建昌府志』巻四、貢賦、課程に、

建昌府税課司幷四県各項課程銭鈔三万一千八百八十八錠一貫五十文。〈割註〉

鈔一万五千九百四十四錠五百二十五文。

銭一十五万九千四百四十一文五厘。

遇閏加鈔銭二千四百四十九錠五百五十三文一分一厘。

税課司各項課程銭鈔二万四千一百七十三錠五百二十文。閏月加鈔銭一千九百一十三錠一百一十八文。

春季額、鈔二五八〇錠三貫一四〇文。銭二万五八〇六文二分八厘。

夏季額、鈔三八六九錠二貫六七五文。銭二万八六九五文三分五厘。

秋季額、鈔三七〇七錠二貫五八五文。銭三万七〇七五文一分七厘。

冬季額、鈔二九二八錠四貫三六〇文。銭二万九二八八文七分二厘。
按牒先年貯本府庫鈔本色銭、毎七文折銀一分准支官吏俸給。正徳八年、該益府奏請毎鈔一千折銀一両、毎銭七分折銀一分転解益府庫収。

南城県各項課程

鈔五三一錠四貫四四〇文。
銭五三一八文八分八厘。
遇閏加鈔一錠三貫八七五文。銭一七文七分五厘。
茶課、鈔一六五錠四貫九八〇文。銭一六五九文九分六厘。
茶引油課、鈔一二四錠三貫。銭一二四六文。
官房地租、鈔四四錠三貫三五文。銭四四六文七厘。
官地基租、鈔二貫五〇〇文。銭五分。
学院地塘租、鈔九錠二貫四一五文。銭九四文八分三厘。
地基租、鈔一貫九〇〇文。銭三文八分。
没官家産租、鈔九〇錠九〇〇文。銭九〇一文八分。
地基租、鈔二錠一貫八〇文。銭二二文一分六厘。
塘租、鈔七錠二貫六五〇文。銭七五文三分。
官山租、鈔一錠三貫五五〇文。銭一七文一分。
民山租、鈔七二錠三貫三三五文。銭七二六文六分七厘。
魚課、鈔一二錠九五文。銭一二〇文一分九厘。

南豊県各項課程并税課局
　鈔一九三一錠二八〇文。
　銭一万九三一〇文五分六厘。
　遇閏加鈔一五四錠二貫七七一文。銭一五四五文五分四厘二毛九糸一忽。
課程
　鈔一七二錠七貫四〇五文。
　銭一七三四文八分一厘。
　遇閏加鈔一五錠四二六文六分。銭一五〇文八分三厘三毛二糸。
　春季額、鈔三九錠三貫一〇〇文。銭三九六文二分。
　夏季額、鈔四二錠六貫二〇五文。銭四三二文四分一厘。
　秋季額、鈔四四錠一貫三九五文。銭四四二文七分九厘。
　冬季額、鈔四六錠一貫七〇五文。銭四六三文四分一厘。
　税課局鈔銭三五一一錠七五〇文、閏月加鈔二七八錠四貫七三九文五分九厘。
　春季額、鈔四三七錠二貫八九五文。銭四三七五文七分九厘。
　夏季額、鈔四一八錠二貫一一〇文。銭四一八四文二分二厘。
　秋季額、鈔四四九錠三貫八八五文。銭四四九七文七分七厘。
　冬季額、鈔四四九錠三貫九八五文。銭四四九七文九分七厘。
新城県各項課程并税課局
　鈔九四九錠四四〇文。

銭九四九〇文八分八厘。
遇閏加鈔七九錠一貫一二〇文。銭七九二文二分六厘。
課程
鈔五九錠四貫八五〇文。
銭五九九文七分。
茶課、鈔四貫二六〇文。銭八文七分二厘。
茶引油課、鈔一一錠。銭一一〇文。
官房地租、鈔三貫三〇〇文。銭六文六分。
学院地租、鈔二貫一六〇文。銭四文三分二厘。
没官家産租、鈔一六錠一二〇文。銭一六〇文二分四厘。
民山租、鈔二二錠二貫一六〇文。銭二二四文三分二厘。
魚課、鈔八錠二貫七五〇文。銭八五文五分。
税課局鈔銭一七七八錠一貫一八〇文。
春季額、鈔二二二錠。銭二二二〇文。
夏季額、鈔二二二錠一七五文。銭二二二〇文三分五厘。
秋季額、鈔二二二錠七〇〇文。銭二二二一文四分。
冬季額、鈔二二二錠四貫七一五文。銭二二二九文四分三厘。
広昌県各項課程
鈔四四五錠二貫六〇五文。

銭四四五五文二分一厘。

遇閏加鈔六四錠四貫八八二文二分。

茶課、鈔四錠二五文。銭四〇文五厘。

魚課、鈔一錠二貫三四〇文。銭一四文六分八厘。

官山税、鈔一貫六〇文。銭二文一分二厘。

官房地租、鈔一錠一八五文。銭一〇文三分七厘。

没官家産租、鈔一錠一貫四〇文。銭一二文八厘。

学院地租、鈔四貫三〇文。銭八文六厘。

茶引油課、鈔一七錠一貫九〇〇文。銭一七三文八分。

民山租、鈔七三錠一貫七二〇文。銭七三三文四分四厘。

商税課、鈔二六三錠二貫七五〇文。銭二六三五文五分。

契税課、鈔二六〇錠三貫四五五文。銭六〇六文九分一厘。

門攤課、鈔一四錠四貫。銭一四八文。

酒課、鈔七錠一〇〇文。銭七〇文二分。

詳細な課程内容のデータである。課程項目にしてもその錠貫額にしても華中、長江流域の典型である。経済発展、特に流通経済が大いに発達していることが分かる。

④江西、袁州府の正徳『袁州府志』巻二、貢賦、課程に、

大明洪武二十四年本府歳弁各色課鈔

茶課鈔一万三千三百六十一貫一百九十文。

酒醋課鈔一千六百三十貫九百六十文。
油搾課鈔一千五十七貫七百五十文。
水碓課鈔一千三百五十貫六百文。
水磨課鈔一千二百五十三貫八百文。
府学地租鈔四貫四百一十文。
商税課鈔九百一十二貫二百五十四文。
魚課鈔九百四十三貫一百二十六文。
契税課鈔九百一十二貫二百五十四文。
魚油折納桐油一千三百八十七斤一十五両四銭八分。
魚鰾折納桐油七斤一両六銭。
弘治間歳弁各色課程鈔四千九百四十六錠二貫五百九十一文。
茶課鈔八百三十六錠一貫四百六十六文。
酒醋課鈔一百一十四錠二貫八百六十四文。
油搾課鈔八十一錠四貫四百三文。
水碓課鈔一百一十一錠一貫六文。
水磨課鈔二十三錠三貫六百文。
府学地租鈔一貫四百七十文。
山租課鈔一十三錠一貫二百八十四文。
竹木山租鈔三千四百三十五錠四貫三百五十二文。

没官房地租鈔一百六十九錠三貫六百九十二文。
廃寺地租鈔一貫一百文。
椶樹課鈔四貫六百六十九文。
磚瓦窰課鈔四錠一貫六百文。
麤瓦碗窰課鈔一十錠。
黒瓦窰課鈔四錠二貫一十文。
学院地租鈔一貫六百四十文。
茶引油課鈔一百三十九錠二貫四百四十五文。
商税課鈔一万四千三百九十六錠四百三十四文。
比附課鈔二百六十九錠三貫二百二十文。
契税工本鈔三百五十六錠四百二十六文。
魚課鈔四百七十一錠一貫一百一十一文。
魚油折納桐油九百八十斤一十三両六銭八分。
魚鰾本色二斤一十一両、折色一斤一十両、折納桐油一斤一十両。
　正徳間同。

江西、袁州府も明初、洪武二十四年以降の課程データが揃う。課程項目にしてもその錠貫額にしても華中、長江流域の典型である。経済発展、特に流通経済が大いに発達していることが分かる。

⑤江西、贛州府の嘉靖『贛州府志』巻四、食貨志、課鈔、国朝に、
府　諸色課程　一万二千四百二十二錠二十八貫九百有九文。

戸口銭鈔四十二万七千五百有五貫文。

贛県

帯弁黄金局課鈔一千二百八十八錠三貫三百三十文。
帯弁社富局課鈔　二百四十錠四貫四百五十文。
帯弁大壺局課鈔　九百六十九錠四貫四百　文。
帯弁河泊所魚課鈔　二百二十一錠二貫三百七十文。
房地等鈔　三百八十七錠四貫七百六十文。
戸口銭鈔　七万八千八百七十一貫　文。

雩都県

酒貨商税等鈔　八百四十九錠一貫一百五十八文。
茶課鈔　三十一錠三貫五百五十三文。
魚課鈔　三十錠一貫七百六十三文。
官房賃鈔　三十四錠四貫三百二十二文。
橋纜租鈔　四錠四貫　文。
戸口銭鈔　四万五百九十九貫　文。

信豊県

商税課鈔　二百二十錠一貫六百　五文。
契税鈔　二錠二貫八百　文。
酒醋鈔　二十四錠一貫　四十文。

門攤課鈔　三十三錠一貫　五文。
官房地租鈔　二錠四貫一百六十文。
学院地租鈔　一貫八百八十文。
廃寺僧田税鈔　二貫二百一十文。
戸口銭鈔　二万一千七百八十七貫　文。

興国県

商税課鈔　八百一十六錠　二百三十八文。
契税課鈔　九十三錠　二百五十三文。
酒醋課鈔　一百六十五錠　七百二十文。
茶引油課鈔　一十錠三貫二百　文。
歳弁茶課鈔　二錠一貫八百四十文。
門攤茶課鈔　一錠四貫　文。
門攤課鈔　九百一十六錠　二百八十文。
魚課鈔　二十七錠一貫四百八十文。
工本紙鈔　一錠一貫　文。
官房租鈔　四錠　七十六文。
学院地課鈔　五錠　九百六十文。
僧道地租鈔　四錠四貫一百六十文。
戸口銭鈔　二万二千九百九十九貫　五百文。

会昌県
　商税等鈔　三千一百一貫六百六十文。
　魚課鈔　三十三貫　文。
　戸口銭鈔　二万五千三百七十六貫　文。
安遠県
　没官房地賃鈔　一錠一貫八百九十文。
　戸口銭鈔　一万九千四百四十八貫　文。
寧都県
　商税課鈔　一千四百九十三錠一貫八百三十七文。
　酒醋魚課等鈔　五百三十九錠　一百三十一文。
　戸口銭鈔　一十三万七百八十六貫　五百文。
瑞金県
　塩銭商税等課鈔　七百三十二錠四貫七百九十九文。
　魚課鈔　一十五錠一貫　一百文。
　戸口銭鈔　一万八千五百一十八貫　五百文。
龍南県
　商税課鈔　七錠四貫六百四十八文。
　酒醋鈔　一貫七百　三文。
　没官房地賃鈔　一貫　八十　文。

戸口銭鈔　一万三千五百五十六貫　文。

贛州府は江西も最奥地、山岳地帯というより少数民族地帯である。課程は項目としては多く記録され、華中・長江流域の特色をよく示している。府の諸色課程一万二千四百二十二錠二十八貫九百有九文、戸口銭鈔四十二万七千五百有五貫文も額が大きいというべきで、さすがに広東や福建との流通地帯とも判断できる。

⑥江西、南康府の嘉靖『南康府志』巻五、課程に、

○本府茶課米四千　六十六石九斗七升一合二勺。
星子県　一千四百二十　石四斗二升　八勺。
都昌県　七百三十八石四斗九升二合九勺。
建昌県　一千九百　○八石　五升七合五勺。
安義県、無。
○本府魚課米六百二十石五斗七升、倶建昌県。今分安義。
○本府魚油　一万九千二百四十　斤零十三両九銭四分。
星子県　八十三斤　五両一銭。
都昌県　一千二百四十九斤零十両。
建昌県　九百二十九斤　六銭。今分三百二十六斤一両八銭二分五厘安義県。
安義県　三百二十六斤　一両八銭二分五厘
楊林河泊所、一万六千九百七十八斤一十四両二銭四分。
○本府魚鰾　四百　零一斤　六銭一分。
星子県　一斤一十二両三銭八分。

都昌県　　　　　　　二十六斤　　一両。
建昌県　　　　　　十九斤　　五両六銭。　　今分六斤十一両安義県。
安義県　　　　　　　　六斤一十一両。
楊林河泊所　　　　三百五十三斤一十三両六銭三分。
○本府各色課鈔　一万八千七百四十三錠二貫八百四十五文。
星子県　　　三千五百一十六錠四貫七百五十五文。
都昌県　　　四千七百四十五錠四貫一百九十　文。
建昌県　　　三千八百七十八錠二貫七百八十　文。　今分七百貫文安義県。
安義県　　　　　　　七百貫文。
楊林河泊所　　六千六百　零二錠一貫一百二十　文。
○本府活麂三十五隻、活天鵞一十五隻、倶出建昌県。今分出安義。
○本府弓箭弦一万張枝条。
星子県　　五百五十五。
都昌県三千一百一十七。
建昌県六千三百二十八。今分一千九百九十五張枝条安義県。
安義県一千九百九十五。
○本府各色皮一千九百八十張。
星子県　　一百張。
都昌県四百八十張。

建昌県一千四百張。今分五百九十張安義県。
安義県五百九十張。
○本府雑翎毛二十五万八千四百六十五根。
星子県五百五十七根。
都昌県八千三十根。
建昌県二万三千一百九十二根。今分二千六十五根安義県。
安義県二千六十五根。
楊林河泊所二十二万六千六百八十六根。

南康府は贛州府の西隣、同様に江西最奥地の山岳地帯、少数民族地帯である。課程は茶課米、魚課米、魚油、魚鰾、各色課鈔、活鹿(野味)、弓箭弦、各色皮、雑翎毛、といった貢物全般を列挙しているのは、華中地方、特に長江流域から離れた辺境的地域の課程構造を示している。

【湖広】

①湖北、承天府鄱陽州の嘉靖『鄱陽志』巻九、食貨第五、課に、

州
酒醋油搾房地賃鈔、通、　二百二十六貫。
歳榷商鈔、　二万二千三百六十四貫八百三十文。
歳徵魚課鈔、旧額、　十五万七千九百五十六貫八百五十文。
永楽七年老軍額外鬧弁魚課鈔、四万四千一百六十三貫二百三十文。

蓮子課鈔、　九百二十四貫四百四十文。
菱角課鈔、　四十貫。
魚油、　二万七百五十斤八両。
魚鰾、　二千三百六十九斤十四両。
黄麻、七万五千四百一十七斤。
白麻、二万七千五百八十二斤。
鵝翎三十五万九千　八十二根。
雁翎一十　万六千九百三十五根。
鴨翎二十二万一千二百六十五根。

県

酒油搾紙鈔、　二百七十　貫四百　文。
房地賃鈔、　一百三十　貫二百五十文。
歳徴商鈔、　七千五百九十三貫二百三十文。

湖北、承天府鄱陽州は長江流域湖広地方の中央部に位置する湖沼地帯である。さすがに課程は項目としては土産特産物関係が多く記録され、長江流域の特色をよく示している。

②湖北、黄州府の弘治庚申十三年（一五〇〇）『黄州府志』巻三、官制、貢賦、

本府、賦

洪武二十四年課程

本府税課司及黄岡等県税課局河泊所歳弁諸色課鈔、二十六万五千九百三十六貫七百四十一文。

弘治五年課程

魚油一十二万三千一百六十八斤四銭八分。

魚鰾　一千五百五十一斤九両九銭九分。

翎毛二十二万二千八百三十三根

本府税課司及黄岡等県税課局河泊所歳弁諸色課鈔、二十万六百九十六貫一百九十四文。

魚油八万二千五百八十八斤三両二分。

魚鰾一千七百二十一斤一十四両五銭七分。

翎毛六十五万九千八百二根

黄岡県賦

洪武二十四年課程

本県帯弁幷団風税課局黄湖等九湖河泊所毎歳額弁諸色課鈔、九万七千二貫六十八文。

弘治五年課程

本県帯弁幷団風税課局黄湖等九湖河泊所毎歳額弁諸色課鈔、八万九千二百八十二貫三百六十文。

麻城県賦

洪武二十四年課程

本県帯弁税課局課鈔、　二千一百一十三貫六百二十七文。

翎毛鵝翎、二万一千一百二十一根。

弘治五年課程

本県帯弁税課局諸色課鈔、二千二百七十六貫六百一十一文。

黄陂県賦
洪武二十四年課程
本県帯弁税課諸色課鈔、四百一十二貫六百文。閏月加鈔、三十九貫一百一十文。
共該鈔、五百八貫四百三十文。
弘治五年課程
本県帯弁税課諸色課鈔、四百六十九貫三百一十文。閏月加鈔、三十九貫一百一十文。
共該鈔、五百八貫四百三十文。
蘄水県賦
洪武二十四年課程
本県帯弁幷楊歴等二湖河泊所毎歳額弁諸色課鈔、共該二万一千四十二貫八百九十文。
弘治五年課程
本県帯弁幷楊歴等二湖河泊所毎歳額弁諸色課鈔、共該二万二千四十二貫八百九十文。
羅田県賦
洪武二十四年課程
本県帯弁税課諸色課鈔、一千一百三十二貫三百一十文。閏月加鈔、二十七貫七百文、
共該鈔、一千一百五十九貫九百一十文。
弘治五年課程
本県帯弁税課諸色課鈔、四百六十九貫三百一十文。閏月加鈔、三十九貫一百一十文。
共該鈔、五百八貫四百三十文。

靳州賦
洪武二十四年課程
本州歳弁諸色課鈔、一千七百三十九貫。
税課局課鈔、一万七千六十二貫。
赤東湖河泊所課鈔、一万九千八百八十五貫六十三文。
弘治五年課程
本州歳弁諸色課鈔、三千二十貫八百一十五文。
税課局課鈔、一万七千六十二貫。
赤東湖河泊所課鈔、一万九千八百八十五貫六十三文。
黄梅県賦
洪武二十四年課程
本県帯弁税課局鈔共七千一百七十四貫七百一十文。
商税鈔、七百六十七貫六百一十文。
弘治五年課程
本県帯弁税課局鈔、六百一十八貫七百一十三文。
源感等六湖河泊所課鈔、一万一千九十貫八百二十四文。
広済県賦
洪武二十四年課程
本県帯弁幷税課局二湖課鈔、二万六千一十九貫三百八十二文。

弘治五年課程

本県帯弁幷税課局二湖課鈔、二万六千一十九貫三百八十二文。

湖北、黄州府は長江北辺の漢水流域、やはり湖広地方の中央部に位置する湖沼地帯である。洪武二十四年課程と弘治五年課程の附属各県の課程鈔数をリストにしている。額は多い。ただ、課程項目の詳細は挙げていない。

③湖北、黄州府蘄州の嘉靖『蘄州志』巻二、貢賦、各年課程に、

本州歳弁原額各色課鈔、一千七百三十九貫。

酒醋課鈔一千四百二十三貫六百八十文。

茶課鈔二十二貫八百七十三文。

椒課鈔四十六貫四百七十文。

房地賃租鈔二百四十六貫四百七十文。

税課局歳弁原額各色課鈔一万七千六十二貫。

商税課鈔一万五千八百二貫三百七十文。

門攤課鈔一千四十三貫二百四十文。

赤東湖河泊所歳弁原額各色課鈔

魚課鈔一万九千八百八十五貫六十三文。

魚八千三百九十六斤一十二両九銭三分。

魚鰾四十一斤九両六銭一分。

折色黄麻四千三百二十五斤。

永楽十年

本州歳弁原額各色課鈔、二千一十八貫三百七十文。
＊酒醋課鈔一千四百二十三貫六百八十文。
茶課鈔四十六貫九百一十五文。
税課局歳弁原額各色課鈔一万八千四百二十九貫七百文。
商税課鈔一万六千八百五十六貫四百文。
門攤鈔一千四百三貫六百文。
税契鈔五百九貫六百六十文。
赤東湖河泊所歳弁原額各色課鈔一万九千八百八十五貫一百文。
魚課本色鈔一万七千八百一十八貫五十文。
魚課内花銀一百二十両、折収鈔五百一十八貫。
魚課内収乾魚二千斤、折鈔一千貫。
魚苗課鈔三百二十一貫六百文。
鵞鴨課鈔一百八十五貫四百文。
池塘課鈔五十貫五十文。
魚油課本色油五百九十六斤一十四両。
魚油弁収黄麻一万三千七百五十斤、折油一千斤。
魚鰾本色一十一斤。
魚鰾内収黄麻三百七十三斤一十二両、折鰾二百三十斤。
鵞翎七万七千三百一十三根

永楽二十年、宣徳七年、正統七年、天順六年、成化八年、成化十八年、弘治五年、弘治十五年の課程記載無し。

正徳七年

本州歳弁原額各色課鈔、三千二十貫八百一十五文。

税課局課鈔一万七千六十三貫。

赤東湖河泊所課鈔一万九千八百八十五貫十三文。

嘉靖元年

本州歳弁原額各色課鈔、三千二十貫八百一十五文。

税課局課鈔一万七千六十二貫。

赤東湖河泊所課鈔一万九千八百八十五貫二十二文。

前項②の黄州府属と同じく湖北地方の蘄州についてであるが、弘治『黄州府志』とは異なり、嘉靖『蘄州志』巻二、貢賦、各年課程は、本州歳弁原額各色課鈔一千七百三十九貫、酒醋課鈔一千四百二十三貫六百八十文、茶課鈔二十二貫八百七十三文、椒課鈔四十六貫四百七十文、房地賃租鈔二百四十六貫四百七十文と挙げ、次に税課局歳弁原額各色課鈔一万七千六十二貫、商税課鈔一万五千八百二貫三百七十文、門攤課鈔一千四十三貫二百四十四文、さらに赤東湖河泊所歳弁原額各色課鈔、魚課鈔一万九千八百八十五貫六十三文、魚八千三百九十六斤一十二両九銭三分、魚鰾四十一斤九両六銭一分、折色黄麻四千三百二十五斤と各課程項目名とその鈔額を具体的に挙げている。特に茶課鈔、椒課鈔が存在し、酒醋課鈔や商税課鈔、門攤課鈔の額が大きいこと、河泊所関連の魚課鈔、魚、魚鰾、折色黄麻等水産資源に対する賦課額が大きいことなどにより蘄州の課程は華中地方、長江流域の特徴をよく表していると判断できる。なお、蘄州賦の洪武二十四年課程、本州歳弁諸色課鈔一千七百三十九貫。税課局課鈔一万七千六十二貫、赤東湖河泊所課鈔一万九千八百八十五貫六十三文、弘治五年課程の本州歳弁諸色課鈔三千二十貫八百一十五文、税課局課鈔一万七千六十二貫、赤東湖河泊所課鈔一万九千八百八十五貫六十三文の記事は先の弘治庚申十三年『黄州府志』の記事と同じである。

④湖北、徳安府随州応山県の嘉靖『応山県志』巻上、課程に、

洪武二十四年歳弁各色課鈔
酒醋課鈔二十五貫六百文。
房屋賃課鈔二百六十五貫八百文。
油搾課鈔七貫二百文。
白蝋課鈔六貫一百三十文。
商税課鈔七百九十一貫二百文。
荒銅課鈔一百貫八文。
契本工墨課鈔一貫七百二十文。

これも、課程項目は華中、長江流域的である。白蝋と荒銅の課鈔が注目される。ただ、額は小さい。

⑤湖南、常徳府の嘉靖『常徳府志』巻七、食貨志、土貢、歳弁に、

本府歳弁課程商税門攤酒醋等鈔、六万六千三百四十九貫一百八十四文。
魚課、五万一千二百八十八貫四百九十文。
武陵県　商税門攤酒醋等鈔、　七千七十一貫六百二十一文。属本府税課司収。
桃源県　商税門攤酒醋等鈔、　六千三十三貫四百二十七文。
龍陽県　商税門攤酒醋等鈔、　九千一百五十九貫七十文。
贛江県　商税門攤酒醋等鈔、　二千三百七十八貫一百七十文。
本府税課司商税門攤酒醋等　鈔、四万一千七百五貫九百九十六文。
九潭湖河泊所　魚課鈔、一万二千一百二十八貫八百五十文。

贛江湖河泊所　　　　魚課鈔、三万九千一百五十九貫六百四十文。

商税門攤酒醋等鈔と一括しているが額数は少なくない。本府税課司や九潭湖河泊所、贛江湖河泊所の魚課鈔も合わせた課程になっているのは湖広湖南地方の特徴である。

【四川】

①四川、嘉定州洪雅県の嘉靖『洪雅県志』巻三、食貨志、課程に、

茶課葉茶三百四斤一十五両六銭。旧徴銀三両六銭七分四厘八毛。今増為一十三両六銭七分四厘八毛八忽。

魚課魚油一百八十三斤八両五銭。徴銀五両九銭三分一厘六毛七糸。

塩課旧額二百七十九引五十八斤四両八銭。徴銀二百二十六両三銭二分三厘。

　嘉靖三十五年増為六百七十七両八銭四分三厘。

　三十六年委官犍為知県丁文華、呈減三十三両八分三厘。

　今徴銀五百八十四両七銭六分。

商税課鈔三百七十九貫八十文、徴銀一両二銭七分三厘六毛。


四川、嘉定州洪雅県は霊山峨嵋山の麓の地方、茶課葉茶斤数、魚課魚油、塩課は華中、長江流域課程の特徴である。

第三節　明代華南地方の商税・課程について

【福建】

①福建、漳州府龍渓県の嘉靖『龍渓県志』巻四、田賦に、

香洲税課局、歳弁各色課鈔三千九十八錠四貫三百文〈内、商税鈔二千九百四十八錠三貫七百六十文。窯冶鈔一百四十八錠三貫三百四十文。契本工墨鈔一錠二貫三百文〉。歳有閏月除契本鈔外、共加鈔一百七十二錠一貫三十四文〈内、商税鈔加一百五十九錠四貫二百一十四文。窯冶鈔加一十二錠一貫八百二十文〉。

課程項目は華中と全く同じであるが、額がやや少ない。

②建寧府、嘉靖『建寧府志』巻十四、貢賦、課程に載る、建寧府総数、国朝、嘉靖十一年

諸色課鈔歳弁鈔　一千一百四十三錠三貫三百三十五文、閏月加鈔八十八錠二貫八百八十八文。

商税課鈔歳弁四万三千三百八十一錠　三百六十五文、閏月加鈔三千五百六十九錠四貫三百五十二文、過山税鈔五百七十四錠一貫五百文。

魚課米歳弁米三千八百八十五石三斗七升七合八勺、閏月加米三百三十二石八合三勺。

○建安県

銀坑、無。

鉄冶、歳弁課鉄四千三百六十四斤、閏月加弁課鉄三百六十三斤一十二両。

建寧府の諸色課鈔、商税課鈔とも歳額は多くない。銀坑も産出が停止し、鉄冶も産額は減少化の傾向。なお、後の第九章等で再述する。

③福建、泉州府安渓県の嘉靖『安渓県志』巻一、地輿類、坑冶に、

龍崇銀場〈在崇信里。宋熙寧二年発鉱。元豊元年封閉。久廃〉。

清洋鉄場〈在龍興里。宋熙寧開。今廃〉。

鉄鉱山鉄場〈在感徳里、地名潘田。国朝弘治初、立鉄炉八座扇煉、逓年納課。今炉廃而課猶存〉。

泉州府安渓県の銀場や鉄場も建寧府と同じ状況にあった。

④福建、邵武府の嘉靖『邵武府志』巻五、版籍、賦、物料に

課鉄〈邵武県独弁〉、雑皮、翎毛、弓弦矢翎毛、翠毛、魚鰾、猪、鵞、鶏、茘枝、円眼、白砂糖、黒砂糖、香蕈、黄蝋、白蝋、芽茶、葉茶、暦日紙、松煙、白硝、麂皮、金箔、邵武鎮東軍器、蔗稭、家火、雑墨、烏梅、桃木、酒醋課鈔、凡三十品。〈倶該年里甲弁〉。

土産、特産物を挙げる。課程の対象となろう。

⑤福建、漳州府龍渓県の嘉靖『龍渓県志』巻一、地理に、

海郷之民、多業漁。往往浮家泛宅。其目有罾䲘・網䲘・褁䲘之類、皆為機網、以取魚。海潮上漁舟西帰如乱葉、人多於魚利之厚薄可知矣。

商人貿遷多以巨船行海道、所獲之利頗厚。時有颶風之険亦冒為之。

工人極精緻、漆器・首飾・絹布、倶好北渓内。葛布細者、可比雷州。

漳州府龍渓県地方の課程対象のあり方を述べる。華南地方の課程の特徴に関係する。

【広東】

①広東、韶州府仁化県の嘉靖『仁化県志』巻二、課程に

魚課米　　七十三石八斗。

有徴課米五十一石七斗九升毎石折銀三銭一分五厘、無徴課米二十二石一斗　　毎石折銀二銭六分五厘、共銀二十二両一銭七分三毛五糸。

魚油六十五斤六両。

対折黄麻六十五斤六両、毎斤価銀二分二厘、共銀一両四銭三分八厘三毛。

魚鰾一斤六両一銭五分正。

対折魚線膠一斤六両一銭五分、毎斤価銀八分、共銀一銭一分。

翎毛七百一十九根。

折納熟鉄一十四斤四両、毎斤価銀二分、共銀二銭八分五厘。

税課鈔

商税鈔五百三十五貫七百文、銅銭三百五十文。

門攤鈔一百二十四貫八百文。

没官房屋賃鈔　六貫三百文、銅銭四十五文。

酒醋鈔一百四十五貫三百四十五文。

牛租鈔　　三貫五百文。

広東、韶州府仁化県は河泊所が漁戸に課し魚課の類である魚課米、魚油、魚鰾、翎毛と税課鈔として商税鈔、門攤鈔、没官房屋賃鈔、酒醋鈔、牛租鈔を課程内容として挙げる。牛租鈔などを除けば、華中の長江流域的な課程項目である。ただ、額が著しく小さい。むしろ零細である。それでも折銀、銀納化は進展している。でも税課鈔は全て銅銭である。

②広東、廉州府欽州の嘉靖『欽州志』巻三、食貨、田賦、雑賦附に、

塩鈔一年六万三十六貫。閏月加鈔四千二百八十貫。

魚課米三百三十九石五斗九升二合五勺。閏月加米三十石。

門攤商税銀一十二両。閏月加銀一両。

房屋賃鈔二十五貫五百文、折錠五錠五百七十文、折銭五十一文、該銀七分二厘八毛五糸五忽。

酒醋課程鈔三十五貫六十四文、折錠七錠三百六十四文、折銅銭七十文七分二厘八毛、折銀一銭一分一厘四糸。

一応、課程項目は少ないが揃っている。塩鈔、魚課米、門攤商税銀、房屋賃鈔、酒醋課程鈔、折錠・折銭されているのも特徴であろう。

結　び

課程というのは、塩課・茶課・魚課等をはじめ商税を含めた公課をいうが、普通、夏税秋糧農桑徭役関係は除かれる。この公課については、河泊所・魚課を扱った前章第七章などこれまでにも述べたところは多い。本章で扱ったことで重要な点は課程の課税原理、ないしは課税計算の考え方であろう。なお、それも前七章でも見た本色、折色の関係がある。本章は特に全中国を華北・華中・華南の三地方に分けてそれぞれの課程内容の特徴を見いだしてみた。それは各地方の経済発展の進展度を如実に示す内容になるはずである。ただし、その診断はなお、臨床的な経済状況の検査データを必要とするので即断は禁物である。

注

（1）加藤繁「宋代商税考」『史林』十九巻四号、一九三四年、後、同著『支那経済史研究』下巻、東洋文庫、所収、参照。
（2）佐久間重男「明代の商税制度」『社会経済史学』一三巻三号、一九四三年、同「明代の門攤税と都市商業との関係」『中山八郎教授頌寿記念明清史論叢』一九七七年、参照。
（3）銅銭一〇〇〇文を一貫、五貫を一錠とする。錠は、和田清編『明史食貨志譯註』銭鈔（百瀬弘氏担当）、下巻、七〇〇頁、註（五一）、参照。

第九章　明代地方志物産貨之属の研究

はじめに

中国の方志、地方志に土産ないし物産の項が設けられ、当該省府州県、また市鎮等々の中国地方行政各単位の行政対象とされる地域の産物を列挙している。これが土産、物産である。[1]ただ、多くの地方志は巻ごとに各内容項目名を立てて編別構成しているが、土産、物産をいかなる項目名称に入れるかは地方志撰者により色々であって、一定の決まりがあるわけでない。

地方志の土産、物産とは何か、本章では土産、物産の中のさらに下位の項目である貨之属という分類範疇の存在に注目した。そしてさらに貨之属の研究の結果、土産、物産の意味が究明されるのである。なお、章題を明代地方志としたが、明代地方志物産貨之属の歴史的意義を考察するためには、明代の前時代である宋元時代地方志物産との比較から始めることが問題の所在を分かり易くする。かつて、斯波義信氏が宋代における全国的市場の形成として考察したところである。[2]本章は斯波氏の研究をさらに明代まで降らせて見ようとするものであるが、史料が全国的に揃う明代となると、斯波氏の研究と異なる視点も必要になる。研究を纏める時に留意したい点である。

第一節　宋元時代地方志物産の項目分類と貨類

宋元時代編纂の地方志[3]で物産、土産の項目を立てているものは次の通りである。【　】内は物産、土産が記載される各地方志の巻数と項目名称である。

甲①宋・羅願撰・淳熙二年（一一七五）修『新安志』十巻。【巻二、物産】
甲②宋・周応合撰・景定二年（一二六一）修『建康志』五十巻。【巻四二、風土志一、物産】
甲③元・張鉉撰・至正三年（一三四三）修『金陵新志』一十五巻。【巻七、田賦志、物産】
甲④宋・范成大撰・紹熙三年（一一九二）修『呉郡志』五十巻。【巻二九、土物上】【巻三〇、土物下】
甲⑤元・楊譓撰・至正元年（一三四一）『崑山郡志』六巻。【巻六、土産】
甲⑥宋・鮑廉撰・元盧鎮補修・至正二三年（一三六三）修『琴川志』一十五巻。【巻九、叙産】
甲⑦元・兪希魯撰・至順三年（一三三二）修『鎮江志』二十一巻。【巻四、土産】
甲⑧宋・史能之撰・咸淳四年（一二六八）修『毘陵志』三十巻。【巻一三、風土】
甲⑨宋・楊潜撰・紹熙四年（一一九三）修『雲間志』三巻。【巻上、物産】
甲⑩宋・凌萬頃撰・淳祐一一年（一二五一）修『玉峰志』三巻。【巻下、土産】
甲⑪宋・潜説友撰・咸淳四年（一二六八）修『臨安志』一百巻。【巻五八、志、風土、物産】
甲⑫宋・周淙撰・乾道五年（一一六九）修『臨安志』残三巻、【巻二、物産】
甲⑬宋・羅濬撰・宝慶修『四明志』二十一巻。【巻四、叙産】
甲⑭元・王元恭撰・至正二年（一三四二）修『四明続志』一十二巻。【巻五、土産】

甲⑮元・馮福京撰・大徳二年（一二九八）修『昌国州図志』七巻。【巻四、叙物産】
甲⑯宋・施宿撰・嘉泰元・二年（一二〇一・〇二）修『会稽志』二十巻。【巻一七】
甲⑰宋・張淏撰・宝慶元年（一二二五）修『会稽続志』八巻。【巻四、鳥獣草木】
甲⑱宋・高似孫撰・嘉定七年（一二一四）修『剡録』十巻。【巻九・草木禽魚詁上】【巻一〇、草木禽魚詁下】
甲⑲宋・談鑰撰・嘉泰元年（一二〇一）修『呉興志』二十巻。【巻二〇、物産】
甲⑳宋・陳公亮撰・淳熙一三年（一一八六）修『厳州図経』三巻。【巻一、物産、今産】
甲㉑宋・陳耆卿撰・嘉定一六年（一二二三）修『赤城志』四十巻。【巻三六、風土門】
甲㉒元・徐碩撰・至元二五年（一二八八）修『嘉禾志』三十二巻。【巻六、物産】
甲㉓宋・常棠撰・紹定三年（一二三〇）修『澉水志』八巻。【巻六、物産門】
甲㉔宋・梁克家撰・淳熙九年（一一八二）修『三山志』四十二巻。【巻四一、土俗三】【巻四二、土俗四】

甲⑪の宋潜説友撰、咸淳四年（一二六八）修の『臨安志』が最も早く、全て南宋以降の地方志であり、南宋期一八種、元代六種である。江蘇は甲②③の南京で明の応天府、④⑤⑥が蘇州府で⑩も蘇州府太倉州、⑦鎮江府、⑧常州府、⑨松江府、以上八種である。浙江は⑪⑫が杭州府、⑬⑭⑮が寧波府、⑯⑰⑱が紹興府、⑲が湖州府、⑳が厳州府、㉑が台州府、㉒㉓が嘉興府、以上一三種と多い。さて、安徽は①が徽州府の一種、福建は㉔の一種である。安徽、徽州府の新安志を除けば、すべて長江下流から浙江、福建の東南沿海地方の地方志である。黄河流域の華北は一つも無い。内容は後に検討する。物産、土産の項目の有無が巻数の多少と関係があるかと言えば否であろう。

次に物産、土産の初在する各地方志の巻数と項目名称について、南京の南宋地方志である甲②宋周応合撰、景定『建康志』は巻四二に、風土志一、物産とする。ところが同地の元代の地方志である甲③元張鉉撰至正『金陵新志』は巻七、田賦志に、物産とある。他では杭州の南宋地方志である甲⑪宋潜説友撰咸淳『臨安志』は巻五八に志、風土として、物産を記す。また、甲⑧宋・史能之撰の咸淳

項目に入れることがある。これが物産、土産に対する地方志撰者の考え方を表している。

なお、地方志項目に土産とあるのは⑤元・楊譓撰・至正元年（一三四一）『崑山郡志』巻六、土産、甲⑦元・兪希魯撰・至順三年（一三三二）『鎮江志』巻四、土産、⑩宋・凌萬頃撰・淳祐一一年（一二五一）『玉峰志』巻下、土産、⑭元・王元恭撰・至正二年（一三四二）『四明続志』巻五、土産で、④宋・范成大撰・紹熙三年（一一九二）『呉郡志』巻二九、土物上、及び巻三〇、土物下の土物もこれに類しよう。他方、物産とあるのは①宋・羅願撰・淳熙二年（一一七五）『新安志』巻二、物産、②宋・周応合撰、景定二年（一二六一）『建康志』巻四二、風土志一、物産、③元・張鉉撰・至正三年（一三四三）『金陵新志』巻七、田賦志、物産、⑨宋・楊潜撰・紹熙四年（一一九三）『雲間志』巻上、物産、⑪宋・潜説友撰・咸淳四年（一二六八）『臨安志』巻五八、志、風土、物産、⑫宋・周淙撰・乾道五年（一一六九）『臨安志』巻二、物産、⑲宋・談鑰撰・嘉泰元年（一二〇一）『呉興志』巻二〇、物産、⑳宋・陳公亮撰・淳熙一三年（一一八六）『厳州図経』巻一、物産、今産、㉒元・徐碩撰・至元二五年（一二八八）『嘉禾志』巻六、物産、甲㉓宋・常棠撰・紹定三年（一二三〇）『澉水志』巻六、物産門、以上であるが、⑥宋・鮑廉撰・元盧鎮補修・至正二三年（一三六三）『琴川志』巻九、叙産。⑬宋・羅濬撰・宝慶『四明志』巻四、叙産という一見判断が難しいものもあるが、⑮元・馮福京撰・大徳二年（一二九八）『昌国州図志』巻四、叙物産というのがあり、叙産は叙物産のことと判断できる。それでも、⑯宋・施宿撰・嘉泰元・二年（一二〇一・〇二）『会稽志』巻一七は土産も物産も何も記していないものや、⑱宋・高似孫撰・嘉定七年（一二一四）『剡録』巻九・草木禽魚詁上、同巻一〇、草木禽魚詁下のようなものがある。最後の㉔宋・梁克家撰・淳熙九年（一一八二）『三山志』巻四一、土俗三、及び同巻四二、土俗四は何であろうか。内容的には物産的要素を加味した土産である。

物産、土産の項目名の見られない、またその内容記載の無い地方志は次である。

乙①宋・宋敏求撰・熙寧九年（一〇七六）修『長安志』二十巻。

乙②元・李好文撰『長安志図』三巻。

乙③宋・程大昌撰『雍録』十巻。
乙④元・闕名撰『元河南志』四巻。
乙⑤元・于欽撰・至元五年（一三三九）修『斉乗』六巻。
乙⑥宋・朱長文撰・元豊七年（一〇八四）修『呉郡図経続記』三巻。
乙⑦宋・盧憲撰・嘉定六年（一二一六）修『鎮江志』二十二巻。
乙⑧宋・張津撰・乾道五年（一一六九）修『四明図経』一十二巻。
乙⑨宋・梅応発撰・開慶元年（一二五九）修『四明続志』一十二巻。
乙⑩元・袁桷撰・延祐七年（一三二〇）修『四明志』二十巻。
乙⑪宋・鄭瑤撰・景定三年（一二六二）修『厳州続志』十巻。

長安志、雍録、河南志、斉乗、すべて華北の方志である。それに対して、江南でも嘉定『鎮江志』や乾道『四明図経』に物産の記載が無い理由は撰者に聞く他はない。景定『厳州続志』等は前者に付け加えが無いとして記載しなかったことも考えられる。甲②至正『金陵新志』の物産が先志である景定『建康志』の物産をそのまま掲載した上に追加を記しているのが参考になる。なお嘉定『鎮江志』の次に編纂された同地の方志である至順三年（一三三二）『鎮江志』に以下述べるように非常に詳細な物産内容が記載されているのが注目される。

甲群の地方志をさらに検討しよう。ただし、甲群の地方志の内でも、物産、土産をさらに下位の項目に分類していない④『呉郡志』、⑤至正『崑山郡志』、⑨紹熙『雲間志』は除外しておこう。なお、この種の地方志は、④『呉郡志』巻二九、土物上に、

　干将・莫耶二剣、属鏤之剣、呉鴻・扈稽二金鈎、太湖石、石井・松江二水、松江水、白雲泉、憨憨泉、法雨泉、陰泉、白磰、綵牋、五酘、緑頭鴨、鶴媒、鵁鶄、炙魚、魚鱠、鱠残魚、鱸魚、白魚、石首魚、河豚魚、針口魚、菰葉羹、大亀、蟹。

また、『同志』巻三〇、土物下には、

彭蜞、白魚種子、鮸魚、鮸魚含肚、海蝦子、鯉腴⿰骨差、蜜蟹擁剣、紅蓮稲、再熟稲、緑橘、真柑、海苔、蓮根、方蒂柿、韓梨、頂山栗、蝋桜桃、梅、蜜林檎、金林檎、蓮華　海棠、桂、柳、扶芳、牡丹、菊、萱草、麝香萱、錦帯花、石竹花、鼓子花、金竹、哺鶏竹、桃枝竹、白芷、椰李、薔薇、蕁味香、菘菜、五色瓜、藕、菱。

古来、呉の地は魚塩米の地とされて水産物が特産である。ただ、土物上には春秋時代呉王闔廬縁の干将・莫耶二剣以下の土地の有名名物が挙げられている。太湖石や石井・松江二水、白雲泉以下の泉など名所的な物である。緑頭鴨や鶴媒、炙魚、魚鱠、鱠残魚、鱸魚、白魚、石首魚、河豚魚、針口魚と並べば食通憧れの的となる食材である。最後の蟹は上海蟹、今も昔も変わりはない。それに対して土物下は商品価値のある物産であるが、魚介類製品、稲種二種、果物蔬菜、花類、竹類、蔬菜類、草類と特産である。そして撰者の范成大はいかにも中国文人らしく各土物に関係した詩類を添付する。この蘇州の土産物産叙述の形は以降、明清時代を通じて後世まで続くのである。それに対して、⑤至正『崑山郡志』巻六、土産は、ただ、「巧石、苧布、黄草布、薬班布」を列挙しているだけで土地の特産を数点に絞った書き方をしている。なお、巧石、苧布、黄草布、薬班布は甲⑩宋凌萬頃撰・淳祐一一年（一二五一）『玉峰志』巻下、土産にも見える。⑨紹熙『雲間志』も同様である。土産が土地の名物自慢であるタイプを代表する。

次に物産、土産を、さらに下位の分類をしている地方志については、その分類項目名を挙げる。項目には各物品名の数を各項下に数字を付した。なお、数字に＊印がついているのは稲の品種名を示しているものであるが、これについては加藤繁氏(4)や周藤吉之氏(5)の研究がある。

①宋・羅願撰・淳熙二年（一一七五）『新安志』巻二、物産。
穀粟・蔬茹・薬物・木果・水族・羽族・獣類・畜擾・貨賄。

②宋・周応合撰、景定二年（一二六一）『建康志』巻四二、風土志一、物産。
穀之品7、帛之品7、金之品4、薬之品、香之品1、果之品、菜之品9、禽之品2、魚之品14、獣之品2。

③元・張鉉撰・至正三年（一三四三）『金陵新志』巻七、田賦志、物産。

穀之品、帛之品、金之品、薬之品、香之品、果之品、菜之品、禽之品、魚之品、獣之品。【以上旧志】酒、紫毫筆、空青、礬、茅山石、雨華台石、石墨、附子等薬品、紅花、懐香、甘棠、櫨、棗、橙、胡桃、菘、頗陵。

⑥宋・鮑廉撰・元盧鎮補修・至正二三年（一三六三）『琴川志』巻九、叙産。
穀之属＊9、帛之属2、薬之属35、果之属25、蔬之属31、畜之属10、禽之属50、獣之属12、魚之属47。

⑦元・兪希魯撰・至順三年（一三三二）『鎮江志』巻四、土産。
穀5、布帛6、飲食9、器用7、花66、果27、蔬35、薬26、草18、竹14、木31、畜8、禽57、獣12、魚34、蟲21。

⑧宋・史能之撰・咸淳四年（一二六八）『毘陵志』巻一三、風土。
穀之属5、帛之属6、貨之属2、花之属49、果之属30、蔬之属16、薬之属41、草之属20、木之属34、竹之属6、禽之属48、獣之属15、鱗介之属30。

⑩宋・淩萬頃撰・淳祐一一年（一二五一）『玉峰志』巻下、土産。
稲＊3、水族4、食物3、薬物3、香1、布帛＊3、巧石。

⑪宋・潜説友撰・咸淳四年（一二六八）『臨安志』巻五八、志、風土、物産。
穀之品＊6、絲之品11、枲之品4、貨之品5、菜之品、果之品、竹之品、木之品、花之品、薬之品、禽之品、獣之品、蟲魚之品。

⑫宋・周淙撰・乾道五年（一一六九）『臨安志』巻二、物産、今産。
穀6、衣7、貨6、薬84、果24、花44、木18、竹6。

⑬宝慶『四明志』巻四、叙産。
布帛之品、草之品7、果之品4、羽之品1、水族之品60。

⑭元・王元恭撰・至正二年（一三四二）『四明続志』巻五、土産。
市舶物貨225、五穀11、薬材31、草木16、果実17、器用6、毛族7、羽族9、水族57。

⑮元・馮福京撰・大徳二年（一二九八）『昌国州図志』巻四、叙物産。
五穀11、布帛3、禽類26、海族57、河塘魚4、畜類6、獣類5、花類41、果実21、竹類10、薬類8、蔬菜28、木類27。
⑯宋・施宿撰・嘉泰元・二年（一二〇一・〇二）『会稽志』巻一七、会稽之産。
草部＊、木部、蟲部、魚部、鳥部、獣部、薬石部、紙、塩、日鋳茶、布帛10。
⑰宋・張淏撰・宝慶元年（一二二五）『会稽続志』巻四、鳥獣草木。
花27、果15、蔬、草木30、茶、竹20、薬石17、紙、禽獣蟲魚9。
⑱宋・高似孫撰・嘉定七年（一二一四）『剡録』巻九、草木禽魚詁上。
木20、竹17、花18。
『同』巻一〇、草木禽魚詁下。
果23、薬11、草10、茶品9、泉品18、禽32、獣15、鱗介9。
⑲宋・談鑰撰・嘉泰元年（一二〇一）『呉興志』巻二〇、物産。
穀属6、絲属7、果属24、蔬属24、獣属12、禽属26、魚属14、蟲属15、木属28、竹属16、草属20、金属10、珠。
⑳宋・陳公亮撰・淳熙一三年（一一八六）『厳州図経』巻一、物産。今産。
穀7、衣6、貨6、薬15、果15、木15、竹4、畜8、禽16、獣17、魚13。
㉑宋・陳耆卿撰・嘉定一六年（一二二三）『赤城志』巻三六、風土門、土産。
穀之属5、帛之属7、貨之属10、花之属41、薬之属63、菓之属35、蔬之属28、草之属15、木之属40、竹之属19、畜之属9、禽之属42、獣之属18、魚之属69、蟲之属18。
㉒元・徐碩撰・至元二五年（一二八八）『嘉禾志』巻六、物産。
穀之品11、帛之品13、貨之品1、薬之品26、菓之品23、菜之品23、木之品14、草之品6、竹之品7、禽之品23、獣之品5、魚之品

38。

㉓宋・常棠撰・紹定三年（一二三〇）『澉水志』巻六、物産門。

　早稲名9、雑穀13、貨1、花45、果16、菜22、竹7、木22、薬38、禽22、畜12、海味36、河味16。

㉔宋・梁克家撰・淳熙九年（一一八二）『三山志』巻四一、土俗三、物産。

　穀7、貨11、絲麻5、果実35、菜瓜37、花45、薬37。

『同志』巻四二、土俗四、物産。

　木40、竹13、草25、藤11、畜擾、獣25、禽族48、水族66、蟲22。

[穀之品]という言い方のものは、②・③・⑬・㉒であり、「穀之属」というのが⑥・⑧・⑲・㉑である。品も属も付かないものが①・⑦・⑩・⑭・⑮・⑯・⑰・⑱・㉓・㉔でこれが一番多い。ただ、細分の呼び方は殆ど同じである。そこで本章にとって重要な「貨属」ないし「貨」を細分名称に見える地方志を考察するが、右の一覧でも分かるが「貨」の項目を立てている地方志は多くなく、帛之品や金の品などがむしろ多い。こちらの検討から始めよう。

②宋・周応合撰、景定二年（一二六一）『建康志』巻四二、風土志一、物産。

　帛之品7、羅・絹・紗・花絹・花紗・四緊紗〈鄱陽最多〉・夏紡絲・冬紡絲・綿。

　金之品4、金〈句曲山〉・銅鉄〈赤山〉・銅器〈句陽〉。

江南城市は伝統的に絹織物製造が盛んである。帛之品七種の内、花絹・花紗・四緊紗〈溧陽最多〉・夏紡絲・冬紡絲という土地銘柄を現す織りが見られ、南京建康の特産を物語る。金の品は貴重である金・銅であるが記述は少ない。意味のある産物では無かろう。銅器は特産品である。

③元・張鉉撰・至正三年（一三四三）『金陵新志』巻七、田賦志、物産。

【以上旧志】酒、紫毫筆、空青、礬、茅山石、雨華台石、石墨、附子等薬品、紅花、懐香、甘棠、櫨、棗、橙、胡桃、菘、頗陵。

元代で酒が付け加わった。他も商品作物である紅花、櫨、棗、橙、胡桃、菘、頗陵や空青、礬、茅山石、雨華台石、石墨、附子等薬品等、鉱産物的な物産が多い。金陵は元の江南支配の拠点であるが、江南地方、特に長江流域における流通の要地でもある。ただ、金陵新志は品物を列挙しているだけで分類はしていない。

⑥宋・鮑廉撰・元盧鎮補修・至正二三年（一三六三）『琴川志』巻九、叙産。

穀之属＊9、

帛之属3、布・黄草布。

ここの穀之属は稲の種類、品種に応じた稲の名称を挙げている。稲が商品であることを示すものである。[6] 帛之属の種類は少ない。長江デルタの稲作水田地帯の典型的地域であろう。

⑦元・兪希魯撰・至順三年（一三三二）『鎮江志』巻四、土産

布帛6、羅・綾・絹・紗・紬・布。

飲食9、酒・麺・麴・醤・鰣鮓・牛乳・酢・青飿飯・餅餌。

器用7、鉄器・銅器・火石・石墨・茅山石・香・柳箕。

草、大麻・苧・絲・芭蕉・藍。

布帛6は景定『建康志』と羅・絹・紗は同じ、綾・紬・布が加わる。建康志のような土地柄を示す布帛はない。器用7は鉄器・銅器・火石・石墨・茅山石・香・柳箕とむしろ土地の名産的器物である。至順『鎮江志』土産の特色は飲食9であるが、酒・麺・麴・醤・鰣鮓・牛乳・酢・青飿飯・餅餌と詳細に挙げる。酒や麺・麴・醤は課税対象であり、元では重要な財源であった。重要城市に特に酒等が発達した。牛乳を挙げるのは珍しい。元朝モンゴル人の食習慣の影響があれば面白い。なお、草にも大麻・苧・絲・芭蕉・藍などの商品作物を挙げているが、未だ貨の意識を持っていなかったことを示すのかも知れない。

⑩宋・凌萬頃撰・淳祐一一年（一二五一）『玉峰志』巻下、土産。

布帛3、苧布・黄草布・薬斑布。

先の琴川志同様に布帛之属の種類は少ない。長江デルタの稲作水田地帯の典型的地域であろう。なお、布帛に苧布、黄草布、薬斑布を挙げるのは至正『崑山郡志』巻六、土産も同様であり、蘇州東北、長江沿岸南部地方の特徴かも知れない。

⑬宝慶『四明志』巻四、叙産の布帛之品は品物を挙げない。

⑮大徳『昌国州図志』巻四、叙物産。

布帛3、絹・苧麻・麻布。

ここも布帛の数は少ない。基本的な織物三種のみである。

⑯宋・施宿撰・嘉泰元・二年（一二〇一・〇二）修『会稽志』巻一七、会稽之産。

紙、塩、日鋳茶。

布帛、葛・苧・白畳布・山後布・強口布・越羅・綾・縐紗・絹・蕭山紗。

②宋周応合撰の景定二年（一二六一）の『建康志』と同じことが言えるが、嘉泰会稽志の方が六〇年早い。葛・苧とやや地方特産的な、絹に比べて値の賤い布帛をまず挙げ、次いで白畳布・山後布・強口布・越羅というこの地方特産布である。綾・縐紗や絹を後に挙げ、最後に蕭山紗という特産を挙げる。なお、別枠で紙、塩、日鋳茶を挙げる。貨之属であることは間違いはない。ただ、なぜか貨類の項目を立てない。ついでに、⑰宝慶『会稽続志』巻四、鳥獣草木はただ、紙のみを挙げている点を指摘しておこう。地域経済がやや停滞したかも知れない。

⑲宋・談鑰撰・嘉泰元年（一二〇一）『呉興志』巻二〇、物産。

縑属7、絹・綾・綢・紗・絲・緜。

金属10、銀・銅・錫鉛・瑶琨・白礬山・紫石英・鍾乳石牀・太湖石・赤土・金沙泉、珠。

縑属、すなわち絲帛之品と金属、すなわち金之品をあげるのは景定二年『建康志』と同じである。縑属で絲を挙げているのは、さすがに湖絲で知られた土地柄である。前の⑯宋・施宿撰・嘉泰元・二年修『会稽志』と同年の編修で地域も杭州を挟んで相対する地域であるが、蘇州・杭州と共に江南文化の中心地であるだけに、金属には鍾乳石牀・太湖石・赤土・金沙泉や珠等の名勝地の特産物を並べる。

さて、次に「貨」類の項目が立てられている地方志を挙げよう。

①宋・羅願撰・淳熙二年（一一七五）『新安志』巻二、物産には貨賄という分類があり、次の言が見られる。

旧称歙有金与銀而今無有。以国朝会要考之、出金之州十、出銀之州四十有二。歙無預焉。良木之産則已見於右方。而茶則有勝、金嫩・桑僊・芝来・泉先・春運・合華、英之品又有不及号者。是為片茶八種。其散茶号茗茶。而紙亦有麦光・白滑・水翼・凝霜之目。今歙県・績渓界中、有地名龍鬚者、紙出其間、故世号龍鬚紙。大抵新安之水清徹見底、利以漚楮。故紙之成振之似玉、雪者水色所為也。其歳晏敲氷為者益堅韌而佳。漆則諸邑皆有之。山民夜刺漆挿竹筧其中、淩暁涓滴取之、用匕刮筒中、磔磔有声、其勤至矣。歳旱則益少、天時雨汁則又不佳。研出於婺源之龍尾山、肇於唐開元葉氏。墨出於歙之黄山、肇於唐末李超廷父子、自南唐以来、貴之物、有盛衰。工有良苦不能如其旧。簟出於休寧、所従来久。梁沈約弾歙令仲文秀横訂吏黄法、先輸六尺笙四十領笙、即簟也。又有楓香。及蜜、刺史任昉棄而不取。土人為楊行密諱、謂蜜為蜂糖云。蝋本出武都山谷、蜜房木石之間掌禹。錫以為宣歙唐鄧伊洛間尤多。又有白石英。陶隠居云、今医家用新安所出極細長白澈者。寿陽八公山多。大者不止用之僊方。大小並用。惟須精細無瑕者。

旧くは歙（新安＝徽州）には金と銀とが有ると称したが今は有ること無しという。宋元時代に各地で金銀銅鉄の金属資源が枯渇している一般的傾向を表している。そこで当地の貨は何かと言えば、良木之産、木材資源、茶、紙、漆、研（硯）、墨（徽墨）、簟、楓香、蜜（蜂蜜）、蝋（蜜蝋）、錫、白石英、等々であるが産出の所在や採集方法、等詳細に叙述する。ただ、土地縁の文人、有名人の文章を引き土地名物にするところもあり、先の范成大撰・紹熙三年（一一九二）『呉郡志』と共通しよう。

⑧宋・史能之撰・咸淳四年（一二六八）『毘陵志』巻一三、風土。

帛之属6、羅・綾・紗・紬・絹・布。

貨之属2、茶〈詩云茶、爾雅云檟苦茶。陸羽茶経云、浙西、以湖州為上、常州次之。産宜興〉、炭〈出宜興〉。

貨として挙げているのは茶と塩である。伝統的な重要流通商品であって、かつ茶法、塩法という二大専売制度、通商制度の対象物品である。なお、稲麦の穀之属の稲の種類にしても、草之属に芭蕉、藍など商品作物のあることも未だ貨之属の位置は発展途上である。帛之属6は他と共通する。

⑪宋・潜説友撰・咸淳四年（一二六八）『臨安志』巻五八、志、風土、物産。

絲之品11、綾・羅・錦・剋絲・杜緯・鹿胎・紵絲・紗・絹・緜・紬。

枲之品4、桑・柘・麻・苧。

貨之品5、茶・塩・蜜・蝋・紙。

絲之品11と枲之品4とはさすがに生糸、絹織物の生産地帯の中核地方である。貨之品は、茶・塩・蜜・蝋・紙とやや数が多くなった。蜂蜜、蜜蝋、紙がある。南宋国都の臨安の物産の特色を出している。

⑫宋・周淙撰・乾道五年（一一六九）『臨安志』巻二、物産、今産。

衣7、綾・絹・布・絲・羅・紬・紗。

貨6、茶・塩・絲・蜜・蝋・紙。

ほぼ同じ時期の臨安の地志だがやや小異がある。綾・羅・（紵）絲・紗・絹・紬は同じであるが錦・剋絲・杜緯・鹿胎・緜は無くなり、代わりに布（麻布）が入った。貨は絲が貨としても入った。これは当地の絲は当地の織物業の原材料であるだけではなく、貨物として他の地域に交易商販されることを示している。地方志撰者の眼の差違により採録記載が異なる典型であろう。

⑭至正『四明続志』巻五、土産は市舶物貨225が注目されるが明州、寧波で貿易する外国商品のリストである。貨物は市舶対象物であることは当然であるが、それが元の時代、一三世紀前半の寧波の土産とされる点が重要である。

⑳宋・陳公亮撰・淳熙一三年（一一八六）『厳州図経』巻一、物産。今産。

衣6、絹・紬・綿・紗・布・苧。

貨6、絲・漆・茶・蜜・蝋・紙。

衣6点、貨6点、共に先の⑫乾道『臨安志』巻二、物産と比べると数はほぼ同じであるが、衣では絹・紬・紗・布は同じであるが、臨安志の綾・絲・羅が無く、綿・苧に代わった。やや高級品が減じたのである。貨では絲・茶・蜜・蝋・紙は同じで塩が消えて漆に代わった。厳州は内陸部で海が無い地方であり、山岳地帯で漆は採取できる。

㉑宋・陳耆卿撰・嘉定一六年（一二二三）『赤城志』巻三六、風土門、土産。

帛之属7、羅・綾・絹・紗・縐・紬・布。

貨之属10、銀・鉛・銅・鉄・蜜・蝋・塩・茶・紙・紅花。

赤城志は浙江中部の台州府であり、海浜地域から山岳地域まで地勢は多様である。一年を通して温暖で農業地帯であるが、早くから開かれ物産が豊である。[7] 貨之属10は数多いが、銀・鉛・銅・鉄は鉱産物資源である。蜜・蝋・塩・茶・紙は⑫乾道『臨安志』と同じ、

⑳淳熙『厳州図経』と同じように紅花が特産として加わった。

㉒元・徐碩撰・至元二五年（一二八八）『嘉禾志』巻六、物産。

帛之品13、絲・綿・絹・綾・羅・紗・木棉・剋絲・紬・絺・綺繍〈已上多出崇徳〉・紵〈海塩者佳〉・布〈松江者佳〉。

貨之品1、塩〈出松江・海塩〉。

貨の種は少ない。塩だけである。帛之品13が圧倒的に多い。養蚕地帯にして城市では絹織物が発達している。市鎮も勃興中である。[8]

㉓宋・常棠撰・紹定三年（一二三〇）『澉水志』巻六、物産門。

早稲名9。雑穀13大麦・小麦・蕎麦・豆・油麻・稗・鶖粟・絲布・絹・綿・苧・麻・黄草。

貨1、塩。

海味36、河味16。

貨は塩のみ、嘉禾志にいう海塩の一角の塩場に澉水鎮は位置する。当然塩である。それよりも早稲名9とある稲の品種や雑穀13中に見える豆・油麻・稗・鶯粟・絲布・絹・綿・苧・麻・黄草などの商品作物が重要な貨物である。

㉔宋・梁克家撰・淳熙九年（一一八二）『三山志』巻四一、土俗三、物産。

貨11、鉄・糖・紅花・紫草・藍澱・草席・木筏・白梅・蜜・紙・茶。

絲麻5、紬・蕉・紵・麻・葛。

人多くして地少ないと言う福建地方であるが、砂糖・紅花・藍澱・蜂蜜・紙・茶（武夷山茶）等商品作物栽培と次節で挙げる明代物産の典型が挙げられている。なお、貨の冒頭の鉄は宋元時代では埋蔵量に余裕があったか、生産は増大可能であった。次の明時代の状況に続く。

第二節　華北地方における明代地方志物産貨之属

前節の続きから言えば華中地方における明代地方志の検討を先に行うべきであるが、それでは明代における華北地方の位置が不明確になるので、逆に華北地方の地方志を直隷・布政司（省）別に取り上げる。貨についてはその数を品物の末に数字で示す。

【北直隷】

①北京南郊の順天府覇州の嘉靖『覇州志』巻五、食貨志、物産、貨之類に、

絲、絹、布、帛、綿、網罟、麻、緕、蒲扇、蒲席、葦席、紅花、塩、硝、靛花、15。

物産といい、貨の類という。さすがに国都北京周辺の交通利便の地だけのことはある。多くの物産貨之類が挙げられている。絲、絹、布、帛、綿、網罟、麻、緕(9)は織物、繊維製品であり、蒲扇、蒲席、葦席は草製品、紅花、塩、硝、靛花が商品作物染料や塩、硝石とい

う貨物である。今日の天津西部の海河水系に位置し、川辺湿原多く、蘆萱多く草製品製造は多い。絲、絹以下の繊維製品や紅花、靛花の染料原料や塩、硝の採集は多くはない。

②河北北京郊外居庸関外の地の隆慶州の嘉靖『隆慶志』巻三、食貨、物産には、

枲之属、絲、麻、絺麻。

物産であるが、貨之属は無い。これは繊維製品のごく僅かを挙げるのみである。

③北京西南の保定府について、成化八年（一四七二）重修、弘治刻本『保定府志』巻七、食貨三、土産、帛属と貨属には、

帛属、綾、紬、絹、布。

貨属、羊毛、蝋、綿子、蜜、炭、綿花、席、紙、絲、9。

海河水系源流の山谷地帯から諸水流れる湿原があった地域である。帛属と貨属とに項目を分けるのは前節に見た宋元時代の江南の地方志に見られた方法である。帛属は、綾、紬、絹、布という一般的である。貨属は羊毛、蝋、綿子、蜜、炭、綿花、席、紙、絲とあるが羊毛、炭、綿花が華北らしい。華北における綿花生産と華中における綿布生産との関係については、西嶋定生氏の研究が参考になる。⑽なお、保定府志は以下の所属県志も含めて多くが土産である。なお、以下の保定府属県に挙げられる藍靛や紅花が見えないのは保定府の土産として挙げる必要がないとしたのかも知れない。それに対して、蝋、蜜、炭、綿花、席、紙は重要なこの土地柄の名産であろう。ただ、絲を挙げるのは地方の自負かも知れない。

④保定府附郭の清苑県の嘉靖戊戌一七年（一五三八）『清苑県志』巻一、郷社、附、土産、貨には、

絹、紬、布、羊毛、蝋、綿子、蜜、綿花、蓆、紙、絲、油、菊酒、紅花、14。

③の成化修、弘治刻本『保定府志』と共通するものは羊毛、蝋、綿子、蜜、綿花、席、紙、絲である。炭は清苑県は平原地帯で生産できないのであろう。その代わりに絹、紬、布、油、菊酒、紅花が挙げられている。ただ、絹、紬、布は保定府志では帛属に挙げられていた。このことは嘉靖『清苑県志』の土産の貨の理解が帛属を含めることは明らかである。それを除く油（大豆油）、菊酒、紅花の

追加は地域産業の発展を明らかに示すものである。それにしても、14という貨の数は華北地方とすれば多い方である。清苑県は北京から河南へ向かう陸路幹線道路が走る流通交通の要衝の地である[11]。

⑤同じく保定府の北部、北京に近い易州県の弘治十五年（一五〇二）『易州志』巻二、土産には、

帛類、紬、絹、布。

貨類、絲、綿、綿花、靛、炭、黄白麻、紅花、7。

前掲③の『保定府志』と同じ傾向である。帛と貨ともに数を減じた。綿花、靛、炭、紅花が華北らしい。④嘉靖『清苑県志』土産貨と同じことが言える。

⑥同じく保定府蠡県嘉靖甲午一三年（一五三四）『蠡県志』巻一、郷社、附、物産には、

枲類、絲、綿、絹、布〈平機嘉〉、麻〈二種〉。

貨類、有硝〈出在城劉陀・鮑墟。劉氏百尺五夫民、以此為生〉、有鹻〈出隣得鹵。社民以此為生〉、有靛、有菊花酒、多油、多小塩〈色白味甜、可食〉、6。

保定府の方志だが物産の項目を立てる。蠡県は保定府附郭の清苑県の南方、猪龍河辺にある。河間府に近い。貨は数は多くないが、注文を含めて叙述が詳しい。硝石採集が保定府蠡県城の劉陀・鮑墟二氏によって開発されている。劉氏百尺五夫民とはいかなる人々か、劉陀の近所に居住している人を言うのかも知れない。いずれにしても硝石が彼等の生活なのだ。鹻鹵、藍靛、酒と、ただこれ等は「有」と言われる。「多」と言われる油、小塩とは違う。「有」は現有するという意、「多」は多くある。産業化できるのは後者である。繊維製品は絲、綿、絹、布〈平機嘉〉、麻〈二種〉であるが、布は平織りの麻布であり、麻とはその原料になる麻、及び檾麻である。物産、貨類を産業史の史料にできる素材を提供する。

⑦同じく保定府雄県の嘉靖『雄乗』巻上、風土三、土産に、

貨、多水産、有荷葉、多席〈有蒲、有葦〉、有扇、有筐〈俱蒲〉、有絲、有土絹、有綿花、有布、有麻〈檾麻〉、有靛、多菊酒、有

紅花、有蜜、有蝋、有油、有塩、多鹻、有硝、多網罟、有蒲団。21。

貨のみに絞っている。挙例が多いことと、有と多の区別が詳細であることが注目される。両者を整理してみると、有が荷葉、扇、筐〈倶蒲〉、絲、土絹、綿花、布、麻〈檾麻〉、靛、紅花、蜜、蝋、油、塩、硝、蒲団である。麻布・絲絹、また綿花ら繊維製品の生産はあまり多くないのであろう。藍靛、紅花、蜂蜜、蜜蝋、油（原料不明、大豆油か）、塩、硝石、蒲団（蘆草製品）も当然生産は有るという程度であろう。それに対して多とされる土産は水産、席〈有蒲、有葦〉、菊酒、鹻、網罟である。雄県は保定府附郭の清苑県の東方、海河水系の諸河を下ったところにある。

⑧河間府について嘉靖『河間府志』巻四、風土志、物産に、

枲部、檾麻、火檾〈又名線蔴・黄蔴〉、棉、斜文布、粗細布〈細者次於呉中〉、麻履、絲、絹、土綾〈又不堪用〉。9。

雑部、酒〈多以菊名、然推滄〉、塩、硝、鹻、蝦醤、魚子〈津門所饒〉、葱薦、蒲席、蘆花被、蒲花褥。10。

枲部、ここでは繊維製品を指すが、檾麻、火檾〈又名線蔴・黄蔴〉は麻系統、棉、斜文布、粗細布は木綿である。棉か棉花かも知れない。斜文布[12]は江南松江府棉業の代表銘柄である。粗細布があり、その割註に細なる者は呉中に次すとある。天津近辺の河間府は大運河貫流する北京間近の地であり、松江府棉業との影響関連が感じられる。さらに河間府の枲部は、麻履を挙げた後に絲、絹、土綾をあげるが、紬は品質が悪いか用うるに堪えずとされている。さて、次に雑部をあげる、雑多な部という意味であって、日本語でいう雑多、その他大勢の意味ではない。博物、貨物の意味である。まず、酒であるが割注に菊名が多いという。④の保定府附郭の清苑県の嘉靖『清苑県志』土産、貨に菊酒があり、⑥保定府蠡県嘉靖『蠡県志』物産に菊花酒があり、保定府雄県の嘉靖『雄乗』土産に多菊酒とあった。塩はここ河間府は長蘆塩場の中核地に入る地方である。硝石、鹻（アルカリ）、その他魚介類から海浜水辺の蘆、葦、蒲を素材とした物産が列挙されている。

⑨真定府獲鹿県について嘉靖三十五年『獲鹿県志』巻五、籍賦、物産には、

枲類、蚕絲、綿花、白麻、檾麻、絲絹、綿布。6。

保定府の更に河南寄りに真定府は位置する。繊維製品だけを挙げる。貨類はない。

⑩真定府最南部の趙州の正徳十年（一五一五）『趙州志』巻一、州、土産には

幣類、絹、紬、綾、紅花、綿花、絲、布。7。

幣類という帛類・枲類と貨類との中間的分類をしており、内容は絹、紬、綾、綿花、絲、布の繊維製品に紅花を加えている。なお、正徳『趙州志』は巻三に寧晋県、土産を挙げ、「幣類、同州」とあり、同じく巻四、臨城県、土産に、「幣類、同州」とある。ただ、正徳『趙州志』巻四、臨城県、土産に、

雑類、青石〈可琢碑碣〉、石灰。

とあり、碑碣用の青石と石灰の生産があることが注目される。因みに真定府趙州は北京から河南方面に向かう幹線陸路と海河水系最南部の水路の通る水陸交通の要衝の地にある。まだ、地域産業は保定府に比べると正徳十五年（一五二〇）の時点では発達していない。

⑪真定府趙州の隆慶『趙州志』巻九、雑考、物産、貨類に、

絲、綿、布、絹、綵麻、紅花、木棉花、藍、靛麵、皮、倶有、10。惟絲・綿頗貴。布亦麄悪。

同じ趙州志であるが前志より五〇年経った隆慶志では物産、貨類の数は多くなっている。後文に惟だ絲と綿は頗る貴し。布亦た麄悪なりというのは生絲と綿糸は値が高く、麻布は粗悪で値が安いという。紅花、木棉花、藍、靛麵、皮と商品作物とその加工物産で南北地方に流通する物産貨物であることを示す。正徳志と隆慶の間の地域発展は明らかである。

⑫広平府の嘉靖『広平府志』巻六、版籍志、一、地之品の部に、

其済用者、曰蚕、曰蜜蜂。貨類数種、〈割註、曰、〉

綿、白麻、絹、綿布、紬、鹻、澱、硝、綿花、紅花、玄精石、塩、等項。12。

広平府は真定府よりさらに河南寄りに所在する。綿、白麻、絹、綿布、紬の繊維製品五種と鹻、澱、硝、綿花、紅花、玄精石、塩七種の原材料的物産である。藍澱、硝石、綿花、紅花は河北の特産である。

⑬広平府威県の嘉靖『威県志』巻四、食貨、物産に、

　臬帛属、布、綿花、白麻、絲、綿、絹。6。

ここは臬帛だけ、貨は見えない。

⑭大名府の正徳『大名府志』巻三、田賦志、物産に、大名府、各属同とあり、

　雑植、麻、䔢、綿花、紅花、藍。5。

　雑産、絲、綿、絹、綾、布、硝、鹻、塩、南粉、枝頭乾、紫斑石。11。

大名府は広平府より幹線陸路をさらに河南に向かう北直隷の最南部に位置する。雑植は繊維製品原材料であり、雑産は製品であり貨とほぼ同内容である。この雑というのは前章までに見てきた史料に多く見られた雑皮張という言い方と同じで色々、種々のという意味である。雑産の綿は綿花が雑植にあるので綿糸か綿布かである。綿花、紅花、藍、硝は河北物産の代表である。

⑮大名府内黄県、嘉靖『内黄県志』巻二、田賦、物産に、

　雑植　麻、䔢、綿花、紅花、藍。5。

　雑類、絲、綿、絹、綾、布、紬、硝、鹻、土塩。9。

大名府の正徳『大名府志』と全く同じ内容構成であるが、数が減った。

⑯永平府の弘治十四年『永平府志』巻二、土産に、

　雑産、紅花、絲、綿、布、紙、塩、煤、絹、麻、綿花、白蝋、靛。12。

北京、順天府東方の長蘆塩場海浜地区に所在する。絲、綿、麻布、絹、綿麻の製品、紅花、綿花の材料と繊維関係が七種と多い。他は紙、塩、煤(石炭)、白蝋、靛という河北地域の特産である。

【山東】

①山東、済南府淄川県の嘉靖『淄川県志』巻二、封域志、物産に、

其貨、絹、山繭紬、綿紬、平機布。4。

其雑植、綿花、紅花、大藍、小藍、縄麻、線麻、葦、荻、苧。9。

済南府は山東布政使の司所がある。山東の省会の中心府である。貨はすべて繊維製品四種であるが、山繭紬は山東特産の山繭の糸を紬に織ったものである。綿紬は木綿紬であろう。平機布は先に北直隷⑥の保定府の嘉靖『蠡県志』に布〈平機嘉〉とある布である。あるいは綿布かも知れない。ただし、西嶋定生氏の研究には出てこない。なお、雑植という言い方は正徳『大名府志』と同じである。大藍、小藍と藍の製造方法の違いを品物に数えるのは江南、華中地方に見られるものである。

②青州府の嘉靖『青州府志』巻七、地理志、物産に、

布綿之品、有木綿布・絲紬・山繭紬・生絹・綾・麻布。6。

器用之品、有淄硯〈出顔神鎮。類歙硯、頗発墨〉、紅絲石硯〈出□□。外有皮石、磨去皮、見文理紅黄相参。理黄者其絲紅、理紅者其絲黄。須注水満硯池、庶不渇燥。昔唐彦猷、甚奇之云、不減端石〉、瑠璃器〈出顔神鎮。以土産馬牙・紫石為主法、用黄丹・白鉛・銅緑焦煎成。珠穿・燈屏・棋局・帳鉤・枕頂類、光瑩可愛〉、磁器〈出顔神鎮。用赭黄二土作泥、窑炭焼成。缸礶・盆瓮・碟餅注、為郡境利用之資〉。4。

金石之品、有鉄〈旧有冶。今廃〉、鉛〈出沂水県〉、黄丹〈出益都・顔神鎮。本草謂之鉛丹〉、丹砂〈本出武陵西川諸処。今蒙陰山谷間亦有。土人得之、雖無墻壁、顆粒光瑩頗大〉、雲母〈図経云、出琅邪北定山石間。抱朴子謂、雲母有五種、而人莫能別。当挙以向日、視其色可知。多青者名雲英、多赤者名雲珠、多白者名雲液、多黒者名雲母。但有青黄二色者名雲砂。皛皛純白者名磷石、皆可復也。古人服五雲之法、雖多、然亦不可軽餌〉、碑材〈古楽府謂之石潤。石潤、漢碑之名。欧陽脩奉母喪載青州石鐫阡表。其石緑色、高丈余、光可鑑。今不聞有緑色者。恐萊石也〉、礬〈出顔神鎮。皆山石也。採而砕之、合石炭中黒石、名曰銅漬、入鑊煎煉乃成。有白礬・黒礬。又有礬精・礬胡蝶、皆煉白礬時、候汁極沸有濺溢、状如物飛出。以鉄接之、作蟲形者、礬胡蝶也。但成塊、

光瑩如水晶者、礬精也。此二種入薬、取効倍常〉、朴硝〈出高苑県〉、紫石英〈出沂水県〉、硝・煤〈出顔神鎮後峪者、堅硬耐煉。又有石炭、亦可炊也。土人謂之焦子。東坡有石炭行〉、長石〈出臨淄。一名方石、一名土石、一名直石。理如馬歯、方而潤沢。如玉者佳〉、馬牙石〈出顔神鎮。凡瑠璃物皆需此石与焔硝、入火鍛熟方製〉、代赭〈一名血師〉、白堊〈出顔神鎮。一名白墡〉、砂〈出瀰水涯。本草云、河中熱砂、熨脚気聖剤也。如急用入釜、炒熱亦佳〉、理石〈出諸城盧山。味辛性寒、無毒。一名立制石、一名肌石。如石膏順理而細。唐本注云、此石夾両石間、如石脉。或在土中則皮黄、肉白也〉。16。

塩〈出楽安・寿光二県〉。

青州府は済南府から山越え、山東半島中央部、南は黄海、北は渤海湾の沿岸がある。開発は進んでいる。右史料に見える顔神鎮は有名市鎮である。さて、嘉靖『青州府志』物産は布綿之品と器用の品が注目される。布綿之品は木綿布・絲紬・山繭紬・生絹・綾・麻布が有る。まず第一に木綿布を挙げ、次に絹絲の絲紬、山繭の山繭紬、いずれも紬である。そして生絹・綾という高級絹製品、最後は麻布である。器用は宋元地志にも見られた項目であるが、挙げている物品は淄硯、紅絲石硯、瑠璃器、磁器の四種である。注記が詳細である。淄硯は顔神鎮に出て新安地方徽州の歙硯に類すが、頗る墨を発し、その文理が紅黄まじるという。瑠璃器は同じく顔神鎮に出て、土産の馬牙・紫石を以て主法と為し、黄丹・白鉛・銅緑を用いて焦煎して造成する。珠穿・燈屏・棋局・帳鉤・枕頂の類に製造し、その光瑩が愛好されている。以上三品はいかにも文人趣味人好みの工芸品である。最後の磁器はやはり顔神鎮に出る。赭（あか）と黄の二土を用いて泥を作り、窑炭にて焼成する。缸礶・盆瓮・碟餅注に使うが郡境利用之資と為すといい、山東人の日用磁器なのだという。この指摘も大量生産される産業化が窺える陶磁器生産、窯業の登場を物語るもので歴史的意義は大いに評価すべきであろう。

金石之品は十六品、注記がやはり詳しい。鉄は旧と鉄冶が有ったが今は廃した。産額減少のためだろう。鉛は沂水県に産出する。次は黄丹・丹砂・雲母・礬・紫石英の鉱物と碑材である。黄丹は益都・顔神鎮に産出。本草では鉛丹と謂う。丹砂は本は武陵西川諸処の出たが、今は蒙陰山谷間にまた有り、土地の人はこれを得て、墻壁無しと雖も、顆粒の光瑩頗る大という。意味不明である。丹砂の粒が大きいというのか。雲母の説明はその色が青多き者を雲英と名づけ、赤多き者を雲珠と名づけ、白多き者を雲液と名づけ、黒多き者を雲母と名づけと数種を紹介している。碑材は漢代以来碑文銘刻石の材料となった。礬は顔神鎮に産出する。皆な山石で採ってこれを砕き、石炭中の黒石に合せるのを、銅漬と名づけ、釜鑊に入れ煎煉して生成する。白礬・黒礬が有り、又た礬精・礬胡蝶が種として有る。製法による違いだ。次に朴硝は高苑県に出、紫石英は沂水県に出る。次に硝石と煤（石炭）があり、顔神鎮後峪に産出するものは、堅硬耐煉である。又た石炭が有り、炊事の燃料となる。長石は臨淄県に出て、一名方石、一名土石、一名直石とあるのは、その文理が馬歯の如く、方にして潤沢である。玉の如き者が佳い。馬牙石も顔神鎮に出る。凡瑠璃物業者は皆此の石と焔硝を需要し、火に入れ鍛熟方めて製造することができる。最後の代赭とは一名血師というように赤色の原料である。白堊も顔神鎮に出る。一名白墡といい、白色原料である。砂、理石、等々も工業や建設材料になる。そして嘉靖『青州府志』物産は番外に塩を挙げる。何と言っても中国では塩は銅鉄及び絲絹や茶と並ぶ重要物産である。銅鉄は各地で資源枯渇した。華北は茶の産地でない。頼るは塩と絲絹である。

③同じく青州府臨朐県の嘉靖『臨朐県志』巻一、風土志、物産、貨之類に、

綿紬、山繭紬、生絹、木綿、紅花、蜜、蝋、炭、煤、石灰、靛、狐狸皮。12。

雑物、葦、荻、葛、荊、蒯、麻。6。

貨之類12、雑物6種、いずれも華北の典型的特産である。綿紬、山繭紬、生絹、木綿と織物は少ない。紅花、蜂蜜、蜜蝋は商品性が高い商品作物と言える。炭、煤（石炭）、石灰、靛、狐狸皮は自然物の採集に加工の手が入っている。それは人々の生産労働の努力のたまものである。その点について、嘉靖『臨朐県志』巻一、風土志、民業に具体的に指摘している。訓読文を付けておこう。

民勤耕農。務蚕織、作紬・絹。山居者或拾山繭作紬。禹貢所謂檿絲者也。亦頗種綿花為布。西南郷以果樹致饒益。多麦収者、好造麺交易以為利。亦或養蜂収蜜。懐資者、或輂其土之所有、走江南、回易以生殖。或販魚塩。其西南山社、無業者、或伐木焼炭、焼石作灰。陶土為器、販以給徭役。近社之貧者、大抵以菜為業。又或編葦、若秫為席薄、或荊為筐箱筥、以供衣食。餅師・酒戸、則鱗次于市、鮮不勤生者。古称通工商之業、便魚塩之利、至于今為近之。

民は耕農に勤む。蚕織に務めて、紬・絹を作る。山居する者或いは山繭を拾い紬と作す。禹貢に謂う所の檿絲なる者なり。亦た頗

る綿花を種え布と為す。西南郷は果樹を以て饒益を致す。多く麦収する者は、好んで麺を造りて交易して以て利と為す。亦た或いは蜂を養い蜜を収む。資を懐く者、或いは其の土の有る所を輦せて、江南に走り、回易して以て生殖す。或いは魚塩を販す。其の西南の山社の、業無き者、或いは木を伐り炭に焼き、石を焼き灰と作す。陶土は器と為し、販して以て徭役に給す。近社の貧者は、大抵菜を以て業と為す。又或いは葦を編み、若しくは秫を席薄に為し、或いは荊を筐箱筥に為り、以て衣食に供す。餅師・酒戸は、則ち市に鱗次し、生に勤めざる者鮮し。古より称す工商之業に通じ、便魚塩之利を便にすと、今に至るも之を近しと為す。

ただ、ここで重要なのは生産は決して自給自足を目的としない。交換、流通が重要である。麦を生産しても、それを麺に造り交易して利を挙げる。饅頭や餃子、麺類が始めて産業となる時代であった。なお、木を伐り木炭に焼きに続いて、石を焼き灰と作すとある。次に陶土は器と為し、販して以て徭役に給すとあれば、石を焼き灰と作すとあるのは陶磁器生産とは区別される。労働形態である西南の山社の業無き者、すなわち山林労働者の炭焼きに続く仕事とすれば石灰生産が考えられる⑬。さらに近社の貧者は、大抵菜を以て業と為す。又或いは葦を編むという。前者は漢代以来用語である売菜傭⑭が想定されるがこれも明代後期の社会発展の成果である。

④東昌府莘県の正徳『莘県志』巻二、土産に、

帛之品、絲、綿、絹、絲、綿布。5。

東昌府は済南府西方の大運河が南北に貫流する土地である。その一県の莘県も土産の項目に貨は無く、帛之品だけである。

⑤同じく東昌府高唐州属夏津県の嘉靖『夏津県志』巻二、食貨志、物産、貨之類に、

絹、紬、綾、絲、絲、蓆、塩、鹻、硝、綿布、綿花、線鞋、線麻。13。

物産に貨之類を立てる。大運河の臨清附近である。絹、紬、綾、絲、絲と綿布、綿花は繊維製品とその原料、蓆、線鞋、線麻などの草製品が加わる。残る塩、鹻、硝は河北・山東ら華北地方に多い土産である。

⑥同じく東昌府高唐州属武城県の嘉靖『武城県志』巻二、戸賦志、物産、貨類に、

絲、麻、綿花、紬、絹、菊酒、蜜、蟬、鹻、硝。10。

東昌府高唐州属武城県は大運河沿いの県であり、臨清の北にある。繊維製品が絲、麻、綿花、紬、絹、それに酒、蜂蜜、蝉、鹻、硝という華北地方の代表的物産である。であるが、蝉が物産貨類とは面白い。なお、菊酒は先に見た北直隷④の保定府嘉靖『清苑県志』土産、貨の菊酒、さらに⑦の同じ保定府嘉靖『雄乗』土産、貨の多菊酒と同じ酒類であろう。また万暦『河間府志』にも見えた。当地の酒製法との関連伝播が考えられる。

【河南】

①河南、開封府尉氏県の嘉靖『尉氏県志』巻一、風土類、物産、貨類に、

貨類

絲、絹、紬、綾、帕、絹包頭〈青・白二色〉、枲、麻、絣、綿花、綿布、蜜、蝋、油、鹻、小塩、硝。17。

醸類

春分酒〈毎年春分日乗時、汲井水漿、米作糜用、臘月酒脚和之、醸酒青悒勝常〉。

秋分酒〈其日乗時、汲井水漿、米作糜醸酒。比之春分酒、尤佳。其水可貯之。踰数月不壊。另多用麺作酒脚、留之以為他日分醸之用、亦佳。隣境絶無是製〉。

臘酒〈臘月所造者。煮熱可久留之。又多用麺作酒脚、可供来年分醸之用也〉。

秋分醋〈秋分酒糟為之〉。臘脚醋〈臘酒糟為之〉。餳。糖餅〈即餳所製。視他処者為勝〉。

陶類

郭公磚〈中空外方、長三、四尺、或五尺、至一丈者。皆云、得之古塚也。世伝郭其姓、所製故名。一曰通空法。今不伝。江南用之為琴卓、其音響亮〉。

瓷桶　瓷瓶〈以上二器、知県曾嘉誥初作。泮池得之深土中、不瑩。但欠上蓋。桶形高可二尺、底円下平。直上通口、囲過両拱。

色類黒茄。瓶乃酒注。其色褐、皆前代遺物、質朴可存〉。

瓷花瓶〈大小不一。亦前代所遺。畚挿者往往得之〉。

骰子〈古之陶器也。人多得之道周、雨後更多。今昔不絶、可異之甚〉。

囲棊子〈有黒白紅篆三色。土質渾堅、両面皆平。不与今類。間亦得之道周〉。


まず、貨類は絲、絹、紬、綾、帕、絹包頭〈青・白二色〉、枲、麻、絲、綿花、綿布の十一品であるが、帕（ハンカチ）と絹包頭（頭巾）は宋都開の遺風がある。絹、麻、木綿の三種織物が揃って挙げられている。さて、次は蜜、蝋、油、鹻、小塩、硝と北直隷河北から山東一体に多い華北地方特産品である。以上の貨類に加えて醸類の酒が春分酒、秋分酒、臘酒と年三回の仕込み酒を数え、それに秋分酒の酒粕から造った秋分醋（酢）、臘酒の酒粕から造った臘脚醋という二種の酢、さらに餳（あめ）と糖餅などの二種の菓子類といった酒製品を挙げる。陶類が面白い。郭公磚は古塚からの出土品、江南では琴卓にするという。入手元を知らせずに流通させるのであろう。瓷桶と瓷瓶も同じく出土物である。これらが産物になるところが黄河文明の一角開封辺の事情である。まだ有る。瓷花瓶も前代の遺物だという。骰子は古之陶器也。人多くこれを道周に得る、雨後は更に多し。今と昔は絶えず、異く可きの甚しきかと当人達も呆れている。囲棊子も黒・白・紅篆の三色有り。土質渾堅、両面皆平らか。今の類に与にせず。間亦た之を道周に得るという。何のことはない。開封府尉氏県の陶類はすべて前代の遺物で地下から出土した文物なのである。

②同じく開封府鄢陵県の嘉靖『鄢陵志』巻三、田賦志、土産に、

紅花、成化以前種者多。一統志云、鄢陵尤盛、邑人程鶴倅贛州時、張東海汝弼守南安贈之詩曰、鄢陵紅花紅且香、摘来塘染舜衣裳、上方有路無人献、却向章江洗夕陽。固不為詠物而物以詩亦重矣。

帛類、有綾・紬・花絹・手帕・縑・絲。6。

布類、惟木綿。紡織極細者、頗亜於松。

甓類、有郭公磚、中空外方、有長一丈者。世伝古郭公造、因名。又曰、且闊空法。今不伝。古塚墓所用。

紅花は成化以前に種える者が多かったという。今は少ないのだろう。帛は六種、尉氏県とほぼ同じだが絹を花絹といい、帕を手帕とし、枲を絲とする。具体的である。布類は惟だ木綿のみといい、紡織した糸の極細は頗る松江府に亜（に）ると製品の良さを自負する。甓類に郭公磚を挙げ、形態について尉氏県志と同様な説明をしたうえに、これも古の塚墓で用いた所だとし、出土物であるという。

③同じく開封府許州の嘉靖『許州志』巻三、田賦志、土産、貨類に、

　絲、絹、綿紬、綿、棉花、氈、綠麻、手帕、青靛、紅花、香油、炭、石灰。13。

①尉氏県の貨類と比べると、絲、絹、綿（布）、綿花、綠麻、手帕、香油が共通して、許州には氈（毛氈）、青靛、紅花、香油、炭、石灰が付け加わった。その代わりに尉氏県の紬、綾、絹包頭〈青・白二色〉や蜜、蝋、鹻、小塩、硝が無い。どちらかといえば尉氏県の方が河北や山東の地方志物産貨類と共通するものが多く、許州の方が江南、華中地方に近い。許州の氈（毛氈）、青靛、紅花、香油、炭、石灰はすべて加工して初めて製品となるもので生産労働価値が高い。

④彰徳府臨漳県の正徳『臨漳県志』巻三、土産、貨属に、

　絲、布、絹、綿花。4。

貨属と言いながら繊維関係四種、寂しい感じがする。

⑤同じく彰徳府武安県の嘉靖『武安県志』巻一、食貨志、物産に、

　貨物、絲、麻、繭絹、木綿、蜜。5。

　金石、紅礬、青鉄、磁石、煤、錫、炭。7。

臨漳県よりやや増えた。貨物に蜜が加わり、金石として紅礬、青鉄、磁石、煤（石炭）、錫、炭が加わった。木炭も金石なのである。華北地方各地で煤（石炭）が貨や金石に数えられるのは木材資源が枯渇している場合と、輸送コストを考えての場合と両方のバランスが問題だが、いずれにしても城市の燃料として石炭に頼ることが一般化しているのである。

⑥同じく彰徳府渉県の嘉靖『渉県志』不分巻、物産、貨物に、

綿布、蜂蜜、黄蝋、桑皮紙、綿花、安仁油、白麻、絲、絹、萩紅。10。

一般の人々の日用物産が揃っている。ただ、絲、絹、桑皮紙の桑、綿花、綿布の木綿、さらに白麻、及び安仁油の麻と明太祖の桑・麻・木綿の作付け奨励を忠実に実行していることの現れかも知れない。

⑦同じく彰徳府（河北、広平府）磁州の嘉靖『磁州志』巻一、地里志、土産、貨類に、

絲、絹、綿花、布、紅礬、石灰、石炭、甆甕。8。

繊維は少なく絲、絹、綿花、布だけ、紅礬（明礬の一）、石灰、石炭と華北の代表的な鉱物三を挙げる。ただ、硝石はない。甆甕について、ここは磁州窯の土地である⑮。

⑧衛輝府新郷県の正徳『新郷県志』巻二、土産に、

帛類、絲、絹、紬、綾、綿花、綿布、綵、麻。8。

帛類が一通り挙げられている。貨類は立てない。

⑨汝寧府、光州、光山県の嘉靖『光山県志』巻四、田賦志、物産に、

土豆、仙薬、苧麻、靛、小藍、木綿花、椒、蜜、蝋、葛、紅花、綵麻。12。

河南南部、黄河と長江の中間地点にあり、淮河を下れば東方に大運河があり、交通の便はよいが土地は貧しい。様々な商品作物の栽培や商業性農業を行う必要がある。光山県志に挙げられた物産の種類は豊富である。ただ、それが地域経済の実状を示すか。『光山県志』物産に付く附論を見よう。重要な発言なので訓読文を付けておきたい。

光之俗、貧民多治葛以給。然葛生光土者、不多且弗良、必市之商城・六安。布不精美。或遇上官征買、細密者難得、価必騰湧、民即不能支。蓋粗悪者、価直幾何。精者又非貧民所能弁。故葛為地方之累矣。嘉靖丙辰夏、会工部奉旨、取河南葛二百疋。上司取諸本府、分取諸光・羅二県、他邑不与也。精者昔既難得、加以長潤精美、復倍于昔。久困之民、一旦征其所難而索其不常有之物、莫不駭懼。邑大夫東呉沈公慨然軫念、葛雖一事係進用之物、竭力以供臣子之職也。然使図之不豫、処之不悉、用之不堪、非忠也。取

之不量其力、亦不足以体国為民、非仁也。於是力言於府曰、汝之所属皆赤子也。光民経協済迎駕之後、近当両省之衝、往来夫従無算。且葛非土産、作者不工、徴弁之難一也。編氓輸布于京、見部吏、望闕門、如在天上、完解之難二也。剡験収内府臣也、一不如其意、雖精者亦指為濫悪矣。是交納之難三也。如此則費奚啻百疋、脱有遺慮本省府県之罪、不可逭矣。公論事究、其終始根極領要、必尽其繊悉委曲、誠切懇到、雖過直不辞。故太府宋公諒其恤民、謹始靖恭之忠、適同一心、乃量派於各州県、光之葛遂獲減二十疋。於戯早見之智、愛物之仁、事君之忠、葛雖一事、公実兼之。適輯県志、及物産之類、因紀是年始徴葛於光。処置失宜則貽害無窮民、幾重困得従軽省、公之賜也。特謹書之、為将来告焉。

光（山県）の俗は、貧民は多く葛を治し以て給す。然るに葛の光の土に生ずる者は、多からず且つ良からず、必ず之を商城・六安に市う。布は精美ならず。或いは遇し上官にて征買するも、細密なる者は得難く、価は必ず騰湧し、民は即ち能く支せず。蓋し粗悪なる者、価直幾何ぞ。精なる者は又た貧民の所能く弁ずる所に非ず。故に葛は地方の累と為れり。嘉靖丙辰（三十五年）夏、工部の旨を奉ずるに会い、河南に葛二百疋を取らしむ、と。上司は諸を本府に取り、分けて諸を光・羅（羅田県）二県に取り、他邑は与らざるなり。精なる者は昔し既に得難く、加うるに長濶精美なるを以て、復た昔に倍せり。久しく困むの民は、一旦に其の所難とする所を征めても、而して其の常には有らざる物を索められ、駭懼せざるは莫し。邑の大夫東呉の沈公は慨然として軫念し、葛は一事と雖も進用之物に係れば、力を竭して以て供すは臣子之職なり。然るに之を不豫に図り、之を不悉に処し、之を不堪に用いせしむは、忠に非ざるなり。之を取るに其の力を量らず、亦た以て国を体とし民と為すに足らず、仁に非ざるなり。是に於いて力めて府に言いて曰く、汝（汝寧府）の所属は皆赤子なり。光の民は協済迎駕之後を経て、近く両省之衝に当たり、往来夫従算え無し。且つ葛は土産に非ず、作者は工ならず、徴弁これ難の一なり。編氓は布を京に輸すに、部（工部）の吏を見、闕の門を望むに、天上に在るが如くは、完解これ難の二なり。剡験して内府の臣に収むるや、一も其の意の如くならざれば、精なる者と雖も亦た指して濫悪と為さしめらる。是れ交これ難の三なり。此の如くんば則ち費は奚ぞ啻に百疋ならん、脱げて遺慮本省府県之罪有るも、逭す可からざるなり。公論して事究まり、其の終始の根極領要は、必ず其の繊悉委曲を尽くし、誠切懇到せば、過直と雖も辞せず。故に太府宋公は其の恤民を諒として、謹んで靖恭之忠、適同一心を始め、乃ち量りて各州県に派し、光の葛は遂に二十疋に減ずを獲る。戯に早見之智、愛物之仁、事君之忠は、葛は一事と雖も、公は実に之を兼ぬ。適ま県志を輯し、物産の類に及ぶ、因りて是年の始めて葛を光（光山県）に徴すを紀す。処置の宜を失えば則ち害を無窮民に貽し、幾重の困しみ軽省に従うを得たるは、公の賜なり。特に謹んでこれを書し、将来の告と為す。

汝寧府、光州、光山県に葛の歳弁歳造の割付があった。嘗ては土地の土産とされたからだ。しかし、現在は葛は産出できず、それを織る職人も居ない。割付けを受けると他所から購買して納入しなければならぬ。明中期における本色納形態が崩壊し、折納、特に銀納化が進展する事情を雄弁に示す。ところで嘉靖『光山県志』巻四、田賦志、物産に葛が相変わらず記載されるのは何故だろう。

⑩同じく汝寧府、光州、固始県の嘉靖『固始県志』巻四、民物志、産貢に、

有服食〈布、葛、紬、絹、絲、綿、麻、苧、茶、芋、椒、蜜、豉腐、醤、鮓、蝋、酒糟、醃、魚肉、鵝、鴨、饗、糖、炉、餅〉。25。

服食として挙げられる布、葛、紬、絹、絲、綿、麻の七品は繊維製品、苧、茶、芋、椒、蜜、豉腐、醤、鮓、蝋、酒糟、醃、魚肉、鵝、鴨、饗、糖、炉、餅一八種は食品である。明初の歳進、歳弁、歳造の産貢物品の遺風が感じられる。

⑪帰徳府夏邑県の嘉靖『夏邑県志』巻一、地理志、物産、貨物に、

絲、綿、絮、紬、綿布、絹、蝋〈黄・白〉、蜜、靛、木炭、油、縩、硝、小塩、石灰。15。

③の開封府の嘉靖『許州志』巻三、土産、貨類や⑦の彰徳府の嘉靖『磁州志』巻一、地里志、土産、貨類などの貨物と同じ趣向であるが、夏邑県志は数が多い。絲、綿、絮、紬、綿布、絹は繊維製品、蝋〈黄・白〉、蜜、靛、木炭、油、縩、硝、小塩、石灰の九種は採集物ながら加工労働が必要である。木炭、硝石、石灰と山地林業的物産が華北地方の特色である。油は当然大豆油、その絞り滓は豆餅で綿花とともに南下物産となる。

⑫汝州の正徳『汝州志』巻三、物産、雑産に、

　絲、絹、布、紬、蜂蜜、黄蝋、綿花、石灰、煤、炭、檾麻。

絲、絹、布、紬は繊維製品、蜂蜜、黄蝋、綿花、石灰、煤、炭、檾麻はいかにも華北地方の物産である。綿花は南下物産、石灰、煤、炭、檾麻は山林業者の採集・加工労働である。

⑬汝州魯山県の嘉靖『魯山県志』巻二、田賦、物産に、

　石類、石灰、石煤、石炭。

時用、楮皮紙、桑皮紙、羊皮、羊毛、氈毯、狐皮、麻鞋、絲鞋、靴〈皀・白〉、油靴、紅花、蜜蜂、靛〈大藍・小藍・槐藍〉、黄蝋、木炭、鉄、鉛、磁器、鉄器、竹器、木器、漆器。22。

ここは石灰を石煤、石炭とともに石類としている。石煤と石炭の区別は何だろう。時用とは一般には器用のことだが、貨物的である。ここも⑩の汝寧府、光州、固始県の嘉靖『固始県志』巻四、民物志、産貢の服食と同様に、明初の歳進、歳弁、歳造の産貢物品の遺風が感じられるが、魯山県志の方がすべて工匠の手になる製造物品ばかりである。

⑭河南府偃師県の弘治十七年修『偃師県志』巻一、土産に、

　枲類、綿花、紅花、絲、麻。

洛陽附近であるが、貨類無く、枲類が四種で乏しい感じがする。

⑮開州の嘉靖『開州志』巻一、地理志、方物、枲に、

　有綿花、有麻、有檾麻、有絲。

ここも⑭河南府偃師県と同様である。

⑯南陽府鄧州の嘉靖『鄧州志』巻十、賦役志、物産、貨に、

　有布、有麻、有綿花、有藍靛、有紅花、有手帕、有紗包。内・浙有蜂蜜、有黄麻、有狐皮、有黄絹。11。

すべて有というもので、多という物産はない。代表的な華北物産であるが、石灰、煤、炭、硝石等の鉱産物資源は無い。

【山西】

①山西、太原府太原県の嘉靖『太原県志』巻一、土産に、

帛属、綾〈王村出〉、絹〈故駅出〉。

色属、礬紅、羅粉、藍靛、紅花〈以上、倶晋祠出〉、黄蘆、茜草。

器属、鉄器〈晋祠出〉、磁器〈冶谷出〉、瓦器〈南平頭出〉。

雑類、塩〈濱河郷村倶出〉、礬〈黒白二色、柳子谷出〉、煤炭〈西山倶出〉、石灰、石鍾乳、黄礬、硫黄、磠砂、柳絮礬、自流礬、石硯〈黒色、金星〉、鵝管石〈以上、倶柳子谷窑内出〉、錫霊芝、寒水石、馬牙石〈倶西山出〉、草紙。


貨物貨類の分類をしないが、それぞれの属の土産は華北物産の特色をよく現している。色属、すなわち染色顔料として礬紅、羅粉、藍靛、紅花〈以上、倶晋祠出〉、黄蘆、茜草が揃う。器属は鉄器〈晋祠出〉、磁器〈冶谷出〉、瓦器〈南平頭出〉と伝統を感じさせる。雑類には塩、明礬、煤炭、石灰、硫黄と重要鉱産物が並ぶ。

②平陽府、曲沃県の嘉靖『曲沃県志』巻一、疆域志、物産に、

枲貨類、綿花、紅花、紬、絹。

河南洛陽地方と共通する枲貨類である。同じことが言える。

③平陽府、曲沃県の嘉靖『翼城県志』巻一、地理志、物産に、

東南地潤、宜与木綿。故養贊織之。業広焉。其所出紬・絹雖称精美、然多為細人窺利、甚至有貧。寒不能衣完衣者、其孰使之哉。

②についてこの地方の事情を説明するが、この史料は木綿栽培を奨励している段階であることを示している。

【陝西・甘粛】

①陝西、漢中府寧羌州略陽県の嘉靖『略陽県志』巻三、貢賦には、

賦、塩鈔、折銀八十両八銭三分八厘。

貢、農桑絹一十三疋七尺五寸。湯羊三十五隻、折銀一十四両五銭。胖襖一十三領、綿褲一十三腰、⿰忄翁鞋一十三双、暦日紙八百張、

土産、物貨部、

絲、綿、繭、綿紬、綿花、紅花、蜜、油、藍靛、芝麻、火麻、黄蝋、山薬、土蘋。14。

土産、物貨部に挙げる一四種の内、綿花、紅花、蜜、油、藍靛は華北物産の代表である。ただし、石灰・硝石・煤炭・炭などの林業的資源ないし鉱産物資源は無い。

②甘粛省、嘉靖『寧夏新志』巻一、物産に、

鉛、礬〈倶賀蘭山出〉、鉄〈麦垜山出〉、塩〈地生〉、麻・碧・瑱・馬牙・鎌・紅花・藍靛・钁鉄器物、以上貨類。

国朝歳貢紅花・馬。〈任土作貢、王制之常、豈以厲民。但馬之為貢、猶易為力。惟紅花歳役数千。夫始竟其事、所貢止五百斤。其織染之資、固不藉此而足。人実不勝其困。嘉靖元年給事中張翀悉其弊、奏止之。迄今人以為便〉。

以上貨類として挙げる中に鉛、明礬、鉄、等の鉱産物が含まれる。他は塩と特産品の麻・碧・瑱・馬牙、それに紅花・藍靛の染色顔料の商品作物である。加えて钁鉄器物という金属加工物がある。以下に明代歳貢の紅花・馬に触れる。

第三節　華中地方における明代地方志物産貨之属

第一節の宋元時代の地方志の地域である華中地方における明代地方志の検討を行う。

【南直隷】

①南直隷応天府句容県について、弘治九年（一四九六）『句容県志』巻三、土産に、

帛之品、絲・綿・紬・絹・麻。5。

金之品、金〈旧志出句曲山。今無〉、銅・鉄〈旧志出赤山。今無〉、銅器〈旧志出句容境内。今文廟有唐宋古祭器〉。

石之品、茅山石〈石之次玉而堅潤者〉、石墨〈出茅山〉。

明代における江南、長江デルタの経済は繊維製品の生産と流通で支えられていた。ただし、応天府は国都である。帛之品は絲絹、木綿、紬、麻と揃う。金属は金・銅・鉄ともにはかつて採掘されたというが今は出ない。器物の銅器も今の文廟に唐宋古祭器が有ると博物館的描写をしている。石は土地の霊場名勝地の茅山石と石墨をあげる。

②応天府高淳県について、正徳『高淳県志』巻一、物産、貨属に、

紬、絹、絲綾、布〈綿・苧麻〉、麻〈苧・火〉、油〈菜・蔴〉、綿花。7。

これは紬、絹、絲綾、布〈綿・苧麻〉が城市で織られる繊維製品、麻〈苧・火〉、油〈菜・蔴〉、綿花は農村の商品作物栽培という都市・農村の物産でいかにも長江流域、華中地方物産の特色を示す。

③応天府六合県について、嘉靖『六合県志』巻二、人事志、土産に、

服用部、棉、麻。

極めて簡単である。同県についてては、嘉靖『六合県志』巻二、人事志、民業に、

滁河由六合入大江。通舟楫易、致遠近貨物。故民多逐末為商賈。其郷民則力田。田事隙則為土木、或結草破竹為業。蓑笠箕箒屩薦之類、以規利。城市間子弟多事誦読、衣冠文物彬彬矣。若遊手遊食之徒、百無一二。古云、民安其業、其庶矣乎。

滁河は六合由り大江に入る。舟を通じて楫易し、遠近の貨物を致す。故に民は多く末を逐い商賈と為る。其の郷の民は則ち田に力む。田事隙れば則ち土木を為し、或いは草を結び竹を破るを業と為す。蓑・笠・箕・箒・屩・薦之類、以て利を規る。城市の間の

子弟は多く誦読に事め、衣冠文物彬彬たり。遊手遊食の徒の若きは、百に一二も無し。古に云う、民其の業に安んじ、其れ庶かなるか。

城市の民は商業流通に従事して他所に交易商売を行う。農村の民は耕作に従事し、余りあれば土木の仕事をし、それでも余裕があれば草を結び竹を破るを業と為して、蓑・笠・箕・箒・屩・蓆之類を製造して利を図る。他所ではこれらを貨として数える。ここ応天府六合県はそれは微々たる利だという。豊かな江南水田地帯、織物第一の土地柄である所以であろう。

④松江府上海県について、弘治『上海県志』巻三、田賦志、土産、食貨に、

塩、蜜、蝋、絲、綿、綾、木綿布、番布、斜文布、蒲鞋、下砂梳具、薬斑布、藍靛、梅花燈籠、青龍墨、蘆蓆、撥絨補子。17。

さすがに松江府棉業の中核的地方である。その食貨に木綿布、番布、斜文布を挙げる。これについては西嶋定生氏の研究を参照されたい[16]。しかし、弘治『上海県志』は木綿関係以外に塩、蜜、蝋、絲、綿、綾という各種の繊維製品や蒲鞋、下砂梳具、薬斑布、藍靛、梅花燈籠、青龍墨、蘆蓆、撥絨補子等のこの土地の特産物品を多く並べる。

⑤常州府江陰県について、嘉靖『江陰県志』巻一、食貨記、土産、貨之属に、

綾〈以生絲為之〉、紬〈撚綿而成者曰綿紬、比絲而成者曰絲紬〉、絹〈以黄色絲為之、縷粗可為衣裏〉、木綿布〈土機為多。其在蔣家橋者為細密。又有勝子布・斜文布、間織之〉、緜絲布〈今苧与絲比而成之〉、苧布〈絹苧為之。漚縷而成之、曰熟苧〉、草履〈以草織之、俗名蒲鞋。商販甚多〉、蒲扇〈編蒲以竹籤之、曰団扇、曰三角扇〉。7。

ここの貨も数が少ない。特産物品に絞ったようだ。緜絲布や苧布などを含め麻布で知られた常州府ではあるが江陰県は東へ太倉州、嘉定県、松江府上海県と続く木綿生産地帯である。特に木綿布に土機為多などは重要な指摘である。土地柄による織物の商品性が出てくる。

⑥揚州府儀真県の隆慶『儀真県志』巻七、食貨攷に、

国朝置批検塩引所、視唐宋立法于塩、為特重矣。凡土産、宋則有麻紙、有絹、有紬〈出戒香尼寺三十六院、尼僧所製〉、有鶏鳴布

〈婦女克勤夜浣紗、宵成布〉、多酒〈諸官庫所造〉、多稲・麦・麻・豆、七里香粳当十銭〈崇寧治監所鋳通宝〉。国朝歳派有翎毛・麂皮・絲・紵・箭枝・丹・鉛・銅・錫、等料、率折色徴解。未嘗取有于無也。
凡穀産多糯〈曰燕、曰紅、曰芒、曰麻觔、曰社前黄〉、多晩〈曰江南白、曰駝児白、曰深水紅、曰長芒白〉、多秈〈曰瓜熟、曰龍瓜、曰鯽魚、曰斑秈、曰葉裏蔵〉、有黒稲〈曰脚烏、曰猪林〉、多麦〈曰大麦、小麦、蕎麦〉、多豆〈青黄赤白黒、凡五種。又有茶・宛・鵪鶉斑・江・匾刀〉、有黍、有菽。
有芝麻、有苧、有綵〈秋冬田家競製麻窩。鞋入市最広〉。
蚕絲売黄白繭、市多鐔酒、多単布襪、多芒履。

常州府江陰県と同様に貨の数が少ない。特産物品に絞ったようだ。長江下流域の稲作の中心地だけあって稲の品種が詳しく、麦、豆などの種類も多い。最末行に蚕絲は黄白の繭を売り、市に鐔酒多く、単布襪多く、芒履多しといっているのも当地の食貨の特色である。豊かな長江流域の農業生産を物語っている。

⑦揚州府通州の万暦『通州志』巻四、物土志、物産、貨之属に、

塩〈各場出〉、剪刀、汗巾刀、裁刀、苧、帨、蚊帳〈以上出余東場者佳〉、鰳鯗、蒲鞋、藍靛、鰾膠、蒲包、蝦米、蒜種、麻線、鰕。16。

ここは江北揚州の両淮塩場地帯の南部地区であるが、塩〈各場出〉という。次に剪刀、汗巾刀、裁刀、苧、帨、蚊帳〈以上出余東場者佳〉等の物産は地方土産である。さすがに鰳鯗、鰾膠、蝦米、鰕などの海産物がある。

⑧揚州府通州海門県の嘉靖『海門県志』巻四、食貨志、土産、貨類に、

蒲席、麻布、麻帨、塩、靛。5。

こちらは数が少ない。塩の土地である。藍靛が注目される。

⑨揚州府如皋県の嘉靖『如皋県志』巻三、食貨志、土産に、

塩、酒、藍靛、鰕米。4。

さらに数が少ないが、塩、酒、藍靛、鰕米とはいかにも大運河地帯にして両淮塩場の中心部である地域産業をよく示す。

⑩淮安府海州の隆慶『海州志』巻二、山川、土産、食貨之類に、

塩、絲、靛、黄蠟、白蠟、蘆蓆、木綿、䔢麻〈俗名山麻・火麻、可績線結網、不知織〉。

張氏論曰、余嘗登高、以望板浦・徐瀆・臨洪三場、海壖曬池累累如阡陌。沿河至按東、商船無慮千艘、昼夜連絡行不絶。其利可謂博矣。一不幸有水干旱之灾、而竈戸先受其病、何哉。蓋塩多而価廉、衣食仰給、計日而曬、未必足用也。加以官司之徴斂、団長之侵漁、巨商之估算、又安得不貧乎。諸貨唯塩為大、故著而論之。

張氏論じて曰く、余嘗て高くに登り、以て板浦・徐瀆・臨洪の三場を望むに、海壖曬池の累累たること阡陌の如し。沿河から按東に至る、商船は無慮千艘、昼夜連絡して行くこと絶えず。其の利は博しと謂う可きなり。一たび幸ならずして水干旱灾有らば、而して竈戸先ず其の病を受くは、何ぞや。蓋し塩多くして価廉く、衣食の仰給、日を計りて曬し、未だ必ずしも用に足らざるなり。加うるに官司之徴斂を以てし、団の長之侵漁、巨商之估算、又安んぞ得て不貧ならざんか。諸れ貨は唯だ塩のみ大と為す、故に著してこれを論ず。

著者の張氏とは前海州同知恵安張峯で隆慶『海州志』の纂修者である。恵安は福建泉州府の恵安県である。張峯の故郷も塩生産で知られた土地柄である。塩モノカルチャー地帯の問題点を良く把握している。塩は零細な生産ながら巨大な塩生産者の集積で強大な富を生む構造なのだ。

⑪淮安府の万暦『淮安府志』巻四、田賦志、物産、食貨に、

塩、酒〈五加皮酒・菉荳細酒・苦蒿酒・金橘酒・臘黄酒・黄酒・白酒・清酒・焼酒。密林禽・金盤・露秋・露白・賽河・清風・春酒、淮清酒〉、麺、麴、醋、絲、靛、黄蠟、白蠟、蘆席、木綿、苧麻、䔢麻、白麻、塩精石〈海州出〉。15。

大運河地帯にして両淮塩の最大の集散地である淮安府の物産、食貨らしいのは冒頭は当然塩であるが、次に酒を多種の銘柄を挙げて

いることだろう。五加皮酒は今でも健在である。麺、麯、醋も酒関連である。絲、靛、黄蝋、白蝋、蘆席、木綿、苧麻、綟麻、白麻、塩精石〈海州出〉と特産を挙げる。

⑫淮安府宿遷県の万暦『宿遷県志』巻四、田賦志、土産、貨類に、

　麯、酒、蜜、醋、靛、黄蝋、白蝋、木綿、麻、綟。10。

淮安府志の食貨とほぼ同じである。貨類という意識が分かる。

⑬安徽の直隷潁州の正徳『潁州志』巻三、版図、土産、物貨部に、

　絲、綿、繭、綿紬、綿花、綿布、紅花、蜜、油、絹、藍靛、脂麻、黒麻、茄皮麻、火麻、線麻、白蝋、蝋虫、黄蝋、山薬。20。

物貨の数は多い。長江流域の商品作物的物産は大体揃っている。

⑭安徽、鳳陽府天長県の嘉靖『天長県志』巻四、人事志、物産に、

　唐書載、県出銅、有銅坑。疑銅旧出冶山。今無。但冶山銅城、皆有銅坑遺跡。

　冶山産鉛。但不多。

　覆釜山産良石、可為堦礎。横山次之。冶山又次之。

もと銅山があったが今はない。鉛を産する山はあるが多くは採掘できない。

⑮安徽、鳳陽府寿州の嘉靖『寿州志』巻四、食貨志、物産、貨類に、

　綿、絲、火麻、綟麻、布、絹、蝋、靛、藍、紅花。10。

長江流域の江北地方で淮安府などと共通する。ただ、原料産地で織物生産など製品製造地帯ではない。

⑯安徽、広徳州建平県の嘉靖『建平県志』巻二、田賦志、物産、貨之属に、

　絲、紬、絹、綿花、綿布、茶、靛、椒、皀角、桐油、竹箪、麻布。12。

南京南方地域である。長江流域の物産に茶と桐油が加わった。桐油は安徽地方の特産である。

⑰安徽、池州府の嘉靖『池州府志』巻二、風土篇、土産、〇貨に、

有紙〈出貴池〉、有苧有箪〈出青陽〉、有薑〈出銅陵〉、有茶〈出石埭〉、有木綿〈出貴池・銅陵〉、多柴炭〈出貴池・青陽・石埭・建徳〉。

ここも産物の産地を注記をしているが数は多くない。紙、苧、箪、薑、それに茶と柴炭とやや丘陵地帯の原野地域の物産である。

⑱安徽、池州府銅陵県の嘉靖『銅陵県志』巻一、地理志、土産、物貨に、

絲、綿、麻、蜜、蝋、漆、油、靛、石灰、木炭。10。

同じく池州府であるが物貨の数は多い。絲、綿、麻の他、蜂蜜、蜜蝋、漆、油(桐油)、藍靛、それに石灰・木炭と林産資源も加えた。高原的原野地域的な物産である。

【浙江】

①浙江、湖州府武康県の嘉靖『武康県志』巻四、食貨志、物産、貨之属に、

絲、綿、絹、苧布、麻布、苧、茶、黄紙、靛。9。

天下に有名な湖絲の産地で平野部は養蚕地帯である。ただし絲、絹の他に木綿、麻布、苧を挙げる。天目山系がある。茶、黄紙、靛の産地でもある。

②紹興府新昌県の万暦『新昌県志』巻五、物産志に、

布帛之属、木綿布、葛布、苧布、素綾、土紬、綿紬。6。

貨之属、苧、麻、葛、木綿花、蜜、蝋、草席、蕨粉、櫸粉、油〈有菜油・麻油・桕油〉、紙〈有竹紙・綿紙〉、蚕絲、炭。13。

布帛之属には、木綿布、葛布、苧布、素綾、土紬、綿紬を挙げる。江南繊維生産の中心地の一地方であることが分かる。貨之属としては苧、麻、葛、木綿花の織物原料、蜂蜜、蝋、草席、蕨粉、櫸粉などの農業副業物産を挙げ、次に菜油・麻油・桕油の三種の油をあ

げる。菜油は明後期から盛んになった[17]。麻油は麻の実を搾った油、桕油はなんきんはぜ、とうはぜの油であるが櫨蝋の可能性がある。長江流域以南に多い。そして紙は竹紙と棉紙、当地方の特産である。さらに蚕絲、炭を挙げる。蘇州や杭州など江南大都市には燃料が不足する。さりとて薪ではかさが嵩むようである。木炭商品が要請されることになる。

③紹興府浦江県の万暦『浦江県志』巻二、民物志、土産に、

五穀、芥菜、桑、平湖麻〈出政内郷、長而堅異於他種。惟平湖地有、故名焉〉。

附録、貨類、曰木綿布、曰木綿花、曰蚕絲線、興賢郷出、曰桕油蝋、曰苧布、興賢郷出、曰苧麻、曰麻布、通化・興賢二郷出、曰黄麻、曰茶、二都・三都・二十四都・二十八都出、曰紙、興賢郷出、曰蜜蜂。

五穀、芥菜、桑、平湖麻と農作物を挙げ、附録として貨類を挙げる。木綿布、木綿花、蚕絲線、曰桕油蝋、苧布、苧麻、麻布、黄麻、茶、紙、蜜蜂と挙げ、それぞれの産出郷名を示している。以上の貨類は長江以南の華中地方の代表的物産である。

④寧波府の成化『寧波郡志』巻四、土産考は貨〈共十八種〉として次を挙げる。

絲、綿、紬、絹、布〈苧麻・黄麻・絡麻・綠麻、共四種〉、茶、紙、綿布、腰機布、木綿、麻布、靛青、塩、油、漆、蜜、蝋、油〈麻・菜・荳・桐・桕、五品〉、椶毛、椶帽〈産鄞県〉、蒲帽、椶鞋〈倶産鄞県〉。

府志は所属各県の物産を集積するので数は多い。しかも寧波府は海浜から産地内陸まで地域の自然環境は多様性を持つ。しかも南朝、唐宋時代より明州として海外にも知られた貿易港がある。他地域との経済交流と人的交流は活発だ。絲、綿糸、紬、絹は高級織物、布は各週で苧麻・黄麻・絡麻・綠麻と共に四種ある。茶や紙の生産も多い。次に再び衣類で綿布、腰機布、木綿、麻布と木綿・麻布を挙げる。染料の靛青と海の塩をあげる。次の油は魚油であろう。海産物である。漆、蜜、蝋、油〈麻・菜・荳・桐・桕、五品〉は山林資源を材料とする貨物である。椶毛、椶帽〈産鄞県〉、蒲帽、椶鞋〈倶産鄞県〉は再び海浜の棕櫚の類であるが南方的である。

⑤台州府太平県の嘉靖『太平県志』巻三、食貨志、物産、貨之類に、

茶〈近山処多有之。惟紫高山・鷲鼻山者頗佳〉、

塩〈出迂浦・沙角・高浦・平渓・青林・車路・湖霧、率於二月六月八月間、取土滲滷、用鉄盤煎成。或夏秋多雨、鹹土被傷、即塩貴〉、
蜜〈近山人家多産、岩穴中亦有産者〉、
木綿花〈山田多産。春夏間種、秋開。色白者上、淡黄下〉、
藍靛〈有三種、曰木藍、曰松藍、曰蓼藍。近自汀得種、然終不似汀之宜染〉、
蠣灰〈濱海民率取蠣殻、窴窑炉中焼為灰。細者鏝壁、麄者糞田〉、
黄蝋〈煎家蜂窠成之、佳〉、
白蝋〈小満日、用蟲子、繋冬青樹枝、或苦錦樹枝成、次年小満前数日培之成蝋〉、
紅花〈可用染絳〉、
椶櫚〈一名栟櫚、鬚可作縄、耐水葉可為帚〉、
槐花〈可用染黄緑〉、
桕油〈烏相樹、冬月結白実、可以圧油。王原道詩曰、無燭妻焼烏桕子即此〉、
油燭〈炊烏桕子、取外脂為燭。其仁為心油、合仁脂、為桕油〉、
桐油〈桐実大如鶏子、八月取圧油〉、
香油〈用芝麻圧為油〉、
茶油〈用山茶子圧為油〉、
菜油〈用油芥子圧為油〉、
麻〈有白麻・黄麻・青麻。花老則刈。穴地為大坎、置薪其下、覆以石。燎之紅透。梗以横木、置麻其上、封以泥草、四畔穴小、隙以水沃之、声如雷鳴、其気自蒸、謂之拱黈。麻伺熟曝乾、旋浸以水、剝取其皮、則軟而易緝。今罕種以苧、易緝故也。梅渓人多

緝麻〉、
苧〈一年三収、或四収。出古城桃夏。純用苧功、織布漂白染紅佳。兼絲成者曰苧兼絲〉、葛〈山郷多産、采剥煮熟用水漂白。惟純用葛織布者佳、兼絲次之。転致他郡、染紅紫佳〉、桑絲〈宜為紬絹。今諸家婦女多治蚕、其絲比杭・湖稍次之〉、
柘絲〈作琴瑟絃。清鳴響亮、勝桑蚕絲〉、
綿〈二季蚕繭、多棚綿〉、
紬〈有三四品、以絲成者曰絲紬、合絲為線成者曰合線紬、以綿抽絲成者曰綿紬、以綿絲雑木綿線成者曰仮紬〉、
土紗〈選浄絲染青為之。出関嶼・長嶼〉、
絹〈有二品、以生絲成者名生絹、以靛染絲成者曰練青絹〉、
苧布〈不紡者曰扁紗、俗呼散製、紡者曰円線、俗呼生苧〉、
木綿布〈麄者名蛮布、稍細者名腰機、以苧経合木綿緯成者名散製緯〉、
麻布〈緝麻為之、出梅渓〉、
葛布〈純用葛者曰上路葛、以絲為経、緝葛為緯者曰絲葛、以苧為経者曰淡葛〉、
草席〈出渭川・莞田等処〉、
皀莢〈可用浣膩、又一種名肥皀、可浣衣。南史云黄塵汚人衣、皀莢相料理〉、
金漆〈其木似樗、硒蔓成林。種法以根之欲老者為苗、毎根折為三四、長数寸許、先布於地、一年而発、則分而植之。其種欲疎、不欲密。二年而成。五年而収取汁塗物、似金。宋時入貢。今絶稀少〉、
冶鉄〈鍋・釜・犂・鋤等器、出沢庫街〉。以上33。
台州府太平県の嘉靖『太平県志』巻三、食貨志、物産、貨之類に挙げられている物産の貨の類は茶、塩、蜜、木綿花、藍靛、蠣灰、黄蝋、白蝋、紅花、椶櫚、槐花、桕油、油燭、桐油、香油、茶油、菜油、麻、苧、桑絲、柘絲、綿、紬、土紗、絹、苧布、木綿布、麻

布、葛布、草席、皀莢、金漆、冶鉄の三十三品である。種類も多く、また割註にいう産出地と採集方法、及び製品とするための製造方法など詳細を究める。他地方志の土産、物産の記事の不明な点も理解ができるので一貨ずつ検討しておきたい。

茶は、近山に近い処で多くこれが有る。惟だ紫高山・鵞鼻山者が頗る佳いという。太平県志巻二山川には紫高山は見えるが鵞鼻山は無い。

塩は、迂浦・沙角・高浦・平渓・青林・車路・湖霧に出る。率ね二月六月八月の間に、取土の滲滷を取り、鉄盤を用いて煎成する。或いは夏秋に雨多く、鹹土が傷を被ければ、即ち塩は貴い。県志巻二山川に迂浦や高浦の川名がある。太平県は台州府最南部の海浜地域にあり、海岸線は長い。小河川はすぐ海に入る。塩の生産は天候次第で値が上下する。

蜜は、山に近い人家が多く産し、岩穴中に亦た産する者がある。海に断崖があり、そこに養蜂業者が居るというのである。ここの蜜は家蜂の蜜、蜂蜜である。

木綿花は、山田で多く産す。春夏の間に種え、秋花が開く。色の白なる者が上、淡黄なるが下である。山田で多く産するというのは西嶋氏が松江府東部上海附近が高田地帯で灌漑労働の過重から稲作を棉作に転換したという農作業問題の指摘が連想される[18]。

藍靛は、三種が有り、木藍・松藍・蓼藍とそれぞれいう。近く福建の汀州府より新種を得たが、然して終に汀州の染めの宜には似なかった。福建汀州府産の藍靛の方が染めが宜しいという。福建産の藍は沖縄や徳島県の藍玉を想像されたい。ただ、太平県の木藍・松藍・蓼藍三種について詳細は不詳である。

蠣灰は、濱海の民は率ね蠣殻を取り、窑炉中に置いて焼いて灰と為る。細い者は壁に鏝り、麁なる者は田の糞とする。蠣灰は蠣殻その他の貝殻を焼いて生成した石灰である。江戸を始め、土佐石灰や豊後石灰など近世日本の各地で壁用漆喰及び田畑肥料に用いられた[19]。

黄蝋は、家蜂の窠を煎ってこれを生成するのが佳い。これまで見てきた華北各省をはじめ江蘇・安徽でも物産に蝋名が挙げられていた。蝋は蜜蝋と解しただけであった。黄蝋は、家蜂の窠を煎ってこれを生成するのが佳いというが、佳いの比較は何に対して佳いのだろうか。天然自然の蜂蜜の巣に対してか、蜂以外の虫巣に対してか。次の白蝋が蟲子とあれば、ここでは家蜂と天然蜂との区別とする。

ともかくここで蜂に家蜂の存在を示す明言のあることに注目しておきたい。

白蝋は、小満日に蟲子を用い、冬青樹（もちの木）の枝に繋ぎ、或いは苦錦樹枝に成り、次年の小満前数日に之を培って蝋を生成する。虫＝動物の蝋であり、櫨蝋ではない。

紅花は、用って絳（あか）を染める可しという。

椶櫚は、一名栟櫚、鬚を縄に作るとよく、耐水の葉は帚に為るとよい。他の地方志には船用の綱は棕櫚（しゅろ）の鬚から作るという。

槐花は、用いて黄緑を染めるのがよい。槐花はえんじゅの花である。

桕油は、烏相樹のこと、冬月に結んだ白実は、以て油を圧ることができる。王原道の詩に曰う、燭無し妻は烏桕の子を焼く、即ち此である。桕は南京はぜ、とうはぜと訓じる。中国の華中地方、江南の地志に多く油を取るとする。あるいは工業用の油かも知れない。

油燭は、烏桕の子＝実を炊き、外脂を取り燭を為る。其の仁は心油を為り、仁脂と合わせて桕油を為る。

桐油は、桐実の大なる鶏子の如きを、八月に取って油を圧る。その後、今日まで安徽省の特産だが、はじまりは浙江である。

香油は、芝麻を用って圧り油を為る。芝麻は胡麻のこと。

茶油は、山茶（さざんか）の子（種）を用って圧り油を為る。

菜油は、油芥（あぶらな）の種子を用って圧り油を為る。当地方の食用油は桐油、香油、茶油、菜油の四種である。茶油はあるいは椿油であるかも知れない。食用油が大量に消費される明代の食生活を支える油生産の発生は注目してよい。

麻は白麻・黄麻・青麻が有る。花老いれば則ち刈る。地に穴をあけ大坎を為り、薪を其の下に置き、覆うに石を以てし、之を燎いて紅透になるまで燎く。梗ぐに横木を以てし、麻を其の上に置き、封ずるに泥草を以てす。四畔に穴の小をあけ、隙に水を以て之に沃せば、声は雷鳴の如く、其の気は自と蒸する、謂之を共去と謂う。麻は熟を伺って曝し乾かし、旋浸するに水を以てし、其の皮を剥ぎ取れば、則ち軟にして緝し易し。今罕に種うるに苧を以てするは、易緝の故なればなり。梅渓の人は多く麻を緝ぐ。麻を糸につむぐ過程は案外面倒なものである。日本では縄文時代より麻を利用し、麻布で衣類を作ってきた。日本在来の麻と中国の麻は同じであろうか。中国の麻は難物であるようだ。

苧は、一年に三収、或いは四収という。古城・桃夏に出る。純ら苧の功を用い、布に織り漂白して紅に染めるのが佳い。絲（生糸）を兼せて織成するものは苧兼絲と曰う。苧（からむし、苧麻）も中国では古い衣料原料である。単品で織り漂白した糸を紅に染めるのが佳い。当然紅花が染料だ。注目されるのは生糸との撚り糸を作り、これを苧兼絲という。

葛は、山郷に多く産し、釆り剥いで煮熟し水を用いて漂白する。惟だ純ら葛を用いて布に織るものは佳い。絲を兼ねるものは之に次ぐ。転じて他郡に致し、紅紫に染めるは佳し。葛はその根を葛粉にするが、その茎の繊維でかたびらを作る。純ら葛糸のみ織る布が佳い。生糸との撚り糸に作ったものは二番手である。他郡、恐らくは寧波府か紹興府に葛糸が売られそこで紅紫に染めるは佳しという。地域間の織染技術に格差がある。

桑絲は、宜しく紬絹を為るべし。今諸家の婦女は多く蚕を治し、其の絲は杭・湖に比し稍や之に次ぐ。湖絲の語は明朝宮廷御用の品、右に出る生糸は存在しない。杭州の絲も同様、其の絲は杭・湖に比し稍や之に次ぐとは相当の自負である。

柘絲は、琴瑟の絃を作る。清鳴たる響は亮かにして、桑の蚕絲に勝る。土地の特産の自慢であろう。柘は山ぐわである。

綿は、二季の蚕繭で多く綿にたばねる。真綿（まわた）のことである。多く地方志で綿は真綿、まれに木棉の綿があるから注意したい。その場合で布団棉や冬用衣類の棉入棉がある。明以降の農民が用いる綿はほとんどが棉、木棉である。

紬は、三、四品有り、絲を以て成る者を絲紬と曰い、絲を合わせて線を為り成した者を合線紬と曰い、綿を以て絲を抽き成った者を綿紬と曰い、綿絲を以て木綿線に雑え成った者を仮紬と曰う。つむぎ紬の種類に絲紬、合紬線、綿紬、仮紬の四種有ることをいうが、その製法というより、材料の差違が分かる。ただし、この紬は糸である。なお、糸は桑絲＝蚕絲＝生糸＝絹糸、麻糸、苧糸、木棉糸、その他混紡の糸の数種がある。絲は特に絹糸をさす。

土紗は、浄絲を選び青に染めこれを為る。関嶼・長嶼に出る。土紗は土地の紗の意味。県志巻二山川によれば、関嶼は県西北三十里に在り、長嶼は県東北二十五里にある。茶が佳いとされた紫高山は長嶼にある。なお、嶼は海に飛び出た極小半島である。

絹は二品が有り、生絲を以て成る者を生絹と名付け、靛染絲を以て成る者を練青絹と曰う。絹の銘柄的説明である。生絹と藍染絲製の練青絹のどちらが値が貴いか判断が難しい。

苧布は、紡がざるを扁紗と曰い、俗に散製と呼び、紡ぐ者を円線と曰い、俗に生苧と呼ぶ。これも先の苧と関連させて考える必要がある。

木綿布は、麄者は蚕布と名づけ、稍や細い者を腰機と名づけ、苧の経を以て木綿の緯に合わせて成る者を名散製緯と名づく。西嶋氏の研究を地方的に展開させる必要がある。ただ、後者などを土布と呼ばない点に注意しておく必要があろう。市場は充分に評価しているのである。

麻布は、麻を緝いでこれを為る。梅渓に出る。

葛布は、純ら葛を用いる者は上路葛と曰い、絲を以て経と為し、葛を緝いで緯と為した者を絲葛と曰い、苧を以て経と為す者は淡葛と曰う。葛布の商品価値を高めるために各種糸の特性を活かした様々な混紡が行われる。以上が繊維製品の説明であるが、さすがにこの地域は明の南直隷の蘇州府・松江府また南京応天府や杭州府・嘉興府・湖州府などの周縁に位置する養蚕・紡績・織布地域である。糸と布の両商品体系が各種原料に即して短い文章ではあるが具体的に叙述されている。

草席は、渭川・莞田等処に出る。草製品である。敷物用である。

皀莢は、浣膩を用うがよく、また一種は肥皀と名づく、浣衣に可である。南史に云う、黄塵人衣を汚す、皀莢相い料理すと。皀莢はさいかちのこと、石鹸の代用になるのである。ともかく衣類、繊維製品は汚れが大敵、洗剤が必要だ。充分に貨としての商品性はある。

金漆は、其の木が樗に似、廼ち蔓が林を成す。種法は根之欲老なる者を以て苗と為し、根ごとに折って三、四と為し、長は数寸ばかり、先を地に布き、一年して発芽すれば、則ち分かちてこれを植う。其の種は疎なるを欲し、密なるを欲せず。二年にして成る。五年にして収取して汁を物に塗る、金に似たり。宋の時に貢に入る。今は絶えて稀少なり。最後の下りからこの金漆が宋代に歳貢物品であったと分かる。同時に特産物が貢納とされる内容もまた理解されるのである。
冶鉄は、鍋・釜・犂・鋤等器、沢庫街に出る。これは太平県城内沢庫街の製造物品である。当然、匠戸鉄匠の製造である。
台州府太平県の嘉靖『太平県志』巻三、食貨志、物産、貨之類の説明は有意義である。それでも、嘉靖『太平県志』巻三、食貨志、民業には次のような地域産業の構造分析をする発言がある。

太平無富商・巨賈。巧工民不越乎以農桑為業。間有為賈者、塩利大、魚次之。已而商次之、工又次之。

太平は富商・巨賈無し。工に巧みの民も農桑を以て業と為すに越えず。間ま賈と為る者有り、塩の利は大、魚は之に次ぐ。已にして商は之に次ぎ、工は又た之に次ぐ。

太平県に富商・巨賈は居ない。地域住民で物造りの工に巧みの民といっても農業からの富に及ばない。この地の坐賈は塩取引が第一、魚が次である。業者は多分県外の人であろう。物産貨物を以て余所の地へ商業する者はその下、工匠はさらに下である。続いて言う。

今志之可著、則有業於農者〈或田而稼、或圃而蔬、或水而漁、或山而樵、或畬而種植、或操舟于河、或取灰于海、或為版築、或為傭工、各食其力而無、或惰焉。〉

今志の著す可きは、則ち農を業とする者有り、或いは田にて稼し、或いは圃にて蔬し、或いは水にて漁りし、或いは山にて樵し、或いは畬にて種植し、或いは舟を河に操り、或いは灰を海に取り、或いは版築を為り、或いは傭工を為し、各々其の力を食して無くんば、或いは惰なり。

ここには中国農民の農業経営の構造のモデルがある。農を業とする者は水田で主穀の稲作を行う。次に園圃で蔬菜栽培を行い、当然、地方市場に販売する。次に水路河海で魚漁を行う。次に開墾田の畬田に種植する。次に舟を河川に操縦して運送業を営む。次に灰を海に取る。これは先の蠣灰、蠣殼石灰であろう。[20]次に版築を為りとは土木建設をするのである。次に傭工として日当目当ての手間賃稼ぎをする。各々その労働力を使って食事が得られなければ怠惰者である。中国農業の農工未分離どころでない、農間稼ぎは何でもする。過小零細小経営の実態なのである。

さて、次は工について言う。

業於工者〈八都長嶼石倉山有攻石之工、二十二都梅渓有攻木之工、又槃県有竹工・皮工・染工、有縫衣之工、有捆屨織席之工、率不甚精。〉

工を業とする者は、太平県八都の長嶼石倉山に攻石之工有り、二十二都梅渓に攻木之工有り、又槃県に竹工・皮工・染工有り、縫衣之工有り、捆屨織席之工有り、率ね不甚だしくは精ならず。

太平県八都の長嶼や二十二都梅渓はすでに出てきた太平県下の郷村部というより山谷渓流の石木産地であり、そこに石工や木工が居る。竹工・皮工・染工・縫衣之工・捆屨織席之工等も前章に見た匠戸達である。ただ、土地の特産物生産事情に従って、これら職種の工匠があげられているのである。

さて、次は商について言う。

遠而業於商者〈或商于広、或商于閩、或商蘇・杭、或商留都。嵊県以上、載于舟、新昌以下、率負担運於陸。由閩・広来者、間用海船。〉

遠くにて商を業とする者は、或いは広（広東）に商し、或いは閩（福建）に商し、或いは蘇・杭に商し、或いは留都（南京）に商す。嵊県以上は、舟に載せ、新昌以下は、率ね負担して陸に運ぶ。閩・広由り来る者は、まま海船を用う。

台州府最南部の海辺に位置する太平県の商人の活動範囲は南方は福建、遠くは広東で、北方は蘇州・杭州、遠く南京までである。北方は紹興府嵊県以遠は船運で、同府最南部の新昌県までは陸路の負販である。福建・広東から来る者はまま海船に乗る。

さて、次は賈について言う。

近而業於賈者〈或貨食塩、率担負鬻于本県諸民家。近年始用船載鬻于天台・仙居、率至中津橋閲税云。或貨米穀、毋敢越境。或貨材木、率於黄嵒西郷諸山、近年有至温州・閩中者。或貨海魚者、率用海舶、在附近海洋、網取黄魚為鮝、散鬻于各処、頗有羡利。又有以扈箔取者皆雑魚、厥利次之。貨海錯者、率在海塗、負担鬻于県境諸民家。其次則屠酤、亦有利。按官法禁屠牛、即有牛合屠者、亦必告諸官、帰皮角筋骨云。惟屠豕自城市及郷村、率有之。一豕之利、常十之二。酤在宋・元時、有榷税、今免焉。大率用糯米五斗麹一斗、造酒一壜、燔而熟之、越歳不敗、為老酒。用糯米二斗麹五升、造酒一壜、随時食用、為時酒。又有金酒、則以麹為麺。緑豆酒以豆為麹。菊花酒以乾菊花為麹。其製率如老酒、而味加美。計其所得糟截、足以償酒工及薪樵。而酒之利、率十之四五云。又其次有貨雑物肆而居者、比比不能尽者。〉

近くにて賈を業とする賈者は、或いは食塩を貨とし、率ね担負して本県諸民家に鬻ぐ。近年始めて船を用いて載じて天台・仙居に鬻ぐに、率ね中津橋に至りて閲税すと云う。或いは米穀を貨とするも、敢て越境する毋かれ。或いは材木を貨とし、率ね黄嵒西郷諸山に於いてするに、近年温州・閩中に至る者有り。或いは海魚を貨とする者、率に海船を用い、附近の海洋に在りては、網にて黄魚を取り鮝と為し、各処に散鬻して、頗る羨利有り。又扈箔を以て取る者有るも皆雑魚なり、厥の利は之に次ぐ。海錯を貨とする者は、率ね海塗に在り、負担して県境諸民家に鬻ぐ。其の次は則ち屠酤、亦利有り。按ずるに官は法にて屠牛を禁ず、即ち牛合に屠すべき者有らば、亦必ず諸を官に告げ、皮角筋骨を帰すと云う。惟だ豕を屠るは城市より郷村に及び、率ね之れ有り。一豕之利は、常に十之二なり。酤は宋・元時に在り、榷税有り。今は免ず。大率糯米五斗麹一斗を用いて、酒一壜を造り、燔いて之を熟め、歳を越して敗れずを、老酒と為す。糯米二斗麹五升を用いて、酒一壜を造り、随時に食用するを、時酒と為す。又金酒有り、則ち麹を以て麺と為す。緑豆酒は豆を以て麹と為す。菊花酒は乾菊花を以て麹と為す。其の製は率ね老酒の如くして、而して味は美を加う。其の得る所の糟截を計り、以て酒工及薪樵に償うに足る。而して酒の利は、率ね十之四五と云う。又其の次は雑物を貨とし肆にて居する者有り、比比として尽す能わざる者なり。

台州府管内で坐賈、すなわち地場商人として商売する者の業種は次である。塩商人、米穀商、材木商、海魚商、海錯＝海産物商、屠殺業者、酒造業者、雑貨商、等である。塩商人は本来担負であったが、最近船運で天台・仙居に販売する。塩は厚利が上がるが、湿気を嫌う。陸路が宜しいが輸送費がコスト高になっているというのであろう。米穀商は販売範囲の規制が厳しい。材木商はかつては台州府管内地区で調達できたが、今は南方の浙江最南部の温州府や福建に材木を買う。海魚は近海物の黄魚を網で取り鮝（干し魚）と為して各地に販売して巨利を博す。扈箔漁は雑魚である。[21] 海錯とは豊富雑多な海産物をいう。加工保存用にして俵物にし、各地に販売する。明代は中華料理の揺籃期である。次に牛、豚の屠殺業がある。この中国の伝統は超古い。戦国時代の孟子に出てくる。豚殺しの利益は二割という。次は酒。記事の半分を費やす。宋元時代に酒税があったが、明代は無しという。糯米原料の老酒が基準である。酒の製造を禁じた明太祖が糯米種の作付けを禁じたことはすでに紹介した。老酒の他には、製造してすぐ飲む時酒、金酒、緑豆酒、菊花酒等がある。菊花酒は華北の山東や河北で先に見た。海のルートで当浙江から北上したかも知れない。ともかく酒造利益は高いという。

此外又有業医、業巫、業星命、業卜筮、業僧道之流。乃若業儒、而為士不過数十家已耳。古者四民各専其業、而世習之、即無常業、則為遊惰疲民、載師・閭師得以罰懲。我朝大誥天下、亦有互知丁業之条。漢史臣作貨殖志、謂安邑千樹棗、燕秦千樹栗、蜀漢江陵千樹橘、斉魯千畝桑、渭川千畝竹、以及万家之城千畝薑韭、此其人皆与千戸侯等。吾邑地狭土瘠、即不能千然、而種種亦各有宜。其近山地宜種榛栗□□木綿、近海地宜種柑橘及桃、近渓地宜種松、人家傍隙地宜種桑、其墻下宜種椶、城市鎮地宜種薑韭〈以買者多〉、園圃宜種果瓜菘芥藍。它可類推。顧其機在長民者、誠能作之労之、重本抑末、以成其畳畳、此皐陶在安民之説也。

此の外に又医を業とし、巫を業とし、星命を業とし、卜筮を業とし、僧道之流を業とする有り。すなわちもしくは儒を業とするも、而して士為るは数十家に過ぎざるのみ。古者四民各々其の業を専らにし、而して世々之を習い、即ち常の業無くんば、則ち遊惰の疲民為り、載師・閭師は得て罰懲を以てす。我朝は天下に大誥し、亦互に丁業を知らしむの条有り。漢の史臣は貨殖志を作り、謂えらく安邑の千樹の棗、燕秦の千樹の栗、蜀漢江陵の千樹の橘、斉魯の千畝の桑、渭川の千畝の竹、以て万家之城の千畝薑韭に及ぶ、此れ其の人皆千戸侯と等し。吾邑は地狭く土瘠せ、即ち千然たる能わず、而して種種亦各々宜有り。其れ山地に近きは宜しく榛栗□□木綿を種うべく、海地に近きは宜しく柑橘及び桃を種うべく、渓地に近きは宜しく松を種うべく、人家の傍の隙地は宜しく桑を種うべく、其の墻下は宜しく椶を種うべく、城市鎮地は宜しく薑韭〈以買者多〉を種うべく、園圃は宜しく果瓜菘芥藍を種うべし。它は類して推る可し。其の機在を顧みて民を長ずる者は、誠に能くこれを作しこれを労し、本を重じ末を抑え、以て其の畳畳たるを成す、此れ皐陶安民之説に在るなり。

その他医、巫、星命、卜筮、僧道之流をそれぞれ業とする者がいる。そして儒を業とする者であるが、我が県に儒の戸は数十家だけである。明太祖は御製大誥で丁業の必要を知らしめた。そして以下、司馬遷『史記』貨殖列伝[22]を引き、各地方地方で土地に宜しい商品作物を千の数で栽培すれば諸侯に匹敵する富が得られるとする。まさに諸地方物産貨属の源流的指摘である。挙げられた地方と物産は安邑、河南の棗、燕秦、河北・陝西の栗、蜀漢江陵、四川・漢中・湖北の橘、斉魯、山東の桑（原文は桑麻）、渭川、甘粛陝西渭水沿岸の竹であるが、他に淮北常山已南河済の間の千樹の萩（梓）、陳夏（不詳）の漆がある。さて、太平県は地狭く土瘠せ、とても千然たるは不可能だが、山地に榛（はしばみ）・栗等、海地に柑橘・桃、渓谷に松、人家の隙地に桑、家近くの墻下に椶（棕櫚）、城市鎮地の市街地には生薑や韮（にら）、園圃は果・瓜・菘菜・芥菜・藍をそれぞれ植えるとよいという見事に地域振興型通商産業政策を打ち出しているのである。

台州府太平県は古い県である黄巌県からその地の南部海岸の太平郷を以て成化五年（一四六九）十二月に分県した。新県であるがゆえに地域振興が必要である。次にその黄巌県を見よう。

⑥台州府黄巌県の万暦『黄巌県志』巻三、食貨志、物産、貨之属に、

茶〈近山多有。惟黄土嶺・寧渓・岕山者佳〉、蜜、木綿花〈本島夷所産。元時方入中国〉、藍靛〈有木藍・蓼藍。其細葉者、曰細靛〉、蠣灰〈蠣殻焼之。為圬者、用亦可糞田〉、黄蝋〈煎蜂窠成之〉、白蝋〈小満日、用蟲子、繋冬青樹、或苦綿樹枝、次年小満前数日培之成蝋〉、紅花〈可染絲〉、椶櫚〈可作縄及雨具〉、槐花〈可染黄緑〉、桕油、桐油、香油〈即芝麻油〉、茶油〈山茶子為之〉、菜油〈油芥子為之〉、苧〈一年三収、可織〉、絡麻、葛〈純葛為布、最佳。或兼絲、或兼苧〉、桑絲〈用為紬絹〉、柘絲〈宜絃琴瑟〉、綿〈原蚕繭為之〉、紬〈有綿紬・平紬・綿紬〉、絹〈有生絹・熟絹・土紗〉、布〈有苧布・綿布・葛布〉、草席〈灯心草為之〉、皀莢、金漆・炭・塩〈煮海而成、灑土取鹵。以蓮子重者試之鹵、浮三蓮四蓮味重、五蓮尤重。蓮子取其浮而直、若二蓮直、或一直一横、即味差薄、若更薄、即蓮沈於底而不成塩。其法由宋姚寛。今或用鶏子試之、亦以浮沈為鹵厚薄〉。

茶〈山に近く多く有り。惟だ黄土嶺・寧渓・岕山なる者は佳し〉、

蜜、
木綿花〈本は島夷の産す所。元の時に方めて中国に入る〉、
藍靛〈木藍・蓼藍有り。其の細葉なる者は、細靛と曰う〉、
蠣灰〈蠣殻これを焼く。圬為る者は、用って亦た田に糞す可し〉、
黄蝋〈蜂の窠を煎りこれを成す〉、
白蝋〈小満日に、蟲子を用って、冬青樹、或いは苦綿樹の枝に繫げ、次年の小満前数日にこれを培して蝋を成す〉
紅花〈絲を染める可し〉、
椶櫚〈縄及び雨具を作る可し〉、
槐花〈黄緑を染める可し〉、
桕油、桐油、香油〈即ち芝麻油〉、茶油〈山茶子これを為る〉、菜油〈油芥子これを為る〉、
苧〈一年三収、織る可し〉、絡麻、
葛〈純ら葛を布を為る、最も佳し。或いは絲を兼ね、或いは苧を兼ぬ〉、
桑絲〈用って紬絹を為る〉、柘絲〈宜絃琴瑟〉、綿〈原蚕繭これを為る〉、
紬〈線紬・平紬・綿紬有り〉、絹〈生絹・熟絹・土紗有り〉、布〈苧布・綿布・葛布有り〉、
草席〈灯心草これを為る〉、皀莢、金漆・炭・
塩〈海を煮て成し、灑土鹵を取る。蓮子の重き者を以て之を鹵に試み、浮くこと三蓮四蓮なるは味重く、五蓮なるは尤も重し。蓮子は其の浮を取りて直つ、若し二蓮の直、或いは一直一横なるは、即ち味差や薄し。若し更に薄きは、即ち蓮は底に沈みて塩と成らず。其の法は宋の姚寛に由る。今或いは鶏子を用いてこれを試み、亦浮沈を以て鹵の厚薄と為す〉。

太平県志に加えた貨は炭だけである。説明も最後の塩の鹵の厚薄測定方法の追加ぐらいであろう。黄巌県志と違う個所は多くない。

太平県志ほど地域物産についての熱意は感じられない。それでも他地方の方志に比べればはるかに詳細である。前代の嘉定『赤城志』以来の伝統が台州府にはあるのであろう。なお、木綿花について、本は島夷の産す所。元の時に方めて中国に入るというが、海南島からの黄道婆伝承[23]を述べている。

⑦温州府楽清県の永楽『楽清県志』巻三、土産に、

枲之品、苧、黄麻、絡麻。

帛之品、絲〈麤類不堪経絲〉、綿、絹、木綿、吉布〈或称吉貝〉、麻布、苧布。

貨之品、茶、塩、蜜、綿花、藍靛、蜃灰、黄蝋、炭、草席、菜油。10。

枲之品は、苧、黄麻、絡麻と全て麻である。帛之品は、絲、綿、絹、木綿、吉布、麻布、苧布と一応絹、木綿、麻布と揃っているが、絲は麤類で経絲に堪えずといい、絹製造は不十分であろう。また、吉布〈或称吉貝〉を木綿とともに挙げ、貨に綿花がある。区別があるのだろうか。さて、貨は十品、ほぼ上掲台州府黄巖県志と同じであるが、蜃灰が注目される。蜃灰とは蠣灰のこと。蜃は大蛤である。気を吐けば楼台を現すという。蜃灰、また蜃炭ともいい、牆壁に塗って湿気を防ぐ。『周礼』秋官に見える。

⑧厳州府淳安県の嘉靖『淳安県志』巻四、貢賦、物産、貨に、

絲、綿、紗、絹、紬、綾、布、苧、紙、茶、漆、蜜、蝋、油、燭、柴、炭、椶、箬、末香、石灰。21。

ここも宋元時代の厳州府志に比較的詳細な物産の記載があった地方である。絲、綿、紗、絹、紬、綾、布、苧の全繊維製品から、紙、茶、漆、蜜、蝋、油、燭以下の商品作物的加工貨物が並ぶ。浙江も内陸部の山岳森林地帯だけに林産業の貨が柴、炭、椶、箬、末香、石灰と多い。海岸海浜地帯の蠣灰、貝灰に対して石灰岩を原料とする石灰が挙げられている。

【江西】

①江西、九江府の嘉靖『九江府志』巻四、食貨志、物産に、

食用之属

布帛〈苧布績蔴為之。葛布績葛為之。以上多出徳安。綿布、麄者曰土布、細者為腰機。以上多出徳安・瑞昌・彭沢。叢絹象眼綾出瑞昌〉。

絲〈五邑倶産、終不如呉絲之精潔耳。故名曰土絲〉。

棉〈五邑倶産。惟徳化封郭・桑落二洲者、核小而絨多〉。

茶〈五邑倶産。惟廬山者、味香可啜〉。

苧蔴〈多出徳安〉。白蔴〈出徳化三洲〉。絲蔴〈可以為紼繂者〉。蔴穰〈即苧之末雑、可以造舟。出徳安・瑞昌〉。

漆〈出瑞昌〉。桐油〈出瑞昌〉。紙〈楮皮紙出瑞昌、草紙出徳安〉。筆〈五邑倶有〉。

紅花〈五邑倶種〉。藍靛〈有木藍・蓼藍二種〉。

蜜〈多出瑞昌〉。蝋〈有黄・白二様。倶出瑞昌〉。篦〈徳化鈔関前及楊家穴造者可用〉。

亀板〈性霊可卜〉。無名土〈入漆。出徳化濂渓書院嶺麓〉。以上、20。

九江府は徳化・徳安・瑞昌・湖口・彭沢五県である。ここも浙江の台州府や厳州府の物産の記事と同じく、各品物についての説明を行う。個別に見てみよう。


布帛について、苧布は蔴を績いで之を為る。葛布は葛を績いで之を為る。以上は多く徳安県に出る。綿布、麄なる者を土布と曰い、細なる者を腰機と曰う。以上は多く徳安・瑞昌・彭沢に出る。叢絹・象眼綾は瑞昌に出る。布帛は四種、苧布は蔴の苧布、葛布、綿布、叢絹・象眼綾の絹である。特に綿布の説明が詳しい。その粗悪な下級品を土布といい、織りの繊細な高級品を腰機というとある。腰機は通常品を織る織機で、居坐機と呼ばれるものであるとされる。[24]九江府志は綿布の細なる布をいうとある。腰機で織ったからその布の名になったのであろう。ということは、長江下流の松江府棉業では通常品は腰機で織られており、江西九江府の高級品と匹敵するということかも知れない。江西でも土布と呼ばれる品だけでなく、全国に流通できる綿布が徳安・瑞昌・彭沢三県で生産されたことが分かる。[25]絹製品は叢絹・象眼綾と呼ばれる銘柄が瑞昌県で織られた。

絲は、五邑倶に産し、終に呉絲の精潔に如かざるのみ。故に名づけて土絲と曰う。呉絲は湖絲をはじめ蘇州・嘉興・杭州、また応天府南京など長江下流の生糸をいう。江西九江府産生糸は遂に呉絲に品質が及ばないので土絲とよばれた。

棉は、五邑倶に産す。惟だ徳化の封郭・桑落の二洲なるは、核小にして絨多し。この実核を綿花から外す作業がひと仕事である。核が小さければ良い綿花だというのであろう。

茶は、五邑倶に産す。惟だ廬山なる者、味香可啜る可し。廬山は超有名な聖地である。その茶は自然と味も香も佳い。

苧蔴、白蔴、絲蔴については特定産地の県名をあげるのみ、ただ蔴穣は即ち苧の末雑で、以て舟を造る可し。徳安・瑞昌に出づとあるのは長江沿岸に所在する当地の船隻の帆や綱用に使われる繊維製品の由来を示している。

漆、、桐油は産地の県名のみ、紙は楮皮紙が瑞昌に出、草紙が徳安に出るとする。

筆、紅花は産地の県名のみ、藍靛は木藍・蓼藍の二種がある。これは浙江⑧台州府黄巌県の指摘と同じである。蜜は県名のみ、蝋は黄白二様が有り、倶に瑞昌に出る。筦は徳化県所在の鈔関の前及び楊家穴で造る者は用う可し。亀板は性霊を卜う可し。無名土は漆に入れる。徳化の濂渓書院の嶺麓に出る。最後は江西も陽明学派の盛んな土地柄である。紙や筆の文具用品や筦（かめ）・亀板と合わせて文化的工芸特産である。

以上の九江府物産について、その各県ごとに分けた物産を書き出してみよう。

徳化県、絲・棉・茶・筆・紅花・筦・無名土。

徳安県、布帛〈苧布、葛布、綿布〉、絲・棉・茶・苧蔴・白蔴・蔴穣・紙〈草紙出徳安〉・筆・紅花。

瑞昌県、布帛〈綿布〉・絲・棉・茶・蔴穣・漆・桐油・紙〈楮皮紙出瑞昌〉・筆・紅花・蜜・蝋〈有黄・白二様〉

湖口県、絲・棉・茶・筆・紅花。

彭沢県、布帛〈綿布〉・絲・棉・茶・筆・紅花。

特に九江府志物産で多くの品に県名が挙げられていた瑞昌県について瑞昌県志で再確認しよう。

②九江府瑞昌県の隆慶『瑞昌県志』巻一、輿地志、物産、貨に、

絲、茶、苧、紙、靛、漆、木綿、桐油、葛、紅花。10。

筆が記されていないくらいで殆どの物産が共通している。

③撫州府の嘉靖『東郷県志』巻上、土産十一、貨之属に、

紬、俗不治蚕。然間民亦有市繭、紬絲以織紬者。

棉布、東郷女紅、多習紡織、聚万石塘而市之。其棉花則多給於外省。

夏布、苧為之。不練者為生布。練者為熟布。

黒砂糖、煎蔗為之。

鉄、宋建冶於県東。凡四処、羅首坪方・小漿炉・赤岸炉・金峯炉、歳有鉄課。不知廃於何時。産鉄之処、今不可復尋也。

煤炭、出二十八都他石岡。東郷無大川、輦致甚難。故不用。惟隣邑之民、車輦船載、鬻以代薪。

石灰、二十八都草港、伐石作窰、焼之。

苧蔴、絹夏布。棉花、作木棉布。茶。黄蝋、蜂蜜租。木油。桐油。藍靛。

諸物、東郷惟茶・布・砂糖、人多市之、鬻於外省、余不甚多。14。


撫州府の嘉靖『東郷県志』は短文ながらポイントを良く押さえた当地の諸物産の事情を物語る。繊維関係では、まず紬は、土地の俗では養蚕をよくしない。然るに間ま民はそれでも繭を購買してきて、絲に紬ぎ以て織紬に織るものが有るという。次に棉布は、東郷の女性の仕事として、多く紡織を習い、万石塘に聚まってこれを販売する。其の棉花は多く外省から供給する。西嶋定生氏は江西全体、綿花は不足しており、これを河南や湖広から輸入したものとしている。(26) ただ、西嶋氏は清代康熙の地方志によって明代を推測したもので明代の事情だとするには無理があった。この東郷県志により明代の事情が実証された。次に、夏布は、苧をもってこれを為る。練らざる者は生布と為し、練る者は熟布と為す。生布と熟布の差は練るか否かの技術的差であった。いずれによっても当地江西の撫州府東

郷県の織物紡績、織布業は、蚕繭や綿花といった原料を他から購入しても糸、布の製品に加工する技術伝統を有していたことが分かる。次に黒砂糖、煎蔗でこれを為る。極く短い文章の内に黒砂糖に対する土産貨之属としての重要性が分かるが、未だ萌芽的段階であろう。次に鉱産物三点、まず鉄は、宋代に鉄冶を県東に建てた。凡そ四処、羅首坪方・小漿炉・赤岸炉・金峯炉であり、歳ごとに鉄課が有った。何時に廃されたかを知らない。鉄を産した処は、今は復た尋ぬ可くもない。鉄は過去の土産、物産である。なぜ殊更に挙げるのだろうか。福建や広東でも然りであるが、生産高が減少して官冶が廃止され放置された鉱山は民が密かに私的に採掘をする。それも民の極小経営である。次に煤炭、すなわち石炭は二十八都他石岡に出る。東郷県には大川が無く、輦致が甚だ難しい。故に用いない。惟隣邑の民は、車輦して船載し、鬻して以て薪に代える。石炭は薪に代わる貴重な燃料であるが、重量物品であって船運が無ければ運搬コストが掛かり、採算が合わない。東郷県に大川は無いので当面採掘事業に採用しない。隣県の民は山中から車で河川の地まで運び、そこから船運で積み出している。撫州府東郷県から北東へ山越えすると饒州府安仁県がある。白塔河が流れ鄱陽湖へ流れている。三番目の石灰は、同じ二十八都の草港にあり、石を伐って窯を作り、これを焼く。日本では七輪焼という日本発明の窯＝竈自体を用いて石灰を焼いた[27]、中国の竈はいかなるものか知りたいところである。

その他、苧蔴は夏布を緝ぐ。棉花は木棉布を作る。茶。黄蝋は蜂蜜の粗。木油。桐油。藍靛と挙げる。そして東郷県土産貨之属の結論として、諸物について東郷県は惟だ茶・布・砂糖は、人が多くこれを市い、外省に鬻ぐが、余は甚だしくは多からず、という。14。

③臨江府の隆慶『臨江府志』巻六、農政、土産、貨に、

棉花、木棉布、苧布、煤炭、青靛。5。

貨は、棉花、木棉布、苧布、煤炭、青靛の五物産、木綿関連三品と苧布と燃料用煤炭（石炭）と土地の人の日用必需品だけである。

④建昌府の正徳『建昌府志』巻三、図籍、帛之属に、

紬〈有以湖絲成者為籠絲紬、有以繭綿抽絲成者為綿紬、有以綿絲雑木綿紗者為仮紬〉。

絹〈郷人貨湖絲成之。多瑕類、僅可作衣裏〉。

苧麻〈不紡者曰扁紗布、紡之者曰円線布〉。

葛布〈以蕉葛皮雑紡為之、僅足供僕隷之用而已〉。

土㲲〈朴素若此方土綾。近廼織竹葉筆管花様、亦紕類不足観也〉。

綿布〈其麄者名蛮布。稍細者名頓布。名腰機布、其価貫不及江南梭布之半而已。俗倹且嗇、故宜之〉。

正徳『建昌府志』には図籍、帛之属という項目しか見えない。説明が重要である。まず、紬は、湖絲を以て成る有るは纔絲紬と為し、繭綿を以て絲を抽して成る有るは綿紬と為し、綿絲を以て木綿紗に雑う有るは仮紬と為す。紬は纔絲紬・綿紬・仮紬の三種である。当然それぞれの製法が分かる。絹は、郷人は湖絲を貨いてこれを成す。多く瑕類にして、僅かに衣裏に作る可し。浙江湖州府産の絲を貨として購入し、それを原料として絹を織るが、多く低級品で、わずかに着物の裏地用にするくらいだ。次に苧麻は、紡まざるを扁紗布といい、これを紡いだものを円線布という。次に葛布は、蕉・葛の皮を以て雑えて紡いでこれを為り、僅かに僕隷之用に供するに足るのみ。葛布は[28]、ここでは芭蕉の皮と葛の皮をもって混紡して作る僕隷用の野良着的下級品である。土㲲は、朴素なること此の方の土綾の若し。近くは廼ち竹葉筆管花様を織り、亦た紕類なるは観るに足らない。織る技術が低級なのか土㲲もまた土紬同様に観るに足らないと言われる。最後の綿布については注目すべき言がある。

綿布は、其の麄なる者は蛮布と名づく。稍や細なる者は頓布と名づく。腰機布と名づくは、其の価貫は江南梭布の半に及ばざるのみ。俗は倹且つ嗇、故にこれに宜し。

綿布は地方地方で名称が違う。この地では麄、低級品を蛮布、やや細なる者は頓布、高級は腰機布であるが、江南梭布、すなわち最高級品たる三梭布の価格の半にも達しない。質素倹約の土地柄に合った綿布である。以上要するに建昌府の繊維製品は地元消費だけの物産であるというのである。
⑤吉安府の嘉靖『永豊県志』巻三、物産に、
在食物、曰茶〈充歳貢〉、曰蕨粉〈旧乗云、産永豊〉、曰筍〈有冬笋・春笋〉、曰早荷心〈一名蓮心、出二十七都〉、曰石蝓〈土人訛

呼為石郎。出十五都山谷間。性熱、食之去瘋。類肖蝦蟇。両広多有之、謂之山鶏、即此〉、曰石乳〈出永豊山〉、曰石耳〈性涼。生白石嶺、不多〉、曰甜珠〈類錐栗而小〉、曰栗〈出十三都、大而甘甜〉、曰石榴〈土名呼為石榴子。出四十九都。其大有似碗者〉、曰石碌〈味酸寒無毒。一名緑青。本草云、即信州石碌、是也〉。11

在器物、曰紙〈旧志云、楮皮紙。出自湖広。今永豊県東郷亦造之。有連四、有沓呈、有呈文。出十都〉、曰白蝋〈可澆燭。土人名冬青蝋。出三十三都〉、曰紬〈旧志云、永豊産。以絲成者曰叢絲紬、以綿抽絲成者曰綿紬、以絲雑木綿線成者曰仮紬〉、曰灯籠〈以細篾為之。六方如梔子様〉、曰草席〈以蓆草為之。出三十三都。比蘇席稍粗〉、曰絽燭〈絽油灌之。六県皆有。永豊稍佳〉、曰銕作〈投壺盥架之類。細巧可用〉。7。

在貨物、曰銀〈旧志、出柘洋坑、在永豊県東六十里。比因閩浙盗竊、甚為地方騒擾。旧設官軍守衛。後革。惟僉民兵分守、尚歳費数百金。幸際聖明之日、封禁其山。民免荼毒之苦。〇夏太僕尚朴題、平洋坑詩云、茲山信奇特、宝気夜光寒、何不鐘英傑、坐令天下安〉。

吉安府は江西中央の西部に在り、山越えで湖広湖南の長沙府茶陵州に出る。江西第一の大河の贛江を溯り山を越えて広東に出る。食物では、まず茶は歳貢品である。次に蕨粉、筍〈有冬笋・春笋〉、早荷心〈一名蓮心〉、石蝓、石乳、石耳、甜珠、栗、石榴、石碌という地方物産を挙げる。石の付く名称の物多く、地元消費が殆どであろう。これを食すと効能があるというのも地方的知識であるが、石蝓について土人訛って石郎と呼ぶ。性熱なりとする。両広、すなわち広東広西地方で之を山鶏と謂うのが即ち此の物だという。大蛙である。石耳は性は涼なりとする。他の物は産地の県所在を示すのみであるが、石碌について、味酸寒毒無し。一名緑青。本草に云う、即ち信州（広信府）の石碌とは、是であると。他の地方にも知られた薬膳的食材である。

次に器物についても、割註に説明が詳しい。まず紙、旧志に云う、楮皮紙なり。もとの産出は湖広よりであった。今永豊県の東郷で亦た之を造る。連四有り、沓呈有り、呈文あり。江西は紙の特産地であり、さすがに連四紙、沓呈紙、呈文紙と名称を持つ指定銘柄がある。ただ、元は湖広地方で産出した。現在は当の吉安府永豊県でも生産している。次に白蝋は燭を澆ぐ可し。土人は冬青蝋と名付くというが、浙江⑤の嘉靖『太平県志』巻三、食貨志、物産、貨之類に、冬青樹が関係することを連想する。次に紬紙、これも旧志を引いて、永豊産す。絲を以て成る者を叢絲紬と曰い、綿を以て絲を抽き成る者を綿紬と曰い、絲を以て木綿線に雑えて成る者を仮紬と曰う。先の江西④正徳『建昌府志』の籠絲紬・綿紬・仮紬の三種の紬の説明と同じである。籠絲紬と叢絲紬は同一であろう。次に灯籠は細篾で之を為る。六方梔子の様の如し、草席は蘇席に比較して稍や粗い。絎燭は、絎油でこれを灌る。吉安府六県皆有るが、永豊県は稍や佳い。銕作は、投壺盥架之類。細巧は用う可し。

以上から吉安府永豊県の器物の産物が説明される。紙以外はやや地方的産物であろう。

三項目は貨物であるが、銀についてのみ説明される。銀は旧志では、柘洋坑に出た。所在は永豊県東六十里である。比ころ閩浙、福建浙江の盗竊があり、甚だ地方の騒擾と為った。旧と官軍守衛を設け、後に革めた。惟だ民兵を僉め分守させたが、尚お歳費は数百金。幸い聖明之日に際し、其の山を封禁した。民は荼毒之苦を免がれた。○夏太僕尚朴の題に、平洋坑の詩に云う、茲山は信に奇特、宝気夜光寒く、何ぞ英傑を鐘うたず、坐して令天下を安からしめん、と。銀鉱山があったが、盗掘の騒擾は地域の治安問題として難物で、現在は封禁策によって凌いでいるという。浙江、福建、江西、広東らの銀山、鉄山の一般的趨勢を物語る一齣である。

⑥袁州府の正徳『袁州府志』巻二、土産に、

布帛、棉布、苧布〈官税所徴〉、葛布〈績葛為布。有兼絲者〉、絹〈宜春・萍郷間出〉、紬、土綾〈出萍郷。土産之絲麁類〉。6。

物貨、茶、茶油〈茶子搗之為油〉、桐油、棕毛、火紙、白蝋、木炭、石炭、蜜、竹紙、草席〈出萍郷、甚麁。名龍鬚草、生田中〉、

燈草〈出萍郷、生沢中〉、鉄。13。

布帛が棉布、苧布、葛布、絹、紬、土綾とあるが、土綾は萍郷県に出、土産之絲で麁類なりといい、江西繊維産業の一般的趨勢を現す。物貨は、茶、茶油、桐油、棕毛、火紙、白蝋、木炭、石炭、蜜、竹紙、草席、燈草、鉄であるがあまり見るべきものはなさそうである。

⑦江西最南端部の贛州府の嘉靖『贛州府志』巻四、食貨志、物産、十県、貨に、

茶、蜜、藍靛、苧、麻、菜油、麻油、桐油、木油、白蝋、黄蝋、絲紬、葛布、苧布、麻布、竹布今亡、金、雩都・瑞金産、銀、贛県・雩都・会昌・瑞金産、旧有場、銅、虔産、旧有場、鉄、興国産、錫、安遠産、旧有場、鉛、寧都産、旧有場、今倶亡。

茶、蜜、藍靛はこの地とすれば高額な商品であろう。苧、麻は地元消費の衣料である。菜油、麻油、桐油、木油も地元家庭用食油である。白蝋、黄蝋と絲紬、葛布、苧布、麻布も江西一般の織維織物業の技術水準から他省へ輸出される程度ではなかろう。ただ、贛州府は一山越えれば広東である。物産に有無の関係があれば、北部江西省より省外へ物資が運ばれることは考えられる。竹布は今は亡んだ。原料が無いのではない。消費が無くなったのであろう。後半は金、銀、銅、鉄、錫、鉛の金属資源、鉱物についてである。金は雩都県と瑞金県産というが場の記載はない。銀は贛県・雩都県・会昌県・瑞金県産、旧と場が有り今は亡い。銅は虔（龍南県）産出、旧と場が有り、今は亡い。鉄は、興国県産で現在も稼働中、錫は、安遠県産で、旧と場有り今は亡い。鉛も寧都産、旧と場が有り、今は倶に亡い。多分現在も官公認で稼働中の鉱山は興国県産の鉄だけであろう。

⑧贛州府瑞金県の嘉靖『瑞金県志』巻一、地輿類、土産に、

布帛類、葛布、苧布、土綢。

雑貨類、茶、桐油、麻油、木炭、白蝋、石灰、桕油、茶油、青靛、黄豆、黒豆、緑豆、藤茶、欓椒、山胡椒、花眉豆、木骨葉。

府レベルの物産申告と県レベルの物産申告の差違が見られる。布帛類は土綢を挙げる。雑貨類では、茶、桐油、麻油、白蝋、桕油、茶油、青靛は共通するが木炭、石灰、黄豆、黒豆、緑豆、藤茶、欓椒、山胡椒、花眉豆、木骨葉が新しく加わった。木炭、石灰は産地林業産業的商品である。これは他地域へ搬出されて初めて意味が出てくる商品である。黄豆、黒豆、緑豆の豆類も商品価値はある。藤茶、欓椒、山胡椒、花眉豆、木骨葉は地元消費の文字通りの雑貨類である。

【湖広地方】

①湖北、承天府鄱陽州の嘉靖『鄱陽志』巻九、食貨第五、物産に、

草、多木綿、有苧、有綠、有蘋、有藻、有虆、多龍蓼、多葦、多茨荻、多蒲、多青蒿、多茅。

ここも多と有を区別している。多は木綿、龍蓼（たで）、多葦、多茨荻、多蒲、多青蒿、多茅と木綿を除けば全て草本で多くが地元消費である。貨物は無い。

②湖北、黄州府の弘治庚申十三年（一五〇〇）『黄州府志』巻二、山川、土産、

黄岡県、服舎、

服用、絲、紬、絹、綾、綿花布、苧麻布、葛麻布。7。

合用木石、土壁。蓋覆用陶瓦茅草。臥用篋簟。

麻城県、白艾、亀峯山産、蘄州・羅田亦産。

黄陂県、葛麻布

羅田県、錦鶏。

蘄州、茶〈出本州〉。

黄岡県の服用に挙げられる絲、紬、絹、綾、綿花布、苧麻布、葛麻布と蘄州の茶以外はすべて地元地域消費物貨である。黄岡県の服用衣類もどれほど他地域に流通したか、詳細な材料が必要である。

③湖北、黄州府蘄州の嘉靖『蘄州志』巻二、土産、貨類に、

綿花、芝麻、麻餅、麻、布〈一名白畳、一名吉貝。六帖南蛮、吉貝、草。緝其花為布。精曰吉貝、粗曰白畳〉、簟、扇、傘、帋、筆、絲。11。

これも先に述べた府レベルと所属の州県レベルの物産リストの差違がある。加えて明中期の弘治年間と明後期初頭の嘉靖期の地域産業の進展度の差違があるかも知れない。弘治『黄州府志』土産の蘄州については白艾と茶だけしか記載が無かった。それが綿花以下十一品を挙げている。それも簟、扇、傘、帋、筆の工芸品まで挙げている。ということは綿花を除けばほとんど地元地域で消費する物品

ではなかったかと思われる。ただ、芝麻、麻餅、麻は小規模ながら水運の便が宜しいので他地域へ搬出されるかも知れない。

④湖北、徳安府随州応山県の嘉靖『応山県志』巻上、土産、貨に、

綿布、葛布、白蝋、漆、蜜、麻。6。

数が少ない。綿布、葛布、白蝋、漆、蜜、麻は他地域へ搬出される貨である。

⑤湖南、岳州府の隆慶『岳州府志』巻十一、食貨考に「又有方物」として、

巴陵県、班竹、方竹、瀟湘竹、石墨、荊芥、大亀、鼈、鼊、黄鱔、銀魚、鱘鰉魚、茶〈四都・五都〉、桐子〈二都・三都・四都〉、絹〈生絲為之。有黄白二色〉、紙〈薄而多類。可繖〉、綿布〈亦鮮密細〉、蘆、荻、荀、陶器〈甖罐炉盂之属、甚広。咸出鹿角。

大学士李東陽、更陶炉白陶鼎有聯句、

良工斲山骨、妙製究俯仰、停炊火猶燃、欲沸涛暗長〉、

掘頭船〈新墻造、載以貿易、唐張志和漁父歌、

青草湖月正団、巴陵漁父棹、歌連釣車子、掘頭船楽在、風波不羨仙〉、

鴉、天鵞。

臨湘県、茶〈龍窖山出。味厚于巴陵、歳貢十六斤〉、蓴、水猪苓。

平江県、白朮、白鷴、錦鶏、鷓鴣、熊、猿、木綿、葛、絹、扇、竹簟、条杉。

華容県、雲母石、赭石、蓮的、藕、薄荷、蘭、枳殻、魚〈利広于巴陵。臨湘人則少商人、烘曝貿易贛江淮間〉、麪素、米薑米花〈製味佳妙類。出士大夫家〉、獾皮。

澧州、刺葉竹、鳳尾竹、奇石、醃鵞、銀魚、茶、黄蓮、香附子、青布〈津市為多〉。

安郷県、石耳、蘭、重唇、石鯽、双鱗、蜜、漆、蝋、紙〈細白且広〉、竹鶏、玉面狸、熊、猴、山羊、猿、麂、麖、白鷴、錦鶏、鷓鴣、油杉、香楠、篾笥、漆器。

また、方物有りというだけに岳州府各県の貢納物品リストは細目にわたる事物が挙げられている。その内、臨湘県の茶が歳貢十六斤とあり、その他各県物産にも歳進、歳弁的な歳貢物品が多く確認できる。各県ごとに見よう。巴陵県はまず班竹・方竹・瀟湘竹の竹類の他に石墨がある。石墨は石炭を指すこともあるが、ここでは黒鉛[29]である。さらに荊芥（香草、ねずみぐさ、ありたそう。薬草である）があり、それに続いて大亀、鼉、鱉、黄鱔、銀魚、鰣鰉魚といった洞庭湖周辺らしい魚介類が続く。そして茶、桐子、絹、紙、綿布、蘆、荻、荀、陶器、掘頭船、鵝、天鵞を挙げている。茶、桐子、絹、紙、綿布は重要な当地の産物であり、蘆、荻、荀は水草である。なお、絹は生絲もてこれを為り、黄・白二色有りといい、紙は薄くして類多く、繖（かさ）に造る可し、綿布は亦鮮密にして細なりといい、絹・綿布・紙ともに品質が優秀であるという。陶器は、甖罐炉盂之属、甚だ広し。咸な鹿角に出るとし、以下明の大学士李東陽の更陶炉白陶鼎に聯句有りとして次を引用する。「良工は山骨を斲り、妙製は俯仰を究め、炊火を停むるも猶お燃え、沸涛して暗に長ぜんと欲す」と。次に掘頭船は新たに墻にて造り、載せて以て貿易し、唐の張志和漁父歌に、「青草湖月正の団、巴陵漁父の棹、歌連釣車の子、掘頭船楽在り、風波は仙を羨ましからず」とある。次に臨湘県について、茶は龍窖山に出る。味は巴陵より厚く、歳貢十六斤なり。蓴、水猪苓と水辺の物産二種挙げる。茶が献上品になるほど品質が良い。平江県は、白朮、白鷳、錦鶏、鷓鴣、熊、猿、以上はいずれも野味、すなわち土産献上的物産である。木綿、葛、絹、扇、竹簟、条杉は通常の物産である。次に華容県は、雲母石、赭石、蓮的、藕、薄荷、蘭、枳殻、魚、麪素、米薑米花、獾皮とやはり珍品献上物であるが、魚については「利は巴陵に広く、現地臨湘の人は商人少なく、干物にして贛水や江淮間に貿易」しているという。また、米菓子である米薑米花は味佳く、妙類に製ったものは、士大夫の家に出るという。澧州は、刺葉竹、鳳尾竹、奇石、醃鵞、銀魚、茶、黄蓮、香附子、青布とやはり特産物の献上品を挙げ、青布は江湖の津市に多いという。最後に安郷県は、石耳、蘭、重唇、石鯽、双鱗、蜜、漆、蝋、紙、竹鶏、玉面狸、熊、猴、山羊、猿、麂、麖、白鷳、錦鶏、鷓鴣、油杉、香楠、篾笥、漆とやはり珍品的献上物品、儀礼品を多く挙げる。特に紙は細白の良品で用度が広い。

以上平江県、華容県、澧州、安郷県はいずれもその県独自固有の特産物を有している。特に安郷県の物産は歳進歳弁的品物が多い。

⑥湖南、常徳府の嘉靖『常徳府志』巻八、食貨志、物産、貨之属に、

多綿花、多炭〈有黒白二色、倶桃源出〉、多乾魚、有茶、有酒〈有白酒、黄酒、焼酒〉、有油、有澱、有麻、有布、有石灰〈地窑中、以火煅石遂成。桃源出〉、間有金、間有蜜、間有石碌。

いかにも湖南的物産貨之属である。ここも多と有が区別されている。多は綿花、黒・白二色の炭（黒の炭は石炭では無かろう。木炭の種二品である）、乾魚である。有は茶・酒（白酒、黄酒、焼酒が有る）、油、藍澱、麻、布、石灰がある。石灰は地窑中、火を以て石を煅して遂に成る。桃源県に出るという。いわゆる谷焼き方式であろう。そして間々有る物として、金、蜜、石碌がある。石碌は石緑のことで鉱物に数える緑青のこと、一は孔雀石、銅坑中に多く出るという。石灰、金、石碌など湖南にはまだ資源がある。

⑦湖南、衡州府の嘉靖『衡州府志』巻四、食貨、土産に、

金帛類

麩金。

銀、桂陽州出、旧有九坑。

鉄、桂陽幷衡陽・耒陽・常寧県出。

錫、耒陽・常寧・臨武三県出。旧有坑。

石緑、衡陽・常寧二県出。旧有坑。今廃。

苧蔴、絲、綿、木綿、綿布、葛布、絹。以上各州県倶出。

物貨類

茶、薦、白蝋、黄蝋、蜜、炭、煤、石灰、桐油、草紙。以上、各州県出。

さらに湖南の奥地衡州府の土産はまず、金帛類には麩金（砂金）がある。銀は桂陽州から出る、旧には九坑有った。鉄は、桂陽州幷に衡陽・耒陽・常寧県から出る。まだ採掘中の稼働鉄山がある。錫は耒陽・常寧・臨武三県に出て、旧と官営の坑冶が有った。今は民営で経営しているのであろう。石緑は衡陽・常寧二県から出る。旧と坑冶があったが、今は廃した。以上が金類であるが、帛類は苧蔴、

絲、綿、木綿、綿布、葛布、絹で各州県倶に出るという。さて、次の綱目に物貨類があり、茶、蓆、白蝋、黄蝋、蜜、炭、煤、石灰、桐油、草紙が挙げられている。茶は重要であるが、明代では蓆、白蝋、黄蝋、蜜、炭、煤、石灰、桐油、草紙等の山地林産資源の商品化が重要である。白蝋、黄蝋、蜜、木炭、石炭、石灰、桐油は特に華中地方、長江流域の上下交流物資として重要である。

⑧湖南、郴州の万暦『郴州志』巻十一、食貨志下、物産に、

按郴旧坑冶、在葛藤坪。去州四十余里。宋時、偶産銕。奸徒射利、遂以礦名幾至大禍。太守王公橚、力陳利害、疏奏禁閉。迄今国朝五百余年、封禁如故。嘉靖丁巳、殿工需材、有議開天下礦場協済舍。隣郷奸徒王祖四等、乗隙蟻聚。時兵憲程公秀民、親按覈実煎熬、竟無成效、首罪倡乱諸奸、申詳両院、力主封禁、以遏乱源。郴民始得安堵。

郴州にかつて存在した銀坑冶が宋代以降坑賊騒擾問題を引き起こす。その治安対策として封禁政策が採用され、明代に至るまで五百年再開されなかった。ところが嘉靖丁巳三十六年（一五五七）に焼失した北京紫禁城建設のための材料調達を口実として再開の提議があったが、兵憲、ここでは湖広分巡道程秀民が湖広巡撫、布政使と協議してやはり封禁政策を堅持した。

湖広地方、特に湖南の明代は少数民族地域も多く残されていたこともあり、金銀銅鉄錫、さらに黒鉛、石灰、石炭などの鉱物資源が多く残されていた。開発目標地方であった。

【四川】

①四川、夔州府の正徳『夔州府志』巻三、土産、貨類に、

塩、鉄〈雲陽・東郷・巫山・大寧・建始五県出〉、絲紬、葛布、漆、棕毛、桐油、紙〈梁山県出〉、麸金、太乙玄精石、黄蝋、白蝋、花椒、鹿皮、麂皮、茶〈各県皆出〉。

塩は四川井塩であり、重要物品であることは全国共通する。さて、絲紬、葛布、漆、棕毛、桐油、紙、黄蝋、白蝋、花椒、鹿皮、麂皮、茶は長江流域華中地方の代表的物産である。それに加えて鉄、麸金（砂金）、太乙玄精石等の地下資源鉱産物がある。特に鉄は、

雲陽・東郷・巫山・大寧・建始の五県に出づとあるように各県各地で産出が続いている。

②四川、夔州府雲陽県の嘉靖『雲陽県志』巻上、食貨、土産、貨属に、

塩、綿、鉄、蝋〈黄白〉、蜜、皮。

ここも塩、綿、蝋〈黄白〉、蜜、皮という長江流域物産に加えて鉄が貨として挙げられている。

③四川、馬湖府の嘉靖『馬湖府志』巻四、食貨、物産に、

毡衫、絲帯、絲衫、黄蝋、蜂蜜、銅〈出蛮夷沐川〉、鉛〈出沐川〉、鉄〈出蛮夷〉、石炭〈出泥渓〉、木綿。

ここは西南中国の物産の特徴が見られる。毡衫、絲帯、絲衫は四川地方の蜀錦等に関係した四川絲綢絹製品、さらに黄蝋、蜂蜜、木綿の明代的物産があり、そして銅、鉛、鉄、石炭の鉱産物である。この内、銅は蛮夷沐川に出るといい、鉛も沐川に出るといい、鉄も蛮夷に出るといずれも少数民族地域からの生産出土という。あるいは省境を越えて雲南や貴州に行くかもしれない。いずれにしても資源開発は少数民族地帯へ移る。なお、石炭は地場の泥渓に出るという。

④四川、嘉定州洪雅県の嘉靖『洪雅県志』巻三、食貨志、物産、貨之類に、

有絲、有葛、有苧、有黄蝋、有竹紙、有蜂蜜、有綿紙、有銅。

多と有との区別を言えば、全部が有であって、必ずしも産額は多くはない。最後の銅が鉱産物で西南中国のみに残された金属資源であることを除けば、外は絲、葛、苧、黄蝋、竹紙、蜂蜜、綿紙と言った長江流域常連の物産である。

第四節　華南地方における明代地方志物産貨之属

華南地方については第一節の宋元時代の地方志では純煕『三山志』があった福建から検討しよう。

【福建】

①福建、建寧府、嘉靖『建寧府志』巻十三、物産、貨に、

鉄〈建安・甌寧・浦城・政和・松渓産〉、苧〈建安・甌寧・浦城・政和・松渓産〉、紙銭、藍澱、罐瓦、銅、鉛、光粉、尅絲〈已上、倶崇安産〉、花毯、簡紙、墨、棕櫚、碗窰、書籍紙、墨窰〈倶建陽産〉、漆〈建陽・浦城産〉、糖、桐油〈建陽・崇安産〉、蜜〈建陽・崇安・浦城産〉、腰機布〈甌寧・建陽・崇安産〉、茶〈建陽・崇安・浦城産〉、棕帽、土絹〈建安・甌寧・浦城産〉、土綾、土紗〈倶甌寧・浦城産〉、箬笋〈崇安・浦城産〉、白蝋〈松渓・崇安・浦城産〉、紙被〈松渓・政和・建陽・崇安産〉、草紙、草席〈倶八県産〉、稲稿紙〈甌寧・政和・松渓産〉、桕油〈建安・甌寧・崇安・浦城・政和・松渓産〉、綿花〈松渓・政和・浦城産〉、黄蝋〈松渓・浦城産〉、桴油、竹紙〈浦城産〉、行移紙、黄白紙〈建陽・崇安産〉、麻布〈建安・甌寧産〉、木綿布〈建安・崇安・浦城産〉、苧布、絲〈倶浦城産〉。

福建、建寧府の物産、貨を列挙しよう。まず、鉄・苧・紙銭・藍澱・罐瓦・銅・鉛・光粉・尅絲・花毯・簡紙・墨・棕櫚・碗窰・書籍紙・墨窰・漆・糖・桐油・蜜・腰機布・茶・棕帽・土絹・土綾・土紗・箬笋・白蝋・紙被・草紙・草席・稲稿紙・桕油・綿花・黄蝋・桴油・行移紙・黄白紙・麻布・木綿布・苧布・絲、以上四十二品である。42を分類すれば、まず絲布繊維製品が苧・尅絲・花毯・腰機布・土絹・土綾・土紗・綿花・麻布・木綿布・苧布・絲と十二品あり、例の全国標準的綿布通常品である腰機布が甌寧・建陽・崇安三県と少なく、土絹〈建安・甌寧・浦城産〉、土綾、土紗〈倶甌寧・浦城産〉とこの土地産の絹、綾、紗であると強調されるものが多いところを見るとこの土地の織布技術の水準はあまり高くなかったと思われる。逆に紙銭・簡紙・書籍紙・紙被・稲稿紙・竹紙・草紙・行移紙・黄白紙と紙製品は種類も多く、特産と言える。それよりも福建産品で全国的に優れているのは茶・糖（砂糖）であるが、その他、藍澱・罐瓦・墨・棕櫚・碗窰・墨窰・漆・桐油・蜜・棕帽・箬笋・白蝋・草席・桕油・黄蝋・桴油の諸物産も充分に他地方への販売が可能な貨ばかりである。最後に鉄・銅・鉛・光粉の鉱産物貨物がある。ただ、その採掘生産は多くが停止か、停止寸前にあった。

次に各県ごとに物産を見よう。

建安県、鉄・苧・棕帽・土絹・草紙・草席・桕油・麻布・木綿布。9。

甌寧県、鉄・苧・腰機布・棕帽・土絹・土綾・土紗・草紙・草席・稲稿紙・桕油・麻布。12。

建陽県、花毯・簡紙・墨・棕櫚・碗窰・書籍紙・墨窰・漆・糖・桐油・蜜・腰機布・茶・紙被・草紙・草席・行移紙・黄白紙。18。

崇安県、紙銭・藍澱・罐瓦・銅・鉛・光粉・尅絲・糖・桐油・蜜・腰機布・茶・箓笋・白蝋・紙被・草紙・草席・桕油・行移紙・黄白紙・木綿布。21。

浦城県、鉄・苧・漆・蜜・茶・棕帽・土絹・土綾・土紗・箓笋・白蝋・草紙・草席・桕油・綿花・黄蝋・桕油・竹紙・木綿布・苧布・絲。21。

松渓県、鉄・苧・白蝋・紙被・草紙・草席・稲稿紙・桕油・綿花・黄蝋。10。

政和県、鉄・苧・紙被・草紙・草席・稲稿紙・桕油・綿花。8。

寿寧県、草紙・草席。2。


貨の数では崇安県と浦城県が二十一品と多く、次に建陽県が十八品、甌寧県が十二品、松渓県が十品、附郭県の建安県は九品である。なお、もう一つ気が付く点は前節の華中地方の浙江の中南部、特に台州府の太平県などとの関係が強いことが言える。海の繋がりであろう。これは、華南地方を見て行く際に特に留意すべき事柄である。

②福建、建寧府建陽県、嘉靖『建陽県志』巻四、戸賦志、貨産、貨之属に、

書籍〈出麻沙・崇化両坊。昔号図書之府。麻沙書坊燬于元季、惟崇化存焉。今麻沙郷進士張璿偕・劉蔡二氏新刻書板寖盛、与崇化並伝于世。均足以嘉恵四方云〉。

花毯〈紅緑二錦産同由里、故県号小西川、而橋名濯錦、即今錦渓是也。旧志云、宋徽宗崇寧・大観之際、尚方造柱衣、欲織錦作升降龍、而附于柱文輒不合。凡百易工無能成者。因以殿柱尺度、付蜀工亦不能造。有言建陽民善織草錦者、蓋使試為之、既成施之殿柱、文合為龍不差。上大喜、厚賞匠人。所謂草錦、即今花毯是也〉。

布〈織苧為之。有曰腰機布、又名縩布、出嘉禾・北洛・崇化・崇政四里。曰木綿布、出洛田・三衢二里〉。

紙〈嫩竹為料。凡有数品、曰簡紙、曰行移紙、曰書籍紙。出北洛里。曰黄白紙、出崇政里〉。

油〈以梣子為之、曰梣油、亦名茶油。以桐子為之、曰桐油。又有桕油・茶油、可以調和。桐油可以燃燈、桕油可以作燭、倶出各里。而梣油興上中下三里為多〉。

茶〈建州北苑・先春・大小龍、団茶之絶品者也。宋蔡君謨作進茶録、今建安官焙入貢、建陽崇政里所産、特麄者耳〉。

糖〈有沙糖、以甘蔗為之、産洛田・建忠二里。有蜜糖。蜂作房成蜜。産嘉禾里東北二坑者為佳〉。

酒〈有金盤菊、以紅酒醸之。有醯醹醨、以焼酒醸之、味佳。有冬白酒・臈水・醸朮、其味頗淡〉。

漆〈産嘉禾里。今亦罕有〉。

墨〈出興中・崇泰二里〉。

紙帳〈以楮樹皮為之。出崇泰里〉。

棕櫚〈可造雨衣、幷纜索〉。

碗窑〈在県東均亭里有裏窑・外窑、焼出器皿。裏窑色頗青而価高、外窑色黄而価賤。土人以此為業〉。

黒窑〈在県南均亭里焼出水缸・酒罐等類。二窑器皿、倶本省鬻不出外境〉。

先の①嘉靖『建寧府志』物産、貨の建陽県の項と比較する。花毯・布（腰機布）・紙（簡紙・行移紙・書籍紙・黄白紙）・油（桐油）・茶・糖・漆・棕櫚・碗窰・墨窰は共通する。特に紙は四品の種類まで一致している。布と油は内一種のみの一致である。これは布では腰機布が油では桐油が特に特産だと府志はいうのであろう。府志に見えた墨・蜜・紙被・草紙・草席を挙げない。県志の挙げる物産貨物のほうが数が少ないという他に見られない現象がある。ただ、冒頭の書籍は府志に無かった。さらに酒を加える。それよりも建陽県志の撰者は物品の注記に力を入れる。

書籍は、麻沙・崇化両坊に出る。昔は図書之府と号した。麻沙書坊は元季に燬かれ、惟だ崇化のみが存した。今麻沙は郷の進士張璿偕・劉蔡二氏が新たに書板を刻し寖く盛んにして、崇化とともに並び世に伝り、均しく以て嘉恵を四方に嘉すに足ると云う。

書籍版本刊行の書坊が福建、建寧府建陽県、嘉靖『建陽県志』巻四、戸賦志の貨産、貨之属の冒頭に記載されていること自体が注目に値する。学問を修めた人間もまた資源であると撰者は思っているのであろうか。

花毯は、紅緑二錦があり同由里に産し、故に県は小西川と号し、而して橋は濯錦と名づく、即ち今の錦渓は是れなり。旧志に云う、宋徽宗の崇寧・大観之際、尚方柱衣を造り、錦を織り升降龍を作らんと欲し、而して柱文に附すに輒ち合わず。凡百工を易うるも能く成す者無し。因りて殿柱の尺度を以て、蜀の工に付すも亦能く造らず。建陽民の善く草錦を織る者を言う有り、蓋に試に之を為さしめるに、既成り之を殿柱に施せば、文は合い龍と為り差わず。上大いに喜び、厚く匠人に賞す。所謂る草錦とは、即ち今の花毯は是なり。

これは建陽錦の宣伝文である。

布は、苧を織り之を為る。腰機布と曰う有り、又綷布と名づけ、嘉禾・北洛・崇化・崇政四里に出る。木綿布と曰うは、洛田・三衢の二里に出る。

やや説明文が不明瞭である。これでは腰機布も木綿布もすべて苧を織った布に為ってしまう。腰機布と木綿布は綿糸を織ったものである。撰者は或いは事物を知らない文人地方官かも知れない。

紙は、嫩竹を料と為す。凡そ数品有り、简紙と曰い、行移紙と曰い、書籍紙と曰う。北洛里に出る。黄白紙と曰うは、崇政里に出る。

文人にとっては紙は文具四珍に数えられる大事な必需物である。それが福建建陽県産には数多い紙種がある。

油は、梣子を以て之を為し、梣油と曰い、亦茶油と名づく。桐子を以て之を為り、桐油と曰う。又桕油・茶油有り、以て調和す可し。桐油は以て燈に燃す可し、桕油は以て燭を作る可し、倶に各里に出る。而して梣油は興上中下三里多と為す。

まず梣（とねりこ）子（実）を搾った梣油、茶油ともいう。一般に茶油は山茶花、山花の実を搾ったものという記事が多かった。梣の樹液は解熱剤になり、また膠の代用油にはなるが、何か別樹を作者が勘違いした可能性もある。桐の実から採れる桐油が専ら燈明用だとするのは読書をする文人の常識であろうか。正確である。意外と他の地方志に記載が無かった。桕（南京はぜ、唐はぜ）の実から採る桕油は蝋燭原料である。これも正確である。

茶は、建州の北苑・先春・大小龍、団茶の絶品なる者なり。宋蔡君謨「進茶録」を作り、今建安官焙入貢は、建陽崇政里の産す所、特だ麁なる者のみなり。

茶は宋代に建州の北苑・先春・大小龍、団茶の絶品なる者と言われたが、宋蔡君謨「進茶録」では粗悪だという評価があったというのであろうか、不可解な説明である。

糖は、沙糖有り、甘蔗を以て之を為り、洛田・建忠二里に産す。蜜糖有り、蜂房を作り蜜を成す。嘉禾里東北二坑に産する者は佳と為す。

糖が沙糖（砂糖）だと明言している記事は少ない。ましてその原料が甘蔗だとする地方志は稀である。ただし、この甘蔗とは甘い蔗糖の意味でサツマイモのことではなく、砂糖黍である。もうひとつは蜜蜂の蜜や巣から採った蜜糖がある。

酒は、金盤菊が有り、紅酒を以てこれを醸す。醓醹醨が有り、焼酒を以てこれを醸し、味佳し。冬白酒・臈水・醸朮が有り、其の味は頗る淡し。

酒の数種類、銘柄を挙げる。これは実際飲んでみないと分からない。焼酒をさらに醸造するものがあることには注目しておきたい。

漆は、嘉禾里に産す。今亦罕に有り。

墨は、出興中・崇泰二里に出る。

紙帳は、楮樹皮を以て之を為る。出崇泰里に出る。

福建北部の山地林産資源である。生産額が多いわけではなそうである。

棕櫚は、雨衣幷に纜索を造る可し。

棕櫚は雨具になる。雨具は農作業をする農民に、行商をして道を歩く商人の携帯必需品かも知れない。福建は海上交易が盛んである。また棕櫚は綱になり丈夫である。船のロープになる。

碗窑は、県東均亭里に在りて裏窑・外窑有り、器皿を焼出す。裏窑は色頗る青くして価高し、外窑は色黄にして価賤し。土人は此を以て業と為す。

福建もまた陶磁器生産の盛んな土地、ただここ建寧府建陽県では色頗る青い青磁の裏窑が価高い高級品で色黄の価賤い外窑が庶民一般家庭用陶磁器を造っているのであり、多くの民の営業になっている。陶磁器産業が成立するのである。山東青州府の顔神鎮の陶器と同様であろう。

黒窑は、県南均亭里に在り水缸・酒罐等類を焼出す。二窑の器皿は、倶に本省にて鬻れ外境に出ず。

黒窑は水缸・酒罐用である。碗窑と黒窑ともに福建内部で流通消費され、外省には出ないという。

③福建、泉州府安渓県の嘉靖『安渓県志』巻一、地輿類、土産、貨品に

葛布〈織葛藤為之。詩云、為絺為綌是也。崇信・龍涓為多以紡縷績者為上〉。

蕉布〈海物異名記、取蕉以灰埋之、績而成布、可為暑服、取軽便也〉。

青麻布〈織青麻為之、視黄麻稍細。極細者亦可代葛〉。

苧布〈織苧為之。有曰白紗布者、将所績紗、夜露昼曝、其色自白、績而成布。有曰糊布者、用糯糊烈日中、抽過而績之。有曰生頭。苧布之中、以白紗為上。甚費工。

黄麻布〈爾雅云、黂枲。儀礼伝曰直経者麻之有黂者也、則麻即今之黄也。安渓多織黄麻。喪服中多用之〉。

綿花〈俗曰吉貝。樹高二、三尺。春種秋収。其花結蒲、蒲中有茸、細如鵞毳。茸中有核、大如豆、用輪車絞出其核、又以竹弓弾砕、紡而成布。近時山坡平曠、多有種之者〉。

茶〈瑞草総論、茶乃南方嘉禾。葉如梔子、花如白薔薇、実如棕櫚子。土産建州北苑・先春・龍焙、洪州双井・蒙頂・石花、皆茶之

極品者也。紫為上、緑次之。筍為上、芽次之。社前採者為佳、寒食・穀雨採者次之。備見陸羽茶経。安渓茶産常楽・崇善等里、貨売甚多〉。
油〈有脂麻油・茶油。又有桕油・桐油。用火炒一度、蒸一度。用木酢出成油。麻油・茶油為上、桕油可作燭次之、桐油又次之〉。
糖〈黒糖煮蔗為之。冬月取蔗汁、入釜烹煉、火候既足、蔗漿漸稠、乃取油滓点化之、遂凝結成糖。其面光潔似漆、其脚粒粒如沙、又名曰沙糖。有曰白糖者、以沙糖置釜中、烹煉用鴨如連、清黄攪之、使滓査上浮撤取、乾浄別用両器、上曰圂、下曰窩、煉成糖漿、置圂中、及冷糖油墜入窩中、遂成白糖。倶出長太里。然白者不多〉。
蜜〈格物論、蜜蜂三種。一種在林木上作房。一種在人家作窠、其蜂小微黄、蜜濃美。一種黒色作房、岩崖高峻之処、非人跡可到、其蜜名石蜜、又名崖蜜〉。
蝋〈有黄蝋・白蝋。黄蝋蜂蝋也。凡蜂作蜜、皆結房、房中蔵蜜、絞出而房則成蝋也。白蝋者虫蝋也。其虫作繭樹枝上、毎繭蔵虫、得数百、細如絲髪。此謂種子。秋冬採而蔵之、及春、将種子縛置樹上、虫出繭食樹津液、因而放蝋、漫注于枝柯、及成剥取而烹煉之。其白如雪、故曰白蝋。其樹即今冬青樹也。樹嫩放蝋尤宜。本草謂、黄蝋煉成白蝋、或医家所用不可知也。但樹生為多〉。
藍澱〈藍有二種。馬藍、葉大、俗云大青。槐藍、葉細、俗云小青。皆可為澱。蔡端明江南月録云、採以船盛、水侵去滓梗、後以灰掩之、即成澱。安渓所産不多、竟足自用〉。
麻〈有黄麻、有青麻。其皮皆可績布。有苧麻、一株数十茎、宿根至春復生、毎歳三収、或四収。爾雅曰枲麻。禹貢青州厥貢岱畎絲枲是也〉。
薯榔〈茎蔓似薯、根似何首烏。皮黒肉紅、染皀用之〉。
磁器〈色白而帯濁。昔時只作粗青磁、近則製花、又更清、次於饒磁。出崇善・龍興・龍涓三里、皆外県人氏業作之云〉。
紙〈以草穣為之。其紙堅厚、与草紙相似、名曰官紙、土人焚以事神。又有大如席者、曰角紙、出感徳・常楽二里〉。
草席〈編草為之、名曰大草席。比灯心草為大。又有龍鬚草、種之水中、大過灯草編席利暑。出新康・還集・依仁三里〉。

鉄〈出感徳・潘田等処。外県人業作転販得利〉。以上、18。

泉州府安渓県志の土産、貨品の商品説明も詳しい。一一訓読しておこう。

葛布は、葛の藤を織り之を為る。詩に云う、絺為り綌為りは是なり。崇信・龍涓は多く紡縷を以て績を為る者を上と為す。葛布の織り方は複雑である。華中地方の浙江や江西、湖広地方の事例でも説明があった。どうも地方ごとに特色ある織り方があるようである。崇信・龍涓地区の紡縷を以て績を為るという織り方は絹製品を混ぜる織り方かも知れない。現物・現地調査が必要である。

蕉布は、海物異名記に、蕉を取り灰を以て之を埋め、績いで布を成す、暑の服と為す可く、軽便を取るなり。琉球沖縄名産の芭蕉布のこと、芭蕉の葉を灰中に埋めその繊維を取る。沖縄の芭蕉布製法との関連はいかがであろうか。夏の暑の服と為す可く、軽便を取るなりと言う説明が面白い。

青麻布は、青麻を織りこれを為るに、黄麻に視べ稍や細し。極く細き者は亦可代葛に代わる可し。青麻布は黄麻に視べ稍や細しというのはやや高級品で、最高級品は葛布に代わることができるというから葛布が上なのであろう。

苧布は、苧を織り之を為る。白紗布と曰う者有り、績ぐ所の紗を将て、夜露昼曝すれば、其の色自と白く、績いで布を成る。糊布と曰う者有り、糯糊を用いて烈日中に、抽過してこれを績ぐ。生頭と曰う有り。苧布の中、白紗を以て上と為し、甚だ工を費す。苧布各種の製法や品質が分かる。当然商品価値を考えての種類の創造である。

黄麻布は、爾雅に云う、黂枲なり。儀礼の伝に曰う直経なる者は麻の黂有る者なりとは、則ち麻は即ち今の黄（麻）なり。安渓は多く黄麻を織る。喪服中多くこれを用う。

黄麻布はいわゆる一般に言う麻布である。以上、葛布、青麻布、苧布各種、黄麻布が麻系統の布である。次に綿花である。

綿花は、俗に吉貝と曰う。樹高は二、三尺。春種き秋収む。其の花は蒲を結び、蒲中に茸有り、細きこと鵞毳の如し。茸中に核有り、大いさ豆の如く、輪車を用いて其の核を絞り出し、又竹弓を以て弾砕し、紡いで布を成す。近時山坡平曠に、多く之を種の者有り。

綿花は綿状のふわふわに付く核を排除しないと糸に紡げない。その方法は輪車を用いて其の核を絞り出す法と竹弓を以て弾砕する方がある。後者の弓を西嶋定生氏は弾弓と呼ぶ事例を紹介している(30)。

茶は、瑞草総論に、茶は乃ち南方の嘉禾なり。葉は梔子の如く、花は白薔薇の如く、実は棕櫚の子の如し。土は建州北苑・先春・龍焙、洪州双井・蒙頂・石花に産す、皆茶之極品なる者なり。紫は上と為し、緑は之に次ぐ。筍は上と為し、芽は之に次ぐ。社前に採る者を佳と為し、寒食・穀雨に採る者は之に次ぐ。備さには陸羽の茶経に見る。安渓の茶は常楽・崇善等里に産し、貨売甚だ多し。

福建、泉州府安渓県はまた茶の名産地である。瑞草総論という書物は不詳だが、瑞草は茶の異名である。福建の一方の産地である建寧府についての「土は建州北苑・先春・龍焙」は先に挙げた。茶の色、葉状態、採る時期による茶のランクが詳しい。ただ、唐の陸羽の茶経の写しであるようだ。

油は、麻油・茶油有り。又桕油・桐油有り。火炒一度、蒸一度を用う。木酢を用いて出し油と成す。麻油・茶油は上と為し、桕油は燭に作る可く之に次ぎ、桐油は又之に次ぐ。

麻油、茶油が上等だという。食用油になるのであろう。茶油は普通山茶花の油であるが、椿油かも知れない。油のランクは麻油・茶油が上で次が蝋燭に作る桕油、その次が明かり用油の桐油である。

糖は、黒糖は蔗を煮てこれを為る。冬月に蔗汁を取り、釜に入れ烹て煉る、火候既に足らば、蔗の漿は漸く稠み、乃ち油滓を取り之を点化し、遂に凝結して糖を成す。其の面の光潔は漆に似、其の脚の粒粒は沙の如く、又名づけて沙糖と曰う。白糖と曰う者有り、沙糖を以て釜中に置き、烹煉に鴨如連を用い、清黄之を攪し、滓をして上浮を査べしめて撤取し、乾浄あれば別に両器を用い、上は圂と曰い、下は窩と曰い、煉りて糖漿を成し、圂中に置き、冷るに及び糖油は墜ちて窩中に入り、遂に白糖と成る。倶に長太里に出る。然して白なる者は多からず。

砂糖の製法を黒砂糖と白砂糖に工程段階を分けて説明する。造り方は具体的で分かり易いことは他の地方志に群を抜いている。十六世紀中葉のこの時代より福建が砂糖の主産地になる。

蜜は、格物論に、蜜蜂に三種あり。一種は林木上に在りて房を作る。一種は人家に在りて窠を作り、其の蜂は小さく微かに黄なり、蜜は濃美たり。一種は黒色にて房を作るに、岩崖高峻の処、人跡の可到る可くに非ざるにす。其の蜜は石蜜と名づけ、又名崖蜜と名づく。

蜂蜜三種も珍しい。一種は野生の蜜蜂、一種は家蜜蜂、普通の養蜂用である。三種目が断崖絶壁などの巣を作る種で蜜の順序は野生蜂蜜、家蜂蜂蜜、石蜜ないし崖蜜である。

蝋は、黄蝋・白蝋有り。黄蝋は蜂蝋なり。凡そ蜂は蜜を作り、皆房を結び、房中に蜜を蔵し、絞出して房は則ち蝋と成すなり。白蝋なる者は虫の蝋なり。其の虫は繭を樹枝上に作り、繭ごとに虫を蔵し、数百を得、細きこと絲髪の如し。此を種子と謂う。秋冬に採りて之を蔵し、春に及び、種子を将て樹上に縛り置き、虫は繭を出て樹の津液を食し、因りて放蝋し、漫と枝柯に注ぎ、剥と成るに及び取りて之を烹煉す。其の白きこと雪の如し、故に白蝋と曰う。其の樹は即ち今は冬青樹なり。樹の嫩に放蝋するが尤も宜し。本草謂う、黄蝋は煉して白蝋と成ると、或いは医家も用うる所は知る可からざるなり。但し樹に生ずるは多と為す。

蝋に黄蝋・白蝋の両種があり、黄蝋は蜜蜂の巣から生成した蜜蝋で白蝋は自然の虫から造ったもの、白蝋の説明は昆虫学である。

藍澱は、藍に二種が有る。馬藍は、葉が大、俗に大青と云う。槐藍は、葉が細かく、俗に小青と云う。皆澱と為す可し。蔡端明の江南月録に云う、採るに船盛を以てし、水侵らば滓梗を去り、後に灰を以てこれを掩い、即ち澱と成る。安渓の産する所は多からず、竟に自用に足るのみ。

藍澱はまた藍靛と華北、華中、華南各地方の地方志に多く出てきた。明代がいかに織物商品生産が全国的状況であったかを物語るものであるが、その藍青がいかなる貨物かを具体的に示したものは少なかった。藍材料に二種あり、葉の大きな馬藍と葉の細い槐藍で俗に大青。小青と区別される。

麻は、黄麻有り、青麻有り。其の皮は皆布に績ぐ可し。苧麻有り、一株数十茎、宿根は春に至り復た生じ、歳ごとに三たび収し、或いは四たび収す。爾雅に枲麻と曰い、禹貢に青州厥の貢の岱畎の絲枲は是なるなり。

黄麻布と青麻布は先に挙げてあった。これは材料である麻についての説明である。

薯榔は、茎蔓びること薯に似、根は何首烏に似る。皮は黒く肉は紅し、皀を染めるにこれを用う。

サツマイモに似た芋で赤を染める染料となる。

磁器は色白くして濁を帯びる。昔時は只粗青磁を作る、近きは則ち花を製し、又清を更さね、饒磁に次す。崇善・龍興・龍涓三里に出、皆外県人氏の業之を作ると云う。

安渓の磁器も評価が高いのであるが、近年外県から陶工技術者が来ているようだ。あるいは江西景徳鎮かも知れない。

紙は、草穣を以て之を為る。其の紙の堅厚は、草紙と相似て、名づけて官紙と曰う。土人焚きて以て神に事う。又大如席なる者有り、角紙と曰い、感徳・常楽二里に出る。

草穣は桑の皮を材料にした神の類か、藁半紙の類か。堅厚という限りは大明宝鈔の用紙であった前者であろうが、焚きて以て神に事う紙銭の類だとしたら藁半紙である。

草席は、草を編み之を為り、名づけて大草席と曰う。灯心草に比べ大為り。又龍鬚草有り、之を水中に種え、大いに灯草編席を過して暑に利あり。新康・還集・依仁三里に出る。

草席はこれも華北、華中、華南の中国至るところで造られる。原料が容易に手に入るからである。しかし、編み上げる技術に巧拙があり、商品価値は一部に限られる。近代は天津簾が著名である。

鉄は、感徳・潘田等処に出る。外県人の業作し転販して利を得る。

鉄は資源としては過去の物、ここ安渓県は泉州府、何と言っても泉州は寧波と並ぶ著名な海外貿易港がある。それに、嘉靖『安渓県志』巻一、地輿類、坑冶には、
龍崇銀場〈在崇信里。宋熙寧二年発鉱。元豊元年封閉。久廃〉。

清洋鉄場〈在龍興里。宋熙寧開。今廃〉。
鉄鉱山鉄場〈在感徳里、地名潘田。国朝弘治初、立鉄炉八座扇煉、逓年納課。今炉廃而課猶存〉。

とあって、泉州府安渓県の銀場、鉄冶はすべて閉鎖になっている。ただ、鉄鉱山鉄場は課猶存すということが十六世紀中葉における明代貢納制度の問題点をよく現している。

さらに嘉靖『安渓県志』巻一、地輿類、鉄課には、

宋産鉄之場、在永春曰倚洋、安渓曰青陽、徳化曰赤水、而晋江之石菌・盧湾・牛頭・嶼長・箕頭、恵安之卜坑・黄崎・蕉頭・許埭・港尾・沙溜・盧頭・峯前・牛埭、皆有鉄砂。慶暦三年立法禁興販入海。後有詔、許於両浙貨売。未幾罷。至淳祐中、永春東洋・肥湖、徳化信洋山・田丘埕、鉄砂尚有業作者、通判掌之。諸県歳額銭五十五貫七十文、曰炉税銭、解送建寧府坑冶。我朝悉罷官坑冶、鉄課均敷丁田。

本県鉄課一千三百二十七斤一十二両。〈毎斤徴銀二分五厘解工部、又一半毎斤折鈔一百二十文解府〉。

宋代には初め福建における産鉄の場として永春県に倚洋、安渓県に青陽、徳化県に赤水があり、また晋江県に石菌・盧湾・牛頭・嶼長・箕頭、及び恵安県に卜坑・黄崎・蕉頭・許埭・港尾・沙溜・盧頭・峯前・牛埭の各処に鉄砂が出た。北宋仁宗慶暦三年（一〇四三）には海上へ搬出することを禁じた。その後両浙での貨売を許したが、南宋淳祐中（一二四一～五二年）に永春県の東洋・肥湖の鉄場、及び徳化県の信洋山・田丘埕両場には、鉄砂尚お業作する者が有り、路の通判が之を掌っていた。諸県の歳額は銭五十五貫七十文で、炉税銭と曰い、建寧府の坑冶に解送した。明朝は悉く官の坑冶を罷め、鉄課は均しく丁田に賦課したのである。その本県鉄課は一千三百二十七斤一十二両。斤ごとに銀二分五厘を徴して工部に解り、又一半は斤ごとに鈔一百二十文に折して建寧府に解ったという。つまり明代では福建各所の鉄坑冶は全て営業を停止してしまい、単なる課程の課税対象名目だけに鉄課名目が残ってそれを里甲丁田負担とするなど、全く現実から遊離した架空の存在になっていたのである。

④福建、延平府の嘉靖『延平府志』巻五、食貨志、物産に、

帛之属、木綿布、白苧布〈将楽者嘉〉、葛布。3。

貨之属、銀、銅、鉄、糖、蜜、黄蝋、白蝋、綿花、苧麻、葛、棕毛、茶〈南平茶出半巌者極佳〉、紙、油、滷水石、花紋石。16。

帛は三種と少ない。貨の属ははじめに銀、銅、鉄と鉱産物を挙げる。銀については十五世紀前半の英宗正統年間に明前半最大の農民反乱である鄧茂七の乱が起こっている。[31] 銀は封閉、銅、鉄も多くが閉山である。さて、他は糖、蜜、黄蝋、白蝋、綿花、苧麻、葛、棕毛、茶、紙、油と常連的物産貨物である。最後の二つ滷水石、花紋石は名物であろう。さて、茶については、南平茶で半巌に出る物が極く佳いという。

⑤延平府の尤渓県について嘉靖『尤渓県志』巻三、田賦類、附に貨として、

銀、鉄、鉛、糖、蜜、黄蝋、白蝋、綿花、苧麻、葛、棕毛、茶、紙、油、桕油、磁器、靛。17。

銀、鉄は同じ、銅が鉛になった。糖・蜜から紙油までは同じ。滷水石、花紋石とあったのが、桕油、磁器、靛となった。嘉靖『尤渓県志』の方が具体性がある。

⑥福建、漳州府龍渓県の嘉靖『龍渓県志』巻一、地理、物産に、

布之属、絁、紬、綿布、絹、紗、鶏皮羅〈経緯交織。其紋如鶏皮、故名〉、絲布、苧布、麻布〈有青麻・黄麻、喪服中用之〉、葛布、蕉布。10。

貨之属、塩、酒、茶、糖、油〈有麻油・桐油・菜子油・茶油・桕油。桕油可為燭〉、蜜、蝋、紙、鉄、青澱、紅花、描金、漆器、竹轎、竹扇、羽扇。9。

布之属は絁、紬、綿布、絹、紗、鶏皮羅〈経緯交織。其紋如鶏皮、故名〉、絲布、苧布、麻布〈有青麻・黄麻、喪服中用之〉、葛布、蕉布と数多く、また、鶏皮羅は経緯交も織る。其の紋は鶏皮の如く、故に名づくと地域的特色を持つ織物を挙げている。貨之属は、塩、酒、茶、糖、油、蜜、蝋、紙、鉄、青澱、紅花、描金、漆器、竹轎、竹扇、羽扇と後半に描金、竹轎、竹扇、羽扇と地方物産をあげるが大体華南地方の福建に共通した物産である。特に油は麻油・桐油・菜子油・茶油・桕油有り。絁油は燭と為す可しと詳しい。

⑦福建、漳州府龍渓県の嘉靖『龍渓県志』巻一、地理に、

海郷之民、多業漁。往往浮家泛宅。其目有罾艚・網艚・罛艚之類、皆為機網、以取魚。海潮上漁舟西帰如乱葉、人多於魚利之厚薄可知矣。

商人貿遷多以巨船行海道、所獲之利頗厚。時有颱風之倹亦冒為之。

工人極精緻、漆器・首飾・絹布、倶好北渓内。葛布細者、可比雷州。

海郷の民は、多く漁を業とす。往往家を浮べ宅を泛べる水上生活が居る。其の漁の細目には罾艚・網艚・罛艚之類が有り、皆為機網を為して、以て魚を取る。海の潮が上れば漁舟の西帰すること乱葉の如く、人多く魚利之厚薄に於いて知る可し。魚漁は儲かると言っても海上の潮流激しさの危険を知るべきだ。商人は貿遷するに多く巨船を以て海道を行き、獲る所の利は頗る厚い。時に颱風之倹有るも亦冒してこれを為す。海上交易も冒険しなければ利益が大きくない。福建、漳州府人ならではの発想である。工人は極く精緻、漆器・首飾・絹布、倶に北渓内が好い。葛布の細なる者は、広東の雷州に比す可し。福建広東の華南地方の海上交通像が窺える。

【広東・広西】

①広東、恵州府の嘉靖『恵州府志』巻七下、賦役志下、物産に、

雑品、有茶、多扶留、多葛布、有蕉布、多苧布、多棉布、有竹器、有草席、有鉄〈各邑。惟博羅無〉。9。

ここも多と有を区別している。多の物産は扶留（藤製品）、葛布、苧布、棉布である。有るというのは数量の多くないもので茶、蕉布、竹器、草席と有り、また鉄も恵州府では博羅県を除く各県から少額ではあるが有るという。

②潮州府潮陽県の隆慶『潮陽県志』巻七、民賦物産志、物産に、

食用類　魚、塩、布〈有葛・苧・蕉・麻、精粗不等、而葛多出靖海。近又有以苧・葛兼絲織為雲花水文、号雲葛者〉、藤枕、草席、薦、蔴油、蜂蜜、沙糖、檳榔、扶留、排草。12。

食用類として魚、塩、布、藤枕、草蓆、薦、蔴油、蜂蜜、沙糖、檳榔、扶留、排草とある。いかにも華南地方広東の物産らしい物が並ぶ。特に藤枕、沙糖、檳榔、扶留、排草が広東特産である。最後の排草は排草かおりのことで嶺南特産の香草である。和名川みどりである。布について注記があり、葛・苧・蕉・麻が有り、精粗不等、而して葛多く靖海県に出。近く又苧・葛を以て兼絲して織り雲花水文を為り、雲葛と号する布が有るという。

③広東、韶州府仁化県の嘉靖『仁化県志』巻二、土産に、

　茶類、青茶、苦茶、黄茶、甜茶。4。

　服用類、粗葛布、土綿布、土苧布。3。

これも簡単ではあるが華南地方広東の物産を挙げる。茶を茶類とし、青茶、苦茶、黄茶、甜茶を挙げているのは華南広東特有である。服用は種類が少ない。

④広東、韶州府翁源県の嘉靖『翁源県志』不分巻、物産、貨部に、

　靛、糖。蜜、布、油、香、紙、炭、藤、薯莨、蕨粉。11。

靛、糖（砂糖）、蜜（蜂蜜）、布（木綿布）、油、香、紙、炭（木炭）、藤は華南地方の代表的物産である。薯莨は蔓草の名、南方の諸山に自生しその汁を煮て紗絹の類を染める。藤、薯莨、蕨粉は特に嶺南山地の林産資源である。

⑤広東、廉州府欽州の嘉靖『欽州志』巻二、食貨、物産に、

　欽州物産

　飲饌属　滴酒、白酒、過酒、焼酒、醋、麹餅、茶、醤、蜜浸、米餖、荷包餖、松子、米花、麻葉、麻弾子、気果。16。

　貨属　塩、油、綿花、宿砂、蘇木、藍、松脂、翠毛〈入貢、出時羅都、但少、交阯独多〉、孔雀尾、麖皮、山馬皮、水沙牛皮、沙魚皮、魚鰾〈貢〉、蜂蜜〈欽州少、霊山多〉、黄蝋〈欽州少。出来自交阯〉。17。

霊山県物産〈同欽州者不書。其異者書之〉。

飲饌属　滴酒、醋、桂香餅、糠棗。4。

廉州府欽州は広東でも最西部の欽州湾に注ぐ欽江下流域の平野部とその上流の山地部から成る。欽州物産の飲饌属には滴酒（清酒か）、白酒、過酒、焼酒と酒類を挙げ、霊山県も飲饌属に滴酒を挙げる。次いで醋も両州県共通する。そして欽州飲饌属は麹餅、茶、醤、蜜浸、米黴、荷包黴、松子、米花、麻葉、麻弾子、気果と華南地方の広東らしい物産が並ぶ。茶に並んで菓子や果物も多い。霊山県の飲饌属は他に桂香餅と糠棗である。さて、欽州物産の貨属は塩、油、綿花の他に宿砂、蘇木、藍、松脂、翠毛など歳進の貢納物品に充てられそうな貨物が続く。宿砂は四川省に産する消化を助ける薬種の一種であるが当地にもあるのだろう。翠毛に註が付いて貢に入る。時羅都に出る。但し少にして、交阯独り多しという。まさに献上の南海物産品である。続いて、孔雀尾、麖皮、山馬皮、水沙牛皮、沙魚皮、魚鰾〈貢〉、蜂蜜〈欽州少、霊山多〉、黄蝋〈欽州少。出来自・交阯〉とやはり南海地方の珍貨貢物が続くのである。なお、翠毛や黄蝋は交阯ヴェトナムが多く産出するとあり、当然交易によって入手していることを窺わせる。

⑥広東、海南島の正徳『瓊臺志』巻九、土産下には、

貨之属

檳榔、椰子、蘇木、烏木、鶏翅木、虎斑木、花梨木、黄楊。

香、生黎山者、品有四、沈香・蓬莱・脱落・黄熟。

産州県者、品有七、白木香・土檀香・龍骨香・土降真香・鶏虱香・鶏骨香・海漆香。

紅豆、磋葉、紅花、綿花、吉貝、高良薑、通草、麻、藤、瓊芝菜、水牛、麖皮〈貢〉、山馬皮、鹿皮、沙水牛皮〈貢〉、蚦蛇皮、獺皮、檀蛇皮、沙魚皮、蜂蜜、魚鰾〈貢〉、翠毛〈貢〉、黄蝋〈貢〉、浮石、車磲、青螺、塩、稷帽、珠。48。

貨之属に挙げるのはまず檳榔、椰子、蘇木、烏木、鶏翅木、虎斑木、花梨木、黄楊といった南海特産の樹木であり、次いで海南島の主脈黎山に産する沈香・蓬莱・脱落・黄熟ら香四品、さらに海岸辺の州県から出る白木香・土檀香・龍骨香・土降真香・鶏虱香・鶏骨香・海漆香の七品がある。さらに紅豆以下の貨物であるが、この中には紅花、綿花、吉貝、麻、藤、蜂蜜、黄蝋〈貢〉、塩といったこ

れまでも見たような物産や麞皮、鹿皮、獺皮、魚鰾、翠毛などのように明初以来歳進や歳弁物品に選ばれたものが多い。そして残る紅豆、磋葉、高良薑、通草、瓊芝菜、水牛、山馬皮、沙水牛皮、蚺蛇皮、檀蛇皮、沙魚皮、浮石、車磲、青螺、椶帽、珠などは正しく南海物産である。全部の貨は四十八品である。注記で貢とあるものを拾うと、藤、麞皮、沙水牛皮、魚鰾、翠毛、黄蝋となる。

なお、ついでに正徳『瓊臺志』巻九、土産下の布帛属と飲饌属、油之属、器用属、工作属を参考に挙げて置こう。

布帛属

葛布、蕉布〈似葛価劣〉、麻布、兼絲、絲紬、水紬、綿布、胡椒布、双紅布、鵞毛布、吉貝布、広幅布、被、曰、素・青・油紅・花・仮錦。

帳房〈即被官司歳派買、令織寛厚且長、民甚苦之〉。

土紬、悦〈即手帕。有素、有花、有仮錦〉、黎幔、黎桶。

飲饌属

酒、真一酒〈米・麦・水三者為之。東坡於此嘗醸〉、天門冬酒〈東坡寓此造〉、椒酒、厳酒、老酒、竹素青酒、浮子酒〈上三酒皆焼酒醃之〉、黄酒、早子禾酒、鹿蹄酒、焼酒。

麹餅、茶、鮓、塩蠏、鮝、塩笋、麪、麪醤、烏欖醤、蜜浸、晒蜆、餻、粢果、円子、塘。

油之属、芝麻、山柚、桐子、海桃、麻子、核桃、山竹果、椰子、烏桕、木油。

器用属、馬尾小帽、纏椶、藤器、漆器、雕帯、黄村薦、紅竹箪、椰器〔冠、酒榼、酒杯〕、鸕鷀杓、鸚鵡杯、銅鼓、黎金、黄子木桂杖、老鴉扇、檳榔皮扇、金剛子、瓦器。

工作属、銀作、漆作、銅作、鉄作、木作、皮作、雕作、藤作、石作、泥水作、窑作。

これは最南方の地である海南島というより、嶺南、華南地方の物産貨物の集成である。まず布帛属は葛布、蕉布、麻布、兼絲、絲紬、水紬、綿布という華南地方一般に見られる絲紬織物類の外に胡椒布、双紅布、鵞毛布、吉貝布、広幅布といった海南島独特の布地がある。次に飲饌属では酒類が真一酒、天門冬酒、椒酒、厳酒、老酒、竹素青酒、浮子酒、黄酒、早子禾酒、鹿蹄酒、焼酒という今日にもその名が残る銘酒が多く、焼酒の加工酒が特に注目される。さらに麹餅、茶以下の食品加工も多種である。地方物産の多様性を物語る。

次に油之属も、芝麻、山柚、桐子、海桃、麻子、核桃、山竹果、椰子、烏桕、木油と数が多い。海桃、核桃、山竹果、椰子、烏桕などは南海特産の油であろう。

次に器用属は十七種、この島ならではの工芸品が並ぶ。工作属は藤作や泥水作が独自である。以上のように見ると、海南島の造作工芸は辺境ならではの多様な展開が見られるのである。

第五節　西南中国における明代地方志物産貨之属

①貴州省思南府の嘉靖『思南府志』巻三、田賦志、土産、貨物に

綿花、苧麻、葛麻、黄蝋、蜂蜜、香油、桐油、丹沙、水銀、硠硃、五倍子、鉄、椒、茶〈丹砂・水銀・硠硃・茶出婺川県。余物六司県倶有之〉。

西南中国、貴州省思南府の土産、貨物の事例であるが、綿花、苧麻、葛麻、黄蝋、蜂蜜、香油、桐油、茶、以上は華中、華南地方に一般的に挙げられる物産である。貴州省思南府は少数民族地域ながら漢人社会の衣食住が急速に普及していることが分かる。しかし、次に挙げられる丹沙、水銀、硠硃（硬い硃）、五倍子[32]、鉄、椒と中国で残された資源の宝庫である西南中国らしい物産である。なお、茶の註文には、丹砂・水銀・硠硃・茶は婺川県に出る。余物は六司県倶にこれを有すとある。

さて、貴州省思南府の嘉靖『思南府志』巻七、拾遺志には次の言が見える。

弘治以前、川民不入境、大率土広人稀、材木足於林藪、漁猟易於山沢。而商賈通其塩布、時有鶏犬之盗人、皆擯而不容于郷、官司亦得因而治之。弘治以来、蜀中兵荒、流移入境。而土着大姓、将各空閑山地、招佃安插、拠為其業。或以一家跨有百里之地者。

流移之人、親戚相招、纏属而至、日積月累、有来無去、因地産綿花、種之獲利、土人且效其所、為棄菽粟而藝綿。由是生之寡、食之衆、飢饉荐臻。客既勝而主人弱、禍乱且起矣。合抱連雲之材、尽山伐而焚之、佈種其中、謂之烟田、而地力窮矣。工匠技藝之徒、囂訟穿窬之輩、処処有之、而民風壊矣。

弘治以前は、川民（四川省の民）は境に入らず、大率土広く人稀れなり、材木は林藪に足り、漁猟は山沢に易し。而して商賈は其の塩・布を通じ、時に鶏犬之盗人有れば、皆擯けて郷に容れず、官司は亦た得て因りて之を治す。弘治以来、蜀中兵荒し、流移して境に入る。而して土着の大姓は、各々空閑山地を将て、佃を招きて安挿せしめ、拠りて其の業と為す。或いは一家を以て跨りて百里之地なる者有り。流移之人は、親戚相招き、纏属して至り、日積み月累ねて、来る有るも去る無く、地に因りて綿花を産し、之を種えて利を獲て、土人は且に其の所を效し、為に菽粟を棄てて綿を藝す。是れ由り生之寡く、食之衆く、飢饉荐臻す。客は既に勝りて主人は弱く、禍乱且に起らんとす。合抱連雲の材も、尽く山ごと伐りて之を焚き、其の中に佈種す、之を烟田と謂い、而して地力窮まる。工匠技藝之徒も、囂訟穿窬之輩も、処処之れ有り、而して民風壊れるか。

十五世紀後半の弘治以前には四川省より省境を越えて貴州省思南府に入る民は居なかった。土地は広く人は少なかった。材木も豊で漁猟も充分山沢の恵みに与った。商賈は其の塩・布を通じ、時に鶏犬之盗人有れば住民が協力して当地に入れさせなかった。ところが弘治以後、四川省に兵乱が頻発して四川の民が貴州省にやってきた。土着の大姓は自分の土地に佃人として招き定住させた。中には一家で百里に土地を持つ者も現れた。漢人が当地貴州省の少数民族地区に開発に来たのである。土地に綿花を植えて、これにより巨利を博すものが出た。土地の人も従来の豆や栗を棄てて綿花を栽培した。食料が不足し飢餓が起こった。客の漢人が豊になり、土地の少数民族が窮乏した。当然少数民族の叛乱となる。開発に拍車がかかり、数人抱えの天を突く大木も忽ち伐られ焼き畑となり、耕地とされた。これを烟田という。それで地力は窮まった。工匠技藝之徒も、囂訟穿窬之輩も処処之れ有るといった城市が多く建設されだしたともいうのである。西南中国開拓時代の開始である。それで西南の地域社会の豊かな民風は壊れるのであるという。この思南府志は、嘉靖十六年春正月人日銭唐田汝成序とある。進んだ江南人士が西南中国開発の問題点を述べているのである。

②貴州省普安州の嘉靖『普安州志』巻一、輿地志、土産の冒頭に、

珠砂〈係本省萬山出。本州原無〉、水銀〈見一統志。本州無〉、鉄〈本州亦未詳出処因。一統志云云、亦併載以備稽考〉、雄黄〈出本州隣郷境広西安隆洞〉。

ここでも、珠砂、水銀、鉄、雄黄という鉱産物を資源として挙げている。

③貴州省普安州の嘉靖『普安州志』巻一、輿地志、土産、貨類に、

棉、布、椒、漆、苧蔴、油〈三種〉、藍靛、蜜。蝋、棕。

これはすべて華中、華南地方の物産貨類と同じである。

④貴州省尋甸府の嘉靖『尋甸府志』巻上、食貨に

布属　綿布、火麻、紵麻、土蚕繭。

布属ではあるが、華中、華南地方の物産布類と同じである。ただ、火麻とか土蚕繭とかのこの地方特産も挙げる。

結び

地方志物産、ないし土産の項に見える貨、貨之属、貨類という品物について、宋元地方志と明代地方志を相互関連的に考察した。宋元時代から明代へ明らかに農業発展や商品生産の展開がもたらした物産の数量共に爆発的な発展が認められる。特に史料的制約から宋元時代では不可能であった華北地方、華中地方、華南地方、さらに西南中国という地域的考察が明代では可能になり、それを行ってみた。

明代伝統的な養蚕、紡績、織絹、また麻、苧麻、葛などに加えて、真に国民的衣料である木綿が普及した。華北、華中、華南、そして西南中国までも綿花栽培が熱狂的に展開した。そして西嶋定生氏が明らかにしたような原料綿花と最終商品綿布との交換は大運河の

南北間で、また長江の上下間で三、四千キロメートルを超える距離間という巨大流通構造を現出したのであった。しかし、それが現実の物流になるためにはなお解決しなければならぬ課題が残されていた。それは何か。本書後編で扱うところである。

それにしても本章各節で見てきたように華北地方でも、華中地方でも、華南地方でも、西南中国でも中国の人々は営々努力して新物産を開発していた。反面、古典的な資源である金、銀、銅、鉄、錫、水銀らの金属資源は中国人の伝統的歴史空間から急速に姿を消した。資源枯渇である。金属資源をどこに求めるか。これも後編の課題となろう。

注

(1) 土産は「どさん」であって、その土地の産物の意味。日本で言う「みやげ」ではない。
(2) 斯波義信『宋代商業史研究』風間書房、一九六八年。
(3) 中国地志学会印行、影印版『宋元地方志叢書』所収、その配列順による。
(4) 加藤繁「支那に於ける稲作、特にその品種の発達について」(遺稿、一九四八年)、同著『支那経済史考証』下巻、東洋文庫、一九五三年、所収。
(5) 周藤吉之「南宋稲作の地域性」『史学雑誌』七〇編六号、一九六〇年、及び「南宋に於ける稲の種類と品種の地域性」、以上、同著『宋代経済史研究』東京大学出版会、一九六二年、所収。
(6) 川勝守「十六・十七世紀中国における稲の種類、品種の特性とその地域性」、『九州大学　東洋史論集』一九号、一九九一年、後、同著『明清江南農業経済史研究』東京大学出版会、一九九二年、所収。
(7) 南朝陳、隋の国師天台大師智顗の修禅求道の拠点であった天台山が所在し、国清寺その他伽藍建物が多い。
(8) 川勝守『明清江南市鎮社会史研究』汲古書院、一九九九年、参照。
(9) 絲は「いちび」、葵科の一年性草本。茎皮の繊維は綱・糸・粗布を製するに用いる。
(10) 西嶋定生「中国初期棉業市場の考察」『東洋学報』三一巻二号、一九四七年、「明代における木棉の普及について」『史学雑誌』五七編四・五・六号、一九四八年、「十六・十七世紀を中心とする中国農村工業の考察」『歴史学研究』一三七号、一九四八年、後、同著『中国経済史研究』

東京大学出版会、一九六六年、所収。西嶋氏は華北諸省の棉花栽培とその輸出、江南上海附近の松江府棉業の綿布の華北への輸出という構図を描く。華北は綿花を南へ輸出し、南から綿布を輸入したとするのである。

(11) 明代の歴史地理的な土地地勢については、譚其驤主編『中国歴史地図集』元・明時期、新華書店上海発行所、一九八二年、参照。

(12) 西嶋定生、前掲書によれば松江府の高級綿布の番布系統に斜文布の名が見える。

(13) 川勝守生『近世日本における石灰の生産流通構造』山川出版社、二〇〇七年、参照。

(14) 森正夫「１６４５年太倉州沙渓鎮における烏龍会の反乱」『中山八郎教授頌寿記念　明清史論叢』一九七七年、後、同著『森正夫明清史論集』第二巻、汲古書院、二〇〇六年、所収。

(15) 金沢陽「明代の磁州窯について」『三上次男博士喜寿記念論文集・陶磁編』一九八五年、参照。

(16) 西嶋定生「中国初期棉業の形成とその構造」『オリエンタリカ』二号、一九四九年、前掲西嶋定生書、所収。

(17) 川勝守「明末清初長江沿岸地区之『春花』栽種」、中国台湾中央研究院近代史研究所『近代中国農村経済史論文集』一九八九年、後、前掲『明清江南農業経済史研究』所収。

(18) 西嶋定生、前掲（9）論文、参照。また、川勝守「長江デルタにおける棉作と水利」『九州大学東洋史論集』六・八号、一九七七、七九年、参照。

(19) 川勝守生、前掲書参照。

(20) 前注（19）と同じ。

(21) 扈箔漁については福岡市室見川の白魚が川を溯るところに扈（竹の簾）箔を仕掛け漁をすることが想起される。

(22) 加藤繁訳注『史記平準書・漢書食貨志』（岩波文庫、岩波書店、一九四二年）九八頁、参照。

(23) 西嶋定生、前掲書七三三頁、参照。西嶋氏は松江府地方が宋代以来南海貿易の一起点であったために、元初の頃（十三世紀後半）には早くも棉種の伝来が行われて木棉栽培が普及した。また紡織技術においても黄道婆の伝説が示すように、元初には南方からすでに高級な技術が伝来されているのであり、またこれに加えて、中国在来の絹織物技術の応用により、他地方に卓越した技術を保有しえたのであるとする。ここには元明清時代における織布産業における技術発展が技術の交流移転をめぐる問題を明確に指摘している。六十年前の研究ながら現在でも研究の指針足り得るのは戦後明清史研究の怠慢と言わざるを得ないという叱りを受けそうである。

(24) 西嶋定生、前掲書八三八頁、参照。

(25) 西嶋定生、前掲書七八〇頁、参照。西嶋氏は江西九江府志物産と弋陽県志物産を引いて、すでに綿布に種別が生じていることが知られる。これらによってみれば、江西省の棉布は商品として販出されていたものと推測されるとしている。

(26) 西嶋定生、前掲書七八一頁、参照。

(27) 川勝守生、前掲『近世日本における石灰の生産流通構造』四三八頁、参照。

(28) 琉球沖縄の芭蕉布を連想するが、これが明王朝の貢献物品とされ、その後沖縄の名品特産となったものと対比すると、その落差を考慮すべきである。

(29) 『本草綱目』石炭の釈名に、「煤炭、石墨、鉄炭、烏金石。時珍曰、古以書字、謂之石墨」とある。しかし、同じ『本草綱目』五色石脂に、「黒石脂、別録曰、一名石墨、一名石涅。時珍曰、此乃石脂之黒者、亦可為墨。其性粘舌、与石炭不同」といい、石炭と区別される黒い物質とされる。今日では黒鉛とされる。なお、『大明一統志』には広東南雄府に出るとしている。

(30) 西嶋定生、前掲書八三七頁、参照。

(31) 田中正俊・佐伯有一「15世紀における福建の農民叛乱」『歴史学研究』一六七号、一九五四年、後、著『田中正俊歴史論集』汲古書院、二〇〇四年、所収、参照。

(32) 五倍子は塩膚木フシノキの異名、また虫の名、昆虫有吻類の一種、七、八月ころ塩膚木フシノキの葉に寄生してこぶを作り、これから単仁を製する。こばいしむしとも言う。本草では薬になる。『太平広記』五倍子に四川、西南の産であるとする。

後編　長江・大運河流通の展開と巨大都市連鎖の形成

第一章　明代、雲南・貴州両省の成立

はじめに

雲南・貴州両省は古来少数民族地域であった。両省の内、雲南は特に元朝による征服以前には前漢代に滇国が、唐代に南詔国が、宋代に大理国がそれぞれ存在していた。一二五三年モンゴル憲宗モンケ汗の三年冬十二月、後の元朝のフビライ汗は大軍で大理国を滅ぼした。それに対して貴州省は漢代に西南夷と総称されたが、前漢武帝のとき、広東方面の南越国を攻めるのに、珠江水系を利用することが計画されてから、漢族と交渉をもつようになった。そして前一一一年（元鼎六年）に、この地方に牂柯郡を置き益州に属させて内地化を図った。唐代には烏江以北に数州をおき黔中道に属させたが、以南の地域は元代にいたって州県の設立をみた[1]。以上から、雲南・貴州と一口にいっても、漢代以来の歴史的存在には大きな差違がある。雲南は少数民族の王国が比較的長く続き、貴州は形式的とはいえ漢人の州県支配が存在し続けた。そうした両省の歴史的性格の違いは、元朝時代における当該地方の行政支配のあり方に影響した。フビライは一二五三年に大理国を滅ぼし、後に雲南行省を置いた。それに対して貴州の州県は元朝成立後に湖広行省に管轄された。

元朝を打倒した明太祖は行政制度など多く元の制度を継承したが、雲南・貴州の行政支配は元朝制度を一変するものがあった。雲南布政使司（省）、貴州布政使司（省）を画定したのである[2]。そこで歴史地図をみると、特に元の雲南行省と明の雲南布政使の属府州県の領分に大きな差違が見られる。現在の遍立開江と薩爾温江（明代名称は喳里江）以西の地は緬甸（ミャンマー、ビルマ）領となり、元朝の雲南行省蒙慶宣尉司分も明の雲南布政使には含まれず泰国（タイ）領となった[3]。

明初における雲南・貴州両省分の画定は、外は東南アジアのミャンマーとタイ両国との国境をほぼ確定させたが、それに止まらず、内側の四川省、湖広（湖北・湖南）省・広東省・広西省の省分も画定明確にさせた。しかし、そうした中国王朝の省・府・州県による地方行政の大綱はあくまで漢人中心の政治の場で、地方側、少数民族側の政治事情は全く考慮されたものではなかったかに見える。そこに元明以来、現在まで中国中央政府と西南諸民族との緊張の歴史がある。が、概して言えば中国王朝行政を担う漢人官僚の不断の行政努力があった。本稿作成の意図はその努力の一斑を理解し、そこにいかなる歴史的課題があったかを探るにある。ただ、あくまで明王朝行政の方法とその特質の検討を考察の主対象とするために、少数民族側現地の社会事情等の考察は割愛せざるを得ない[4]。

なお、重要な課題として雲南・貴州両省の成立は漢民族にとって当該地域をフロンティアとする開発発展の問題があるが、これも本格化するのは十八世紀半ばの清朝乾隆期であって、この考察も別に行いたいと思う[5]。

第一節　元代における雲南行省州県

明太祖洪武三年（一三七〇）七月完成の『元史』巻六十一、地理志四に、「雲南諸路行中書省、路三十七、府二、属府三、属州五十四、属県四十七為り。其の余の甸寨軍民等府は此数に在らず」という。細字注文に「馬站七十四処、水站四処」と駅伝制を記す。次に雲南諸路道粛政廉訪司を挙げ、同注文に「大徳三年（一二九九）、雲南行御史台を罷め、粛政廉訪司を立つ」とあり、雲南の粛政廉訪司が行御史台の後身であることが分かる。

さて、元朝代における雲南行省の中心城市は中慶路、現在の昆明市である。『元史』地理四の中慶路の説明文によると、次の通りである。
①中慶路、〈細字注　上〉。唐姚州。閤羅鳳叛、取姚州、其子鳳伽異増築城曰柘東、六世孫巻豊祐改曰善闡、歴五代迄宋、羈縻而已。元

世祖征大理、凡収府八、善闡其一也、郡四、部三十有七。其地至普安路之横山、西至緬地之江頭城、凡三千九百里而遠、南至臨安路之鹿滄江、北至羅羅斯之大渡河、凡四千里而近。憲宗五年、立万戸府十有九、分善闡為万戸府四。至元七年、改為路。〈細字注　八年、分大理国三十七部為南北中三路、路設達魯花赤幷総管〉。十三年、立雲南行中書省、初置郡県、遂改善闡為中慶路。領司一、県三、州四。州領八県。〈細字注　本路郡民屯田二万二千四百雙有奇〉。

中慶路は唐代の姚州、大理国の閣羅鳳が叛乱して、姚州を取り、その子鳳伽異が城郭都市を拡大し柘東といい、六世の孫の巻豊祐が善闡と地名を変え、五代を歴て宋まで、覊縻するのみで大理国民の自治が行われた。元世祖は大理を征服し、凡て府八を収め、善闡はその一で、郡四、部三十七があった。四至は省略。憲宗モンケ汗の五年（一二五五）、万戸府十九を立て、善闡を分かって万戸府四と為した。至元七年（一二七〇）、改めて路と為した。ここの細字注によれば、翌八年、大理国三十七部を分かって南北中の三路と為し、路ごとに達魯花赤並びに総管を置いたという。同十三年（一二七六）、雲南行中書省を立て、初めて郡県を置き、遂に善闡を改めて中慶路と為した。この雲南行省設置年次についての問題点は後に検討する。雲南行省の所轄は、司一、県三、州四であり、州は八県を所領した。その下の細字注に、本路郡民屯田二万二千四百雙有奇とある。雙の単位について、嘉靖『尋甸府志』上巻。食貨によれば、田、七里共官民田二百二十五頃五十九畝一分一厘とあるので、一雙が丁度一畝くらいと思われる。なお、至元八年に大理国三十七部は南北中三路に分かつというが、部が従来の大理の行政単位であろう。

さて、『元史』地理四の雲南諸路行中書省中慶路の前掲部に続く各州県について、その諸民族名とモンゴル＝元朝の支配過程を中心として、摘抄しよう。

昆明、中。倚郭。唐置。元憲宗四年、分其地立千戸二。至元十二年、改善州、領県。二十一年、州革、県如故。其地有昆明池、五百余里、夏潦必冒城郭。張立道為大理等処勧農使、求泉源所出、洩其水、得地万余頃、皆為良田云。

富民、下。至元四年、立黎千戸。十二年、即黎瀼立県。

宜良、下。唐匡州、即其地。蛮酋羅氏於此立城居之、名曰羅裒龍、乃今県也。元憲宗六年、立太池千戸、隷嵩明万戸。至元十三年、升宜良州、治太池県。二十一年、州罷為県、後廃太池来属。
嵩明州、下。州在中慶東北、治沙札臥城、烏蛮車氏所築、白蛮名為嵩明。昔漢人居之、後烏・白蛮強盛、漢人徙去、盟誓於此、因州南有土台、盟会処也。漢人嘗立長州、築金城・阿葛二城。蒙氏興、改長州為嵩盟部、段氏因之。元憲宗六年、立嵩明万戸。至元十二年、復改長州。十五年、升嵩明府。二十二年、降為州。領二県。
楊林、下。在州東南、治楊林城、乃雑蛮枳氏・車氏・斗氏・麼氏四種所居之地、城東門内有石如羊形、一故又作羊。唐有羊林部落、即此地。元憲宗七年、立羊林千戸。至元十二年、改為県。
邵甸、下。在州西、治白邑村、無城郭、車蛮・斗蛮旧地、名為束甸、以束為邵。憲宗七年、立邵甸千戸。至元十二年、改為県。
晋寧州、唐晋寧県、蒙氏・段氏皆為陽城堡部。元憲宗七年、立陽城堡万戸。至元十二年、改晋寧州。領二県。
呈貢、下。西臨滇沢之濱、在路之南、州之北、其間相去六十里、有故城曰呈貢、世為些莫強宗部蛮所居。元憲宗六年、立呈貢千戸。至元十二年、割詔営・切龍・呈貢・雌甸・塔羅・和羅忽六城及烏納山立呈貢県。
帰化、下。在州東北、呈貢県南、西濱滇沢、地名大呉龍、昔呉氏所居、後些莫徒蛮所有、世隷善闡。憲宗六年、分隷呈貢千戸。至元十二年、割大呉龍・安江・安淜立帰化県。
昆陽州、下。在滇池南、僰・獹雑夷所居、有城曰巨橋、今為州治。閤羅鳳叛唐、令曲嵧蛮居之。段氏興、隷善闡。元憲宗併羅皛等十二城、立巨橋万戸。至元十二年、改昆陽州。領二県。
三泊、下。至元十三年、於那龍城立県。
易門、下。在州之西、治市坪村、世為烏蛮所居。段氏時、高智昇治善闡、奄而有之。至元四年、立洟門千戸。十二年、改為県。県西有泉曰洟源、訛作易門。
安寧州、下。唐初置安寧県、隷昆州。閤羅鳳叛唐後、烏・白蛮遷居。蒙氏終、善闡酋孫氏為安寧城主、及袁氏・高氏互有其地。元憲宗七年、隷陽城堡併万戸。至元三年、立安寧千戸。十二年、改安寧州。領二県。

禄豊、下。在州西、治白村、其地瘴熱、非大酋所居、惟烏・雑蛮居之、遷徙不常。至元十二年、割安寧千戸之碌琫・化泥・驥琮籠三処立禄豊県。因江中有石如甑、俗名碌琫、訳謂碌為石、琫為甑、訛為今名。

羅次、下。在州北、治圧磨呂白村、本烏蛮羅部、地険俗悍。至元十二年、因羅部立羅次州、隷中慶路。二十四年、改州為県。二十七年、隷安寧州。

実に様々な各州県の設置変遷過程である。その設置が早く唐代に遡る州県は、先ず中慶路に唐姚州とあり、次いでその倚郭の州である昆明州に唐置とある。その他には、宜良県に唐匡州とあり、晋寧州に唐晋寧県、安寧州に唐初置安寧県の指摘がある。ただし、昆明州は安寧州の説明に隷昆州とあれば、唐代名称は昆州であった。

次に各州県所居の少数民族各種諸氏分布について、各州県について摘抄すれば、宜良県に「蛮酋羅氏が此に城（城郭ないし城市＝都市）を立ててこれに居す」といい、嵩明州に「烏蛮車氏の築く所、白蛮は名づけて嵩明と為す」、また「昔漢人がこれに居すも、後に烏蛮・白蛮が強盛となり、漢人は徙り去り、誓いを此に盟したが、因りて州の南に土台が有り、盟会の処である。漢人は嘗て長州を立て、金城・阿葛二城を築いた。蒙氏が興こり、長州を改め嵩盟部と為し、段氏がこれに因る」と諸蛮諸氏の変遷を述べる。同州属県の楊林県に「乃ち雑蛮枳氏・車氏・斗氏・麽氏の四種所居の地で、城の東門内に羊形の石が有り、楊林は一に羊林と作った。唐に羊林部落が有るのはこの地である」、同じく邵甸県に「城郭無く、車蛮・斗蛮の旧地」、晋寧州に「蒙氏・段氏皆陽城堡部と為す」、同州属の呈貢県に「世々些莫強宗部蛮の所居と為り」、同じく帰化県に「昔し呉氏の所居、後に些莫徒蛮の所有、世々善闡に隷属した」、昆陽州に「僰・玃雑夷の所居」といい、また、「閤羅鳳が唐に叛せしより、曲𠭉蛮をこれに居せしむ。段氏興り、善闡に隷す」という。同州属の易門県に「世々烏蛮の所居為り。段氏の時に、高智昇が善闡を治し、奄いにこれを有つ」という。次に安寧州について、「閤羅鳳が唐に叛した後に、烏・白蛮が遷居してきた。蒙氏が終わると、善闡の酋長の孫氏が安寧城主となり、袁氏と高氏が互にその地を所有した」といい、同州属の禄豊県に「惟だ烏・雑蛮がこれに居し、遷徙常ならず」という。最後に同州属の羅次県に「本と烏蛮羅部」と、それぞれ諸族諸氏の存在を述べる。

以上のごとき『元史』地理志の雲南・貴州の諸少数民族についての記述は、秦漢代の『史記』『漢書』以下、唐宋時期について、『旧唐書』巻一九七、西南蛮伝、南詔蛮条、『新唐書』巻二二一・三、南蛮上下、南詔伝上下、『旧五代史』巻一三八、外国列伝二、昆明部落条、『新五代史』巻七四、四夷附録三、南詔蛮条及び昆明条、『宋史』巻四八八、外国、大理伝に依って概略されており、大きな矛盾は見られない。概略を言えば、前漢代に滇国が有り、後漢に哀牢国、続く三国蜀に諸葛亮が征服した白国ないし白子国、唐代の南詔国、宋代の大理国があった。南詔国王の姓は蒙氏、大理国王は段氏であり、各々世系図が分かる。南詔国王蒙氏が十三代（六四九～九〇二年）、大理国王段氏が十四代（九三七～一〇九四年）、その後、権臣高昇泰の国（一〇九四～六年）を経て、後理国が八代（一〇九六～一二五三年）続いた。南詔・大理とも唐宋両帝国に遣使朝貢して冊封体制に入った。

ここで『元史』地理志四の雲南の記事で、モンゴル―元朝の雲南支配に関する部分に注目しよう。一般に元憲宗五年（一二五五）にフビライによる雲南大理国の征服は、右の中慶路とその各州県の記事により、憲宗四年、五年、六年、七年と幅があることが分かる。そして州には万戸が、県には千戸がそれぞれ設置された。万戸千戸はモンゴル軍事組織として知られるところであるが、ここでは中国型の州県組織に対応して万戸―千戸の上下支配関係があることに注目しておきたい。その場合、州県の行政組織は固定的でなく、変動が激しかった。これは現地少数民族側の社会基盤が不安定であったことを示すものであろう。そして元朝成立、世祖即位後の至元十二年、時に十三年に州県編成の画定があった。その間にも安寧州が至元三年に安寧千戸を立て、易門県が至元四年に洟門千戸を立てる動きがあった。先の中慶路の説明によれば、憲宗五年に万戸府十有九を立て、善闡を分かって万戸府四と為し、至元七年に改めて路と為した。その細字注に、至元八年、大理国三十七部を分かって南北中三路と為し、路に達魯花赤幷総管を設けたとある。そして至元十三年（一二七六）に、雲南行中書省を立て初めて郡県を置いたという。

雲南行省の成立年次について、従来、前田直典氏の詳細な研究[6]がある。氏はいう。

『元史』巻八世祖本紀及び『元史』巻百二十二愛魯伝に至元十年、『元史』巻九十一百官志、同巻百六十六信苴伝に至元十一年、『元史』巻百三十三怯烈伝に至元十二年、『元史』巻六十一地理志・中慶路の条には至元十三年に雲南行省が立てられたとしてゐる。

しかし、『元文類』巻四十一所収『経世大典』序録・征伐の条には至元十一年には既に雲南省の名がみえてゐるからこの行省の設立は至元十、十一年の交にあらう。

『元史』地理志の中慶路条は、憲宗五年に万戸府十九を立て、善闡を万戸府四に分かち、至元七年に、改めて路と為した。その細字注には、翌、八年に大理国三十七部を分かって南北中三路と為し、路に達魯花赤ならびに総管を置き、そして至元十三年に雲南行中書省を設置したという。至元七、八年の処置で旧大理国の行政システムを最終的に解体し、新たなモンゴル＝元朝の地方行政支配の導入が実行されていることが分かる。その限りで至元十三年に雲南行中書省の設置があったという中慶路の説明はそれなりに説得力がある。問題は雲南各路における州県行政システムの完成度である。他の路州県を検証しよう。

②威楚開南等路、元憲宗三年征大理、平之。六年、立威楚万戸。至元八年、改威楚路、置総管府。領県二、州四。州領一県。本路軍民屯田共七千一百雙。

威楚、至元十五年、升威州、仍立富民・浄楽二県。二十一年、降州為威楚県、革二県為郷来属。

定遠、元憲宗四年、立牟州千戸、黄蓬穽為百戸。至元十二年、改為定遠州、黄蓬穽為南寧県、後革県為郷、改州為県、隷本路。

鎮南州、元憲宗三年、其酋内附。七年、立欠舎千戸・石鼓百戸。至元二十二年、改欠舎千戸為鎮南州、立定遠・石鼓二県。二十四年、革二県為郷、仍隷本州。

南安州、憲宗立摩芻千戸、隷威楚万戸。至元十二年、改千戸為南安州、隷本路。領一県。

広通、憲宗七年、長寿内附、立路賧千戸。至元十二年、改為広通県、隷南安州。

開南州、元中統元年平之、以所部隷威楚万戸。至元十二年、改開南州。

威遠州、中統三年征之、悉降。至元十二年、立開南州及威遠州、隷威楚路。


威楚開南等路の領域に対する元の支配浸透時期は二度あった。一は憲宗三年（一二五三）、二は世祖中統元年ないし三年（一二六〇、六二）の時期である。先の中慶路で述べたように、雲南においては先ず軍事機構たる万戸・千戸を設置し、次に州・県の設置となった。

両者は連動したことが確認されたが、この戚楚開南等も同様である。多くの州県が至元十二年に万戸・千戸制から州県行政に転換した。特に定遠県は、元憲宗四年に牟州千戸を立て、黄蓬穽を百戸と為したとあり、その後至元十二年に牟州千戸を改めて定遠州とし、黄蓬穽は南寧県となった。後に県を革めて郷とし、州を改めて県として、本路に所隷した。もと万戸・千戸・百戸、それが路・州・県、さらに昇降があり、州・県・郷となった過程が分かる。なお、その時期は鎮南州の項から、至元二十四年と分かる。

以下概略を示すと、各路の内、所属の州県を記載しているのは、[7]③武定路軍民府に州二県四（和曲州—南甸県・元謀県、禄勧州—易籠県・石旧県）、④鶴慶路軍民府に県一（剣川県）、⑤麗江路軍民宣撫司に府一（北勝府）州七県一（順州、蒗蕖州、永寧州、通安州、蘭州、宝山州、巨津州—臨西県）、⑥茫部路軍民総管府に益良州・強州、⑦曲靖等路宣慰司軍民万戸府に県一（南寧県）州五県六（陸涼州—芳華県・河納県、越州、羅雄州、馬龍州—通泉県、霑益州—交水県・石梁県・羅山県）、⑧澂江路に県三（河陽県・江川県・陽宗県）州二県三（新興州—普舎県・研和県、路南州—邑市県）、⑨仁徳府に県二（為美県・帰厚県）、⑩建昌路に県一（中県）州九県一（建安州、永寧州、瀘州、礼州—瀘沽県、里州、闊州、邛部州、隆州、姜州）、⑪徳昌路軍民府に州四（昌州、徳州、戚龍州、普済州）、⑫会川路に州五（武安州、黎渓州、永昌州、会理州、麻龍州）、⑬柏興府に県二（閏塩県、金県）、⑭臨安路に県二（河西県、蒙自県）千戸一（捨資千戸）州三県二（建水州、石平州、寧州—通海県・嶍峨県）、⑮広西路に州二（師宗州、弥勒州）、⑯大理路軍民総管府に司一（録事司）県一（太和県）府二（永昌府、騰衝府）州五県二（鄧川州—浪穹県、蒙化州、趙州、姚州—大姚県、雲南州）、以上である。それ以外の雲遠路軍民総管府、徹里軍民総管府、広南西路宣撫司、東川路、孟傑路、普安路、羅羅蒙慶等処宣慰司都元帥府、臨安広西元江等処宣慰司兼管軍万戸府、元江路、大理金歯等処宣慰司都元帥府、蒙憐路軍民府、蒙莱路軍民府、金歯等処宣撫司、茫施路、鎮康路、鎮西路、平緬路、麓川路、南睒、烏撒烏蒙宣慰司、木連路軍民府、蒙光路軍民府、木邦路軍民府、孟定路軍民府、謀粘路軍民府、南甸軍民府、六難路甸軍民府、陋麻和管民官、雲龍甸軍民府、縹甸軍民府、二十四寨達魯花赤、孟隆路軍民府、木朶路軍民総管府、金歯孟定各甸軍民官、孟愛等甸軍民府、蒙兀路、通西軍民総管府、木来軍民府、以上には所属州県が無い。なお、後半に見える雲龍甸軍民府等は先に「其余甸寨軍民等府不在此数」とあるのに該当し、路三十七等に数えないのであろう。明らかに少数民族地区で土官支配地である。[8]ただ、次の貴州分湖広行省の少数民族の土官支配に多く

見られる安撫司の名称が見られないのは注目しておく必要があろう。

それにしても、以上の挙例から雲南行中書省の各路の性格は通常の路以外に、路軍民府、路軍民総管府、路宣撫司、路軍民宣慰司、等路宣慰司軍民万戸府、等処宣慰司都元帥府、等処宣慰司兼管軍万戸府、等処宣撫司、等処宣慰司、各甸軍民府、管民官、寨達魯花赤、等々と極めて多様な形態の軍民にわたる行政組織形態であったことが分かる。このことは、元朝治下における雲南路州県行政がそれぞれ路州県側の持つ地方事情、特に少数民族側の存在形態に関連するのであり、さらに州県設置年次に差違があることが了解される。

第二節　元代における貴州省分湖広行省州県

次に貴州省分の元代湖広行省各路州県を概観しよう。『元史』巻六三、地理志六、湖広等処行中書省の中で貴州省分は次の記事のみである。

貴州、下。唐改懐沢郡、後仍為貴州。元至元十四年、領鬱林県。大徳九年、省県、止行州事。戸八千八百九十一、口二万八百一十一。〈細字注　貴州地接八番、与播州相去二百余里、乃湖広・四川・雲南喉衿之地。大徳六年、雲南行省右丞劉深征八百息婦、至貴州科夫、致宋隆済等糾合諸蛮為乱、水東・水西・羅鬼諸蛮皆叛、劉深伏誅。〉

元代に貴州分の路の設置はない。湖広行省は湖北の一部、湖南、広西、広東の一部、そして貴州からなり、他省分はすべて路が存在する。貴州が元の版図に入ったのは至元十四年（一二七七）の直前の時期であろうが、貴州という州を置き憂林県一県を領したが、大徳九年（一三〇五）に省かれ、州のみとなった。戸八八九一、口二万八一一というから県並のサイズである。その細字注によれば、大徳六年（一三〇二）に雲南行省右丞劉深が雲南にあった八百息婦を征服しようとして、貴州に至り夫役（恐らくは徴兵）の科派をしようとしたところ、宋隆済[9]等が諸蛮を糾合して叛乱を起こした。貴州の水東・水西・羅鬼[10]が皆叛乱に参加して、右丞劉深は誅殺された。平定失敗の責任を取らされたのである。大徳九年の貴州属鬱林県省略はその結果の事態かも知れない。

ところで、『元史』地理志六の続文に述べる貴州諸民族統治に関係した八番順天蛮夷官の細字注記には、

至元十六年、潭州行省遣両淮招討司経歴劉継昌招降西南諸番、以龍方零為小龍番静蛮軍安撫使、龍文求臥龍番南寧州安撫使、龍延三大龍番応天府安撫使、程延随程番武盛軍安撫使、洪延暢洪番永盛軍安撫使、韋昌盛方番河中府安撫使、石延異石番太平軍安撫使、盧延陵盧番静海軍安撫使、羅阿資羅甸国遏蛮軍安撫使、並懐遠大将軍・虎符、仍以兵三千戍之。是年、宣慰使塔海以西南八番・羅氏等国已帰附者、具以来上、洞寨凡千六百二十有六、戸凡十万一千一百六十有八。西南五番千一百八十六寨、戸八万九千四百。西南番三百一十五寨、大龍番三百六十寨。二十八年、従楊勝請、割八番洞蛮、自四川行省隷湖広行省。三十年、四川行省官言、思・播州元隷四川、近改入湖広、今土人願仍其旧。有旨遣問、還云、田氏・楊氏言、昨赴闕廷、取道湖広甚便、況百姓相隣、駅伝已立、願隷平章答剌罕。

元世祖フビライ至元十六年（一二七九）、潭州行省は両淮招討司経歴劉継昌を派遣して西南諸番を招討させ、龍方零を以て小龍番静蛮軍安撫使と為し、龍文求を臥龍番南寧州安撫使、龍延三を大龍番応天府安撫使、程延随を程番武盛軍安撫使、洪延暢を洪番永盛軍安撫使、韋昌盛を方番河中府安撫使、石延異を石番太平軍安撫使、盧延陵を盧番静海軍安撫使、羅阿資を羅甸国遏蛮軍安撫使に各々任じ、並に懐遠大将軍・虎符に命じ、仍て兵三千を以てこれを戍らせた。是の年、宣慰使塔海は西南八番・羅氏等国で已に帰附した者をば、具に以て来り上奏し、洞寨は凡て千六百二十六、戸は凡そ十万一千一百六十八。西南五番は千一百八十六寨、戸八万九千四百。西南番三百一十五寨、大龍番三百六十寨という。詳細な数字である。その後、二十八年（一二九一）、楊勝の請願に従い、八番洞蛮を割り、四川行省から湖広行省に隷属せしめた。三十年に、四川行省の官が言うには、思州・播州は四川行省に隷属していた。近く改めて湖広行省に入れたが、今土人は其の旧によるを願っているという。皇帝フビライは調査検討を命じたが、その結果、貴州の田氏・楊氏が言うには、昨日闕廷に赴くに、道を湖広に取るのが甚だ便であり、況んや百姓は相い隣し、駅伝も已に立っており、願わくはどうか湖広行省の平章答剌罕に隷属したいという。

潭州行省は『元史』地理志六、湖広等処行中書省、武昌路に次の記事がある。

元憲宗末年、世祖南伐、自黄州陽羅洑、横橋梁、貫鉄鎖、至鄂州之白鹿磯、大兵畢渡、進薄城下、囲之数月、既而解去、帰即大位。至元十一年、丞相伯顔従陽羅洑南渡、権州事張晏然以城降、自是湖北州郡悉下。是年、立荊湖等路行中書省、幷本道安撫司。十三年、設録事司。十四年、立湖北宣慰司、改安撫司為鄂州路総管府、併鄂州行省入潭州行省。十八年、遷潭州行省於鄂州、移宣慰司于潭州。十九年、随省処例罷宣慰司、本路隷行省。大徳五年、以鄂州首来帰附、又世祖親征之地、改武昌路。

武昌路の成立に関連して、中間に潭州行省の成立が分かる。すなわち、世祖至元十一年に丞相伯顔の南渡に際して湖北州郡に荊湖等路行中書省を立て、これに本道安撫司をあわせた。ついで十三年に録事司を設け、十四年に湖北宣慰司を立て、安撫司を改めて鄂州路総管府と為し、鄂州行省に併せて潭州行省に入れたという経過である。なお、ここでも安撫司、総管府、録事司、宣慰司、さらに、行省（行中書省）等の相関関係が問題となる。

それにしても、先の貴州の八番順天蛮夷官の細字注記に見るように、貴州における諸番蛮夷の統治は世祖至元年間は順調と思われたが、次皇帝成宗鉄木耳の大徳年（一二九七～）に入ると、破綻を見せたのは先述の通りである。そして結局は貴州における諸番統治は機能不全に陥ったようである。先に示した大徳九年（一三〇五）の貴州一州の戸八八九一、口二万八一一という数字も貴州城における漢人戸口数のみかも知れない。

第三節　明太祖による雲南・貴州両布政使司の設置

明太祖ははじめ元朝の政治制度を継承した。地方行政も行中書省を各地方に採用したが、統一戦争の進展度の違いによって、各省設置の年次に差がある。『明史』巻四十一、地理二以下によって、それを示すと、山東行省―洪武元年（一三六八）四月、山西行省―洪武二年四月、河南行省―洪武二年四月、陝西行省―洪武二年四月、四川行省―洪武四年（一三七一）七月、江西行省―太祖壬寅年（一三六二）正月、湖広行省―太祖甲辰年（一三六四）二月、浙江行省―太祖戊戌年（一三五八）十二月、福建行省―洪武二年五月、広東行省―

洪武二年四月、広西行省—洪武二年三月となる。南京周辺の華中各省が早く、明建国以前、次に元大都攻略、明建国後の洪武元年、二年が華北諸省と華南諸省である。四川は元末群雄の明昇の平定後で遅れる。その後の改編過程は大体共通するが、次の通りである。

山東—三年十二月置青州都衛、八年十月改都衛為山東都指揮使司、九年六月改行中書省為承宣布政使司。
山西—三年十二月置太原都衛、八年十月改都衛為山西都指揮使司、九年六月改行中書省為承宣布政使司。
河南—三年十二月太原都衛、八年十月山西都指揮使司、九年六月承宣布政使司。
陝西—三年十二月西安都衛、八年十月陝西都指揮使司、九年六月承宣布政使司。
四川—四年九月成都都衛、八年十月四川都指揮使司、九年六月承宣布政使司。
江西—三年十二月江西都衛、八年十月江西都指揮使司、九年六月承宣布政使司。
湖広—三年十二月武昌都衛、八年十月湖広都指揮使司、九年六月承宣布政使司。
浙江—三年十二月杭州都衛、八年十月浙江都指揮使司、九年六月承宣布政使司。
福建—七年二月福州都衛、八年十月福建都指揮使司、九年六月承宣布政使司。
広東—四年十一月広東都衛、八年十月広東都指揮使司、九年六月承宣布政使司。
広西—六年四月広西都衛、八年十月広西都指揮使司、九年六月承宣布政使司。

各行省の設置に続いて各省都都衛の設置があったが、行省設置年次の違いに応じて、都衛設置年次にも差違が見られた。しかし、その後、洪武八年十月に各都衛を改め各都指揮使司としたが、翌年九年六月に行中書省を改めて承宣布政使司としたのである。『明実録』太祖、洪武九年六月甲午条には、「詔改中書省為承宣布政使司」とあり、「布政使一人、正二品、左右参政各一人、従二品。改左右司為経歴司、設経歴一人、従六品。都事検校各一人、従七品。照磨管勾各一人、従八品。理問所正理問、正六品、副理問、従七品。提控案牘省注。」と、布政使以下の各省官職を挙げるだけである。ただ、この日付けで、監察御史蕭韶・秦府伴読魏粛を北平布政使司参政（河北）に、司文監丞王璉・監察御史彭通を山西布政使司参政に、晋府伴読王鐸・中書舎人王澍を浙江布政使司参政に、考功監丞馬亮を河南布政使司参政に任じる人事があった。長官の布政使でなく、次官の左右参政がまず任官された。設置準備役である。布政使人事は、『明太祖実録』、洪武九年秋七月甲寅条に、刑部尚書韓士原を以て江西布政使と為したとあるのが最初である。この時に同じく正二品の同格官としても、中央六部の尚書が地方布政使司の長官に充てられた。制度改革の意気込みが感じられよう。なお、その間の洪武九年六月中に行省から布政司に変わったことに関係した行政措置が見られた。一は九年六月己酉条に「各布政司宝泉局を罷め鋳銭を停めた」こと、二は同月庚戌条に「江西布政司に軍需庫を置いた」ことである。[11] 二つの政策処置は一見矛盾するような経済政策であるが、いずれも明太祖の経済理念を地方に浸透させることが狙いとすれば矛盾はない。前者は抑商政策、後者は軍需物品の地方配備[12]を意図したものである。

その直後の『明太祖実録』、洪武九年秋七月甲戌条に雲南の土司任命記事がある。

> 置黎州長官司、以土酋芍徳為長官。徳、雲南人、祖仕元、世襲邛部州六番招討使。明氏拠蜀、徳兄安復為黎州招討使。明氏亡、夷民潰散。徳奉母、還居邛部。至是、四川布政司招之。徳遂来朝貢馬、且請置長官司。詔以徳為黎州長官、賜印及衣服綺帛。

雲南黎州長官司に土酋芍徳を任命する記事であるが、芍徳は祖先以来元に仕え、元末には四川の群雄明氏（明玉珍―明昇）を頼り、黎州招討使となった。明氏の滅亡後、夷民一族離散の状況となった。四川布政司はこれを招撫したので、芍徳は来朝して馬を貢ぎ、長官司の設置を請願した。明太祖は詔して芍徳を黎州長官とし、印及衣服綺帛を賜った。西南夷の朝貢に四川布政使が関係した事例として注目される。なお、後に洪武十一年六月戊申に黎州長官は安撫司に改まり、芍徳は安撫使となった。

洪武十三年春正月甲午二日、御史中丞涂節は左丞相胡惟庸と御史大夫陳寧の謀反を告げた。数日後の同月戊戌六日、群臣は胡惟庸らの誅殺を決め、即日処刑された。同月癸卯十日に胡惟庸が丞相を務めた中書省を罷め、六部を陞せた。この日の『明太祖実録』にいう。

> 罷中書省、陞六部、改大都督府為五軍都督府。布告天下詔曰、朕膺天命、君主華夷。当即位之初、会集群臣、講求官制。遠稽漢唐、略加損益、亦参以宋朝之典。所以内置中書省・都督府・御史台・六部、外列都指揮使司・承宣布政使司・都転運塩使司・提刑按察司及府州県、綱維庶務、以安兆民。（下略）

明太祖が即位の初め、漢唐宋歴代の官制を斟酌勘案して作った、内に中書省・都督府・御史台・六部を置き、外に都指揮使司・承宣布政使司・都転運塩使司・提刑按察司及府州県を列ぬる制度は、まことに庶務を綱維し、以て兆民を安ずる良い官制であった。下略以下に、丞相汪広洋・御史大夫陳寧ら庸惰の臣、丞相胡惟庸ら姦臣叛臣が事を構えて誅に伏した旨が述べられ、中書省と丞相の廃止に至った過程が述べられている。さて、軍制面で大都督府が改められて五軍都督府に分割され、権限が縮小したことが見えるが、各布政使司についての制度改編は無かったかのようである。ただ、翌日の甲辰十一日に官品改正があり、布政使は従来の正二品から正三品、左右参政も従二品から従三品にそれぞれ降格された。その後、同年二月戊申に六部官制、組織構成と定員数、そして職務内容、等の改定があった。六部（尚書）が皇帝に直属する皇帝独裁体制となったのである。因みに、『明太祖実録』洪武十三年五月己亥条に、戸部が言う、大明宝鈔は従来中書省の発行であったが、その廃止により今後は戸部の発行としたいと。

洪武十四年春正月、是月条に、「命天下郡県編賦役黄冊。其法、以一百一十戸為里。」「冊成、為四本、一以進戸部、其三、則布政司・府・県各留其一焉。」とある。明代里甲制編成に関わる賦役黄冊攅造規定であるが、後半に作成された黄冊は四本、一は中央戸部、三は地方で布政司、府、県各一という。布政司に一本置かれたことの意味が重要である。その直後の同年二月己卯条の実録に、「更設各処承宣布政使司、左右布政使各一人。」と、布政使定員が一人から二人になった。ただ、各省のトップが二人の複数になったことで、独裁を防ぎ、互いに牽制して中央に抵抗しないようにするのも狙いであろう。中書省と丞相の廃止や大都督府を解体して五軍都督府に改編した処置とも同じ狙いがある。

ところで、本章の課題である雲南、貴州両地域が明の地方行政開始の過程を見よう。明太祖が雲南における元の残存勢力を平定を企図し始めた時期は、実録によれば洪武十四年（一三八一）八月癸丑朔のことであった。この日付けの『明太祖実録』の記事は次の通り。

上、諭在廷文武諸臣曰、雲南自昔為西南夷、至漢置吏臣、属中国。今元之遺孽把匝剌瓦爾密等、自恃険遠、桀驁梗化。遣使招諭、輒為所害、負罪隠匿、在所必討。群臣合詞以賛。上、於是命諸将、簡練軍士、先給以布帛鈔錠為衣装之具、凡二十四万九千一百人、布帛三十四万四千三百九十疋、鈔四十万八千九百八十錠有奇。

雲南征討の軍士に対する支度準備金的布帛、宝鈔の支給がある。なお、以下、『明太祖実録』の各年月日の各条を追って、事実過程を確認しておこう。まず、同月壬戌条には、「四川布政使司言、重慶府旧治、為明氏所居。帰附以来、但以巴県置府。今已十年、旧治摧毀、惟余庁事、乞仍旧為府治便。上、従之。」とあって、元末に群雄明氏の戦乱で荒廃し破壊された重慶府治の再建を四川布政使から請願され、明太祖はそれを許可しているが、これも雲南征討の道筋というより、前線司令部としての重慶府の役割が期待されるためである。そして、翌月の洪武十四年九月壬午朔に、明太祖は奉天門に御し、潁川侯傅友徳を征南将軍とし、永昌侯藍玉を左副将軍、西平侯沐英を右副将軍に任じ、雲南出征を命じた。また、同日付けで明の使者が貴州四川境地に所在する播州宣慰使楊鏗に太祖の勅符を与え、雲南の役に出兵協力が要請された。同九月丁未二十六日、征南将軍傅友徳の兵は湖広に達し、そこで都督胡海洋等を先遣として、兵五万を帥いて永寧より雲南烏撒に趨らせた。翌十月壬戌十一日に水馬駅二十六を設けた。内、水駅が湖広に一で夷陵州の屈渓、四川は水馬駅が二十、内、成都府一は木馬、眉州は三の眉州・青神・平羌、嘉定州は一の下壩、叙州は四の宣化・牛口・江安・李荘、瀘州は四の納渓・黄艤・牛脳・漢東、重慶府は七の石羊・藺市・銅鑵・漕渓・瀼途・周渓・仙女であり、以上計二十。そして馬駅が五、四川の夔州府の施州・龍渓・石臼壩・南木隘・高唐である。以上も雲南遠征のために、湖広から四川道中に水駅、水馬駅、馬駅の駅伝制度を整備したのである。さらに、翌月の十一月丙戌五日には、馬駅一十八が湖広（湖南）岳州から辰州府、凡そ一千八十一里に設けられた。六十里で一駅の勘定である。岳州府は三、巴陵県が岳陽・臨江、華容県が華容、荊州府は四、石首県にあるものは通化、公安県は民安・孱陵・孫黄であり、常徳府は八、内、澧州は順林・蘭江・清化、武陵県は大龍・和豊、桃源県は桃源・鄭家・新店、そして辰州府は鄢陵県に三、界亭・馬底・辰陽という。以上は湖広湖南中核部の長江・洞庭湖附近の岳州府から沅水を遡上して辰州府に至る路程で、ここも奥地は先の播州宣慰司の支配する夷族の地区である。当然、この方面からも雲南攻撃ルートは求められる。事実、さらに翌月の十二月辛酉十一日には、征南将軍潁川侯傅友徳、左副将軍永昌侯藍玉、右副将軍西平侯沐英は大軍を率いて、辰沅より貴州に趨り、普定に進攻してこれに克つとある。羅鬼苗蛮犵狫は風を聞いて降った。明軍は普安に至り、復た攻めこれを下した。そこで兵を留めて戍守する一方、さらに兵を曲靖に進めた。同月戊辰十八日には、征南将軍傅友徳等の軍隊は曲靖に至り、元の梁王の将の達里麻の兵を白石江に破ったとある。これより先、梁王把匝剌瓦爾密は明軍が普定を下したと聞くや、司徒平章達里麻を派遣し、精兵十余万を将いて曲靖に屯せしめ、以て明軍に備えさせた。副将軍沐英が征南将軍傅友徳に、道を倍にして二方向から急襲することを進言し、それが効を奏して明軍は大勝した。明軍は勢いに乗り、一気に雲南領域に攻め込んだ。同月庚午二十日、故元の梁王把匝剌瓦爾密は達里麻の兵が敗北し擒とされたのを聞き、支えること能わずと忖度して、乃ちその左丞達的及び参政金驢とともに羅佐山に遁入した。同月辛未二十一日、早くも明の勝利は決定し、明太祖の伝令が雲南現地に到着し、征南将軍以下に詔諭が伝えられ、軍の厳粛維持が要請された。他方、この日付の記事によれば、明太祖は内臣を遣わし勅諭を烏蒙烏撒諸酋長にもたらしていう。

朕は群書を歴覧するに、西南諸夷は古より今に及ぶに中国に朝貢せざるは莫きを見る。小を以て大に事う、義として当然とする所なり。朕は天命を受けて天下の主と為りて十有五年にして而して烏蒙・烏撒・東川・芒部・建昌諸処の酋長は猶お桀鷔のごとく朝せず。朕は已に征南将軍潁川侯・左副将軍永昌侯・右副将軍西平侯を遣わし大軍を率いて往きて征せしむ。猶恐るは諸酋長は未だ朕の意を諒とせずがごとし。故に復た内臣を遣わし往きて諭せしむ。如し罪を悔い義に向かい、当に躬親ら来朝すべし。否なれば則ち人を遣わし貢ぎを入れよ。爾が誠款を攄れば、朕は当に兵を罷め、以て黎庶を安ずべし。爾、其れこれを省みよ。

雲南における元の残存勢力を軍事行動で一掃し、その軍事威力を背景に雲南少数民族に対する宣慰安撫政策を進める。ここに一挙両得的な明太祖の軍事招撫策の特色がある。同月癸酉二十四日、藍玉と沐英が雲南板橋城に入城したとき、城民は香を焚いて歓迎した。明軍は秋毫も犯すところ無く、吏民は大いに悦んだという。以下数日間の元勢力の顚末と明軍の行動については省略する。洪武十四年末の是月条に「城普定」「城烏撒」の記事が目立つ。城郭都市は明朝行政の拠点である。その建設が早くも開始される。

年も替わって洪武十五年、雲南における諸夷族の招撫は続いた。正月壬午二日条に元の雲南行省関係の金銀銅各印が押収され、雲南における元の行政の終焉を示し、同時に明行政支配が始まる。まず、洪武十五年正月丁亥七日に雲南左右前後の四衛、及び普定・黄平・建昌・東川・烏撒・普安・水西・烏蒙・芒部・尾酒の計一十四衛指揮使司が置かれた。同日付けで貴州都指揮使司を置き平涼侯費聚と汝南侯梅思祖を都司事に署（仮任用）した。翌二月癸丑三日、雲南都指揮使司を置き、前軍都督僉事謝熊戈と預左軍都督僉事馮誠を署司事に命じた。そして同月乙卯五日に雲南布政使司を置き、中慶路を改めて雲南府とし、汝南侯梅思祖と平章潘原明を署布政司事に命じた。これが明雲南布政使司の設置である。

他方、貴州地方は『明史』地理志七、雲南・貴州によれば、元代に湖広・四川・雲南の三行中書省の地であり、洪武十五年正月に貴州都指揮使司を置いたが、その行政はなお湖広・四川・雲南の三布政司に属した。多くが長官司に属する少数民族地域である。貴州等処承宣布政使司の設置は遅れて成祖の永楽十一年（一四一三）のことである。『明太宗実録』、永楽十一年二月辛亥二日条に次の記事が見える。

設貴州等処承宣布政使司。初思南宣慰使思宗鼎、兇狼淫虐、生殺任情、与其副使黄禧構怨、累年互有奏訐。朝廷雖悪宗鼎、然以田氏世守其地曲、予保全而改黄禧為辰州府知府。思州宣慰使田琛亦与宗鼎有怨、禧暗結琛、使図宗鼎。宗鼎及琛数相攻殺。禧既得志、肆横虐民、民甚苦之。琛自称天主、妻為地主、長官文得・楊光海等称文武臣。禧為大将、与琛連兵攻思南。宗鼎挈家走。琛殺其弟、発其祖宗墳墓而戮其母屍、尽掠其人畜貲財、所過残害其民。宗鼎訴於朝、屡勅田琛・黄禧赴闕自弁、皆拒命不至。自知不為朝廷所容、遂有逆謀、潜使姦人張勝、依託教坊司官史勉、得出入祗応、将伺便為変。事覚命行人蒋庭瓚往召之、而勅鎮遠侯顧成、以兵五万圧其境、兇党叛散、琛等就擒。（中略）其思州思南三十九長官司、宜加意撫綏、可更置府州県、而立布政司総轄之。其原設長官司、及差税悉仍旧、所当行之事、卿等詳議以聞。（戸部尚書）夏言吉等議、以思州二十二長官司分設思州・新化・黎平・石阡四府、思南十七長官司分設思南・鎮遠・銅仁・烏羅四府。其鎮遠州婺川県亦各随地分隷、而於貴州設貴州等処承宣布政使司、以総八府。仍与貴州都司同管貴州宣慰司。其布政司官属倶用流官、府以下参用土官。従之。遂命吏部選授布政司及府県官、以行人蒋庭瓚・河南左参政孟驥倶為右布政使。河南右参政陳俊名為右参政、山西左参議王理・河南按察司副使張翥・英倶為左参議、副使鄒鋭・僉事丘陵・進士周宗保倶為右参議、授進士崔彦俊・王恭等為府州官。令庭瓚等、率至貴州随缺定注。庭瓚嘗与擒田琛等之謀、故陞用之。

明朝は貴州少数民族の内紛に乗じて軍事介入を行い、従来の土司思南宣慰使等を改めて貴州等処承宣布政使司を設置した。中略以下に思州思南三十九長官司は宜しく意を撫綏に加うべしとし、更に府州県を置き、而して布政司を立てこれを総轄すべきであるが、その方策を官僚に詳議させた。戸部尚書夏言吉の答申は、思州二十二長官司を思州・新化・黎平・石阡の四府、思南十七長官司を思南・鎮遠・銅仁・烏羅四府の計八府とし、貴州布政司には従来の貴州都指揮使司と貴州宣慰司を置いて両者の同管とする。布政司の官属は倶に漢人の流官を用い、知府以下は土官も参用するという提案であったが、そのまま裁可された。そこで吏部の布政司及び府州県官を選授する人事があり、行人蒋庭瓚・河南左参政孟驥を左右布政使とする等が決まった。蒋庭瓚等は嘗て田琛を擒にしその謀叛を防いだ功績で陞して用いたという。ここにも貴州布政使司の設置意図の一端が窺えよう。

結び

明代における雲南・貴州両地方はいきなり布政使司の設置から明朝行政が始まった。特に貴州省は元朝行中書省の経験もない。それにしては、明代の両省における府州県制による地方行政の部分が元朝に比べて飛躍的に拡大した。土司土官の存在はあり、長官司の支配も残る。それでもその領域は確実に縮小している。それでは両省において漢人支配の内地化が随分と進展したかと言えば、否であろう。それに関わって、明代地方行政、特に農民支配の根幹たる里甲制度のサイズを見ると雲南・貴州両省の支配の内容が大体検討がつく。

雲南では嘉靖『尋甸府志』巻上、郡譜一に、「国朝洪武中、改尋甸軍民府、尋省二県入焉。親領編戸七里。」とあり、同志、食貨七に、「戸、七里共一千一百五十一。口、七里共二万八百三十四口。田、七里共官民田二百二十五頃五十九畝一分一厘。地七里共地一百一十二頃九十四畝二分七厘」、等々とあって一府に七里しかなく、戸も一一五一、一里当たり一六四戸強となる。また、貴州で嘉靖『思南府志』巻一地里志、里図には、

水徳江長官司、編戸四里。四図、徳江図・徳江村図・大堡図・瓮済図。

蛮夷長官司、編戸三里。三図、水特疆図・羅文水図・新地図。

沿河祐溪長官司、編戸三里。三図、水東図・卜亀坪図・甫南図。

朗渓蛮夷官司、編戸一里。無図分為十五洞。

婺川県、編戸五里。五図、在城図・楠木図・斉地図・隘頭図・三坑図。

印江県、編戸四里。四図、在廊図・網陀図・中硤村図・茅埧図。

嗚呼、人戸以籍為定。国家之典、十年大造。稽其戸之盛衰、而升降之、賦役斯平也。今版籍之弊、可為長大息矣。富者丁聯千百而籍之所入乃直数十、貧者匹夫匹婦而籍之所載不免二三。里長永為里長、消乏無以蘇其窮、甲首永為甲首、富豪得以避其重。戸惟合而不分、且有冒相合者、戸丁倍於国初。繁庶埒于上郡、而荒落猶夫旧額也。自有郡至今、百余年矣。而制度猶若是、其草創焉何哉。

とあり、各長官司、県の編戸里数とその図分名称を挙げる。多くて五里で、三、四里が多い。ただし、長官司などは夷族少数民族の可能性もあるが、それでも漢族が主たる構成員であろう。それより、それに続く説明文が興味ある内容である。ここ辺境の貴州布政司でも里甲制度の施行とその弊害、というより明代後半期における里甲制崩壊過程は明確なのである。そして、それは雲南や貴州の中国化の確実な一歩を示しているのである。

注

（1）森鹿三「きしゅうしょう　貴州省」『アジア歴史事典』2、平凡社、一九五九年、参照。

（2）譚其驤主編『中国歴史地図』地図出版社、一九八二年、第七冊、元・明時期、23—24雲南行省と76—77雲南の比較。

（3）杜玉亭・陳呂范「忽必烈平大理国是否引起泰族大量南遷」南京大学歴史系元史研究室編『元史論集』人民出版社、一九八四年、参照。

（4）従来の研究史はむしろ西南中国—東南アジアに跨る諸民族誌の視点での研究が多くを占める。白鳥芳郎執筆『東洋史料集成』第五篇　東南アジア、11、西南中国、平凡社、一九五六年、及び、白鳥芳郎『華南文化研究』六興出版、一九八五年、参照。

（5）川勝守「清、乾隆期雲南銅の京運問題」九州大学『東洋史論集』十七号、一九八九年、欧米の研究は Susan Naquin & Evelyns. Rawski.

“Chinese Society in the Eighteenth Century”, Yale University Press, 1987、参照。

（6）前田直典『元朝史の研究』東京大学出版会、一九七三年、五　元朝行省の成立過程、特に注（51）、参照。なお、前田氏の論攷の原載は『史学雑誌』五六編六号、一九四五年六月。

（7）凡例的な説明をしておけば、③武定路軍民府に州二県四（和曲州―南甸県・元謀県、禄勧州―易籠県・石旧県）とは、武定路軍民府は州が二と各州所属の県が四ある意味で、具体的には和曲州に南甸県と元謀県が所属し、禄勧州に易籠県と石旧県が有ることを示す。なお、⑦曲靖等路宣慰司軍民万戸府の県―（南寧県）州五県六（陸涼州―芳華県・河納県、越州、羅雄州、馬龍州―通泉県、霑益州―交水県・石梁県・羅山県）は、曲靖等路宣慰司軍民万戸府が路直属に県―すなわち南寧県があり、そして州が五、各州所属の県六あることを示す。

（8）雲南の土官については、杜玉亭「元代雲南的土官制度」先掲『元史論集』所収、原載、雲南『学術研究』一九六三年第七期、参照。

（9）宋隆済等は『黔記』に、「宋開宝間、有真定人宋景陽、奉詔平定群蛮、因置大万谷落総管府授之。其子孫分長渓洞、自宋元迄明、所謂水東宋氏也。」とある。

（10）水東・水西・羅鬼の内、水東は前註『黔記』の記事に続き、「大万谷落総管府、即貴州旧貴陽府、元曰順天路安撫司、又元置水東長官司、在今龍里県東北。」という。水西は同じく『黔記』に「蜀漢時、蛮火済従諸葛武侯南征、有功、封羅甸王。凡数十世、保有水西之地。明時土司安氏、即其後也。清康熙三年、安氏叛討平之、置黔西府。後改為州。属貴州大定府、即今黔西県。」という。羅鬼は羅甸か、貴州中部の地。

（11）『明太祖実録』、洪武十年五月丙午条に、「命各布政使司、復設宝泉局、鋳小銭、与鈔兼行。」とあり、各省布政使司の宝泉局が復た設けられ、鋳銭が復活した。ただし、大明宝鈔と兼行と特記されるところが明太祖の政策らしい。

（12）『明太祖実録』、洪武十一年五月丙子条に、太祖は工部の臣に勅して、天下の武備定数を定め、全国の甲冑一万三四六五、馬歩軍刀二万一〇〇〇、弓三万五〇一〇、矢一七二万とし、内、浙江、江西二布政司が各甲冑二千、馬歩軍刀二千、弓六千、湖広が甲冑八五〇、馬歩軍刀一千、弓一五〇〇、矢二〇万、広東が甲冑六〇〇、馬歩軍刀三千、弓一千、広西が甲冑六〇〇、馬歩軍刀二千、弓一千、矢一五万、河南が甲冑五〇〇、弓一千、矢一四万、福建が甲冑一六〇〇、馬歩軍刀二千、弓四千、矢三〇万、山東が甲冑六〇〇、弓一千五百、山西が甲冑五〇〇、弓一千、北平が甲冑一千、弓五二一二、それと当時の直隷、後の南直隷諸府州であった。四川、陝西は見えない。

第二章　明代、長江・大運河水運の流通構造

はじめに

長江と大運河は中国を代表する水運水路である。特に長江は北の黄河とともに中国文化文明の二代源流と目され、その南の意味である江南の用語は中原と並ぶもうひとつの中国の歴史文化の中心核であった。そして大運河はその南の長江流域と北の黄河流域を結ぶ人工の水路であった。一四〇〇年前、隋煬帝は高句麗遠征の軍糧を江南の稲米によって賄うべく、黄河、淮河、江南長江デルタ諸クリーク、及び洪沢湖をはじめ大小湖沼を結んで延長三千キロメートルに及ぶ大運河を建造した。その遺産は唐中期には二〇〇万石の米穀を北送して安禄山の乱で荒廃した華北農業の補完をなした。次の宋には契丹・西夏の北辺軍事に当たる軍隊等に年間六〇〇万石（明の四〇〇万石）を漕運した。次の征服王朝元朝も北辺の脅威は無くなったはずであるのに、首都大都（現在の北京市）に大量の米穀その他江南物資を運ぶべく大運河の活用を図った。その次の漢民族の明は太祖の意図により国都を南京に定め、前代までの政治と経済の二極分離を合一させることで漕運の労を消滅させるという画期的な国家方針を定めたが、永楽帝の北京遷都により明太祖の配慮は三〇数年で再び唐宋元時代の漕運時代に戻されてしまった。この間についての大運河漕運制度の研究は星斌夫氏の研究がある[1]。しかし、長江と大運河の水運流通構造の研究は漕運制度の研究で充分であろうか。というのは明中期以降、両税にしても里甲正役・雑役等の役法＝徭役制度にしても、銀納化が一般的傾向であって、明初以来の漕運制度は明後期に大きく変更されざるを得ない。星斌夫氏がその点に充分

に配慮したことは言うまでもない。

ただ、負担の制度としては、なお残存する解戸の実役であった白糧輸送について明末以降複雑な制度改革があった。著者が旧著において扱った均田均役法と呼ぶ制度改革がある。(2) 加えて本書、前編各章で見たように歳進・歳弁・歳造、また魚課や課程にしても全てが銀納に成ったわけではない。また佐伯有一氏が指摘した匠戸の役たる匠役制(3)もすべて崩壊したわけではない。なお、明代前期の貢納制の展開に関する諸問題は本書前編各章で分析した。ただし、両税税糧と役法部分は敢えて割愛した。それと長江下流デルタを相対化する努力をした。従来の明清史の枠組みを別の視点から考え直そうとしている。そこで長江と大運河に関わる収取体系の諸問題に焦点を当てて考えてみよう。

第一節　明清時代における長江・大運河の物産流通の動きと収取体制の展開

すでに前編の第七章の河泊所の検討や第八章の課程の検討でみたように、長江・大運河地域には蘆課をはじめ特別な課税収取があった。南直隷揚州府儀真県の隆慶『儀真県志』巻六、田賦攷、国朝凡賦には、

凡佃塘蕩田地額租〈陳公塘軍民人等佃墾田一万一十六畝、毎年額徵租銀三百両四銭八分一厘三毛八忽。听候高郵提督河道郎中項下、挑河修理閘岸之費、按儀真官民田地之外、頃畝広而取利厚、額徵薄、而輸納緩者、陳公塘是也。歴代以為備漕瀦蓄、而為廃蹟。徵課建議講求者、雖多而任事者絶少矣。如之何哉。〉、

運河北蕩田蕩埂二三壩蕭公廟響水閘東等地〈毎年共徵銀五十四両一銭五分四厘、亦河郎中項下。〉、

凡瀕江旧額新増洲場蘆地〈計一万一千二百八十七畝六分六厘八毛三糸、該銀三百六十六両五銭九分六厘九毛八糸七忽二微、毎歳徵解南京工部。〉、

凡佃城濠租課〈略〉。

とある、大運河河道の挑河修理閘岸之費が運河北蕩田蕩埂二三壩蕭公廟響水閘東等地や凡瀬江旧額新増洲場蘆地などに割付られ、大運河河道修理自己財源となっていた。

また、南直隷、安徽、寧国府の嘉靖『寧国府志』巻六、職貢紀に、

塩課鈔一百一十四万四百二十貫。

宣城、歳徴起運京庫鈔二十七万二千二百九十二貫、折銀五百四十六両六銭有奇。

存留府庫鈔銀数同。

南陵、起運京庫鈔六万九千七百六十二貫、折銀一百三十九両五銭有奇。

存留府庫鈔銀数同。

涇県、起運京庫鈔一十万二千五百六十貫、折銀二百二両一銭有奇。

存留府庫鈔銀数同。

寧国、起運京庫鈔五万二千六百一十一貫、折銀一百五両二銭有奇。

存留府庫鈔銀数同。

旌徳、起運京庫鈔四万五千一百八十六貫、折銀八十五両三銭有奇。

存留府庫鈔銀数同。

太平、起運京庫鈔二万六千七百九十九貫、折銀五十三両五銭有奇。

存留府庫鈔銀数同。

凡塩鈔、賦諸丁口、本折色中半、並以銀折〈本色鈔、毎貫折銀一厘一毛四糸二忽、折色鈔、毎貫折銅銭二文、毎銭七文折銀一分〉。

洪武間、以塩給民。故徴鈔。今官不給塩而徴鈔如故。鈔額亦以洪武為準。丁有登耗、不恤焉。常以其半、輸京師。余資歳費。

魚課銅鉄膠翎五万五千四百八十四斤根、閏年増六千六百二十三斤根。

佃場鈔、二万八千九百五十四貫六百五十文、閏年増一千一貫一百文。
南湖河泊所、歳徴起運京庫生銅四百一十五斤。
　鉄三千三百七十八斤。
　魚線膠八十六斤。
　翎毛二万七千七百有六根。共折銀九十三両七銭有奇。
　閏年増料銀八両七銭有奇。
　存留府庫鈔一万三千一百八十五貫八百文、折銀二十六両三銭有奇。
　閏年増鈔銀一両有奇。
魚潭河泊所、歳徴起運京庫生銅三百一十四斤。
　鉄二千五百五十五斤。
　魚線膠六十五斤。
　翎毛二万〇九百六十五根。共折銀七十両八銭有奇。
　閏年増料銀五両八銭。
　存留府庫鈔一万五千七百六十八貫八百五十文、折銀三十一六両五銭有奇。
　閏年増鈔銀一両有奇。
凡魚課賦諸漁戸料与鈔並以銀折、毎銅一斤折銀八分、
　　　鉄一斤折銀七分、
　　魚膠一斤折銀七分、
　翎毛一根折銀五毛。

鈔貫本折色中半、如折塩鈔之法。

属南湖者、宣城居五之三、建平居二。属魚潭者、宣城居三之二、南・涇・寧三邑共居其一。毎所置催首数人督之。亦以其半資歳費。

税課鈔一十六万四千三百八十貫三百七十四文。

税課司、歳徴商税鈔七万八百四十四貫七百八十四文、折銀一百四十一両六銭有奇。

閏年増鈔銀一十一両七銭有奇。

門攤酒醋等鈔四千六十一貫五百二十文、共、折銀八両一銭有奇。

宣城、附府諸税併入税課司。

南陵、商税鈔一万九千一百七十九貫六百四十文、折銀三十八両三銭有奇。

門攤酒醋等鈔七千一百六貫四百八十文、共、折銀一十四両二銭有奇。

涇県、商税鈔一万六千二百七十一貫九百三十文、折銀三十二両五銭有奇。

門攤酒醋等鈔一万四千二百七十六貫六百文、共、折銀三十八両五銭有奇。

寧国、商税鈔一万八千三百五十九貫九百八十文、折銀三十九両八銭有奇。

門攤酒醋等鈔一千五百六十貫四十文、共、折銀三両一銭有奇。

旌徳、商税鈔六千九百八十七貫四百文、折銀一十三両九銭有奇。

門攤酒醋等鈔三百五十一貫四百二十文、共、折銀七銭有奇。

太平、商税鈔四千四百九十貫四百三十文、折銀八両九銭有奇。

門攤酒醋等鈔八百九十貫一百五十文、共、折銀一両七銭有奇。

凡税課、賦諸商賈、本折色中半、並以銀折〈如折塩鈔之法〉。属税課司者、輸于府庫。余各儲之県庫、歳費均取給焉。

これも南直隷、安徽、寧国府の嘉靖『寧国府志』では、十六世紀半ばの明後期においても塩課鈔、魚課銅鉄膠翎、佃場鈔、そして南湖河泊所、歳徴起運京庫生銅・鉄・魚線膠・翎毛等々、魚潭河泊所、歳徴起運京庫生銅等が存留府庫鈔部分を含めて折銀化を含めつつ依然として収取体系そのものが存続している。それは各県税課司の税課鈔でも同様であった。ここでは諸税課程収取は商税鈔と門攤酒醋等鈔と二大別されて折銀されながら課程収取の原則を維持していた。

次に、南直隷、安徽、池州府の嘉靖『池州府志』巻四、田賦篇の事例を見よう。

戸口

田地山塘、官則田地山塘總計頃畝、民則田地山塘總計頃畝。

税糧、夏税總石斗升合勺抄、秋糧總石斗升合勺。

馬草、總包斤両銭分厘。

丁田、歳共銀両銭分厘糸忽。

農桑絲絹、歳折銀両銭。

塩鈔、歳折銀五百六十一両五分五厘六毛八糸五忽五微。毎口徴銀一分二厘。

貴池県、一百四十八両三銭九分七厘一毛一糸八忽五微。

青陽県、一百〇〇一両五銭八分一厘四毛五糸四忽五微。

銅陵県、一百二十二両五銭二分二厘。

石埭県、七十八両一銭五分一厘二毛。

建徳県、四十七両四銭〇〇三厘〇〇一糸三忽。

東流県、六十三両〇〇〇〇〇九毛。

酒醋等鈔、歳折銀七十四両六銭二分六厘九毛三糸五忽、毎貫折銀三厘。

貴池県、二十五両〇〇二分五厘五毛六糸八忽。

青陽県、一十三両九銭三分二厘〇〇七糸八忽。
銅陵県、七両〇〇四分一厘一毛四糸四忽。
石埭県、一十七両八銭三分八厘六毛三糸。
建徳県、六両九銭二分二厘七毛二糸五忽。
東流県、三両八銭六分六厘七毛九糸。
魚課鈔、歳折銀一百二十六両七銭一分九厘五毛五糸八忽。
池口　三十二両四銭〇〇六厘二毛。
清渓　一十　両三銭。
黄溢　二十三両四銭二分四厘。
大通　一十七両四銭二分九厘八毛五糸八忽。
張家灘　一十九両〇〇三分八厘。
江口　一十三両二銭九分五厘。
香口　一十　両八銭二分六厘五毛。
魚油翎鰾、歳折銀四百四両二銭七分四厘九毛七糸九忽一微三塵八繊。
池口　一十四両〇〇四分六厘〇〇五糸三忽四微。
清渓　二十九両八銭七分五厘。
黄溢　九十二両三銭六分三厘七毛〇〇三忽七微五塵。
江口　二十八両〇〇七分四厘。
張家灘　七十七両八銭二分一厘五毛三糸六忽五微。

香口　四十六両九銭九分九厘七毛六糸八忽八微。
大通　四十五両〇〇九分四厘九毛一糸六忽六微八塵八繊。
蘆課歳折銀二千一百四十八両〇〇三分六厘六毛九糸。
貴池県、八百六十五両六銭三分三厘九毛一糸。
青陽県、四十二両〇〇四分三厘。
銅陵県、五百三十五両九銭三分五厘四毛二糸。
石埭県、六十五両四銭八分六厘。
建徳県、二十六両五銭四分八厘。以上二県、原無洲地。倶軍需内徴。
東流県、六百一十二両三銭九分三厘六毛。
匠班、輪班見在者、總一百零一名。毎名納工価銀一両八銭。遇閏毎名加銀六銭。
貴池県、三十二名。
青陽・石埭県各一十名。
銅陵県、二十四名。
建徳県、一十二名。
東流県、五名。

問題は全国津々浦々同じような折銀、銀納化の進展とは何であろうか。一つには、商税課程が進展していた明代中期以降の中国全体に渉る桑、繭、綿花、藍靛、紅花、蜂蜜、蝋燭、紙、漆、等々の商品作物の栽培や採取、さらには各種原料による紡績、織布、陶磁器生産から木炭、煤炭、石灰に至る商品生産の展開を基盤整備とした流通構造の発展によるものであろう。その限りで、例えば、浙江、湖州府武康県の嘉靖『武康県志』巻三、山川志、墟市に、

三橋埠、在県北七里、自平遠門至水埠、有三橋、故名。舟楫交通、商賈輻集。有税課局。

とある、水辺川辺の橋の袂、水埠に舟楫交通の発達に伴う商賈輻集は当然商税増徴を狙って税課局設置の動きとなるのである。ところで明後期の社会経済は発展ばかりの局面でなかったことはすでに前編第九章の地方志物産貨之属の検討に見た如くである。特に金・銀はおろか、銅・鉄らの国民生活に必要な金属物資は全国的に枯渇状況にあった。

福建、建寧府、嘉靖『建寧府志』巻十四、貢賦に坑冶の項目を立て以下の記事を載せる。

銀坑歳弁課銀八千九百四十八両、閏月加弁課銀一千五百三十六両三分一毛六糸。年久鉱脈断絶、逓年倶照丁糧賠貱、民殊不堪。弘治五年、鎮守太監陳道、巡按監察御史呉一貫、遵依弘治五年三月初八日詔書内事理、会同三司、奏罷之。嘉靖十八年以省人御史陳褎復請開鉱、以充国用。時遣錦衣衛千戸暨守巡官、取鉱聚府城煎銷。毎鉱一部、止銀三、四銭。

銀坑歳弁課銀は里甲の負担となり民は堪えられなかった。弘治五年（一四九二）、鎮守太監陳道、巡按監察御史呉一貫は、弘治五年三月初八日詔書内事理に遵依して三司と会同し、これを罷めることを奏し裁可された。ところが嘉靖十八年（一五三九）、省人御史陳褎は復た開鉱して国用を充さんと請うた。時に錦衣衛千戸暨守巡官を派遣して銀鉱石を建寧府城に聚めて煎銷させたが、鉱一部ごとにただ銀三、四銭であったという。そこで嘉靖『建寧府志』巻十四、貢賦、坑冶は所属各県の銀、鉄鉱山の生産状況を次のように示す。まず府全体について、

鉄冶歳弁課鉄一万三千一百一十五斤一十二両五銭。閏月加弁課鉄一千斤七両六銭七分。

以下各県について、

○建安県

銀坑、無。

鉄冶、歳弁課鉄四千三百六十四斤、閏月加弁課鉄三百六十三斤一十二両。

○甌寧県
銀坑、無。
鉄冶、歳弁課鉄八百六十六斤、閏月加弁課鉄七十二斤四両。
○浦城県
銀坑〈裳岱山横縫等坑一十二所〉、歳弁課銀三千両、閏月加弁課銀二百五十両。今罷免。
鉄冶、歳弁課鉄一千九百五十六斤四両五銭。閏月加弁課鉄一百六十三斤一十三両。
○建陽県
銀坑〈虎鼻坑一所〉、歳弁課銀八百九十両、閏月加弁課銀七十四両一銭六分七厘。今罷免。
鉄冶、歳弁課鉄一千一百三十七斤八両五銭。閏月加弁課鉄九十四斤一十二両六銭七分。
○松渓県
銀坑〈遂応場後井坑一所〉、歳弁課銀二千二百両、閏月加弁課銀一百八十三両三銭三分四厘。今罷免。
鉄冶、歳弁課鉄二千四百九十二斤。閏月加弁課鉄二百九斤。
○崇安県
銀坑〈舞仙三堡山後坑一所〉、歳弁課銀一千一百両、閏月加弁課銀九十一両六銭六分七厘。今罷免。
鉄冶、無。
○政和県
銀坑〈谷羊等坑二所〉、歳弁課銀一千二百両、閏月加弁課銀一百両。今罷免。
鉄冶、歳弁課鉄二千三百斤。閏月加弁課鉄一百九十一斤十両六銭七分。
○寿寧県

銀坑〈官田坑一所〉、歳弁課銀五百五十八両、閏月加弁課銀六両五銭。今罷免。
鉄冶、無。

銀坑、無とか今罷免と記されていないものを挙げてみよう。

○建安県、鉄冶、歳弁課鉄四千三百六十四斤、閏月加弁課鉄三百六十三斤一十二両。
○甌寧県、鉄冶、歳弁課鉄八百六十六斤、閏月加弁課鉄七十二斤四両。
○浦城県、鉄冶、歳弁課鉄一千九百五十六斤四両五銭。閏月加弁課鉄一百六十三斤一十三両。
○建陽県、鉄冶、歳弁課鉄一千一百三十七斤八両五銭。閏月加弁課鉄九十四斤一十二両六銭七分。
○松渓県、鉄冶、歳弁課鉄二千四百九十二斤。閏月加弁課鉄二百九斤。
○政和県、鉄冶、歳弁課鉄二千三百斤。閏月加弁課鉄一百九十一斤十両六銭七分。

以上、六県の鉄冶は一応稼働しているようである。さらに建寧府建陽県、嘉靖『建陽県志』巻四、戸賦志、貢賦、貢、国朝にも、

鉄冶歳弁課鉄一千一百三十七斤八両五銭。閏月加弁課鉄九十四斤一十二両六銭七分。

『建寧府志』建陽県と同じ数額を挙げている。ここには福建、建寧府各県では銀坑は停止になったが、鉄冶の歳弁課鉄は健全であるようだ。

次に福建、泉州府安渓県の嘉靖『安渓県志』巻一、地輿類、鉄課の事例を見よう。

額弁
黒鉛、〈弘治五年無考。正徳四年、銀少者八銭二分、多至七両三銭。嘉靖以来倶無徴〉。
銀硃、内有膩硃〈弘治八年徴銀、少者八両三銭、多至四十一両零。至正徳六年、少者九銭、多至八十八両一銭。嘉靖年間無徴〉。
紅熟銅、〈弘治五年、十一年至十二年、毎年銀七銭七分。十六年、九銭三分。正徳十一年、銀少者二分、多至九両。嘉靖元年徴。三年、毎年徴銀七両六銭〉。

黄熟銅、〈弘治五年徴銀、少者八銭四分、多至一両三分。正徳六年、少者一銭二分、多至二十八両三銭。嘉靖元年徴銀一十四両六銭八分零。九年徴銀一十三両五銭七分零〉。

生銅、〈弘治九年徴銀、少者二両四銭、多至七十六両五銭。正徳・嘉靖、俱無徴〉。

熟鉄、〈弘治六年徴銀、少者八銭三分、多至九両四銭。正徳四年、少者銀五銭三分、多至二十七両九銭六分〉。

金箔、〈弘治五年徴銀、少者二銭一分、多至七両四銭五分。正徳十四年、少者二両三銭七分、多至一十三両八銭四分。嘉靖三年、少者四両六銭、多至二十一両六銭零〉。

焔硝一千斤三両、〈弘治五年、十年、毎年徴銀八両三銭四分。至正徳四年、少者三銭二分、多至三十五両五銭四分。嘉靖七年徴銀九両二銭〉。

雑弁
生鉄、〈弘治間無徴。正徳十三年、徴銀四銭二分。嘉靖二年、徴銀五銭九分四厘〉。

鉄線、〈弘治九年、少者六銭三分、多至四十五両五銭。嘉靖五年、徴銀四十六両二銭一分〉。

額弁の黒鉛、銀硃、生銅は大体嘉靖以来俱無徴になった。残る紅熟銅、黄熟銅、熟鉄などで痕跡的な微々たる額数である。ただし、現在も鉱山が稼働し、産額が上がっているか否かは不明である。

なお、泉州府尤渓県の嘉靖『尤渓県志』巻三、田賦類、鉄課に、課鈔、額弁、歳弁、雑弁は安渓と同じ。但し銀、銅、鉄の記事無しとある。

第二節　明代採木の長江・大運河流通

明代採木、北京遷都以後における紫禁城建築用材の調達については、『明史』食貨志・採木が次のように詳しい(4)。

採木の役は、成祖の北京に宮殿を繕治するより始まる。永楽四年、尚書宋礼を遣わして四川に如き、侍郎古朴を江西に如き、師逵・金純を湖広に如き、副都御史劉観を浙江に如き、僉都御史史仲成を山西に如かしむ。礼、言う、「数々の大木有り。一夕、自ら大谷に浮かび、江に達す」と。天子以て神と為し、其の山を名づけて神木山と曰い、官を遣わして祠祭せしむ。十年、復た礼に命じて木を四川に採らしむ。仁宗立ちて、其の役を已む。

成祖は北京宮殿用材を調達するため永楽四年（一四〇六）、工部尚書宋礼を四川布政司へ、工部左侍郎古朴を江西布政司へ、吏部右侍郎師逵・刑部右侍郎金純を湖広布政司へ、左副都御史劉観を浙江布政司へ、右僉都御史史仲成を山西布政司へそれぞれ派遣させた。四川へ派遣された工部尚書宋礼の言によれば、四川には数々の大木があり、一晩の内に自分で大谷の水に浮かび長江に達したと言う。成祖はそれを山の神の力によるとし、その山を神木山と名づけ、官を自分の代わりに派遣して山神を祠祭させた。

江西、湖広、浙江、山西に派遣された工部左侍郎古朴等については何も記事がない。四川だけが注目されている。当時、材木調達は山に大木がどれだけ有るかということに加えて、材木が重量物品であるために搬出方が容易であることが必要条件であった。水運可能が全体的条件である。なお、付け加えたい点は成祖の時代にもはや北京近くに材木は無く、さらに山東、河南、江蘇や安徽にも材木は無かったのだろう。四川は江西、湖広、浙江、山西に比べて遠いと思われるが、長江まで出れば後は水路で北京まで通じる。問題は長江水路までいかにして出るかである。

多くの山はその自然環境によって、水辺まで材木を伐り出す方法に様々な工夫があった。神木山の不思議はその工夫とも考えられる。神木山について、中山八郎氏は『大明一統志』巻七〇、四川馬湖府、山川の条に、「沐川長官司の西二十里に在り、旧と黄種溪山と名づく。本朝永楽四年、楠木を此の山に伐るに、一夕、楠木人力を仮りずして移ること数里、遂に封じて神木山と為し、歳時之を祭る」とあるのを引いている。さらに、中山氏は『明朝小史』巻三、永楽紀に、「神木山。四年〈〇永楽〉北京営建、命取川・蜀。凡楩楠杉檜之属、出三峡、道江漢、渉淮泗、以輸于北。嘗得大木于馬湖。一夕、自行若干歩、不仮人力。事聞、詔封其山為神木山」とある的確な史料を引いている。(5)

実は成祖が派遣した官とは翰林院侍読学士胡広のことで、その神木山の神を祠祭する文が嘉靖『馬湖府志』巻三、提封上、山、神木山に見える。

国朝翰林院侍読学士胡広、奉勅撰。皇帝統御天下、愛養黎元、恩恵優渥、首飭有司、毋擅用一夫取一材。於是生養休息、日庶日富、比年歳登、民和海宇熙合。廼者永楽四年秋、詢謀于群臣曰、古者建都必営宮殿。朕肇北京、恢弘旧規、以永詒謀。顧興作事重、惟恐煩民、然不可後。群臣僉曰、陛下慎恤民力、視之如傷、而民皆楽于趨事。皇帝曰、爾往試哉、乃用命入山、以伐材焉。用民力拾取其一、給以稟食、帰其傭直、而民忻然鼓舞、不知其労、故事不程督而集。工部尚書臣宋礼、取材于蜀、得大木于馬湖府。囲以尋尺計者、若干踰尋丈者数株、計傭万夫力、乃可以運、将謀刊除、道路以出之。一夕忽自行達于坦。途有巨石、巉然当其衝。夜聞吼声如雷、石画自開、木由中出、無所齟齬、度越険岩膚寸不損、所経之処一草不掩、百工執事、顧視讙譁、踴躍交慶。事聞、廷臣稽首称賀、謂聖徳所致。皇上辞以弗逮、推徳于山川之神。乃遣官以牲醴祭之。将至之先、大雨洗塵、山川草木、預有喜色。鮮沢栄華、蔚然穠麗。及祭之日、先降微雨、洒滌游坋。俎豆既陳、羶薌肸蠁、玄雲倏消、天雨澄湛、明星煌煌、月影交輝、祥飈徐来、神用倶歆。聞山呼声者、三震動天地、神顕其霊於昭有赫。遂封是山為神木山。

成祖永楽帝は甥建文帝を南京に破り、今北京遷都のために、北平に宮殿を建造する。四川の山の神が大木を与えてくれた。誠に慶事ではないかというのでその大木の山の神を封じて山号を神木山としたというのである(6)。

永楽十年（一四一二）にはまた工部尚書宋礼を四川布政司に派遣して採木している。成祖が崩じ仁宗が即位するや採木の役は中止になった。四川の山から材木を伐り出すのはやはり容易ではない。

さて、『明史』食貨志・採木の条は宣徳以降の材木調達を次のように挙げる。年表にしてみよう。

①宣徳元年、一四二六、南京の天地・山川壇殿宇を修し、復た侍郎黄宗載・呉廷用に命じて木を湖広に採らしむ。未だ幾くもなく、旱災に因りて之を已む。○尋いで復た大木を湖広に採り、而して工部に諭して酌省せしむ。未だ幾くもなく復た罷む。○その他の処も亦た時に採り、時に罷む。

②弘治の時、一四八八〜一五〇五、内帑を発して清寧宮を修し、四川の採木を停む。
③正徳の時、一五〇六〜一五二一、木を湖広・四川・貴州に採り、侍郎劉丙に命じて督運せしむ。太監劉養、其の梁棟に中らざるを劾す。丙を責めて状を陳ぜしめ、工部尚書李鐩は俸を奪わる。
④嘉靖元年、一五二二、神木千戸所及び衛の卒を革す。
⑤二十年、一五四一、宗廟、災す。工部侍郎潘鑑・副都御史戴金を湖広・四川に遣わして、大木を採弁せしむ。
⑥三十六年、一五五七、復た工部侍郎劉伯躍を遣わして四川・湖広・貴州に採らしむ。湖広一省の費、三百三十九万余両に至る。〇又た官を遣わして、諸処に遺留せる大木を覈せしむ。郡県の有司、大工を遅悞するを以て、逮治・褫黜せらるるもの一に非ず。河に竝う州県は尤も之に苦しむ。
⑦万暦中、特に三十七年以降、一六〇九〜一六一九、三殿の工興り、楠杉の諸木を湖広・四川・貴州に採るや、銀九百三十余万両を費し、諸を民家に徴す。嘉靖の年に較べて費、更に倍す。而して鷹平・条橋の諸木を南直・浙江に採る者、商人の逋直二十五万に至る。科臣、督運官の遅延・侵冒を劾するも、報ぜず。虚糜・乾没して公私交々苦しむ。

ただし、以上の『明史』食貨志・採木の訳注を担当した中山八郎氏が『明実録』その他の明清史籍により、その原典原史料を精査されたが、その事実を確認できないものが多いという(7)。その理由は大木材木の調達個所は湖広、四川、貴州地方という遠隔の地であり、そこには少数民族も多く居住していた。それに加えて宦官が介入してその利権としてきた。時に史料に「四川採木之擾」と表現されるのである。いずれにしても明代では紫禁城等の宮殿その他に用材となる大木は、湖広、四川、貴州の西南諸省にしか存在しなかった。

第三節　明代船隻用材調達の長江・大運河流通

加賀前田家蒐集尊経閣文庫に明倪涷撰、天啓版『船政新書』四巻がある。倪涷の詳細な伝の所在を知らないが、同書の天啓三年（一六二三）三月望日付きの金陵朱之蕃の序文には上虞倪公為駕部、熟計利害とあれば、彼は浙江、紹興府上虞県出身者と分かる。また、朱之蕃、字は元介、号は蘭嵎、茌平人というが本籍を金陵、南京応天府とした。書画に巧みで、万暦二十三年進士第一に挙げられ、官は吏部侍郎まで至った。豊臣秀吉の朝鮮出兵に際して、朝鮮に出使し、尽く朝鮮側の贈答賄賂を却けたという有名人であった。同序文の冒頭に「留都馬快船改戦艦、為運艘編軍、余以応役、歳久弊滋」の一句があれば、嘉靖期の後期倭寇以来の海洋有事に船隻建造の弊害が積もり、その解決方の一書が本書であると分かる。なお、倪涷は本文中に見える官職名は南京兵部車駕清吏司員外郎船廠主事となっている。この点で分かるように明極末時点で船隻建造問題は工部所轄の案件というより兵部の船政問題であった。より詳しく言えば兵部所轄の各地の衛所の軍行政問題であった。

長江流域から集積した米穀を大運河を北上する漕運も明後期以降衛所の運軍によって担当されるようになった(8)。隋唐以降の大運河漕運の問題は軍との関係を強固な伝統としたのである。

船隻にも大木木材が必要であった。しかも度々の火災が続き大普請工事が続いた嘉靖以降は船隻需要の増大した海上有事の時代と時期が全く一致したのである。さて、明末船政問題は極めて複雑多面的な諸問題があるが、ここでは長江・大運河流通との関係に絞って『船政新書』の内容を紹介、検討して置く。その十全な紹介は今後を期すこととしたい。

『船政新書』巻三、募夫着船之法、凡十一条は次の通りである。

○一、先行江・済二衛、査儘在冊夫余外、方行招募、初擬即招各衛快船戸内派丁之人、既可以為養贍之資、又可以為輸納之功助。而愚人聴信奸徒、恐充夫貽累、反自隠避。顔充者、不過壱弐拾人、乃示附近軍民、聴其赴衛報名、造冊繳部、依次序撥着船。

○一、行法之始、人未知充夫之利、而江・済尤甚。乃将衙門人役子弟親故、批発江・淮以作之倡。江・淮行、則済川易易矣。江・淮自衙門人之外、未嘗批壱人、済川則雖衙門人、亦未嘗批也。皆聴該衛自行査収、以免日後藉口。

○一、派丁人充夫、極為両便。而此輩一時、未易通暁、偶見夫冊之外、尚有軍民告投者、乃許其投入快船号内、認派弐丁、取収解結状、方輿充夫。時已撥過冊内夫弐丁余名、其初充壱弐拾人、及後投入派丁人、皆已撥過、無不楽其利者。于是派丁各軍、復紛然告投、而缺已少矣。乃択極貧軍丁、各発該衛、取収解結状、儘缺撥用。

○一、先査革各衙門聴事食糧水夫。凡七拾六名、撥入各船、以省新募之費。

○一、着船当差、因旧夫自体熟慣。故先撥裁革聴事之人、快船資糧輸納、故次撥快船初充、及投派丁銀之人、次序撥旧冊余丁、次序撥新冊応募、及至将尽。而快船派丁貧軍、復来投充。于是儘缺撥用、並不紊乱。

○一、内官前站経手、自願投充水夫、倶准入冊、毎船撥入壱名、以便制馭。

○一、募夫船弐百壱拾隻、分為四班、漸次収夫。大約以差次之遠近、及修造之重軽、以為夫糧之先後、則緩急有序、而人情自平。第壱班、拾五年六月初壱日、第弐班、七月初壱日、第参班、拾月初壱日、第四班、拾六年正月初壱日、各為始。

○一、毎船撥夫拾六名、毎班計船若干隻、扣撥夫若干名牌行該衛、令其各従熟便、以拾六名為壱号、互相認識。凡有詐冒情弊者、査革撥補、止許把總親自査審。並不許転行委官、以滋煩擾。拾六人内、選調旧夫壱人為甲、各甲斉赴本部将見留船隻拈鬮撥定、即依号管領、絶無官識需索、及揀選船隻之弊。

○一、拾五年快船、未尽回塢。先査見在。凡係中修小修者、扣提応用、逐班撥夫、以後随選。凡大修以上者、皆不用。蓋不特漸次収糧、為節省之法。且用新棄旧、以省修理之資。

○一、新甲弐百壱拾名、毎名各給銀五両、作守船餅食。其工食仍俟次年当差之時、方与各夫、一斉支領。前壱百五隻、于拾六年正月初壱日、後壱百五隻、于拾七年正月初壱日、為始。

○一、在塢快平船、将安家月糧、尽行住支、以後随到随住、会計新収糧数。

大運河の南京の江済二衛の運軍に登録される快船乗組み人夫名簿の作成規定である。夫に充当されると利益がある。特に奸徒の充夫貽累を防止すべきだとする明末徭役制度のもう一つの問題点(9)を指摘する。ここの船隻は全部で二一〇隻、四班に分け、一班五〇隻余、これを万暦一五年六月一日より、七月一日、一〇月一日、翌一六日にそれぞれ水夫の募集を行い、その手当は船隻二一〇隻を前後二期に分けて前期一〇五隻は一六年正月一日に、後期一〇五隻は一七年正月一日にそれぞれ支給したといった募夫着船之法、凡十一条の規定である。

次に、買給料価之法、凡十条がある。

○一、杉木利息頗多、姦商鑽来上納、不問応用幾何、合用何項、非惟材料不堪。抑且久積多朽、自万暦十二年八月本職到任、即停収買、十五年為始、毎至秋季、預査実在杉木、要見次年何項缺乏、応買若干、方具掲呈。

○一、楠木照工部税単、派商上納、若干不足。而旧例恐木心有腐、毎価百両、扣留五両、俟用後査給、商人又甚苦之。今免其扣留、而増其買数、使商不苦、而用不乏。

派例開後。

税銀壱両、派木六分、不及壱根免派、至弐両方派。〈割註　壱根従参字起、弐根則壱参壱四以外皆参四字均派〉。

壱拾両者、内派五字壱根。

弐拾両者、五字弐根。

参拾両者、六字壱根。五字参根。

四拾両者、六字壱根。五字四根。

五拾両者、六字壱根。五字五根。

六拾両者、六字弐根。五字六根。

此外照例加増、派木徐五字六字外、其参字四字、派至五根者、内各派桅木壱根。

○一、旧例該廠囲収木植、止編字号、及丈尺疵病□、造格冊呈司。而価則未定、俟各甲領司之後、本司方僱募書算、照例磨勘、備開価数、造冊呈堂、復行原収衙門、取印信領結。堂批車駕司、方許領価、事煩多弊、商人又有守候之苦。今即着原収該廠、照例算価、填入初呈格冊、同印信領結、一并申司、当日呈堂批領。其囲量価式、并折減疵病、倶照旧職掌。

○一、囲収各木、皆要把總親自估収。木頭即鑿把總及匠人姓名。如丈尺不准、疵病不開者、許応用小甲稟告。匠役革責。本官酌量処治、仍追賠各甲所虧料値、若係本心麻腐、鋸開始見者、事于原収官匠無干。若天空地抜、損処太多、斧軟弓弁者、仍于原収官追賠。
○一、月朔将各廠木植、備開旧管新収、開除実在、四柱簿、呈堂査発。
○一、旧設龍江関経紀三名、天寧洲経紀一二名、管催各商木植。又設龍江関保家二名、保歇各商、皆朔望赴船政分司点卯、而在外惟造船廠、有各役姓名卯簿。蓋収買木植、旧例總帰造船廠也。今既三廠分買、則各役亦宜分属、合定為例。経紀龍江関毎廠一名、天寧洲江済馬船廠各三名、快船廠六名、俱自立卯簿、毎月望日、赴廠査点、朔日總赴船政分司点卯。保家止二名、又難分属、各廠照旧并入簿内、總聴稽査。
○一、船政分司、旧役催木弓兵十名。造船廠又用木弓兵十名。査弓兵毎名工食七両二銭、而僭役至二十名、似為非法、且催木已有経紀、弓兵為多擾。而巡木新設小甲、弓兵為冗役、以後俱掣回城、永不復用。
○一、桐油・䔋麻・黄麻原有舗戸。向因姦商逐利、夤縁上納、高抬時価。且貨未到京、先告認状、以致舗戸不敢収買。或違限不至。未免躭悞船工。今皆禁革、悉舗戸弁納。如商人有見貨在京者、許其依価上納、以免商旅下至、物価騰踴之虞。
○一、油麻・釘鋦、時価不等。旧皆于用完之後、行城訪報、致給料之時、難于扣算、出則之多、皆由于此。且用有定数、而価有貴賤。依価扣額、多寡不同。今給発小甲、皆定常価、以便計価扣額、並無増減。其舗戸領価、仍依時貴賤、毋致虧濫。
　給単常価開後。
䔋麻毎斤銀一分二厘。黄麻毎斤銀一分。
桐油毎斤銀一分四厘。釘毎斤銀一分八厘。
鋦毎斤銀二分。
○一、油麻・釘鋦、皆于験船定則之後、該廠照例査、令用数目、掲呈分司、即喚集舗戸、照数認買、仍一面訪定時価、俟船工完日。該廠仍査査用過実数。掲呈分司、計算価明白、呈堂給領。

杉、楠木等の船用材木の買付けを行う商人との交渉、木緑麻、黄麻、桐油、釘、鍋の買弁方などを規定する。

結　び

長江・大運河の流通構造は明代後期から清代にかけて俄にその存在がクローズ・アップされる。一つには金銀はおろか銅・鉄らの資源が従来の地域から姿を消し、湖広湖南地方、さらにその奥の四川、雲南、貴州に行かなければ手に入らなくなった。建築用、また船隻用の大木、木材資源は早くも永楽帝の北京遷都の時期である十五世紀初頭には四川・湖広・貴州地方が買収地点にならざるを得なかった。それゆえ四川採木之擾という事態が以後明代を通じて重荷になった。しからば、同じく北京を国都に定めた清朝の事態はいかがであろうか。章を改めて考察してみよう。

注

（1）星斌夫『明代漕運の研究』日本学術振興会、一九六三年、同『明清時代交通史の研究』山川出版社、一九七一年、『大運河』近藤出版社、一九七一年、参照。

（2）川勝守『中国封建国家の支配構造』東京大学出版会、一九八〇年。なお、濱嶋敦俊『明代江南農村社会史研究』東京大学出版会、一九八二年も併せて参照されたい。

（3）佐伯有一「明代匠役制の崩壊と都市絹織物流通市場の展開」『東洋文化研究所紀要』第十冊、一九五六年。

（4）和田清編『明史食貨志譯註』下巻、一〇〇八頁、採木、中山八郎氏分担、東洋文庫、一九五七年。

（5）前掲、『明史食貨志譯註』下巻、一〇一一頁、採木、註（一一）、中山八郎氏分担。

（6）北平を根拠地に挙兵した燕王朱棣は甥の恵帝建文帝允炆を南京に破り、成祖永楽帝として即位し、今北京遷都を試み、北平に宮殿を建造するのだ。甥の世代は火偏であり、永楽帝の世代は木偏というのも関係するかも知れない。

（7）前掲、『明史食貨志譯註』下巻、一〇一四頁、採木、註（一八）以下、註（四五）まで実に有用な労作であり、参照されたい。
（8）星斌夫氏前掲書、参照。
（9）川勝守『中国封建国家の支配構造』十三章、六八四頁、東京大学出版会、一九八〇年、参照。「役の包攬」と呼んだ事態である。

第三章　清、乾隆『欽定戸部鼓鋳則例』に見える雲南銅の京運規定

はじめに

筆者は先になぜ雲南銅が乾隆期に入り清朝制銭原料銅の大宗を占めるに至ったかの疑問に関して、これを雲南銅の京運問題として考察した[1]。すなわち雲南銅の生産と流通の技術的発展の内容を検討したのであった。まず、雲南現地の銅廠、すなわち銅山営業所の生産と経営について、主として清不著撰人、嘉慶間鈔本『銅政便覧』[2]を史料とし、雲南現地の銅生産のコスト、原価等を産出した。それによると、一〇〇斤当たり給価銀は四、五両から八両と廠毎に高低があるが、標準六、七両である。これは乾隆期以前の雍正帝時代までの制銭原料の大宗を占めた日本銅（洋銅）価格の一〇両以上よりも安い。日本銅の輸入が減少して、価格が上昇すれば雲南銅価格は最も高い一〇〇斤八両としても、十分に価格的に対抗できる[3]。

ただ、雲南銅の北京まで優に五千キロメートルを超える長途かつ困難な長江・大運河の輸送問題があった。輸送の問題点は、前掲『銅政便覧』に要綱規定を掲載するので適宜分析記述した。さらに乾隆朝宮中檔案中に雲南銅京運に関する地方から中央皇帝への奏摺が多数作成されたことを重視し、分析の結果、乾隆期雲南銅の京運の画期性を究明した。

ところが最近イギリスの旧香港政庁関係が所蔵していたと思われる清、乾隆期以降の則例類が纏まって覆製刊行された。その中に乾隆二〇年代に遡る戸部鼓鋳則例のあることが分かり、それが『銅政便覧』の内容と密接に関連するものと判断された。そこでこれを検

討して前稿の補正を行うこととした。

第一節　『欽定戸部鼓鋳則例』雲南銅規定目録及び京運正加耗額並銅本銅価規定

『欽定戸部鼓鋳則例』巻首に載る経筵講官・太保・保和殿大学士・議政大臣・領侍衛内大臣・兼管吏部戸部事務御前大臣・総管内務府大臣・管理三庫事務・兼管理理藩院事務、一等忠勇公、傅恒等の「謹んで奏するは鼓鋳則例を纂輯するを請い、以て画一を昭かにし、以て査核に便ならしむが為の事なり」という奏摺は次の通りである。

謹奏為請纂輯鼓鋳則例、以昭画一、以便査核事。①竊査臣部弁理塩漕事務、均有誌書可遵。惟鼓鋳一項、向未著有明条。②伏査鼓鋳銭文、上動帑金、下資民用。所有宝泉・宝源二局歳需鼓鋳銅・鉛・點・錫、題定於雲南・貴州・広東・湖南等省採弁、委員解京。③其各省応弁数目、以及沿途需用水陸運脚、官役廉食、及起剥打撈等項、頭緒紛雑、款項繁多。④兼之雲南・貴・川・広・楚・陜等省開採砿廠、抽課収買、支銷条款各別。⑤又各省設局鼓鋳、所用銅・鉛・點・錫、委員前赴滇・楚等省採弁、応需脚費飯食等項、多寡不一。⑥其間有題定章程者、有咨准成案者、雖銷算査核、歴係比照往例弁理。但款案塵積、検査匪易。且歴年准駁、条款紛繁。⑦若非画一訂正、亦恐易滋弊端。⑧臣等公同酌議、請将臣部所弁鼓鋳項下題咨各案、悉行査出、即令該司、司員公同、参校分款、紀年摘敘詳明、纂成則例。⑨其弁運銅鉛起剥打撈雑費等項、査照歴年准銷数目、妥酌定議、則章程画一、査弁瞭如指掌、弊竇亦可不生。至所需供事、即在該司書吏内選用、俟編纂成帙、繕造黄冊、恭呈御覧。後臣部刊刻、頒行各省督撫遵照。⑩倘日後各省有尚需変通者、即令該督撫等奏明、臣部另行定議、請旨遵行。庶査核銷追、均有定則、内外得所、法守弁理、不致参差、於鼓鋳実有裨益矣。⑪為此謹奏、等因、於乾隆二十二年十一月三十日奏。本日、奉旨、依議欽此。

これにより戸部鼓鋳則例制定の経緯を追うと、①戸部所管の塩法及び米穀漕運事務については誌書（例えば各地の塩法志や漕運全書）が作成され、制度の規準を作るが、鼓鋳にはそれが無い。②銭文を鼓鋳するは、国庫と民用に関連する政府の重要な行政であって、戸部宝泉局と工部宝源局の両部二局に跨り、必要とする原材料金属である銅・白鉛（亜鉛）・點（鉛）・錫は、題本にて雲南・貴州・広東・湖南等省採弁に定額化し、員を委ねて北京に解った。③その各省応弁の数目は、以て沿途の需用における水陸の運脚（輸送費）に及び、官役の養廉銀や工食銀（日当）、及び剥船（はしけ）打撈（積み卸し費）等の項目まで、頭緒紛雑、款項繁多であった。④これに兼ねて雲南・貴州・四川・広東・湖南・陝西の各省開採の硔廠（鉱山）、抽課（産額の数％から一〇％程度の税額的割り増し徴収分）の収買、支銷（支払い支出）条款の各別などがある。⑤また各省ごとに銭局を設けて鼓鋳し、所用の銅・白鉛・鉛・錫は、委員を雲南・湖南等省に赴き採弁し、必要経費たる脚費飯食等項も、多寡は不定。⑥その間題本にて章程を定める者が有り、咨によって准され成案にされた者が有り、決算監査と雖も、歴年往例を比照して弁理する。但款案は塵積みし、検査は容易でない。且つ歴年に准と駁とが、条款は紛繁となる。⑦もし画一の訂正でなかったら、恐らく弊端を滋くする。⑧臣等は公同酌議し、請うには臣ら戸部所弁の鼓鋳項下の題咨の各案を将て、悉く査出を行い、即ち該司に令して、司員公同し、分款を参校し、紀年摘敘詳明し、則例を纂成せしむ。⑨その弁運銅鉛の起剥打撈雑費等項は、歴年の准銷数目を査照して、妥酌定議すれば、則ち章程は画一となり、査弁の瞭なること指掌を指す如しであり、弊竇も亦生ぜざる可し。所需の供事に至れば、即ち該司書吏内に在りて選用し、編纂成帙を俟ち、黄冊に繕造し、恭しく御覧に呈す。後に臣の部は刊刻し、各省の督撫に頒行して遵照とす。⑩もし今後各省に尚お変通を需す者有れば、即ち該督撫等に令して奏明させ、臣の戸部は別に定議を行い、旨を請い遵行す。庶わくは査核銷追は、均しく定則有らしめれば、内外所を得、法守弁理し、参差を致さず、鼓鋳に於いて実に裨益有り。⑪此が為に謹んで奏す、等の因、乾隆二十二年十一月三十日に奏せり。本日、奉じたる旨に、議に依れ此を欽めとある。要するに鼓鋳則例は戸部工部の両部に関係する制銭鼓鋳の基本法であるが故に、主轄は戸部としても二部に跨る則例として戸部則例に入るのでなく、特別則例の性格を持つのであった。次に鼓鋳則例の記載内容を紹介しよう。

まず、『欽定戸部鼓鋳則例』巻一、雲南省[4]の項目を挙げる。この項目で乾隆期雲南銅の京運問題の規定の大綱が理解される。説明の都合により分類する。

A①額解京銅　②加運京銅　③協撥銅本　④銅価　⑤解部飯銀

B①尋甸至威寧車脚　②威寧由羅星渡至瀘州運脚　③東川至昭通運脚　④昭通府由塩井渡転運瀘州運脚　⑤昭通由黄草坪転運瀘州運脚　⑥東川尋甸承運各官養廉銀両

C①賠補逾折銅斤[5]　②正加運員分解銅数　③雇募船隻　④水脚起剥雇縴　⑤沈銅撈費　⑥打撈沈銅限期　⑦站船派装加運　⑧通州運局脚費　⑨運官養廉雑費　⑩守凍養廉

D①起運限期　②分賠虧缺銅斤　③銅斤運抵通州奏報

E①金江沈銅豁免　②房租工伙　③東川威寧査催官馬脚　④水手恤賞　⑤設立官兵塘房　⑥歳修站房　⑦歳修道路　⑧四川永寧等処地方官受雲南督撫節制　⑨補解色銅　⑩封包解運

F①船隻過境出境随時奏報　②船隻本省起程随時摺奏　③稽査奏報　④僉給兵牌沿途催趲　⑤黏貼印花　⑥関閘験放　⑦設立木牌稽査　⑧解官引見　⑨運官考語

G①坐糧庁管理銅務　②弁銅書吏飯食　③崇文門査験銅斤　④批収送科査験　⑤售売余銅　⑥回省限期　⑦報銷限期

次に各項目について原史料を挙げる。まず、Aは雲南銅京運の総轄的規定である。

A①額解京銅

一、雲南毎年額弁京局鼓鋳銅四百万斤。毎百斤外加耗銅八斤、共加耗銅三十二万斤。今雲南管廠大員、経手弁理、委官押運至京。〈割注[6]分解戸部宝泉局三分之二、分解工部宝源局三分之一。〉

一、解運京銅、毎正銅百斤外添帯余銅三斤。〈内以八両為東川・尋甸運至瀘州水陸道路折耗之用。二斤八両為長運水路換船・盤灘・搬運・磕硼零星失落以及添補部秤之用。〉共添帯余銅十二万斤。倘承運各官、恃有補秤余銅、故意侵盗、査出従重議処。

前項に見える京局鼓鋳用の雲南銅毎年産額四〇〇万斤は、後の嘉慶『銅政便覧』も同じ。ただ、耗銅は一〇〇斤毎に八両とする。『銅政便覧』の同十一両より三両低額である。後に銅山管理の経手弁理費用と京運輸送費用が増大したためであろう。第二項では解運京銅は、正銅百斤につき三斤を余銅として添加させる。割注に、内、八両（一斤の半分）を東川局・尋甸の雲南地方輸送費、並びに雲南から四川瀘州までの水陸道路の折耗の用に充て、二斤八両を四川瀘州から北京までの長途輸送中の換船（船の交換）・盤灘（はしけへの積み替え）・搬運（陸上輸送）・磕硼零星失落（さまざまな目減り損出）から北京鼓鋳局の秤適応分目減りの用とするという。その合計は余銅一二万斤を添付することになる。なお、それ以上に承運の各官が、補秤余銅が有るを恃み、故意に侵盗すれば、査出して重罰に従って議処するという。以上についても、旧稿で見た『銅政便覧』に記述するものである。

A②加運京銅

一、雲南毎年加運京局鼓鋳正銅一百七十万四千斤、毎百斤照例加耗八斤、共加耗銅一十三万六千三百二十斤。毎加運正銅一百斤、亦照例外帯余銅三斤。〈内以八両為東川・尋甸運至瀘州水陸道路折耗之用。二斤八両為長途運員備抵折耗以及添補部秤之用。〉共帯解余銅五万一千一百二十斤。倘承運各官、恃有補秤余銅故意侵盗、査出従重議処。

『銅政便覧』巻三京運、雲南銅の京運は乾隆初年には四四一万斤余を十二回に分けたが、乾隆七年塩井渡水路の開通で雲南・四川瀘州間が便利になり、同九年に正運年四回と加運二回、さらに同二十四年に正運三回、加運一回となった。その後、同二十六年（一七六一）に正運六回、加運二回となり、以降嘉慶十二年（一八〇七）まで定制である。なお、嘉慶十二年から再び正運四回、加運二回に戻った。『鼓鋳則例』には正運回数、加運回数は必ずしも明記していないが、次項「協撥銅本」の注記には三正運の語が見えるので乾隆二十四年の正運三回、加運一回としているかのようであるが、その下文には三正運六起、正運六起、加運二起の語もあって乾隆二十六年以降の事態も反映している。

ここで京運銅斤数の全体を見よう。先の正運分の額耗共四三二万斤と添帯余銅一二万斤の小計四四四万斤と加運額耗共一八四万三二〇斤、帯解余銅五万一一二〇斤を加え、総計は六三三万一四四〇斤となる。『銅政便覧』京運に見える六二九万九〇〇〇余斤に近い額であるが、乾隆三年の年額六三三万斤とも一致することが注目される。なお、加運の折耗費用は割注に「内以八両為東川・尋甸運至瀘州水陸道路折耗之用。二斤八両為長途運員備抵折耗以及添補部秤之用」とあり、先の正運分と全く同じ規定である。

A③協撥銅本

一、雲南省弁解正加京局銅斤、該撫毎年題請預撥銅斤工本・運脚・養廉・雑費等項銀八十五万両於毎年題撥時査明、司庫実存銅息銀若干両、除留存備公銀五十万両外、如有余剰銅息銀両、俱撥抵銅本之用、於疏内声明扣除、不敷銀両於各省撥解。〈内、応解戸工二部宝泉宝源二局官吏飯食等項銀六万四千四百五十五両、通州車脚弔載銀四千九百七十両三銭八分四毛於毎年請撥銅本銀両、疏内将前項応解銀両分断声明。戸部即令協撥省分照数扣留、另行委員解赴倉場。総督転飭坐糧庁兌収貯庫出具、実収報部存査。雲南巡撫於各運銅斤起程時備具文、批給発運官於抵通州之日、由坐糧庁按運支領、分解応用至三正運、自漢口至儀徴、儀徴至通州、所需水脚銀両於題請協撥銅本省分、将三正運六起、毎起自漢口至儀徴、所需水脚銀一千七百三十九両、共銀一万四百三十四両解貯湖北武昌司庫、以為自漢口至儀徴之費。又自儀徴至通州、毎起所需水脚銀二千七百一両、共銀一万六千二百六両、解交江南儀徴県庫、以為自儀徴抵通州之費。亦於銅運起程時備具文、批給発委員収執、到彼按運支領。其余銀七十五万三千九百三十四両六銭一分九厘六毛、令協撥省分、限文到日、委員於歳内解赴雲南応用正運六起、毎起於委解時、在雲南給発自瀘州至漢口水脚銀二千零四十二両四銭、沿途雑費銀一千零六十五両、加運二起、毎起於委解時、在雲南給発自瀘州至漢口水脚銀二千六百一十両一銭八分七厘二毛、沿途雑費銀一千四百両、又給銀五百両、以備起剥雇縴之用。〉統於銅斤運竣之日、即将実用銀数入冊、奏銷報明。戸部査核、経管人員、倘有虧那情弊、即行指名題参。

この項は『銅政便覧』巻八雑款、題撥銅本とほぼ重なる。特に割注部分の水脚銀等の数字に共通性があることから同一対象を規定したものと分かる。『銅政便覧』の記事では省略が大きく、意味不明であるが、この則例ではじめて長江・大運河の雲南銅の京運費用の詳細が知られることが確認できる。その際、雲南銅の集散地たる東川局から四川瀘州へ運送する時には雲南地域内で、四川瀘州から長江を下り湖北漢口に向かう際には四川瀘州で、漢口からさらに長江を下り江蘇儀徴では漢口において、江蘇儀徴から大運河を経て河北通州までは儀徴において、いずれも荷出し地で輸送経費を発給するという慣行も分かる。

さらにもう一点、『銅政便覧』題撥銅本では銅本全体を一〇〇万両とあり、則例では八十五万両と見えるので、費用が若干増加しているが、乾隆二十年代と嘉慶十二年以降と五十年の年次の差を考慮すれば、則例の定額数がむしろよく維持されていると言えよう。

A④銅価

一、雲南湯丹等廠、毎年額解京局鼓鋳銅斤、毎正銅百斤、加耗銅八斤、折浄銅一百斤、給銅価銀九両二錢、於運銅奏銷冊内造冊核銷。

この項は『銅政便覧』に対応する記載はない。ただ、『銅政便覧』巻八雑款、公廉捐耗に「凡湯丹等二十七廠、毎廠民弁銅一百斤、抽公廉捐耗四斤二両。云云」とあり、また、同、銅息銀両に、「毎正銅百斤収価銀九両二銭」とあるのに照応する。加耗銅八斤とあるのが抽公廉捐耗四斤二両と約半分に減じているが、合理化低減されたものであろう。

A⑤解部飯銀

一、解運京銅毎百斤、解部飯銀一両一銭三分。〈在於協撥銅本銀内、按数撥解通州坐糧庁庫存貯、按両月分解戸工二部。〉統造入弁銅案内彙総、報明戸部核銷。

この項目については『銅政便覧』との比較の仕方が分からない。ただ、北京鼓鋳銅の解部飯銀（解運経費）を運銅一〇〇斤につき銀一両一銭三分とすることは妥当と思われる。

第二節　京運銅斤の雲南銅廠・四川瀘州間の運送規定

次にBの部分は雲南地域内の運銅諸費用規定の詳細である。記事中の★印以下の部分は、乾隆二二年（一七五七）ごろまでに施行された雲南輸送の改革改善を示す。

①尋甸至威寧車脚

一、尋甸州発運威寧店転運京銅三一六万五七二〇斤〈毎銅三百斤額準折耗一斤〉、自尋甸運銅至威寧〈計馬站十站折車行十五站〉、毎車一両装銅三百斤〈毎百斤給車脚銀一両〉、共給車脚銀三両。★今、運銅車路改修平直〈省車行一站計十四站〉、毎車一両装運銅三百斤、給車脚銀二両八銭〈節省車脚銀二銭〉、合毎銅一百斤、実共給車脚銀九銭三分三厘三毛三絲三忽零、共需車脚銀二万九五四六両七銭二分〈毎請領銀一千両、自省雇馬駄運至尋甸、計程三站、毎站給駄銀・馬脚・盤費銀一銭三分四厘三毛七絲五忽〉、統於運銅奏銷、並正額節省、案内分別、造冊報部査核。

乾隆三年（一七三八）始めて京銅六三三万斤を運んだ時に使用された二ルートのうちの一路である。[7] 三一六万余斤を転運したというから丁度半分の額である。雲南の尋甸州から威寧店まで、専ら陸路輸送であるが、車路の道路整備が進んでいた。乾隆二十二年ごろの今、山岳地の道路が平坦直行になり、車行一站が省かれ、十五站が十四站となった。毎車一両装運三百斤の車脚銀三両が二両八銭とやや輸送費用を減じたという。

②威寧由羅星渡至瀘州運脚

一、威寧店接運尋甸、転運永寧店京銅三一六万五七二〇斤〈毎銅三百斤額準折耗八両〉、自威寧運銅至永寧〈陸路計程十三站〉、毎站毎銅一百斤、給馬脚銀一銭二分九厘二毛、共該馬脚銀五万三一七一両四銭三分三厘一毛。★今、威寧改運至羅星渡〈陸路計程十站〉、毎站毎銅一百斤、給馬脚銀一銭二分九厘二毛〈較威寧至永寧、節省陸路三站、共該節省馬脚銀三銭八分七厘六毛内除〉。自羅星渡至南広洞[8]〈計水程五站〉、毎銅一百斤、給水脚銀二銭〈実節省運脚銀一銭八分七厘六毛〉。自南広洞転運至瀘州〈計水程三站〉、毎銅一百斤、給水脚銀九分、共該水脚銀二八三九両六銭五分八毛四絲〈毎請領銀一千両、自省駄運至威寧、計程十站、毎站給駄銀・馬脚・盤費銀一銭三分四厘三毛七絲五忽〉、統於運銅奏銷、並正額節省、案内分別、造冊報部査核。

①尋甸から威寧に至る運路の続き、京運銅斤も同一、雲南定額の京銅六三三万斤の半額、三一六万五七二〇斤である。威寧から羅星渡経由で四川瀘州に至る運銅路であり、乾隆一〇年の新路開発の成果である。当初威寧から永寧に至り、四川瀘州に至る路はすべて陸路、山道で専ら馬荷による陸送であった。毎站毎銅一百斤に馬脚銀一銭二分九厘二毛を給し、共に馬脚銀五万三一七一両四銭三分三厘一毛であった。今、威寧から新路により羅星渡に出、陸路計程十站、毎站毎銅一百斤に馬脚銀一銭二分九厘二毛を給した。先の威寧・永寧の路程に比較し、陸路三站が節省、共に馬脚銀三銭八分七厘六毛が省けた。さらに羅星渡から南広洞に至る水路が利用できた。計水程五站で、毎銅一百斤給水脚銀二銭となり、実に百斤あたり運脚銀一銭八分七厘六毛を省けた。さらに南広洞から転運して瀘州に至

る。計水程三站で、毎銅一百斤、給水脚銀九分、共に水脚銀二八三九両六銭五分八毛四絲となる。厳密な計算はできないが、ほぼ請領銀一千両の節約、自と駄運にて威寧に至る、計程十站、毎站給駄銀・馬脚・盤費銀一銭三分四厘三毛七絲五忽を省けたと注記する。

③東川至昭通運脚

一、東川府承運京銅三一六万五七二〇斤〈毎銅三百斤額準折耗八両〉、運至昭通府〈按照陸路計程五站半〉、毎年請領運脚銀二万二〇四七両三銭。★今、照四站半、雇運毎站毎百斤、給運脚銀一銭二分九厘二毛、共給銀一万八四〇五両四銭九分六厘八絲〈自省至東川府計程八站、毎領銀一千両、毎站給駄銀・馬脚・盤費銀一銭三分四厘三毛七絲五忽〉、節省運脚銀三六四一両八銭三厘九毛二絲、収貯司庫、留為弁銅工本之用。統於陸運、并正額節省、報銷冊内、報部核銷。

①②とは全く別の輸送路である。運銅は雲南定額の京銅六三三万斤の他の半額、三一六万五七二〇斤である。雲南銅廠から東川府に集積された銅斤は昭通府に陸送される。これも道路改良で従来路計程五站半であったものが、今四站半となり、それまでの毎年請領運脚銀二万二〇四七両三銭の雇運毎站毎百斤単価が給運脚銀一銭二分九厘二毛となったので、共に給銀一万八四〇五両四銭九分六厘八絲に減額された。三六四一両節約という。

④昭通府由塩井渡転運瀘州運脚（四項目）

一、昭通府接運東川府、承運京銅分運豆沙関由塩井渡転運瀘州店一半銅一五八万二八六〇斤〈毎銅三百斤額準折耗八両〉、自昭通運銅至豆沙関〈計程六站〉、毎站毎銅百斤、給運脚銀一銭二分九厘二毛、共運脚銀一万二二四九両八銭八分一毛六絲八忽八微〈毎請領銀一千両、自省雇馬駄運至昭通府、計程十三站、毎站給駄銀・馬脚・盤費銀一銭三分四厘三毛七絲五忽〉。按年造入運銅奏銷冊内、報部査核。

一、大関同知接運京銅、自豆沙関転運塩井渡〈陸路計程一站〉、毎站毎銅一百斤、給運脚銀一銭二分九厘二毛、共運脚銀二〇三七両三銭八分六厘一毛六絲三忽三微〈毎請領銀一千両、自省雇馬駄運豆沙関、計程十八站、毎站給駄銀・馬脚・盤費銀一銭三分四厘三毛七絲五忽〉。★今、豆沙関改易站船七隻、水運至塩井渡、毎船一隻、設水手夫役四名〈毎名月給工価飯食銀三両〉、歳共需銀一〇

○八両〈如遇閏月、照数在於額外節省銀内動支放給〉。豆沙関雇夫背銅下河上載装艙〈往回四里〉、毎夫二名抬銅一百斤、給夫銀一分二厘、共銀一八九両二銭三分九毛一絲三忽〈帰於塩井渡至瀘州、脚費項下開銷給放〉。＊1豆沙関至龍拱沱灘〈建設銅房五間〉、添設書記一名〈月給工食飯食銀三両〉、共銀三六両。秤手二名〈毎名、月給工食飯食銀二両〉、共銀四八両〈如遇閏月、亦照数在於額外節省銀内動支放給〉。＊2自龍拱沱灘、雇夫背銅至猪圏門灘〈往回六里〉、毎夫二名抬銅一百斤、給夫銀二分、共銀三一五両三銭八分四厘八毛五絲五忽。＊3又猪圏門灘至塩井渡、毎銅一百斤、添給水脚銀一分、共添水脚銀一五七両六銭九分二厘四毛二絲七忽五微、通共需銀一五六五両七分七厘二毛八絲二忽五微〈歳共節省水運脚費銀四七二両三銭八厘八毛八絲八微、帰入塩井渡節省項下〉。按年分別入冊、報部査核〈其所設站船令水手管業、毎年不給添修拆修之費。至歳修河路、統於塩井渡、額定歳修銀三百両内、通融弁理〉。

一、塩井渡運銅転運瀘州〈陸路計程七站半〉、毎站毎銅一百斤、給運脚銀一銭二分九厘二毛、共該運脚銀一万五二八〇両三銭九分六厘二毛二絲四忽七微五繊。又毎銅一百斤〈照永寧運至瀘州之例〉給水脚銀九分、共該水脚銀一四一九両二銭三分一厘八毛四絲七忽五微。★今、自塩井渡雇用民船水運至瀘州〈計程二十站〉、毎百斤給船価夫価等項銀七銭二分九厘〈較之東川陸運至永寧転運至瀘州、毎百斤節省運脚銀三銭三分〉。内、塩井渡〈買備装銅筐簍、毎隻価銀一分五厘〉雇夫、点収銅斤過秤、背送堆貯、以及装銅梱包、毎百斤、給夫価銀一分。

看守銅斤雇夫二名、擡更巡防、毎名月給飯銀一両二銭〈遇閏照数支給〉。

塩井渡開運銅斤、買備猪羊香燭紙錠祭江、幷犒賞船戸人等酒水、共銀七両八銭。

塩井渡差役赴九龍灘、雇募船隻、遡上塩井渡、発運銅斤毎百斤、連沿途神福給銀三銭三分五厘。

塩井渡雇募塩米客貨船隻、発運過九龍灘、銅斤毎百斤、連沿途神福給銀二銭八分。塩井渡差役赴九龍灘、雇船催銅、毎次差役二名、管押銅船至九龍灘、沿途盤灘、守雨守水、停泊往回二十余日、毎名毎次、給飯食塩菜銀七銭五分。

九龍灘起銅上岸、雇夫抬銅、至張家窩、添換破爛竹簍、毎隻価銀一分五厘。

九龍灘於四川境内各村寨、雇募人夫、搬運銅斤、過灘至張家窩〈計程四里〉、毎夫二名抬銅一百斤、給工食飯食銀三分。

張家窩租民房八間〈収貯銅斤、候船隻転運〉、毎間毎月、給房租銀三銭。

張家窩差役、赴叙州府南渓谷江安等処、雇募船隻、遡上至張家窩、運至瀘州、毎銅百斤、連沿途神福等費給銀二銭二分。

張家窩雇募塩米客貨船隻、装運銅斤毎百斤、連沿途神福等費給銀二銭。

張家窩雇募人夫、背銅下河上載装艙、毎銅一百斤、給夫価銀三厘。

張家窩差役、至叙州府南渓谷江安等処、雇募船隻、幷押運催銅、至瀘州交収、毎次差役二名、沿途盤灘守水停泊、毎名毎次給

飯銀一両五銭。

銅斤運抵瀘州、堆貯銅斤租房一所、毎月給房租銀一両。

統造入運銅奏銷、幷節省各報銷冊内、按年分別造冊、報部査核。

一、塩井渡雇船発運瀘州店銅斤〈節省運脚銀両、歳無定額〉、如雇塩米客貨船隻〈装運銅斤転運瀘州、毎銅一百斤、除正額節省運脚銀両外、有額外節省銀九分四厘五毛零。其額外節省銀両、毎歳多寡無定。倘塩井渡塩米客貨船隻、到站数多、侭数雇運、則額外節省亦多。塩米客貨船隻、到站数少、則額外余息亦少〉、令承運官、侭数雇募、装運瀘州、幷将節省脚費銀両、両拠実造報、幷取具。承運官切実印結、送部査核。如有以多報少、及侵隠情弊、即行報部査参。

これは③東川府から昭通府に至る運銅路を更に塩井渡を経由して四川瀘州に至るのであり、中間に大関、豆沙関、塩井渡、叙州と続き、塩井渡と四川瀘州の途中に九龍灘、張家窩が所在する。注目されるのは第二項の大関から豆沙関を経て塩井渡に至る転運路はさらに中間が小区間の＊1～3に細分されて運送費用計算がなされ、また第三項目で塩井渡、九龍灘、張家窩の各要所における運銅輸送経費の詳細が計上されている。

⑤昭通由黄草坪転運瀘州運脚

一、昭通府接運東川承運京銅分運、黄草坪転運瀘州店一半銅一五八万二八六〇斤〈毎銅三百斤額準折耗八両〉、自昭通運至黄草坪

〈計程三站半〉、毎站毎銅一百斤、給脚価銀一銭二分九厘二毛、共運脚銀七一四五両七銭六分三厘四毛三絲一忽八微〈毎請領銀一千両、自省雇馬駄運至昭通府、計程十三站、毎站給駄銀・馬脚・盤費銀一銭三分四厘三毛七絲五忽〉。統造入運銅奏銷冊内、報部査核。

一、永善県接運昭通府分運、黄草坪転運瀘州店一半銅一五八万二八六〇斤〈毎銅三百斤額準折耗八両〉、自黄草坪領銅站運瀘州〈計水程七站〉、合毎銅一百斤、給水脚価銀九銭二分四厘二毛零〈較之威寧陸運毎百斤、節省運脚銀六銭八分二厘零〉、共需水脚銀一万四五八〇両二分九厘四毛七絲九忽六微〈毎請領銀一千両、自省雇馬駄運至黄草坪、計程十七站、毎站給駄銀・馬脚・盤費銀一銭三分四厘三毛七絲五忽〉。＊1自黄草坪運至大霧基灘一站〈計水程一百三十七里、内、沙河灘・黒鉄関灘・大獅子灘・烏鴉灘、共計四灘、係属最険大灘〉、＊2自大霧基灘至大鍋圏巌灘一站〈計水程一百三十九里、内、大霧基灘・大虎跳巌灘・小虎跳巌灘・榴桶子灘・特衣灘・小鍋圏巌、共計六灘、亦係最険大灘〉、＊3自大鍋圏巌灘至大漢漕灘一站〈計水程一百零五里、内、大鍋圏巌灘・大猫灘・冬瓜灘、共計三灘、亦係大灘〉、＊4自大漢漕灘至新開灘一站〈計水程一百九十九里、内、大漢漕灘・木孔灘・古竹灘・凹巌灘・新開灘、共計五灘、亦係大灘。共計十八灘〉。共計水程四站、毎站安設站船三十隻、共安設站船一百二十隻、毎船一隻、設水手四名、毎月共給工価塩菜銀一十二両六銭、食米一石五斗〈毎站運銅一百斤、給水脚銀一銭四分四厘、食米一升七合一勺四抄二撮八圭五粒七顆一粟〉。

内、大鍋圏巌灘至新開灘二站、只給水手工価塩菜銀一十二両六銭、不給食米〈節省米価、係額外節省之項、応帰入額外節省項下、按年解繳充公〉。

黄草坪自開運起定限六個月、運瀘州告竣。夏秋水大、停運六個月存站、共雇留船六十隻〈毎站雇留船一十五隻〉、毎隻留看船水手一名、毎隻毎月、給塩菜銀一両二銭、食米三京斗。

又、大霧基灘・大鍋圏巌灘各設渡船一隻、毎隻毎月、給工価塩菜銀一十二両六銭、食米一石五斗〈至前項応給米石価銀、照永善県毎年採買兵米之例、照依時価支給。如有浮冒侵隠情弊、即行抄実査参〉。

黄草坪領銅開運祭江備買牲醴需銀九両。

又、黄草坪発運毎銅一百斤、用竹簍一隻、毎隻価銀一分。

自新開灘雇募客船装銅転運瀘州〈平水計程三站〉、毎銅一百斤、給水脚銀一銭〈例不給食米〉。

自銅船運至瀘州、河辺背銅至店、毎百斤、給夫価銀三厘。

統於運銅奏銷、幷正額節省、各報銷冊内分晰、報部査核。

一、黄草坪発運瀘州銅斤〈節省運脚銀両、歳無定額〉、如発運之際、有客貨船到黄草坪、令永善県知県佽数雇募、装銅長運瀘州、毎銅一百斤給水脚銀六銭、食米三斗〈較之站運、更属節省。至所需水脚食米、在於站船水脚銀内扣除。其節省水脚食米銀両、係属額外節省之項、応帰入額外節省項下、按年解繳充公〉。統於運銅奏銷、幷節省、各報銷冊内、按年分別造冊、報部査核。

雲南銅廠から東川府に集積された京運銅斤を昭通から山越え山道で四川瀘州に運ぶ困難を画期的に改善する新ルートが乾隆十五年（一七五〇）に開発された。これが⑤昭通由黄草坪転運瀘州運路である。特に、開発の目玉は黄草坪から金沙江水運[9]で敘州府に至り、ここから運河を開削した水路により四川瀘州に至るもので、銅斤輸送費用の節省節約は相当に登ったと思われる。ただし、紙幅の関係からその詳細は割愛せざるを得ない。

⑥東川尋甸承運各官養廉銀両

東川府から尋甸州、雲南各地の京運承運各官に対する養廉銀両の支給問題である。詳細な検討は割愛する。

第三節　雲南銅の長江大運河京運と沈銅稽査規定

次にC以下の特に雲南銅の長江・大運河京運規定を見よう。

C①賠補逾折銅斤

一、解運京銅、毎正銅百斤外添帯余銅三斤。以二斤八両為長途運員備抵折耗及添補部秤、以八両為東川・尋甸運至瀘州水陸道路之損折。如有逾折、以毎百斤九両二銭之価核計、定限三個月内、照数買補、在於承運之員名下追繳。令廠員照数弁交承運本員、領運還項、如逾限不清、另案詳掲。

これは先のA①額解京銅の第二項の注記を含む部分とほぼ同じである。雲南省内東川・尋甸間から四川瀘州に至る輸送費用をはじめ四川瀘州から長途長江、大運河経由北京に至る輸送費用が雲南現地において雲南管廠大員から、承運委官に支給される。問題はなぜ、A①額解京銅の第二項とほぼ同じ規定を繰り返すかである。A①〜⑤が総論であるのに対し、C①以下の規定が長江大運河京運の各論であることを示すのであろう。

C②正加運員分解銅数

一、毎年額解京局正銅四百万斤、耗銅三十二万斤、余銅一十二万斤〈内、除毎百斤、陸路折耗銅八両、共折耗銅二万二千二百斤外〉。実応解正耗余銅四百四十一万七千八百斤、分為三運起解。毎運領解正銅一百三十三万三千三百三十三斤零、耗銅十万六千六百六十六斤零、余銅三万二千六百斤、共領解正耗余銅一百四十七万二千六百斤。毎運委府佐州県二員、為正運官、均分起運、遵照奏準、起運日期、先後開行、運抵通州。

一、毎年加運京局正銅一百七十万四千斤、耗銅一十三万六千三百二十斤、余銅五万一千一百二十斤、実応解正耗余銅一百八十八万一千九百八十二斤、委府佐州県二員、為正運官、均分起運、遵照奏準、起運日期、先後開行、運抵通州。

一、毎年弁運京銅需用府佐州県等官、在於滇省現任府佐州県及部発人員内酌量、派委起解、如有未敷、応添若干、該省督撫題請揀。

三項目ある。第一はA①の額解京銅、第二項はA②加運京銅に対応するが、A①、A②がいずれも正銅と耗銅の両銅を対象としたのに対して余銅を加えている点に差違がある。そして府佐州県二員に委ねて、正運官と為し、均分起運し、奏した規準に遵照して、起運日期は先後開行し、運んで通州に抵れという。第三項はその運銅委員は雲南原任の府佐州県（知府の次官たる同知、州県は同知県丞）を以て委員に充てるという。

C③雇募船隻

一、解運京銅該運官、会同地方官、在四川雇募夾鍬禿尾両項中船、毎船装銅七万斤為率。連船内所用撓夫、並各夫行李、以八分載為度、不得額外加増。倘不肖運員、減少船隻、加帯私貨、一経査出、該督即行指名題参該運員等。凡経過地方、銅船到境、務将船隻数目報明。地方官令其按船査点、以防減船重載等弊。如該地方官扶同捏飾不行、実力稽査、将該地方官一并指参、交部議処。如人役船戸附搭客貨、私行夾帯者、厳拿究処。

一、運銅船隻、如遇風信不順、江水暴漲、即令該運員、暫為停候、不得貪程冒険。并将守候日期、報部査核。倘借端逗留、即行拠実査参。

雲南銅を長江・大運河を通過して北京まで運送する船隻を雇募する規定である。二項目有り、第一項は解運京銅の運送官は地方官と会同して四川で船隻を雇募し、一船当たり七万斤を率（規準）、船頭荷は八分（八％）を度とし、額外加増を許さず、もし不肖の運員が船隻を減少させたり、私貨を多く加帯した場合には厳罰に処すなどの規定の他に、運銅船隻が自己の責任地方に到着した時の報告義務などを規定する。次に第二項は運銅船隻が天候の具合などで航行不可能、逗留を余儀なくされた時の規定である。この規定は『銅政便覧』巻三京運、運銅船隻に対応するが、内容に大差がある。すなわち『銅政便覧』の同規定は次の通りである。

凡正運委員在瀘領運銅斤所需船隻、責成永寧道、督同瀘州知州、僱募小船装応。至重慶応需大船、責成川東道、督同江北同知、僱募夾鍬中船装運。至漢口責成漢黄徳道、督同漢陽府同知、僱募川漿船装運。至儀徴責成江寧道、督同儀徴県、僱募駱駝船装運。所僱船隻、験明船身堅固結実。船戸・水手・頭舵、務択熟諳水性、風色路径、身家殷実之人、方准僱募。凡加運委員、自瀘至漢同正運。其運抵漢口、湖北撥給站船、並委佐雑一員、協同運至江南儀徴、交卸委員押船回楚。儀徴月撥站船、委員協運至通州交卸。委員船隻、即押船回江。〈撥給装運之船、如沿途遭風打壊、由原省査明製価、除撈獲板片変抵外、応賠銀両、咨部在船頭名下分賠一半、該省協運委員分賠一半。中十分之二滇省運員分賠一半、中十分之八咨瀘在運員名下著追併追。獲詳咨原省作正開銷、滇省留為弁銅工本、毎年題撥銅本時扣除。〉

四川瀘州、同重慶、湖北漢口、江蘇儀徴の各地で種類の異なる船隻に乗り換えること、その現地側地方官の具体的職名等が新たに判明する。これは乾隆三十年代以降の京運改革に登場したものと思われ。同二十年代の鼓鋳則例には全く規定の見えないものである。

C④水脚起剥雇縴

一、解運京銅瀘州運至通州、沿途応需船隻、長雇短雇専責運員、随時相機弁理。至運官在瀘州店領銅、雇夫背銅下船、毎百斤給銀三厘。瀘州運至重慶、毎百斤給水脚銀六分五厘。銅斤至重慶、雇夫提包過載、毎百斤給夫価銀三厘。重慶至漢口、毎百斤給水脚銀一銭九分。漢口雇夫背銅上店下船、毎百斤各給夫価銀三厘。漢口運至儀徴、毎百斤給水脚銀一銭八分。儀徴雇夫提包過載、毎百斤給夫価銀三厘。儀徴至通州、毎百斤給水脚銀三銭四分。加運銅斤自瀘州至漢口、照正運之例支給。自漢口起以下、俱係派撥站船装運。只支在漢口雇夫背銅上店下船、儀徴雇夫提包過載、毎百斤各給夫価銀三厘、不支水脚銅斤、守凍雇夫背銅上店下船、毎百斤正加俱準各給夫価銀三厘、又毎百斤給雑費銀一銭二分七厘二毛。統俟事竣之日、造冊送部核銷。如有冒責令該運員名下追賠。

長江大運河の雲南銅京運の船旅は、四川瀘州から北京付近通州まで、四川重慶、湖北漢口、江蘇儀徴の各地で船種を替え、銅斤荷の積み卸しを行う。その為に各地点で人夫を雇い賃銀の支給があった。右の規定はその定である。則例の前項の雇募船隻には『銅政便覧』のように長江大運河各地点の地名を書いていない。この項目でそれが明確になるのである。なお、則例C④水脚起剥雇縴にはもう一項が有る。

一、解運京銅承運各官、沿途如守風・守水・守凍・開凍、及起剥・雇縴等事、即行就近具報、該処地方官即時査明、確実具結詳報。本省督撫転行報部、並咨滇省査照、俟該運員、回省核実、造冊請銷。如有浮捏、即将運員及出給地方官、一併参処、著落分賠。倘運員等、不即時報明、該地方官者不準展限、如遇水大水浅、必須起剥・雇縴等事、不会同地方官、取結送部者。其所需剥費夫価等項銀両、不拘需費若干、一槩不準報銷。如該員既経具報、而該地方官勒掯不為転報者、査出一併参処。

この規定は前項に引いた『銅政便覧』巻三京運、運銅船隻の割注部分に当たるようだが、趣旨は全く異なる。則例は解運京銅承運各官が、沿途に守風・守水・守凍・開凍が有り、起剥・雇縴等事に及んだ場合の報告義務、地方官の連帯責任等を規定しているのである。

C⑤沈銅撈費

一、運銅各員如遇中途沈溺、即査明包数報明。地方官実力打撈、所需夫役費用、在於該地方庫貯雑項銭糧項下、暫行給発。仍於該運員応領銀内、如数扣。繳其撈費、分別平険、給発地方官、不得任意多開報部、照例核銷。

長江大運河の運行中に水難事故で運銅が沈没した時の、運銅委員と関連地方官の対応の仕方、及び捜査費用等の支弁方法を規定する。次項も同じく沈銅関連の詳細な規定である。

C⑥打撈沈銅限期

一、戴運銅斤船隻、頭舵・水手、責成該地方官協同運員、選択有身家船戸幷熟練頭舵・水手。倘有不諳路径・風色、致有沈溺等事、将原雇之地方官報部、照官員解送匠役不将良工解送以不諳之人、塞責者罰俸六個月例、罰俸六個月。如実係風水驟発、非人力所能防護、該管官査明具結申報、将原雇之地方官、免其議処。

一、解運京銅、遇有沈失、以沈溺之日起統、限一年撈獲、令運員留親属家人、協同地方文武員弁、実力打撈。如一年限内無獲以及撈不足数、不在三峡険隘地方、即著落該運員名下、先行賠補解部、至賠補沈銅、応照江海輓運漂流米穀例、将該運員題参革職。限一年内賠完、準其開復。如逾限一年賠完、免罪不準開復二年之内。尚未賠完、照律治罪厳追。所沈銅斤、聴該運員自行打撈、撈獲之日、即準給還報明。該地方官照廠価収買、不許私売、以杜弊端。収買之銅、撥給委員帯解、以為湊解京局之数。

一、沈溺銅斤一年限内、運員如係陞任別省、及丁憂者、倶令前至打撈処、所協同打撈事竣、始準回任、赴任回籍。

一、該管地方文武各官、遇有銅船沈溺、照漕船失風例処分。仍於一年限内、停其陞転、責令協同運員、実力打撈、限内能撈獲過半者、免其査議。如限満無獲、或撈不及半者、将該地方文武各官、罰俸一年。

一、沈溺銅斤実係瞿塘三峡・江湖黄河険隘之処、確係会同地方官、揀選殷実船戸、熟練舵工・水手、幷遵照定数装載、並無浮溢私帯等弊、実力打撈。一年無獲、或撈不足数準、地方文武各官、査勘確実、出結呈報本省。督撫移咨滇省、会疏保題豁免。仍将所免銅斤、令雲南巡撫照数補解、所需価脚、在於銅廠余息項下、動支弁運。倘有不肖運員、捏報川江等処沈溺、該地方文武各官扶同徇隠等弊、該督撫即行抝実題参、并将保題之各督撫一并厳加議処、著落分賠。

沈銅捜査の限期について、五項目ある。第一項は銅斤輸送船隻の頭舵・水手は、責成該地方官が運員と協同し身家ある船戸の、熟練の頭舵・水手を選択すること。もし航路風向き等に不案内の者が沈溺等の事故を起こした時には、雇用した地方官を戸部に報告させ、関連法令に準じて罰則を厳格にする。もし実際風水がにわかに起こり、人力で防御仕切れなかった場合には、管理担当官が調査して明細を報告し、その責任を問わないこともある。次に第二項は解運京銅の沈失は、沈溺の日より一年を限り捜査努力させる。なお、この規定中に長江三峡の難所[10]とそれ以外の水面における水難事故に扱われ方の差違のあることが分かる。いずれにしても水難による銅斤の損失は極力捜査、取り戻すとされている。損失を出し、補償できない運官、関係地方官の責任は厳しく追及されるとする。第三項は沈銅責任者が任期で別省へ転勤になり、また丁憂服喪のために帰郷する場合に沈銅捜査の責任を果たすことが移動の条件とされる規定である。第四項も沈銅船地方の管理責任官、すなわち総督、巡撫以下の地方長官の責任が漕運船が失風により積み荷を失った事例に準拠して、回復一年限により陞転を停止され、その間に運員と協力して沈没銅斤の捜査に全力を挙げろと命じられた。よく過半を確保すれば処罰を免れるが、半分以下であれば地方文武官は罰俸一年とされた。最後の五項目は、長江三峡の瞿塘峡など、江湖黄河険隘の処で水難事故に遭い、しかも確実に地方官を会同させ殷実船戸、熟練な舵工・水手を厳選した実績があり、合わせて法定数額に遵照した装載、並に浮溢私帯等弊が無いことが確認されているような場合に、沈没銅斤の捜査に極力努力しても一年の限内に獲得不能の事故に対しての報告方法を規定する。

第四節　雲南銅京運船隻過境出境奏報等と沈銅稽査規定

F群の①船隻過境出境随時奏報、②船隻本省起程随時摺奏、③稽査奏報は旧稿[11]で検討した雲南銅京運船隻過境出境奏報等と沈銅稽査に関する規定である。まず、①船隻過境出境随時奏報は次のごとくである。

乾隆十四年五月二十七日奉

上諭、雲貴運送銅鉛一事、弁理日久諸弊叢生。経朕於営私虧缺之委員厳加懲処、並令該部詳議定例、沿途督撫自当実力遵弁。但向来銅鉛運京原有定例。委員往往逾違及抵京交部、又復掛欠累累、総由委員捏報事故、所至停滞以便作弊。而各該省督撫以事不関己。雖有催趲之例、不過行文査報了事。遂至委員任意朦混肆無忌憚、不思銅鉛有資、鼓鋳本属公事。凡運送船隻由該省起程於何日出境之処、已伝諭雲貴督撫奏報。其沿途経過各省分督撫大吏、均有地方之責。雲貴督撫既鞭長莫及。而各該督撫復視同膜外、殊非急公之道。嗣後銅鉛船隻過境出境日期、及委員到境有無事故、並守風守凍縁由、応詳査明確、随時具摺奏聞、一面飭属督催毋令仍蹈前轍。至運送官物、其小者仍照常弁理他省餉鞘木植之類、悉宜留心査催。不得任其遅滞致弊端。一并伝諭各饞督撫知之。

欽此。

雲南銅京運船隻の過境出境の日期の随時奏報義務が乾隆十四年五月二十七日の上諭によることは既に前稿に指摘したところである(12)。そこには乾隆十六年七月二十一日付けの江南河道総督高斌の奏摺以下に同乾隆帝の上諭が引かれている。他の奏摺については、前稿の附表乾隆十六年七月―四二年二月銅鉛等輸送状況の表中の備考欄に四十九件確認でき、その下限は乾隆二十一年閏九月一日の漕運総督張師載の奏摺である。

次に、②船隻本省起程随時摺奏を検討する。

乾隆十四年五月二十六日奉

上諭、刑部議奏参革雲南解銅官呉興遠等虧缺銅斤一案。該解官等始以満不経心、致銅斤沈失侵損。迨撈獲及半、輒以全獲呈報、復於沿途将銅斤輾転售売。玩視官物、一至於此。即此一案、虧銅七万有余。其他侵蝕之案、更不知凡幾。向来劣員侵漁之習、大率類是、該上司或明知而姑聴之、俾得任意欺朦、醸成積弊。但已往之事、姑不必問。此案該督撫不能慎選賢員弁理不善。著伝旨申飭、其所有侵虧銅斤銀両、部議該管上司、按股分賠、著即勒限完繳、以資鼓鋳。仍将如何分賠抵補之処、具摺奏聞、嗣後運銅事宜、務須加意慎重。其沿途経過各省督撫、朕已伝諭、令其将委員守風守凍、及有無事故之処奏聞。至銅鉛船隻於雲貴本省起運、何日出境、亦著該督撫随時摺奏。如仍蹈前轍、濫行差委致有前項情弊、惟該督撫是問。欽此。

従来未知の乾隆帝の上諭である[13]。先の一日前の上諭で雲南解銅官の銅斤欠失事件が指摘されるが、乾隆帝は雲南から北京に至る運銅沿途各省の総督巡撫以下の地方長官に対して、運銅委員の諸官とともに、京運問題に責任を以て当たること、銅鉛船隻が雲貴本省起運して、何日に自己の各省を出境したかを随時摺奏することを義務付けたのである。

次に、③稽査奏報を検討する。

乾隆二十一年十月二十四日欽奉

上諭、吉慶奏船戸偸盗銅斤、毎遷延停泊於無人之処、偸抛水中、揚帆而去、別遣小舟、潜撈該起売過多、恐致敗露、故将船板鑿破、作為沈溺、以掩其跡、等語。看来此等情弊、在所不免。従前屡降諭旨、銅鉛過境、令各督撫、実力査察、毋任偸漏。而該督撫等、惟以入境出境、遭風停泊日期奏聞。未有能将偸売弊竇、察拿者船戸、沿途盗売、必有該処牙行・舗戸串通購買、始得速售。地方官果留心訪査、何難力除積弊。著再伝諭銅鉛経過之直省督撫、責成護送員弁、加意防範、厳密稽査。仍於奏報時、将吉慶奏内所指情弊、拠実声明、不得以具文了事。可通行伝諭知之。欽此。

この上諭も前稿の附表乾隆十六年七月―四二年三月銅鉛等輸送状況の表中の備考欄に乾隆二十一年十一月八日の直隷総督方観承の奏摺以下に見える。なお、江南河山東巡撫愛必達の同年十一月十一日の奏摺にはただ吉慶奏とのみ見える。これを含めて、以降乾隆三十三年十二月二十日江南河道総督暫行代理漕運事務李宏の奏疏まで五十二件を数える[14]。

結び

乾隆『欽定戸部鼓鋳則例』に見える雲南銅の京運規定を検討した。同課題に関する旧稿を補足した最大の成果は、乾隆期の同時期の史料で検討できた点であり、『銅政便覧』の史料よりはるかに具体的である。それでも、史料は則例という法文規定である。国家政府が上から規定することが雲南銅の生産と流通の基本史料とは、中国政治経済の特質の関わる事柄なのであろうか。そこに乾隆政治の実態が窺えると言えるのであろうか。なお、検討を要する課題である。

注

（1）「清、乾隆期雲南銅の京運問題」『九州大学　東洋史論集』一七号、一九八九年、本書後編第四章、所収。
（2）原蔵国立中央図書館台湾分館本、『中国史学叢書　第三編』、学生書局、一九八六年、所収。なお、別の一鈔本に『雲南銅志』七巻があり、これも国立中央図書館所蔵。
（3）中嶋敏「清朝の銅政における洋銅と滇銅」『民族研究所科学論集』第一冊、一九四五年、後、同著『東洋史論集』汲古書院、一九八八年、所収。
（4）乾隆『欽定戸部鼓鋳則例』は巻二、貴州京黒白鉛・湖南黒鉛・広東錫の各京運問題、巻三、貴州・四川・広東・広西・福建・浙江・江西・蘇州・湖南・湖北・山西・陝西・直隷の各直省の雲南銅採買、巻四、雲南省湯丹等廠経営、貴州省銅川廠経営、巻五、四川省銅廠経営、巻六、広東省白鳥塘廠等経営、広西省回頭山銅廠経営、湖南省桂陽州鉱廠経営、巻七、京城・直隷・山西・陝西・蘇州・浙江の鼓鋳銭文、巻八、福建・江西・湖南・湖北・広東・広西・四川の鼓鋳銭文、巻九、貴州・雲南両省鼓鋳銭文、巻十、雲南東川局・東川新局の鼓鋳銭文、以上となっている。
（5）原字は觔、以下も斤に改める。
（6）〈割注　分解戸部宝泉局三分之二、分解工部宝源局三分之一。〉は史料中の割注を示す。ただし、以下は〈　〉とし、割注を断らない。
（7）雲南地域内の銅輸送路については、中嶋敏、前掲「清朝の銅政における洋銅と滇銅」及び川勝守、前掲「清、乾隆期雲南銅の京運問題」参照。
（8）南広洞は則例原文は南広硐に作る。中嶋氏の前掲論文にならい、南広洞とした。
（9）森永恭代「乾隆初年の雲南金沙江開鑿工事について―清代雲南における航道開発の一事例として―」『京都女子大学大学院文学研究科研究紀要』史学編、第五号、二〇〇六年、参照。
（10）森永恭代「清代長江三峡における航道整備事業―李本忠と『平灘紀略』を中心に―」『中国水利史研究』三十二号、二〇〇四年、参照。

(11) 川勝守「清、乾隆期雲南銅の京運問題」、参照。
(12) 川勝守「清、乾隆期雲南銅の京運問題」27頁、参照。
(13) ただし、第一檔案館編『乾隆朝上諭檔』第二冊、九年九月至二十一年十二月止には、乾隆十四年五月二十七日の上諭でさえも、鼓鋳関連上諭は一切編集されていない。
(14) 前掲、第一檔案館編『乾隆朝上諭檔』第二冊、二十一年十月二十四日、所収。

第四章　清、乾隆期雲南銅の京運問題

はじめに

一九四九年の人民共和国成立以前の中国貨幣制度は雑種幣制といわれる。ごく短い統一幣制の時期があったとしても、すぐに雑種幣制に逆転したという。この雑種幣制の強固な存在・存続を村松祐次氏は中国中央政府の貨幣制度、ひいては中国経済制度に対する「消極的な態度」、逆に言えば一般の中国人が、「経済の規制者」として政府に期待する所が希薄であったことと判断している。そして中国雑種幣制の根幹は銀両と制銭、銀と銅の二大貨幣群の存在にあり、それは前清、前近代中国からの継承物であったともみる[(1)]。

清朝は、銀と銭という機能の異なった二つの貨幣[(2)]の間に固定相場を設定しなかった。銀と銭との機能の違いに関しては、前者が秤量、しかも成分（色）が常に問題になる、地金的貨幣であるのに対し、後者が一定の形、寸法、重量、さらには刻印された文字・文様をもつ貨幣、つまり一個二個と数えるコインという貨幣形態上の差違もある。あくまで、当面十八世紀までの清朝時代の貨幣制度に限定され、二十世紀を対象の時代にしているわけではないが、中国雑種幣制と言われる銀両と制銭のあり方にかかわって、上記の村松氏の理解に若干の反論をしよう。

まず、銀について言えば、租税銀納の問題がある。明代十五世紀以降の商品・貨幣経済の発展は支配階級をして貨幣＝銀欲求者たらしめた。彼ら（官僚・地主・商人）自身の日常生活を維持するために、また、膨大な官僚・軍隊機構を維持するために、貨幣＝銀の確保は必要であった。金花銀・均徭銀から明代では一条鞭法、清代では地丁銀に収斂される賦・役制度改革は銀を基本的納入手段としていた。さらに言えば、中央・地方の政府の財政は、若干の例外を除けば、すべて銀両立てであり、地方から中央へ吸収された各種租税は銀の形態を取っていた。支払い方も銀であった。その限りで銀は国家・中央政府の賦・役制度、行財政制度という規制力の磁場の中に置かれていたことは確かである。ただし、銀そのものの貨幣価値もまた、中央政府の手の内にあったかといえば話は別である。（この点はいまは問わない）。

銀に比べれば銭に対する国家の行財政制度の規制力は弱い。しかし、銭は国家の制銭、すなわち法定貨幣であった。清朝時代、国初から嘉慶の頃までは、大勢としては、銅銭価が強気を示し、昂貴を続けて居、その原因は数点あるも、概して、銅銭流通量の絶対的不足にあると考えられている。そのために政府は銅銭の確保、より正確には銅銭の流通の確保のための諸政策を施行する必要に迫られた。この場合、銅銭の流通の確保であって、銅の流通の確保ではない。実は両者は競合、矛盾の関係にあった。

一例を示そう。清の十七世紀末から十八世紀初、康熙から雍正にかけて行われた「黄銅の禁」がある。これについての佐伯富氏の研究[3]によれば、民間の黄銅（紅銅と亜鉛の合金＝真鍮）製品の製造と販売を厳禁し、また、一定の規格品以外の民間銅器をすべて強制的に買い上げ、これを鋳つぶして銅銭原料とすることであった。時には地丁銭糧の代わりに黄銅器の納入を許してまでも黄銅の確保に努力した。因みに、加藤繁氏が早く指摘した[4]ごとく、明の十六世紀半ば、嘉靖年間に従来の青銅銭が真鍮銭に一変したことを考えるべきである。清代の銅銭材料は、時代により多少の差はあるが、銅・白鉛（亜鉛）・黒鉛・錫であった。銅・白鉛の組合わせが強ければ真鍮銭となる。錫の混入は少なかった（これは青銅銭）ものと思われる。銅以外の産地は、白鉛が貴州、黒鉛が湖南、錫は広東であった（後述）。銅の供給源として重要なものは日本と雲南の銅とであった。

第一節　雲南銅の登場

日本近世初、織豊政権から江戸時代初にかけての日本産銅の飛躍的増大の結果、多量の日本銅（洋銅）が中国へ流入することが可能となり、清初から十八世紀前葉、康熙・雍正時代の銅供給は主として洋銅に頼った。その数量は年額四―五百万斤（二―三百万キログラム）に上った。(5) しかし、その需要量は供給量を超え、かつ洋銅の輸入は漸減の傾向に在り、日本からの入手が困難になった。雍正二年（日本の享保九年、一七二四年。吉宗の時代）五月頃、日本からの銅輸入がその出産減少を口実に難しくなったと奏上した浙江巡撫黄叔琳に対して雍正帝はこう厳命している。

難云出産不敷、亦須設法購弁。鼓鋳之需、豈容欠乏。爾前在部時、係悉知者、自有廷臣公議、朕亦不得而私之也。

日本の銅の出産がたとえ数額に敷かないとしても、なんとか手段を講じて購入せよ。銅銭鋳造の需要は絶対に欠乏させるわけにいかないのだ。それはお前が戸部に居た時によく知っていることだ。よく諸廷臣と公議せよ。朕もこれを絶対に私＝非制度化しようとするものではない。

雍正帝の悲痛な叫びにもかかわらず、日本からの銅輸入は増加しなかった。十八世紀の日本は商品生産が盛んになり、商品経済・貨幣経済が進展した結果、日本国内における銅銭需要が増大したためで、(6) 何も日本産銅の生産減少のためだけが原因ではない。清側漢人官僚の作文に「歴年以来東洋産銅有限、購弁不斉」（『皇朝文献通考』巻十五、雍正二年署江蘇巡撫何天培）とあるのは中国側の見解であり、長崎で聞かされた話かもしれない。日本からの銅輸入に多くを望めないとなれば、代替地をどこに求めて局面を打開するか。それは中国西南の雲南銅（滇銅）であった。これについて中嶋敏氏は「これを打開したのが雍正中期から俄かに勃興した雲南銅鉱業であった」とする。(7)

また、中嶋氏は論考の本文中において、元・明時代以降の雲南の銅産について述べた中で、雍正年間以来、その産出はとみに盛んとなったが、乾隆三年、銅山経営に官の強い援助と支配とを加え、大量の滇銅を獲得して、京銅（京師銭局用の銅斤）をことごとくここで調達することとしてから雲南銅鉱業は大いに振興し、産額がにわかに増加するに至った(8)ともいう。

しかしながら、こうした中嶋氏の考え方では、なぜ雍正から乾隆にかけて雲南銅が鋳銭原料の大宗を占めるに至ったかの説明を十分に果たし得ない。事態の何が変わったか、雲南銅鉱業にいかなる発展があったかの説明がないからである。ただし、中嶋氏は周到にも、雲南の銅を京師に解運する輸送交通問題に留意している。京運の路には南路と北路とがあり、北路は四川の瀘州より揚子江と大運河との水運によって、北京東方の通州に至る路程、南路は東南へ広西省に出で、西江の水運を利用するものであるが、清代では北路が圧倒的に多く用いられたという。北路には五路あるが、乾隆三年始めて京銅六百三十三万斤を運ぶことに定めた時は、次の二経路に依ったという。

(1) 銅廠→尋甸―宣威―威寧―畢節
(2) 銅廠→東川―昭通―鎮雄
（(1)(2)とも）→叙永（水路）＝瀘州

乾隆七年には次の経路が開かれた。

(3) 東川―魯甸―昭通―大関―豆沙―塩井渡（水路）＝叙州（水路）＝瀘州

乾隆十年になると、右の第一路の威寧から分岐する次の経路が開かれた。

(4) 威寧―鎮雄―羅星渡（水路）＝南広洞（水路）＝瀘州

同十五年には、第二路の昭通から分岐し、

(5) 昭通―永善―黄草坪（金沙江水運）＝叙州（水路）＝瀘州

という画期的な経路が出来た。乾隆十七年においては、(1)(3)(4)(5)の四路が用いられていたが、(1)はその後廃されて三路となった。同年、第三路において東川から昭通に直行して魯甸を経ないことに改められた。これらの経路のうち、宣威―羅星渡、東川―大関、昭通―黄草坪の区間は馬運により、尋甸―宣威、豆沙―塩井渡の区間は車運による、と中嶋氏は指摘した[9]。

右の(5)の経路が画期的であるというのは、金沙江水運が運河開鑿によって実現したことによる。乾隆三年より同十五年まで、雲南銅の輸送路に改善がみられたことは確かである。しかし、これが雲南銅の位置を飛躍的に高めたか否かは未だ解決をみていない。

康熙・雍正年間、つまり乾隆初以前において、京局ほか各省鋳銭局では原料銅として洋銅を採用し、滇銅を用いなかったという理由に、洋銅の方が価格が安いとか、質が良かったということを佐伯富氏等が指摘している[10]。しかし、雲南銅の現地価格は里井彦七郎氏が指摘するごとく[11]、百斤当たり三一六両とかなり低廉で、輸送費を加えても、百斤十二・三両の洋銅より高くなるのかどうか疑しい。仮にもし、価格の点、質の点で洋銅の方が滇銅より利点があったとしても、それが雍正から乾隆にかけて逆転した証拠を出さねばなるまい。つまり、雲南銅の生産費なり、輸送費なりにコスト・ダウンがあったことを指摘する必要があるが、それは難しいであろう。

結局のところは、佐伯富氏の言葉、「京師両局の弁銅方針が、洋銅依存から雲南銅依存にきりかえられた[12]」を鵜呑みにするほかないのかも知れない。しかし、これは当時の清朝政府鋳銭当局とて仕方のない選択で、洋銅がダメだから滇銅に頼るほかはない、という消極的な方針のきりかえであったと思う。

雍正から乾隆にかけて、洋銅に多くを期待できなくなった清朝の銅政が、その銅斤供給源をことごとく雲南に求めたが、それは単に弁銅方針のきりかえの一語で済む問題ではなく、きりかえを具体化し、現実化しうるさまざまな政策遂行・諸改革を前提としていた。ところで、行政施行においても、官僚の統制（＝吏治）の点でも、甚だ有能かつ職務に勤勉と言われる雍正帝は銅政策には無策、何もしていない無能な皇帝であった。それに対し、次の乾隆帝は当時としては極めて有効かつ適切な施策を次々と打ち出した。とは言え、諸施策がスンナリ実施されるわけでも、すぐに目立った効果が出るわけでもない。即位してより数十年、乾隆帝は銅政＝制銭問題に留意し続ける。銅＝銭問題の中に、乾隆帝は、清朝国家＝中国の抱える根の深い、スケールの大きな諸問題のあることに気付くのであった。

第二節　乾隆期、雲南銅の採弁額の変動

雍正年間、雲南の産銅大いに振るい、同五年には百万余斤を本省の鼓鋳に充て、なお余銅二百数十万斤を算し、同八年ころには毎年の余銅百六、七十万斤あったという（光緒『続雲南通志稿』巻四八、銅政議、等）。しかし、雍正期には年次ごとの産額をキッチリ示す数字が計上されているわけでなく、不安定な生産状態であった。それでも、雍正末の十二年（一七三四）には、湖南・湖北・広東三省をして雲南銅一六六万三二〇〇斤を採買し、雲南省広西府に銭局を設けて鋳銭してより後、これを京師に解運させることとし、他の江蘇・安徽・江西・福建・浙江の五省は日本銅＝洋銅二七七万二〇〇〇斤を折買、鋳銭させることとした。洋銅が六二・五％となお重きをなしている。しかし、これは乾隆元年には京局用の銅総額四百万斤中、雲南銅・日本銅各二百万斤ずつと、五〇％に低下している（以上、『皇朝文献通考』巻一七、また、嘉慶『大清会典』巻一四、戸部）。乾隆中における雲南銅生産の趨勢―銅廠数と産両估計の変化は【表1】にみるごとくである。

乾隆二年以降、時に逆転落ち込む年次もあるが、概して雲南銅は千百一千二百万斤（六百万キログラム、六千トン）という産額に上り、そのピークは、乾隆二十九年（一七六四）の千三百七十八万斤余（約七百万キログラム・七千トン）である。なお、(A)弁獲滇銅数量が(B)估計全省産量より大、という奇妙なこと[13]、また、乾隆三十一年以降の五〇％台のものは、産額実数と報告数とに差異があるものかも知れないが今は問わない。

乾隆期、雲南銅採弁の過程をたどっておこう。乾隆三年（一七三八）、京局用の銅斤ことごとく滇銅に採ることに改め、その歳弁額を次のごとく定めた。

(A)正銅　正運銅四〇〇万斤、

表1　清中期雲南銅廠数及産額估計

年代	西暦・年	報採廠数	請封廠数	在採廠数	弁獲滇銅額数【A】斤	估計全省産額【B】斤	A／B×100
康熙60年以前	1721前	18		17～18		－	
雍正2年	1724	3		21			
4年	1726	4		25	2,150,000		
5年	1727	1		26	4,000,000		
6～13年	1728～35	10	2	27～35			
乾隆元年	1736	—	—	35	7,598,000		
2年	1737	1	1	35	10,089,100		
3年	1738	2	8	29	10,457,900		
4年	1739	—	1	28	9,420,500		
5年	1740	1	6	23	8,434,600	10,286,227	82.00
6年	1741	2	—	25	7,545,500	9,349,998	80.70
7年	1742	1	3	23	8,757,800	10,295,401	85.10
8年	1743	3		26	9,290,700	8,985,049	103.40
9年	1744	8	1	33	9,249,200	10,252,783	90.20
10年	1745	6	2	37	8,281,300	9,272,782	89.30
11年	1746	—	5	32	8,421,100	10,577,662	79.60
12年	1747	1	1	32	8,542,700	10,967,901	77.90
13年	1748	1	1	32	10,347,700	10,352,100	99.96
14年	1749	—	3	29	11,920,400	10,205,437	116.80
15年	1750	1	2	28	10,056,200	9,155,974	109.80
16年	1751	—	1	27	10,702,000	10,955,144	97.70
17年	1752	4	1	30	8,151,800	10,271,331	79.40
18年	1753	2	3	29	7,510,100	11,496,527	65.30
19年	1754	2	—	31	10,950,200	11,596,694	94.40
20年	1755	—	1	30	8,387,100	10,888,782	77.00
21年	1756	—	1	29	6,262,400	11,155,003	56.10
22年	1757	4	1	32	9,824,900	11,463,102	85.70
23年	1758	8	3	37	10,173,100	11,463,102	88.70
24年	1759	6	3	40	12,173,100	11,995,559	106.40
25年	1760	6	10	36	12,128,800	11,706,966	103.60
26年	1761	3	2	37	11,712,500	12,324,989	95.00
27年	1762	3	3	37	12,262,500	12,647,858	97.00
28年	1763	3	3	37	12,766,000	11,988,040	106.50
29年	1764	2	3	36	13,781,000	12,685,821	108.60
30年	1765	1	1	36	11,875,900	12,504,668	95.00
31年	1766	—	3	34	8,123,300	14,674,481	55.40
32年	1767	—	1	33	7,394,000	14,127,249	52.30
33年	1768	5	1	37	7,757,000	13,792,711	56.20
34年	1769	1	—	38	9,743,800	14,567,697	66.90
35年	1770	1	1	38		11,844,596	—
36年	1771	2		40		11,685,646	—
49年	1784	—	1	41	12,050,251	11,115,406	108.40
嘉慶7年	1802				6,477,790		

【典拠】許滌新・呉承明主編『中国資本主義発展史』第1巻、中国資本主義萌芽、人民出版社、北京、1985年、491～93頁、原資料来源、厳中平『清代雲南銅政考』1948年。【A】：弁獲滇銅額数；韋慶遠『清代前期的商弁礦業和資本主義萌芽』1981年。【B】估計全省産額：厳中平前掲書、附録第二表。

加運銅一七〇万四〇〇〇斤
(B)耗銅（百斤に付八斤）、四五万六三二〇斤
(C)余銅（百斤に付三斤）、一七万一一二〇斤
計　　　　六三三万一四四〇斤
内訳　戸部宝泉局　四一〇万六八八〇斤
　　　工部宝源局　一九四万五四〇六斤

右から戸部宝泉局用、つまり制銭鋳造用は全体の六五％であり、雍正年間の年間輸入洋銅数額にほぼ匹敵することが知られる。

乾隆初以降の雲南採銅、銅政の傾向については、嘉慶・道光期に成立した『滇南鉱廠図略』や『銅政便覧』『銅政全書』などでその大勢を知ることができる。『銅政便覧』を中心に、他書記載も参照して、雲南銅山の廠名・所在・開採年次・産額及び経費を表示すれば、【表2】のごとくである。

これによれば、清の雍正年間までに開採されていた雲南銅山は、6湯丹、7碌碌、8大水溝、23青竜、26馬竜、37者嚢で合計産額、一九一万二千斤から、二二三万三千斤となり、これに乾隆十年開採までの1寧台、4香樹坡、14長発坡、16鳳凰坡、17紅石岩を加えても、数十万斤、たかだか四〇一五〇万斤増えるに過ぎない。前記数額に加えて二百五、六〇万斤、とても三百万斤にならず、乾隆三年の歳弁額に及ばない。どうも年歳額には年によるバラつきが大きかったようで、産額合計の出し方が難しい。それと、明代以来の雲南銅山である湯丹・碌碌・大水溝（いずれも東川府）の三廠分で三百一五百万斤、これに乾隆九年開採の雲南最大の銅山甯台廠の一廠で五・六百万斤と、これだけで合計は最大一千万斤以上となり、他の銅廠がいかに零細・小経営であったかが知られよう。

雲南銅は、通常、産額の十分の一は抽課として官が税として収め、また同じく十分の一は通商を許され、廠民の自由売却を許し、特に十分の二の通商を許される銅廠もある。その余はすべて一定価格をもって買上げられるという。以上についての『銅政便覧』等の記事を表にしたのが、【表2】の経費（I）であるが、これによれば通商を許された銅廠の一番早い開採年は、20発古廠の乾隆三十六年

表２　清中期雲南銅廠概況（その１）

	廠名	所在		開採年代		産額〔単位　万斤〕				経費【Ｉ】　毎銅百斤					備考
		府州県	距站（站）	年代	西暦・年	乾隆年中	乾隆43年	嘉慶17年	道光年中	通商斤	抽課斤	官買余銅斤	公廉捐耗斤	給価銀・両	
1	寧台	順寧府順寧県	下関点12.5（站）	乾隆９	1744	数10～ 500～600	290	380	290 58～95	—	20	80		5.000	京
2	得宝坪	永北庁	同10.5	乾隆58	1793	13.2		30	27	10	10	80		6.987	京
3	大功	大理府雲龍州	同12.5	乾隆38	1773	80～100余	40	36.19	10	10	80			7.685	京
4	香樹坡	楚雄府南安州	省城10.5	乾隆９	1744	0.17～0.18 0.14～0.23	0.72	10.70	10.05 ＋2.40	—	20	80		5.000	京
5	双龍	曲靖府尋甸州	州城２	乾隆46	1781	0.9～1.0	(1.35)		1.08	20	10	70		6.987	京
6	湯丹	東川府会沢県	府城２	明代・雍正４再開	1726	80～90 100～200	316	230	208.14	—	10	90		6.000	京〔原四川省〕
7	碌碌	東川府会沢県	府城3.5	明代・雍正４再開	1726	80～90 100	124.4	62	56.11	—	10	90		6.000	京〔原四川省〕
8	大水溝	東川府会沢県	府城3.5	明代・雍正４再開	1726	10～20 40～50	51	48	36.19	—	10	90		6.000	京〔原四川省〕
9	茂麓	東川府会沢県	府城7.5	乾隆33	1768	８～9.10余	28	28	25.23	—	10	85.14	4.2	8.151	京
10	楽馬	昭通府魯甸庁	府城20	乾隆18	1753	0.5～0.6 ２～３	3.6		0.9	—	10	85.14	4.2	6.000	京
11	梅子沱	昭通府永善県	四川瀘州店６	乾隆36	1771	３～４	4.0	2.0	1.8	—	10	85.14	4.2	8.151	京
12	人老山	昭通府大関庁	四川瀘州店9.5	乾隆17	1752	0.2～0.3 0.4～0.5	0.42		0.37	—	10	85.14	4.2	6.000	京
13	箭竹塘	昭通府大関庁	四川瀘州店 水陸11.5	乾隆19	1754	0.2～0.3 0.4～0.5	0.42		0.37	—	10	85.14	4.2	6.000	京
14	長発坡	昭通府鎮雄州	四川瀘州店 水陸15	乾隆10	1745	0.8～0.9 1.1～1.2	1.3		1.17	—	10	85.14	4.2	6.000	京
15	小岩坊	昭通府永善県	四川瀘州店　水路8.5	乾隆24	1759	1.3～2.0余	2.2		1.98	—	10	85.14	4.2	6.987	京
16	鳳凰坡	澂江府路南州	省城３	乾隆６	1741	0.7～0.8 1.1～1.2	1.2		1.08	—	20	80		5.000	京・局
17	紅石岩	澂江府路南州	省城３	乾隆６	1741	0.7～0.8 1.1～1.2	1.2		1.08	—	20	80		5.000	京・局
18	大興	澂江府路南州	省城４	乾隆23	1758	80～90 100余	4.8		4.32	—	10	85.14	4.2	6.987	京・局

19	紅坡	激江府路南州	省城 4	乾隆35	1770	0.7～0.8 1.0余	4.8		4.32	—	10	85.14	4.2	7.685	京・局
20	発古	曲靖府尋甸州	省城 6	乾隆36	1771	20～30	4.8		4.32	10	10	80		7.685	京・局
21	大風嶺	東川府会沢県	府城 6	乾隆15	1750	2～3.10余	8.0		7.20	—	10	85.14	4.2	6.987	京・局
22	紫牛坡	東川府会沢県	府城2.5	乾隆40	1775	6～7.10余	3.3		2.97	10	10	75.14	4.2	6.987	京・局
23	青龍	元江州	省城 6	康熙37	1698	2～3.6～7	6.0		5.40	—	20	80		5.000	京・局
24	廻龍	麗江府	下関点16.5	乾隆42	1777	5～6	0.58		6.30	10	10	80		6.000	局・採
25	白羊	大理府雲龍州	下関点11.5	乾隆35	1770	8～9.10余	10.80		9.72	—	10	85.14	4.2	6.698	局・採
26	馬龍	楚雄府南安州	省城11.5	雍正 7	1729	1.2～1.3 2.0	0.44		0.39	—	—	—	—	給炭価銀 1.452	局・採
27	寨子箐	楚雄府南安州	省城13	乾隆36	1771	0.6～0.7 1.0余	1.12		1.00	—	10	85.14	4.2	6.698	局・採
28	秀春	楚雄府定遠県	省城10	乾隆46	1781	0.1～0.3	(0.45)		0.36	20	10	70		6.987	局
29	義都	雲南府易門県	省城 6	乾隆23	1758	10～30～40	8.0		7.20	—	20	80		5.000	局・採
30	大宝	雲南府易門県	省城 5	乾隆30	1765	0.4～0.7	0.72		0.86	—	10	85.14	4.2	6.000	局
31	万宝	雲南府易門県	省城 6	乾隆36	1771	15～16 20～30	30.0		27.15	10	10	80		7.685	局・採
32	大美	雲南府羅次県	省城3.5	乾隆28	1763	1～2.4～5	2.4		3.24	—	10	85.14	4.2	6.000	局・採
33	獅子尾	武定州禄勧県	省城 9	乾隆38	1773	1.0～2.0	0.24		0.54	10	10	80		7.685	局
34	緑珙峒	臨安府寧州	省城 6	嘉慶11	1806	1.7余			0.97	20	10	70		6.987	局
35	鼎新	臨安府建水県	省城 7	嘉慶11	1806	0.61余			—	20	10	70		6.987	局
36	龍邑	開化府文山県	府城 2	乾隆33	1768	0.7～0.8 1.0余			—	—	10	85.14	4.2	6.698	採
37	者嚢	開化府文山県	府城 4	雍正 8	1730	18～19 21～22	90.0		—	—	10	90		6.000	採
38	金釵	臨安府蒙自県	県城1.5	—	38	20～30			40～45	—	—	—		4,500～ 9,000	採
	計					483.68～ 1398.36	1042.26		832.50						

【備考】産額欄の乾隆年中は『銅政便覧』、乾隆43年は『銅政全書』、嘉慶17年は道光『雲南通志』、道光年中は『滇南鉱廠図略』に依る。

表3　清中期雲南各銅廠経費変動表

廠名		経費【I】					経費【A】					経費【B】					経費【C】					備考
		通商	抽課	公廉捐耗	官買余銅	給価銀	通商	抽課	公廉捐耗	官買余銅	給価銀	通商	抽課	公廉捐耗	官買余銅	給価銀	通商	抽課	公廉捐耗	官買余銅	給価銀	【A】／【B】／【C】
1	寧台	—斤	20斤	斤	80斤	5.000両	斤	10斤	4.2斤	85.14斤	6.000両	10斤	10斤	4.2斤	75.14斤	6.698両	斤	10斤	斤	90斤	6.987両	乾25／38／42
4	香樹坡		20		80	5.000		10	4.2	85.14	6.000	10	10	4.2	75.14	6.698		10		90	6.987	乾25／39／53
6	湯丹		10		90	6.000		10	4.2	85.14	6.987	10	10	4.2	75.14	8.151						雍12／乾38／
7	碌碌		10		90	6.000		10	4.2	85.14	6.987	10	10	4.2	75.14	8.151						雍12／乾38／
8	大水溝		10		90	6.000		10	4.2	85.14	6.987	10	10	4.2	75.14	8.151						雍12／乾38／
9	茂麓		10	4.2	85.14	8.151						10	10	4.2	75.14	8.151						／乾38／
10	楽馬		10	4.2	85.14	6.000						10	10	4.2	75.14	6.698						／乾38／
11	梅子沱		10	4.2	85.14	8.151						10	10	4.2	75.14	8.151						／乾38／
12	人老山		10	4.2	85.14	6.000						10	10	4.2	75.14	6.698						／乾38／
13	箭竹塘		10	4.2	85.14	6.000						10	10	4.2	75.14	6.698						／乾38／
14	長発坡		10	4.2	85.14	6.000						10	10	4.2	75.14	6.698						／乾38／
15	小岩坊		10	4.2	85.14	6.987						10	10	4.2	75.14	7.685						／乾38／
16	鳳凰坡		20		80	5.000		10	4.2	85.14	6.000	10	10	4.2	75.14	6.698						乾25／38／
17	紅石岩		20		80	5.000		10	4.2	85.14	6.000	10	10	4.2	75.14	6.698						乾25／38／
18	大興		10	4.2	85.14	6.987						10	10	4.2	75.14	7.685						／乾38／
19	紅坡		10	4.2	85.14	7.685						10	10	4.2	75.14	7.685						／乾38／
21	大風嶺		10	4.2	85.14	6.987						10	10	4.2	75.14	8.151						／乾38／
23	青龍		20		80	5.000		10	4.2	85.14	6.000	10	10	4.2	75.14	6.698						乾25／38／42
25	白羊		10	4.2	85.14	6.698						10	10	4.2	75.14	6.987						／乾38／
26	馬龍		—	—	—	—		10	4.2	85.14	6.000	10	10	4.2	75.14	6.698						乾25／38／42
27	寨子箐		10	4.2	85.14	6.698						10	10	4.2	75.14	6.698						／乾38／
29	義都		20		80	5.000		10	4.2	85.14	6.000	10	10	4.2	75.14	7.685						乾25／38／42
30	大宝		10	4.2	85.14	6.000						10	10	4.2	75.14	6.698						／乾38／
32	大美		10	4.2	85.14	6.000						10	10	4.2	75.14	7.685						／乾38／
36	龍岜		10	4.2	85.14	6.698						10	10	4.2	75.14	6.698						／乾38／
37	者囊		10		90	6.000		10	4.2	85.14	6.000	10	10	4.2	75.14	6.698						雍12／乾38／
38	金釵		—		—	4.500～9.000						10	—		90	5.200						／乾38／

と、いずれも乾隆年間後半のもので、その産額も、2得宝坪、3大功廠、31万宝廠を除けば数万斤の零細なもので、合計でも、百万斤を超えることはないと思われる。なお、通商の認められている廠の給価銀は高く、これのない1甯台、6湯丹、7碌碌の大銅山の給価が五、六両と安いのも注目される。さらにもう一点。『銅政便覧』等には各銅廠について、京運、省鋳（本省鼓鋳）、採買（各省採買）の三種のいずれに属するかを記し、その数量を示している、これを【表2】の備考欄に注記したが、京運のみの1～15の十五廠合計の産銅額は、乾隆四十三年の数で八百六十三万斤余、『滇南鉱廠図略』で七百四十九万斤余となるのであると中嶋氏は指摘している[14]。これについて、『銅政全書』乾隆四十八年分では、約七百万斤、嘉慶会典所定の数で六百五万斤余、

ところで、【表2】の経費（Ｉ）については、『銅政便覧』によれば年次によって変動があった。そこで、経費（Ｉ）の部分を基に各廠ごとにその後の経費（Ａ）、経費（Ｂ）、経費（Ｃ）について表化したのが【表3】雲南銅廠経費変動表である。先述の指摘を若干修正するが、経費（Ｂ）の乾隆三十八年には殆どの廠に通商十分の一が認められるとともに、抽課額十分の一など、雲南主要銅廠の経費の内訳構成が全く同一となることが確認される。なお、その場合でも、給価銀には差違があるが給価銀六千六百九十八両と八千一百五十一両というように高低の差が縮小したようである。この給価銀の年次ごとの変化を『銅政便覧』によって示したのが【表4】である。『銅政便覧』『滇鉱図略』の代表、表示額が乾隆二十五年～嘉慶十年のどの年に当たるのかがわかる。

『銅政便覧』は、さらに各銅廠の運搬経費や銅色を記載する。これを【表5】に示そう。これは運搬経費が中心であるが、銅廠からの站数（日数）距離が費用に連関するので、経費は各廠によって違う。水路（11・14・15・23）は陸路に比べて単価が半分以下のようである。もとより正確な数は出ないが、1甯台廠の運脚経費は高く、銅百斤につき、一両二銭五分から一両六銭一分、これに百二十斤つまり一人の運搬に就いてかかる道具代や、毎年官役の薪食代など、これを生産銅百斤ごとに算出した銀額である四分等を加えると、その合計数は一両三銭から一両七銭となる。6湯丹、7碌碌両廠の事例では、計算上五、六銭にもならない。ただし、こうした運搬経費は官が支給するもので、実際にその額が十分か、実給高かどうかは分からない。こうした点の検討を含め、雲南銅の生産構造の検討はなお今後に俟つところ多い。

表４　清中期雲南各銅廠給価銀変動表

廠名		『銅政便覧』	『滇鉱図略』	雍正12	乾隆25	27	33	38	39	42	43	45	53	嘉慶４	10
				1734	1760	1762	1768	1773	1774	1777	1778	1780	1788	1799	1805
1	寧台	5.000両	6.987両	両	6.000両	両	6.600両	6,698両	6.000両	6.987両	両	両	両	両	5.152両
2	得宝坪	6.987	6.987												
3	大功	7.685	6.987						6.987		6.288				
4	香樹坡	5.000	6.987		6.000		6,698	6,698	6.000				6.987		
5	双龍	6.987	6.987												
6	湯丹	6.000	7.452	6.987		7.452	8.151	8.151	7.452					6.400	
7	碌碌	6.000	7.452	6.987		7.452	8.151	8.151	7.452					6.400	
8	大水溝	6.000	7.452	6.987		8.151		8.151	7.452					6.400	
9	茂麓	8.151	7.452					8.151	7.452					6.400	
10	楽馬	6.000	6.000				6,698	6,698	6.000						
11	梅子沱	8.151	6.987					8.151	7.452	6.987					
12	人老山	6.000	6.000				6,698	6,698	6.000						
13	箭竹塘	6.000	6.000				6,698	6,698	6.000						
14	長発坡	6.000	6.000				6,698	6,698	6.000						
15	小岩坊	6.987	6.987				7.685	7.685	6.987						
16	鳳凰坡	5.000	6.000		6.000		6,698	6,698	6.000						
17	紅石岩	5.000	6.000		6.000		6,698	6,698	6.000						
18	大興	6.987	6.987				7.685	7.685	6.987						
19	紅坡	7.685	6.987					7.685	6.987						
20	発古	7.685	6.987						6.987						
21	大風嶺	6.987	7.452			7.452	8.151	8.151	7.452						
22	紫牛坡	6.987	6.987												
23	青龍	5.000	6.000		6.698			6,698	6.000						
24	廻龍	6.000	6.987												
25	白羊	6.698	6.000					6.987	6.000						

26	馬龍	給炭価銀 1.452	6.000		6.000		6.698	6,698	6.000						
27	棄子箐	6.698	—					6,698	6.000						
28	秀春	6.987	6.987												
29	義都	5.000	6.987		6.000		7.685	7.685	6.987						
30	大宝	6.000	6.000				6,698	6,698	6.000						
31	万宝	7.685	6.987						6.987			6.288			6.288
32	大美	6.000	6.987			6.987	7.685	7.685	6.987						
33	獅子尾	7.685	6.987						6.987						
34	緑珙峒	6.987	6.987												
35	鼎新	6.987													
36	龍邑	6.698						6,698	6.000						
37	者囊	6.000		6.000			6,698	6,698	6.000						
38	金釵	4.500〜9.000	4.700				5.200	5.200	4.600						

いずれにしても、雲南銅経営は民営とはいうものの、官の独占的買収ほか国家支配が極めて強いことが窺える。『銅政便覧』巻二廠地下、《廠務帰地方官経理》には、

凡銅廠悉帰地方正印官経管。如有繁劇地方、及離廠較遠、正印官不能照料、必須另委専員者、准委州県丞倅。乾隆四十二年案。

とあり、また、知州、知県らの正印官及び州同知、県丞以下の佐武官が銅山経営の担当をすることの規定がみられる。（弁銅考成が規定されるのも当然である）

表5　清中期雲南銅廠概況（その2）

	廠名	経費運脚対象		経費【Ⅱ】										銅成色	備考
		府州県	自廠至站数	毎100斤給運脚銀	毎120斤支給		毎年准支官役薪食廠費銀	此廠上本運脚応赴							
					筐簍	銀		至馬脚盤費			局鋳	採買	役食銀		
				両	対	両	両	至站数	両	種類	両	両	両		
1	寧台	順寧府順寧県	下関点12.5	1.252 1.615	1	0.017	1,073.00	大理12.5 省12	0.134 1.303	銅100斤単価	1.615	1.303		85 83	
2	得宝坪	永北庁	同10.5	1.356	1	0.017	900.80	大理10	1.303	銅100斤単価	1.303	1.250		86	
3	大功	大理府雲龍州	同12.5	1.615	1	0.017	876.00	大理12	1.350	銅100斤単価	1.350	90			
4	香樹坡	楚雄府南安州	尋甸14.5 省城10.5	1.873 1.500	1 —	0.017	900.80	楚雄4.5	—	照例				85 815	
5	双龍	曲靖府尋甸州	州城2.5	0.200	—				—	照例				91	
6	湯丹	東川府会沢県	東川店 2 尋甸店 4	0.250 0.450	1 —	0.017	1,666.80		—	照例			299.60	93	
7	碌碌	東川府会沢県	東川店3.5	0.400	1		436.68	尋甸7.5	—	照例			134.40	93	
8	大水溝	東川府会沢県	東川店3.5	0.400	1	0.017	598.50	尋甸7.5	—	照例				93	
9	茂麓	東川府会沢県	東川店7.5	0.856	1	0.020	732.00	尋甸11.5	—	照例				93	
10	楽馬	昭通府魯甸庁	昭通店 2	0.250	—			尋甸8.5	—	照例				95	
11	梅子沱	昭通府永善県	四川瀘州店 水690里	0.164	1 ＊	0.020＊		尋甸24.5	—	照例				85	毎200斤
12	人老山	昭通府大関庁	四川瀘州店 水陸9.5	0.618			66.00	尋甸16	—	照例				93	
13	箭竹塘	昭通府大関庁	四川瀘州店 水陸11.5	1.099			66.00	尋甸19	—	照例				93	陸路
14	長発坡	昭通府鎮雄州	牛街店 3 羅星渡 4 瀘州店水路 8	0.300 0.516 0.290	1 ＊	0.017＊		尋甸 5 ＊	—	照例				93	毎168斤
15	小岩坊	昭通府永善県	瀘州店水路 8	0.659	—			昭通11	—	照例				93	
16	鳳凰坡	澂江府路南州	尋甸 5	0.646			72.00	省局 3	—	照例	0.300			80	

17	紅石岩	澂江府路南州	尋甸 6	0.775			72.00	省局 3	—	照例	0.300			80	
18	大興	澂江府路南州	威寧州店11	1.187			189.60	省局 4 (3.5)	—	照例	0.400			83	
19	紅坡	澂江府路南州	威寧州店11	1.187			189.60	省局 4 (2.5)	—	照例	0.400			83	
20	発古	曲靖府尋甸州	威寧州店13	1.687	1	0.017	312.00	省局 6 (8)	—	照例	0.750			83	
21	大風嶺	東川府会沢県	東川店 6	0.750	1	0.017	540.00	省局10	—	照例				93	
22	紫牛坡	東川府会沢県	東川店2.5	0.312	1	0.017		省局 6	—	照例				85	
23	青龍	元江州	省城水陸 6	0.373			441.60	尋甸44 省水陸 6	—	照例	1.185			83	
24	廻龍	麗江府	下関点16.5	1.650				下関省12.5	—	照例	1.303	1.250		82	
25	白羊	大理府雲龍州	下関点11.5	1.150			322.80	下関省12.5	—	照例	1.330	1.250		73	
26	馬龍	楚雄府南安州	省城11	1.110			49.20	省局11	—	照例				815	
27	寨子箐	楚雄府南安州	省城13	1.300			108.00	省局13	—	照例				815	
28	秀春	楚雄府定遠県	省城10	1.000				楚雄 4	—	照例				86	
29	義都	雲南府易門県	省城 6	0.600			900.80	雲南 6	—	照例		0.600		83	
30	大宝	雲南府易門県	省城 5	0.500				省 5	—	照例				83	
31	万宝	雲南府易門県	省城 6	0.600			152.00	省 6	—	照例		0.600		80	
32	大美	雲南府羅次県	省城3.5	0.350			114.00	省 3	—	照例				83	
33	獅子尾	武定州禄勧県	省城 9	0.900				省 9	—	照例				82	
			東川店10	1.000											
34	緑珙峒	臨安府寧州	省城 6	0.600				省 1	—	照例				82	
35	鼎新	臨安府建水県	省城 7	0.700				省 1	—	照例				82	
36	龍邑	開化府文山県	剥陸15	1.938			48.00	省2	—	照例				80	
37	者囊	開化府文山県	剥陸17	2.196			12.00	省4	—	照例				80	
38	金釵	臨安府蒙自県	剥陸17 県店1.5	2.196 0.150			452.40	省3	—	照例				70	

第三節　乾隆期、雲南銅の京運規定―『銅政便覧』について―

『銅政便覧』によれば、乾隆元年（一七三六）、鼓鋳用一百六十六万四千斤を除いたその他三十三万七千斤、計二百万斤の運銅には正印官一員、佐弐官一員が委員に任命され、東川店（東川府、湯丹・禄禄廠に近い）において銅の兌領（引き受け）が行われ、ここから陸路で四川永寧県に至った。ここからは船運で瀘州、重慶、漢口、儀徴と長江を下り、さらに大運河で北京東方の通州まで運ばれる。乾隆四年に江蘇、安徽、浙江、福建四省分の雲南銅二百万斤が加わり、その百斤に付き十一斤の加耗余銅ともども、四百四十一万斤が一年十二回に分けて雲南から搬出された。

乾隆七年には塩井渡の水路が開通し、ここに店が設けられて瀘州の運員はここまで来て銅を領けとった。乾隆九年に従来の十二回が年四回となり、同十五年には、黄草坪―叙州―瀘州間が金沙江水運を利用するという画期的搬運路が新設されることで雲南銅輸送ははるかに便利になった。その結果、同二十四年には正運三、加運一となり、同二十六年には正運六、加運二と増加し、その後、正運四、加運二となり、これは嘉慶十二年まで存続する恒常的輸送体制となった。乾隆『大清会典』巻十四、戸部、銭法には、

凡銅之良者、産於雲南。召商開採、歳輸京師五百七十万四千斤有奇、分為六運。承運官正副二人、以府弐牧令為正、丞倅為副。以九十日為一運、由尋甸・東川、水陸兼運、至四川之永寧、下三峡沿於江漢、経湖南北・江西・安徽・江蘇、達於運糧河、由運糧河達於京。自起運至京、以十有四月為期。運舟、由有司和雇、舟不堅固、致損敗者、経理之有司論、其觸険沈溺者、所在有司、責令雇水手探取、銅有遺失者責償、其輸納於部也、必弁色之高下、以定其数。色悪数不足者、承運之官論、持衡不平、致有軽重低昂者、主蔵之吏論。（中略）

凡運銅及鉛錫、皆有定限、計月到京、逾期者論、径行之地、所在有司、督催出境、毋許淹留、法与督漕同、催行不力者、糾劾。

右の運銅規定には雲南産銅地の尋甸・東川から水陸兼運で四川の永寧に至る一運九十日という期限と、雲南から長江―大運河を経て

北京・通州に至る一期十四カ月という二つの運銅規定がある。前者については『銅政便覧』巻三京運に、【表6】のごとき正運四回、加運二回の運銅期日の規定がみられる。

表6　『銅政便覧』記載運銅期日規定

	委員到着	自省起程	抵瀘受兌	自瀘開行
正運一起	5月	6月30日	〔23日〕	〔40〕9月10日
正運二起	7月	8月10日	9月3日	〔40〕10月20日
正運三起	8月	9月20日	10月13日	〔40〕11月30日
正運四起	9月	10月30日	11月23日	〔40〕1月10日
加運一起	11月	12月10日	1月3日	〔30〕2月10日
加運二起	12月	1月10日	2月3日	〔30〕3月10日

因みに『銅政便覧』巻三京運の瀘州より北京までの期限日数は次の通りとなっている。

◎瀘州 ―20日― 重慶（換船過載限25日）―40日― 漢口（換篗過載限30日）―28日― 儀徴 ―44日5時― 山東魚台県 ―41日3時― 直隷景州 ―40日― 通州

共定限九個月二十五日

この合計日数は二百六十四日八時、およそ九カ月である。九カ月二十五日はそれよりやや日数がある。この日限を超過すると運銅責任者には罰則があった（【表7】）。

次に雲南銅産地から瀘州まで、瀘州から北京までのそれぞれの経費はどうなっていたのであろうか。

〔I〕乾隆四年以来、年運正耗余銅四百四十万斤、同年には広西局鋳分一八九万一千余斤が加わって、計六三三万一千余斤となっていたが、それは東川路、尋甸路二路から瀘州に運ばれた[15]。これを図示すれば、

(1)銅廠→東川店――魯甸店――奎郷店――永寧店――瀘州

東川店から魯甸店まで陸路で四泊の距離。

○その費用（A）は、

ア・毎站毎百斤給運脚銀一銭二分九厘二毛。

イ・毎一百六十八斤給筐簍一対、銀一分七厘。

ウ・毎三百斤准折耗銅半斤。

エ・毎領銀一千両毎站給駝銀馬脚盤費銀一銭三分四厘三毛七糸五忽。

の四種。両路三百万斤ずつとすれば、

表７　『銅政便覧』京運、逾限罰則規定

逾	罰	委解上司
１月以内	降１級留任	罰俸１年
１月以上	降１級調年	降３級留任
２月以上	降２級調年	降３級留任
３月以上	降３級調年	降３級留任
４月以上	降４級調年	降３級留任
５月以上	革職	降３級留任

アは、0.1292両×3,000,000×1／100×4（站）＝15,504(両)
イは、0.017×3,000,000×1／168＝303.571両
エは、アとイの合計数、一万五八〇七両として、
15,807×1／1000×0.134375×4＝8.496（両）。
費用（A）の合計は一万五八一五両余となる。
○費用（B）は、
ア、エ、ウ運脚・折耗・馬脚照東店按站支銷。イ筐簍一対給銀一分一厘五毛六糸。
アは、（A）と同じに一万五五〇四両。
イは、0.01156×3,000,000×1／168＝206.429（両）。
エは、15710×1／1000×0.134375×4＝8.444（両）。
費用（B）の合計は一万五七一八両余となる。
○費用（C）は、
ア・イ・ウ・エ　運脚筐簍折耗馬脚均照東店按站支銷
費用（C）は、費用（A）の単純三倍であり、四万七四四五両となる。
○費用（D）は、
毎百斤給水脚銀九分。
とあるから、
3,000,000×1／100×0.09両＝2,900両
と計算される。

以上から銅廠から瀘州までの水陸輸送費はＡＢＣＤ計八万一六七八両となる。

〔Ⅱ〕東川—瀘州ルートには乾隆七年大関塩井渡と塩井渡東川店の二河道が開通した。

　　　　　陸4站（Ａ）　　陸8站（Ｅ）　　水8站（Ｆ）

⑵銅廠→東川店――――魯甸店――――塩井渡――――瀘州

○費用（Ａ）は前同で、計一万五千八百一十五両余。

○費用（Ｅ）は、

自魯甸至塩井渡、陸路八站・半係昭通府承運。運脚筐簍馬脚照旧按站支銷。

費用（Ｅ）は、距離が（Ａ）の二倍だから、その二倍の費用とみれば、三万一六三〇両である。

○費用（Ｆ）は、

塩井渡至瀘州、水路八站、係大関同知承運。毎百斤給水脚雑費等銀七銭二分九厘、毎百斤給筐簍一個、価銀一分五厘。

毎三百斤只准折耗銅六両、馬脚照旧支給。

とあり、次の計算となる。

$3{,}000{,}000 \times 1/100 \times 0.729$（両）$= 21.870$（両）

$3{,}000{,}000 \times 1/100 \times 0.015 = 450$（両）

（$3{,}000{,}000 \times 1/300 \times 6 = 60{,}000$（両））

（$21870 + 450$）$\times 1/1000 \times 0.134375 = 2.99925$（両）

折耗銅を除いた（Ｆ）の費用計は二万二三二三両となる。

⑵の輸送費計はＡ・Ｅ・Ｆで、六万九七六八両、⑴の費用に比べて、約一万二千両節約できた。

〔Ⅲ〕乾隆十五年、金沙江水運が利用可能となり、永善県—黄草坪ルートが開拓された。

陸4站（A）　陸5站（G）　水8站（H）

(3)銅廠→東川店——魯甸店——黄草坪——瀘州

○費用（A）は一万五八一五両。

○費用（G）はその4／5倍の一万九七六九両である。

○（H）の費用は、

毎百斤給水脚食米雑費筐簍銀九銭二分四厘二毛、毎三百斤准折耗銅半斤……応需馬脚盤費照例按站支銷。

3,000,000×1／100×0.9242＝27,726（両）

（15,815＋19,769＋27,726）×1／1000×0.134375＝8.5（両）

合計は、六万三三一八両となり、さらに六千五百両が節約された。

〔Ⅳ〕乾隆十七年には魯甸銅店が撤廃され、新たに昭通店が設置され、さらに豆沙関・塩井渡の河道が開通した。その結果、

陸5.5站（I）　陸6站（J）　水1站（K）　水8站（F）

(4)銅廠→東川店——昭通店——豆沙関——塩井渡——瀘州

費用（I）（J）の合計計算は、

15,504両×11.5／4＝44,574（両）

○（K）は、3,000,000×1／100×0.1292＝3876（両）

○（F）は、二万二三二〇両、これに馬脚盤費銀九両五銭を加え、(4)の費用の合計は、七万七七九両余となる。

〔V〕(3)(4)併用もあり、

　　陸5.5站（I）　陸3.5站（L）　水8站（H）

(5)銅廠→東川店——昭通店——黄草坪——瀘州

○費用（I）（L）の合計計算は、

　15,504（両）×9／4＝34,884（両）

○（H）は、二万七七二六両、これに馬脚盤費銀八両四銭が加わって、六万二六一八両となる。

〔VI〕雲南一省の銅山を二分して東川府路と尋甸路となるが、後者については、

　　陸15站（M）　陸13站（N）　水1站（D）

(6)銅廠→尋甸店——宣威——貴州威寧——四川永寧——瀘州

○費用（M）は、3,000,000×1／100×0.93333（両）＝27,999.9（両）であり、

　馬脚盤費銀、27,999.9×1／1000×15×0.134375＝56,437（両）、

　二項計で、二万八〇五六両である。

○費用（N）は、

　3,000,000×1／100×0.1292×13＝50,388（両）、

　馬脚盤費銀は、50,388×1／1000×13×0.134375＝88.0121（両）であり、

　計五万四七六両である。

○費用（D）は、二七〇〇両、

(6)の合計は、ＭＮＤで八万一二三二両となる。

〔Ⅶ〕乾隆十年鎮雄州—羅星渡の河道が開通して、

陸15站（Ｍ）陸10站（Ｏ）水5站（Ｐ）水3站

(7)銅廠→尋甸店——威寧——鎮雄州羅星渡——南広峒——瀘州

○費用（Ｍ）は二万八〇五六両、

○費用（Ｏ）は、3,000,000×1／100×0.1292×10＝38,760（両）

○費用（Ｐ）は、3,000,000×1／100×0.2（両）＝6,000（両）

○費用（Ｑ）は、3,000,000×1／100×0.09（両）＝2,700（両）、

馬脚盤費銀が75,516×1／1000×25×0.134375＝253.666（両）

(7)の費用総計は七万五七六九両余となる。

次に瀘州から北京までの銅運経費を『銅政便覧』巻三京運の記事から確認しておく（【第8表】）。

【表8】から、正運銅は一起につき領運正耗余銅数が一一〇万四四五〇斤、応領銀両数は計一万六八六二両余であり、正運四起で銅数四四一万七八〇〇斤、銀数六万七四五〇両余であり、加運は一起銅数九四万九九一斤余、銀両数八五九七両余、加運は二起だから、銅数一八八万一九八三斤余、銀両数一万七一九四両余となる。正運四起加運二起の年間総額は銅数で六二九万九七八三斤余、応領銀両数八万四六四四両余となる。この銀両数は、雲南銅廠から四川瀘州までの一ルート（計二ルート）分にほぼ匹敵する。これは雲南省内の銅輸送コストが高すぎるか[16]、逆に四川瀘州より長江、大運河を経ての北京通州までの水運コストが安すぎるかのいずれかに問題があろう。というより、両者双方ともに問題であったというのが真相であろう。以下、後者について、その重要な問題点のいくつかについ

表８　『銅政便覧』京運、四川瀘州―北京間運銅請領銀両

【Ａ】正運毎起在四川瀘州店領運正耗余銅110万4450斤〔×４〕441万7800斤　応領銀両共10処

	応領銀両項目	額	注記
1	応領自瀘州至漢口水脚銀	3,063.6000両	
2	応領雑費銀	1,437.3000	
3	応領湖北帰州新灘剥費銀	182.3010	
4	応領新増自重至漢舵水工食銀	273.6000	
5	応領新増雑費銀	19.5000	
6	応領一年養廉銀	1,226.2485	共応領銀6302両５銭４分９厘５毛、係由滇省解交四川永寧道査収存貯、俟運員抵瀘、査明瀘州・重慶両処応給銀数、分別給発、運員承領。
7	在湖北藩庫請領漢口至儀徴　水脚銀	2,608.5000	以上二項、由滇省詳請発給咨文、並領銀執照交運員、赴楚江二省呈投、請領連在四川請領、共銀１万2863両５銭４分９厘５毛、係銅斤運抵京局交収完竣、由滇将支遇銀両、按款分晰、造冊報銷。
8	在江寧藩庫請領自儀徴至通州水脚銀	4,051.5000	
9	毎起在滇請領幫費銀	2,500.0000	二項、其銀4000両、係於各廠請領工本銀内、毎百両扣収銀一両四銭、毎員発給銀1599両、又於各官養廉銀内、捐扣毎員発給銀1500両、又於正額節省銀内、毎員給予銀1000両、共合4000両、倶不入冊報銷。
10	在通州請領幫費銀	1,500.0000	
		16,862.5495	〔×４〕67,450.1980（両）

【Ｂ】加運毎起在四川瀘州店領運正耗余銅94万991斤６両４銭〔×２〕188万1983斤28　応領銀両共９処

	応領銀両項目	額	注記
1	応領自瀘州至漢口水脚銀	2,610.1870両	
2	応領雑費銀	1,263.5150	
3	応領湖北帰州新灘剥費銀	155.3780	
4	応領新増自重至漢舵水工食銀	234.4000	
5	応領新増雑費銀	16.2500	
6	応領酌添起剥養廉銀	500.0000	
7	応領一年養廉銀	817.499	共応領銀5597両２銭２分９厘、係由滇省解交四川永寧道査収存貯、俟運員抵瀘、査明瀘州・重慶両処応給銀数、分別給発、承領。其自漢口至儀徴、係由湖北・江西、撥給站船、不給水脚。其前項領過銀両、俟銅斤運抵京局、交収完竣、回滇将支用過銀両、按款分晰、造冊報銷。正加運員応領各款銀両。戸部則例丙未載。
8	毎起在滇請領幫費銀	1,800.0000	以上二項、共領銀3000両、係於各廠請領工本銀内、毎百両扣収銀一両四銭、毎員発給銀1000両、又於各官養廉銀内、捐扣毎員発給銀1000両、又於正額節省銀内、毎員給予銀1000両、共銀3000両、倶不入冊報銷。
9	在通州請領幫費銀	1,200.0000	
		8,597.2290両	〔×２〕17,194.4580（両）

【Ｃ】正運加運合計領運正耗余銅数　　629万9783斤28

応領銀両数　　84,644両656

て考えてみよう。

まず、輸送事故について、『銅政便覧』巻三、京運には、《請領銀両》の【表8】記事に続いて、

凡正加各員帯解節年沈失掛欠買補銅斤多寡無定、応需自瀘至京水脚按銅核明〈割註正運委員帯解銅斤需銀二百両、加運委員需銀一百両〉、解交永甯道存貯、俟運員抵瀘、查明瀘州重慶両処応給銀数、分別発給回滇、造冊報銷。

正運委員で二百両、加運委員で百両が沈失等欠損事故での買補銅斤資金として支給された。これは四川永寧道の決済となり、瀘州で運員に手交された。

次に運員には警護役の兵士がついた。『銅政便覧』巻三京運《撥兵護送》には、

凡運員承運銅斤起程時、詳請督撫、簽給兵牌。正運毎起派撥弁兵十九名、健役十名。加運毎起派撥弁兵十六名、健役八名、護送。沿途各省督撫将藩臬大員、開單請旨、毎省酌派一員経理銅船到境、各派勒幹道府一員、会同委員、押送出境、遞相交替。仍通飭沿途護送、幷照催漕之例、会同営員、派撥兵役、防護経過川江険灘。地方文武員弁預帯兵役水手、灘師在灘候送。値閘河行漕之時、責成巡漕御史、查催運運兵牌。俟銅斤到京交収、後呈送兵部查銷、換給照票回滇、咨部查銷。

ただし、この規定が乾隆初年に定まっていたかどうかは検討の要がある。いずれにしても、銅輸送には兵士が護衛につき、長江・大運河の水運には行政区域の総督・巡撫以下の地方官が各々担当責任を命じられるのである。

瀘州―北京間の運銅委員の働きをみよう。

まず、四川瀘州銅店において、永寧道台・瀘州知州立会の下に運銅の量目を計算して受領する（『銅政便覧』巻三京運《兌銅盤験》）。同時にここで小船を雇募して重慶に向かう。重慶で大船に換えるが、川東道・江北同知の責任の下に夾鍬船を僱募して漢口に至る。漢口でも、漢黄徳道・漢陽府同知の責任下に川槳船を雇募し、装運して儀徴に至る。儀徴で江寧巡道は儀徴知県に責して駱駝船を雇募して運河に入る。

各船の雇募に当たっては、

表9　ハシケ・ヒキブネ個処

【A】起剥個処

	省名	県・地名	定例	区間	計程里数	毎百斤水脚銀	備考
1	湖北	帰州新灘	全行起例	新灘―黒岩子	40里	0.030両	長江
2	江蘇	宝応県白田舗	起六存四例	―黄浦	20	0.027	運河
3	江蘇	清河県清江閘	起六存四例	―海神廟	25	0.025	運河
4	江蘇	清河県福興閘	起六存四例	―豆弁集	35	0.035	運河
5	江蘇	桃源県衆興集	起六存四例	―宿遷県	100	0.040	運河
6	江蘇	宿遷県関口	起六存四例	―邳州猫児窩	120	0.075	運河
7	江蘇	邳州猫児窩	起六存四例	―山東嶧県台庄	90	0.052	運河
8	山東	嶧県台庄	起五存五例	―滕県朱姫庄	104	0.060	運河
9	山東	滕県十字河	起四存六例	―夏鎮	16	0.059	運河
10	山東	済寧州棗林閘	起五存五例	―南旺	104	0.064	運河
11	山東	臨清州板閘口	起六存四例	―唐家屯	720	0.065	運河
12	直隷	天津県	全行起例	―通州	―	0.069	運河

【B】雇牽引個処

	省名	県・地名	毎船添積数	拉至区間	計程里数	毎名夫価銀	毎船夫価銀
1	江蘇	儀徴県	10名	―天后閘	370里	1.070両	10.700両
2	江蘇	宝応県白田舗	10	―天后閘	360	0.960	9.600
3	江蘇	清河県清江閘	10	―山東分水龍王廟	790	1.448	17.376
4	江蘇	清河県福興閘	10	―山東汶上県南旺	730	1.400	16.800

所傭船隻験明、船身堅固結実、船戸水手頭舵、務択熟請水性風色路径、身家股完三人、方准雇募。

と、船及び船頭水手も身元の確かな航海にも熟達した者を選べという(同所書同巻、《運銅船隻》)。

長江―大運河の船運は、大船でスンナリ動けるわけではなかった。小船ハシケに積み直しを行い(「起剥」)、また、川岸から綱で引く人夫も雇う(「雇縴」)必要もある個所が数カ所あった。これを【表9】に示そう。なお、起剥、ハシケに積み直す場合には、全荷物を積み換える全行起剥と、部分的積み換えで済む場合とがあり、後者には六一四、五一五、四一六といった割合がその個所の定例としてあったようだ。ヒキブネ(傴縴)は三六〇、三七〇里から七三〇、七九〇里に及ぶ。一里=〇・五七六キロメートルとして、三六〇里は二〇七・三六キロメートルである。人数も日数も費用も多大になる。加えて冬期になると河水が凍結して船が進まない。これは年によって起こることや、それまでの航行が遅れが出たために起こる事態なので、当初予算面からの配慮はなかった。『銅政便覧』巻三京運《守凍開銷》は乾隆末年以降の事例と思われる。

凡運員自四川濾州店領銅開行、運抵江南儀徴以北内河一帯、如時値冬令河水凍結、船隻不能前進、報明所在地方官、出結転報。准其守凍房堆貯銅斤、毎月准銷房租銀五両。傴夫背銅上岸下船、毎百斤准銷夫価銀六厘。毎船准銷看船頭舵二名、毎名日給塩菜銀二分。打氷水手二名、毎名日給塩菜銀二分。文武衙門派撥兵役四名、協同看守銅斤、毎名日給燈油木炭銀二分五厘。運運准支一半養廉、凍解開行、更換縄索、毎根准銷縄価銀六厘。僱夫捆銅、毎包准銷夫価銀五厘。加運銅斤、如遇守凍、均不准支銷。〈注・此条戸部則例未載〉

凍結した地点で銅は人夫の背で陸上げ、倉庫に入れる。その人夫代と倉庫料。船には看船頭舵、また、氷を割る水手、それぞれの食費代、さらには文武衙門から派遣される兵役、看守それぞれの灯油木炭代、さらには取り変え縄代等々、色々と出費がかさむ。

不幸にして荷銅を沈ませた場合、水深によって費用が異なる。

水深三尺以外、毎百斤撈費銀三銭、水摸飯食銀四分。水深四丈以外、毎百斤撈費銀四銭、水摸飯食銀四分。

となっている。

加えて戸工二部御用銅とはいえ、各関で関税が課かる。（【表10】）

表10　応納関税

	省名	関名	毎百斤正税	付加税・耗銀	毎百斤応徴銀
1	四川	夔関	0.360両		0.360両
2	江西	九江関	—	只徴紅料運員備帯余銅	0.027
3	安徽	蕪湖関	0.160	加一六銅斤銀　0.0256 加五四水脚銀　0.0480 又応完工関正 耗銅斤水脚銀　0.01386	0.248
4	江蘇	龍江関	0.07524	加一飯食銀　0.007524	0.083
5	江蘇	由閘関			0.110
6	江蘇	揚州関	0.100	加一耗銀　0.010	0.110
7	江蘇	淮安関	0.120	加一耗銀　0.012	0.132
8	江蘇	宿遷関	0.250	加一耗銀　0.025	0.275
9	山東	臨清関	0.213	加一耗銀　0.0213 補兌銀　0.201 単料銀　0.001	0.437
10	直隷	天津関	0.670		0.670
11	直隷	通州関	0.036	加一火耗銀　0.0036	0.040
計		11関	1.98424		2.465

『銅政便覧』巻三京運の終り近くに運員報銷が載る。これを【表11】にしてみる。これを先の【表8】請領銀両と対比すれば、こちらは銅輸送費用の決算と言うべきものである。【表8】分の応領銀両数が八万四六四四両であったので、ざっと三倍の二四万五四二〇両余、ないし二五万四八〇六両余である。ここに二通りとなったのは【表11】のBの部分に記載漏れがあるか無いかによる。ただし、結果に大差はなく、いずれにしても、百斤当たりのコストは三両九銭ぐらいになる。なお、すでにみた雲南省銅廠から四川瀘州までの運送費は二路あり、東川路が六万二六一八両、尋甸路が七万五七六九両、合計

表11　『銅政便覧』運員報銷—銅輸送費用の決算

【A】　正運委員領運正耗余銅110万4450斤　【B】　加運委員運領正耗余銅94万991斤 6 両 4 銭

	費目	単位	名目	銀額	費目	単位	名目	銀額	備考
1	在瀘州僱夫背銅下船	毎百斤	夫価銀	0.00300両	左同	左同	左同	左同	
2	自瀘州僱船装運至重慶	毎百斤	水脚銀	0.06500	左同	左同	左同	左同	
3	在重慶僱夫提包過載	毎百斤	夫価銀	0.00300	左同	左同	左同	左同	
4	自重慶僱船装運至漢口	毎百斤	水脚銀	0.21477＊	左同	左同	左同	左同	＊戸部則例同水脚銀0.1900両
5	在漢口僱夫背銅上岸下船	毎百斤	夫価銀	0.00600	左同	左同	左同	左同	
6	自漢口僱船装運至儀徴	毎百斤	水脚銀	0.18000	＊	＊	＊	＊	＊加運費用無し
7	在儀徴僱夫提包過載	毎百斤	夫価銀	0.00300	左同	左同	左同	左同	
8	自儀徴僱船装運至通州	毎百斤	水脚銀	0.34000	＊	＊	＊	＊	＊加運費用無し
9	在湖北帰州新灘毎船添僱頭舵	二名	工価銀	0.50000	左同	左同	左同	左同	
10	東湖県雀尾灘毎船添僱灘師	二名	工価銀	0.50000	左同	左同	左同	左同	按以僱用船一十二隻算
11	天后閘設立絞関四副毎副用夫	六十名	工価銀	0.06000	左同	＊	左同	左同	＊六十名共用夫二百四十名。
12	過黄河毎船一隻僱帯船一隻	毎隻		1.00000	左同	左同	左同	左同	
13	過黄河入口出口毎船僱提溜夫	二十五名	夫価銀	0.06000	左同	左同	左同	左同	
14	過双金閘毎船僱提溜夫　＊1	二十五名	夫価銀	0.06000	左同	左同	＊2	左同	＊1按以僱用船一十二隻核算、＊2工価銀、按以用船十五隻算
15	銅船運抵台庄・過候・新屯庄・丁廟・万年・巨梁橋・新庄・韓庄等八閘、毎閘僱拉閘夫	六十名	夫価銀	0.06000	左同	左同	＊	左同	＊工価銀
16	経由棗林閘・施家庄・仲城閘・新庄・石仏・趙村・在城・天井・草橋・通済・寺前・柳林等十三閘、毎閘僱拉閘夫	五十名	夫価銀	0.06000	左同	左同	＊	左同	＊工価銀
17	銅斤交局毎百斤准銷扛銅推銅夫価小制銭八交看守銅斤租搭窩舗准銷燈油・水・炭、小制銭	五千三百文	毎銭一千八百文作銀	2.94440	左同	左同	左同	左同	
18	自滇起程赴瀘州領銅、由瀘州・重慶・漢口・儀徴・天津・通州、運至京局、毎百斤准銷簍縄夫価・房租・燈籠・油蜡・酧江・犒賞等項	毎百斤	雑費銀	0.12900	左同	左同	左同	左同	
19	自滇至瀘州至京、並自京回滇、准支十七箇月七日、銷簍縄夫価・房租・燈籠・油蜡・酧江・犒賞等項	毎月	養廉銀	101.19900	＊1	左同	左同	＊2	＊1、七日→二日、＊2、68.12900両
20	運員起剥地方及次数多寡、原無一定。總以毎運不得過八次、除天津一次、另行核計外、其余用銀不得過一千八百両、毎運在天津全剥銅斤	毎百斤		0.06900	左同	左同	左同	左同	
注記	毎運僱縴工価不得過六十両				左同				

一三万八三八七、これは運銅六〇〇万斤計算であるので、六三〇万斤余とすれば、約一四万両となろう。これと瀘州―北京間の二四万五四二〇一二五万四八〇六両を加えれば、三八万五四二〇一三九万四八〇六両となる。運銅六三〇万として、百斤当たりの単価は、六両一銭一分七厘から、六両二銭六分七厘と計算される。生産費が百斤当たり六両内外であったので、輸送費は生産費にほぼ等しいことがわかる。

ところで『銅政便覧』は嘉慶間の鈔本、また随所に「戸部則例未載」という記事がみえて、本節で引いた史料類や数字統計も乾隆中葉以前、特に乾隆十年や二、三十年代の雲南銅政及び雲南銅京運体制の歴史的制度的確立過程を知るためには必ずしも良い材料とは言えない。『銅政便覧』の史料を有効に使用するためにも、乾隆十年二、三十年代の雲南銅についての別種史料の検討が要請されるのである。なお、乾隆期の「戸部則例」についての雲南銅京運規定の分析は前第三章で扱った。

第四節　乾隆十年代〜四十二年間、雲南銅京運の実態

官僚、殊に地方官僚から皇帝に差出された奏摺には皇帝の硃砒が付され、行政文書となった。奏摺文書は清朝政治、行政を知る上で基本的第一次史料である。その場合、雍正帝と乾隆帝のそれぞれが極めて好対象をなす。雍正帝の硃砒はくどくど長く、実に丁寧、というより几帳面である。職務精励振りを表している。それに対し乾隆帝のそれは「覧」の一字が圧倒的で、次に「知道了」、せいぜいよくて「該部議奏」「別有旨」である。両帝の差は実は行政手法の差である。乾隆帝は硃砒をほとんど上諭条例に回したと思われる。この点は別の機会に詳述するが、乾隆帝時代の奏摺の方に行政の実際、実態をよく伝えるものが案外と多いことが注目される。貨幣―銅銭問題もその一である。日本銅の輸入をなんとか確保しろというだけの雍正帝に対し、乾隆帝は実にさまざまの改革を行おうとする。

乾隆時代の奏摺に次のような様式のものが頻見する。

（甲）

山東巡撫兼提督銜臣　準泰謹

奏為恭報鉛船出境日期、仰祈

睿鑒事。竊照銅鉛船隻過境出境各日期、例応恭摺

奏

聞、茲據布政使李渭詳称、査有貴州委官修文県典史朱宏仁領運乾隆壬申年宝泉・宝源二局白鉛六十四万斤、計装船六隻、於乾隆十六年五月初三日辰時、由江南入東省之嶧県境、沿途州県稽査催趲、已於乾隆十六年六月初一日申時、催出東省之徳州衛境、交与直隷之景州接催北上記、内除該船在嶧県済寧衛・嘉祥・汶上・陽穀・聊城・博平・臨清・武城等境、守風守閘守水等日時、均已行査、統俟取到各結彙申、送部外、該船並無事故逗留、及在境生事等情、呈詳到臣。臣覆査無異、理合遵例、

奏

聞。伏乞

皇上睿鑒、謹

奏。

「覧」

乾隆十六年七月初一日

（国立故宮博物院『宮中檔乾隆朝奏摺』第一輯三〇頁）

（乙）

江南河道総督暫管両江総督印務臣高斌謹

奏為奏報鉛船人汛出汛日期、仰祈

聖鑒事。乾隆十四年五月二十七日欽奉
上諭、各省督撫大吏、嗣後将銅鉛船隻過境出境日期、及委員到境有無事故、並守風守凍縁由、倶応詳査明確、隋時具摺奏聞、等因、
欽此欽遵、在案。嗣准戸部咨、開、貴州委員普安県礶子窰駅駅丞馬玢管解壬申年下運白鉛、行文撥護前来。臣随即檄飭河標各営、撥兵接護、逐程催趲去後、茲據中営副将黄正元、護理右営遊撃印務中軍守備王国用等報称、貴州委員馬玢管解乾隆壬申年下運白鉛六十四万斤、装船六隻、於乾隆十六年六月十二日、入河標中営之山陽県清江閘、汛随即接護沿途実力催趲。七月初八日、送至山東台荘地方、交与東省汛弁、接護北上、等情。臣復査無異所有撥護過貴州委員馬玢管解鉛船人汛日期、理合遵
旨、具摺奏
聞。伏乞
皇上聖鑒、謹
奏。
「覧」
乾隆十六年七月二十一日

（『同』第一輯一九五頁）

右のような奏摺は、銅・白鉛・黒鉛・錫の出産地である雲南・貴州・湖南、広東から北京まで運搬する船隻が通過する各省及び直隷の総督・巡撫が皇帝に提出した文書であるが、いずれも自己の管轄地域内に運銅鉛等船隻が入境・出境した日付の報告が眼目である。『宮中檔乾隆朝奏摺』第一輯〜第三十七輯、つまり乾隆四十二年二月二十五日までで一〇一四件数えられる。これらの奏摺は甲・乙の例のごとく、1・銅鉛等運送責任者（委官）の官職名・委員名、2・銅鉛等運送年次、3・銅鉛等斤数、4・同運送船隻数、5・総督巡撫管轄地域への入境年月日、6・同じく出境年月日を記入してある。それらと、7・奏摺者の官職、8・同じく姓名、8・奏摺年月日、9・『宮中檔乾隆朝奏摺』の輯数、頁数をそれらの順に表化したものが附表である。

附表の備考覧に※印をつけたり、年月日を附したものがあるが、これは（乙）の文書のように、

乾隆十四年五月二十七日、欽奉上諭云々。

とあるものを示している。その年月日には、まず乾隆十四年五月二十七日、同年六月十三日、同年六月十八日などがあり、また乾隆十四年五月と日付のないものもある。これらの日付の内で、他の史料の確認がとれるのは、乾隆十四年五月十七日（甲戌）に始まる。『清、高宗純皇帝実録』巻三四一、同日付の記事に、

諭軍機大臣等、雲貴運送銅鉛一事、弁理日久、諸弊叢生。経朕於営私虧缺之委員、嚴加懲処、並令該部詳議定例、沿途督撫、自当実力遵弁。但向来銅鉛運京、原有定限、委員往往逾違、及至抵京交部。又復掛欠累累、総由委員捏報事故、所至停滞、以便作弊、而各該省督撫、以事不関已。雖有催之例、不過以行文查報了事、逐致劣員任意朦混、肆無忌憚、不思銅鉛有資鼓鋳、本属公事。凡運送船隻、由該省起程、於何日出境之処、已伝諭雲貴督撫奏報。其沿途経過各省分、督撫大吏、均有地方之責。雲貴督撫、既鞭長莫及、両各該督撫復視同膜外、殊非急公之道。嗣後銅鉛船隻過境出境日期、及委員到境有無事故、並守風守凍縁由、倶応詳查明確、随時具摺奏聞。一面飭属督催、毋令仍蹈前轍、至運送官物、其小者仍照常弁理、他如餉鞘木植之類、悉宜留心查催、不得任其遅滞、致滋弊端、著一併伝諭各督撫知之。

銅鉛等の輸送にはもともと期限等の定めがあった。しかし、その定めは違反が出、それに伴って弊害も起こってきた。そこで乾隆帝は輸送期限等の定めを厳守し、弊害の是正のために各省総督巡撫に対し、自己の管轄責任領域内に運銅鉛等船隻が入境・出境した期日を報告させることにしたのである。

次には乾隆十七年正月二十一日（癸未）について、『清、高宗純皇帝実録』巻四〇七の同日条に次の上諭がある。

諭軍機大臣等、漕運総督瑚宝奏報銅船入汛出汛日期一摺。内称雲南委員黄有徳・沈良遇、領解乾隆十六年正耗銅九十四万余斤、行至帰州叱灘雷門洞、宜昌府黄纇洞等処、損船二隻、共沈溺銅十五万千余斤等語。向来各省委解銅船、中途沈溺、有実係遇険遭風者、亦有不肖劣員、沿途盗賣捏報者、此次黄有徳等、沈溺銅斤至十五万余之多、其中似不無情弊、著伝諭碩色、令其嚴行確査、毋任該

委員等任意侵盗、以飽私橐、至沿途各督撫雖係隔省。但船隻既在境内、即与有査察之責、前経該部定議通飭在案。嗣後務宜実力稽査、以杜積弊、不得但據委員稟報之詞入奏、視為奉行故事而巳。著各督撫奏事之便、一併伝諭知之。

これは乾隆十七年正月二十一日、漕運総督瑚宝の奏に対して出た上諭である。ここには雲南運銅委員の黄有徳、沈良遇が乾隆十六年分の正耗余銅九四万斤余を湖北省の帰州叱灘雷門洞・同宜昌府黄顙洞等処で、船二隻損害を出し、銅一五万一〇〇〇余斤余を沈溺させたと報告のあったものが、虚偽であったということに鑑み、今後銅船を沈溺させたと偽って申告し、銅斤を横領することの犯罪取締りを厳重にすべきことを各省督撫に通達しようとするものである。黄有徳・沈良遇の運銅は附表9・15・17・20・33・36・38・40・45・47・48・62・88等である。これらによれば黄有徳は雲南府易門県知県、沈良遇は臨安府経歴である。さて、運銅経過をたどれば、附表9の雲南巡撫愛必達の乾隆十六年七月二十六日付の奏摺によれば、銅九四万九九一斤を運んで同年閏五月三日瀘州に到着し、六月二十日までに瀘州で開行起程、つまり船幇が組まれて同地を出発したのである。同17の四川総督策楞の同年八月二十七日付の奏摺では、同年五月二十四日に四川境内永寧県に入境し、閏五月三日瀘州で雲南省から受領、七月二十五日に川省の巫山県境を出境して、湖北巴東県に向かった。もちろんこの間の交通は長江水運である。なお、以上の期日は四川省内分九十五日の限の範囲内という。同15、湖北巡撫恒文の八月十八日付の奏摺では、黄有徳らの九四万九九一斤の銅は、同年七月二十五日に入境したとあるだけで出境期日はない。ところが、附表20の湖南巡撫楊錫紱の九月十一日付の奏摺によれば、同年八月十六日に湖南に入境し、二十一日に出境している。ただし、湖北帰州及び東湖県で船二隻が沈没し、一五万一三〇〇斤が失われたから、現有銅は七八万九六九一斤六両四銭、船十隻という。

乾隆十六年加運一起、委員黄有徳、沈良遇分の運銅九四万斤の内一五万一三〇〇斤が湖北省帰州東湖県内で沈溺したということに係ってか、先の乾隆十六年八月十八日の湖北巡撫恒文の奏摺には、その出境についての日時の報告はなかった。しかし、湖南巡撫楊錫紱の九月十一日付奏摺には、湖南省境への入境が八月十六日と示されている。湖北巡撫の奏摺日時の三日前である。そこで中央から湖北巡撫に対し、その出境日時の報告が求められたか、あるいは湖北巡撫の自発的報告か、そのいずれかとしても、湖北巡撫の回答が必要であった。

その解答は附表33、湖北巡撫恒文の乾隆十六年十二月七日付の奏摺、実に四カ月の日時が費やされている。その報告の核心部は、

據帰州詳報、滇員黄有徳等、於乾隆十六年七月二十五日、銅船行至該州吒灘雷門洞下、急風驟雨、沈失銅五万二千五百斤。其余各船、在大麦香渓口地方、守風三日。東湖県詳報、於七月二十九日、行至該県黄顙洞大灘、因暴風驟発、沈溺銅九万八千八百斤、其余銅船、在宜更換頭舵水手、於八月初九日出境、各等情、経臣先後批飭、各該地方文武員弁督率兵役地保人等、協同運員丁役、昼夜看守、一俟江水稍涸、即雇覔水摸、設法打撈、遵照定例、於限内全獲。報解一面、将余存銅船、飭令小心防護、先行催運。去後、続據布政司詳称、黄有徳等、行至帰州吒灘雷門洞下、沈溺銅五万二千五百斤、請留協運官沈良遇、在州協同、上緊打撈報解、等情、経臣據情咨部在案。又據松滋県詳報、黄有徳船、於八月初十日、行至劉殿尾地方、阻風一日。監利県詳報、於十五日、行至車湾地方、阻風一日。漢陽県詳報、於八月二十二日到漢、経臣檄行布政司、会同駅塩道、迅即派撥站船、慎選熟諳頭舵水手、聴候装運。厳飭漢同知協同委員、上繋盤験過載、清楚催令起行、並飭嚴督兵役、昼夜小心防護、毋許躭延走漏。去後、據漢陽県詳報、該員、於十月初二日、自漢開行前進。続據該県文報、該員於初二日晩、行至黄花洲地方、阻風三日、又初六初七初八連日、北風早狂晩息、時開時泊、逐節守風、於九日、至黄岡県交替。又據東湖県詳称、滇員黄有徳等沈溺銅九万八千八百斤、会同営員、督率協運官沈良遇、先後如数撈獲、全数交給。沈良遇趕運、赴漢交収、照例撥護前進。據嘉魚県詳報、於十月初八日、行至東江脳地方、守風一日、於初九日、赴漢陽県交替。嗣據布政司詳称、東湖県詳報、撈獲銅九万八千八百斤、飭交漢陽県庫、加謹収貯、請俟滇省乾隆十六年二運加運京運官到漢交給、協同帯運、亦経臣咨部在案。又據蘄州詳報、黄有徳領運銅斤、於十月十四日入境、十五日行至田地鎮地方、守風五日、又於二十日、行至武穴地方、守風三日、於二十四日、出湖北境。

運銅委員黄有徳らの湖北省内の活動は各州県報告を集めると次のようになる。まず、帰州の報告では乾隆十六年七月二十五日、銅船は帰州吒灘雷門洞下で急雨驟雨に逢い、沈没して銅五万二千五百斤を失い、残存各船は大麦沱香渓口地方にいて、風待ち三日であると。

東湖県（宜昌府）の報では、七月二十九日、同県黄顙洞大灘で暴風驟発し、銅九万八千八百斤を沈め、その余銅の船は、宜昌府で頭舵水手を交替させて八月九日に東湖県を出境したという。

そこで湖北巡撫は運銅沈溺ニ報告について、該地文武の員弁に兵役・地保人等を督率させて、水中捜索等を命じた。その後、湖北布政使の詳文には黄有徳は沈溺銅五万二千五百斤の捜査を協運官沈良遇に委ねたとあり、松滋県の詳文には黄有徳の銅船が八月十日、同県劉殿尾地方で風待一日という。次に監利県の詳文には八月十五日、同県東湾地方に至り風待ち一日、漢陽県の詳文には八月二十二日に漢陽県に至ったという。

実はこの湖北省荊州府監利県と同漢陽府漢陽県との間の長江は湖南省岳陽府巴陵県分に属す。監利県に八月十五日到達、一日風待ち、十六日は監利県を出たが、附表20、湖南巡撫楊錫紱の同年九月十一日の奏摺によれば、

據此所有雲南委員黄有徳管解乾隆十六年頭運京銅、除前途沈溺外、現運銅七十八万九千六百九十一斤六両四銭、計船十隻、於八月十六日、入湖南巴陵県境、守風三日、二十日開行、二十一日護送至湖北嘉魚県境。

とあって、八月十六日に湖南巴陵県に入り、二十一日には湖北嘉魚県に出境した。ただしこの時の黄有徳の現有銅は、当初の九四万九九一斤から、帰州沈銅五万二千五百斤、東湖県沈銅九万八千八百斤を除いた七八万九六九一斤余である。

また、先の湖北巡撫恒文の奏摺にもどれば、八月二十二日に漢陽県に至った。湖北巡撫は湖北布政使（范時綬）に檄行し、駅塩道と会同し、站船を派撥し、頭舵を熟知した水手を選び、運銅装備にかからせた。一方、漢陽府同知には運銅委員黄有徳とともに至急、運銅つみおろしの験査を行い、兵役には昼夜の警戒を命じ、遅延や紛失を許さなかった。

その後の漢陽県の詳報では、十月二日、当地で船団が組まれ、ドラが鳴った。ひき続き当県の詳文によれば、十月二日晩黄花洲地方に至ったが、風に三日阻まれ、同月六日七日八日も北風が午前中狂って晩に息む状態でグズグズし、同月九日にやっと黄岡県に至った。次いで東湖県の詳文があり、黄有徳の沈銅九万八千八百斤が残留していた協運官沈良遇によって、全数撈獲されたとあり、それは嘉魚県の詳報によれば十月八日に同県東江脳地方に至り、守風一日、九日には漢陽県に赴いたとあり、また、湖北布政使の詳文は東湖県詳文にあった撈獲銅九万八千八百斤は漢陽県庫に収貯し、雲南省乾隆十六年ニ運加運分の運京官の到着をまって、それに帯運させるとした。

さらに蘄州の詳文によれば、黄有徳の運銅斤は十月十四日に入境、十五日に田地鎮、二十日に武穴に至り、二十四日湖北境を出たという。次は江西省分である。

附表36、江西巡撫鄂昌の乾隆十六年十二月十八日付の奏摺によれば、黄有徳の減額七八万九六九一斤分の銅斤は同年十月二十四日に江西省徳化県（九江府）に入り、一日停留、また彭沢県（同府）で二日風に阻まれ、同二十九日になって江西省境を出、江南・安徽池州府東流県へ向かったという。

しかるに、附表38、安徽巡撫張師載の乾隆十六年十二月二十二日付の奏摺によれば、黄有徳の領解せる乾隆十六年頭運加運分の実銅七六万九六九一斤六両四銭は同年十一月初四日に安徽省池州府東流県境に入り、初十日に蕪湖関査験を経て、十一日に再び開行し、芝麻河で風に四日阻まれ、十五日に開行して湾泊双閘に至って、また風に五日阻まれ、二十日に安徽省当塗県（太平府）から江蘇省へ出たという。右の報告ではなぜか銅斤が二万斤減少している。

次に乾隆十六年黄有徳運銅についての江蘇巡撫の奏摺は『宮中檔乾隆朝奏摺』にない[17]。江蘇省は南京江寧府の江寧、上元両県境から、儀徴県（揚州府）で長江と別れて大運河に入り、甘泉・高郵・宝応・山陽・清河・桃源・宿遷・邳州と江南運河を北上し、江蘇沛県（徐州）と山東嶧県・滕県間に至るのである。なお、附表7・13・18・42など江南河道総督（実は両江総督も兼ねる）高斌の奏摺で知られるように、江蘇省分の大運河中、淮安府山陽県清江閘よりに江蘇・山東省境までは江南河道総督の責任下にあった。江蘇省分は江寧――徐州で最長三カ月もかかっている。

次は山東省であるが、附表62、乾隆十七年四月二十三日付、山東巡撫鄂容安の奏摺によれば、現運銅七八万九六九一斤が十五隻の船で乾隆十七年正月二十九日に江南より山東嶧県（兗州府）に入り、三月七日に徳州衛清平県（東昌府）から直隷へ出境したという。直隷については天津到着も通州到着も確認することができない。

ところで、附表の38と39との間には、本来ならば、漕運総督瑚宝の黄有徳・沈良遇領解分銅斤について奏摺が入るはずであった。その存在は先掲、事の発端となった『実録』乾隆十七年正月癸未の項の上諭の基となった瑚宝の奏報で知られる。

漕運総督は淮安の清江閘辺りを本拠としていた。漕運総督瑚宝はその職掌柄か、産米地域の湖南湖北地方の独自情報網を持っていたものと思われる。雲南省委員黄有徳らの湖北省内における沈溺事故は怪しいと奏報したところ、これは乾隆帝の認めるところとなり、その結果、乾隆十七年正月二十一日の上諭となったのである。

この上諭を乾隆十七年二月十六日、北京に居た湖広総督永常の廷寄で知った湖北巡撫恒文は、同年三月七日の奏摺（附表40）でさっそく弁解かつ行政措置の過程を説明した。

同奏摺の上諭引用に続いて、

伏査滇・黔両省解運銅船、由川江而下、歴楚省之東・帰州・東湖等州県。據報沈溺者、無歳蔑有。雖亦有不肖運員、盗売捏報情弊、然驚濤怪石、鱗次櫛比、稍有不戒、即致失事。此又有非人力所能防護者。臣於銅鉛船隻入境、遇有具報沈溺之案、当即飛飭該地文武、留心稽查是否捏飭、並令派撥兵役、加意看守巡邏、毋許絲毫透漏、多覓水摸。上緊打撈、務期全獲趕運。臣査滇省委員黄有徳・沈良遇領運乾隆十六年正耗銅九十四万余斤、於上年八月内、行至帰州雷門洞叱灘、沈銅五万二千五百斤、又於東湖県之黄顙洞沈銅九万八千八百斤、二共沈銅一十五万一千三百斤。随於九・十両月内、據東湖県詳報、黄顙洞沈銅九万八千八百斤、倶已陸続打撈全獲。又於十二月内、據帰州詳報、雷門洞沈銅五万二千五百斤、已経撈獲四万六千余斤、未獲銅六千余斤、等情、各在案。査歴来撈獲銅斤、因委員業已押運前行、倶交後次委員帶運、黄有徳於未経撈獲之前、業已順流東下、無由得知。以故具報漕臣文内、仍開在楚沈銅一十五万一千余斤之数、而漕臣瑚宝亦即據黄有徳報文、恭摺入告、致奉諭旨下頒。臣思雲南督臣碩色、距楚路遙、前項沈溺銅斤、並撈獲、情節一時難以確査。理合備叙、縁由、恭摺奏聞。至銅鉛船隻既入楚境、臣即有査察之責、自応欽遵聖諭、実力稽査、断不敢視為奉行故事、致滋弊端。伏乞皇上睿鑒、謹奏。

帰州雷門洞叱灘での沈銅五万二千五百斤、東湖県黄顙洞の沈銅九万八千八百斤、計一五万一三〇〇斤の沈銅があったが、既に先掲の湖北巡撫の奏摺にみえたごとく、九・十月内に東湖県分九万八千八百斤は全数回収され、続いて十二月内には帰州分の四万六千余斤も撈獲され、未回収分は六千余斤に止ったというものである。

この間、湖北省でいかなる努力があったか不明なるも、以上の湖北巡撫の報告に対し、乾隆帝の硃砒は、
是。常如此留心可也。

是なり。常に此の如く心を留めるは可なり。

と承認されるのであった。

清代乾隆時代における雲南銅、貴州鉛等の北京運輸関係の諸データを含む附表の解読はまだ今後の努力が必要である。

結び

従来の雲南銅の研究は、貨幣史の一環として考える（中嶋敏氏・佐伯富氏ほか）か、産業としての鉱業の一環として考えるものであり、後者の場合では例の中国における資本主義萌芽問題と関連させて捉えることが一般的であった（厳中平氏[18]・里井彦七郎氏ほか）。それゆえ銅山資本の性格が官営か民営かなどが中心的に議論された。

本章での銅の取扱い方は従来の研究とはいささか趣を異とする。本章で確認したかったのは二点。一つは雲南銅の生産規模、次にその京師北京までの輸送問題である。特に後者に力点がある。ただし、その史料は二群にわかれる。一種は『銅政全書』『銅政便覧』『雲南鉱廠図略』等雲南銅政担当者側のいわば事業報告書というべきもので、輸送問題は二次的な扱い、立前的な史料である。それに対し、もう一種が輸送にかかわった地方官の檔案に残る史料である。後者の分析は未だ完了していないが、本章で確認した範囲内でも次の二点にわたる極めて重要な事実が指摘できるのである。

その一は、乾隆十四年五月二十七日の乾隆帝の上諭に始まり、乾隆年間を通じて実施された銅鉛運船についての各省総督・巡撫ら地方最高責任官僚の報告義務についてである。これによって、雲南銅・貴州白鉛・湖南黒鉛・広東錫等といった制銭＝法定貨幣たる銅銭原料の北京輸送が確保されたのであり、雲貴山地から四川―湖北―湖南―湖北―江西―安徽―江蘇各省の長江及び江蘇―山東―直隷の

大運河、延長六千キロメートルを越える水運ルートがシステム化された。

しかし、その成立のために乾隆帝は数々の行政課題に直面せざるを得なかったのは当然であり、本章でもその一斑は窺った。中国の官僚組織、官僚制は官場は作るが、組織として機能することは弱かった。いわゆる人治主義だといわれる。雍正時代の雍正帝とその官僚、李衛・田文鏡・岳鐘琪・鄂爾泰らは典型であろう。しかし、乾隆帝とその官僚は銅鉛輸送に限っていえば例外で、極めて組織として機能している。けだし、これは銅輸送問題に限られず、乾隆政治の一大特長たることは別の機会に詳述しよう。

次に、第二には、雲南銅・貴州白鉛・湖南黒鉛・広東錫はすべて湖北の漢口に集中し、そのまま長江―大運河を経て、北京に至った。ということは、長江デルタの首都蘇州がこのルートから外れてしまったのである。洋銅＝日本銅は浙江の乍浦から蘇州に集中したことの大逆転である。とはいえ、乾隆以後でも洋銅の年間百万斤台は輸入され、蘇州にも銅があった。これが漢口に遡上する場合もあった。だが、数量の比は問題にならない。このことは米についていえば、四川・湖南・江西の米が長江を下って蘇州へ、長江デルタの米が大運河を通って北京へという、蘇州結節点、折り返しの長江―大運河の単線二本の折り返し線が、銅輸送によって長江―大運河直通線に大改造されたことを示している。銅輸送と米輸送はいかに関連するか、蘇州・漢口の運命はいかに、興味ある課題は尽きないのである。

注

（1）　村松祐次『中国経済の社会態制』一九四九年、復刊、一九七五年、東洋経済新報社、一二二頁以下。

（2）　黒田明伸「乾隆の銭貴」『東洋史研究』四五―四、一九八七年が指摘するごとく、清朝二大貨幣は銀と銭であって、銀と銅ではない。しかし、銭と銅との関係は極めて微妙な関係にある。とかくすれば両者が一致することもありえた。一体、清朝において銭は「皇帝によって鋳造せられた貨幣」の唯一で、制銭とよばれた。銀について「鋳造せられた貨幣」がなぜ無かったかは問題であるが今は取り上げない。

（3）　佐伯富「清代雍正期における通貨問題」『東洋史研究』一八―三、一九五九年。後、同氏著『中国史研究　第二』所収。

（4）　加藤繁『支那経済史概説』昭和十九年版、一三五頁参照。

（5）中嶋敏「清朝の銅政における洋銅と滇銅」『民族研究所科学論集』第一冊、昭和二十年十一月、（一九四五年）、後、同著『東洋史学論集』汲古書院、一九八八年、所収が早い研究である。なお、劉序楓「洋日貿易の洋銅商について—乾隆〜咸豊期の官商・民商を中心に—」『九州大学文学部・東洋史論集』十五号、一九八六年、参照。

（6）辻達也「享保改革」『体系日本史叢書2・政治史Ⅱ』山川出版社、一九六六年。作道洋太郎『近世封建社会の貨幣金融構造』塙書房、一九七一年。高尾一彦「経済構造の変化と享保改革」『岩波講座日本歴史（新）11』一九七六年、等参照。なお、幕府、各藩の行財政改革や殖産興業の進展のほかに、特定地域の開発、例えば蝦夷地（北海道）の海産物・俵物や奄美・西南諸島の砂糖なども、考慮すべきである。蝦夷地・西南諸島の東アジア貿易での位置については、荒野泰典「一八世紀の東アジアと日本」『講座日本歴史6・近世2』東京大学出版会、一九八五年、参照。

（7）中嶋敏氏前掲書、一八八頁。

（8）中嶋敏氏前掲書、一六九頁。

（9）中嶋敏氏前掲書、一七四一六頁。

（10）佐伯富前掲論文、前掲書五二二頁以下。

（11）里井彦七郎「清代銅・鉛鉱業の発展」『桃山学院大学経済学論集』二巻三号、一九六一年、後、同氏著『近代中国における民衆運動とその思想』東京大学出版会、一九七二年、所収、参照。

（12）佐伯富前掲論文、前掲書五三二頁。

（13）第1表のA・Bの数量について、これは典拠欄に示したように異なる資料来源によっているため、Aの方がBより大、つまりAのBに対するパーセントが百％を超えるという不思議さをみせている。

（14）中嶋前掲書、一七三、四頁参照。

（15）以下、史料は『銅政便覧』巻四陸運。

（16）雲南省における運銅コストの高さについてはその生産価格との対比なども考える必要があるが、この点は後考に譲る。

（17）ただし、北京の第一檔案館に存在することは予想される。

（18）厳中平『清代雲南銅政考』中華書局、一九五九年。

附表　『宮中檔乾隆朝奏摺』乾隆16年７月～42年２月、銅・白鉛・黒鉛・錫等京運報告

	運銅等委員名				運銅／白鉛／黒鉛／錫						奏摺作成者			典拠		備考、特に乾隆帝上諭の所引
	省名	職名	官職	姓名	運年次	銅鉛	数量	船数	入境年月日	出境年月日	官職	姓名	年月日	輯	頁	
1	貴州	委官	修文県典吏	朱宏仁	17	白鉛	64万斤	６隻	16・５・３辰	16・６・１申	山東巡撫	準泰	16・７・１	1	30	
2	雲南	委員		段弘深	14（２加）＊	銅			16・３・27	16・４・４	直隷総督	方観承	16・７・５	1	63	己巳・庚午年
	雲南			上官勲	15（１）	銅			16・４・15	16・５・29						
	雲南	委員		蔡理経	15（２）	銅				16・５・21						
	貴州	委員		姚培叙	17（上）	白鉛			16・５・18	16・５・26						
	雲南	委員		周祚錦	15（１加）	銅			16・５・18	16・閏５・３						
3	貴州	委員	普安県駅丞	馬玢	17（下）	白鉛	64万	6	16・閏５・13	16・閏５・21						
	雲南	委員	広西府通判	蒋錫爵	15（２）	銅	94万991	20	16・閏５・17	・閏５・23	管安徽巡撫	張師載	16・７・６	1	69・70	乾隆14年５月上諭
		委員	曲靖府司獄	鄭尚樗												
4	湖南	委員	武岡州州同	朱穎	14・16（上）	黒鉛	55万571.6	8	16・６・７	16・６・25	湖南巡撫	楊錫紱	16・７・９	1	95・96	
5	湖南	委員	桂陽州州同	陳銘	14・16（下）	黒鉛	48万3810	6	16・５・21	16・６・18	山東巡撫	準泰	16・７・10	1	104・105	
6	湖南	委員		周万殊	15（上）	黒鉛	35万285		15・９・２	15・10・14	江蘇巡撫	王師	16・７・13	1	134・135	
	雲南	委員		周祚錦	15（１加）	銅	94万991		16・10・23	16・２・27						
	広東	委員		呉縄年	15	錫	21万5947		16・５・10	16・閏５・８						
	貴州	委員		姚培叙	17	白鉛	128万957		16・２・２	16・４・８						
7	貴州	委員	普安県窑子窑駅丞	馬玢	17（下）	白鉛	64万	6	16・６・12	16・７・８	江南河道総督暫管両江総督	高斌	16・７・21	1	195	乾隆14年５月27日上諭
8	貴州	委員	開州知州	銭維錫	17（下）	白鉛	215万1524		16・４・16重慶	16・５・５	四川総督	策楞	16・７・21	1	205	
9	雲南	委員	易門知県	黄有徳	16（１加）	銅	94万991		16・閏５・３瀘州	16・６・20	雲南巡撫	愛必達	16・７・26	1	271	乾隆14年６月18日上諭
		委員	臨安府経歴	沈良遇												
10	貴州	委員	遵義府通判	席健	17（下）	白鉛	128万957	11	16・閏５・20	16・閏５・25	漕運総督	瑚宝	16・８・１	1	317	乾隆14年５月27日上諭
		委員	普安県駅丞	馬玢	17（下）	白鉛	64万	6	16・６・４	16・６・12						
11	湖南	委員	武岡州州同	朱穎	14・16（上）	黒鉛	55万571.6		16・６・25		湖北巡撫	恒文	16・８・２	1	328・329	
12	雲南	委員	大理府同知	栄徳	16（１）	銅	110万4450	10	16・６・24	16・７・５	漕運総督	瑚宝	16・８・14	1	404	乾隆14年５月27日上諭
		委員	板橋駅駅丞	余一涵												
	雲南	委員	五嶆通判	蒋錫爵	15（２）	銅	94万991	20	16・６・28	16・７・２						
		委員	曲靖府司獄	鄭尚樗												
	湖北	委員	黄梅県丞	張一飛	16	黒鉛	１万7669	1	16・７・16	16・７・19						
13	雲南	委員	五嶆通判	蒋錫爵	15（２）	銅	94万991	20	16・７・２	16・７・26	江南河道総督	高斌	16・８・17	1	424・425	乾隆14年５月27日上諭
14	雲南	委員	大理府同知	栄徳	16（１）	銅	110万4450	10	16・閏５・20	16・６・３	管安徽巡撫	張師載	16・８・17	1	432	乾隆14年５月上諭
		委員	板橋駅駅丞	余一涵												
15	湖南	委員		朱穎	14・16（上）	黒鉛	55万571.6		16・５・27	16・７・６						

	雲南	委員	劉度寛・張廷栻		16（2）・14	銅	○121万2572		16・5・27	16・7・21	湖北巡撫	恒文	16・8・18	1	435	
		委員	黄有徳・沈良遇		16（1加）	銅	94万991		16・7・25							
16	湖北	委員	黄梅県丞	張一飛	16	黒鉛	1万7669		16・6・24	16・6・28	江西巡撫兼管提督	舒輅	16・8・25	1	505・506	乾隆14年6月13日廷寄引用上諭
	湖南	委員	武岡州州同	朱穎	14・16（上）	黒鉛	55万571.6		16・7・6	16・7・8						
17	雲南	委員		黄有徳	16（1加）	銅	94万991		16・5・24	16・7・25	四川総督	策楞	16・8・27	1	521	
18	雲南	委員	大理府同知	栄徳	16（1加）	銅	110万4450	10	16・7・5	16・8・12	江南河道総督	高斌	16・9・2	1	545・546	乾隆14年5月27日上諭
19	雲南	委員	賓州知州	劉有余	16（3）	銅	110万4450		16・6・20瀘州	16・8・17	雲南巡撫	愛必達	16・9・7	1	605	乾隆14年6月18日廷寄引用上諭
	雲南	委員	昆明県丞	李絅												
20	雲南	委員	易門知県	黄有徳	16（1加）	銅	△78万9691	10	16・8・16	16・8・21	湖南巡撫	楊錫紱	16・9・11	1	631・632	
21	雲南	委員	永北府同知	劉度寛	16（2）・14・15	銅	○121万2572	12	16・8・27	16・9・7	漕運総督	瑚宝	16・9・18	1	697	乾隆14年5月27日上諭
	雲南	委員	呈貢県典史	張廷栻												
22	雲南	委員	副運官	董如澝	14（4）等	銅	16万6400余	1		16・6・18	直隷総督	方観承	16・9・21	1	733	
	雲南	委員		謝成燾	15（3）	銅				16・閏5・27						
	湖南	委員		龔錡	14	黒鉛				16・5・21						
	貴州	委員		朱宏仁	17	白鉛			16・6・20	16・7・10						
	湖南	委員		陳銘	15（下）	黒鉛				16・7・19						
23	湖南	委員	武岡州州同	朱穎	14・16（上）	黒鉛	55万569		16・7・12	16・7・29	管安徽巡撫	張師載	16・9・28	1	802	乾隆14年5月上諭
24	雲南	委員	永北府同知	劉度寛	16（2）・14	銅	○121万2572		16・7・21	16・7・25	江西巡撫	舒輅	16・9・28	1	802	乾隆14年6月13日廷寄上諭
25	湖南	委員	永明県巡検	田載璋	15・16（上）	黒鉛	1万7930	1	16・10・20	16・10・23	漕運総督	瑚宝	16・11・2	1	834	乾隆14年5月27日上諭
26	雲南	委員	試用知県	冷廷豊	16（2加）	銅	94万991		16・9・27	16・10・14	貴州巡撫	温福	16・11・11	1	867	乾隆14年5月27日上諭
	雲南	委員	南潤巡検	韓倫												
27	貴州	委員	広順知州	費遜学	18（上）	白鉛	128万957			16・10・24重慶	貴州巡撫	温福	16・11・11	1	868	乾隆14年5月28日上諭
					14	黒鉛	5万									
28	貴州	委員	綏陽県典史	梁元臣	18（上）	白鉛	○71万5099		19・9・21重慶	16・9・30	四川総督	策楞	16・11・17	1	907	
					14	黒鉛	5万									
29	貴州	委員	綏陽県典史	梁元臣	18（上）	白鉛	○71万5099		16・10・19辰	16・10・26	署理湖南巡撫	范時綬	16・11・20	2	4・5	
					14	黒鉛	5万									
30	雲南	委員		程文華	15（4）等	銅	110万4450		16・5・1	16・閏5・18	江蘇巡撫	荘有恭	16・11・23	2	33	
	雲南	委員		栄徳	16（1加）	銅	110万4450		16・6・3	16・8・20						
31	雲南	委員	広西府五嶆通判	蒋錫爵	15（2加）	銅	94万991	20	16・7・25	16・9・18	山東巡撫	鄂容安	16・11・28	2	76・77	
		委員	曲靖府司獄	鄭尚槺												
	雲南	委員	大理府同知	栄徳	16（1）	銅	110万4450	10	16・8・12	16・10・13						
		委員	板橋駅駅丞	余一涵												
32	雲南	委員	黄有徳・沈良遇		16（1加）	銅	94万991		16・7・25	16・10・24						

	貴州	委員		費遜学	18（上）	白鉛	128万957		16・11・4		湖北巡撫	恒文	16・8・18	2	141～143	
					14	黒鉛	5万									
33	貴州	委員	貴陽府広順知州	費遜学	18（上）	白鉛	128万957		16・10・24重慶	16・11・6	四川総督	策楞	16・12・10	2	177・178	
					14（下）	黒鉛	5万									
34	貴州	委員		朱宏仁		白鉛	64万		16・3・18	16・5・12	江蘇巡撫	荘有恭	16・12・13	2	199	
	湖南	委員		龔錡		黒鉛	6万6761		16・4・25	16・5・17						
	貴州	委員		席健		白鉛	128万957		16・5・26	16・6・25						
	貴州	委員		馬玢		白鉛	64万		16・閏5・21	16・7・19						
35	湖南	委員	永明県枇杷所巡検	田載璋	15・16	黒鉛	1万7930		16・9・25	16・9・28	江西巡撫	鄂昌	16・12・18	2	244・245	
	雲南	委員	易門知県	黄有徳	16（1加）	銅	△78万9691		16・10・24	16・10・29						
		委員	臨安府経歴	沈良遇												
36	貴州	委員		席健	17（正）	白鉛			16・9・11	16・9・17	直隷総督	方観承	16・12・20	2	258	
		委員		馬玢	17（下）	白鉛			16・9・27	16・10・2						
37	雲南	委員	易門知県	黄有徳	16（1加）	銅	78万9691余		16・11・4	16・11・20	管安徽巡撫	張師載	16・12・22	2	292・293	乾隆14年5月上諭
38	雲南	委員	賓州知州	劉有余	16（3）	銅	110万8000		16・12・14	17・1・15	管安徽巡撫	張師載	17・3・6	2	391	
		委員	昆明県丞	李絹												
39	雲南	委員		黄有徳・沈良遇	16（1加）	銅	94万991		—	—	湖北巡撫	恒文	17・3・7	2	397・398	乾隆17年1月22日上諭
40	湖南	委員		田載璋	16	黒鉛	1万7930		16・10・4	16・11・26	江蘇巡撫	荘有恭	17・3・10	2	419	
41	雲南	委員	賓州知州	劉有余	16（3）	銅	110万4450	14	17・2・15	17・3・3	江南河道総督	高斌	17・3・11	2	442・423	乾隆14年5月27日上諭
42	雲南	委員	嶍峨試用知県	冷廷豊	16（2加）	銅	94万991		16・10・16	17・1・21	四川総督	策楞	17・3・17	2	453	
43	湖南	委員	靖州州判	寧鰲	16（下）	黒鉛	35万285.8	6	17・3・14	17・3・17	漕運総督	瑚宝	17・3・20	2	474・475	乾隆14年5月27日上諭
	貴州	委員	綏陽県典史	梁元臣	18（上）	白鉛	64万	7	17・3・15	17・3・19						
					14（下）	黒鉛	5万									
44	雲南	委員		黄有徳・沈良遇	16（1加）	銅	94万991		—	—	署理湖南巡撫	范時綬	17・3・24	2	496・497	乾隆17年1月22日上諭
45	雲南	委員	試用知県	冷廷豊	16（2加）	銅	△94万991	14	17・2・18	17・2・23	署理湖南巡撫	范時綬	17・3・24	2	497・498	
	雲南	委員	南澗巡検	韓倫												
46	雲南	委員		黄有徳・沈良遇	16（1加）	銅	94万991		16・6・20	16・9・28	雲貴総督	碩色	17・3・24	2	500～502	乾隆17年1月22日上諭
47	雲南	委員		黄有徳・沈良遇	16（1加）	銅	94万991		—	—	湖広総督	永常	17・3・27	2	521～523	乾隆17年1月22日上諭
48	貴州	委員	遵義県典史	蔡麒	18（上）	白鉛	24万			17・3・3重慶	貴州巡撫	開泰	17・3・28	2	546	
					14（下）	黒鉛	8万5000									
49	貴州	委員	綏陽県典史	梁元臣	18（上）	白鉛	○69万5099	7	17・1・3	17・1・13	管安徽巡撫	張師載	17・4・1	2	566・567	乾隆17年2月10日上諭
					14（下）	黒鉛	5万									
50	湖南	委員		寧鰲	16（下）	黒鉛			—	—	湖北巡撫	恒文	17・4・3	2	582	

51	雲南	委員	賓州知州	劉有余	16（3）	銅	△104万1500		16・12・5	16・12・14	江西巡撫	鄂昌	17・4・3	2	585・586	乾隆14年6月13日廷寄・上諭
52	雲南	委員	理問	楊嘉緯	17（1）	銅	110万余		16・12・29	17・3・3	雲南巡撫	愛必達	17・4・3	2	591・592	乾隆14年6月18日廷寄引用上諭
		委員	通海県典史	王文照												
53	湖南	委員		朱穎	16（上）	黒鉛	55万571		16・7・27	17・1・10	江蘇巡撫	荘有恭	17・4・7	2	620	
54	雲南	委員	永北府同知	劉度寛	16（2）・14・15	銅	○121万2572	12	16・10・1	17・3・12	山東巡撫	鄂容安	17・4・10	2	646	
	雲南	委員	呈貢県典史	張廷栻												
55	貴州	委員	遵義県典史	蔡麒	18（下）	白鉛	64万	8	17・3・3	17・3・10	四川総督	策楞	17・4・12	2	657	
					14（下）	黒鉛	8万5000									
56	貴州	委員	遵義県典史	蔡麒	18（下）	白鉛	64万	8	17・3・25	17・3・27	署理湖南巡撫	范時綬	17・4・20	2	710・711	
					14（下）	黒鉛	8万5000									
57	湖南	委員	靖州州判	寧鰲	16（下）	黒鉛	△34万285	5	17・2・4	17・2・22	管安徽巡撫	張師載	17・4・20	2	722・723	乾隆17年2月10日上諭
58	湖南	委員	靖州州判	寧鰲	16（下）	黒鉛	35万284	6	17・3・17	17・3・28	江南河道総督	高斌	17・4・22	2	732・733	乾隆14年5月27日上諭
	貴州	委員	綏陽県典史	梁元臣	18（上）	白鉛	○69万5099	7	17・3・19	17・4・6						乾隆17年1月22日上諭
59	湖南	委員	武岡州州同	朱穎	14・16（上）	黒鉛	55万569	7	16・10・20	17・3・22	山東巡撫	鄂容安	17・4・23	2	770・771	
	雲南	委員	易門知県	黄有徳	16（1加）	銅	78万9691余	15	17・1・29	17・3・7						
			臨安府経歴	沈良遇												
60	広東	委員	韶州通判	祖懋地	16	錫	21万5947	2	17・4・15	17・4・16	漕運総督	瑚宝	17・4・29	2	846	乾隆14年5月27日上諭
61	雲南	委員	蒙自知県	呉夢旭	17（2）	銅	110万4450		17・3・16	17・3・30	貴州巡撫	開泰	17・5・2	2	870・871	
			鎮沅経歴	朱文珮												
62	雲南	委員		冷廷豊	16（加）	銅					湖北巡撫	恒文	17・5・11	3	22	
				楊嘉緯												
63	雲南	委員	賓州知州	劉有余	16（3）	銅	110万4450	14	17・3・3	17・4・6	山東巡撫	鄂容安	17・5・11	3	31	
		委員	昆明県丞	李絹												
64	広東	委員	饒州府通判	祖懋地	16	錫	21万1713	2	17・4・16	17・4・26	江南河道総督	高斌	17・5・15	3	63	乾隆14年5月27日上諭
																乾隆17年1月22日上諭
65	貴州	委員	余慶知県	恒昌	18（下）	白鉛	128万957		17・4・3	17・4・8	四川総督	策楞	17・5・15	3	68	
					14（下）	黒鉛	8万5000									
66	広東	委員	韶州通判	祖懋地	16	錫	21万1713	2	17・3・15	17・3・28	管安徽巡撫	張師載	17・5・20	3	122	乾隆17年2月10日上諭
67	貴州	委員	余慶知県	恒昌	18（下）	白鉛	128万957	13	17・4・28午	17・4・29巳	署理湖南巡撫	范時綬	17・5・26	3	175・176	
					14（下）	黒鉛	8万5000									
	雲南	委員	理問	楊嘉緯	17（1）	銅	102万3148	15	17・5・2	17・5・10						
68	広東	委員	韶州通判	祖懋地	16	錫	21万1713		17・2・16	17・3・15	江西巡撫	鄂昌	17・5・28	3	218・219	乾隆14年6月13日廷寄上諭
	雲南	委員	署嶍峨知県	冷廷豊	16（2加）	銅	102万2552		17・4・15	17・4・20						
	雲南	委員	蒙化府南澗巡検	韓倫												

69	雲南	委員		王廷言		銅	△101万8012			17・5・19	湖北巡撫	恒文	17・5・29	3	244・245	銅白鉛京運船火災事故
	貴州	委員		費遜学		白鉛	△100万5940			17・5・24						
70	貴州	委員	清平県丞	黄佐	17（上）	白鉛	105万		17・4・18	17・5・4	四川総督	策楞	17・7・4	3	294	
	雲南	委員	蒙自知県	呉夢旭	17（2）	銅	110万4450		17・4・2	17・6・9						
71	貴州	委員	費遜学・蔡麒			—	—		17・5・24	湖北巡撫	恒文		17・5・29	3	332・333	
	雲南	委員		王廷言		—	—		17・5・19							
72	湖南	委員		寧鰲	16（下）	黒鉛	35万284		17・2・22	17・4・4	江蘇巡撫	荘有恭	17・7・11	3	352	
73	貴州	委員	遵義県典史	蔡麒	18（下）	白鉛	64万	6	17・6・7	17・6・10	漕運総督	瑚宝	17・7・11	3	358・359	乾隆14年5月27日上諭
					14（下）	黒鉛	8万5000									
74	雲南	委員	通海県典史	王文照	17（1）	銅	6万1556		17・6・13	17・6・14	署理湖南巡撫	范時綬	17・7・15	3	382	
	雲南	委員	蒙自知県	呉夢旭	17（2）	銅	110万4450	16	17・6・23	17・6・24						
	雲南	委員	鎮沅経歴	朱文珮												
75	湖南	委員	道州州判	龔錡	17（上）	黒鉛	110万4450	16	17・6・18	17・6・27	署理湖南巡撫	范時綬	17・7・15	3	386	
76	雲南	委員	試用知県	冷廷豊	16（2加）	銅	○102万5521	20	17・6・17	17・7・7	江南河道総督	高斌	17・7・21	3	416・417	乾隆14年5月27日上諭
																乾隆17年1月22日上諭
77	雲南	委員	和曲知州	王廷言	16（4）	銅	△102万7764		17・6・1	17・6・8	管安徽巡撫	張師載	17・7・22	3	434	乾隆17年2月10日上諭
78	貴州	委員	遵義県典史	蔡麒	18（下）	白鉛	64万		17・5・11	17・5・14	江西巡撫	鄂昌	17・7・24	3	543・454	乾隆14年6月13日廷寄・上諭
					14（下）	黒鉛	8万5000									
	雲南	委員	和曲知州	王廷言	16（4）	銅	△102万7764		17・5・27	17・6・1						
	貴州	委員	広順知州	費遜学	18（上）	白鉛	△105万9225		17・6・1	17・6・3						
					14（下）	黒鉛										
	貴州	委員	余慶知県	恒昌	18（下）	白鉛	△122万5957		17・6・13	17・6・14						
					14（下）	黒鉛										
79	広東	委員	韶州通判	祖懋地	16	錫	21万1713	2	17・4・26	17・5・28	山東巡撫	鄂容安	17・7・28	3	496	
80	雲南	委員	試用知県	冷廷豊	16（2加）	銅	○102万5521	20	17・6・13	17・6・16	漕運総督	瑚宝	17・7・28	3	498・499	乾隆14年5月27日上諭
	貴州	委員	広順知州	費遜学	18（上）	白鉛	△105万9225	10	17・6・21	17・6・28						
					14（下）	黒鉛										
	雲南	委員	和曲知州	王廷言	16（4）	銅	△102万7764	11	17・7・1	17・7・10						
81	貴州	委員	遵義県典史	蔡麒	18（下）	白鉛	64万	6	17・6・10	17・7・15	江南河道総督	高斌	17・8・2	3	525・526	乾隆14年5月27日上諭
					14（下）	黒鉛	8万5000									乾隆17年1月22日上諭
82	貴州	委員	広順知州	費遜学	18（上）	白鉛	128万957	10	17・6・4	17・6・10	管安徽巡撫	張師載	17・8・10	3	566	乾隆17年2月10日上諭
					14（下）	黒鉛	8万5000									
83	貴州	委員	広順知州	費遜学	18（上）	白鉛	△105万9225	10	17・6・28	17・7・25	江南河道総督	高斌	17・8・14	3	587・588	乾隆14年5月27日上諭
					14（下）	黒鉛										
	雲南	委員	和曲知州	王廷言	16（4）	銅	△102万7764	11	17・7・10	17・8・3	管安徽巡撫	張師載				乾隆17年1月22日上諭

84	貴州	委員	余慶知県	恒昌	18（下）	白鉛	△122万5957		17・6・15	17・6・21	管安徽巡撫	張師載	17・8・14	3	598	乾隆17年2月10日上諭
					14（下）	黒鉛										
85	雲南	委員	黄有德・沈良遇						—	—	湖北巡撫	恒文	17・8・19	3	616・617	
86	貴州	委員	綏陽県典史	梁元臣	18（上）	白鉛	○69万5099	7	17・4・7	17・5・15	山東巡撫	鄂容安	17・8・27	3	704・705	
					14（下）	黒鉛	5万									
	雲南	委員	冷廷豊・韓倫		16（2加）	銅	○102万5521	20	17・7・7	17・8・12						
87	貴州	委員	余慶知県	恒昌	18（下）	白鉛	△122万5957	11	17・7・20	17・8・9	江南河道総督	高斌	17・8・29	3	716・717	乾隆14年5月27日上諭
					14（下）	黒鉛										乾隆17年1月22日上諭
88	雲南	委員	理問	楊嘉緯	17（1）	銅	○108万4704		17・7・8	17・7・27	管安徽巡撫	張師載	17・9・12	3	819・820	乾隆17年2月10日上諭
89	雲南	委員	激江府通判	胡階	17（1加）	銅	○116万1881		17・7・15瀘州	17・8・22	雲南巡撫	愛必達	17・9・13	3	831・832	乾隆14年6月18日上諭
	雲南	委員	嶍峨県典史	楊家相												
90	貴州	委員	遵義県典史	蔡麒	18（下）	白鉛	64万	8	17・7・15	17・8・17	山東巡撫	鄂容安	17・9・19	3	869	
					14（下）	黒鉛	8万5000									
91	湖南	委員		龔錡							湖北巡撫	恒文	17・9・28	4	12	
92	雲南	委員	候補同知	鞏元衡	17（3）	銅	110万4450		17・8・4	17・8・19	貴州巡撫	開泰	17・9・30	4	40・41	
	雲南	委員	南安州吏目	王啓鶴												
93	貴州	委員	余慶知県	恒昌	18（下）	白鉛	△122万595	11	17・7・13	17・7・20	漕運総督	瑚宝	17・10・1	4	55・56	乾隆14年5月27日上諭
					14（下）	黒鉛										
	雲南	委員	理問	楊嘉緯	17（1）	銅	○108万4704	11	17・9・1	17・9・14						
	湖北	委員	江夏県金口巡検	李道賢	16	黒鉛	1万7669	1	17・9・9	17・9・11						
94	雲南	委員	和曲知州	王廷言	16（4）	銅	△102万7764	10	17・8・3	17・9・6	山東巡撫	鄂容安	17・10・9	4	96・97	
	雲南	委員	江川県典史	朱蒞												
	貴州	委員	余慶知県	恒昌	18（下）	白鉛	△122万5957	11	17・8・9	17・9・8						
					14（下）	黒鉛										
95	湖南	委員	道州州判	龔錡	17（上）	黒鉛	35万285	4	17・10・3	17・10・10	漕運総督	瑚宝	17・10・22	4	148	乾隆14年5月27日上諭
96	貴州	委員	普定県典史	陸致祥	19（上）	白鉛	83万200		17・10・8重慶		貴州巡撫	開泰	17・10・29	4	199・200	
					14（下）	黒鉛										
97	雲南	委員	激江府通判	胡階	17（1加）	銅	○116万1800		17・7・21	17・8・22	四川総督	策楞	17・11・8	4	256	
	雲南	委員	嶍峨県典史	楊家相												
98	雲南	委員	候補同知	鞏元衡	17（3）等	銅	○111万5988		17・8・25瀘州	17・10・17	雲南巡撫	愛必達	17・11・8	4	262	
	雲南	委員	南安州吏目	王啓鶴												
99	湖北	委員	江夏県金口巡検	李道賢	16	黒鉛	1万7669	1	17・9・17	17・9・30	暫署山東巡撫	楊応琚	17・11・8	4	268	
100	雲南	委員		胡階	17（1加）	銅	○116万1881		17・10・4	17・10・11	署理湖南巡撫	范時綬	17・11・12	4	311	

	雲南	委員		楊家相	17（1加）	銅	○116万1881		17・10・4	17・10・11	署理湖南巡撫	范時綬	17・11・12	4	311	
101	雲南	委員	理問	楊嘉緯	17（1）	銅	○108万4704		17・7・2	17・7・7	山東巡撫、暫署江西巡撫	鄂容安	17・11・22	4	386・387	
	湖北	委員	江夏県金口巡検	李道賢	16	黒鉛	1万7669		17・8・15	17・8・16						
	湖南	委員	道州州判	龔錡	17（上）	黒鉛	35万285		17・8・15	17・8・20						
	雲南	委員	試用通判	李龍驎	17（2）	銅	110万4450		17・10・9	17・10・14						
	雲南	委員	鎮沅府経歴	朱文珮												
102	貴州	委員		梁元臣	18（上）	白鉛	○64万		17・2・19	17・4・13	江蘇巡撫	荘有恭	17・11・24	4	405	
					14（下）	黒鉛	5万									
	雲南	委員		冷廷豊	16（2加）	銅	○102万5521		17・5・9	17・7・16						
	雲南	委員		王廷言	16（4）	銅	△102万7764		17・6・8	17・8・11						
103	貴州	委員	広順知州	費逐学	16（1）等白黒鉛		105万9225	10	17・7・25戌	17・9・3午	署山東巡撫	楊応琚	17・11・24	4	411	
104	雲南	委員	候補通判	李龍驎	17（2）	銅	○110万8150	11	17・10・17	17・11・1	管安徽巡撫	張師載	17・11・26	4	429・430	乾隆17年2月10日上諭
105	雲南	委員	寧州知州	呉本涵	17（4）	銅	110万4450		17・10・15	17・11・1	貴州巡撫	開泰	17・11・29	4	456	
	雲南	委員	保山県典史	朱弘至												
106	貴州	委員	普定県典史	陸致祥	19（上）	白鉛	83万200		17・10・8	・10・20	四川総督	策楞	17・12・2	4	479	
					14（下）	黒鉛										
107	貴州	委員		陸致祥	19（上）	白鉛	72万		17・11・16	・11・18	署理湖南巡撫	范時綬	17・12・3	4	493	
					14（下）	黒鉛	11万200									
108	貴州	委員		費逐学	18（下）14	白黒				17・9・2湾	直隷総督	方観承	17・12・8	4	536・537	
	貴州	委員		蔡麒	18（下）14	白黒			17・9・2	17・9・8						
	貴州	委員		恒昌	18（下）14	白黒			17・9・14	17・9・20						
	湖北	委員		李道賢	17	黒鉛				17・10・11						
	雲南	委員		王廷言	16（4）	銅			17・9・16	17・10・16						
	雲南	委員		冷廷豊	17（1加）	銅			17・10・19	17・11・17						
109	雲南	委員		楊嘉緯	17（1）	銅	○108万4707	11	17・9・14	17・11・4	江南河道総督	高斌	17・12・13	4	585・586	
110	雲南	委員		呉夢旭	—		—		—	—	湖北巡撫	恒文	17・12・20	4	646	
				朱文珮												
	雲南	委員		胡階	—		—		—	—						
				楊家相												
	貴州	委員		陸致祥	—		—		—	—						
111	貴州	委員	独山州同	欧陽璐	17（下）	白鉛	105万		17・9・13	17・9・29	四川総督	策楞	17・12・21	4	669	
	雲南	委員	候補同知	鞏元衡	17（3）等	銅	△105万4438	15								
	雲南	委員	南安州吏目	王啓鶴												
112	雲南	委員	署安平県事	郭振	19（上）14	白黒	139万1220			・11・16重慶	貴州巡撫	開泰	17・12・29	4	700・701	

			試用知県			鉛										
113	雲南	委員		鞏元衡・王啓鶴	—		—		—	—	湖北巡撫	恒文	18・2・12	4	722	
	貴州	委員		郭振												
	貴州	委員		陸致祥												
114	雲南	委員	候補同知	鞏元衡	17（3）等	銅	△105万4438		17・12・16	17・12・22	署理湖南巡撫	范時綬	18・2・19	4	726	
115	雲南	委員		鞏元衡	—		—		—	—	湖北巡撫	恒文	18・3・8	4	767	
	湖南	委員		朱中理												
116	貴州	委員		蔡麒	18（下）	白鉛	64万		17・5・22	17・7・25	江蘇巡撫	荘有恭	18・3・10	4	792	
					14（下）	黒鉛	8万5000									
117	雲南	委員	南寧知県	謝廸	17（2加）	銅	94万2170		18・1・22瀘州	18・2・30	雲南巡撫	愛必達	18・3・20	4	849・850	乾隆14年6月18日廷寄引用上諭
	雲南	委員	試用吏目	林培												
118	雲南	委員	委用知県	高綸	18（2）	銅	110万4450		18・1・19	18・2・6	貴州巡撫	開泰	18・3・25	4	886・887	
	雲南	委員	委用従九品	沈明												
119	雲南	委員	南寧知県	謝廸	17（2加）	銅	94万991		17・2・3	18・1・15	貴州巡撫	開泰	18・3・25	4	887・888	
	雲南	委員	試用吏目	林培												
120	雲南	委員	澂江府通判	胡階	17（1）	銅	116万1881	23	18・3・2	18・3・19	江南河道総督	高斌	18・4・6	5	32・33	乾隆14年5月27日、17年1月21日上諭
121	雲南	委員	澂江府通判	胡階	17（1）	銅	116万1881	23	18・2・27	18・3・1	漕運総督	瑚宝	18・4・6	5	54・35	乾隆14年5月27日上諭
	貴州	委員	普定県典史	陸致祥	19（上）	白鉛	72万	7	18・3・19	18・3・24						
					14（下）	黒鉛	11万200									
122	貴州	委員	普定県典史	陸致祥	19（上）	白鉛	72万	7	18・1・21	18・2・23	管安徽巡撫	張師載	18・4・9	5	62・63	乾隆17年2月上諭
					14（下）	黒鉛	11万200									
123	湖南	委員	澧州州判	朱中理	17（下）	黒鉛	36万7964	7	18・4・3	18・4・9	漕運総督	瑚宝	18・4・10	5	76	
124	雲南	委員		呉本涵	—		—		—	—	湖北巡撫	恒文	18・4・11	5	80・81	
	貴州	委員		郭振												
125	雲南	委員		楊嘉緯	17（1）	銅	○108万4704	11	17・7・27	18・2・25	江蘇巡撫	荘有恭	18・4・18	5	133	
	雲南	委員		王文照												
	雲南	委員		李龍驤	17（2）	銅	○110万8150	11	17・11・1	18・2・25						
126	雲南	委員	寧州知州	呉本涵	17（4）	銅	110万4450		17・12・4	18・2・27	署理四川総督印務	黄廷桂	18・4・21	5	149	
	雲南	委員	保山県典史	朱弘至												
127	貴州	委員	独山州同	欧陽璐	18（上）	白鉛	105万		18・2・21	18・3・4	同四川総督	黄廷桂	18・4・21	5	149	
128	雲南	委員	候補同知	鞏元衡	17（3）等	銅	○112万438	11	18・2・17	18・3・11	管安徽巡撫	張師載	18・4・24	5	166	乾隆17年2月上諭
129	湖南	委員	澧州州判	朱中理	17（下）	黒鉛	36万7954.8		18・2・2	18・2・7	両江総督、江西巡	鄂容安	18・4・24	5	169・170	
	雲南	委員	候補同知	鞏元衡	17（3）等	銅	105万4438		18・2・11	18・2・16						

	貴州	委員	安平知県	郭振	19（上）14	白黒	139万1220		18・2・23	18・3・1	撫					
130	広東	委員	恵州通判	姜宏正	17	錫	21万1713		18・2・2	18・3・2	両江総督、江西巡撫	鄂容安	18・4・24	5	171	
131	貴州	委員	普定県典史	陸致祥	19（上）	白鉛	72万	7	18・3・24	18・4・18	江南河道総督	高斌	18・4・24	5	180	乾隆14年5月27日上諭
					14（下）	黒鉛	11万200									乾隆17年1月21日上諭
132	雲南	委員		呉本涵・朱弘至	17（4）	銅	110万5047		18・3・15	18・3・19	署理湖南巡撫	范時綬	18・4・28	5	197・198	
133	貴州	委員		恒昌	18（下）14	白黒	122万5957		17・6・21	17・8・18	江蘇巡撫	荘有恭	18・4・28	5	213・214	
	湖南	委員		李道賢	17	黒鉛	1万7669	1	17・8・26	17・9・20						
	湖南	委員		龔錡	17（上）	黒鉛	35万285.8	2	17・9・7	18・2・25						
134	雲南	委員	候補同知	楊渼	18（1）	銅	110万4450		18・1・11	18・4・1	雲貴総督	碩色	18・4・28	5	218	乾隆14年6月18日上諭
	雲南	委員	麗江府知事	繆之琳												
135	雲南	委員		楊嘉緯	17（1）	銅	○108万4704	11	17・11・4未	18・3・23辰	暫署山東巡撫	楊応琚	18・4・29	5	229	
	雲南	委員		王文照												
136	貴州	委員	貴筑県典史	王珩	19（下）	白鉛	64万			18・3・8重慶	貴州巡撫	開泰	18・4・30	5	232	
137	雲南	委員	候補同知	鞏元衡	17（3）等	銅	105万4438	11	18・4・10	18・4・18	漕運総督	瑚宝	18・5・11	5	328・329	乾隆14年5月27日上諭
	広東	委員	恵州通判	姜宏正	17	錫	21万1713	2	18・4・10	18・4・17						
138	湖南	委員	澧州州判	朱中理	17（下）	黒鉛	35万284	3	18・2・9	18・2・30	管安徽巡撫	張師載	18・5・13	5	341・342	乾隆17年2月上諭
	貴州	委員	安平知県	郭振	19（上）14	白黒	139万1220	3	18・3・2	18・3・11						
	広東	委員	恵州通判	姜宏正	17	錫	21万7713	4	18・3・3	18・3・19						
139	雲南	委員		謝廸・林培	—		—		—	—	湖北巡撫	恒文	18・5・15	5	351	
	貴州	委員		王珩												
140	雲南	委員	委用知県	蕭思濬	18（1加）	銅	94万991		18・4・1咸寧		貴州巡撫	開泰	18・5・15	5	352・353	
	雲南	委員	委用従九品	鄧錫禧												
141	湖南	委員	澧州州判	朱中理	17（下）	黒鉛	36万7954	7	18・4・9	18・4・18	江南河道総督	高斌	18・5・16	5	367	
	広東	委員	恵州通判	姜宏正	17	錫	21万7947	4	18・4・17	18・4・29						
142	貴州	委員	貴筑県典史	王珩	19（下）	白鉛	64万	9	18・3・8	18・4・3	署理四川総督印務	黄廷桂	18・5・16	5	383	
143	雲南	委員	南寧知県	謝廸	17（2加）	銅	94万2170	15	18・1・24	18・4・6	署理四川総督印務	黄廷桂	18・5・16	5	384	
	雲南	委員	試用吏目	林培												
144	貴州	委員	安平知県	郭振	19（上）	白鉛	128万957	14	18・4・26	18・4・29	漕運総督	瑚宝	18・5・19	5	404・405	乾隆14年5月27日上諭
					14（下）	黒鉛	11万263									
145	雲南	委員		楊嘉緯	17（1）	銅	○108万4704		18・3・29	18・4・11	直隷総督	方観承	18・5・24	5	451	
146	雲南	委員		謝廸	17（2加）	銅	○99万3355余		18・4・20	18・4・25	署理湖南巡撫	范時綬	18・5・26	5	472・473	
	雲南	委員		林培												
147	貴州	委員		王珩	19（下）	白鉛	△57万		18・4・20	18・4・23	署湖南巡撫	范時綬	18・5・26	5	474・475	
148	雲南	委員	澂江府通判	胡階	17（1）	銅	116万1881	23	18・3・19	18・4・28	暫署山東巡撫	楊応琚	18・5・28	5	503	

	雲南	委員	嶍峨県典史	楊家相	17（1）	銅	116万1881	23	18・3・19	18・4・28	暫署山東巡撫	楊応琚	18・5・28	5	503	
149	雲南	委員	委用知県	高綸	18（2）	銅	○110万8673		18・2・13	18・5・7	雲貴総督	碩色	18・5・29	5	525・526	乾隆14年6月18日上諭
	雲南	委員	委用従九品	沈明												
150	貴州	委員	普定知県	任文翌	19（下）	白鉛	128万957		18・4・1	18・4・28	署貴州巡撫	定長	18・6・2	5	535	
151	雲南	委員	候補同知	韋元衡	17（3）等	銅	105万4438	11	18・4・18	18・5・13	江南河道総督	高斌	18・6・6	5	554	乾隆14年5月27日上諭
	貴州	委員	安平知県	郭振	19（上）	白鉛	128万957		18・4・29	18・5・21						乾隆17年1月21日上諭
					14（下）	黒鉛	11万263									
152	貴州	委員		任文翌	19（下）	白鉛	△121万957		18・6・6	18・6・10	署湖南巡撫	范時綬	18・6・22	5	614・615	
153	貴州	委員		費遜学	18（下）14	白黒	△105万9225		17・6・10	17・8・10	江蘇巡撫	荘有恭	18・6・29	5	642・643	
	雲南	委員		胡階	17（1加）	銅	○116万1881		18・1・8	18・3・28						
154	貴州	委員		陸致祥	19（上）	白鉛	72万	7	18・4・18申	18・6・18寅	暫署山東巡撫	楊応琚	18・7・9	5	725	
					14（下）	黒鉛	11万200									
	湖南	委員	澧州州判	朱中理	17（下）	黒鉛	35万284	7	18・4・19辰	18・6・22未						
155	雲南	委員	候補同知	楊渼	18（1）	銅	110万4450		18・3・1	18・5・19	署理四川総督印務	黄廷桂	18・7・12	5	743・744	
	雲南	委員	麗江府知事	繆之琳												
156	貴州	委員	普定知県	任文翌	19（下）	白鉛	128万957	18	18・4・28	18・5・19	署四川総督	黄廷桂	18・7・12	5	745	
157	湖南	委員	岳州経歴	沈成元	18（上）	黒鉛	36万7954		18・6・9	18・6・21	署湖南巡撫	范時綬	18・7・13	5	759	
158	雲南	委員		楊渼	18（1）	銅	△103万4450		18・6・10	18・6・12	署理湖南巡撫	范時綬	18・7・13	5	760	
	雲南	委員		繆之琳												
159	広東	委員	恵州通判	姜宏正	17	錫	21万7713	2	18・4・30午	18・6・29巳	署山東巡撫	楊応琚	18・7・15	5	784・785	
160	雲南	委員	候補知県	陳天龍	18（3）	銅	110万4450		18・5・20	18・6・7	署貴州巡撫	定長	18・7・18	5	825	
	雲南	委員	候補従九品	許純												
161	雲南	委員	寧州知州	呉本涵	17（4）	銅	110万5047		18・5・8	18・5・10	両江総督、江西巡撫	鄂容安	18・7・20	5	856・857	
	貴州	委員	貴筑県典史	王珩	19（下）	白鉛	△59万4000	9	18・6・11	18・6・12						
	雲南	委員	南寧知県	謝廸	17（加）	銅	○99万3355余		18・6・10	18・6・14						
162	雲南	委員	呉本涵・朱弘至		—		—		—	—	湖北巡撫	恒文	18・5・15	5	868	
	雲南	委員	謝廸・林培													
163	湖南	委員	岳州経歴	沈成元	18（上）	黒鉛	36万7954		18・7・4	18・7・6	両江総督、江西巡撫	鄂容安	18・8・1	6	28	
164	雲南	委員	寧州知州	呉本涵	17（4）	銅	110万5047	11	18・5・10	18・5・23	管安徽巡撫	張師載	18・8・6	6	88	乾隆17年2月上諭
	貴州	委員	貴筑県典史	王珩	19（下）	白鉛	△59万4000	6	18・6・13	18・6・20						
165	雲南	委員	候補知県	蕭思濬	18（1加）	銅	94万9757.64		18・4・26	18・6・25	雲南巡撫	愛必達	18・8・6	6	92・93	乾隆14年6月18日上諭
	雲南	委員	委用従九品	鄧錫疇												
166	雲南	委員	候補同知	韋元衡	17（3）等	銅	105万4438		18・5・16辰	18・7・22辰	暫署山東巡撫	楊応琚	18・8・17	6	177	
	雲南	委員	南安州吏目	王啓鶴												

167	貴州	委員	普定知県	任文翌	19（下）	白鉛	△121万957		18・7・20	18・8・4	両江総督、江西巡撫	鄂容安	18・8・18	6	204・205	
168	貴州	委員		陸致祥	19（上）	白鉛	72万		18・2・23	18・4・23	江蘇巡撫	荘有恭	18・8・21	6	223・224	
					14（下）	黒鉛	11万200									
	湖南	委員		朱中理	17（下）	黒鉛	35万284		18・2・30	18・4・28						
169	貴州	委員		郭振	19（上）	白鉛	128万957		18・3・22午	18・7・28未	暫署山東巡撫	楊応琚	18・8・22	6	239	
					14（下）	黒鉛	11万263									
170	雲南	委員	委用知県	蕭思濬	18（1加）	銅	94万9757.64		18・6・25	18・8・19	署理四川総督印務	黄廷桂	18・10・1	6	317	
	雲南	委員	委用従九品	鄧錫禧												
171	貴州	委員		王珩	19（下）	白鉛	△59万4000	9	18・6・11	18・6・12	署山東巡撫	楊応琚	18・10・4	6	340	
172	湖北	委員	黄梅知県	張一元	18	黒鉛	1万7669	1	18・9・13	18・9・15	漕運総督	瑚宝	18・10・6	6	358・359	乾隆14年5月27日上諭
	湖南	委員	湘陰県丞	沈成元	18（上）	黒鉛	36万7954	6	18・9・16	18・9・20						
	貴州	委員	普定知県	任文翌	19（下）	白鉛	△121万957	11	18・9・21	18・9・26						
173	湖北	委員	黄梅知県	張一元	18	黒鉛	1万7669	1	18・8・15	18・8・17	両江総督、江西巡撫	鄂容安	18・10・7	6	362	
174	雲南	委員	候補知県	戴家駒	18（4）	銅	110万4450		18・8・8	18・8・26	署貴州巡撫	定長	18・10・13	6	422	
	雲南	委員	候補吏目	包焯												
175	湖南	委員		朱中理	17（下）	黒鉛	35万284			18・7・3天津	直隷総督	方観承	18・10・14	6	433・434	
	雲南	委員		鞏元衡	17（3）等	銅	105万4438		18・7・26	18・9・6天津						
	貴州	委員		郭振	19（上）	白鉛	128万957		18・8・2							
					14（下）	黒鉛	11万263									
176	雲南	委員	楊渼・蕭思濬								湖北巡撫	恒文	18・10・21	6	474	
177	雲南	委員	呉本涵・朱弘至		17（4）	銅	110万5047	11		18・10・4	直隷総督	方観承	18・10・24	6	529	
178	雲南	委員	南寧知県	謝廸	17（2加）	銅	99万3355余	19	18・8・18	18・9・12		策楞	18・10・25	6	546・547	
												富勒赫				
179	雲南	委員	寧州知州	呉本涵	17（4）	銅	110万5047	11	18・8・14巳	18・9・26申	署山東巡撫	楊応琚	18・11・2	6	621	
180	貴州	委員		王珩		白鉛	△48万9090		18・9・26	18・10・13	直隷総督	方観承	18・11・9	6	687	
181	雲南	委員	委用知県	高綸	18（2）	銅	△90万8673		18・9・27	18・10・5	護理江西巡撫印務	王興吾	18・11・12	6	715	
182	貴州	委員	邛水県丞	翟廷法	18（1）	白鉛	64万2604			18・10・6重慶	署貴州巡撫	定長	18・11・15	6	741	
183	湖北	委員	黄梅知県	張一元	18	黒鉛	1万7669	2	18・9・21戌	18・10・6寅	署山東巡撫	楊応琚	18・11・17	6	781	
184	貴州	委員	鎮遠県丞	翟廷法	18（1）	白鉛	64万2604		18・10・6重慶	18・10・7	四川総督	黄廷桂	18・11・21	6	809	
185	雲南	委員	候補知県	陳天寵	18（3）	銅	△103万9981	15	18・8・20	18・10・6	四川総督	黄廷桂	18・11・21	6	810	
	雲南	委員	試用従九品	許紳												
186	雲南	委員	試用従九品	許紳	18（1）	銅	△103万4450		18・8・14	18・8・23	護理江西巡撫印務	王興吾	18・11・28	6	891	
	雲南	委員	候補通判	楊渼												

187	雲南	委員		陳天龍・許純	18（3）	銅	△103万9981		18・10・30	18・11・3	署湖南巡撫	范時綬	18・11・29	6	903	
188	雲南	委員	南寧知県	謝廸	17（2加）	銅	○99万3355余	19	18・9・12	18・10・22未	暫署山東巡撫	楊応琚	18・11・29	6	909	
	雲南	委員	試用吏目	林培												
189	雲南	委員	候補通判	楊渼	18（1）	銅	△103万4450		18・8・22	18・9・7	安徽巡撫	衛哲治	18・11・29	6	915・916	
	雲南	委員	麗江府知事	繆之琳												
	雲南	委員	委用知県	高綸	18（2）	銅	△90万8673		18・10・9	18・10・19						
	雲南	委員	委用従九品	沈明在												
190	雲南	委員		呉本涵	17（4）	銅	110万5047		18・10・1	18・10・10	直隷総督	方観承	18・12・3	7	14	
191	雲南	委員	候補同知	楊渼	18（1）	銅	△103万4450	10	18・10・27	18・11・29	漕運総督	瑚宝	18・12・5	7	41・42	乾隆14年5月27日上諭
	雲南	委員	麗江府知事	繆之琳												
192	雲南	委員		蕭思濬・高綸	—		—		—	—	湖広総督、署湖南巡撫	開泰	18・12・16	7	169	
	貴州	委員		翟廷法	—		—		—	—						
193	雲南	委員	候補知県	蕭思濬	18（1加）	銅	94万9757.64		18・11・6	18・11・10	護理江西巡撫印務	王興吾	18・12・17	7	179	
	雲南	委員	委用従九品	鄧錫禧												
194	雲南	委員		楊渼	18（1）	銅	△103万4450		18・11・2	18・11・7	署理湖南巡撫	范時綬	18・12・17	7	184・185	
	雲南	委員		繆之琳												
195	貴州	委員	鎮遠県丞	翟廷法	20（上）	白鉛	64万2604		18・11・5	18・11・7	署理湖南巡撫	范時綬	18・12・17	7	185・186	
196	雲南	委員	候補知県	戴家駒	18（4）	銅	110万4450		18・9・3瀘州	18・10・26	雲南巡撫	愛必達	18・12・20	7	210	乾隆14年6月18日上諭
	雲南	委員	候補吏目	包焯												
197	雲南	委員	謝廸・林培		17（加）	銅	○99万3355余			18・11・1	直隷総督	方観承	18・12・23	7	247	
198	貴州	委員	貴筑知県	婁起鎬	20（上）	白鉛	128万957			18・11・27重慶	署貴州巡撫	福温	18・12・28	7	281	
199	雲南	委員		陳天龍・許純	18（3）	銅	○111万4981余		18・11・29	18・12・6	署湖南巡撫	范時綬	19・1・8	7	326・327	
200	雲南	委員	候補通判	楊渼	18（1）	銅	△103万4450		18・11・29	18・12・5		尹継善 富勒赫 白鍾山	19・1・12	7	379・380	
201	湖南	委員	湘陰県丞	沈成元	18（上）	黒鉛	36万7954		18・9・20	18・11・8		尹継善 富勒赫	19・1・12	7	380	
	貴州	委員	普定知県	任文翌	19	白鉛	△121万957		18・9・26	18・11・8		白鍾山				
202	貴州	委員	貴筑知県	婁起鎬	18	白鉛	128万957	18	18・11・27	18・12・15	吏部尚書・四川総督	黄廷桂	19・1・21	7	436・437	
203	雲南	委員	候補知県	戴家駒	18（4）	銅	△103万4450	15	18・9・11瀘州	18・12・27	吏部尚書・四川総督	黄廷桂	19・1・21	7	437・438	
	雲南	委員	候補吏目	包焯												
204	雲南	委員	候補知県	蕭思濬	18（1加）	銅	○94万9757	18	19・1・21	19・1・25	漕運総督	瑚宝	19・1・26	7	496	乾隆14年5月27日上諭
205	湖南	委員	宝慶府経歴	江大有	18（下）	黒鉛	35万285余		18・12・10	19・1・5	署湖南巡撫	范時綬	19・1・29	7	508・509	
206	雲南	委員	候補知県	蕭思濬	18（1加）	銅	○94万9757		18・11・11	18・11・27	安徽巡撫	衛哲治	19・2・6	7	536	

	雲南	委員	委用従九品	鄧錫禧												
207	貴州	委員	貴筑知県	婁起鎬	20（上）	白鉛	128万957		19・1・14	19・1・25	湖南巡撫	胡宝瑔	19・2・14	7	587	
208	貴州	委員		翟廷法		白鉛					湖北巡撫	張若震	19・2・18	7	606	
209	雲南	委員	候補知県	盧純嘏	18（1加）	銅	○94万991余		18・11・21瀘州	19・1・15	雲南巡撫	愛必達	19・2・19	7	610・611	乾隆14年6月18日上諭
	雲南	委員	委用従九品	温而埰												
210	雲南	委員	委用知県	高綸	18（2）	銅	△90万8673	9	19・1・27	19・1・30	漕運総督	瑚宝	19・2・19	7	612・613	乾隆14年5月27日上諭
211	雲南	委員		楊渼	18（1）	銅	△103万4450		18・11・29	19・2・16		尹継善	19・2・19	7	672・673	
												富勒赫				
	雲南	委員		蕭思濬	18（加）	銅	○94万9757		19・1・25	19・2・16		白鍾山				
212	湖南	委員	湘陰県丞	沈成元	18（上）	黒鉛	36万7954	6	18・11・8午	19・1・21寅	署山東巡撫	楊応琚	19・3・7	7	722	
213	雲南	委員	戴家駒・包焯		18（4）	銅	△103万4450		19・2・1	19・2・9	湖南巡撫	胡宝瑔	19・3・10	7	742	
214	雲南	委員		呉本涵	17（4）	銅	○110万5047		18・5・23	18・8・20	江蘇巡撫	荘有恭	19・3・13	7	754・755	
215	湖南	委員	宝慶府経歴	江大有	18（下）	黒鉛	35万285余		19・1・26	19・1・28	江西巡撫	范時綬	19・3・16	7	764	
216	湖南	委員		江大有	18（下）	黒鉛	35万285余		19・1・28	19・2・12	安徽巡撫	衛哲治	19・3・16	7	784	
217	雲南	委員	委用知県	高綸	18（2）	銅	△90万8673		19・1・30	19・2・24		尹継善	19・3・24	7	804	
	雲南	委員	麗江府知事	繆之琳	18（1）	銅	7万		19・2・26	19・3・5		富勒赫				
218	貴州	委員	邛水県丞	翟廷法	20（上）	白鉛	64万2604		19・1・10	19・2・10	安徽巡撫	衛哲治	19・3・24	7	808	
	雲南	委員	麗江府知事	繆之琳	18（1）	銅	7万		19・1・1	19・1・27						
219	貴州	委員		任文翌	19	白鉛	△121万957	11	18・11・8午	19・2・15子	山東巡撫	楊応琚	19・3・26	7	826	
220	雲南	委員	麗江府知事	繆之琳	18（1）	銅	7万	1	19・2・24	19・2・26	漕運総督	瑚宝	19・3・26	7	830・831	乾隆14年5月27日上諭
	雲南	委員	候補知県	陳天寵	18（3）	銅	○111万4981余	11	19・3・4	19・3・6						
	貴州	委員	邛水県丞	翟廷法	20（上）	白鉛	64万2604	7	19・3・4	19・3・6						
	湖南	委員	宝慶府経歴	江大有	18（下）	黒鉛	35万285余	4	19・3・10	19・3・13						
221	雲南	委員	繆之琳・陳天龍・許純・沈明在		—		—		—	—	湖北巡撫	張若震	19・3・27	7	840・841	
222	貴州	委員		任文翌	19	白鉛	△121万957		19・2・22	19・3・10	直隷総督	方観承	19・4・8	8	3	
	湖南	委員		沈成元	18（上）	黒鉛	36万7954		19・2・21	19・3・10						
223	雲南	委員	高綸・沈明在		18（2）	銅	△90万8673余		19・1・27	19・1・30	湖南巡撫	胡宝瑔	19・4・10	8	9	
224	雲南	委員	委用従九品	沈明在	18（2）	銅	13万		19・2・29	19・3・5	江西巡撫	范時綬	19・4・11	8	19	
	貴州	委員	貴筑知県	婁起鎬	20（上）	白鉛	128万957		19・3・11	19・3・17						
225	雲南	委員	候補知県	蕭思濬	18（加）	銅	○94万9757	18	19・2・18辰	19・3・16辰	山東巡撫	楊応琚	19・4・11	8	33	
226	雲南	委員	候補通判	楊渼	18（1）	銅	△103万4450	11	19・2・16戌	19・3・24巳	山東巡撫	楊応琚	19・4・20	8	70・71	
	雲南	委員	麗江府知事	繆之琳												
	雲南	委員	委用知県	高綸	18（2）	銅	△90万8673余	9	19・2・25午	19・3・27寅						
	雲南	委員	委用従九品	沈明在												

227	雲南	委員	候補知県	盧純嘏	18（1加）	銅	○94万991余		18・11・29	19・2・30	吏部尚書・四川総督	黄廷桂	19・4・21	8	76・77	
	雲南	委員	従九品	温而埰												
228	雲南	委員		沈明在	—		—		—	—	湖北巡撫	張若震	19・4・26	8	120	
	貴州	委員		婁起鎬	—		—		—	—						
229	雲南	委員	候補知県	陳天寵	18（3）	銅	○111万4981余	11	19・3・7	19・4・3		尹継善	19・4・26	8	123	
	貴州	委員	邛水県丞	翟廷法	20（上）	白鉛	64万2604	7	19・3・7	19・4・2						
	湖南	委員	宝慶府経歴	江大有	18（下）	黒鉛	35万285余	4	19・3・13	19・4・1		富勒赫				
230	貴州	委員	荔波県丞	楊弘績	20（下）	白鉛	72万7380余			19・4・2重慶	貴州巡撫	定長	19・4・27	8	124	
						黒鉛	9561余									
231	雲南	委員	高綸・沈明在		18（2）	銅	110万8673余		19・4・13	19・4・17	漕運総督	瑚宝	19・4・27	8	133	乾隆14年5月27日上諭
232	雲南	委員	委用知県	呉際盛	19（1）	銅	110万4450		19・1・28	19・3・21	雲南巡撫	愛必達	19・閏4・1	8	169・170	乾隆14年6月18日上諭
	雲南	委員	候補吏目	李業勲												
233	雲南	委員	戴家駒・包焯		18（4）	銅	△103万4683		19・2・30	19・3・5	湖南巡撫	胡宝瑔	19・閏4・3	8	190・191	
234	雲南	委員	候補知県	盧純嘏	18（2加）	銅	○94万991余		19・4・8	19・4・13	湖南巡撫	胡宝瑔	19・閏4・3	8	191	
	雲南	委員	従九品	温而埰												
235	貴州	委員		任文翌	19（下）	白鉛	△121万957		18・8・23	18・11・16	江蘇巡撫	荘有恭	19・閏4・9	8	220	
236	貴州	委員		任文翌	19（下）	白鉛	△121万957		19・3・6	19・4・8	直隷総督	方観承	19・閏4・13	8	253	
	雲南	委員	南寧知県	謝廸	17（加）	銅	○99万3355余			19・4・19						
	湖南	委員		沈成元	18（上）	黒鉛	36万7954			19・4・5						
	雲南	委員	候補通判	楊渼	18（1）	銅	△103万4450		19・4・6							
	雲南	委員	委用知県	高綸	18（2）	銅	△90万8673余		19・4・8							
237	雲南	委員	委用知県	高綸	18（2）	銅	△90万8673余	9	19・2・25午	19・3・27寅	河東河道総督・暫管山東巡撫	白鍾山	19・閏4・19	8	291	
238	貴州	委員	荔波県丞	楊宏績	20（下）	白鉛	86万2621余	10	19・4・2	19・4・14	吏部尚書・四川総督	黄廷桂	19・閏4・10	8	296・297	
239	雲南	委員	候補通判	張韷	19（2）	銅	110万5319		19・2・27	19・4・18	雲南巡撫	愛必達	19・閏4・22	8	334・335	乾隆14年6月18日上諭
	雲南	委員	候補吏目	陳安国												
240	貴州	委員	貴筑知県	婁起鎬	20	白鉛	128万957	10	19・閏4・8	19・閏4・11	漕運総督	瑚宝	19・閏4・23	8	342	乾隆14年5月27日上諭
241	貴州	委員	貴筑知県	婁起鎬	20	白鉛	128万957	10	19・3・20	19・4・4	安徽巡撫	衛哲治	19・閏4・25	8	361・362	
	雲南	委員	委用従九品	沈明在	18（2）	銅	13万		19・3・6	19・3・29						
242	雲南	委員		楊渼	18（1）	銅	△103万4450	11	19・2・16戌	19・3・24巳	河東河道総督・暫管山東巡撫	白鍾山	19・閏4・26	8	374	
243	湖北	委員		沈成元	18（上）	黒鉛	36万954余		18・7・17	18・11・19	江蘇巡撫	荘有恭	19・閏4・26	8	383・384	
244	雲南	委員		呉本涵	17（4）	銅	110万5047			19・4・22	直隷総督	方観承	19・閏4・27	8	391	
245	—	—		—	—		—		—	—	湖南巡撫	胡宝瑔	19・閏4・27	8	393・394	乾隆19年4月30日上諭

246	雲南	委員		沈明在	18（2）	銅	13万		19・4・17	19・閏4・1		尹繼善 富勒赫	19・5・6	8	428・429	
247	貴州	委員	清平知県	萬栻	20（下）	白鉛	128万957			19・閏4・8重慶	貴州巡撫	定長	19・5・8	8	454・455	
248	雲南	委員	候補知県	陳天寵	18（3）	銅	○111万4979	13	19・4・3巳	19・閏4・8巳	河東河道総督・暫管山東巡撫	白鍾山	19・5・12	8	472・473	
	貴州	委員	邛水県丞	翟廷法	20（上）	白鉛	64万2604	7	19・4・2	19・閏4・8未						
249	雲南	委員	呉際盛・李業勲		19（1）	銅	△106万3700		19・閏4・15	19・閏4・17	湖南巡撫	胡宝瑔	19・5・14	8	490・491	
250	貴州	委員	方村県丞	楊弘績	20（下）	白鉛	86万2621余		19・4・29	19・4・30	湖南巡撫	胡宝瑔	19・5・14	8	492・493	
251	雲南	委員	戴家駒・包倬		—		—		—	—	湖北巡撫	張若震	19・5・17	8	512	
	湖南	委員		陳廷嚴	—		—		—	—						
252	雲南	委員	候補知県	戴家駒	18（4）	銅	110万4683		19・4・17	19・閏4・3	安徽巡撫	衛哲治	19・5・17	8	519	
	雲南	委員	候補吏目	包倬												
253	雲南	委員	戴家駒・包倬		18（4）	銅	110万4683		19・4・10	19・4・17	江西巡撫	范時綬	19・5・20	8	537	
254	雲南	委員	委用知県	呉際盛	19（1）	銅	113万3700	16	19・2・7	19・4・29	吏部尚書・四川総督	黄廷桂	19・5・21	8	555・556	
	雲南	委員	候補吏目	李業勲												
255	貴州	委員	清平知県	萬栻	20（下）	白鉛	128万957	16	19・閏4・8	19・閏4・16	吏部尚書・四川総督	黄廷桂	19・5・21	8	562	
256	雲南	委員		張鎔	19（2）	銅	110万5319		19・2・27	19・4・18	湖南巡撫	胡宝瑔	19・5・29	8	623・624	
	雲南	委員		陳安国												
257	貴州	委員	清平知県	萬栻	20（下）	白鉛	128万957	16	19・閏4・26	19・閏4・29	湖南巡撫	胡宝瑔	19・5・29	8	624	
258	雲南	委員	盧純嘏・呉際盛		—	—	—	—	—	—	湖北巡撫	張若震	19・5・29	8	633	
	貴州	委員	楊弘績・萬栻		—	—	—	—	—	—						
259	雲南	委員	候補知県	陳天寵	18（3）	銅	○111万4981余		19・1・10	19・2・10	安徽巡撫	衛哲治	19・5・30	8	648・649	
	雲南	委員	試用従九品	許絅												
260	貴州	委員	貴筑知県	婁起鎬	20（上）	白鉛	128万957		19・閏4・11	19・閏4・28		尹繼善 富勒赫	19・6・4	8	668	
261	雲南	委員		藺思濬		銅	○94万9757		19・4・19		直隷総督	方観承	19・6・6	8	677・678	
	雲南	委員		高綸		銅	△90万8673		19・閏4・4							
	貴州	委員		王珩		白鉛	△59万4000			19・閏4・16						
	雲南	委員		謝廸		銅	○99万3355			19・閏4・11						
262	湖南	委員	宝慶府経歴	江大有	18（下）	黒鉛	35万284	4	19・4・1酉	19・閏4・2未	河東河道総督・暫管山東巡撫	白鍾山	19・6・12	8	762	
263	雲南	委員	候補通判	張鎔	19（2）	銅	110万5319	16	19・3・22	19・閏4・21	吏部尚書・四川総督	黄廷桂	19・6・16	8	817	
	雲南	委員	候補吏目	陳安国												
264	貴州	委員	布政司経歴	田煜	漢口	白鉛	○56万310	6	19・閏4・4	19・閏4・15	四川総督	黄廷桂	19・6・16	8	817・818	
265	雲南	委員	候補通判	李栩	19（1加）	銅	110万6658余		19・4・30	19・5・21	雲南巡撫	愛必達	19・6・21	8	870・871	乾隆14年6月18日上諭

	雲南	委員	候補吏目	曹大泓												
266	雲南	委員	張錩・呉際盛		—	—	—	—	—	—	湖北巡撫	張若震	19・6・26	9	20	
267	雲南	委員		戴家駒	18	銅	110万4450		19・5・11	19・6・1	尹継善・	富勒赫	19・6・27	9	31	
268	雲南	委員	候補知県	盧純詡	18（2加）	銅	○94万991余		19・5・11	19・5・21	安徽巡撫	衛哲治	19・6・28	9	47	
	雲南	委員	従九品	温而埰												
	貴州	委員	方村県丞	楊弘績	20（下）	白鉛	85万3059余		19・5・21	19・5・26						
269	雲南	委員		盧純詡	18（2加）	銅	○94万991余		19・閏4・29	19・5・7	江西巡撫	范時綬	19・6・29	9	51	
	雲南	委員		温而埰												
	貴州	委員		楊弘績	20（下）	白鉛	85万3059余		19・5・15	19・5・19						
270	雲南	委員	委用知県	呉際盛	19（1）	銅	△106万3700		19・6・14	19・6・21	安徽巡撫	衛哲治	19・7・12	9	130	
	雲南	委員	候補吏目	李業勲												
271	湖南	委員	湘陰県丞	范元琳	19（上）	黒鉛	36万7954余		19・6・6	19・6・15	湖南巡撫	胡宝瑔	19・7・16	9	161	
272	貴州	委員	貴筑知県	婁起鎬	20（上）	白鉛	128万957	10	19・閏4・29亥	19・6・20巳	署山東巡撫	郭一裕	19・7・16	9	168・169	
273	雲南	委員	委用知県	高綸	18（2）	銅	△90万8673余	9	19・2・25	19・4・23	署山東巡撫	郭一裕	19・7・16	9	169・170	
	雲南	委員	従九品	沈明在	18（2）	銅	13万									
274	貴州	委員		萬杖	—	—	—	—	—	—	湖北巡撫	張若震	19・7・27	9	250	
	雲南	委員		張錩	—	—	—	—	—	—						
	湖南	委員		范元琳	—	—	—	—	—	—						
275	貴州	委員	清平知県	萬杖	20（下）	白鉛	128万957		19・6・13	19・6・25	安徽巡撫	衛哲治	19・7・27	9	254・255	
276	雲南	委員	張錩・陳安国		19（2）	銅	110万5319		19・6・23	19・6・25	江西巡撫	范時綬	19・8・1	9	286	
277	雲南	委員		戴家駒	18（4）	銅	110万4683	11	19・5・8	19・5・11	漕運総督	瑚宝	19・8・3	9	292・293	乾隆14年5月27日上諭
	貴州	委員		楊弘績	20（下）	白鉛	85万3059余	7	19・6・16	19・6・22						
	雲南	委員		盧純詡	18（2）	銅	○94万991余	18	19・6・22	19・6・25						
278	雲南	委員	候補通判	季梱	19（1加）	銅	110万6659余		19・7・17	19・7・19	湖南巡撫	胡宝瑔	19・8・14	9	340	
	雲南	委員	候補吏目	曹大泓												
279	雲南	委員		盧純詡	18（2加）	銅	△93万2391	17	19・6・25	19・7・20		尹継善	19・8・15	9	342・343	
	雲南	委員		温而埰												
	貴州	委員		楊弘績	20（下）	白鉛	86万2621	7	19・6・22	19・7・28		富勒赫				
280	雲南	委員	張錩・陳安国		19（2）	銅	110万5319		19・7・3	19・7・10	安徽巡撫	衛哲治	19・8・18	9	387	
281	雲南	委員	呉際盛・李業勲		19（1）	銅	△106万3700	10	19・7・19	19・7・23	漕運総督	瑚宝	19・8・21	9	406・407	乾隆14年5月27日上諭
	広東	委員	広州仏山鎮同知	毛維錡	18	錫	21万5947	5	19・7・21	19・7・24						
	貴州	委員		萬杖	20（下）	白鉛	128万957	12	19・7・24	19・7・28						
	雲南	委員	張錩・陳安国		19（2）	銅	110万5319	10	19・8・2	19・8・11						
	湖北	委員	黄岡県丞	余有慶	19	黒鉛	1万7669	1	19・8・10	19・8・14						

282	雲南	委員	候補通判	季榧	19（1加）	銅	△110万6658	16	19・閏4・6	19・6・23	吏部尚書・四川総督	黄廷桂	19・8・22	9	415	
	雲南	委員	候補吏目	曹大泓												
283	雲南	委員		戴家駒・包焯	18（4）	銅	110万4683	11	19・6・2卯	19・7・26未	署山東巡撫	郭一裕	19・8・24	9	421・422	
284	広東	委員	広州仏山鎮同知	毛維錡	18	錫	21万1713		19・5・12	19・6・19	江西巡撫	范時綬	19・8・29	9	456・457	
285	湖南	委員		范元琳	19（上）	黒鉛	36万7954余		19・6・23	19・7・3	江西巡撫	范時綬	19・8・29	9	457・458	
286	雲南	委員	候補知県	羅人文	19（3）	銅	110万4450		19・閏4・23	19・7・17	雲南巡撫	愛必達	19・9・3	9	489・490	
	雲南	委員	従九品	潘一徳												
287	湖南	委員		范元琳	19（上）	黒鉛	35万285		19・7・5	19・7・14	安徽巡撫	衛哲治	19・9・13	9	555	
288	雲南	委員		呉際盛	19（1）	銅	△106万3700	10	19・7・24	19・8・18		尹継善	19・9・16	9	574	
	広東	委員		毛維錡	18	錫	21万1713	5	19・7・25	19・8・5						
	貴州	委員		萬栻	20（下）	白鉛	128万955	12	19・7・28	19・8・19						
	雲南	委員		張鉊	19（2）	銅	110万5315	10	19・8・11	19・8・26		富勒赫				
289	広東	委員		毛維錡	18	錫	21万1713	5	19・8・5	19・8・25	署山東巡撫	郭一裕	19・9・18	9	594・595	
290	雲南	委員		盧純嘏・温而埰	18（2）	銅	△90万991	17	19・7・20午	19・8・20未	署山東巡撫	郭一裕	19・9・18	9	599	
291	雲南	委員		季榧・曹大泓							湖北巡撫	張若震	19・9・28	9	659	
292	湖北	委員	黄岡県丞	余有慶	19	黒鉛	1万7669		19・7・17	19・7・19	江西巡撫	范時綬	19・9・29	9	670	
293	雲南	委員		陳天龍	18（3）	銅	111万4981		19・2・10	19・4・11	江蘇巡撫	荘有恭	19・10・2	9	681・682	
294	貴州	委員	凱里県丞	謝其炳	19（1）	白黒	79万7077			19・9・16重慶	貴州巡撫	定長	19・10・4	9	691	
295	雲南	委員		羅人文	19（3）	銅	○116万1910		19・9・17	19・9・20	湖南巡撫	胡宝瑔	19・10・9	9	741	
	雲南	委員		潘一徳												
296	貴州	委員	方村県丞	楊弘績	20（下）	白鉛	86万2620	7	19・7・28戌	19・9・9巳	署山東巡撫	郭一裕	19・10・9	9	747	
297	湖南	委員		范元琳	19（上）	黒鉛	36万7954		19・8・26	19・9・11	尹継善・	富勒赫	19・10・13	9	769	
298	湖南	委員	湘陰県丞	范元琳	19（上）	黒鉛	36万7954	3	19・8・25	19・8・26	漕運総督	瑚宝	19・10・13	9	773・774	乾隆14年5月27日上諭
299	貴州	委員		翟廷法	20（上）	白鉛	64万2604		19・2・10	19・4・8	江蘇巡撫	荘有恭	19・10・15	9	780	
	貴州	委員		婁起鎬	20（上）	白鉛	128万957		19・4・8	19・5・6						
300	貴州	委員	清平知県	萬栻	20（下）	白鉛	128万957	12	19・8・19辰	19・9・26亥	署山東巡撫	郭一裕	19・10・16	9	792	
301	雲南	委員	委用知県	呉際盛	19（1）	銅	△106万3700	11	19・8・18戌	19・9・25酉	署山東巡撫	郭一裕	19・10・16	9	792・793	
	雲南	委員	候補吏目	李業勲												
302	湖北	委員		余有慶	19	黒鉛	1万7669	1	19・8・19辰	19・9・4亥	署山東巡撫	郭一裕	19・10・16	9	793・794	
303	雲南	委員	候補通判	季榧	19（1加）	銅	△110万6658		19・9・12	19・9・17	江西巡撫	范時綬	19・10・19	9	805・806	
	雲南	委員	候補吏目	曹大泓												
304	雲南	委員	候補知県	羅人文	19（3）	銅	110万4450	16	19・6・3	19・8・22	吏部尚書・四川総督	黄廷桂	19・10・19	9	817・818	
	雲南	委員	従九品	潘一徳												
305	雲南	委員		蕭思濬		銅	94万9757			19・5・6						

	雲南	委員		高綸		銅	91万8673			19・5・21	直隷総督	方観承	19・10・20	9	826	
	雲南	委員		沈明在		銅	13万			19・5・21						
	雲南	委員		楊渼	18（1）	銅	110万4450			19・5・26						
	貴州	委員		翟廷法	20（上）	白鉛	64万2604			19・5・4						
306	雲南	委員	候補通判	張鋸	19（2）	銅	110万5319	12	19・8・27辰	19・10・5未	署山東巡撫	郭一裕	19・10・28	9	869・870	
	雲南	委員	候補吏目	陳安国												
307	雲南	委員		楊渼	18（1）	銅	103万4450		18・9・7	19・2・25	江蘇巡撫	荘有恭	19・11・2	9	892・893	
	雲南	委員		蕭思濬	18（1加）	銅	94万9757		18・11・28	19・2・11						
	湖南	委員		江大有	81（下）	黒鉛	35万285		19・2・12	19・4・6						
	雲南	委員		戴家駒	18（4）	銅	110万4450		19・閏4・3	19・6・9						
308	雲南	委員		盧純嘏	18（2加）	銅	94万991		19・5・22	19・7・25	江蘇巡撫	荘有恭	19・11・2	9	893・894	
	貴州	委員		楊弘績	20（下）	白鉛	86万2621		19・5・26	19・8・7						
	広東	委員		毛維錡	18	錫	21万5947		19・6・28	19・8・9						
309	貴州	委員		謝其炳	21（上）	白黒	79万7077		19・10・11	19・10・13	湖南巡撫	胡宝瑔	19・11・7	10	27・28	
310	湖南	委員		范元琳	19（上）	黒鉛	35万285	3	19・9・11巳	19・10・13酉	署山東巡撫	郭一裕	19・11・11	10	55	
311	貴州	委員	清平県丞	謝其炳	21	白鉛	77万2070	10	19・9・16	19・9・25	四川総督	黄廷桂	19・11・11	10	64	
312	雲南	委員	羅人文・潘一徳		—	—	—	—	—	—	湖北巡撫	張若震	19・11・24	10	145・146	
	貴州	委員	謝其炳	—	—	—	—	—	—	—						
313	雲南	委員		季柟	19（1加）	銅	110万6658	21	19・11・21	19・11・25	漕運総督	瑚宝	19・12・2	10	214	
314	貴州	委員	荔波知県	張鼎	21（上）	白鉛	129万5978			19・10・29	貴州巡撫	定長	19・12・5	10	229	
315	貴州	委員		田煜	漢口	白鉛	54万5606		19・11・7	19・11・12	湖南巡撫	胡宝瑔	19・12・9	10	258	
316	雲南	委員	委用知県	方天葆	19（4）	銅	110万4450		19・9・8瀘州	19・10・27	雲南巡撫	愛必達	19・12・11	10	284・285	
	雲南	委員	候補吏目	許纘余												
317	雲南	委員		戴家駒	18（正）	銅	110万4683			19・9・27	直隷総督	方観承	19・12・17	10	333・334	
	雲南	委員		張鋸	19（2）	銅	110万5319		19・10・12天津							
	雲南	委員		盧純嘏	18（2加）	銅	94万991		19・10・10、3							
	貴州	委員		萬杖	20（下）	白鉛	128万957		19・10・4							
	湖南	委員		范元琳	19（上）	黒鉛	35万285		19・10・18							
318	貴州	委員		張鼎	21（上）	白鉛	128万957		19・10・29	19・11・9	四川総督	黄廷桂	19・12・17	10	348	
319	雲南	委員	羅人文・潘一徳		—	—	—	—	—	—	湖北巡撫	張若震	19・12・19	10	365・366	
320	貴州	委員		張鼎	21（上）	白鉛	129万5978		19・12・4	19・11・9	湖南巡撫	胡宝瑔	20・1・4	10	441	
321	雲南	委員		方天葆	19（4）	銅	132万5340	19	19・9・18	19・12・11	吏部尚書・四川総督	黄廷桂	20・1・20	10	540・541	
	雲南	委員		許纘余												
322	湖南	委員	善化県丞	金承恩	19（下）	黒鉛	35万285		19・12・24	20・1・4	湖南巡撫	胡宝瑔	20・1・24	10	583・584	
323	貴州	委員	張鼎・謝其炳								湖北巡撫	張若震	20・1・25	10	591	

324	雲南	委員		羅人文・潘一徳	19（3）	銅	116万1910		19・11・16	19・12・23	安徽巡撫	鄂楽舜	20・1・28	10	619	
325	雲南	委員	候補知県	羅人文	19（3）	銅	116万1910		19・11・12	19・11・16	江西巡撫	范時綬	20・1・29	10	620・621	
	雲南	委員	従九品	潘一徳												
326	雲南	委員		羅人文	19（3）	銅	116万1910	11	20・2・6	20・2・9	漕運総督	瑚宝	20・2・12	10	695	乾隆14年5月27日上諭
327	雲南	委員	通判	周世棨	19（2）	銅	94万991余		19・11・12瀘州	20・1・9	雲南巡撫	愛必達	20・2・12	10	778	乾隆14年6月18日上諭
	雲南	委員	委用従九品	劉鯤												
328	貴州	委員	凱里県丞	謝其炳	19（1）	白黒	94万1378		19・12・19	20・1・15	安徽巡撫	鄂楽舜	20・2・27	10	793・794	
329	雲南	委員		方天葆	19（4）	銅	132万5559		20・1・11	20・1・13	湖南巡撫	胡宝瑔	20・2・28	10	802	
	雲南	委員		許續余												
330	雲南	委員		季栩	19（1加）	銅	110万6658		19・11・25	20・2・11		富勒赫	20・2・28	10	805・806	
331	雲南	委員		方天葆	—	—	—	—	—	—	湖北巡撫	張若震	20・2・28	10	809	
	湖南	委員		金承恩	—	—	—	—	—	—						
	貴州	委員		張鼎	—	—	—	—	—	—						
332	貴州	委員	凱里県丞	謝其炳	21（上）	白黒	94万1378		19・12・6	19・12・19	江西巡撫	范時綬	20・2・29	10	824	
333	貴州	委員		謝其炳	21（上）	白黒	94万1378	10	20・2・15	20・2・21	漕運総督	瑚宝	20・3・12	10	887	乾隆14年5月27日上諭
334	雲南	委員	候補知県	楊文光	20（1）	銅	110万4589余		19・12・16瀘州	20・2・11	雲南巡撫	愛必達	20・3・21	11	50・51	乾隆14年6月18日上諭
	雲南	委員	候補吏目	杜讃												
335	湖南	委員	善化県丞	金承恩	19（下）	黒鉛	35万285		20・1・29	20・2・7	江西巡撫	胡宝瑔	20・3・24	11	58	
336	雲南	委員		羅人文	19（3）	銅	116万1910		20・2・13清江			富勒赫	20・3・24	11	62	
	貴州	委員		謝其炳	21（上）	白黒	79万7077		20・2・21	20・3・8						
337	雲南	委員	候補通判	季栩	19（1加）	銅	110万6658	21	20・2・11未	20・3・14未	署山東巡撫	郭一裕	20・3・26	11	74・75	
	雲南	委員	候補吏目	曹大泓												
338	貴州	委員		李龍山	漢口	白鉛	94万5490		20・3・5	20・3・7	署湖南巡撫	楊錫紱	20・4・3	11	127	
339	雲南	委員		呉際盛	19（1）	銅	106万3700		19・6・21	19・8・26	江蘇巡撫	荘有恭	20・4・7	11	144	
	雲南	委員		張鋁	19（2）	銅	110万5140		19・7・10	19・9・6						
340	雲南	委員		方天葆	—	—	—	—	—	—	湖広総督・署湖北巡撫	開泰	20・4・15	11	185	
341	雲南	委員		方天葆・許續余	19（4）	銅	132万8559		20・3・10	20・3・20	安徽巡撫	鄂楽舜	20・4・15	11	190・191	
342	雲南	委員	通判	周世棨	19（2）	銅	94万991余	16	19・11・27	20・2・29	吏部尚書・四川総督	黄廷桂	20・4・19	11	211・212	
	雲南	委員	委用従九品	劉鯤												
343	貴州	委員		萬栻	20（下）	白鉛	128万957		19・6・25	19・8・28	江蘇巡撫	荘有恭	20・4・22	11	231	
344	湖南	委員		金承恩	19（下）	黒鉛	35万285	4	20・3・21	20・2・7	漕運総督	瑚宝	20・4・22	11	244	
	貴州	委員	茘波知県	張鼎	21（上）	白鉛	129万5957		20・3・27	20・4・2						
345	雲南	委員		周世棨・劉鯤	19（2）	銅	94万991余		20・3・28	20・4・5	署湖南巡撫	楊錫紱	20・4・22	11	245	
346	雲南	委員	羅人文・潘一徳		19（3）	銅	116万1910		20・3・25		署山東巡撫	郭一裕	20・4・24	11	258・259	

347	湖南	委員		范元琳	19（正）				20・2・22	20・3・3	直隷総督	方観承	20・4・27	11	266・267	
	貴州	委員		萬杕	20（下）				20・3・8	20・3・13						
	雲南	委員		盧純椵	18（2加）				20・3・6	20・3・15						
	雲南	委員		張錩	19（2）				20・3・16	20・3・25						
	雲南	委員		呉際盛	19（1）	銅	106万3700		—	—						
	雲南	委員		季栩	19（1加）	銅	94万991		20・3・20							
348	湖南	委員		金承恩	19（下）	黒鉛	35万285		20・3・23	20・4・5		富勒赫	20・4・29	11	282・283	
349	雲南	委員	楊文光・杜讃		20（加）	銅	138万2546余		20・4・20	20・4・21	署湖南巡撫	楊錫紱	20・5・8	11	332	
350	雲南	委員	楊文光・杜讃		20（1）	銅	110万4586	16	20・1・11	20・3・27	吏部尚書・四川総督	黄廷桂	20・5・10	11	344・345	
					（川銅）	銅	22万890	3								
351	貴州	委員	龍泉県典史	朱錦	21（上）	白鉛	68万2850	9	20・3・24	20・4・5	四川総督	黄廷桂	20・5・10	11	352	
352	雲南	委員		周世棨	—		—		—	—	湖北巡撫	張若震	20・5・14	11	392	
353	雲南	委員	方天葆・許纘余		19（4）	銅	132万8559		20・3・4	20・3・10	江西巡撫	胡宝瑔	20・5・15	11	403	
354	湖南	委員	善化県丞	金承恩	19（下）	黒鉛	35万285		20・2・7	20・3・4	安徽巡撫	鄂楽舜	20・5・15	11	405	
	貴州	委員	荔波知県	張鼎	21（上）	白鉛	129万5957		20・2・10	20・3・5						
	広東	委員	広州海防同治	魏綰	19	錫	21万1713		20・3・28	20・4・7						
355	貴州	委員			21（上）	白鉛	129万5957		20・4・2	20・5・2		富勒赫	20・5・17	11	437	
	広東	委員			19	錫	21万5947		20・4・28	20・5・7						
356	福建	委員	延平府通判	呉省三	19	黒鉛	11万5673	3	20・4・9	20・4・12	漕運総督	瑚宝	20・5・17	11	441・442	乾隆14年5月27日上諭
					紅銅5084・黄銅3439											
	雲南	委員	委用知県	方天葆	19（4）	銅	132万8559	13	20・4・24	20・4・30						
	広東	委員	広州海防同治	魏綰	19	錫	21万5947	2	20・4・24	20・4・27						
357	貴州	委員	永寧知州	金福基	21（下）	白鉛	○131万8957	18	20・4・10	20・4・22	吏部尚書・四川総督	黄廷桂	20・5・22	11	466・467	
358	貴州	委員	凱里県丞	謝其炳	21（上）	白黒	79万1077	10	20・3・10巳	20・4・19子	署山東巡撫	郭一裕	20・5・25	11	496・497	
359	雲南	委員	候補知県	羅人文	19（3）	銅	116万1910	11	20・3・8戌	20・4・19酉	署山東巡撫	郭一裕	20・5・25	11	500	
	雲南	委員	従九品	潘一徳												
360	雲南	委員	候補知県	盛世佐	20（2）	銅	110万7453余	21	20・2・28瀘州	20・4・6	雲南巡撫	愛必達	20・5・26	11	516	乾隆14年6月18日上諭
	雲南	委員	候補吏目	藺実函												
361	貴州	委員		金福基	21（下）	白鉛	○131万8957		20・5・10	20・5・13	署湖南巡撫	楊錫紱	20・5・29	11	564	
362	貴州	委員		朱錦	21（上）	白鉛	○74万667		20・4・28	20・5・2	署湖南巡撫	楊錫紱	20・5・29	11	565	
363	湖南	委員	善化県丞	金承恩	19（下）	黒鉛	35万285	4	20・4・6戌	20・5・16子	署山東巡撫	郭一裕	20・6・1	11	579	
364	雲南	委員		季栩	19（1加）	銅	○110万6658		19・10・8	20・2・20	江蘇巡撫	荘有恭	20・6・2	11	595	

365	雲南	委員			19（4）	銅	132万8559		20・4・30	20・5・22		富勒赫	20・6・7	11	634	
366	雲南	委員		羅人文	19（3）	銅	116万1910		19・12・23	20・3・14	江蘇巡撫	荘有恭	20・6・16	11	723・724	
	貴州	委員	凱里県丞	謝其炳	21（上）	白黒	79万7077		20・1・14	20・3・17						
367	貴州	委員	茘波知県	張鼎	21（上）	白鉛	131万5957	12	20・5・2酉	20・6・6寅	署山東巡撫	郭一裕	20・6・18	11	753	
368	広東	委員		魏綰	19	錫	21万5947		20・2・9	20・3・28	江西巡撫	胡宝瑔	20・6・20	11	771・772	
369	広東	委員		魏綰	19	錫	21万1713	2	20・5・7申	20・6・6午	署山東巡撫	郭一裕	20・6・22	11	813・814	
370	雲南	委員		盛世佐	20（2）	銅	○132万8343		20・6・12	20・6・19	礼部尚書・署湖南巡撫	楊錫紱	20・7・7	12	63	
	雲南	委員		蒯実函												
371	湖南	委員		金承恩	19（下）	黒鉛	35万285		20・3・4	20・4・12	江蘇巡撫	荘有恭	20・7・13	12	111	
372	雲南	委員	候補通判	周世棨	19（2）	銅	94万991		20・6・2	20・6・13	安徽巡撫	鄂楽舜	20・7・18	12	142	
	雲南	委員	委用従九品	劉鯤												
	雲南	委員	候補知県	楊文光	20（1）	銅	○139万2901		20・6・12	20・6・18						
	雲南	委員	候補吏目	杜讃												
373	雲南	委員		周世棨	19（2）	銅	94万991		20・5・27	20・6・2	江西巡撫	胡宝瑔	20・7・19	12	148	
	雲南	委員		劉鯤												
	雲南	委員		楊文光	20（1）	銅	○139万2901		20・6・9	20・6・12						
	雲南	委員		杜讃												
374	雲南	委員	方天葆・許纘余		19（4）	銅	132万8559	13	20・5・22未	20・7・5辰	河東河道総督・暫管山東巡撫	白鍾山	20・7・25	12	196	
375	雲南	委員		周世棨	—	—	—	—	—	—	湖北巡撫	張若震	20・7・26	12	210・211	
	貴州	委員	朱錦・金福基		—	—	—	—	—	—						
376	湖南	委員		江大有	20（上）	黒鉛	36万7954		20・6・10	20・6・25	署湖南巡撫	楊錫紱	20・8・3	12	248・249	
377	貴州	委員	龍泉県典史	朱錦	21（下）	白鉛	○74万667		20・6・18	20・6・21	江西巡撫	胡宝瑔	20・8・8	12	278	
378	雲南	委員		盛世佐	20（2）	銅	○130万4401		20・6・19	20・8・21	湖北巡撫	張若震	20・8・20	12	335・336	
	雲南	委員		蒯実函												
379	貴州	委員		李龍山	漢口	白鉛	○133万9162		20・8・1	20・8・7	署湖南巡撫	楊錫紱	20・8・20	21	342・343	
380	雲南	委員		方天葆	19（4）	銅	132万8559		20・3・20	20・6・6	江蘇巡撫	荘有恭	20・8・21	12	361・362	
381	雲南	運官	候補知県	何煜	20（1）	銅	94万991余		20・5・1瀘州	20・6・24	署雲貴総督	愛必達	20・8・24	12	391・392	乾隆14年6月18日上諭
	雲南	運官	試用従九品	樊天瀠												
382	雲南	委員		周世棨	19（2加）	銅	94万991	18	20・7・20	20・7・23	漕運総督	瑚宝	20・8・24	12	393・394	乾隆14年5月27日上諭
383	雲南	委員	楊文光・杜讃						—	—	湖北巡撫	張若震	20・9・6	12	441・442	
	雲南	委員	盛世佐・蒯実函													
	貴州	委員		金福基												
384	雲南	運官	候補知州	張紫極	20（3）	銅	110万4584余		20・7・1瀘州	20・8・22	署雲南巡撫	郭一裕	20・9・11	12	463・464	乾隆14年6月18日上諭
	雲南	運官	試用従九品	沈懋発												

385	貴州	委員	龍泉県典史	朱錦	21（下）	白鉛	74万667	7	20・8・12	20・8・15	漕運総督	瑚宝	20・9・13	12	492・493	
	貴州	委員	永寧知州	金福基	21（下）	白鉛	131万8957	12	20・8・23	20・8・27						
	湖南	委員	宝慶府経歴	江大有	20（上）	黒鉛	36万7954	4	20・8・26	20・8・28						
	雲南	委員	候補知県	楊文光	20（1）	銅	139万2901	14	20・8・27	20・9・1						
	湖北	委員	漢川県劉家隔巡検	姜鵬	20	黒鉛	1万7669	1	20・8・29	20・9・1						
386	貴州	委員	永寧知州	金福基	21（下）	白鉛	131万8957	12	20・6・30	20・7・6	江西巡撫	胡宝瑔	20・9・14	12	495	
387	湖南	委員	宝慶府経歴	江大有	20（上）	黒鉛	36万7954		20・7・5	20・7・8	江西巡撫	胡宝瑔	20・9・19	12	515	
	湖北	委員	漢川県巡検	姜鵬	20	黒鉛	1万7669		20・8・4	20・8・6						
388	雲南	委員		周世棨	19（2）	銅	94万991		20・7・23	20・8・16		富勒赫	20・9・20	12	526・527	
389	貴州	委員	龍泉県典史	朱錦	21（下）	白鉛	74万667		20・8・15	20・9・10		富勒赫	20・9・24	12	545・546	
	湖南	委員	宝慶府経歴	江大有	20（上）	黒鉛	36万7954		20・8・28	20・9・11						
	湖北	委員	漢川県巡検	姜鵬	20	黒鉛	1万7669		20・8・30	20・9・10						
390	湖南	委員		范元琳	19（正）	黒鉛	35万285		19・7・14	19・9・19	江蘇巡撫	荘有恭	20・9・25	12	555・556	
	貴州	委員		張鼎	21（上）	白鉛	128万957		20・3・5	20・5・8						
	広東	委員		魏綰	19	錫	21万1713		20・4・7	20・5・14						
391	雲南	委員		盛世佐					—	—	湖北巡撫	張若震	20・9・25	12	558	
	湖南	委員	江大有・曾文鶴													
392	福建	委員	興化府通判	宋清源	20 紅銅4622・黄銅3127	黒鉛	11万5673	3	20・9・25	20・9・27	漕運総督	瑚宝	20・10・2	12	589	乾隆14年5月27日上諭
393	雲南	委員	候補知県	盛世佐	20（2）	銅	○130万4426		20・8・23	20・8・29	江西巡撫	胡宝瑔	20・10・12	12	671	
394	雲南	委員		周世棨	19（2加）	銅	94万991	18	20・8・17午	20・9・29寅	河東河道総督・暫管山東巡撫	白鍾山	20・10・20	12	723・724	
	雲南	委員		劉鯤												
395	雲南	運官		何煜	20（1加）	銅	94万991		20・9・21	20・9・26	湖南巡撫	陳弘謀	20・10・24	12	746	
	雲南	運官		樊天瀠												
396	雲南	運官	候補知県	何煜	20（1加）	銅	94万991		20・5・13	20・8・27	四川総督	開泰	20・10・24	12	750	
	雲南	運官	候補吏目	樊天瀠												
397	雲南	委員		方天葆	19（4）	銅	132万8559			20・9・7	署直隷総督	鄂彌達	20・11・1	12	791	
	湖南	委員		江大有	20（上）	黒鉛	36万7954		20・10・9	20・10・15						
398	湖北	委官		姜鵬	20	黒鉛	1万7669	1	20・9・10午	20・9・27午	河東河道総督・暫管山東巡撫	白鍾山	20・11・8	12	830	
	湖南	委官		江大有	20（上）	黒鉛	36万7954	4	20・9・11申	20・10・5辰						
399	貴州	委員	仁懐県典史	陳麒	22（上）	白鉛	66万7669		.	20・10・20重慶	貴州巡撫	定長	20・11・15	13	10・11	
400	貴州	委員	龍泉県典史	朱錦	20	白鉛	△73万5671	6	20・9・10午	20・10・21戌	河東河道総督・暫管山東巡撫	白鍾山	20・11・20	13	47・48	
	雲南	委員	候補知県	楊文光	20（1）	銅	139万2898	14	20・9・27辰	20・11・3未						
401	雲南	委員	候補知州	張紫極					—	—	湖北巡撫	張若震	20・11・23	13	72・73	

402	貴州	委員		金福基	21（下）	白鉛	131万8957		20・8・27	20・9・27		富勒赫	20・11・26	13	85	
	雲南	委員	候補知県	楊文光	20（1）	銅	139万2901		20・9・1	20・9・27						
403	雲南	委員		張紫極・沈懋発	20（3）	銅	110万4584余		20・10・22	20・10・24	湖南巡撫	陳弘謀	20・11・27	13	97	
404	貴州	委員		朱錦	20（1）	白鉛	△70万6167		20・11・1		署直隷総督	鄂彌達	20・11・28	13	111	
405	福建	委員	興化府通判	宋清源	20 紅銅4622・黄銅3127	黒鉛	10万5157		20・10・7巳	20・10・23亥	河東河道総督・暫管山東巡撫	白鍾山	20・12・3	13	144	
406	雲南	運官	候補知州	張紫極	20（3）	銅	○135万1242	19	20・7・10	20・10・9	四川総督	開泰	20・12・9	13	194・195	
	雲南	運官	試用従九品	沈懋発												
407	雲南	委員		周世棨	19（2加）	銅	94万991		20・10・7	20・10・15	署直隷総督	鄂彌達	20・12・14	13	252	
	雲南	委員		楊文光	20（1）	銅	139万2960		20・11・4	20・11・14						
408	貴州	委員		厳兆梅	漢口	白鉛	105万		20・11・11	20・11・14	湖南巡撫	陳弘謀	20・12・16	13	282	
409	雲南	運官	候補知県	徐兆麒	20（4）	銅	110万4854余		20・8・19瀘州	20・10・23	署雲南巡撫	郭一裕	20・12・16	13	289・290	乾隆14年6月18日上諭
	雲南	運官	試用吏目	孫泰学												
410	貴州	委員		陳麒	—	—	—	—	—	—	湖北巡撫	張若震	20・12・16	13	293	
411	貴州	委員	試用通判	劉観佩	22（上）	白鉛	130万8957			20・10・28重慶	貴州巡撫	定長	20・12・21	13	331	
412	貴州	委員		陳麒	22（上）	白鉛	66万7669余		20・11・28	20・12・2	湖南巡撫	陳弘謀	21・1・17	13	482	
413	貴州	委官		劉観佩	22（上）	白鉛	130万8957		20・12・8	20・12・15	湖南巡撫	陳弘謀	21・1・17	13	484・485	
414	雲南	運官		徐兆麒	20（4）	銅	132万9239余		20・12・22	20・12・25	湖南巡撫	陳弘謀	21・1・17	13	485・486	
	雲南	運官		孫泰学												
415	雲南	委員		何煜・樊天瀠	—	—	—	—	—	—	湖北巡撫	張若震	21・1・17	13	487	
	雲南	委員		徐兆麒・孫泰学	—	—	—	—	—	—						
	雲南	委員		張紫極・沈懋発	—	—	—	—	—	—						
416	雲南	委員	麗江井塩課司大使	何紹芝	20（2）	銅	130万4426	13	20・11・27	20・12・13	漕運総督	瑚宝	21・1・18	13	501・502	乾隆14年5月27日上諭
417	貴州	委員		陳麒	22（上）	白鉛	65万5669	9	20・10・20	20・11・16	四川総督	開泰	21・1・19	13	504・505	
	貴州	委官		劉観佩	22（上）	白鉛	128万957	18	20・10・28	20・11・12						
418	雲南	委員	候補知県	何煜	20（1加）	銅	94万991		20・11・20	20・11・30	江西巡撫	胡宝瑔	21・1・29	13	579	
	雲南	委員	候補吏目	樊天瀠												
419	雲南	委員	候補同知	陳重光	20（2加）	銅	94万2861余		20・11・8瀘州	21・1・4	署雲南巡撫	郭一裕	21・2・2	13	588・589	乾隆14年6月18日上諭
	雲南	委員	元謀県典史	趙栄世												
420	雲南	委員		周世棨	19（2加）	銅	94万91		20・6・14	20・8・28	江蘇巡撫	荘有恭	21・2・9	13	652	
	湖南	委員		江大有	20（上）	黒鉛	35万284		20・7・24	20・9・14						
421	雲南	委員	候補知州	張紫極	20（3）	銅	133万8234		20・12・13	21・1・2	江西巡撫	胡宝瑔	21・2・13	13	677	
	雲南	委員	試用従九品	沈懋発												
422	湖北	委員		姜鵬	20	黒鉛	1万7669		20・8・17	20・9・12	江蘇巡撫	荘有恭	21・2・16	13	710	

423	雲南	委員	候補知県	徐兆麒	20（4）	銅	132万5744		20・9・8	20・11・21	四川総督	開泰	21・2・22	13	745	
	雲南	委員	試用吏目	孫泰学												
424	雲南	委員	候補知県	何煜	20（1加）	銅	94万991	20	21・2・6	21・2・10	漕運総督	瑚宝	21・3・2	13	802・803	乾隆14年5月27日上諭
425	雲南	委員		何紹芝	20（2）	銅	130万4426		20・12・13	21・2・11		富勒赫	21・3・13	13	865	
	雲南	委員		何煜	20	銅	94万991		21・2・10	21・2・29						
426	雲南	委員	候補知県	何煜	20（1加）	銅	○97万2391		20・11・30	20・12・25	安徽巡撫	高晋	21・3・17	13	882	
	雲南	委員	候補吏目	樊天瀅												
	雲南	委員	候補知州	張紫極	20（3）	銅	○133万8482		21・1・2	21・2・9						
	雲南	委員	試用従九品	沈懋発												
427	貴州	委官		劉観佩	—	—	—	—	—	—	湖北巡撫	張若震	21・3・22	14	41	
	雲南	委員		徐兆麒・孫泰学	—	—	—	—	—	—						
428	貴州	委員	仁懐県典史	陳麒	20（1）	白鉛	66万7669		21・1・28	21・2・3	江西巡撫	胡宝瑔	21・3・25	14	65・66	
429	雲南	委員	澂江府通判	鍾培先	21（1）	銅	110万4450		20・12・19瀘州	21・2・17	署雲南巡撫	郭一裕	21・3・25	14	67	乾隆14年6月18日上諭
	雲南	委員	鎮南県吏目	胡俟												
430	貴州	委員	仁懐県典史	陳麒	22（上）	白鉛	66万7669	6	21・3・18	21・3・21	漕運総督	瑚宝	21・3・25	14	81	
431	雲南	委員		楊文光	20（1）	銅	139万2901		20・11・5	21・2・5	直隷総督	方観承	21・3・27	14	86・87	
	貴州	委員		金福基	20（正）	白鉛	128万957		21・2・5	21・2・8						
432	雲南	委員		楊文光	20（1）	銅	139万2901		20・6・19	20・10・5	江蘇巡撫	荘有恭	21・3・28	14	94	
	貴州	委員		金福基	21（下）	白鉛	○131万8957		20・7・18	20・10・6						
433	湖南	委員	益陽県丞	蔡長澐	20（下）	黒鉛	35万285		21・2・1	21・2・17	安徽巡撫	高晋	21・4・1	14	108・109	
	貴州	委員	仁懐県典史	陳麒	20（1）	白鉛	66万7669		21・2・3	21・2・20						
434	雲南	委員	候補知州	張紫極	20（3）	銅	133万8482	14	21・3・6	21・4・1	漕運総督	瑚宝	21・4・8	14	150・151	乾隆14年5月27日上諭
	湖南	委員	益陽県丞	蔡長澐	20（下）	黒鉛	35万285	6	21・3・27	21・4・2						
435	湖南	委員	益陽県丞	蔡長澐	20（下）	黒鉛	35万285		21・1・28	21・2・1	江西巡撫	胡宝瑔	21・4・11	14	155・156	
	貴州	委員	試用通判	劉観佩	22（上）	白鉛	130万8957		21・2・11	21・2・20						
	雲南	委員	候補知県	徐兆麒	20（4）	銅	132万9239		21・2・21	21・2・23						
	雲南	委員	試用吏目	孫泰学												
436	貴州	委員		朱錦	20（下）	白鉛	74万667		20・6・29	20・9・16	江蘇巡撫	荘有恭	21・4・18	14	217・218	
437	雲南	委員	候補同知	陳重光	20（2加）	銅	94万2861	14	20・11・28	21・2・17	四川総督	開泰	21・4・19	14	221・222	
	雲南	委員	元謀県典史	趙栄世												
438	雲南	委員	麗江井大使	何紹芝	20（2）	銅	130万4426	13	21・2・11酉	21・3・28酉	河東河道総督・暫管山東巡撫	白鍾山	21・4・25	14	264・265	
	雲南	委員	候補知県	何煜	20（1加）	銅	94万991	20	21・2・29巳	21・4・2戌						
439	貴州	委員	試用通判	劉観佩	22（上）	白鉛	130万8957		21・2・20	21・3・5	安徽巡撫	高晋	21・4・25	14	266	
440	雲南	委員		周世棨	19（2加）	銅	94万991			21・4・4	直隷総督	方観承	21・5・4	14	320・321	
	貴州	委員		金福基	20（正）	白鉛	128万957		21・2・11	21・4・9						

	雲南	委員	候補知県	何煜	20（1加）	銅	97万2391		21・4・12							
	雲南	委員		楊文光	20（1）	銅	138万2564		21・2・10	21・4・4						
441	雲南	委員	候補知県	徐兆麒	20（4）	銅	132万9239		21・2・23	21・3・6	安徽巡撫	高晋	21・5・4	14	323	
	雲南	委員	試用吏目	孫泰学												
442	広東	委員	恵州府通判	傅果	20	錫	21万5947		21・1・25	21・3・16	江西巡撫	胡宝瑔	21・5・6	14	332・333	
443	貴州	委員	仁懐県典史	陳麒	22（上）	白鉛	66万7669		21・3・21	21・4・13		富勒赫	21・5・6	14	334・335	
	湖南	委員	益陽県丞	蔡長湛	20（下）	黒鉛	35万285		21・4・2	21・4・14						
444	貴州	委員	鎮寧州吏目	王承緍	22（下）	白鉛	66万7000			21・4・3	貴州巡撫	定長	21・5・7	14	337	
445	雲南	委員		何紹芝	20（2）	銅	130万4426		20・9・24	21・2・23	江蘇巡撫	荘有恭	21・5・8	14	353・354	
446	貴州	委員	試用通判	劉観佩	22（上）	白鉛	130万8957	11	21・4・5	21・4・10	漕運総督	瑚宝	21・5・9	14	358・359	乾隆14年5月27日上諭
	広東	委員	恵州府通判	傅果	20	錫	21万5947	3	21・4・14	21・4・15						
	雲南	委員	候補知県	徐兆麒	20（4）	銅	132万9239	13	21・4・15	21・4・19						
447	雲南	委員	南安知州	程家棟	21（2）	銅	110万4450		21・2・11瀘州	21・4・7	署雲南巡撫	郭一裕	21・5・13	14	406・407	乾隆14年6月18日上諭
	雲南	委員	嵩明州吏目	楊晟												
448	雲南	委員		楊文光	20（1）	銅	9万		21・4・19	21・4・29	直隷総督	方観承	21・5・22	14	472・473	
	雲南	委員		何紹芝	20（2）	銅	130万4426		21・4・9							
449	雲南	委員		張紫極	20（3）	銅	133万8232	14	21・4・1	21・4・20		富勒赫	21・5・25	14	490・491	
	貴州	委員		劉観佩	22（上）	白鉛	131万8957	11	21・4・10	21・5・17						
	広東	委員		傅果	20	錫	21万1713	3	21・4・15	21・4・27						
	雲南	委員		徐兆麒	20（4）	銅	132万9239	13	21・4・19	21・5・15						
450	広東	委員	恵州府通判	傅果	20	錫	21万1713	3	21・3・16	21・3・29	安徽巡撫	高晋	21・5・26	14	497	
451	雲南	委員		何煜	20（1加）	銅	97万2391	20	20・12・26	21・3・7	江蘇巡撫	荘有恭	21・5・28	14	513・514	
452	貴州	委員	鎮寧州吏目	王承緍	22（下）	白鉛	64万	9	21・4・3重慶	21・4・14	四川総督	開泰	21・5・28	14	518・519	
453	雲南	委員	澂江府通判	鍾培先	21（1）	銅	○132万5340	19	21・1・8	21・3・28	四川総督	開泰	21・5・28	14	522・523	
	雲南	委員	鎮南県吏目	胡倈												
454	雲南	委員	陳重光・趙栄世		—	—	—	—	—	—	湖北巡撫	張若震	21・5・29	14	536・537	
	雲南	委員	鍾培先・胡倈		—	—	—	—	—	—						
455	貴州	委員	仁懐県典史	陳麒	22（上）	白鉛	66万7669	6	21・4・13辰	21・5・17卯	河東河道総督・暫管山東巡撫	白鍾山	21・6・13	14	612・613	
	湖南	委員	益陽県丞	蔡長湛	20（下）	黒鉛	35万285	6	21・4・13酉	21・5・18午						
	雲南	委員	候補知州	張紫極	20（3）	銅	133万8482	14	21・4・20巳	21・5・25午						
	雲南	委員	試用従九品	沈懋発												
456	貴州	委員	遵義府経歴	王啓緒	22（下）	白鉛	131万8957		21・4・18重慶		貴州巡撫	定長	21・6・13	14	616	
457	雲南	委員		何煜	20（1加）	銅	97万2391		21・5・18		直隷総督	方観承	21・6・16	14	628・629	
	雲南	委員		楊文光	20（1）	銅	139万2901			21・5・14						
	貴州	委員		陳麒	20（1）	白鉛	66万7669		21・5・22							

	湖南	委員		蔡長澐	20（下）	黒鉛	35万285		21・5・22	21・5・25						
458	広東	委員	恵州府通判	傅果	20	錫	21万1713	3	21・4・21巳	21・6・2亥	河東河道総督・暫管山東巡撫	白鍾山	21・6・21	14	687	
459	貴州	委員	遵義府経歴	王啓緒	22（下）	白鉛	128万957	18	21・4・22	21・5・3	四川総督	開泰	21・6・22	14	699	
460	貴州	委員		王承緖・王啓緒	—	—	—	—	—	—	湖北巡撫	張若震	21・6・28	14	739	
461	雲南	委員	候補同知	陳重光	20（2加）	銅	94万2861		21・5・11	21・5・21	江西巡撫	胡宝瑔	21・6・29	14	750・751	
	雲南	委員	元謀県典史	趙栄世												
462	雲南	委員		陳重光・趙栄世	20（2加）	銅	94万2861		21・3・16	21・3・19	湖南巡撫	陳弘謀	21・6・29	14	760・761	
	雲南	委員		鍾培先・胡侠	21（1）	銅	○132万5340		21・4・25	21・4・27						
	貴州	委員		王承緖	22（下）	白鉛	△36万2060		21・5・10	21・5・11						
	貴州	委員		王啓緒	22（下）	白鉛	△124万3777		21・5・19	21・5・20						
463	雲南	委員		陳重光・趙栄世	20（2加）	銅	94万2861		21・5・21	21・5・29	安徽巡撫	高晋	21・5・30	14	766	
464	貴州	委員		陳麒	20（1）	白鉛	66万7669		21・6・9		直隷総督	方観承	21・7・3	14	785	
	雲南	委員		張紫極	20（3）	銅	133万8234		21・6・3							
	広東	委員		傅果	20	錫	22万2793		21・5・22							
465	—	—		—	—	—	—	—	—	—	江西巡撫	胡宝瑔	21・7・23	15	35・36	乾隆21年6月20日上諭
466	雲南	委員		鍾培先・胡侠	—	—	—	—	—	—	湖北巡撫	張若震	21・7・29	15	66・67	
	雲南	委員		程家棟	—	—	—	—	—	—						
	貴州	委員		王啓緒	—	—	—	—	—	—						
	湖南	委員		王文元・朱中理	—	—	—	—	—	—						
467	湖南	委員		蔡長澐	20（下）	黒鉛	35万285			21・6・7	直隷総督	方観承	21・8・2	15	81	
	貴州	委員		陳麒	20（1）	白鉛	66万7669			21・6・16						
	広東	委員		傅果	20	錫	22万2793		21・6・17							
468	—	—		—	—	—	—	—	—	—	安徽巡撫	高晋	21・8・4	15	106・107	乾隆21年7月12日上諭
469	湖南	委員		蔡長澐	20（下）	黒鉛	35万285余		21・2・18	21・4・21	江蘇巡撫	荘有恭	21・8・17	15	184・185	
470	雲南	委員	澂江府通判	鍾培先	21（1）	銅	○132万5340		21・6・20	21・6・29	安徽巡撫	高晋	21・8・21	15	194・195	
	雲南	委員	鎮南県吏目	胡侠												
471	雲南	委員	永昌府同知	王士楷	21（1加）	銅	94万7249余		21・5・26	21・7・10	雲南巡撫	郭一裕	21・8・21	15	196・197	乾隆14年6月18日上諭
	雲南	委員	新興州吏目	劉粛詔												
472	湖南	委員	祁陽県祁陽司巡検	王文元	21	黒鉛	1万7669		21・6・21	21・6・24	江西巡撫	胡宝瑔	21・8・22	15	210・211	
	貴州	委員	遵義府経歴	王啓緒	22（下）	白鉛	△124万3777		21・7・9	21・7・12						
	湖南	委員	澧州州判	朱中理	21（上）	黒鉛	35万285		21・7・14	21・7・17						
	貴州	委員	鎮寧州吏目	王承緖	22（下）	白鉛	66万1562		21・7・17	21・7・20						
473	貴州	委員		王承緖	—	—	—	—	—	—	湖北巡撫	張若震	21・8・24	15	226	

474	—	—		—	—	—	—	—	—	—	両広総督	楊応琚	21・8・24	15	231・232	乾隆21年6月20日上諭
475	—	—		—	—	—	—	—	—	—	広東巡撫	鶴年	21・8・24	15	238・239	乾隆21年6月20日上諭
476	貴州	委員	遵義府経歴	王啓緒	22（下）	白鉛	△124万3777		21・7・12	21・7・23	安徽巡撫	高晋	21・8・28	15	261・262	
	湖南	委員	澧州州判	朱中理	21（上）	黒鉛	35万285		21・7・17	21・8・1						
477	貴州	委員	試用通判	劉観佩	22（上）	白鉛	△124万8842		21・5・17酉	21・7・18丑	山東巡撫	愛必達	21・9・7	15	314・315	
478	雲南	委員		陳重光	20（加）	銅	94万2861		21・7・16	21・8・9		富勒赫	21・9・8	15	317・318	
	湖南	委員		王文元	21	黒鉛	1万7669		21・7・27	21・8・7						
479	雲南	委員	南安知州	程家棟	21（2）	銅	○125万6050	19	21・2・22	21・5・27	四川総督	開泰	21・9・9	15	323・324	
	雲南	委員	嵩明州吏目	楊晟												
480	雲南	委員	候補同知	陳重光	22（2加）	銅	94万2861	18	21・7・12	21・7・16	漕運総督	張師載	21・9・9	15	327・328	乾隆14年5月27日上諭
	福建	委員	邵武府同知	孟琇	21	黒鉛	13万689	20	21・7・13	21・7・14						
	湖南	委員	祁陽県祁陽司巡検	王文元	21	黒鉛	1万7669	1	21・7・25	21・7・27						
	雲南	委員	激江府通判	鍾培先	21（1）	銅	132万5340	13	21・8・8	21・8・13						
	貴州	委員	遵義府経歴	王啓緒	22（下）	白鉛	124万3777	12	21・8・14	21・8・20						
481	雲南	委員	候補知県	徐兆麒	20（4）	銅	132万9239	13	21・5・15辰	21・7・20未	山東巡撫	愛必達	21・9・17	15	361	
	雲南	委員	試用吏目	孫泰学												
482	雲南	委員		張紫極	20（3）	銅	132万8482		21・2・10	21・5・1	江蘇巡撫	荘有恭	21・9・18	15	379	
483	湖北	委員	随州合河店巡検	林錫穀	21	黒鉛	1万7669		21・8・12	21・8・15	江西巡撫	胡宝瑔	21・9・24	15	409	
484	雲南	委員		何煜	20（1加）	銅	97万2391			21・7・10	直隷総督	方観承	21・9・27	15	417・418	
	雲南	委員		張紫極	20（3）	銅	133万8234			21・7・28						
	雲南	委員		孫泰学	20（4）	銅	132万9239		21・7・28天津							
	貴州	委員		劉観佩	22（上）	白鉛	124万8842		21・7・26天津	21・8・8						
485	貴州	委員	鎮寧州吏目	王承縉	22（下）	白鉛	66万1562		21・7・20	21・8・5	安徽巡撫	高晋	21・9・28	15	429・430	
486	雲南	委員		程家棟	—	—	—	—	—	—	湖北巡撫	張若震	21・9・30	15	442・443	
	湖南	委員		郭士沢	—	—	—	—	—	—						
487	貴州	委員	鎮寧州吏目	王承縉	22（下）	白鉛	66万1562		21・8・28	21・9・4	漕運総督	張師載	21・閏9・1	15	455・456	乾隆14年5月27日上諭
	湖北	委員	随州合河店巡検	林錫穀	21	黒鉛	1万7669		21・9・10	21・9・12						
	湖南	委員	澧州州判	朱中理	21（上）	黒鉛	35万285		21・9・12	21・9・16						
488	貴州	委員		陳麒	20（上）	白鉛	66万7669余		21・2・20	21・4・22	江蘇巡撫	荘有恭	21・閏9・6	15	481	
489	雲南	委員	雲南府同知	徐観光	21（3）	銅	110万4450		21・7・21瀘州	21・9・19	雲南巡撫	郭一裕	21・閏9・11	15	515	乾隆14年6月18日上諭
	雲南	委員	鶴慶府知事	盧沅												
490	湖南	委員	祁陽県巡検	王文元	21	黒鉛	1万7669	1	21・8・7未	21・8・23亥						

491	雲南	委員	候補同知	陳重光	20（2加）	銅	94万2861	18	21・8・9午	21・9・17申	山東巡撫	愛必達	21・閏9・17	15	543・544	
	雲南	委員	元謀県典史	趙崇世												
	雲南	委員		張崇極	20（3）	銅	133万8234			21・7・28	直隷総督	方観承	21・閏9・17	15	554	
	貴州	委員		劉観佩	22（上）	白鉛	124万8842		21・7・26天津	21・8・8						
	雲南	委員		陳重光	20（2加）	銅	94万2861	18	21・8・9午	21・9・17申						
492	貴州	委員	王承緒家丁	強志		白鉛	29万9502		21・6・28	21・6・30	湖南巡撫	陳弘謀	21・閏9・21	15	588・589	
	雲南	委員		程家棟	21（2）	銅	106万2450		21・7・7	21・7・8						
	雲南	委員	王士楷・劉粛詔		21（1加）	銅	92万4532		21・閏9・11	21・閏9・13						
493	雲南	委員	永昌府同知	王士楷	21（1加）	銅	92万9032	14	21・5・26瀘州	21・9・12	四川総督	開泰	21・閏9・26	15	637・638	
	雲南	委員	新興州吏目	劉粛詔												
494	湖北	委員		林錫穀	21	黒鉛	1万7669		21・9・21酉	21・閏9・7戌	山東巡撫	愛必達	21・閏9・28	15	654・655	
495	雲南	委員		程家棟	21（2）	銅	106万2450		21・9・1	21・9・12	江西巡撫	胡宝瑔	21・10・6	15	688	
					(四川銅)	銅	14万7200									
496	雲南	委員	澂江府通判	鍾培先	21（1）	銅	132万4940	13	21・9・13午	21・9・23午	山東巡撫	愛必達	21・10・8	15	699	
	雲南	委員	鎮南県吏目	胡倓												
497	雲南	委員	南安知州	程家棟	21（2）	銅	91万5250		21・9・12	21・閏9・9	安徽巡撫	高晋	21・10・19	15	765・766	
	雲南	委員	嵩明州吏目	楊晟	(四川銅)	銅	14万7200									
498	雲南	委員		徐兆麒	20（4）	銅	132万9239		21・3・7	21・6・13	江蘇巡撫	荘有恭	21・10・20	15	798	
	広東	委員		傅果	20	錫	21万1713		21・3・29	21・5・7						
	雲南	委員		陳重光	20（2加）	銅	94万2861		21・5・28	21・8・18						
	湖北	委員		王大元	21	黒鉛	1万7669		21・7・7	21・8・9						
499	貴州	委員	定番州吏目	鍾秀	23（上）	白鉛	66万7000		21・9・26重慶		貴州巡撫	定長	21・10・22	15	819	
500	雲南	委員		王士楷		銅	25万4800		21・10・11	21・10・21	湖北巡撫	張若震	21・10・23	15	836・837	
501	貴州	委員	鎮寧州吏目	王承緒	22（下）	白鉛	66万1562		21・9・5	21・9・24		劉統勲	21・10・25	15	843・844	
	湖南	委員	澧州州判	朱中理	21（上）	黒鉛	35万285		21・9・16	21・閏9・12						
502	貴州	委員	遵義府経歴	王啓緒	22（下）	白鉛	124万3777	12	21・9・26午	21・10・3丑	山東巡撫	愛必達	21・10・28	15	873・874	
503	雲南	委員	広通知県	林京	21（4）	銅	110万4450	13	21・9・4瀘州	21・閏9・29				15	895・896	
	雲南	巡撫	郭一裕													
	雲南	委員	試用吏目	王廷颺					21・11・2							
504	雲南	委員		鍾培先	21（1）	銅	132万5340		21・10・4		直隷総督	方観承	21・11・8	16	23・24	乾隆21年10月24日上諭
505	湖南	委員	澧州州判	朱中理	21（上）	黒鉛	35万285	3	21・閏9・11未	21・10・12未	江南河道総督・山東巡撫	愛必達	21・11・11	16	76・77	侍郎吉慶奏
506	雲南	委員		鍾培先	21（1）沈没	銅	8万5800				直隷総督	方観承	21・11・18	16	119・120	
507	貴州	委員	定番州吏目	鍾秀	23（上）	白鉛	64万	9	21・閏9・26	21・10・8	四川総督	開泰	21・11・20	16	130・131	
508	雲南	委員	雲南府同知	徐観光	21（3）	銅	110万4450	16	21・8・7	21・10・6	四川総督	開泰	21・11・20	16	131	
	雲南	委員	鶴慶府知事	盧沅												

509	雲南	委員	雲南府同知	徐観光	21（3）	銅	110万4450	16	21・8・7	21・10・6	護理湖南巡撫印務布政使	崔応階	21・12・7	16	255・256	乾隆21年10月24日上諭引吉慶
	雲南	委員	鶴慶府知事	盧沅												
	貴州	委員	定番州吏目	鍾秀	23（上）	白鉛	64万	9	21・閏9・26	21・10・8						
510	雲南	委員	王士楷・劉粛詔		—	—	—	—	—	—	署湖北巡撫	碩色	21・12・7	16	271	吉慶奏
	雲南	委員	徐観光・盧沅		—	—	—	—	—	—						
	貴州	委員		鍾秀	—	—	—	—	—	—						
511	—	—		—	—	—	—	—	—	—	護理江西巡撫印務布政使	王興吾	21・12・10	16	283・284	乾隆21年10月24日上諭引吉慶奏
512	貴州	委員	正安知州	汪歆	23（上）	白鉛	128万5357		21・10・22重慶		貴州巡撫	定長	21・12・17	16	349・351	乾隆21年10月24日上諭引吉慶奏
513	雲南	委員		陳重光	20（2加）	銅			—	—	直隷総督	方観承	21・12・19	16	367	
	貴州	委員		王啓緒	21（正）	白鉛	115万7427		—	—						
	湖南	委員		朱中理	21（上）	黒鉛	35万285		—	—						
514	貴州	委員	正安知州	汪歆	23（上）	白鉛	128万957	18	21・10・22重慶	21・11・15	四川総督	開泰	21・12・19	16	375・376	
515	雲南	委員	委用知州	郎嘉卿	27（2）	銅	73万6300	11	27・6・29瀘州	27・10・15	四川総督	開泰	28・1・4	16	504	
516	貴州	委員	荔波県典史	胡思煥	29（上）	白鉛	113万3543	17	27・8・29	27・9・21	四川総督	開泰	28・1・4	16	505	
517	雲南	委員		郎嘉卿	—				—	—	湖北巡撫	宋邦綏	28・1・9	16	542・543	吉慶奏
	貴州	委員	黄大鵬・胡思煥		—				—	—						
518	雲南	委員	試用知県	葉驥	27（1）	銅	73万6300	11	27・6・5	27・10・1	四川総督	開泰	28・1・29	16	714	
519	雲南	委員	石屏知州	謝慶来	27（2）	銅	73万6300	11	27・8・20	27・11・21	四川総督	開泰	28・1・29	16	715	
520	雲南	委員	試用知県	李鵠	27（3）	銅	73万6300		27・10・29瀘州	27・12・8	雲南巡撫	劉藻	28・2・4	16	768・769	
521	雲南	委員		蕭思濬	26（1）	銅	○187万8218			27・11・1～	直隷総督	方観承	28・2・8	16	788	
	雲南	委員		陳昌元	26（5）	銅	73万6300			27・11・1～						
	貴州	委員	県丞	姚永嘉	28（下）	白鉛	101万			27・11・1～						
522	—	—		—	27（全）		—		—	—	山東巡撫	阿爾泰	28・2・13	16	827	
523	貴州	委員	貴定知県	黄大鵬	28（下）	白鉛	○168万957	15	28・1・27	28・2・3	漕運総督	楊錫紱	28・2・13	16	838	乾隆21年10月24日上諭引吉慶奏
524	福建	委員		張埰	—	—	—	—	—	—	湖北巡撫	宋邦綏	28・2・15	16	845	
	直隷	委員		汪濱	—	—	—	—	—	—						
	浙江	委員		張亮熊	—	—	—	—	—	—						
	陝西	委員		殷従興	—	—	—	—	—	—						
	江蘇	委員		王潞	—	—	—	—	—	—						
525	貴州	委員	貴定知県	黄大鵬	28（下）	白鉛	○168万957		27・12・1	27・12・14	安徽巡撫	託庸	28・2・15	16	853・854	
	貴州	委員	荔波県典史	胡思煥	29（上）	白鉛	○115万8543		27・12・4	27・12・29						
526	貴州	委員	清鎮知県	韓承源	29（上）	白鉛	○162万8743	24	27・12・24重慶	28・1・12	四川総督	開泰	28・2・22	17	36・37	

527	雲南	委員	広通知県	隋人龍	27（2）	銅	73万6300	11	27・8・27	27・12・2	四川総督	開泰	28・2・22	17	37・38	
528	貴州	委員	清鎮知県	韓承源	29（上）	白鉛	○167万1543			27・12・24重慶	貴州巡撫	喬光烈	28・2・28	17	75・76	
529	貴州	委員		胡周城	27漢口	白鉛	136万3256		26・12・30	27・1・2	湖南巡撫	陳弘謀	28・2・29	17	94・95	乾隆27年1月12日上諭
530	福建	委員		楊瑗	27	銅	43万8125		27・2・5	27・3・12						
	湖北	委員		銭国輔	27川銅	銅	20万		27・5・11	27・5・11						
	貴州	委員		胡周城	27漢口	白鉛	148万6000		27・5・22	27・5・23						
	貴州	委員		胡周城	27漢口	白鉛	47万4000		27・6・29	27・7・2						
	貴州	委員		郁邦基	27漢口	白鉛	30万1035		27・8・7	27・8・10						
531	雲南	委員		謝慶来	27（2）	銅	△71万5000		27・12・18	27・12・21	湖南巡撫	陳弘謀	28・2・29	17	95・96	
	雲南	委員		隋人龍	27（2）	銅	73万6300		27・12・27	27・12・29						
	雲南	委員		李鵠	27（3）	銅	○82万6635		28・2・10	28・2・13						
	貴州	委員		韓承源	29（上）	白鉛	○167万1543		28・2・8	28・2・11						
532	福建	委員	建寧府同知	孫元祖	27	銅	43万8125		26・12・15	27・2・5	広西巡撫	馮鈐	28・3・6	17	134・135	
	広東	委員	増城県主簿	王思賢	27	銅	16万6500		27・7・4	27・12・23						
	浙江	委員	厳州府同知	張嗣炳	27	銅	24万8000		27・10・	27・11・4						
	広西	委員	宜山知県	何熊	27	銅	44万7337		27・10・	27・10・20						
533	雲南	委員	試用知県	李鵠	27（3）	銅	○82万6039	12	27・10・29	28・1・17	四川総督	開泰	28・3・8	17	153・154	
534	貴州	委員	荔波県典史	胡思煥	29（上）	白鉛	115万8543	10	28・2・28	28・3・6	漕運総督	楊錫紱	28・3・8	17	155・156	乾隆21年10月24日上諭引吉慶奏
535	雲南	委員	和典知州	蘇済	27	銅	78万650	15	27・10・3西	28・3・20	山東巡撫	阿爾泰	28・3・9	17	158・159	
536	貴州	委員	貴定知県	黄大鵬	28（下）	白鉛	○168万857		27・11・24	27・12・1	江西巡撫	湯聘	28・3・19	17	241・242	
537	雲南	委員		謝慶来	—	—	—	—	—	—	湖北巡撫	宋邦綏	28・3・25	17	279・280	
	雲南	委員		隋人龍	—	—	—	—	—	—						
	雲南	委員		葉驥	—	—	—	—	—	—						
	雲南	委員		郎嘉卿	—	—	—	—	—	—						
	雲南	委員		李鵠	—	—	—	—	—	—						
	貴州	委員		韓承源	—	—	—	—	—	—						
	湖南	委員		李永年	—	—	—	—	—	—						
538	貴州	委員	黔西州吏目	張書	29（下）	白鉛	100万8650			28・2・24重慶	貴州巡撫	喬光烈	28・3・28	17	315・316	乾隆27年3月上諭
	貴州	委員	柳霽県丞	陳嘉猷	27(下) 28(上)	白鉛	210万＋105万			28・2・16重慶						
539	陝西	委員	咸陽県丞	陳斌		銅	37万			27・4・	四川総督	開泰	28・3・28	17	318・319	乾隆27年1月12日上諭
	貴州	委員	永従県丞	姚永嘉		白鉛	36万7500			27・5・						
	貴州	委員	銅仁府経歴	胡周城	27漢口	白鉛	148万6000		27・4・28	27・5・13						
					26（加）	白鉛	47万4000		27・閏5・11	27・6・14						
	湖北	委員	漢陽府経歴	銭国輔	27川銅	銅	20万		27・4・5	27・4・29						

540	雲南	委員	鎮雄知州	宋允清	27（加１）	銅	94万991		27・12・25	28・２・５	雲南巡撫	劉藻	28・３・28	17	335	乾隆14年６月18日上論
	雲南	委員	阿迷知州	石観	27（加２）	銅	94万991		28・１・26	28・２・29						
541	貴州	委員		黄大鵬	28（下）	白鉛	○168万857	15	28・２・３	28・２・28	太子少傅内大臣・江南河道総督	高晋	28・４・２	17	357・358	
542	雲南	委員	試用知県	葉驥	27（１）	銅	74万1424		28・３・22	28・３・27	漕運総督	楊錫紱	28・４・９	17	403	乾隆21年10月24日上諭引吉慶奏
	雲南	委員	委用知州	郎嘉卿	27（２）	銅	73万6300	8	28・３・22	28・３・27						
543	雲南	委員	知州	鞏元衡	26（５）	銅	73万6300		27・９・１	28・３・４	直隷総督	方観承	28・４・12	17	422・423	
	貴州	委員	県丞	姚永嘉	28（下）	白鉛	101万		27・10・21	28・２・17						
	雲南	委員	同知	陳重光	26（加１）	銅	90万3863		27・10・15	28・２・26						
	雲南	委員	知州	蘇済	26（加２）	銅	74万650		28・２・17							
544	貴州	委員		胡思煥	29（上）	白鉛	115万8543	11	28・３・６	28・３・30	江南河道総督	高晋	28・４・13	17	432	
545	雲南	委員	試用知県	葉驥	27（１）	銅	74万1424		28・１・12	28・２・23	安徽巡撫	託庸	28・４・13	17	435～437	
	雲南	委員	委用知州	郎嘉卿	27（２）	銅	73万6300		28・１・26	28・２・25						
	湖南	委員	宝慶府通判	李永年	27（下）	黒鉛	35万2858		28・１・26	28・２・24						
546	貴州	委員	茘波県典史	胡思煥	29（上）	白鉛	115万8543		27・11・29	27・12・４	江西巡撫	湯聘	28・４・13	17	444・445	
	雲南	委員	試用知県	葉驥	27（１）	銅	74万1424	7	27・12・24	28・１・12						
547	雲南	委員	石屏知州	謝慶来	27２７（２）	銅	73万6300	7	28・４・９	28・４・15	漕運総督	楊錫紱	28・４・22	17	525・526	乾隆21年10月24日上諭引吉慶奏
548	貴州	委員	黔西州吏目	張書	29（下）	白鉛	99万	15	28・２・24	28・３・５	四川総督	開泰	28・４・23	17	538・539	
549	雲南	委員		葉驥	27（１）	銅	74万1424	8	28・３・24	28・４・11	江南河道総督	高晋	28・４・27	17	564	
550	貴州	委員	貴定知県	黄大鵬	28（下）	白鉛	○168万957	15	28・２・28未	28・４・18寅	山東巡撫	阿爾泰	28・５・６	17	646・647	
551	雲南	委員		郎嘉卿	27（２）	銅	73万6300	7	28・３・34	28・４・11	江南河道総督	高晋	28・５・13	17	722	
552	雲南	委員	石屏知州	謝慶来	27（２）	銅	73万6300		28・２・25	28・３・４	安徽巡撫	託庸	28・５・15	17	735	
	雲南	委員	広通知県	隋人龍	27（２）	銅	73万6300		28・２・25	28・３・４						
553	湖南	委員	宝慶府通判	李永年	27（下）	黒鉛	35万285	3	28・４・16	28・４・21	漕運総督	楊錫紱	28・５・17	17	749・750	乾隆21年10月24日上諭引吉慶奏
	雲南	委員	広通知県	隋人龍	27（２）	銅	73万6300	7	28・４・19	28・４・23						
554	貴州	委員		張書	29（下）	白鉛	100万8650		28・３・27	28・３・30	湖南巡撫	陳弘謀	28・５・22	17	789	
	雲南	委員		宋允清	27（加１）	銅	94万991		28・４・21	28・５・１						
	雲南	委員		石観	27（加２）	銅	94万991		28・５・２	28・５・５						
555	雲南	委員		謝慶来	27（２）	銅	73万6300	7	28・４・15	28・５・８	江南河道総督	高晋	28・５・27	17	834	
556	貴州	委員	正安知州	王讌	29（下）	白鉛	166万957			28・３・28重慶	貴州巡撫	喬光烈	28・５・27	17	536・537	
557	雲南	委員	委用知州	郎嘉卿	27（２）	銅	73万6300	8	28・４・11午	28・５・23丑	山東巡撫	阿爾泰	28・６・９	18	101・102	
	雲南	委員		葉驥	27（１）	銅	74万1424	8	28・４・11午	28・５・23丑						
558	貴州	委員	茘波県典史	胡思煥	29（上）	白鉛	115万8543	10	28・３・30午	28・５・９午	山東巡撫	阿爾泰	28・６・９	18	102・103	
559	雲南	委員	試用知県	李鵠	27（３）	銅	82万6039		28・４・４	28・４・14	安徽巡撫	託庸	28・６・９	18	107・108	

	広東	委員	韶州府通判	魯宗義	27（全）	錫	21万8937余		28・3・19	28・4・9						
560	雲南	委員	広通知県	隋人龍	27（2）	銅	73万6300	7	28・4・23	28・5・15	江南河道総督	高晋	28・6・15	18	177	
561	雲南	委員	石屏知州	謝慶来	27（2）	銅	73万6300		28・2・18	28・2・26	護理江西巡撫布政使	富明安	28・6・20	18	237・238	
	雲南	委員	広通知県	隋人龍	27（2）	銅	73万6300		28・2・19	28・2・25						
562	貴州	委員	正安知州	王譓	29（下）	白鉛	159万957		28・6・2	28・6・5	署湖南巡撫	来朝	28・6・21	18	242	
563	雲南	委員		李鵠	—		—		—	—	兵部尚書・湖北巡撫	陳弘謀	28・6・21	18	247	
	貴州	委員		韓承源	—		—		—	—						
564	雲南	委員		陳重光	26（加1）	銅	90万3863		27・6・4	27・9・7	江蘇巡撫	荘有恭	28・6・27	18	308・309	
	雲南	委員		蘇済	26（加2）	銅	98万650		27・7・3	27・10・25						
	雲南	委員		葉驥	27（1）	銅	74万1424		28・2・23	28・4・23						
	貴州	委員		姚永嘉	28（下）	白鉛	101万		27・6・9	27・9・6						
	湖南	委員		荘澍	27（上）	黒鉛	35万285		27・6・13	27・8・16						
565	湖南	委員	宝慶府通判	李永年	27（下）	黒鉛	35万285	3	28・5・10未	28・6・18巳	山東巡撫	崔応階	28・7・3	18	376	
	雲南	委員	石屏知州	謝慶来	27（2）	銅	73万6300	7	28・5・7未	28・6・19戌						
	雲南	委員	広通知県	隋人龍	27（2）	銅	73万6300	7	28・5・15酉	28・6・19戌						
566	貴州	委員	清鎮知県	韓承源	29（上）	白鉛	167万1543		28・4・4	28・4・19	江南安徽巡撫	託庸	28・7・5	18	393・394	
567	湖南	委員		李永年	27（下）	黒鉛	35万285	3	28・4・20	28・5・10	江南河道総督	高晋	28・7・6	18	407	
568	雲南	委員	試用知県	李鵠	27（3）	銅	82万6039		28・3・30	28・4・4	護理江西巡撫布政使	富明安	28・7・7	18	415・416	
	貴州	委員	清鎮知県	韓承源	29（上）	白鉛	167万1543		28・3・30	28・4・4						
569	広東	委員	韶州府通判	魯宗義	27（全）	錫	21万8947	3	28・5・3	28・5・10	漕運総督	楊錫紱	28・7・7	18	417	乾隆21年10月24日上諭引吉慶奏
	雲南	委員	試用知県	李鵠	27（3）	銅	82万6039	8	28・5・21	28・5・28						
570	広東	委員	韶州府通判	魯宗義	27（全）	錫	21万1713	3	28・5・25辰	28・6・24酉	山東巡撫	崔応階	28・7・9	18	432	
571	広東	委員		魯宗義	27（全）	錫	21万8947	3	28・5・10	28・5・23	江南河道総督	高晋	28・7・10	18	435	
572	雲南	委員		管叙	27（凍銅）	銅	127万3505				直隷総督	方観承	28・7・11	18	438	
	貴州	委員		黄大鵬	28（下）	白鉛	168万857		28・5・28天津							
	雲南	委員		蘇済	26（加2）	銅	74万650		28・5・28天津							
	貴州	委員		胡思煥	29（上）	白鉛	115万8543		28・5・28天津							
	雲南	委員		葉驥	27（1）	銅	74万1424		28・5・29天津							
	雲南	委員		郎嘉卿	27（2）	銅	73万6300		28・5・29天津							
573	雲南	委員	試用知県	李鵠	27（3）	銅	82万6039	8	28・5・28	28・6・27	江南河道総督	高晋	28・7・18	18	503・504	
574	雲南	委員		宋允清・石観	—		—		—	—	湖北巡撫	輔徳	28・7・22	18	548・549	
	貴州	委員		王譓・張書	—		—		—	—						
	湖南	委員		楊如楹	—		—		—	—						
575	—	—		—	—		—		—	—	江蘇巡撫	荘有恭	28・7・27	18	569・570	乾隆27年1月12日上諭
576	貴州	委員	荔波県典史	胡思煥	29（上）	白鉛	115万8543余		28・5・28天津	28・6・13	直隷総督	方観承	28・8・4	18	603・604	

	雲南	委員	石屏知州	謝慶来	27（2）	銅	73万6300		28・7・1天津							
	雲南	委員	広通知県	隋人龍	27（2）	銅	73万6300		28・7・2天津							
577	貴州	委員			29（上）	白鉛	167万1543	16	28・6・5	28・7・14	江南河道総督	高晋	28・8・7	18	642	
578	貴州	委員	清鎮知県	韓承源	29（上）	白鉛	167万1543	16	28・5・29	28・6・5	漕運総督	楊錫紱	28・8・15	18	709・710	乾隆21年10月24日上諭引吉慶奏
	貴州	委員	黔西州吏目	張書	29（下）	白鉛	100万8650	10	28・6・18	28・6・26						
579	貴州	委員	黔西州吏目	張書	29（下）	白鉛	100万8650		28・5・16	28・6・22	江南安徽巡撫	託庸	28・8・18	18	727・728	
580	貴州	委員	黔西州吏目	張書	29（下）	白鉛	100万8650	10	28・6・26	28・9・22	太子少傅内大臣・江南河道総督	高晋	28・8・20	18	745	
581	広東	委員	韶州府通判	魯宗義	27（全）	錫	21万1713		28・1・25	28・3・19	江西巡撫	明徳	28・8・26	18	775・776	
	福建	委員	興化府通判	郭聖栄	28（全）	黒鉛	10万5157		28・4・2	28・4・5						
	貴州	委員	黔西州吏目	張書	29（下）	白鉛	100万8650		28・5・14	28・5・16						
582	雲南	委員	宋允清・石観		—		—		—	—	湖北巡撫	輔徳	28・8・28	18	790・791	
	貴州	委員	王譓	張書	—		—		—	—						
	湖南	委員		李家拯	—		—		—	—						
583	雲南	委員		郎嘉卿	27（2）	銅	73万6300		28・2・25	28・4・23	江蘇巡撫	荘有恭	28・8・29	18	792・793	
	貴州	委員		黄大鵬	28（下）	白鉛	168万957		27・12・15	28・3・8						
584	雲南	委員	試用知県	李鵠	27（3）	銅	82万6039	8	28・6・27申	28・8・15酉	山東巡撫	崔応階	28・9・3	18	836	
585	雲南	委員	候補知県	葉驥	27（1）	銅	74万1424		28・5・29天津	28・7・2	直隷総督	方観承	28・9・5	19	4・5	
	広東	委員	韶州府通判	魯宗義	27（全）	錫	21万1713		28・7・1天津	28・7・9						
	雲南	委員	署禄豊知県	管叙	26（2）	銅	165万9505		28・5・21天津							
	貴州	委員	貴定知県	黄大鵬	28（下）	白鉛	○168万957			28・6・9張家湾						
	雲南	委員	和曲知州	蘇済	26（加2）	銅	74万650			28・6・12通州						
	雲南	委員	雲龍知州	郎嘉卿	27（2）	銅	73万6300			28・7・4通州						
586	雲南	委員	鎮南知州	張大森	27（3）	銅	73万6300		28・7・8	28・8・16	雲貴総督・署雲南巡撫	呉達善	28・9・6	19	19・20	乾隆14年6月18日上諭
587	湖南	委員	宝慶府通判	李永年	27（下）	黒鉛	35万2858		28・6・25天津	28・7・12	直隷総督	方観承	28・9・15	19	105	
	貴州	委員	荔波県典史	胡思煥	29（上）	白鉛	115万8543余			28・7・4張家湾						
	広東	委員	韶州府通判	魯宗義	27（全）	錫	21万1713			28・7・18張家湾						
588	貴州	委員	清鎮知県	韓承源	29（上）	白鉛	167万1543	16	28・7・13未	28・8・22酉	山東巡撫	崔応階	28・9・22	19	127・128	
589	雲南	委員		謝慶来	27（2）	銅	73万6300		28・3・4	28・5・23	直隷総督	方観承	28・9・5	19	175・176	
	雲南	委員		隋人龍	27（2）	銅	73万6300		28・3・4	28・5・24						
	湖南	委員		李永年	27（下）	黒鉛	35万2858		28・2・24	28・5・23						
	貴州	委員		胡思煥	29（上）	白鉛	115万8043		27・12・29	28・4・6						
	広東	委員		魯宗義	27（全）	錫	21万8947		28・4・9	28・6・5						
	雲南	委員		李鵠	27（3）	銅	82万6039		28・4・14	28・7・13						

	貴州	委員		韓承源	29（上）	白鉛	167万1543		28・4・19	28・7・22						
590	貴州	委員	黔西州吏目	張書	29（下）	白鉛	100万8650	10	28・7・22戌	28・8・30戌	山東巡撫	崔応階	28・10・1	19	209	
591	湖南	委員	武陵県大龍駅丞	楊如楹	28（全）	黒鉛	1万7669		28・5・12	28・5・13	江西巡撫	明徳	28・10・4	19	230・231	
	雲南	委員	鎮雄知州	宋允清	27（1）	銅	94万991		28・6・29	28・7・5						
	雲南	委員	阿迷知州	石覩	27（加2）	銅	94万991		28・7・1	28・7・5						
	湖南	委員	長沙府同知	李家極	28（上）	黒鉛	36万5258		28・7・19	28・7・21						
	貴州	委員	正安知州	王譓	29（下）	白鉛	△159万957		28・7・21	28・7・27						
592	湖南	委員	宝慶府通判	李永年	27（下）	黒鉛	35万285			28・8・2	直隷総督	方観承	28・10・10	19	284	
	雲南	委員	候補知県	李鵠	27（3）	銅	82万6039		28・8・22天津							
	貴州	委員	清鎮知県	韓承源	29（上）	白鉛	167万1543		28・9・1天津							
593	湖南	委員	長沙府同知	李家極	28（上）	黒鉛	36万5285	3	28・9・1	28・9・23	太子少傅内大臣・江南河道総督	高晋	28・10・12	19	326	
594	貴州	委員	開州知州	陳世盛	30（上）	白鉛	135万5478余			28・10・8重慶	雲南巡撫・署貴州巡撫	劉藻	28・10・12	19	340	
595	湖南	委員	長沙府同知	李家極	28（上）	黒鉛	36万5258	3	28・8・26	28・9・1	漕運総督	楊錫紱	28・10・13	19	348・349	乾隆21年10月24日上諭引吉慶奏
	湖北	委員	武昌県白滸鎮巡検	龐善修	28（全）	黒鉛	1万7669	1	28・9・9	28・9・12						
	貴州	委員	正安知州	王譓	29（下）	白鉛	159万957	16	28・9・13	28・9・20						
	雲南	委員	阿迷知州	石覩	27（加2）	銅	94万991	18	28・9・19	28・9・22						
596	貴州	委員	正安知州	王譓	29（下）	白鉛	159万957		28・7・27	28・8・10	安徽巡撫	託庸	28・10・17	19	358・359	
	湖南	委員	長沙府同知	李家極	28（上）	黒鉛	36万5285		28・7・21	28・8・9						
597	湖北	委員	武昌県白滸鎮巡検	龐善修	28（全）	黒鉛	1万7669		28・8・12	28・8・14	江西巡撫	明徳	28・10・19	19	378・379	
598	雲南	委員	石屏知州	謝慶来	27（2）	銅	73万6300		28・6・27	28・8・24	直隷総督	方観承	28・10・22	19	406・407	
	雲南	委員	広通知県	隋人龍	27（2）	銅	73万6300		28・6・27	28・8・27						
	貴州	委員	黔西州吏目	張書	29（下）	白鉛	100万8650		28・9・6							
599	雲南	委員	尋甸知州	舒瑞龍	28（1）	銅	73万6300		28・7・23瀘州	28・9・4	雲貴総督・署雲南巡撫	呉達善	28・10・26	19	425	
	雲南	委員	鄧川知州	宋永福	28（1）	銅	73万6300		28・7・23瀘州	28・9・22						
600	貴州	委員	清鎮知県	韓承源	29（上）	白鉛	167万1543		28・9・1	28・10・4	直隷総督	方観承	28・11・2	19	478	
	貴州	委員	黔西州吏目	張書	29（下）	白鉛	100万8650		28・9・6	28・10・5						
601	雲南	委員		石覩	27（加2）	銅	94万991	18	28・9・22	28・10・10	太子太傅・内大臣・江南河道総督	高晋	28・11・6	19	505・506	
602	雲南	委員	鎮雄知州	宋允清	27（1）	銅	94万991	18	28・10・24	28・10・29	漕運総督	楊錫紱	28・11・8	19	523	乾隆21年10月24日上諭引吉慶奏

603	貴州	委員	正安知州	王譓	29（下）	白鉛	159万957	16	28・9・20	28・10・10	太子太傅・内大臣・江南河道総督	高晋	28・11・16	19	620・621	
604	貴州	委員	黔西州吏目	張書	29（下）	白鉛	△100万2000		28・5・22	28・8・2	江蘇巡撫	荘有恭	28・11・20	19	649	
605	雲南	委員	鎮南知州	張大森	27（3）	銅	△66万6300		28・7・25瀘州	28・10・19	四川総督	阿爾泰	28・12・1	19	750	
	雲南	委員	尋甸知州	舒瑞龍	28（1）	銅	73万6300		28・8・9瀘州	28・10・19						
606	貴州	委員	開州知州	陳世盛	30（上）	白鉛	135万5478	20	28・10・8重慶	28・11・1	四川総督	阿爾泰	28・12・8	19	834・835	
607	雲南	委官	元謀知県	郝守訓	28（2）	銅	73万630		28・9・28瀘州	28・10・28	雲貴総督・署雲南巡撫	呉達善	28・12・11	20	14・15	乾隆14年6月18日上諭
	雲南	委官	富民知県	陳暎進	28（2）	銅	73万6300		28・9・28瀘州	28・11・15						
608	雲南	委員	鎮南知州	張大森	27（3）	銅	△59万6300	9	28・11・17	28・11・19	湖南巡撫	喬光烈	28・12・11	20	35	
	雲南	委員	尋甸知州	舒瑞龍	28（1）	銅	△67万9861	10	28・11・19	28・11・21						
609	貴州	委員	畢節知県	張秉鈞	30（上）	白鉛	135万478			28・11・16重慶	雲南巡撫・署貴州巡撫	劉藻	28・12・15	20	85	
610	貴州	委員	都匀府都江通判	赫爾喜	28（全）	銅	48万8400			28・2・18	雲貴総督・署雲南巡撫	呉達善	28・12・26	20	128・129	乾隆27年1月12日上諭
	江西	委員	新城県同安司巡検	駱朝宗	28（全）	銅	46万2120			28・6・20						
	雲南	委員	晋寧州吏目	胡翁	28（全）	銅	16万8000			28・8・15						
	四川	委員	布政司照磨	王咏桃	28（全）	錫	5万7240			28・2・5						
611	雲南	委員	鄧川知州	宋永福	28（1）	銅	73万6300	11	28・9・22	28・11・8	四川総督	阿爾泰	28・12・20	20	129・130	
612	雲南	委員		石観	27（加2）	銅	94万991		28・7・18	28・10・21	江蘇巡撫	荘有恭	28・12・20	20	139・140	
613	雲南	委員	候補知県	李鵠	27（3）	銅	82万6039		28・9・2	28・10・4	直隷総督	方観承	28・12・21	20	150	
	貴州	委員	清鎮知県	韓承源	29（上）	白鉛	167万1543		28・9・12	28・11・4						
	貴州	委員	黔西州吏目	張書	29（下）	白鉛	100万8650		28・9・17	28・11・6						
614	貴州	委員	天柱県丞	陳嘉猷	29漢口	白鉛	300万		28・11・29		四川総督	阿爾泰	29・1・12	20	308・309	
615	貴州	委員	開州知州	陳世盛	30（上）	白鉛	135万5478余	20	28・12・1	28・12・4	湖南巡撫	喬光烈	29・1・15	20	316	
	雲南	委員	鄧川知州	宋永福	28（1）	銅	73万6300	11	28・12・11	28・12・13						
616	雲南	委員	鎮雄知州	宋允清	27（1）	銅	94万991	18	28・11・1	28・11・25	太子太傅・内大臣・江南河道総督	高晋	29・1・18	20	333・334	
617	江西	委員	新城県同安司巡検	駱朝宗	28（全）	銅	45万9693		28・6・28	28・10・23	両広総督・兼広東巡撫	蘇昌	29・1・18	20	346	
618	貴州	委員	畢節知県	張秉鈞	30（上）	白鉛	△128万478	20	28・11・16重慶	28・12・4	四川総督	阿爾泰	29・2・10	20	524・525	
619	雲南	委官	元謀知県	郝守訓	28（2）	銅	73万6300	11	28・10・28瀘州	28・12・24	四川総督	阿爾泰	29・2・15	20	581	
620	雲南	委官	富民知県	陳暎進	28（2）	銅	73万6300	11	28・11・15瀘州	29・1・3	四川総督	阿爾泰	29・2・15	20	581・582	
621	雲南	委員	鎮雄知州	宋允清	27（1）	銅	94万991余		28・7・5	28・7・27	安徽巡撫	託庸	29・2・17	20	586	
	雲南	委員	阿迷知州	石観	27（加2）	銅	94万991余		28・7・5	28・7・18						

622	雲南	委員	晋寧知州	馮傑英	28（3）	銅	73万6300		28・11・28	28・12・26	雲貴総督・署雲南巡撫	呉達善	29・2・18	20	589・590	乾隆14年6月18日上諭
	雲南	委員	大理府同知	王錫縉	28（3）	銅	73万6300		28・11・25	29・1・12						
623	広東	委員	宜山知県	何熊	28（全）	銅	44万7336		27・10・18	28・5・24	広東巡撫・署広西巡撫	明山	29・2・19	20	607・608	乾隆27年1月12日上諭
	浙江	委員	厳州府同知	張嗣炳	28（全）	銅	24万8000		27・11・4	28・3・10						
	江西	委員	新城県同安司巡検	駱朝宗	28（全）	銅	46万2120		28・5・9	28・8・19						
	雲南	委員	晋寧州吏目	胡篤	28（全）	銅	16万8000		28・7・29	28・10・25						
	湖南	委員	衡山県草市巡検	亢肇潔	28（全）	白鉛	20万		28・2・16	28・3・14						
	広東	委員	英徳県洸口司巡検	徐宗隆	28（全）	白鉛	28万8414		28・7・17	28・7・29						
624	雲南	委員	阿迷知州	石観	27（加2）	銅	94万991	18	27・10・9午	29・2・7戌	山東巡撫	崔応階	29・2・21	20	621・622	
	貴州	委員	正安知州	王讜	29（下）	白鉛	159万957	17	28・10・10午	29・2・8寅						
625	湖南	委員	長沙府同知	李家極	28（上）	黒鉛	36万5285		28・8・9	28・10・3	江蘇巡撫	荘有恭	29・2・23	20	635	
626	浙江	委員	県丞	梅可遴	—		—		—	—	江西巡撫	輔徳	29・2・25	20	672	乾隆27年1月12日上諭
	浙江	委員	同知	張嗣炳	—		—		—	—						
	浙江	委員	県丞	佟蘗	—		—		—	—						
	江蘇	委員	照磨	陳琯	—		—		—	—						
627	湖南	委員	長沙府同知	李家極	28（上）	黒鉛	36万5285	3	28・9・26巳	29・3・4午	山東巡撫	崔応階	29・3・20	20	834	
628	雲南	委員	大理府同知	王錫縉	28（3）	銅	73万6300	11	28・12・23	29・2・29	四川総督	阿爾泰	29・3・25	21	6・7	
629	浙江	委員		梅可遴	28（全）	銅鉛	—		—	—	江南安徽巡撫	託庸	29・3・25	21	15・16	
	江西	委員		陳有光	28（全）	銅鉛	—		—	—						
	福建	委員		郭聖栄	28（全）	銅鉛	—		—	—						
	江西	委員		黄正維	28（全）	銅鉛	—		—	—						
	浙江	委員		張嗣炳	28（全）	銅鉛	—		—	—						
	湖南	委員		楊如楹	28（全）	黒鉛	—		—	—						
	浙江	委員		佟蘗	28（全）	銅鉛	—		—	—						
	湖北	委員		龐善修	28（全）	黒鉛	—		—	—						
	蘇州	委員		陳琯	28（全）	銅鉛	—		—	—						
630	貴州	委員		張秉鈞	30（上）	白鉛	△128万478	19	28・12・29	29・1・3	湖南巡撫	喬光烈	29・3・25	21	20・21	
	雲南	委官		郝守訓	28（2）	銅	△68万6300	10	29・2・8	29・2・11						
	雲南	委官	郝守訓家丁	張福	28（3）	銅	5万		29・2・17	29・2・22						
	雲南	委官		陳暎進	28（2）	銅	○91万9000	10	29・2・22	29・2・24						
631	貴州	委員	郁邦基家丁	何珍	28（全）	黒鉛	3万4658		28・2・1	28・2・28						
					28（全）	白鉛	16万7367									

	貴州	委員		陳嘉猷	29漢口	白鉛	103万2500		28・4・5	28・4・9	湖南巡撫	喬光烈	29・3・25	21	21～23	
	湖北	委員		李超介	28川銅）	銅	20万		28・5・20	28・5・20						
	浙江	委員		張嗣炳	28（全）	銅	24万8000		28・3・9	28・4・15						
	貴州	委員	陳嘉猷家丁	朱国相	28（全）	白鉛	49万7367		28・6・5	28・6・6						
	貴州	委員	陳嘉猷家丁	邱栄	28（全）	白鉛	29万		28・12・28	29・1・12						
					28（全）	黒鉛	76万446									
	湖南	委員	武陵県大龍駅丞	楊如楹	28（全）	黒鉛	1万7669		28・4・13	28・5・1						
	湖南	委員	長沙府同知	李家極	28（上）	黒鉛	35万285		28・5・22	28・6・17						
	湖南	委員	永州府同知	趙与愷	28（下）	黒鉛	35万285		28・12・16	29・1・4						
632	雲南	委官	平彝知県	楊潮観	28（加1）	銅	94万991余		28・12・12瀘州	29・1・28	雲南巡撫	劉藻	29・3・27	21	51・52	乾隆14年6月18日上諭
	雲南	委官	嶍峩知県	顧銓	28（加2）	銅	94万991余		28・12・19瀘州	29・2・21						
633	貴州	委員	鎮遠府経歴	呉士洙	29（上）	白鉛	225万7500			29・3・6	貴州巡撫	図爾炳阿	29・3・30	21	86～88	
					29（上）	黒鉛	105万									
634	雲南	委員	鎮雄知州	宋允清	27（1）	銅	94万991余	18	28・11・24午	29・3・21午	護理山東巡撫布政使	梁翥鴻	29・4・2	21	112	
	雲南	委員		翟貴三												
635	雲南	委員	阿迷知州	石観	27（加2）	銅	94万991		29・2・14		直隷総督	方観承	29・4・4	21	121・122	
	貴州	委員	正安知州	王譓	29（下）	白鉛	159万957		29・2・14	29・3・3						
636	湖南	委員	永州府同知	趙与愷	28（下）	黒鉛	○36万5285	4	29・3・24	29・3・24	漕運総督	楊錫紱	29・4・11	21	185・186	乾隆21年10月24日上諭引吉慶奏
	貴州	委員	開州知州	陳世盛	30（上）	白鉛	○135万5478	12	29・3・30	29・4・6						
637	雲南	委員		張大森	—		—		—	—	江西巡撫	輔徳	29・4・13	21	204	
	雲南	委員		舒瑞龍	—		—		—	—						
	雲南	委員		宋永福	—		—		—	—						
	貴州	委員		陳世盛	—		—		—	—						
	湖南	委員		趙与愷	—		—		—	—						
638	雲南	委員	尋甸知州	舒瑞龍	28（1）	銅	△67万9861	7	29・4・3	29・4・13	漕運総督	楊錫紱	29・4・20	21	253・254	乾隆21年10月24日上諭引吉慶奏
	雲南	委員	鎮南知州	張大森	27（3）	銅	△59万6300	6	29・4・3	29・4・13						
	広東	委員	瓊州府同知	宋錦	28（全）	錫	22万1837	2	29・4・8	29・4・13						
639	雲南	委員	晋寧知州	馮傑英	28（3）	銅	73万6300	11	28・12・26	29・2・22	四川総督	阿爾泰	29・4・22	21	258・259	
640	雲南	委員		張大森	—		—		—	—	湖北巡撫	常鈞	29・4・22	21	279・280	
	雲南	委員		舒瑞龍	—		—		—	—						
	雲南	委員		宋永福	—		—		—	—						
	貴州	委員	陳世盛・張秉鈞		—		—		—	—						
	湖南	委員		趙与愷	—		—		—	—						
641	雲南	委官	平彝知県	楊潮観	28（加1）	銅	94万991余	14	29・3・24	29・3・26						

	雲南	委員	晋寧知州	馮傑英	28（3）	銅	73万6300	11	29・3・11	29・3・19	湖南巡撫	喬光烈	29・4・25	21	300	
	雲南	委員	大理府同知	王錫縉	28（3）	銅	73万6300	11	29・3・18	29・3・21						
642	雲南	委員	鎮南知州	張大森	27（3）	銅	△59万6300		29・1・28	29・2・24	江南安徽巡撫	託庸	29・4・28	21	321・322	
	湖南	委員	永州府同知	趙与愷	28（下）	黒鉛	○36万5285		29・2・5	29・2・20						
	貴州	委員	開州知州	陳世盛	30（上）	白鉛	○135万5478		29・2・8	29・2・24						
643	貴州	委員	定番知州	小格	30（下）	白鉛	141万478余			29・4・8重慶	貴州巡撫	図爾炳阿	29・4・30	21	356	
644	湖南	委員	長沙府同知	李家極	28（上）	黒鉛	35万285		29・3・9	29・3・18	直隷総督	方観承	29・5・1	21	357・358	
	雲南	委員	阿迷知州	石観	27（加2）	銅	94万991		29・2・14	29・3・24						
	雲南	委員	鎮雄知州	宋允清	27（1加）	銅	94万991		29・4・3							
645	雲南	委官	平彝知県	楊潮観	28（加1）	銅	94万991余	14	29・1・28	29・3・11	四川総督	阿爾泰	29・5・11	21	429	
646	雲南	委官	嶍峩知県	顧銓	28（加2）	銅	94万991余	14	28・2・21	29・3・25	四川総督	阿爾泰	29・5・11	21	430・431	
647	雲南	委員	鄧川知州	宋永福	28（1）	銅	73万6300	7	29・4・21	29・4・27	漕運総督	楊錫紱	29・5・15	21	475・476	乾隆21年10月24日上諭引吉慶奏
	貴州	委員	畢節知県	張秉鈞	30（上）	白鉛	△128万478	12	29・4・22	29・4・27						
648	雲南	委員		宋允清	27（1加）	銅	94万991		28・7・27	29・2・17	江蘇巡撫	荘有恭	29・5・□	21	480・481	
649	湖南	委員		趙与愷	28（下）	黒鉛	○36万5285	4	29・3・27	29・4・16	太子太傅・内大臣・江南河道総督	高晋	29・5・17	21	498	
650	雲南	委官		郝守訓	—		—		—	—	湖北巡撫	常鈞	29・5・20	21	527・528	
	雲南	委官		陳暎進	—		—		—	—						
	雲南	委員		馮傑英	—		—		—	—						
	雲南	委員		王錫縉	—		—		—	—						
651	雲南	委官	嶍峩知県	顧銓	28（加2）	銅	94万991余	14	29・4・9	29・4・13	湖南巡撫	喬光烈	29・5・27	21	582	
652	貴州	委員	婺川知県	白鋑	30（下）	白鉛	○135万6579余			29・4・15重慶	貴州巡撫	図爾炳阿	29・5・29	21	623	
653	貴州	委員		陳世盛	30（上）	白鉛	○135万5478	12	29・4・6	29・5・4	太子太傅・内大臣・江南河道総督	高晋	29・6・1	21	625・626	
	雲南	委員		張大森	27（3）	銅	△59万6300	6	～	～						
	雲南	委員		舒瑞龍	28（1）	銅	△67万9861	7	29・4・13	29・5・7						
654	広東	委員		宋錦	—		—		—	—	江西巡撫	輔徳	29・6・10	21	708	
	貴州	委員		張秉鈞	—		—		—	—						
	雲南	委官		郝守訓	—		—		—	—						
	雲南	委官		陳暎進	—		—		—	—						
655	雲南	委員	尋甸知州	舒瑞龍	258（1）	銅	△67万9861		29・1・28	29・3・2	江南安徽巡撫	託庸	29・6・11	21	729・730	
	雲南	委員	鄧川知州	宋永福	28（1）	銅	73万6300		29・2・20	29・3・18						
656	雲南	委員		宋永福	28（1）	銅	73万6300	7	29・4・27	29・5・16	太子太傅・内大臣・江南河道総督	高晋	29・6・15	21	774・775	
	貴州	委員		張秉鈞	30（上）	白鉛	128万478	12	29・4・27	29・5・20						

657	湖南	委員		趙与愷	28（下）	黒鉛	○36万5285		29・2・20	29・4・26	江蘇巡撫	荘有恭	29・6・16	21	804・805
658	湖南	委員	永州府同知	趙与愷	28（下）	黒鉛	35万285	4	29・4・16巳	29・6・2酉	山東巡撫	崔応階	29・6・17	21	808
659	貴州	委員	婺川知県	白鋑	30（下）	白鉛	○135万6579余	20	29・4・15	29・5・8	工部尚書・署四川総督	阿桂	29・6・24	22	10・11
660	貴州	委員	定番知州	小格	30（下）	白鉛	141万478余	21	29・4・8	29・5・10	工部尚書・署四川総督	阿桂	29・6・24	22	11・12
661	広東	委員	瓊州府同知	宋錦	28（全）	錫	22万1838	2	29・4・28	29・6・6亥	山東巡撫	崔応階	29・7・1	22	80・81
662	広東	委員	瓊州府同知	宋錦	28（全）	錫	22万1838	2	29・4・13	29・4・29	太子太傅・内大臣・江南河道総督	高晋	29・7・4	22	106・107
	雲南	委官		郝守訓	28（2）	銅	73万6300	8	29・5・18	29・6・14					
663	雲南	委員		馮傑英	—		—		—	—	江西巡撫	輔徳	29・7・6	22	126
	雲南	委員		王錫縉	—		—		—	—					
	雲南	委官		楊潮観	—		—		—	—					
664	雲南	委員	鎮南知州	張大森	27（3）	銅	△59万6300	6	29・5・4酉	29・6・28亥	山東巡撫	崔応階	29・7・9	22	149
	雲南	委員	尋甸知州	舒瑞龍	28（1）	銅	△63万8961	7	29・5・4酉	29・6・28亥					
665	雲南	委員		楊潮観	—		—		—	—	湖北巡撫	常鈞	29・7・12	22	186・187
	雲南	委員		顧銓	—		—		—	—					
	雲南	委員		郝守訓	—		—		—	—					
	雲南	委員		陳暎進	—		—		—	—					
	雲南	委員		馮傑英	—		—		—	—					
	雲南	委員		王錫縉	—		—		—	—					
666	雲南	委員		宋允清	27（1加）	銅	94万991		29・4・3	29・6・10	直隷総督	方観承	29・7・13	22	191・192
	広東	委員	瓊州府同知	宋錦	28（全）	錫	22万1838		29・6・11	29・6・15					
	湖南	委員	永州府同知	趙与愷	28（下）	黒鉛	36万5285		29・6・11	29・6・16					
667	広東	委員	瓊州府同知	宋錦	28（全）	錫	22万1838		29・3・9	29・3・23	江南安徽巡撫	託庸	29・7・15	22	209～211
	貴州	委員	畢節知県	張秉鈞	30（上）	白鉛	128万478余		29・3・10	29・3・24					
	雲南	委官	元謀知県	郝守訓	28（2）	銅	73万6300		29・4・5	29・4・15					
	雲南	委官	富民知県	陳暎進	28（2）	銅	△71万9000		29・4・17	29・4・28					
668	雲南	委員	鎮南知州	張大森	27（3）	銅	△59万6300		29・2・24	29・5・16	江蘇巡撫	荘有恭	29・7・15	22	215
669	貴州	委員	婺川知県	白鋑	30（下）	白鉛	△121万6580余	18	29・5・26	29・6・1	湖南巡撫	喬光烈	29・7・20	22	256・257
	貴州	委員	定番知州	小格	30（下）	白鉛	136万7678余	20	29・5・29	29・6・8					
670	雲南	委官	富民知県	陳暎進	28（2）	銅	△71万9000	7	29・5・24	29・6・16	江南河道総督	高晋	29・7・21	22	264
671	貴州	委員	開州知州	陳世盛	30（上）	白鉛	135万5478	12	29・5・7	29・7・3	山東巡撫	崔応階	29・7・21	22	266
672	貴州	委員	畢節知県	張秉鈞	30（上）	白鉛	128万478余	12	29・5・15戌	29・7・10申	山東巡撫	崔応階	29・7・29	22	331
673	雲南	委員	鄧川知州	宋永福	28（1）	銅	73万6300	7	29・5・27午	29・7・24寅	山東巡撫	崔応階	29・8・17	22	437
	雲南	委官	元謀知県	郝守訓	28（2）	銅	73万6300	8	29・6・13酉	29・7・24寅					

674	雲南	委官	富民知県	陳暎進	28（2）	銅	△71万9000	7	29・6・16辰	29・8・6辰	山東巡撫	崔応階	29・8・22	22	481	
675	雲南	委員	晋寧知州	馮傑英	28（3）	銅	73万6300		29・5・12	29・5・21	江南安徽巡撫	託庸	29・8・27	22	520・521	
	雲南	委員	大理府同知	王錫縉	28（3）	銅	73万6300		29・5・12	29・5・21						
	雲南	委官	平彝知県	楊潮観	28（加1）	銅	94万2991余		29・5・24	29・6・7						
676	雲南	委官	元謀知県	郝守訓	28（2）	銅	73万6300	8	29・5・13	29・5・18	漕運総督	楊錫紱	29・8・29	22	538・539	
	雲南	委官	富民知県	陳暎進	28（2）	銅	△71万9000	7	29・5・19	29・5・24						
	雲南	委員	大理府同知	王錫縉	28（3）	銅	73万6300	8	29・6・29	29・7・7						
	雲南	委員	晋寧知州	馮傑英	28（3）	銅	73万6300	8	29・6・30	29・7・7						
	雲南	委官	平彝知県	楊潮観	28（加1）	銅	94万2994	18	29・7・18	29・7・21						
677	雲南	委員	晋寧知州	馮傑英	28（3）	銅	73万6300	8	29・7・6	29・7・29	太子太傅・内大臣・江南河道総督	高晋	29・9・7	22	575	
678	雲南	委員		顧銓	—		—		—	—	江西巡撫	輔徳	29・9・9	22	591・592	
	貴州	委員		小格	—		—		—	—						
679	雲南	委員		宋允清	27（1加）	銅	94万991		29・4・3	29・6・17	直隷総督	方観承	29・9・11	22	596・597	
	広東	委員		宋錦	27（全）	錫	22万1781			29・6・28						
	湖南	委員		趙与愷	28（下）	黒鉛	36万5285			29・6・29						
	雲南	委員		張大森	27（3）	銅	△59万6300		29・7・2	29・7・15						
	貴州	委員		張秉鈞	30（上）	白鉛	128万478余		29・5・14	29・7・28						
	雲南	委員		舒瑞龍	28（1）	銅	△67万9861		29・7・2							
	貴州	委員		陳世盛	30（上）	白鉛	135万5478		29・7・8							
680	雲南	委員	大理府同知	王錫縉	28（3）	銅	73万6300	8	29・7・6	29・7・29	太子太傅・内大臣・江南河道総督	高晋	29・9・26	22	713	
681	貴州	委員	婺川知県	白錂	30（下）	白鉛	○131万6580	12	29・9・1	29・9・6	漕運総督	楊錫紱	29・9・26	22	719・720	乾隆21年10月24日上諭引吉慶奏
	雲南	委官	嶍峩知県	顧銓	28（加2）	銅	95万2353	16	29・9・2	29・9・7						
	貴州	委員	定番知州	小格	30（下）	白鉛	○146万7678	14	29・9・11	29・9・22						
682	雲南	委官	元謀知県	郝守訓	28（2）	銅	73万6300		29・7・29	29・8・26	直隷総督	方観承	29・10・1	22	736・737	
	雲南	委員	鄧川知州	宋永福	28（1）	銅	73万6300		29・7・28	29・8・27						
683	雲南	委官	嶍峩知県	顧銓	28（加2）	銅	95万2353		29・6・19	29・7・10	江南安徽巡撫	託庸	29・10・1	22	739・740	
	貴州	委員	婺川知県	白錂	30（下）	白鉛	○131万6580		29・7・23	29・8・6						
	貴州	委員	定番知州	小格	30（下）	白鉛	○146万7678		29・8・2	29・8・10						
684	貴州	委員	開州知州	陳世盛	30（上）	白鉛	135万5478			29・8・14	直隷総督	方観承	29・10・3	22	755	
	雲南	委官	富民知県	陳暎進	28（2）	銅	△71万9000		29・8・12	29・9・13						
685	雲南	委員	南安知州	孫喬年	29（1）	銅	73万6300		29・7・24	29・8・28	雲貴総督・雲南巡撫	劉藻	29・10・13	22	829・830	乾隆14年6月18日上諭
	雲南	委員	候補同知	何器	29（1）	銅	73万6300		29・7・25	29・9・16						
686	雲南	委員	晋寧知州	馮傑英	28（3）	銅	73万6300	8	29・7・28未	29・9・28未	山東巡撫	崔応階	29・10・16	22	849	

	雲南	委員	大理府同知	王錫縉	28（3）	銅	73万6300	8	29・7・28未	29・9・28亥						
687	雲南	委官	平彝知県	楊潮観	28（加1）	銅	94万2994	18	29・8・12酉	29・9・19戌	山東巡撫	崔応階	29・10・16	22	850	
688	貴州	委員		白鋑	—		—		—	—	江西巡撫	輔徳	29・10・18	23	14	吉慶奏
689	雲南	委官		顧銓	28（加2）	銅	95万2353	16	29・9・6	29・9・27	太子太傅・内大臣・江南河道総督	高晋	29・10・19	23	20	
690	貴州	委員		白鋑	—		—		—	—	湖北巡撫	常鈞	29・10・22	23	39・40	吉慶奏
	貴州	委員		小格	—		—		—	—						
691	雲南	委官		楊潮観	28（加1）	銅	94万2991		29・6・7	29・8・21	刑部尚書・江蘇巡撫	荘有恭	29・11・7	23	123	
692	貴州	委員	畢節知県	張秉鈞	30（上）	白鉛	128万478			29・8・15湾	直隷総督	方観承	29・11・11	23	157	
	雲南	委官	平彝知県	楊潮観	28（加1）	銅	94万2994		29・9・25天津	29・10・10						
	雲南	委員	晋寧知州	馮傑英	28（3）	銅	73万6300		29・10・7天津							
693	雲南	委員	南安知州	孫喬年	29（1）	銅	73万6300	11	29・8・28	29・10・18	四川総督	阿爾泰	29・11・15	23	190	
694	雲南	委員	鎮南知州	張大森	27（3）	銅	△59万6300		29・7・2	29・8・23	直隷総督	方観承	29・11・26	23	302・303	
	雲南	委官	元謀知県	郝守訓	28（2）	銅	73万6300		29・7・29	29・9・16						
	雲南	委官	富民知県	陳暎進	28（2）	銅	△71万9000		29・8・12	29・9・22						
695	雲南	委員		馮傑英	28（3）	銅	73万6300		29・5・21	29・8・13	刑部尚書・江蘇巡撫	荘有恭	29・12・1	23	350・351	
	雲南	委員		王錫縉	28（3）	銅	73万6300		29・5・21	29・8・14						
696	雲南	委員	尋甸知州	舒瑞龍	28（1）	銅	67万9861		29・7・5天津	29・8・23	直隷総督	方観承	29・12・2	23	357	
	雲南	委官	晋寧知州	馮傑英	28（3）	銅	73万6300		29・10・7天津							
	雲南	委官	大理府同知	王錫縉	28（3）	銅	73万6300		29・10・7天津							
697	雲南	委員	候補同知	何器	29（1）	銅	73万6300	11	29・9・16	29・11・1	四川総督	阿爾泰	29・12・4	23	381	
698	雲南	委員	候補知県	欧陽照	29（2）	銅	73万6300		29・9・5	29・10・11	雲貴総督・雲南巡撫	劉藻	29・12・7	23	421・422	乾隆14年6月18日上諭
	雲南	委員	候補知県	楊興邦	29（2）	銅	73万6300		29・9・13	29・11・2						
699	雲南	委員		孫喬年	29（1）	銅	73万6300		29・11・8	29・11・12	湖南巡撫	図爾炳阿	29・12・17	23	513・514	吉慶奏
	雲南	委員		何器	29（1）	銅	69万3800		29・11・21	29・11・23						
700	雲南	委員		宋永福	28（1）	銅	73万6300		29・8・11	29・9・11	直隷総督	方観承	29・12・20	23	520	
	雲南	委官		馮傑英	28（3）	銅	73万6300		29・10・7天津							
	雲南	委官		王錫縉	28（3）	銅	73万6300		29・10・7天津							
701	雲南	委官		顧銓	28（加2）	銅	95万2353		29・7・10	29・10・6	刑部尚書・江蘇巡撫	荘有恭	29・12・22	23	540	
702	貴州	委員	安平知県	王世瑞	31（上）	白鉛	115万7478余			29・10・16重慶	護理貴州巡撫印務雲南布政使	銭図	29・12・27	23	579	
					31（上）	黒鉛	23万9523余									
	貴州	委員	印江知県	楊曰試	31（上）	白鉛	108万9478余			29・11・22重慶						
					31（上）	黒鉛	11万6761余									

703	陝西	委員	咸陽県丞	潘汝蘭	四川	銅	31万		28・10・15	29・3・15	四川総督	阿爾泰	30・1・5	23	633・634	
	貴州	委員		陳嘉猷	漢口	白鉛	○326万8970			29・4・3						
	貴州	委員	鎮遠府経歴	呉士洙	28・29	白鉛	249万7247		29・3・6／3・15／11・2	29・3・24／8・25／11・19						
					内	白鉛	185万									
704	雲南	委員	候補知県	欧陽照	29（2）	銅	78万4950		29・12・10	29・12・12	湖南巡撫	図爾炳阿	30・2・3	23	799・800	吉慶奏
	貴州	委員	安平知県	王世瑞	31（上）	白鉛	115万549余		29・11・23	30・1・29						
					31（上）	黒鉛	1万1452余									
705	広東	委員		朱令譽	—	錫	—		—	—	江西巡撫	輔徳	30・2・8	23	820	
706	雲南	委官	澂江府通判	鍾培先	29（3）	銅	73万6300		29・11・4	29・11・27	雲南巡撫	常鈞	30・2・16	24	2・3	乾隆14年6月18日上諭
	雲南	委官	嵋峩知県	孫燦	29（3）	銅	73万6300		29・11・8	29・12・15						
707	浙江	委員	徐徳昇・商皓・張璞		29（全）	銅	—		—	—	湖北巡撫	王検	30・2・18	24	20	
	江西	委員		魏世標	29（全）	銅	—		—	—						
	江蘇	委員		程桂	29（全）	銅	—		—	—						
	福建	委員		馬元楨	29（全）	銅	—		—	—						
708	浙江	委員	県丞	徐徳昇	29（全）	銅鉛	—		—	—	江西巡撫	輔徳	30・2・26	24	78・79	
	直隷	委員	通判	厳廷棟	29（全）	銅鉛	—		—	—						
	浙江	委員	県丞	商皓	29（全）	銅鉛	—		—	—						
	江蘇	委員	巡検	程桂	29（全）	白黒	—		—	—						
	福建	委員	照磨	馬元楨	29（全）	銅鉛	—		—	—						
	福建	委員	照磨	劉玉泉	29（全）	銅鉛	—		—	—						
	浙江	委員	県丞	張璞	29（全）	銅鉛	—		—	—						
709	貴州	委員		楊曰試	31（上）	白鉛	108万9478余		30・1・4	30・3・11	湖南巡撫	図爾炳阿	30・2・28	24	95	
					31（上）	黒鉛	11万6761余									
710	雲南	委員	署易門知県	楊興邦	29（2）	銅	73万6300	11	29・11・2	29・12・24	四川総督	阿爾泰	30・閏2・11	24	171	
	雲南	委官	澂江府通判	鍾培先	29（3）	銅	73万6300	11	29・12・1	29・12・29						
711	雲南	委員	晋州知州	馮傑英	28（3）	銅	△56万7515		29・10・7天津	30・2・21	直隷総督	方観承	30・閏2・19	24	203・204	
712	貴州	委員	修文知県	彭南録	31（下）	白鉛	112万7978余			30・閏2・6重慶	湖南巡撫	図爾炳阿	30・閏2・28	24	216	
					31	黒鉛	11万1571余									
713	雲南	委員	晋州知州	馮傑英	28（3）	銅	73万6300			30・2・7	直隷総督	方観承	30・3・14	24	356	
	雲南	委官	大理府同知	王錫綸	28（3）	銅	73万6300		29・10・7天津	30・閏2・18						
	雲南	委官	嵋峩知県	孫燦	29（3）	銅	95万2353		30・閏2・23							
714	雲南	委官	澂江府通判	鍾培先	29（3）	銅	78万6300		30・2・5	30・2・9	新調広東巡撫署湖南巡撫	王検	30・3・16	24	373・374	
	雲南	委員	署易門知県	楊興邦	29（2）	銅	68万5300		30・2・8	30・2・12						
715	雲南	委員	欧陽照・孫喬年		—		—		—	—	湖広総督	呉達善	30・3・17	24	389	
	貴州	委員	王世瑞・楊曰試		—		—		—	—						

716	雲南	委官	嶍峩知県	孫爍	29（3）	銅	73万6300	11	29・12・15	30・1・24	四川総督	阿爾泰	30・3・19	24	397・398	
717	貴州	委員	安平知県	王世瑞	31（上）	白鉛	116万2930余	16	29・10・16	29・10・27	四川総督	阿爾泰	30・3・19	24	403・404	
718	雲南	委官	保山知県	宋若霖	29（1加）	銅	94万991余		30・1・3	30・2・20	雲南巡撫	常鈞	30・3・19	24	411・412	
	雲南	委官	試用知州	王灝	29（2加）	銅	94万991余		30・1・16	30・閏2・4						
719	雲南	委員	南安知州	孫喬年	29（1）	銅	73万6300	9	30・閏2・27	30・3・3	漕運総督	楊錫紱	30・3・28	24	480・481	乾隆21年10月24日上諭引吉慶奏
	雲南	委員	候補同知	何器	29（1）	銅	69万3800	7	30・閏2・27	30・3・3						
	貴州	委員	安平知県	王世瑞	31（上）	白鉛	115万549余	14	30・閏2・30	30・3・5						
					31（上）	黒鉛	1万1452余									
	雲南	委員	署趙州揀発知県	欧陽照	29（2）	銅	78万4950	8	30・3・6	30・3・11						
720	雲南	委官	嶍峩知県	顧銓	28（加2）	銅	95万2353	16	29・9・25戌	30・閏2・11午	山東巡撫	崔応階	30・4・4	24	510	
721	雲南	委官	嶍峩知県	孫爍	29（3）	銅	62万3300		30・閏2・12	30・閏2・18	新調広東巡撫署湖南巡撫	王検	30・4・8	24	517	
					29（3）	銅	7万3000		30・3・7	30・3・10						
722	貴州	委員	修文知県	彭南録	31（下）	白鉛	112万7978余			30・閏2・6重慶	四川総督	阿爾泰	30・4・10	24	550	
					31	黒鉛	8万9971余									
	雲南	委官	保山知県	宋若霖	29（1加）	銅	95万963	14	30・2・20	30・3・8						
723	雲南	委員	署趙州揀発知県	欧陽照	29（2）	銅	78万4950	11	29・10・12	29・11・13	四川総督	阿爾泰	30・4・10	24	554・555	
	貴州	委員	印江知県	楊曰試	31（上）	白鉛	108万9478余	17	29・11・12	29・12・9						
					31（上）	黒鉛	11万9761余									
724	雲南	委員	南安知州	孫喬年	29（1）	銅	73万6300		30・1・14	30・1・24	署理江西巡撫印務江蘇巡撫	明徳	30・4・12	24	575～577	
	雲南	委員	候補同知	何器	29（1）	銅	69万3800		30・1・20	30・1・27						
	貴州	委員	安平知県	王世瑞	31（上）	白鉛	115万549余		30・2・1	30・2・5						
					31（上）	黒鉛	1万1452余									
	雲南	委員	署趙州揀発知県	欧陽照	29（2）	銅	78万4950		30・2・18	30・2・28						
	湖南	委員	岳州府通判	王琰	29（下）	黒鉛	36万5285		30・2・28	30・閏2・6						
	貴州	委員	印江知県	楊曰試	31（上）	白鉛	108万9478余		30・閏2・7	30・閏2・12						
					31（上）	黒鉛	11万9761余									
725	貴州	委員	婺川知県	白鋑	30（下）	白鉛	○131万6580		29・9・6	30・2・3	太子太傅内大臣両江総督江南河道総督	高晋	30・4・13	24	594・595	
	貴州	委員	定番知州	小格	30（下）	白鉛	○146万7678		29・9・22	30・2・3						
726	雲南	委官		鍾培先	29（全）	銅鉛	—		—	—	湖北巡撫	李因培	30・4・14	24	597・598	
	雲南	委官		孫爍	29（全）	銅鉛	—		—	—						
	雲南	委員		何器	29（全）	銅鉛	—		—	—						

	雲南	委員		欧陽照	29（全）	銅鉛	—		—	—						
	貴州	委員		楊曰試	29（全）	銅鉛	—		—	—						
	湖南	委員		王琰	29（全）	銅鉛	—		—	—						
727	浙江	委員		徐徳昇	29（全）	銅鉛	—		—	—	安徽巡撫	託庸	30・4・16	24	607・608	
	江西	委員		黄正維	30（全）	銅鉛	—		—	—						
	直隷	委員		厳廷棟	29（全）	銅鉛	—		—	—						
	浙江	委員		商皓	29（全）	銅鉛	—		—	—						
	江蘇	委員		程桂	30（全）	銅鉛	—		—	—						
	浙江	委員		張璞	31（全）	銅鉛	—		—	—						
728	湖南	委員	岳州府通判	王琰	29（下）	黒鉛	36万5285	4	30・3・24	30・3・27	漕運総督	楊錫紱	30・4・17	24	621・622	乾隆21年10月24日上諭引吉慶奏
	広東	委員	恵州府通判	范光達	29（下）	錫	21万5947	3	30・4・1	30・4・7						
729	貴州	委員	安南知県	程矩	31（上）	白鉛	114万7638余			30・3・18重慶	貴州巡撫	方世儁	30・4・24	24	664・665	
					31（上）	黒鉛	8万9999余									
	貴州	委員	黎平府経歴	程明勲	30（下）	白鉛	○120万7500			30・4・1重慶						
730	貴州	委員	定番知州	小格	30（上）	白鉛	○146万7678	14	30・2・2巳	30・3・1辰	山東巡撫	崔応階	30・4・24	24	667	
	貴州	委員	婺川知県	白鋑	30（下）	白鉛	○131万6580	12	30・2・2巳	30・3・1辰						
731	雲南	委官	試用知州	王灝	29（2加）	銅	94万991余	14	30・閏2・8	30・3・21	四川総督	阿爾泰	30・4・26	24	679	
732	雲南	委員	候補同知	何器	29（1）	銅	69万3800		30・1・27	30・閏2・1	安徽巡撫	託庸	30・4・27	24	693～695	
	雲南	委員	署趙州知州	欧陽照	29（2）	銅	78万4950		30・2・28	30・閏2・9						
	貴州	委員	安平知県	王世瑞	31（上）	白鉛	115万7478		30・2・5	30・閏2・6						
					31（上）	黒鉛	23万952余									
	雲南	委員	南安知州	孫喬年	29（1）	銅	73万6300		30・1・24	30・2・28						
	湖南	委員	岳州府通判	王琰	29（下）	黒鉛	36万5285余		30・閏2・6	30・閏2・12						
733	雲南	委員		馮傑英	28（3）	銅	73万6300			30・閏2・27	直隷総督	方観承	30・5・13	24	831・832	
	雲南	委官		王錫縉	28（3）	銅	73万6300			30・3・1						
	貴州	委員		小格	30（上）	白鉛	146万7668		30・3・11	30・4・6						
	貴州	委員		白鋑	30（下）	白鉛	131万6580		30・3・11	30・4・6						
	雲南	委官		顧銓	28（加2）	銅	95万2353		30・閏2・23	30・4・12						
734	貴州	委員	安南知県	程矩	31（上）	白鉛	114万7638余	18	30・3・18	30・3・28	四川総督	阿爾泰	30・5・18	25	4・5	
					31（上）	黒鉛	8万9999余									
735	貴州	委員		小格	30（下）	白鉛	146万7668		30・3・11	30・4・14	直隷総督	方観承	30・5・24	25	53	
	貴州	委員		白鋑	30（下）	白鉛	131万6580		30・4・6	30・4・15						
	雲南	委官		顧銓	28（加2）	銅	95万2353		30・閏2・23	30・4・24						
736	雲南	委官		宋若霖	29（全）	銅	—		—	—	湖北巡撫	李因培	30・5・24	25	59	吉慶奏
	雲南	委官		鍾培先	29（全）	銅	—		—	—						

	雲南	委官		孫燦	29（全）	銅	—		—	—						
737	貴州	委員	印江知県	楊曰試	31（上）	白鉛	108万9478余	11	30・4・22	30・5・3	漕運総督	楊錫紱	30・5・26	25	89	乾隆21年10月24日上諭引吉慶奏
					31（上）	黒鉛	11万9761余									
	雲南	委官	澂江府通判	鍾培先	29（3）	銅	△59万3000	6	30・5・2	30・5・8						
738	広東	委員	恵州府通判	范光達	29（下）	錫	21万5947		30・1・24	30・閏2・25	署理江西巡撫印務江蘇巡撫	明徳	30・5・28	25	101・102	
	雲南	委員	署易門知県	楊興邦	29（2）	銅	72万8603		30・3・15	30・3・23						
	雲南	委員	澂江府通判	鍾培先	29（3）	銅	△59万3008		30・3・17	30・3・25						
	雲南	委員	署嶍峩知県	孫燦	29（3）	銅	△69万6300		30・4・7	30・4・15						
739	貴州	委員		彭南録	31（下）	白鉛	112万7978余		30・3・10	30・3・14	新調広東巡撫署湖南巡撫	王検	30・5・29	25	120・121	吉慶奏
					31	黒鉛	8万9971余									
	雲南	委官		宋若霖	29（1加）	銅	98万7750		30・4・7	30・4・9						
	雲南	委官		王灝	29（2加）	銅	94万991余		30・4・7	30・4・9						
	貴州	委員		程矩	31（上）	白鉛	114万7638余		30・4・9	30・4・14						
					31（上）	黒鉛	8万7571余									
740	雲南	委員		楊興邦	29（2）	銅	72万7468		30・1・8	30・閏2・1	湖広総督 湖北巡撫	呉達善 李因培	30・5・30	25	131・132	
741	広東	委員	恵州府通判	范光達	29（下）	錫	21万5947	3	30・4・7	30・5・5	太子太傅内大臣両江総督江南河道総督	高晋	30・6・2	25	139	
742	貴州	委員	印江知県	楊曰試	31（上）	白鉛	98万583余		30・閏2・12	30・3・11	安徽巡撫	託庸	30・6・11	25	207～209	
					31（上）	黒鉛	11万6791余									
	広東	委員	恵州府通判	范光達	29（下）	錫	21万5947		30・閏2・25	30・3・13						
	雲南	委員	署易門知県	楊興邦	29（2）	銅	72万8603		30・3・23	30・4・5						
	雲南	委員	澂江府通判	鍾培先	29（3）	銅	59万3008		30・3・25	30・4・4						
	雲南	委員	署嶍峩知県	孫燦	29（3）	銅	69万6300		30・4・15	30・4・21						
743	雲南	委員		孫喬年	29（1）	銅	88万2212	9	30・3・3	30・5・15	太子太傅内大臣両江総督江南河道総督	高晋	30・6・12	25	218・219	
	雲南	委員		何器	29（1）	銅	69万3800	7	30・3・3	30・5・15						
	貴州	委員		王世瑞	31（上）	白鉛	115万7478	14	30・3・5	30・5・15						
					31（上）	黒鉛	23万9523									
	雲南	委員		欧陽照	29（2）	銅	78万4950	8	30・3・11	30・5・15						
	湖南	委員		王琰	29（下）	黒鉛	36万5285	4	30・3・27	30・5・15						
744	雲南	委員	候補知県	楊興邦	29（2）	銅	72万8603	7	30・5・9	30・5・15	漕運総督	楊錫紱	30・6・20	25	267	乾隆21年10月24日上諭引吉慶奏
	雲南	委員	署嶍峩知県	孫燦	29（3）	銅	△69万6300	7	30・5・19	30・5・27						
745											太子太傅内大臣両江総督江南河道総					
	雲南	委員		鍾培先	29（3）	銅	59万3008	6	30・5・8	30・6・3						

											督	高晋	30・6・22	25	276	
746	—	—		—	—		—		—	—	湖北巡撫	李因培	30・7・2	25	405・406	乾隆30年6月22日大学士傅恒等寄字内引用同年6月13日上諭
747	—	—		—	—		—		—	—	署理江西巡撫印務江蘇巡撫	明徳	30・7・3	25	412・413	乾隆30年7月1日大学士傅恒等寄字内引用同年6月17日上諭
748	貴州	委員	修文知県	彭南録	31（下） 31	白鉛 黒鉛	112万7978余 8万9971余		30・4・25	30・5・2	署理江西巡撫印務江蘇巡撫	明徳	30・7・3	25	414・415	
749	—	—		—	—		—		—	—	江南河道総督現管河東河道総督	李宏	30・7・9	25	448・449	大学士傅恒等寄字内引用乾隆30年6月17日上諭
750	貴州	委員	修文知県	彭南録	31（下） 31	白鉛 黒鉛	112万7978余 8万9971余		30・5・2	30・5・11	安徽巡撫	託庸	30・7・9	25	452・453	
751	—	—		—	—		—		—	—	四川総督	阿爾泰	30・7・15	25	517・518	大学士傅恒等寄字内引用乾隆30年6月17日上諭
752	貴州	委員	婺川知県	白鋑	30（下）	白鉛	○131万6881		29・8・6	30・2・10		荘有恭	30・7・15	25	523・524	
	貴州	委員	定番知州	小格	30（下）	白鉛	○146万7678		29・8・10	30・2・10						
753	貴州	委員	安南知県	程矩	31（上） 31（上）	白鉛 黒鉛	114万7638余 8万9999余		30・5・24	30・5・30	署理江西巡撫印務江蘇巡撫	明徳	30・7・18	25	528	
754	湖南	委員	岳州府通判	王琰	29（下）	黒鉛	36万5285余	4	30・5・8未	30・7・5未	山東巡撫	崔応階	30・7・18	25	543	
755	雲南	委員	候補同知	何嚣	29（1）	銅	69万3800	7	30・5・8未	30・7・8亥	山東巡撫	崔応階	30・7・22	25	578・579	
	雲南	委員	澂江府通判	鍾培先	29（3）	銅	59万3008	6	30・6・1未	30・7・8亥						
	雲南	委員	署趙州揀発知県	欧陽照	29（2）	銅	78万4950	8	30・5・8未	30・7・8亥						
	貴州	委員	安平知県	王世瑞	31（上） 31（上）	白鉛 黒鉛	115万7478 48万4722	14	30・5・8未	30・7・8申						
	雲南	委員	南安知州	孫喬年	29（1）	銅	88万2212	9	30・5・8未	30・7・13酉						
756	雲南	委員	候補知県	楊興邦	29（2）	銅	72万8603	7	30・5・15	30・6・7	太子太傅内大臣両江総督江南河道総督	高晋	30・8・2	25	632・633	
757	貴州	委員	安南知県	程矩	31（上） 31（上）	白鉛 黒鉛	114万7638余 8万9999余		30・5・30	30・6・11	江南河道総督安徽巡撫	託庸	30・8・4	25	659	
758	雲南	委員		孫喬年	29（1）	銅	88万2212		30・2・29	30・6・13		荘有恭	30・8・5	25	668・669	
	雲南	委員		何嚣	29（1）	銅	69万3800		30・閏2・1	30・6・13						
	雲南	委員		欧陽照	29（2）	銅	78万4950		30・閏2・9	30・6・14						

	貴州	委員		王世瑞	31（上）	白鉛	115万7478		30・閏2・7	30・6・12						
					31（上）	黒鉛	48万4722									
759	湖南	委員		王琰	29（下）	黒鉛	36万5285余		03・閏2・12	30・6・13	湖北巡撫	李因培	30・8・6	25	684	吉慶奏
	雲南	委員		楊興邦	—		—		—	—						
	雲南	委官		宋若霖	—		—		—	—						
	雲南	委官		王灝	—		—		—	—						
	貴州	委員		彭南録	—		—		—	—						
	貴州	委員		程矩	—		—		—	—						
760	雲南	委員		孫燦	29（3）	銅	69万6300	7	30・5・27	30・6・24	太子太傅内大臣両江総督江南河道総督	高晋	30・8・15	25	715	
761	雲南	委官	試用知州	王灝	29（2加）	銅	94万991余		30・6・12	30・6・22	江南河道総督安徽巡撫	託庸	30・8・18	25	726	
	雲南	委官	保山知県	宋若霖	29（1加）	銅	98万7750余		30・6・12	30・6・22						
762	雲南	委員	候補知県	楊興邦	29（2）	銅	72万8603	7	30・6・7辰	30・7・26酉	山東巡撫	崔応階	30・8・21	25	755	
763	福建	委員	布政司経歴	李敬廷	30（全）	黒鉛	11万7173		30・6・2未	30・6・5午	署理江西巡撫印務江蘇巡撫	明徳	30・8・24	25	803・804	
	雲南	委員	試用知州	王灝	29（2加）	銅	94万991		30・6・7申	30・6・12申						
	雲南	委員	保山知県	宋若霖	29（1加）	銅	98万7750余		30・6・8巳	30・6・12酉						
764	貴州	委員		楊曰試	31（上）	白鉛	108万9478余				太子太傅内大臣両江総督江南河道総督	高晋	30・8・26	25	821	
					31（上）	黒鉛	11万9761余	11	30・5・3	30・6・23						
765	貴州	委員	修文知県	彭南録	31（下）	白鉛	109万7978		30・6・7	30・6・29	漕運総督	楊錫紱	30・8・26	25	824・825	乾隆21年10月24日上諭引吉慶奏
					31	黒鉛	11万9971									
	貴州	委員	安南知県	程矩	31（上）	白鉛	114万7638		30・7・7	30・7・15						
					31（上）	黒鉛	8万9999									
766	広東	委員		范光達	29（下）	錫	21万5947		30・6・19	30・6・24	直隷総督	方観承	30・8・30	25	846・847	
	湖南	委員		王琰	29（下）	黒鉛	36万5285		30・7・9	30・7・18						
	貴州	委員		王世瑞	31（上）	白鉛	115万7478		30・7・11							
					31（上）	黒鉛	48万4722									
	雲南	委員		鍾培先	29（3）	銅	59万3008		30・7・11							
	雲南	委員		欧陽照	29（2）	銅	78万4950		30・7・12							
	雲南	委員		何器	29（1）	銅	69万3800		30・7・14							
	雲南	委員		孫喬年	29（1）	銅	88万2212		30・7・17							
767	広東	委員		范光達	29（下）	錫	21万5947			30・7・10	直隷総督	方観承	30・9・10	26	58・59	
	貴州	委員		王世瑞	31（上）	白鉛	115万7478		30・7・11	30・8・10						
					31（上）	黒鉛	48万4722									

	雲南	委員		楊興邦	29（2）	銅	72万8603		30・8・3							
768	雲南	委官		宋若霖	29（1加）	銅	98万7750余	17	30・8・9	30・8・30	江南河道総督	李宏	30・9・11	26	75・76	
	雲南	委官		王灝	29（2加）	銅	94万991余	18	30・8・9	30・8・30						
769	雲南	委員		楊興邦	29（2）	銅	73万6300		30・1・8		湖広総督	呉達善	30・9・28	26	193～198	
											湖北巡撫	李因培				
770	貴州	委員		彭南録	31（下）	白鉛	112万7978	11	30・6・27	30・9・3	江南河道総督	李宏	30・10・2	26	221・222	
					31	黒鉛	8万9971									
	貴州	委員		程矩	31（上）	白鉛	114万7638	11	30・7・15	30・9・6						
					31（上）	黒鉛	8万9999									
771	雲南	委員	嶍峩知県	孫爍	29（3）	銅	69万6300	7	30・6・24未	30・8・21申	山東巡撫	崔応階	30・10・2	26	227	
	貴州	委員	印江知県	楊曰試	31（上）	白鉛	108万9478	10	30・6・21午	30・9・1巳						
					31（上）	黒鉛	11万9761									
772	雲南	委官	保山知県	宋若霖	29（1加）	銅	98万7750	17	30・8・6	30・8・9	漕運総督	楊錫紱	30・10・4	26	248・249	乾隆21年10月24日上諭引吉慶奏
	雲南	委官	試用知州	王灝	29（2加）	銅	94万991	18	30・8・6	30・8・9						
773	雲南	委員		楊興邦	29（2）	銅	72万8603		30・4・5	30・7・2		荘有恭	30・10・18	26	365・366	
	雲南	委員		鍾培先	29（3）	銅	59万3008		30・4・5	30・6・14						
	雲南	委員		孫爍	29（3）	銅	69万6300		30・4・21	30・7・22						
774	湖南	委員		王琰	29（下）	黒鉛	36万5285			30・8・1	直隷総督	方観承	30・10・25	26	445	
	貴州	委員		王世瑞	31（上）	白鉛	115万7478			30・8・30						
					31（上）	黒鉛	48万4722									
	雲南	委員		孫爍	29（3）	銅	69万6300		30・8・27	30・9・16						
775	雲南	委員	候補同知	何器	29（1）	銅	69万3800		30・7・14	30・9・4	直隷総督	方観承	30・10・28	26	464・465	
	雲南	委員	澂江府通判	鍾培先	29（3）	銅	59万3008		30・7・11	30・9・5						
	雲南	委員	南安知州	孫喬年	29（1）	銅	88万2212		30・7・17	30・9・9						
	雲南	委員		楊興邦	29（2）	銅	72万8603		30・8・3	30・9・21						
	貴州	委員	印江知県	楊曰試	31（上）	白鉛	108万9478		30・9・10	30・9・24						
					31（上）	黒鉛	11万9761									
776	広東	委員		范光達	29（下）	錫	21万5947		30・3・12	30・5・22		荘有恭	30・11・1	26	481・482	
777	貴州	委員	遵義府通判	席纘	32（上）	白鉛	118万7978余			30・9・18重慶	貴州巡撫	方世儁	30・11・3	26	493	
					32（全）	黒鉛	9万399余									
778	雲南	委員	試用知州	王灝	29（2加）	銅	94万991	18	30・8・30酉	30・10・10丑	山東巡撫	崔応階	30・11・3	26	508	
	雲南	委員	保山知県	宋若霖	29（1加）	銅	98万7750	17	30・8・30酉	30・10・9午						
779	雲南	委員	江川知県	劉携	30（1）	銅	75万759		30・7・5	30・8・18	雲南巡撫	常鈞	30・11・10	26	553・554	乾隆14年6月18日上諭
	雲南	委員	羅平知州	汪懋均	30（1）	銅	74万4194		30・7・6	30・9・10						
780	雲南	委員	江川知県	劉携	30（1）	銅	75万759	11	30・8・18	30・10・4						

	貴州	委員	遵義府通判	席纘	32（上）	白鉛	118万7978	18	30・9・18重慶	30・10・3	四川総督	阿爾泰	30・11・14	26	578	
					32（全）	黒鉛	9万399									
781	貴州	委員	修文知県	彭南録	31（下）	白鉛	112万7978	11	30・8・16巳	30・10・21辰	山東巡撫	崔応階	30・11・15	26	599・600	
					31	黒鉛	8万9971									
782	雲南	委員		欧陽照	29（2）	銅	78万4950			30・9・5	直隷総督	方観承	30・11・18	26	624・625	
	雲南	委員		孫燦	29（3）	銅	69万6300	7		30・9・23						
	貴州	委員		楊曰試	31（上）	白鉛	108万9478	10		30・9・27						
					31（上）	黒鉛	11万9761									
	雲南	委員		宋若霖	29（1加）	銅	98万7750	17	30・10・16							
	雲南	委員		王灝	29（2加）	銅	94万991	18	30・10・17							
	貴州	委員		彭南録	31（下）	白鉛	112万7978	11	30・10・24							
					31	黒鉛	8万9971									
783	貴州	委員	龍里知県	王雲鱗	32（上）	白鉛	117万6249			30・10・22重慶	貴州巡撫	方世儁	30・11・21	26	647	
					31	黒鉛	9万571									
784	雲南	委員		劉携	—		—		—	—	湖北巡撫今徴湖南巡撫	李因培	30・11・22	26	689	吉慶奏
	貴州	委員		諸元亮	—		—		—	—						
785	貴州	委員	遵義府通判	席纘	32（上）	白鉛	118万7978		30・10・18	30・10・22	湖南巡撫徴任安徽巡撫	馮鈐	30・11・24	26	703	
					32（全）	黒鉛	9万399									
786	雲南	委員		楊興邦	—		—		—	—	湖北巡撫今徴湖南巡撫	李因培	30・11・29	26	736・737	
787	貴州	委員		楊曰試	31（上）	白鉛	108万9478		30・3・1	30・7・28	江蘇巡撫	明徳	30・11・30	26	743	
					31（上）	黒鉛	11万9761									
788	雲南	委官	河陽知県	邵応龍	30（2）	銅	73万6300		30・9・2	30・10・7	雲南巡撫	常鈞	30・12・1	26	753	
	雲南	委官	弥勒知州	陳衍	30（2）	銅	73万6300		30・9・3	30・10・29						
789	雲南	委員	羅平知州	汪懋均	30（1）	銅	74万4194	11	30・9・13	30・10・25	四川総督	阿爾泰	30・12・15	27	12	
	雲南	委官	河陽知県	邵応龍	30（2）	銅	73万6300	11	30・10・7	30・11・21						
790	貴州	委員	貴陽府龍里知県	王雲鱗	32（上）	白鉛	117万6248		30・10・22	30・11・15	四川総督	阿爾泰	30・12・21	27	110・111	
					31	黒鉛	9万571									
791	雲南	委員	江川知県	劉携	30（1）	銅	75万759	11	30・10・22	30・10・24	湖南巡撫	李因培	30・12・28	27	186	吉慶奏
792	貴州	委員		呉士洙	30、漢口	銅	45万7413		30・1・29	30・2・2	湖南巡撫	李因培	30・12・28	27	191・192	乾隆21年1月12日上諭
	浙江	委員		李継学	30（1）	銅	44万125		29・12・28	30・2・26						
	貴州	委員		程明勲	30漢口	白鉛	105万		30・4・23	30・5・4						
	湖北	委員		漆浩美	30（1）	銅	26万		30・7・25	30・8・24						
	福建	委員		郎昭	30（1）	銅	41万7500		30・9・22～	30・11・16						
	湖南	委員	岳州府通判	王琰	29（下）	黒鉛	35万285		29・12・3	30・1・11						

793	雲南	委員	石屛知州	崔琇	31（1）	銅	74万7979			32・4・24	直隷総督	方観承	32・7・115	27	287・288	
	貴州	委員	都匀知県	胡経武	32（下）	白鉛	113万7014			32・5・17						
						黒鉛	12万4371									
	貴州	委員	開州知州	趙由坤	32（下）	白鉛	122万1384		32・5・13	32・5・26						
						黒鉛	12万4371									
	雲南	委員	羅次知県	宋益金	31（1）	銅	73万6300		32・5・18	32・6・8						
794	湖南	委員	候補通判	曾文鶴	31（下）	黒鉛	36万5285	4	32・5・23午	32・7・4辰	山東巡撫	崔応階	32・7・15	27	325	
795	貴州	委員	龍泉知県	邱堂	33（下）	白鉛	109万4199	17	32・4・22	32・5・2	四川総督	阿爾泰	32・7・18	27	347・348	
						黒鉛	8万9799									
	雲南	委員	弥渡通判	蒋恒建	31（3）	銅	76万9256	11	32・3・18	32・5・16						
796	貴州	委官	広順知州	王一曾	33（上）	白鉛	128万4699	13	32・5・28午	32・7・7辰	山東巡撫	崔応階	32・7・25	27	409・410	
						黒鉛	9万199									
	雲南	委官	大姚知県	徐応衡	31（2）	銅	76万6518	7	32・5・29未	32・7・13巳						
	貴州	委員	仁懐知県	董醇	33（上）	白鉛	113万886	11	32・6・1午	32・7・13巳						
						黒鉛	8万9971									
797	広東	委員	南雄府通判	穆騰	31（全）	錫	21万5947余		32・3・28	32・4・14	安徽巡撫	馮鈐	32・7・25	27	417・418	
798	広東	委員	番禺県沙湾司巡検	熊元	31（全）	錫	3万9230		31・11・22	31・12・27	江西巡撫	呉紹詩	32・7・29	27	454・455	
	広東	委員	南雄府通判	穆騰	31（全）	錫	21万8947		32・2・23	32・3・28						
799	雲南	委員		鍾作粛	—		—		—	—	湖広総督暫署湖北巡撫	定長	32・閏7・1	27	465	
	雲南	委員		欧陽飛	—		—		—	—						
	雲南	委員		汪大鏞	—		—		—	—						
	雲南	委員		曹九韶	—		—		—	—						
	雲南	委員		蒋恒建	—		—		—	—						
	貴州	委員		楊焯	—		—		—	—						
	貴州	委員		邱堂	—		—		—	—						
800	湖南	委員	候補通判	曾文鶴	31（下）	黒鉛	36万5285		32・3・26	32・5・29	江蘇巡撫	明徳	32・閏7・2	27	479	
801	雲南	委員	定遠知県	鍾作粛	31（2）	銅	79万5186	7	32・6・17	32・6・22	漕運総督	楊錫紱	32・閏7・13	27	549	乾隆21年10月24日上諭引吉慶奏
802	広東	委員	南雄府通判	穆騰	31（全）	錫	21万1713	2	32・5・19巳	32・7・11申	護理山東巡撫印務布政使	梁翥鴻	32・閏7・20	27	605	
803	貴州	委員	貴陽府開州知州	趙由坤	32（下）	白鉛 黒鉛	122万1384 12万4371			32・6・3	直隷総督	方観承	32・閏7・25	27	655・656	
	雲南	委員	羅次知県	宋益金	31（1）	銅	73万6300			32・6・18						
804	雲南	委員	定遠知県	鍾作粛	31（2）	銅	79万5186	7	32・6・22	32・7・27	江南河道総督	李宏	32・8・2	27	702	

805	貴州	委員	広順知州	王一曾	33（上）	白鉛	128万4699		32・3・24	32・6・10	江蘇巡撫	明徳	32・8・8	27	747・748	
						黒鉛	9万199									
	貴州	委員	仁懐知県	董醇	33（上）	白鉛	113万886		32・3・28	32・6・11						
						黒鉛	8万9971									
806	雲南	委員	賓州知州	曹九韶	31（3）	銅	65万8600		32・7・7	32・7・11	江西巡撫	呉紹詩	32・8・10	27	758・759	
	雲南	委員	蒙自知県	欧陽飛	31（加1）	銅	94万991		32・7・7	32・7・15						
807	雲南	委員		徐応衡	31（2）	銅	76万6518		32・3・28	32・6・11	江蘇巡撫	明徳	32・8・24	28	8・9	
	雲南	委員		鍾作粛	31（2）	銅	79万5186		32・5・10	32・7・7						
	広東	委員		穆騰	31（全）	錫	21万8947		32・4・14	32・6・20						
808	雲南	委員	定遠知県	鍾作粛	31（2）	銅	73万9288	7	32・7・27未	32・8・24亥	山東巡撫	李清峙	32・9・6	28	77・78	
809	雲南	委員		曹九韶	—		—		—	—	湖広総督暫署湖北巡撫	定長	32・9・10	28	125	
	雲南	委員		欧陽飛	—		—		—	—						
810	雲南	委員	賓州知州	曹九韶	31（3）	銅	65万8600余		32・7・11	32・7・20	安徽巡撫	馮鈐	32・9・12	28	138・139	
	雲南	委員	蒙自知県	欧陽飛	31（加1）	銅	94万991余		32・7・14	32・閏7・5						
811	山東	委員		墨琛	穆騰31	錫	21万5947			32・7・22	直隷総督	方観承	32・9・14	28	154・155	
	湖南	委員		曾文鶴	31（下）	黒鉛	36万5285			32・閏7・3						
	貴州	委官		王一曾	33（上）	白鉛	128万4699		32・閏7・11							
						黒鉛	9万199									
	貴州	委員		董醇	33（上）	白鉛	113万886		32・閏7・16							
						黒鉛	8万9971									
	雲南	委官		徐応衡	31（2）	銅	76万6518			32・閏7・18						
812	雲南	委員	景東府同知	汪大鏞	31（加2）	銅	94万991		32・閏7・15	32・閏7・21	江西巡撫	呉紹詩	32・9・28	28	246・247	
	貴州	委員	龍泉知県	邱堂	33（下）	白鉛	109万4199		32・閏7・22	32・8・9						
						黒鉛	8万9799									
	福建	委員	福清県丞	王思賢	33（全）	黒鉛	11万5673		32・閏7・29	32・8・9						
	雲南	委員	大理府通判	蒋恒建	31（3）	銅	69万9256		32・閏7・29	32・9・10						
813	雲南	委員	景東府同知	汪大鏞	31（加2）	銅	94万991余		32・閏7・21	32・8・6	安徽巡撫	馮鈐	32・10・2	28	271	
814	雲南	委員	賓州知州	曹九韶	31（3）	銅	65万8600余	7	32・8・3	32・9・8	江南河道総督	李宏	32・10・16	28	384・385	
815	貴州	委員	貴定知県	楊焯	33（下）白	黒鉛	115万2949		32・閏7・26	32・8・10	江西巡撫	呉紹詩	32・10・24	28	415・416	
816	雲南	委員	弥渡通判	蒋恒建	31（3）	銅	69万9256余		32・8・10	32・8・23	安徽巡撫	馮鈐	32・10・24	28	437・438	
817	雲南	委員		汪大鏞	—		—		—	—	湖広総督暫署湖北巡撫	定長	32・10・25	28	446	
	雲南	委員		蒋恒建	—		—		—	—						
	貴州	委員		楊焯	—		—		—	—						
	貴州	委員		邱堂	—		—		—	—						
818	雲南	委員	景東府同知	汪大鏞	31（加2）	銅	94万991余	17	32・9・20	32・9・27	漕運総督	楊錫紱	32・10・27	28	458・549	乾隆21年10月24日上諭引吉慶

																奏
819	雲南	委員	賓州知州	曹九韶	31（3）	銅	65万8600余	7	32・9・7巳	32・10・19酉	山東巡撫	李清峙	32・11・3	28	494	
820	雲南	委官	試用知県	張鍾玘	32（1）	銅	73万6300		32・閏7・20	32・8・26	雲南巡撫	鄂寧	32・11・11	28	558・559	
	雲南	委官	試用知県	戴炳	32（1）	銅	73万6300		32・閏7・26	32・9・19						
821	貴州	委員	龍泉知県	邱堂	33（下）	白鉛	109万4199	12	32・10・10	32・10・18	漕運総督	楊錫紱	32・11・19	28	621・622	乾隆21年10月24日上諭引吉慶奏
						黒鉛	8万9799									
	雲南	委員	弥渡通判	蒋恒建	31（3）	銅	69万9256	7	32・10・10	32・10・19						
	雲南	委官	試用知県	雷爾杰	31（3）	銅	94万991	17	32・10・26	32・11・2						
822	貴州	委員	龍泉知県	邱堂	33（下）	白鉛	109万4199		32・8・9	32・8・23	安徽巡撫	馮鈐	32・11・22	28	673・674	
						黒鉛	8万9799									
	貴州	委員	貴定知県	楊焯	33（下）白	黒鉛	115万2949		32・8・10	32・9・6						
823	雲南	委員	定遠知県	鍾作肅	31（2）	銅	79万5186		32・9・5	32・10・1	直隷総督	方観承	32・11・28	28	721・722	
	福建	委員	福清県丞	王思賢	33（全）	黒鉛	11万5673		32・10・5							
	雲南	委員	賓州知州	曹九韶	31（3）	銅	65万8600		32・10・24							
824	雲南	委官	試用知県	張鍾玘	32（1）	銅	73万6300	11	32・8・26	32・10・11	四川総督	阿爾泰	32・12・1	28	749	
825	雲南	委官	試用知県	戴炳	32（1）	銅	73万6300	11	32・10・21	32・11・4	四川総督	阿爾泰	32・12・9	28	826・827	
826	雲南	委員	賓州知州	曹九韶	31（3）	銅	65万8600		32・7・20	32・9・23	江蘇巡撫	明徳	32・12・9	28	828・829	
827	貴州	委員	貴定知県	楊焯	33（下）白	黒鉛	115万2949	12	32・11・10	32・11・19	漕運総督	楊錫紱	32・12・9	28	841	乾隆21年10月24日上諭引吉慶奏
828	湖北	委員		李超介	—		—		—	—	湖南巡撫	方世儁	32・12・22	29	138	
	貴州	委員		呉光廷	—		—		—	—						
	貴州	委員		宮綺岫												
	湖北	委員		程師奭												
	陝西	委員		陸良瑜	—		—		—	—						
	湖南	委員		曾文鶴	—		—		—	—						
829	雲南	委官	試用知県	張鍾玘	32（1）	銅	75万6575		32・11・1	32・11・5	湖南巡撫	方世儁	32・12・22	29	140	
830	湖北	委員		—	—		—		—	—	雲南巡撫	鄂寧	32・12・22	29	161	
	広東	委員		—	—		—		—	—						
	陝西	委員		—	—		—		—	—						
	江西	委員		—	—		—		—	—						
831	江蘇	官商	乍浦	范清済	一洋銅		—		—	—	浙江巡撫	熊学鵬	33・1・3	29	254・255	乾隆27年1月12日上諭
832	直隷	委員	山西商人	范清済	一洋銅		7万2984＋25万		—	—	暫行管理山東巡撫印務布政使	梁翥鴻	33・1・17	29	346・347	乾隆27年1月12日上諭
833	江西	委員	試用主簿	陳宗江	32（全）	銅	16万9064		32・6・30	32・閏7・20	広東巡撫	鐘音	33・1・18	29	394・395	
834	雲南	委官	試用知県	戴炳	32（1）	銅	73万6300		32・11・25	32・11・28	湖南巡撫	方世儁	33・1・22	29	431・432	吉慶奏

835	陝西	委員	試用県丞	盧恕	32（全）	銅	15万1500		31・12・8	32・2・11	四川総督	阿爾泰	33・1・24	29	449	
	貴州	委員	貴陽府通判	呉光廷	32（全）鉛	黒白	106万1200		32・2・13	32・6・17						
	貴州	委員	余慶知県	宮綺岫	32（全）	銅	142万1000		32・4・4	32・12・7						
836	雲南	委官	嶍峩知県	邵滋	32（2）	銅	73万6300		32・10・28	32・12・7	雲南巡撫	鄂寧	33・1・27	29	480・481	
	雲南	委官	試用知県	王淑旦	32（2）	銅	73万6300		32・9・22	32・10・26						
837	江蘇	官商		范清済	32湖北	銅	—		—	—	江西巡撫	呉紹詩	3・1・28	29	488・489	乾隆27年1月12日上諭
	福建	委員	照磨	呉履信	32（全）	白鉛	—		—	—						
	福建	委員	巡検	呉克成	32（全）	白鉛	—		—	—						
	浙江	委員	県丞	益士傑	32（全）	黒白	—		—	—						
	江蘇	委員	主簿	楊廷輝	32（全）	白鉛	—		—	—						
	山西	委員	同知	胡邦盛	32（全）	黒白	—		—	—						
838	雲南	委官	試用知県	王淑旦	32（2）	銅	70万4337	11	32・10・26	32・12・22	四川総督	阿爾泰	33・2・16	29	666・667	
839	山西	商人		張一清	31（全）	銅	—		—	—	江蘇巡撫	明徳	33・2・16	29	669	乾隆27年1月12日上諭
840	江蘇	官商		范清済	一洋銅		—		—	—	安徽巡撫	馮鈐	33・2・16	29	679・680	
	浙江	委員		益士傑	32（全）	黒白	—		—	—						
	江蘇	委員		楊廷輝	32（全）	白鉛	—		—	—						
	山西	委員		胡邦盛	32（全）	黒白	—		—	—						
	福建	委員		王思賢	32（全）	黒鉛	—		—	—						
	江西	委員		王燾	32（全）		—		—	—						
841	雲南	委官	嶍峩知県	邵滋	32（2）	銅	△65万4690		32・11・12	33・2・3	四川総督	阿爾泰	33・3・2	29	838・839	
842	雲南	委員	景東府同知	汪大鏞	31（加2）	銅	94万991	17	32・9・27	33・2・19	江南河道総督	李宏	33・3・8	30	14・15	
	貴州	委員	龍泉知県	邱堂	33（下）	白黒	111万2999	12	32・10・18	33・2・23						
	雲南	委員	弥渡通判	蔣恒建	31（3）	銅	69万9256	7	32・10・19	33・2・23						
843	雲南	委官	試用知県	張鍾玘	32（1）	銅	75万6575		33・1・4	33・1・22	安徽巡撫	馮鈐	33・3・27	30	213・214	
844	雲南	委官	試用知県	張鍾玘	32（1）	銅	75万6575		32・12・27	33・1・4	江西巡撫	呉紹詩	33・3・29	30	232	
845	雲南	委員	景東府同知	汪大鏞	31（加2）	銅	94万991	17	33・3・13辰	33・3・18卯	山東巡撫	富尼漢	33・4・2	30	254	
846	雲南	委員	賓州知州	曹九韶	31（3）	銅	65万8600		32・10・24	33・3・10	直隷総督	方観承	33・4・7	30	288	
847	雲南	委員	蒙自知県	欧陽飛	31（加1）	銅	94万991余		32・閏7・3	33・3・3	江蘇巡撫	彰宝	33・4・8	30	311・312	
	貴州	委員	龍泉知県	邱堂	33（下）	白黒	111万2999	21	32・8・23	33・2・25						
848	雲南	委官		張鍾玘	32（1）	銅	—		—	—	湖北巡撫	鄂宝	33・4・16	30	378	吉慶奏
	雲南	委官		戴炳	32（1）	銅	—		—	—						
849	貴州	委員	龍泉知県	邱堂	33（下）	白黒	111万2999	12	33・2・18辰	33・3・28辰	山東巡撫	富尼漢	33・4・18	30	400・401	
850	雲南	委官	試用知県	雷爾杰	31（加1）	銅	94万991	17	32・11・2	33・2・23	江南河道総督	李宏	33・4・19	30	403	
	貴州	委員	貴定知県	楊焯	33（下）白	黒鉛	115万2949	12	32・11・21	33・3・4						
851	湖北	委員		程師奭	32（全）	銅鉛	3200＋75万		—	—						

	広西	委員		高廷銓	—		—		—	—		宋邦綏	33・4・26	30	454・455	乾隆27年1月上諭
	広東	委員		張之浚	—		—		—	—						
	湖北	委員		李超介	—		—		—	—						
	陝西	委員		陸良瑜	—		—		—	—						
	雲南	委員		張時中	—		—		—	—						
	江西	委員		陳宗江	—		—		—	—						
	広東	委員		高暎	—		—		—	—						
852	雲南	委官	試用知県	張鍾圮	32（1）	銅	75万6575		33・3・27	33・4・7	漕運総督	楊錫紱	33・4・26	30	460・461	乾隆21年10月24日上諭引吉慶奏
853	雲南	委官	弥渡通判	蒋恒建	31（3）	銅	69万9256	7	33・2・18辰	33・4・5子	山東巡撫	富尼漢	33・4・27	30	463・464	
	雲南	委官	試用知県	雷爾杰	31（加1）	銅	94万991	17	33・2・22申	33・4・6卯						
854	雲南	委官	試用知県	梅士仁	32（2）	銅	73万6589余		33・1・19	33・2・20	雲貴総督暫管巡撫事	鄂寧	33・4・27	30	468・469	
	雲南	委官	試用知県	李整笏	32（2）	銅	73万6300		33・2・4	33・3・1						
855	雲南	委官	試用知県	王淑旦	32（2）	銅	○73万7173		33・1・21	33・1・23	湖南巡撫	方世儁	33・4・29	30	473・475	
	雲南	委官	嶍峩知県	邵滋	32（2）	銅	△61万2690		33・3・3	33・3・10						
856	雲南	委官	試用知県	戴炳	32（1）	銅	○74万456		33・2・10	33・2・27	江西巡撫	呉紹詩	33・4・29	30	483	
857	雲南	委官	試用知県	梅士仁	32（2）	銅	73万6589余	11	33・2・10	33・3・24	四川総督	阿爾泰	33・5・2	30	506・507	
858	雲南	委官	試用知県	戴炳	32（1）	銅	○74万456		33・2・27	33・3・17	安徽巡撫	馮鈐	33・5・2	30	509・510	
859	貴州	委員		楊焯	33（下）白	黒鉛	115万2949	12	32・9・6	33・3・13	江蘇巡撫	彰宝	33・5・9	30	578	
860	貴州	委員	安化知県	施発元	33（下）	白鉛	141万6672余		33・3・27	33・4・4	署貴州巡撫	良卿	33・5・15	30	609・610	
	貴州	委員	畢節知県	曹祖升		黒鉛	10万9463									
861	貴州	委員	余慶知県	宮綺岫	23（全）	白鉛	○154万	7	33・3・21	33・3・28	四川総督	阿爾泰	33・5・15	30	625・626	
862	雲南	委官		蒋恒建	31（3）	銅	69万9256	7	32・8・23	33・2・25	江蘇巡撫	彰宝	33・5・24	30	713・714	
863	雲南	委官	試用知県	梅士仁	32（2）	銅	73万6589余		33・4・15	33・4・16	湖南巡撫	方世儁	33・5・28	30	751・752	
864	広東	委員	海康県典史	潘瑾	32（全）	錫	3万9230		32・11・29	33・1・5	江西巡撫	呉紹詩	33・5・29	30	767・768	
	湖南	委員	永州府通判	沙色	32（全）	黒鉛	36万1285		33・3・20	33・3・24						
	雲南	委官	試用知県	王淑旦	32（2）	銅	73万7173		33・3・26	33・4・1						
865	雲南	委官	試用知県	戴炳	32（1）	銅	74万456	8	33・5・3	33・5・9	漕運総督	楊錫紱	33・6・3	30	804・805	乾隆21年10月24日上諭引吉慶奏
	湖南	委員	永州府通判	沙色	32（下）	黒鉛	36万1285	4	33・5・9	33・5・16						
866	湖南	委員	永州府通判	沙色	32（下）	黒鉛	36万1285	4	33・3・24	33・4・10	両江総督兼管安徽巡撫	高晋	33・6・6	30	825	
867	雲南	委官	試用知県	王淑旦	32（2）	銅	73万7173		33・4・2	33・4・15	両江総督兼管安徽巡撫	高晋	33・6・6	31	22・23	
868	雲南	委官		王淑旦	32（2）	銅	—		—	—	湖北巡撫	程燾	33・6・15	31	41	吉慶奏
	湖南	委員		沙色	32（全）	黒鉛	—		—	—						

869	雲南	委員		汪大鏞	31（加2）	銅	94万991		32・8・6	33・2・29	江蘇巡撫	彰宝	33・6・16	31	63・64	
870	貴州	委員	貴定知県	楊焯	33（下）白	黒鉛	115万2949余	12	33・3・5午	33・5・7卯	山東巡撫	富尼漢	33・6・23	31	129・130	
871	貴州	委員	畢節知県	曹祖升	33（下）	黒白	138万9937余		33・5・1	33・5・5	湖南巡撫	方世儁	33・6・26	31	143・144	
	雲南	委官	試用知県	李整笏	32（2）	銅	66万6300		33・5・5	33・5・12						
872	雲南	委官	試用知県	張鍾玘	32（1）	銅	75万6575	8	33・4・7	33・6・3	江南河道総督	李宏	33・6・26	31	154	
873	広東	委員	廉州府同知	霍裕謙	32（全）	錫	21万5947	3	33・5・16	33・5・18	漕運総督	楊錫紱	33・6・26	31	173・174	乾隆21年10月24日上諭引吉慶奏
	雲南	委官	試用知県	王淑旦	32（2）	銅	73万7173	8	33・5・20	33・5・28						
874	広東	委員	廉州府同知	霍裕謙	32（全）	錫	21万5947	3	33・2・9	33・4・11	江西巡撫	呉紹詩	33・6・29	31	185・186	
	雲南	委官	嵧峩知県	邵淦	32（2）	銅	61万2690		33・4・28	33・5・4						
875	貴州	委員	安化知県	施発元	33（下）	黒白	152万9937余		33・3・27	33・5・19	四川総督	阿爾泰	33・7・2	31	201・202	
	貴州	委員	畢節知県	曹祖升	33（下）	黒白	152万9937余		33・4・4	33・5・19						
876	雲南	委員	景東府同知	汪大鏞	31（加2）	銅	94万991			33・5・8	直隷総督	方観承	33・7・4	31	229	
	雲南	委官	試用知県	雷爾杰	31（加1）	銅	94万991			33・5・24						
	貴州	委員	貴定知県	楊焯	33（下）白	黒鉛	115万2949		33・5・13	33・5・28						
877	雲南	委官		戴炳	32（1）	銅	74万456	8	33・5・9～33・5・16	33・6・14～33・6・19	江南河道総督	李宏	33・7・6	31	236・237	
	広東	委員		霍裕謙	32（全）	錫	21万5947	3								
	湖南	委員		沙色	32（下）	黒鉛	36万1285	4								
878	雲南	委官	嵧峩知県	邵淦	32（2）	銅	61万2690		33・5・4	33・5・18	安徽巡撫	馮鈐	33・7・18	31	363・364	
879	貴州	委員	安化知県	施発元	33（下）	黒白	131万9937余		33・5・8	33・5・13	湖南巡撫	方世儁	33・7・25	31	403・404	吉慶奏
	貴州	委員	曹祖升家丁	郭揚	33（下）	黒白	14万		33・6・7	33・6・8						
	貴州	委員	施発元家丁	陳升	33（下）	黒白	5万1900		33・6・15	33・6・16						
880	雲南	委員	試用知県	梅士仁	32（2）	銅	73万6589余		33・5・29	33・6・3	江西巡撫	呉紹詩	33・7・30	31	452	
881	雲南	委員	試用知県	梅士仁	32（2）	銅	73万6589余		33・6・3	33・6・15	安徽巡撫	馮鈐	33・8・5	31	507・508	
882	雲南	委員		邵淦	32（2）	銅	—		—	—	湖北巡撫	程燾	33・8・6	31	523	吉慶奏
	雲南	委員		梅士仁	32（2）	銅	—		—	—						
883	雲南	委官	嵧峩知県	邵淦	32（2）	銅	61万2690	7	33・6・27	33・7・22	漕運総督	楊錫紱	33・8・22	31	640	乾隆21年10月24日上諭引吉慶奏
884	雲南	委官		張鍾玘	32（1）	銅	75万6575		33・1・22	33・6・29	江蘇巡撫	彰宝	33・8・29	31	682・683	
	雲南	委官		戴炳	32（1）	銅	74万456		33・3・17	33・7・2						
	湖南	委員		沙色	32（下）	黒鉛	36万2185		33・4・11	33・7・5						
	広東	委員		霍裕謙	32（全）	錫	21万5947		33・5・2	33・6・29						
885	広東	委員	廉州府同知	霍裕謙	32（全）	錫	21万1713	3	33・6・14未	33・7・28卯	山東巡撫	富尼漢	33・9・5	31	723・724	
	湖南	委員	永州府通判	沙色	32（下）	黒鉛	36万1285	4	33・6・19申	33・8・16巳						
886	雲南	委官		李整笏	32（2）	銅	—		—	—	湖北巡撫	程燾	33・9・6	31	734・735	吉慶奏
	貴州	委員		曹祖升	33（下）	黒白	—		—	—						

	貴州	委員		施発元	33（下）	黒白	—		—	—						
887	貴州	委員	施発元家人	湯福	33（下）	白鉛	7万		33・6・15	33・6・18	湖南巡撫	方世儁	33・9・11	31	759	吉慶奏
	貴州	委員	施発元家人	呉士宏												
888	雲南	委官	試用知県	張鍾玘	32（1）	銅	75万6575	8	33・6・5巳	33・8・8辰	山東巡撫	富尼漢	33・9・13	31	793・794	
	雲南	委官	試用知県	戴炳	32（1）	銅	74万456	8	33・6・16未	33・8・9酉						
889	雲南	委員	試用知県	梅士仁	32（2）	銅	73万6589余	8	33・8・21	33・9・1	漕運総督	楊錫紱	33・9・19	31	818・819	乾隆21年10月24日上諭引吉慶奏
	貴州	委員	畢節知県	曹祖升	33（下）	白鉛	141万6673	14	33・9・5	33・9・11						
					32（全）	黒鉛	11万3264									
890	広東	委員	廉州府同知	霍裕謙	32（全）	錫	21万5947余		33・4・11	33・5・2	安徽巡撫	馮鈐	33・9・28	32	30	
891	貴州	委員	畢節知県	曹祖升	33（下）	白鉛	137万2473		33・7・3	33・7・11	江西巡撫	呉紹詩	33・9・29	32	35・36	
					32（全）	黒鉛	10万9464									
						白黒	4万8000									
						白鉛	137万2473		33・3・27	33・4・4						
						黒鉛	10万9464									
	貴州	委員	安化知県	施発元	33（下）	白黒	4万8000		33・7・21	33・8・14						
					沈溺未獲	白黒	8万8100									
					実運鉛	黒白	144万1837									
892	雲南	委官	試用知県	戴炳	32（1）	銅	74万456	8	33・8・10	33・8・25天津	直隷総督	楊廷璋	33・10・6	32	98・99	
	湖南	委員	永州府通判	沙色	32（下）	黒鉛	36万1285		33・8・21	33・9・13						
893	雲南	委員		邵滋	32（2）	銅	61万2690	7	33・5・28	33・8・16	江南河道総督	李宏	33・10・8	32	110	
	雲南	委官		王淑旦	32（2）	銅	73万7173	8	33・7・22	33・8・30						
894	雲南	委官	試用知県	李整勞	32（2）	銅	66万6300		33・7・23	33・7・30	江西巡撫	呉紹詩	33・10・24	32	260	
895	雲南	委官	帽峩知県	邵滋	32（2）	銅	61万2690	7	33・8・16未	33・9・19辰	山東巡撫	富尼漢	33・10・24	32	264	
896	貴州	委員	畢節知県	曹祖升	33（下）	白鉛	141万6673		33・7・11	33・7・21	安徽巡撫	馮鈐	33・10・25	32	276	
					32（全）	黒鉛	11万3264									
897	貴州	委員	安化知県	施発元	33（下）	白鉛	137万2473	13	33・10・9	33・10・16	漕運総督	楊錫紱	33・11・6	32	401	乾隆21年10月24日上諭引吉慶奏
						黒鉛	10万9464									
					自備	白鉛	4万4200									
					自備	黒鉛	3800									
					沈溺未獲	白鉛	18万7850									
					沈溺未獲	黒鉛	1万250									
					実運鉛	黒白	133万1837									
898	雲南	委員		邵滋	32（2）	銅	61万3380		33・5・18	33・8・22	江蘇巡撫	彰宝	33・11・8	32	427	
	雲南	委官		王淑旦	32（2）	銅	73万7173		33・4・15	33・9・11						
899	雲南	委官	試用知県	王淑旦	32（2）	銅	73万6300		33・8・30午	33・10・16申	山東巡撫	富尼漢	33・11・16	32	496	

900	雲南	委員		梅士仁	32（2）	銅	73万6589余	8	33・9・1	33・11・2	江南河道総督	李宏	33・11・24	32	581・582	
901	雲南	委官	試用知県	李鼇夯	32（2）	銅	66万6300		33・7・30	33・8・20	安徽巡撫	馮鈐	33・11・26	32	621・622	
902	貴州	委員	安化知県	施発元	33（下加）	白鉛	109万9978	13	33・8・7	33・8・21	安徽巡撫	馮鈐	33・11・26	32	622・623	
					33（全）	黒鉛	8万7571									
					33（上）	白鉛	27万4494余									
					32（全）	黒鉛	2万1892余									
					自備	白鉛	4万4200									
						黒白	152万9937余									
					自備	黒鉛	3800									
					沈溺未獲	黒白	8万8100									
					実運鉛	黒白	144万1837余									
					中途沈溺	黒白	11万									
					実運鉛	黒白	133万1837余									
903	湖南	委員	永州府通判	沙色	32（下）	黒鉛	36万1285			33・9・26湾	直隷総督	楊廷璋	33・12・13	32	838・839	
	雲南	委員	嶍峩知県	邵滋	32（2）	銅	61万3380		33・9・23天津							
	雲南	委官	候補知県	王淑旦	32（2）	銅	73万7173		33・10・20天津	33・9・11						
	雲南	委官	候補知県	戴炳	32（1）	銅	74万450			33・10・15湾						
904	雲南	委官	試用知県	李鼇夯	32（2）	銅	66万6300	7	33・10・20	33・11・5	江南河道総督暫行代理漕運事務	李宏	33・12・20	33	55・56	乾隆21年10月24日上諭引吉慶奏
905	湖南	委員		沙色	32（下）	黒鉛	—		—	—	湖南巡撫	方世儁	33・12・24	33	101	
	貴州	委員		宮綺岫	32（全）	白鉛	—		—	—						
	貴州	委員		李華鍾	32（全）	白鉛	—		—	—						
	湖北	委員		程師爽	32（全）	銅鉛	—		—	—						
906	雲南	委員	試用知県	張鍾玘	32（1）	銅	75万6575		33・8・17	33・10・3	直隷総督	楊廷璋	33・12・25	33	121	
907	四川	委員		袁大正	38（雲南）	錫	5万9360			38・8・26	雲南巡撫	李湖	38・11・4	33	263・264	乾隆34年12月25日上諭
908	雲南	委員	永福県丞	李廷祉	38（雲南）	銅	30万		38・8・15	38・9・19	湖南巡撫	梁国治	38・11・10	33	354・355	乾隆21年10月24日上諭引吉慶奏
	貴州	委員	施秉知県	兪元麟	39（下）	白鉛	109万1800		38・10・12							
						黒鉛	4500									
909	貴州	委員	下江府通判	敦敏	39（上）	白鉛	109万7978	11	38・8・6	38・8・15	署理漕運総督	嘉謨	38・11・14	33	382・383	
					自備	白鉛	4万									
	貴州	委員	龍泉知県	張起鳳	39（下）	白鉛	109万7978	11	38・9・4	38・9・10						
					自備	白鉛	4万1122									
	雲南	委員	定遠知県	鍾声峻	37（3）	銅	73万6300	8	38・9・4	38・9・10						
					帯解前運	銅	2136余									
					沈銅獲得	銅	1万0493									

						白鉛	45万4435									
	直隷	委員	正定府同知	謝清問	36・37	黒鉛	7万4250	6	38・9・12	38・9・16						
						錫	2万									
	山西	商人	汾陽県	夏守栄		銅	1万3274	1	38・9・21	38・9・23						
	山西	商人	孝義県	張長裕		銅	2326									
910	江蘇	官商		范清済	36（江西）	銅	6万2751			38・10・11蘇州	江蘇巡撫	薩載	38・11・16	33	407	
911	雲南	委員	鄧川州知州	陳希沢	38（2）	銅	73万6300		—	—	直隷総督	周元理	38・11・21	33	438	
					帯解前運	銅	2847									
					起剰存四	銅	29万5656									
					二剰銅	銅	3万2711									
	雲南	委員		任錫紱	37（2）	銅	73万6300		—	—						
					起剰存四	銅	29万4520									
912	雲南	委員	雲南府通判	張栂	37（加1）	銅	○94万1114		38・9・25	38・10・22	江西巡撫	海成	38・11・22	33	470・471	
913	雲南	委員	通海知県	黄斌	37（2）	銅	73万6300		天津		直隷総督	周元理	38・11・29	33	547	
914	山西	商人	永寧州	張長裕	蘇州3運	銅	2326		38・9・10	38・10・13	江蘇巡撫	薩載	38・12・10	33	716・717	
	山西	商人	孝義県	郭連炲	蘇州3運	銅	1万3274									
	山西	商人	汾陽県	夏守栄	3運	銅	1万3274									
	貴州	委員		敦敏	39（上）等	白鉛	113万7978		38・6・26	38・11・4						
915	雲南	委員	曲靖府平彝知県	楊德徵	37（加2）	銅	88万991余	19	38・6・29瀘州	38・8・6重慶	湖広総督署四川総督	文綬	38・12・28	34	112・113	
					内、越省分	銅	86万2546余	13	巫山県出	38・10・22						
916	貴州	委員	黔西知州	譚秀儕	漢口	白鉛	91万	13	38・11・10	38・11・26	湖広総督署四川総督	文綬	39・1・13	34	236・237	
917	雲南	委員	候補知県	張綬佩	38（2）	銅	73万6300			38・12・21瀘州	雲南巡撫	李湖	39・1・24	34	337・338	
918	江蘇	委員	常州府通判	福生額	37（3）	銅	74万8158		38・9・10巳	38・10・20辰	山東巡撫	徐績	39・1・25	34	355	
919	江蘇	委員	太倉州甘草司巡検	周文譲	雲南	銅	30万3000		38・10・22	38・11・9	大学士管両江総督兼署安徽巡撫	高晋	39・1・26	34	376・377	
920	雲南	委員	署江川知県	張栂	37（加1）	銅	○94万1114	17	39・1・14	39・1・19	漕運総督	嘉謨	39・1・26	34	385	
921	江蘇	委員	常熟県黄泗浦巡検	林秉彝	31（○）	銅	30万3000		38・閏3・28	38・11・26	江蘇巡撫	薩載	39・1・28	34	437	
922	雲南	委員		任錫紱	37（2）	銅	73万6300		38・9・3天津		直隷総督	周元理	39・1・29	34	449〜452	
	雲南	委員		陳希沢	帯解前運	銅	2847									
					小計	銅	73万9142									
	雲南	委員	通海知県	黄斌	37（2）	銅	73万6300									
923	貴州	委員	黔西知州	譚秀儕	35上漢口	白鉛	87万195		38・12・22	38・12・24	護理湖南巡撫湖南	覚羅敦	39・2・6	34	505・506	

											布政使	福				
924	雲南	委員	宜良知県	頼襲	38（1）	銅	74万9137		38・8・30	38・11・13	湖広総督署四川総督	文綬	39・2・13	34	554	
925	江蘇	委員	元和県周荘司巡検	唐上基		白鉛	29万9052		38・12・11	38・11・19	大学士管両江総督兼署安徽巡撫	高晋	39・2・21	34	613	
926	貴州	委員	貴陽府分駐在長寨理苗同知	兪文漪	漢口	白鉛	49万	7	38・12・25	39・1・8	湖広総督署四川総督	文綬	39・2・23	34	629	
927	雲南	委員	曲靖府同知	蔡超	38（2）	銅	73万6300			39・2・5瀘州	雲南巡撫	李湖	39・2・25	34	646	
928	貴州	委員	鎮遠知県	饒九嶷	40（上）	白鉛	111万9970余			38・12・22重慶	貴州巡撫	覚羅図思徳	39・2・27	34	684・685	
929	雲南	委員	鶴慶知州	蘇文輔	38（1）	銅	73万6714余	16	38・11・10	39・1・8	湖広総督署四川総督	文綬	39・2・28	34	687・688	
930	江蘇	委員	元和県周荘司巡検	唐上基		白鉛	29万9052		38・11・25	39・1・5	江蘇巡撫	薩載	39・2・29	34	716	
931	貴州	委員	鎮遠府鎮遠知県	饒九嶷	40（上）	白鉛	111万9978余	16	38・12・22	39・1・26	湖広総督署四川総督	文綬	39・3・1	34	736・737	
932	雲南	委員	雲南府通判	張楫	37（加1）	銅	94万1114		38・10・22	38・11・21	安徽巡撫	裴宗錫	39・3・4	34	756・757	
933	貴州	委員	施秉知県	兪元麟	39（下）	白鉛	109万1800		39・1・14	39・2・8	安徽巡撫	裴宗錫	39・3・12	34	827・828	
						黒鉛	4500									
934	江蘇	委員	常州府通判	福生額	37（3）	銅	74万8158		39・2・1		直隷総督	周元理	39・3・15	35	1	
935	雲南	委員		張楫	—		—		—	—	湖北巡撫	陳輝祖	39・3・15	35	7	
	雲南	委員		楊徳徴	—		—		—	—						
936	雲南	委員		任錫紱	37（2）	銅	73万6300			39・2・22～39・2・28通州	直隷総督	周元理	39・3・19	35	46	
	雲南	委員		陳希沢	帯解前運	銅	2847									
					小計	銅	73万9142									
	雲南	委員	通海知県	黄斌	37（2）	銅	73万6300									
937	湖南	委員	常徳府通判	方経緯	38（全）	黒鉛	36万6285余		38・12・23	39・1・21	護理湖南巡撫湖南布政使	覚羅敦福	39・3・19	35	48・49	
938	江蘇	官商		范清済	36（額）	銅	5万		38・12・30	39・1・7	江西巡撫	海成	39・3・20	35	63・64	
					補解掛欠		927									
	貴州	委員	施秉知県	兪元麟	39（下）	白鉛	109万1800		39・1・5	39・1・10						
						黒鉛	4500									
	雲南	委員	曲靖府平彝知県	楊徳徴	37（加2）	銅	88万991余		39・1・21	39・1・10						
					内、越省分	銅	86万2546余									

939	雲南	委員	宜良知県	頼襲	38（1）	銅	74万9137		38・12・26	39・2・27	護理湖南巡撫湖南布政使	覚羅敦福	39・3・28	35	131・132	
940	雲南	委員	曲靖府平彝知県	楊徳徴	37（加2）	銅	88万991余		39・1・21	39・1・10	安徽巡撫	裴宗錫	39・4・5	35	200・201	
					内、越省分	銅	86万2546余									
941	雲南	委員	署昭通府魯甸通判試用知県	張綬佩	38（2）	銅	73万6300	12	39・1・16	39・3・3	湖広総督署四川総督	文綬	39・4・15	35	305	
942	山西	商人	臨汾県	劉晋豊	四運	銅	6558	1		39・2・20	江南河道総督	呉嗣爵	39・4・19	35	341・342	
	雲南	委員		張榑	37（加1）	銅	94万1114	17								
	山西	商人	洪洞県	高士彦	四運	銅	2110	1								
	山西	商人	陽曲県王濬・阮倫		四運	銅	5918									
					37（3）	銅	73万6300									
	雲南	委員		鍾声峻	帯解前運	銅	2136余	8	38・9・4	38・9・10						
					沈銅獲得	銅	1万0493									
	貴州	委員		張起鳳	39（下）	白鉛	109万7978	11	38・9・4	38・9・10						
					自備	白鉛	4万1122									
	湖北	委員		謝清問	36・37	白鉛	45万4435	6	38・9・12	38・9・16						
						黒鉛	7万4250									
						錫	2万									
943	江蘇	官商		范清済	36（額）	銅	5万927		38・12・18	38・12・30	安徽巡撫	裴宗錫	39・4・24	35	390・391	
	雲南	委員	宜良知県	頼襲	38（1）	銅	74万9137		39・3・9	39・3・19						
	広東	委員	肇慶府通判	李廷諒	38（全）	錫	23万6182余		39・3・9	39・3・19						
	湖南	委員	常徳府通判	方経緯	38（全）	黒鉛	36万6258余		39・3・9	39・3・18						
944	雲南	委員	平彝知県	楊徳徴	37（加2）	銅	86万2546		38・11・16	38・11・19	護理湖南巡撫湖南布政使	覚羅敦福	39・4・25	35	404～406	
	貴州	委員	長楽同知	兪文漪	漢口	白鉛	49万		39・2・3	39・2・8						
	雲南	委員	鶴慶知州	蘇文輔	38（1）	銅	73万6714余		39・2・6	39・2・8						
	貴州	委員	鎮遠知県	饒九嶷	40（上）	白鉛	105万2828		39・2・27	39・2・29						
945	江蘇	委員	常州府通判	福生額	37（3）	銅	74万8158			39・3・15通州	直隷総督	周元理	39・4・28	35	433	
	貴州	委員	黄平州知州	王一曾	39（上）	白黒	123万1642			38・10・6						
946	雲南	委員		頼襲	38（1）	銅	—		—	—	湖北巡撫	陳輝祖	39・4・28	35	437	
	貴州	委員		兪元麟	39（下）	白鉛	—		—	—						
	湖南	委員		方経緯	38（全）	黒鉛	—		—	—						
947	山西	商人		—	—		—		—	—	山東巡撫	徐績	39・4・30	35	453	
	雲南	委員		—	—		—		—	—						
948	雲南	委員		張榑	37（加1）	銅	94万1114		38・11・21	39・3・18						

	直隷	委員		謝清問	36・37	白鉛	45万4435		38・8・13	39・4・11	江蘇巡撫	薩載	39・5・8	35	480・481
						黒鉛	7万4250								
						錫	2万								
949	雲南	委員	候補知県	張綬佩	38（2）	銅	73万6300		39・3・21	39・3・22	護理湖南巡撫湖南布政使	覚羅敦福	39・5・19	35	523・524
950	雲南	委員	河西知県	楊尭臣	38（3）	銅	73万6301			39・4・13	雲南巡撫	李湖	39・5・25	35	534
951	雲南	委員		鍾声峻	37（3）	銅	73万6300		38・7・19	39・4・1	江蘇巡撫	薩載	39・6・2	35	579
					帯解前運	銅	2136余								
					沈銅獲得	銅	1万0493								
	貴州	委員		張起鳳	39（下）	白鉛	109万7978		38・7・17	39・4・6					
					自備	白鉛	4万1122								
952	雲南	委員		楊徳徵	37（加2）	銅	86万2546	16	39・3・28～39・4・16	39・5・19～39・5・22	江南河道総督	呉嗣爵	39・6・8	35	609・610
	広東	委員		李廷諒	38（全）	錫	23万6182余	2							
953	貴州	委員	平遠知州	劉宗元	40（上）	白鉛	112万4978余			39・5・2重慶	貴州巡撫	韋謙恒	39・6・9	35	647・648
954	雲南	委員	署鶴慶知州	蘇文輔	38（1）	銅	73万6714余		39・4・6	39・4・15	江西巡撫	海成	39・6・11	35	668・669
	浙江	委員	石門県主簿	応廷瑞	漢口	白鉛	50万		39・4・26	39・5・2					
						黒鉛	7万								
955	雲南	委員	署鶴慶知州	蘇文輔	38（1）	銅	73万6714余		39・4・6	39・4・15	安徽巡撫	裴宗錫	39・6・11	35	675・676
	浙江	委員	石門県主簿	応廷瑞	漢口	白鉛	50万		39・4・26	39・5・2					
						黒鉛	7万								
956	雲南	委員	曲靖府同知	蔡超	38（2）	銅	74万9305	13	39・2・6	39・4・29	湖広総督署四川総督	文綬	39・6・15	35	691
957	雲南	委員	署陸涼知州	慶格	38（1）	銅	94万991余			39・5・22瀘州	雲南巡撫	李湖	39・6・17	35	702
958	貴州	委員	龍泉知県	張起鳳	39（下）	白鉛	109万7978	11	39・3・18未	39・5・4辰	山東巡撫	徐績	39・6・18	35	726
					自備	白鉛	4万1122								
959	雲南	委員	宜良知県	頼襲	38（1）	銅	74万9137		39・5・4	39・5・9	署漕運総督	嘉謨	39・6・21	35	754・755
	江蘇	官商		范清済	36（額）	銅	5万927		39・5・22	39・5・24					
960	雲南	委員	曲靖府同知	蔡超	38（2）	銅	74万9305		39・5・12	39・5・13	護理湖南巡撫湖南布政使	覚羅敦福	39・6・27	35	807・808
961	貴州	委員	鎮遠知県	饒九嶷	40（上）	白鉛	111万828余		39・5・13	39・5・20	安徽巡撫	裴宗錫	39・6・29	35	820
962	貴州	委員	鎮遠知県	饒九嶷	40（上）	白鉛	111万828		39・5・9	39・5・13	江西巡撫	海成	39・7・9	36	20
963	浙江	委員		応廷瑞	漢口	白鉛	50万		39・4・26	39・5・2	江蘇巡撫	薩載	39・7・9	36	28
						黒鉛	7万								
964	貴州	委員	平遠知州	劉宗元	40（上）	白鉛	112万4978余	16	39・5・2重慶	39・6・2	湖広総督署四川総督	文綬	39・7・10	36	32・33

965	雲南	委員	定遠知県	鍾声峻	37（3）	銅	73万6300			39・6・1	直隷総督	周元理	39・7・10	36	35・36	
					帯解前運	銅	2136余									
					沈銅獲得	銅	1万0493									
	貴州	委員	黎平府下江判	敦敏	39（上）	白鉛	109万7978			39・5・4						
					自備	白鉛	4万									
	貴州	委員	石阡府龍泉知県	張起鳳	39（下）	白鉛	109万7978			39・6・11						
					自備	白鉛	4万1122									
966	直隷	委員	正定府同知	謝清問	36・37	白鉛	41万5000	7	39・3・24未	39・5・3寅	山東巡撫	徐績	39・7・11	36	46・47	
						黒鉛	6万5000									
						錫	2万									
					前34・35	白鉛	8272									
					沈失短秤	白鉛	3万1162									
					沈失短秤	黒鉛	9250									
967	貴州	委員	鎮遠知県	饒九嶷	40（上）	白鉛	111万828	11	39・6・13	39・6・18	署理漕運総督	嘉謨	39・7・11	36	59・60	
968	陝西	委員	隴州州同	任雲書		銅	20万2000		38・11・6	39・5・17	雲南巡撫	李湖	39・7・18	36	117	乾隆34年12月25日上諭
969	雲南	委員	候補知県	呉大雅	38（3）	銅	73万6300	15	39・3・11瀘州	39・3・24重慶	湖広総督署四川総督	文綬	39・7・19	36	124・125	
					雲陽県獲得	銅	73万6432	11	39・3・24重慶	39・6・2						
970	雲南	委員	候補知県	張綬佩	38（2）	銅	73万6300		39・6・5	39・6・13	安徽巡撫	裴宗錫	39・7・19	36	134	
971	貴州	委員	施秉知県	兪元麟	39（下）	白鉛	109万6300	10	39・4・9〜39・5・10〜39・6・17	39・6・16〜39・7・3〜39・7・4	江南河道総督	呉嗣爵	39・7・21	35	150・151	
	湖南	委員	常徳府通判	方経緯	38（全）	黒鉛	36万6285	5								
	雲南	委員	宜良知県	頼襲	38（1）	銅	74万9137	8								
	江蘇	官商		范清済	39（額）	銅	26万3224	4								
972	雲南	委員	候補知県	呉大雅	38（3）	銅	73万6432		39・6・17	39・6・19	護理湖南巡撫湖南布政使	覚羅敦福	39・7・24	35	166・167	
	貴州	委員	黔西知州	譚秀儕	35上漢口	白鉛	87万195		39・6・18	39・6・19						
973	雲南	委員	平彝知県	楊徳徴	37（加2）	銅	86万2546	16	39・5・19酉	39・6・23卯	山東巡撫	徐績	39・7・26	36	185	
974	雲南	委員	候補知県	張綬佩	38（2）	銅	73万6300		39・5・30	39・6・5	江西巡撫	海成	39・7・28	36	203	
975	雲南	委員		蘇文輔	—		—		—	—	湖北巡撫	陳輝祖	39・7・29	36	209・210	
	雲南	委員		張綬佩	—		—		—	—						
	雲南	委員		蔡超	—		—		—	—						
	貴州	委員		饒九嶷	—		—		—	—						
976	雲南	委員	雲南府通判	張楫	37（加1）	銅	94万1114		39・4・21	39・5・29	直隷総督	周元理	39・7・30	36	214	
977	雲南	委員	曲靖府同知	蔡超	38（2）	銅	74万9305		39・7・6	39・7・16	安徽巡撫	裴宗錫	39・8・17	36	380・38	
978	山西	商人	霊石県	梁彩山	四運	銅	1万3792		39・5・22蘇州	39・6・23	江蘇巡撫	薩載	39・8・20	36	405・406	
	山西	商人	霊石県	何思温												
	広東	委員		李廷諒	38（全）	錫	23万6182		39・3・19	39・6・14						

979	広東	委員	肇慶府通判	李廷諒	38（全）	錫	23万6182	1	39・5・22西	39・7・10巳	山東巡撫	徐績	39・8・21	36	412・413	
980	貴州	委員	平遠知州	劉宗元	40（上）	白鉛	105万4628		39・6・25	39・6・29	護理湖南巡撫湖南布政使	覚羅敦福	39・8・21	36	422・423	
981	江西	委員	新喩県巡検	侯天秩	漢口買	白鉛	30万		39・5・19漢口～39・5・26	39・6・6	江西巡撫	海成	39・8・22	36	439	
					漢口買	錫	1万3000									
					楚省借撥	白鉛	15万									
					楚省借撥	錫	1万3000									
982	雲南	委員	曲靖府同知	蔡超	38（2）	銅	74万9305		39・7・3	39・7・6	江西巡撫	海成	39・8・22	36	446	
983	江蘇	官商		范清済	—		—		—	—	湖北巡撫	陳輝祖	39・8・22	36	446	
	浙江	委員		応廷瑞	—		—		—	—						
	江西	委員		侯天秩	—		—		—	—						
984	福建	委員	汀州府同知	劉長松			22万3200		38・10・29	39・4・18	雲南巡撫	李湖	39・8・25	36	466・467	乾隆34年12月25日上諭
985	雲南	委員	河西知県	楊尭臣	38（3）	銅	73万6300	15	39・4・13瀘州	39・5・18重慶府巴県	湖広総督署四川総督	文綬	39・9・3	35	515・516	
					減損	銅	72万5085	11	39・7・15							
986	雲南	委員	河西知県	楊尭臣	38（3）	銅	72万5085		39・7・27	39・7・30	護理湖南巡撫湖南布政使	覚羅敦福	39・9・6	35	572・573	
	雲南	委員	楊尭臣家丁	賀顕趕		銅	2万1568		39・8・14	39・8・16						
987	雲南	委員	鎮雄知州	白秀	38（加2）	銅	94万991余			39・6・28瀘州	雲南巡撫	李湖	39・9・8	36	581	
988	浙江	委員	紹興府通判	張廷泰			25万4175		39・5・4	39・8・4	雲南巡撫	李湖	39・9・8	36	581・582	
989	雲南	委員	平彝知県	楊徳徴	37（加2）	銅	86万2546余			39・8・14	直隷総督	周元理	39・9・11	35	644	
	広東	委員	肇慶府通判	李廷諒	38（全）	錫	23万6182余			39・8・7						
990	雲南	委員	署浪穹県試用知県	蕭霖	38（3）	銅	73万6300			39・8・27	雲南巡撫	李湖	39・9・24	36	849	
991	江蘇	官商		范清済	39（額）	銅	26万3224		39・5・4	39・8・9	江蘇巡撫	薩載	39・9・26	37	20	
	湖南	委員		方経緯	38（全）	黒鉛	36万6285		39・3・19	39・8・21						
992	福建	委員	汀州府同知	劉長松			22万1400		39・4・18	39・9・16	広西巡撫	熊学鵬	39・10・2	37	107・108	乾隆34年12月25日上諭
993	貴州	委員	鎮遠知県	饒九齡	40（上）	白鉛	111万828	11	39・6・18	39・8・23	江南河道総督	呉嗣爵	39・10・10	37	189	
	雲南	委員	署鶴慶知州	蘇文輔	38（1）	銅	73万1714	7	39・7・11	39・9・3						
994	雲南	委員	署陸涼知州	慶格	38（1）	銅	94万9415		39・5・22瀘州	39・8・14	湖広総督署四川総督	文綬	39・10・11	37	200・201	
995	雲南	委員	署陸涼知州	慶格	38（1）	銅	94万9415		39・9・2	39・9・4	護理湖南巡撫湖南布政使	覚羅敦福	39・10・13	37	245・246	
996	貴州	委員	施秉知県	兪元麟	39（下）	白鉛	109万6300		39・2・8	39・9・4	江蘇巡撫	薩載	39・10・16	37	270・271	
	雲南	委員	宜良知県	頼襲	38（1）	銅	74万9137		39・3・19	39・9・16						
997	雲南	委員	鄧川知州	呉大雅	38（3）	銅	73万6432		39・8・29	39・9・4	江西巡撫	海成	39・10・19	37	298	
998	陝西	委員	隴州州同	任雲書		銅	20万621		39・5・17	39・10・8	広西巡撫	熊学鵬	39・10・20	37	336・337	乾隆34年12月25日上諭

999	陝西	委員		王承曾	—		—		—	—	湖北巡撫	陳輝祖	39・10・22	37	367	
	広西	委員		劉興栄	—		—		—	—						
1000	雲南	委員	署鶴慶知州	蘇文輔	38（1）	銅	64万1714	7	39・7・6	39・7・11	署理漕運総督	嘉謨	39・10・29	37	426・427	
	雲南	委員	候補知県	張綬佩	38（2）	銅	73万6300	8	39・9・8	39・10・10						
	雲南	委員	曲靖府同知	蔡超	38（2）	銅	74万9305	8	39・9・22	39・10・10						
1001	貴州	委員	威寧州知州	李応虞	38上・37下	白鉛	45万5000	5	41・11・9	41・11・24	四川総督	文綬	42・1・9	37	469	
1002	陝西	委員	直隷酈州州同	蔡念祖		銅	38万2700		41・6・3	41・12・24	広西巡撫	呉虎炳	42・1・9	37	483・484	乾隆34年12月25日上諭
1003	貴州	委員	威寧州知州	李応虞	38上・37下	白鉛	45万5000		41・11・3	41・11・9	護理湖南巡撫湖南布政使	覚羅敦福	42・1・15	37	527・528	
	浙江	委員	西安知県	羅見龍		銅	20万2980		41・10・16	41・11・26						
1004	雲南	委員	路南知州	葉士鋌	40（加2）	銅	103万6163余	28	41・9・21	41・12・2	四川総督	文綬	42・1・24	37	594	
1005	雲南	委員	蒙自知県	蒋玭	40（加1）	銅	103万6053		41・12・14酉	41・12・19未	江西巡撫	海成	42・1・28	37	670・671	
	貴州	委員	龍里知県	謝際泰	42（下）	白鉛	111万9978		41・12・15申	41・12・21申						
1006	雲南	委員		戴炳	40（2）	銅	86万3301		41・7・11	41・9・22	江蘇巡撫	楊魁	42・2・3	37	715	
1007	福建	委員		崔繹		銅	44万2575		40・12・2	41・11・27	署雲貴総督兼署雲南巡撫	覚羅図思徳	42・2・12	37	758・759	乾隆34年12月25日上諭
1008	—	—		—	—		—		—	—	江西巡撫	海成	42・2・25	37	828・829	乾隆35年5月18日上諭
1009	浙江	委員	西安知県	羅見龍		銅	20万2825		41・12・23巳	42・1・4申	江西巡撫	海成	42・2・25	37	829・830	

【附表注記】①官職の署は代行、準職の意。②15（1）・16（加）は運次を示す。③銅・白鉛・黒鉛・錫各数の○は合算増加、△は減少を示す。④入省境・出省境時には辰・酉・子・申などの時刻や、四川の瀘州・重慶、河北の天津・劉家湾・通州の地名が付く事例が見られる。⑤最右欄の備考は乾隆帝の上諭と吉慶の奏文引用を示した。

第五章　清、乾隆初年雲南銅の長江輸送と都市漢口

はじめに

大運河と長江は、今も昔も中国物流の大動脈である。両者の中、大運河[1]は南北経済交流[2]のために人工的に造築された部分を多く含み、歴史的始期が明確であるのに対し、長江は自然河川そのものであり、その利用は極めて古いと思われる。ところが、中国経済史の発展と照応した中国物流史においては、大運河と長江の両者の古さの関係が逆転する。大運河の方が長江より古いのである。ただし、大運河と長江の物流交通としての利用の古さは、「両浙熟、天下足」の諺の方が「湖広熟、天下足」の諺より古いということに関連して、その基礎に生産と流通の諸条件の発展の違いがあったことは明らかであろう。なお、「湖広熟、天下足」の諺の初見は明末、十六世紀末のことであるが[3]、四川、湖広、江西産米が長江を下って、全国米流通システム[4]が完成するのは十八世紀の清朝、雍正・乾隆期のことである[5]。

この頃、長江を下行、上行する物産といえば、稲米以外に重要なのは、四川の木材、湖南の鉄・鉛、江西の陶磁器、下流部江蘇の綿布、江蘇浙江の生糸・絹織物の他には湖南・安徽の墨なども全国的に知られていた。また、四川等の漢方薬種も重要である。逆に両淮の塩は湖広までを行塩区としており、塩流通も長江水運を頼りとしていた。しかるに、十八世紀の雍正から乾隆期にかけて、雲南に産する銅生産がにわかに増加し、それが長江を経て北京に運ばれるに至ってから、長江物流の様相は全く一変したのであった[6]。

第一節　乾隆三年、銅銭流通の改善と雲南銅の増産政策の展開

中嶋敏氏は『続雲南通志稿』巻四八、銅政議の記事に基づき乾隆初の銅政について、「乾隆三年、銅山経営に官の強い援助と支配とを加え、大量の滇銅を獲得して、京銅（京師銭局―京局―用の銅斤）をことごとくこれで弁達することとしてから、雲南銅鉱業は大いに振興し、産額がにわかに増大するに至った」という。(7) この文言がいかなる清朝銅政の政策展開を内容とするか、中嶋氏はそれ以上の検討をしていない。ただ、当時、雍正期から乾隆初にかけての時期、日本の銅（洋銅）輸入は多くを望めず、専ら雲南銅が清朝国家の銅銭＝制銭原料として期待されたという事態は前提となろう。

日本から雲南へ銅供給地の転換問題のほかに、次のような銭法の問題があった。『清、高宗純皇帝実録（以下高宗実録と略す）』巻六十四、乾隆三年三月丁卯（十五日）に次の上諭がある。便宜的に（A）～（D）の段落に分ける。

又諭、（A）李世倬条陳改鋳銭文一事、経九卿三議具奏。凡廷臣会議之案、原令各抒已見、不必強同。至於随声附和之弊、乃人臣所当切戒者。今此案三議覆奏、正得各抒已見之議。朕深取之、不必以互異為嫌。但銭文関係重大、必須斟酌尽善、著大学士悉心定議具奏。（B）尋議、據吏部等衙門議称、欲平銭価、必須改軽銭質。竊思銭価之低昂、原不在銭質之軽重、縦復再減二分、銭価亦恐不能平、且改鋳銭文、与現在銭文、一体行使、新旧夾雑、重軽不一、民間更易紛争、所議似不可行。（C）又拠尚書孫嘉淦議称、銅觔留供両局鼓鋳外、請将余銅陸続分発售売。竊思售売余銅、祇応於産銅之省、聴商民購買市売。若令運解来京、統入官局。再分発售売、不独徒費脚価、転滋紛擾、即論体制、亦属未協。所議亦不可行。（D）又拠據戸部等衙門議称、査歴来銭法、過重則慮私銷、過軽必致私鋳。今制銭酌量一銭二分、若再減二分、与従前所鋳重銭、一体使用、則奸民必致銷毀重銭而鋳軽銭。李世倬所奏、亦無庸議。従之。

（A）、銅銭改鋳は朝廷内閣以下の諸会議で再三再四議論を重ねたところである。

(B)、吏部等衙門の議では銭価を平かにするため、品質を下げようと提案するが、これは新旧一体行使によって混乱を生じるだけだ。
(C)、刑部尚書孫嘉淦の議では制銭鼓鋳用以外の余銅は売却せよというが、京師に運搬したものまで売ってしまうと運送費分損失を出す。これも実行できない。
(D)、制銭の質を重くすれば私銷があり、軽くすれば私鋳がある。品質の変動は実に難しい。

以上、銅銭=貨幣改鋳に打つ手がないことを表明する。ただし、これは銅銭そのものに対する政策であるが、銅銭の使用、流通方法については別の政策が展開した。『高宗実録』巻六十五、乾隆三年三月己巳（十七日）には、

諭、現在各廠糶米銭文、倶交官銭局発売、以平市価。朕思与其如此発兌、不若添成搭放兵餉、較属有益。可否如此弁理、著弁理軍機大臣議奏。尋議、定例毎月、以一成銭搭放兵餉。惟二八月、二成搭放、約需銭三万余串。今五城各廠売米銭、毎日不過二千余串。随売随交銭舗、赴市転売、以平銭価。因逐日流通、是以価較前稍減。若将此項銭搭放兵餉、不但不敷搭放、且必須将各廠糶米銭、至二三十日、方可足一月搭放之数、目前転致不能流通、於銭価無益。所有各廠銭、応請照前赴市発売。至於銭舗、原領制銭八万串、已兌換全完、現係毎日由市収買、比市価稍増兌換、雖無大稗益、亦無妨礙。応令該部酌量銭価若何、陸続収徹。従之。

とあり、銭価の調節のために、官が所有する穀物を売却して銭を回収するばあいと、軍糧用を買い上げる見返りに官にある現銭を搭放するばあいとがある。しかし両者の銭の出入の調整は甚だ難しいというのである。

さらに、銅銭流通の弊害としては、商人の囤積、溜め込の問題があった。『高宗実録』巻六十五、乾隆三年三月の末に、是月として、

又議覆、掌河南道御史明徳条奏、行文歩軍統領、順天府尹、五城御史、暁諭富商囤積銭文、即速発売、仍有囤積、厳拏治罪、糧船回空、并民船南下、有装載制銭、揑称圧船、沿途販売者、即行拏究。郷農富戸、堆積銭文、悉行発出貨売、毋許仍前積蓄堆貯、応知所請。従之。

とみえ、富商に暁諭して、囤積した銭文を、速かに発売させ、なお囤積が有れば、厳拏治罪する。南方からの糧船が空で帰路し、また、民船が南下するばあいも、制銭を装載させ、中途で抑圧してはいけないとする。(8)

しかしながら、銅銭問題の最大の問題点は銅そのものの絶対的不足[9]にあり、また、銅が制銭以外にも使用される金属で、これも銅不足の要因の一つであった。『高宗実録』巻七十一、乾隆三年六月戊戌（十七日）に、

大学士等会同九卿遵旨議覆、湖広道御史陶正靖条奏。近日銭価転昂、皆由経紀従中阻撓。兵役捜査擾害、請一切革罷。凡銀銭交易、悉聴民間自相買売、即各当舗質当銭文、多寡聴便、舟車運載、無庸攔阻、銭価自平、応如所請、至所称銭貴、由於盗銷、而銅禁未宜遽弛、請不必収銅以滋擾。第厳禁製器、以絶盗銷。不知従前禁銅之時、銭価未見甚平、則禁銅亦属無益。若厳禁製器而不令官収、則民間仍得使用。奸徒必暗中打造、是禁猶不禁也。至謂民間必需之青銅鏡、専委工部開局鋳造、以国家庀材鳩工之地、為小民鋳造之所、頒発各省、既不免脚運之費、赴部購買、又不無跋渉之労、既属非体、事更難行。

大学士等が九卿と会同し、議覆した湖広道御史陶正靖の条奏には、近日の銭価の上昇は経紀＝番頭の中間妨害により、兵役の捜査も擾害を生むだけで効果がない。凡そ銀銭交易は民間の買売にまかすべきだ。自然に銭の行き来があり、銭価は自ずと平になる。今銭貴というのは、盗銷に由る。銅器の製造も厳禁し盗銷も絶てというのである。

『高宗実録』の記事はさらに数人の条奏を挙げ、銅問題の検討を重ねている。まず、左通政李世倬の奏文である。

至左通政李世倬奏称、黄銅与制銭相表裏、仍請添設銅行経紀、按照銭文觔両定価、買売悉憑経紀、不論製器之精粗、概定以三分遞算之工価。所請尤易滋弊、不特貨物貴賤懸殊、致虧商本。且奸民恃有官価、軽価強買、必啓争端。

左通政李世倬が奏文に言うには黄銅と制銭とが相表裏の関係にあるので、銅行経紀を添設し、銭文銅觔重量を按照し、買売は経紀に憑り、製器の精粗を論ぜず、一概に三分を工価とするようにと請願した。乾隆帝はこの請願に対して、これは弊を滋くするだけで、貨物は貴賤懸殊するだけでなく、商本を欠き、かつ奸民は官価有るを恃み、軽価強買して、必ず争端を啓くことになると、李世倬の奏上を否定する。次の提言は、陝西道監察御史朱鳳英の奏文である。

惟陝西道御史朱鳳英奏称、銭法必以銅觔為本、而銅必以足民為先、未有民銅貴而官銅得饒者也。今雲南銅雖大旺、然祗足供鼓鋳撥解之用、何能以其余推暨民間。近聞海関無赴洋買銅之商、而江蘇亦無可収之銅。実因官価与民価懸殊、孰肯冒越風涛、以資本賠墊。

請敕該督撫、除洋人自帯銅觔、応照部議平価収貯外、其有商民過洋購来者、聴其售売、不必官収。一切領照認充、包攬需索等弊、厳行禁止。如此、則官民銅觔俱足、銭価自平、応如所請。従之。

銭法は銅觔つまり銅そのものを本とし、銅は必ず足民（＝民の需要を満たす）を先として民銅価格を低く抑えるべきである。今雲南銅の生産が旺んだといっても、制銭鋳造用を満たすだけで民需には回らない。最近江浙の海関で聞くところ、赴洋買銅の商人は無く、江蘇、蘇州にも銅の貯えはない。官価安く、民価貴いために、風涛を冒して日本へ銅を求めても利がない(10)からである。銅の民間売買を自由にして、官収に伴う包攬、需索等の弊害を厳禁すべきであると提案し、採可された。なお、右の朱鳳英の奏言に雲南銅の産出が極めて旺盛であるとするが、『高宗実録』巻七十一、乾隆三年六月末の是月に、

四川巡撫碩色奏、川省銭文、雍正十年、経前撫臣憲徳奏請、開鑪十五座鼓鋳、嗣恐滇銅不敷、止開八座。今開滇銅旺盛、請増七座、以副原数。得旨、此係甚有益之挙、速速弁理可也。

とあり、四川巡撫碩色の奏に四川省の鋳銭鑪は先に雍正十年に十五座が開かれたが、雲南銅の供給不足のため八座のみ使用されるに止った。最近雲南銅が増産されたので七座を増し原数を満たしたいとし、許可された。これは乾隆三年に入って雲南銅の増産を物語る文言である。雲南銅生産が旺盛であるという指摘に対し、広東や貴州などの鉱産を停止すべきだという主張がある。『高宗実録』巻七十四、乾隆三年八月癸巳（十三日）に、

両広総督鄂弥達遵旨議覆、開採銅鉱、為鼓鋳之所必需、且試採之時、原係召募附近民人、分別勘験、無慮有聚衆滋事、及朦蔽昌開等弊。今提督張天駿因横山礦徒一案、奉旨申飭、遂欲藉海疆安靖之名、禁止開採粤東礦山、以為将来卸責自全之計、応請飭令協力弁理。得旨、這所奏甚是。地方大吏、原以地方整理、人民楽業為安靖。豈可以図便偸安、置朝廷重務於膜外、而謂之安靖耶。横山礦徒一案、張天駿即応処分、而此復籍安靖之名、為卸責自全之計。甚属推諉因循、罔顧公事。張天駿蓄議処具奏。該部知道。

とあり、両広総督鄂弥達の奏文によれば、提督張天駿は広東銅山に礦徒の騒擾の一案があり、海疆安靖を名目として広東の銅山採掘を禁止する処理を取ったが、これは安靖の名を藉りる卸責自全つまり責任のがれの策だと批難する。

次に『高宗実録』巻八十二、乾隆三年十二月癸未（五日）に、

又議、貴州総督兼管巡撫事張広泗疏報、黔省弁運鉛觔、部議停運一年、未奉部文之先、已将己未年（乾隆四年）正耗鉛觔、改由貴陽直運楚省、請仍照旧解京。査威寧一路、有江・安・浙・閩四省、承弁銅觔人員、幷商駄貨物、均於此処雇運、馬匹無多、脚価必貴。是以議令停運一年、該撫既称改由貴陽、並無擁擠、応准照旧解部。又疏称京局銅鉛、乃毎年必需之物、已未鉛觔、雖改由省城一路弁解、運存之鉛、業已無多、此後仍由威寧弁運、究慮擁擠、請於黔省較近水次、兼産鉛礦之地、招商開採、収売接済、応如所請。従之。

貴州は制銭＝銅銭の銅とともに主要な原料の白鉛（亜鉛）の産地であったが、その北部地方に所在する威寧、畢節らの都市は雲南の銅鉱山→尋甸・宣威からここに至った銅が、四川の叙永・瀘州・重慶を経て長江水運につながる銅の道の一部でもあった。[11] そのために銅運搬の人員、馬などの徴達が貴州省で行われた。右の貴州総督、巡撫張広泗の疏報で貴州省弁運の鉛（白鉛＝亜鉛）觔は一年間輸送停止にするという決定は、乾隆三年度の雲南銅輸送にその輸送能力を全て振り向けるものと解釈される。雲南の銅増産は他省の鉱山の停止をもってしても実現すべき政策課題であったのである。それでは乾隆三年次の雲南銅に関する実録の文言はいかがな内容を示しているか、これをすべて抜き書きしてみよう。

〔A〕『高宗実録』巻七十二、乾隆三年己未（九日）に、

大学士等議覆、雲南巡撫張允随奏称、滇省弁運京銅各事宜。

一、湯丹廠銅觔、輓運京局、必先運至東川府、然後再運威寧、沿途行走甚難。今査由廠至威寧、另有車路可通。請分作両路並運。

一、張家湾、為銅觔交兌之所、請設立監督一員駐劄、以司稽査。

一、自滇至京、程途万里、弁運官員、養廉盤費、宜分別酌給、其沿途一切費用、倶請於運銅案内照数増銷。

一、滇省弁運銅数既多、所有額外加鮮銅觔、請暫行停運。俟一年之後、酌量増解、均応如所請。至所称運京銭文、分作三年帯運。雖

為趲運銅觔起見。但京師現在銭価昂貴、応令按期鮮部、以為添搭兵餉之用。得旨、依議速行。

〔B〕『高宗実録』巻七十六、乾隆三年九月庚申（十一日）に、

諭雲南解京銭文、原限八月抵京、前聞已至江寧、何以在途遅延、尚未解到。現今京師銭価昂貴、民用不便、此項銭文解到、以之搭放兵餉、銭価必至平減。著沿途督撫照催趲漕船之例、委員厳行督催、速解来京、毋得遅滞。該部遵諭速行。

〔C〕『高宗実録』巻八十一、乾隆三年十一月末の是月に、

雲南総督慶復奏、滇省本年四月至次年三月、共応鋳銭三十四万四千六百余串。撫臣張允随、以駄脚無多、勢難銭銅並運、奏請将運京銭文、分年帯運部議、以京師銭価昂貴、仍令設法調剤、按期解部。査広西府至板蚌水次、向給運銭脚価、並不為少。但山路崎嶇、瘴癘甚重、又無回頭貨物。且東川現在運銅、恐脚戸不願運銭、応請量為調剤、令脚戸自行酌量、一年連銭若干、州県査明取保、将領運之銀、全数給発、以便多買牛馬、並令近東川脚戸領銅。近広西脚戸領銭、以省往返之労。得旨、如此弁理甚妥。

〔D〕『高宗実録』巻八十二、乾隆三年十二月乙酉（七日）に、

戸部議覆、雲南巡撫張允随疏言、青竜・湯丹等廠、毎年弁銅余息銀二十万両、向倶解存司庫、備撥兵餉。嗣因塩務盈余裁減、将弁銅余息銀、咨明留為協弁各官、及学政養廉、一切公費、応仍按年解貯司庫備用、至滇省弁解京銅、除将己未年額弁銅觔、俟数弁解外、所有余剰銅觔、部議酌令通商、査滇省地処極辺、牛馬無多、現在運解京銅、及京粤銭文、牛馬已属難雇、此時遽議通商、勢必加価争雇、恐於正項有誤、請俟京銭停運、并京銅一切章程核定後再議、応如所請。従之。

〔E〕『高宗実録』巻八十三、乾隆三年十二月甲辰（二十六日）に、

戸部等遵旨会議覆奏、滇省鋳運京銭、拠雲南巡撫張允随称、運送維艱、請照旧鋳数、酌減一半。査滇省開鋳、已経三載、銅鉛充裕、工匠熟悉、自応仍照原額鼓鋳、若慮運路荒僻。査有広南府剥隘地方、為商賈通衢、改由此路輓運、較為便易、或於定価外、量加脚費、均俟該撫回滇之日、酌定奏請施行。得旨、所奏是、依議即行。

〔F〕『高宗実録』巻八十五、乾隆四年正月末の是月として、

雲南総督慶復奏、滇銅運道、自東川起、由昭通過鎮雄、直達川属之永寧、最為捷徑、施工開闢、便可与咸（威か）寧両路分運。但由昭通過鎮雄境内、有黔省数十里地方、挿入滇界、請即撥帰滇省管轄、又自廠至東川、所経小江塘及尋甸一路、尚多阻塞、亦応一例開修。得旨、弁理其属妥協、可嘉之至。

〔G〕『高宗実録』巻八十八、乾隆四年三月辛酉（十五日）に、

軍機大臣議覆内閣侍読学士祖尚志奏、加卯鋳銭、以備加数放餉。査定例局鋳銭文、与解到滇銭。按単月一成、雙月二成、搭放。約已数用。今新添兵餉、銭数頓増、所謂加卯鼓鋳、便銭多価賤、固為全挙。但各省歳弁銅觔、就定額計算、雖有贏余、実皆掛欠未完之数。即令尽数催解、亦恐不能臨期応用、前経戸部議、令今年寛解銅一、二百万觔、加以粤東奏准開採銅礦、官商承弁採買洋銅、多方籌畫、銅觔自可充裕、応俟各処解到之日、酌量作何加卯鼓鋳、再行定議。従之。

〔H〕中国第一歴史檔案館編『乾隆朝上諭档』第一冊、三八〇、八一頁、乾隆四年三月十五日、附録十件中の第九に、「祖尚志奏、銭法利弊一摺三条」とあり、

【I】 拋称八旗新添兵丁搭放銭数、宜急為籌画。今軍餉既加、而鼓鋳卯数仍然照旧、目下雖有雲南額解銭文、通計一年搭放兵餉之外、亦所存無幾。臣愚以為、欲平銭価、莫如銭多、欲令銭多、莫如加卯。毎年各省額解銅鉛、除額鋳外、約余銅三十九万余觔、鉛七十八万余觔、侭可照依新添兵餉之数量、加五六卯、而銅鉛敷用有余。雖現今各省額解銅觔、或較従前稍有加減、而向来掛欠銅解甚多。請令弁銅各省督撫、務将毎年額解銅觔、照数催弁解送、不得仍前拖欠、幷将向来掛欠銅觔、按限尽行補解列局、合之局庫積貯銅鉛、則加卯鼓鋳永遠無虧等語。査毎年局鋳銭文、与解到滇銭、按単月一成、雙月二成、搭放、約畧已可敷用。今祖尚志所奏、加卯鼓鋳、使銭文充裕、且銭多価賤、自属有益之事。然必有余銅、始可加卯。向来各省弁解銅觔掛欠遅延、皆所不免。祖尚志所称余銅之数、乃按毎年定額計算、応余若干、非実在存貯局内、毎年有如許余銅也。若祇憑各省照数催弁銅觔、幷将向来掛欠之銅觔、補解到局、以資加卯鼓鋳、仍恐不能如期応用。臣等査上年戸部議覆、張允随京銭初運已竣一摺、令於今年額弁銅觔之外、多解一、二百万觔供用。又広東等処産銅礦山、現経該督撫奏准開除、又採弁洋銅、已経奏明、令官商范毓𩡝等承弁。是部

臣多方籌画、原為使銅觔充裕、足資鼓鋳、応俟各処銅觔解到之日、部臣臨時酌量、将作何加卯鼓鋳之処、再行定議。

【Ⅱ】又称雲南新鮮銭文、銅質甚高、宜防銷燬之弊。応令照依現在京局銅鉛搭配、則鉛不過少、銅不過多、是亦預杜銷燬之一端、等語。査雲南鼓鋳銭文、曽経戸部行文、令其銅鉛搭配、合宜亦為預防銷燬起見、拠該督撫以加鉛過多、難於鼓鋳、咨覆在案。今看雲南解到銭文、其銅質与京銭亦不相同、上下自応、仍聴照式鼓鋳。祖尚志所奏、改照京局搭配、以防銷燬之処、応毋庸再議。

【Ⅲ】又称、近日淘洗局鋳渣土、設立爐竈、恐借淘洗之名、為銷燬之便宜、不時派委員、厳行査禁、幷定以処分等語。査銭局経歴年鼓鋳、所有溶銼土渣、本係無用棄物。工匠舗戸人等、買出淘洗銅屑、設爐焼煉、得銅售価。今祖尚志以伊等、明立爐竈、又在曠遠之地、恐具借名銷燬制銭、亦属防範宜用之意。但査伊等搬運渣土、於水次淘洗、以及設爐煎煉等事、非数人即可能弁。雖或奸民図利、亦不敢於夥衆之中、公然銷燬制銭、即使夥課而人多、亦未有不犯者、番役觔緝私銷、自於此等処、所尤加探伺、果其多挟銭文、希図銷燬、則空曠之地、形跡更易顕露。今若専派官役・巡査、厳定処方、恐肯役人等、借端索詐、反滋擾累。応仍聴官役人等、照旧暗行察訪為便。祖尚志所奏、応亦毋庸議。

第一条於乾隆四年三月十五日奉旨、依議欽此。

以上〔A〕—〔H〕Ⅰ、Ⅱ、Ⅲの三条までの雲南銅に関する条奏の内容を簡単に見ておこう。

〔A〕は雲南から制銭原料として北京へ運送する銅、すなわち滇省弁運京銅に関する事宜で四項がある。

一、雲南湯丹廠[12]（東川府会沢県、年額一〇〇―二〇〇万斤）の銅解を京師鋳銭局へ運送するばあい、鋼廠―東川府―威寧へ運んだが沿途行走に困難があるので、鋼廠から威寧へ車路を通ずるべきだとする。

二、張家湾（北京東南、通州の南）が銅觔交兌の所だから監督一員を駐箚させて稽査を司るとする。

三、雲南から北京までの弁運官員の養廉銀や盤費＝交通費は分別酌給し、沿途一切の費用は運銅予算内より決算する。

四、雲南から運送する銅斤数は既に多く、あらゆる額外加解銅觔は暫く停止し、一年後に漸次増解させる。北京運輸の銅は是非とも確保すべきだというのである。

〔B〕は雲南から北京までの運輸日期は八カ月[13]であるが、已に江寧南京まで到着したという報があるが、遅延があって到着が遅れている。京師の銭価が騰貴し民用不便である。この項の銭文が到着次第、兵餉に搭放すれば銭価は減じる。長江―大運河運送路の督撫は、漕船の例によって遅延なきように督催すべきだ。

〔C〕は雲南総督慶復の奏には、雲南省では乾隆三年四月より四年三月まで銭三十四万四千六百余串を鋳した。巡撫張允随は駄運費が多くなく、銅觔、銭文両者を運送するのがよいとする。しかし、査べたところ、広西府（雲南省）に雍正十二年より鋳銭局を設けたから[14]板蚌に至る水次の運費は少なく、山路よりはましだという位で、東川の運銅脚夫は運銭を望まない。だから、脚戸については運銅と運銭とを適当に案配し、できるだけ牛馬を買って運銭脚戸の労を減じるべきだとする。

〔D〕は戸部が議覆した雲南巡撫張允随の奏疏に、青竜廠（元江州、六一七万斤）湯丹廠等廠の毎年弁銅余息銀が二十万両ある。先には雲南省の布政司庫に解って兵餉に充て、嗣いで塩務の盈余が減じたのを補足した。その他、学政の養廉銀など一切の公費に充当してきた。ところが現在、雲南では銅の輸送費そのものが牛馬の購入費を含めて上昇しており、京銭弁銅の確保のためにも先の弁銅余息銀を雲南省内輸送費にも充てる必要があるという。

〔E〕は雲南広西府鋳造銭の輸送費脚費を定められた価格以上に増加させる必要があるというものであり、先の〔C〕〔D〕に関連する。

〔F〕は雲南総督慶復の奏で、銅輸送路の改修工事についてである。雲南銅廠からの輸送路には[15]、

（A）銅廠―東川―昭通―鎮雄―（四川）永寧

（B）銅廠―小江塘―尋甸―威寧―（四川）永寧

の二路があるが、（A）（B）二路いずれも途中に障害があり、改修工事が必要だという。

〔G〕と〔H〕【I】とは相関連し、いずれも乾隆四年三月十五日付けの内閣侍読学士祖尚志の奏議である。

〔G〕は〔H〕【I】の要約文であることは明らかであろう。ここでは〔H〕【I】―【Ⅲ】を検討しておこう。

〔H〕【Ⅰ】は制銭鋳造額数増加のためには加卯、すなわち鋳造回数を増加させることがよい。定額鋳造以外の銅三十九万余觔、鉛七十八万余觔があり、これを新添兵餉として支給する制銭額数と対応すれば、五～六回分の鋳造数額となる。但し、余銅余鉛が実際にその通りあるかどうか、これまでの弁解の銅觔額に掛欠や遅延が無いかどうかを確認しなければ真の余剰が有るとはならない。雲南巡撫張允随の報告では今年の額弁銅觔数は一、二百万斤余剰があり、また、それ以外の広東銅山の産額も規定額が満たされ、また、山西商人出の官商買銅商范毓馪が日本から承弁した銅数も十分であって、今年乾隆三年分の銅觔数は充分であり、雲南での鋳造回数は再検討すべきだとする。

【Ⅱ】は雲南の鋳造制銭は銅質が高く、ために銷燬して銅器物を製造するという弊害がおこる。そこで雲南銭の銅質を落とそうという提案だが、これは却下された。

【Ⅲ】は鋳銭の後に爐竈に残る渣土（かす・ごみ）を再び銅に鋳造しようという提案であるが、これは制銭そのものを銷燬しようとする企図に悪用される懼れがあり、採用するわけにいかない。たとえ、雲南のごとき曠遠の地においても制銭銷燬は防止しなければならないとする。

ところで、〔A〕—〔H〕の七、八種の史料は、雲南から北京への銅の運搬運輸に閲したものか、さもなければ制銭を鋳造する際の諸問題についての意見を述べたものが殆どで、雲南銅生産の具体については全く言及していないものばかりである。「乾隆三年、銅山経営に官の強い援助と支配を加え、大量の滇銅を獲得」といわれるが、それを示す文言は右の『高宗実録』乾隆三年・四年分や『乾隆朝上諭檔』には無いのである。この時点ではむしろ、雲南銅を北京に解運する際の諸問題に政策の焦点が当てられていたと考えられるのである。次には、この点に関わって長江水運システムの改善をめぐる問題を扱ってみよう。

第二節　乾隆三年、長江水運システムの改善—「救生船」の設置—

長江中流の重要都市漢口⑯が所属する湖北省漢陽府の地志である、同治『続輯漢陽県志』巻六橋梁に「救生船義渡」を挙げ、

乾隆三年奉上諭、湖広地方三湘七沢、水勢汪洋。凡有応設救生船之処、著該督撫確勘、照江南一例弁理。欽此。

とあり、乾隆三年の上諭で、救生船すなわち水難救助艇の設置が認められ、湖広総督や湖北・湖南巡撫の管理するところとなったという。なお、その先例は長江下流デルタの江南の事例にみられるという。右の上諭が『乾隆朝上諭檔』や『高宗実録』にどのような形でみられるかの確認は後に行うこととしたいが、乾隆年間に入るや、漢口付近の湖広地方で救生船設置の動きが俄かに興ってくるのも、雲南銅や四川湖南の米などが長江水運を頼って流通する事態に照応したものであろう。

すなわち、乾隆元年十一月七日の上諭『乾隆朝上諭檔』第一冊、四一三、乾隆元年十月初七日に、

内閣奉上諭、江路風涛之険、最為不測。聞楚省宜昌以上、川省夔州以下、凡灘水険迅之処、蒙皇考諭令、設立救生船、毎年多所救済、商民感激。但朕聞川水発源岷山、至眉州彭山県江口而始大。自江口至夔州府巫山県、計程二千余里。其中有名険灘、不可悉数。向来該督撫、亦有奏請、設立救生船之意、逡巡未果、著巡撫楊馝遴委員員詳確査明、於灘水険悪之処、照夔州府以下事例、設立救生船隻、以防商民意外之虞。其所需経費、准於正項内報銷、務令該地方官、実力奉行、毋得草率塞責。欽此。

という乾隆帝の上諭を挙げている。四川省夔州府から長江を下って湖北省宜昌までの間は、いわゆる三峡とよばれる長江きっての難所、水難事故の多い処であるが、ここには既に雍正帝時代に救生船の制が設けられていた。ついで乾隆に入って、夔州府からその上流眉州彭山県江口まで二千キロメートルに救生船を設けて欲しいという請願があり、これには四川総督、巡撫ともに全力を挙げるべきだというのが乾隆帝の上諭である。

本節冒頭に引用した『続輯漢陽県志』巻六、橋梁「救生船義渡」に乾隆三年の上諭に湖広地方に救生船設置の上諭があったことがみられたが、『高宗実録』巻六十一八十三までの乾隆三年分、及びその前年たる乾隆二年分にも、救生船設置に関する上諭はない。『乾隆朝上諭檔』乾隆三年分も同様である。

『高宗実録』や『乾隆朝上諭檔』で救生船設置に触れた文言がみえるのは、乾隆四年四月乙酉（九日）のことである。『高宗実録』巻

九十の同日付の条には、

命各省設立救生船［内閣奉上］諭、南方号称水郷。長江大湖、洪涛巨浸、毎遇風浪驟発、人力難施。向有設立救生船之処、毎年頗多救済。但恐経費不足、則為数無多、而稽査未周、則為善不力。著各省督撫、確査所属地方、有険阨之処、応設救生船隻者、酌動存公銀両、估計修造、毎年給与水手工食若干、並支与地方官、載入交盤冊内、永遠遵行、毋許始勤終怠。［欽此。］

とあるが、『乾隆朝上諭檔』一一七〇、乾隆四年四月初九日の條（［ ］内は上諭檔の文）も殆ど同文である。この上諭によれば、乾隆四年四月九日の時点で、「向に救生船を設立する処有り」といっているが、これが、先の乾隆元年十月七日の上諭にいう雍正時代に設置された四川夔州府巫山県と湖北宜昌との間や乾隆元年十月の時に設置が認められた夔州府以西の四川省分の救生船を指したものか、あるいは『続輯漢陽県志』がいう湖広地方の救生船設置をいったものかは判然としない。しかし、いずれにしても、乾隆三年までには、長江流域各省に救生船設置の動きがあったことは確かである。

さらにもう一点確認されることは、救生船設置は毎年頗る多くの人命を救済することがあったとしても、費用が不足し、かつ稽査も周かない状態でその運営には困難があった。

乾隆四年四月九日の上諭は費用の財源としては有公銀両すなわち公費からの動用が認められ、救生船隻の修造費水手の工食銀＝給与が支配され、これらが地方官に支弁されるというのである。かかる財政予算措置をもって救生船の制度が具体化したことはいうまでもない。こうしてみると、救生船の制度の確立は乾隆三年から四年にかけてであったということはできよう。

第三節　長江水運システムと都市漢口

十九世紀の前葉、長年にわたって漢口に寄寓した范鍇の『漢口叢談』巻一に、次の記事がある。

乾隆三年、総督徳沛奏請以武昌水師営守備一員、千総一員、把総二員、経制兵二百八十一名、帰併漢陽営、移駐漢口、仍管理水師船隻事務、以資巡緝警虞。所謂五方雑処、姦宄是防也。上下各設有関隘、属于武昌。征税上自襄河、下及大江、舟楫往来、藉以稽防奸盗。上関至下関、東西二十余里。

これに対応する『高宗実録』巻七十二、乾隆三年七月癸亥（十三日）には、

兵部議准、湖広総督宗室徳沛奏称、湖広漢口一鎮、為七省水陸通衢、其管轄之漢陽営、駐劄漢陽府城、兼轄漢陽・漢川両県、緝防不能遍及。請将武昌水師営、額設守備一員、千総一員、把総二員、制兵二百八十一名、改帰漢陽営管轄、駐劄漢口鎮防守、仍管理水師船隻事務。其漢陽営都司、改為遊撃、即以水師守備、為該営守備。従之。

とあって、先の『漢口叢談』引用文は『実録』にみえる兵部が議准した湖広総督宗室徳沛の奏文と内容的に完全に一致することが分かる。なお、実録によれば、「従之」とこの奏文は裁可された。ただし、『漢口叢談』引用文の「所謂五方雑処」以下は独自な文章である。

『高宗実録』の一文によれば、湖広の漢口鎮は、七省水陸の通衢であり、それを管轄する漢陽営は漢陽府城（漢水を隔てて漢口の対岸にある）に駐劄し、漢陽・漢川両県を兼管していたが、その緝防は遍及することができない。そこで武昌水師営（長江を隔てて漢口の対岸にある）の守備一員、千総一員、把総二名、制兵二百八十一名を将って漢陽営の管轄に改帰せしめ、漢口鎮に駐劄させ、水師船隻事務を管理させることにする。これまでの漢陽営都司は改めて遊撃とし、漢口鎮駐劄部隊の補助とした。漢口の地位が飛躍的に高まったのである。そしてそれは、雍正から乾隆にかけて長江水運システムの拠点としての漢口の重要性が増加した結果によるものであるが、特に雲南銅の北京輸送という国家事業的物流が漢口鎮の地位を高めるのに力があった。

もちろんそれまでにも、両淮塩の長江中流域への行塩販売拠点としての漢口、湖南米の下流デルタへ向けての第一の集散地としての漢口という諸物流の拠点としてはあった。雲南銅の京運開始時期たる乾隆極初に漢口はどのような都市であったと叙述されていただろうか。ます、実録の記事からみてみよう。

『高宗実録』巻五、雍正十三年十月乙未（三十日）に、

諭総理事務王大臣、両淮商人、向蒙皇考深仁体卹、有加無已。十余年来、商力寛裕、伊等咸知感激。新旧正額帯徴各項、倶能急公完納。朕臨御以来、時時仰体皇考深求民瘼之盛心、早夜咨詢。凡有関於民生日用者、竭慮殫思、務期至当。商衆即吾民。朕心豈有岐視。淮南塩政、課額甲於天下。両淮・三楚、延袤七八千里、皆仰給於淮塩、課源用以饒裕。近聞湖北旱禾収成稍歉、塩未暢銷。楚地素為魚米之郷、湖魚旺産、亦号豊収。商得資其醃切、藉以完課。今年漢水漲発、魚市稀少。又湖南困経理貴州苗疆軍務、未暇転運以致漢口塩壅未銷、積至七八百万包、是乙卯（＝雍正十三年）綱正額未能当年報銷。而明年乾隆元年丙辰綱、又応按年起運、両年並納、商力維艱。朕心深為軫念、用是詳為区画、籌度変通、将乙卯綱未完正額提出、分年帯徴。自乾隆元年丙辰綱起、按年按運、則商力既紓、完納自無遅誤。其帯徴之処、俟現在各項帯徴完納之後、分年起限。其乙卯綱内応帯運口岸之塩、免其帯運、俾得易於疏銷。至丙辰綱課額、既将乙卯綱提出之後。若仍於九月奏銷、則新頒引塩甫到口岸、課源尚難接済、著展限至乾隆二年二月奏銷、従此年清年額、可永無遞圧之虞。著該督趙宏恩、該塩政高斌、実力奉行、務令諸弊尽革、実恵均霑、以示朕優卹商民之至意。

これは両淮塩の長江中流域への行塩地方の販売問題にかかわって、雍正十三年分と次年乾隆元年分の両淮商人の課額の運搬と販売確保を当面の議論の中心にしている。しかもその淮塩販売は漢口を販売拠点にしようとする。一方、漢口は長江中流域の商業網の要の位置にあり、周辺に拡がる長江・漢水、大小湖池の湖魚の魚介や草蘆製品の集散地であった。すなわち客商と地方商人が漢口という土地で双方向の商品販売を以て重層的に市場を形成しようとするのであった。因みに、両淮塩を漢口地域で販売していたのは新安商人、徽商で殆ど独占的といえるものであった。

乾隆初年に漢口で塩商人が関係した事件に次のようなものがある。『高宗実録』巻六十七、乾隆三年四月丙午（二十四日）に、

諭大学士鄂爾泰等［上諭］、前呉金奉差回京、密奏楚省事務甚多。朕発与総督徳沛、逐一査察、倶属子虚、且称呉金在楚、喜怒無常、威福自用。毎見地方官、必曰此番奉命、非徒祭祀、且将察爾等之賢否、即総督巡撫、未必無分。又致書素不相識之雲夢県知県博百揆、索借銀五十両、該県未応。至漢口時、与塩商等互相拝往、国名呉金。遂与凡呉姓商人、倶用宗末拝帖、楚人伝為笑談。又呉金奏請、衡・永・宝等府、塩銷甚微、必須専設商人。請令卡商方宏源弁理、経大学士等議駁。査方宏源本非安分之人。呉金去歳

至漢口時、方宏源称為師生、敘談数日、踪跡詭秘。其有無賄賂情弊、雖無由得知、然以此不倫之事、代伊入告。其為請託無疑等語。凡奉差各省官員、於地方事務、自当留心訪察、果能秉公據実、陳奏朕前。有益於民生吏治、朕自嘉奨之。若無所見聞、即不敷陳一事。亦属奉使之常。今呉金仮公済私、妄行瀆奏。且行止卑鄙、招揺恣肆、甚属無恥。著交部厳察議奏、以為官奉使挟私妄奏者之戒。至方宏源一案、与呉金有無行賄之処。著交与総督徳沛査明具奏。［欽此。］

とあるが、この呉金という商人は塩商に相違なく、漢口鎮を中心として、湖南の衡州・永州、宝慶各府等に塩を販売し、かつ雲夢県知県等に銀両を貸し付けていた。一方、卡商[17]（関の商人）方宏源を師生として、漢口で叙談数日に及んだが、その行跡はよくわからない。賄賂の情弊があったか否か、告発してみる必要があろうともいう。いずれにしても呉金は仮公済私（公に仮りて私を済す）し、妄に瀆奏を行ったのであり、誣す必要があるというのである。

再び、銅流通について考えよう。乾隆三年、京局用の銅斤ことごとく雲南銅に採ることに改め、その歳弁額を次のごとく定めた。

正銅	正運銅	四〇〇万斤
	加運銅	一七〇万四〇〇〇斤
耗銅（百斤につき八斤）		四五万六三二〇斤
余銅（百斤につき三斤）		一七万一一二〇斤
計		六三三万一四四〇斤
内訳	戸部宝泉局	四一〇万六八八〇斤
	工部宝源局	一九四万五四〇六斤

北京鋳銭局の原料としての雲南銅が漢口附近の長江を下る時、通常は漢陽県城の県庫に収貯されたが、漢口に船が泊まることもあった。また銅以外の制銭原料たる貴州の白鉛（亜鉛）、湖南の黒鉛（鉛）等が漢口で銷售されて各省鼓鋳用に供されることもあった[18]。

乾隆二、三十年代には銅が漢口に集積され、取引されることもあったようである。漢口での銅鉛亜鉛錫の取引[19]は年とともに増加したと思われる。

第四節　清中期、長江流域における生産・流通と都市社会の形成—漢口について

一七三〇年代の半ば、乾隆帝の時代に入るや、雲南銅がにわかに増産されるに至ったが、それに関わって雲南地方社会にも多大な変化の影響があったことは、たとえば『高宗実録』巻八十、乾隆三年十一月辛亥（三日）に、

又議准、雲南巡撫張允随疏言、滇省極辺遼濶、外来流丐、除応移送本籍収養、給与口糧移送外、其路逾千里、或省分雖近、年六十及残廃者、請於査出之地方、同本地額外孤貧、一体収養。従之。

とある。雲南への流民乞丐が増大し、本籍地へ送還させることの困難な者—その路次が千里以上とか、年六十以上とか残廃な者—を査出地で額外孤貧として救助しろというのである。流民乞食者の増大は確かに社会変動、社会移動の一斑であり、それが雲南銅等の開発に伴う社会変化を示すことも明らかである。

変化は生産地の雲南地方だけではない。流通拠点たる長江中流域諸都市、特に漢口などでも著しかった。先に引用した十九世紀前半の著、范鍇『漢口叢談』中に説明が加えられている清朝人士一二九人について、その字号、籍貫、出身身分、官職経歴、人物特徴記事、著作、官商区分などに関する一欄表を作成してみよう。（附表）

まず、出身地について分類する。【表1】

下流デルタの出身者は「土地の人」である湖北・湖南の人より多い。徽州（歙県）出身者とは新安商人を中心とした者であるが、その割合も高い。江西を含めると、漢口への人の流れは長江下流から遡って来た者の多いことがわかる。

次に学位種類を分類してみよう。【表2】

進士出身が若干だけだが多いようにみえるが、各出身学位には大差のないことがわかろう。全体一二九名との割合では、三三％に学

表1　范鍇『漢口叢談』人士の出身地

湖北・湖南		江西	下流デルタ	デルタ周辺	安徽徽州府	四川	華北	不明	総数
漢陽	その他								
19	11	5	33	3	23	1	3	33	131
30									
22.90%		3.82%	25.19%	2.29%	17.56%	0.70%	2.29%	25.19%	100%

表2　范鍇『漢口叢談』人士の学位種類

進士	挙人	副榜	貢生	博学鴻詞科	孝廉明経	生員	例捐その他	総数
12	5	2	8	2	6	6	2	43
27.90%	11.60%	4.70%	18.60%	4.70%	14.60%	14.60%	4.70%	100%

表3　范鍇『漢口叢談』人士の社会身分種類

官			文人				僧侶・道士	商人	不明	小計
行政官	学官	幕友	講学	詩文	書家	画家	医者			
21	5	6	3	50	7	4	7	14	14	131
16.30%	3.82%	4.58%	2.29%	38.17%	5.34%	3.05%	5.34%	10.69%	10.69%	100%
32			64				7	14	14	131
24.43%			48.85%				5.34%	10.69%	10.69%	100%

位保持が認められる。漢口が文化・教育都市でもあったことを物語るものであろう。

官僚・文人・商人等について分類しよう。【表3】

詩文や書画に巧みな文人階層が多く、官僚、商人がそれに続く。なお、官僚や商人にしても詩文や書画ができる人が多く、漢口が単なる物流のセンターであるだけでなく、文化的中心でもあったことがわかる。

結び

清朝十八世紀の雍正・乾隆期には湖南や四川の米、雲南の銅、貴州の亜鉛、湖南の鉛、広東の錫などが長江水運や大運河の水系システムによって、下流デルタや北京等華北地方に運ばれるという全国的物流システムができあがった。その完成は乾隆三年を劃期とする銅銭問題への対策、雲南銅の増産政策、さらに銅流通を具体化する流通システムの改善が、危険の防止―水難事故対策などを含めて現実化した。その稲米と銅との長江流通にあって拠点的重要都市として浮上したのが漢口鎮であり、行政施策がこの漢口附近に集中するのは必然であった。その結果、漢口は長江物流のセンター化するのであったが、この町に来寓したのは官僚・商人のみならず、詩文や書画に巧みな文人、さらには医者や僧道など各種社会階層の人々が居り、漢口は長江中域きっての文化都市になったのである。なぜそうなったかの答えは次章で扱うことにしたい。

注

（1）星斌夫『大運河―中国の漕運』近藤出版社、一九七一年。

（2）幸徹氏の宋代東南末塩及び宋代南北経済交流に関する諸論稿参照。

（3）藤井宏「新安商人の研究（一）―（四）」『東洋学報』第三十六巻一―四号、一九五三・四年。

（4）安部健夫「米穀需要の研究」原『東洋史研究』十五巻四号、一九五七年、後、同著『清代史の研究』創文社、所収。

（5）川勝守『明清江南農業経済史研究』東京大学出版会、一九九二年、特に第四章参照。

（6）川勝守「清、乾隆期雲南鋼の京運問題」『九州大学東洋史論集』十七輯、一九八九年、本書後編第四章、参照。

（7）中嶋敏「清朝の銅政における洋銅と滇銅」『民族研究所科学論集』第一冊、一九四五年、後、同著『東洋史学論集』汲古書院、一九八八年所収。

（8）乾隆初期（ただし、乾隆九～一八年頃）の銅銭問題については、黨武彦「乾隆初期の通貨政策―直隷省を中心として」『九州大学東洋史論集』十八輯、一九九〇年、参照。

（9）黒田明伸「乾隆の銭貴」『東洋史研究』第四十五巻五号、一九八七年も同様な理解を示している。

（10）劉序楓「清日貿易の洋銅商について―乾隆～咸豊期の官商・民商を中心に」『九州大学東洋史論集』十五輯、一九八六年。

（11）中嶋敏、前掲論文、及び川勝前掲「清、乾隆期雲南銅の京運問題」参照。

（12）前注（6）川勝論文、第二表参照。

（13）前注（6）川勝論文、一五頁以下参照。

（14）前注（6）川勝論文、五頁以下参照。

（15）前注（6）川勝論文、三・四頁参照。これは中嶋敏前掲論文に拠る。

（16）以下、漢口については、川勝守「中国近世都市漢口と『漢口叢談』」九州大学文学部『史淵』一二九輯、一九九二年、本書後編第六章、参照。

（17）『字彙補』に「楚属関隘地方、設兵立塘、謂之守卡」とある。

（18）川勝前掲「清、乾隆期雲南銅の京運問題」附表、「乾隆十六年七月一四十二年二月、銅鉛等輸送状況」表中の運次に（漢口）とあるものがそれである。『宮中檔乾隆朝奏摺』第一輯、二〇五頁、乾隆十六年七月二十一日が初出である。

（19）漢口に銅運送船が入ることは『宮中檔乾隆朝奏摺』第一輯、六〇三頁、乾隆十六年九月七日の雲南巡撫愛必達の奏摺にみえるのが初見である。

附表　范鍇『漢口叢談』当代当地の有名人士

	姓	字	号	籍貫省府名	住居	科挙年次	資格	官職経歴	文才	経歴略伝・人物評価	撰著	官・商分類	出典巻・葉
1	唐裔潢	沢元		◎			貢生		工詩文	両人亦深相印契、学者称王・唐二先生。漢上少年為文知派別有師承者、皆知為両人之及門也。			【1】14B
2	王　翰	東自		◎		康熙46	副貢		精究制藝				【1】14B
3	張三異	魯如	禹木	◎	家居豊楽郷	順治6	進士	紹興知府		張氏四代科甲、一支寄籍維揚。	『来青園集』	官	【3】2AB
4	労必達	磊郷	尊三	◎	家居唐家巷正街	順治18	進士	昭文知県		母朱子、年二十九而寡、紡績撫育。	『擷潤堂詩集』四巻。	官	【3】2B3A
5	李以篤		雲田	◎	居邑之官橋				多才負気	少時俯視流俗、歴遊秦・晋・呉・越・京師・豫章。	『酔白堂集』		【3】3AB
6	王　戩		孟穀	◎		康熙47	副貢		学該博、工詩		『突星閣集』		【3】4AB
7	彭心錦		擬陶	◎			貢生入太学	幕友	屢試不售	弱冠飢駆、家食率不能経歳。而頻年旅舎、衣冠危坐、即盛暑未嘗科跣、三入京師、恥于自炫。時以道学目之。喜吟詩、不事雕縷、神韻独絶、復善書、名重当時。	『望雲集』		【3】4B5A
8	文師汲		賓門	◎					嗜読書、負気性、為文疏爽而峭動。詩多沈郁、五律尤健。	生平善揮霍、数十百金、随手輒罄。好馳馬試剣、快談兵略。走燕・斉・秦・晋・呉・越・豫章、蓬履所至、悉発于詩、以写其感懐吊古之思。	『紡山草堂集』		【3】6A
9	汪道漁	鈍予	原名穎	◎					数歳解吟詩。善篆刻。	長而雅好韜略。講求経済、思以功名自見。時滇黔用兵、短衣負剣、慷慨赴軍佐謀画、有声戎幕。			【3】6B
10	項大徳	立上	又字容亭	安徽徽州府					少敏慧、八歳能誦五経、与兄大復字来一同時入泮	其先歙人、祖璘貿遷漢口、因家焉。父誠、出守四川順慶・成都両郡、以卓異	『梯青集』		【3】7AB

										著名、卒于京邸。			
11	呉邦治	允康	鶴関	安徽徽州府					篆刻	歙之信行里人、僑寓漢口。与段寒香・彭念堂称漢陽三老。好学多芸、性頗耿介。居有鶱飛楼。			【3】8AB
12	張宏殿		玉坡	安徽徽州府						歙張玉坡宏殿、与鶴関風雅斉名、同為漢上寓公。	『緑渓草堂集』		【3】9AB
13	儲大文		六雅	江蘇宜興県						嘗為漢上游、与呉澹止狎主斉盟、継鶴関・玉坡之風流。			【3】10B
14	呉　求	警堂	澹止	安徽徽州府→揚州府儀徴県					少聡穎、博聞強記。	歙人、入籍儀徴。嗜作韻語、恢諧不覊未嘗向人作乞怜語。雖貧無長物、而衣冠修整如富人。其寓舎有釵鼎齋耕古居、甲辰乙巳之間、連吟集詠、半在其家。客漢数十年、詩数千首、身没、子幼、散佚殆尽。			【3】11B
15	畢花薑	展叔		安徽徽州府休寧県			孝廉	湖南永興知県		休寧人、隷籍鎮洋。主講晴川書院。		官	【3】12A
16	魯王賓	星村	星村居士	安徽懐寧県			貢生			家皖城中之盛唐山。客游漢口、多主洪氏寓斎。書法大米。			【3】12AB
17	夏　永	石瘤	松期老人	江西	芳原之大父（祖）				金石篆刻隷書	喜歌詠、愛交游、晩自江右来楚、愛晴川山水之勝、因家漢上、買田終老、遂入籍焉。築烟鬟閣。			【3】13AB
18	夏芳原	銘旂	之助	◎					金石文字	性恬静端謹、酷嗜金石文字、善篆隷書及設色花卉。所居烟鬟閣、蔵弆碑板書画鼎彝之玩甚多。			【3】13 3 B
19	孫　漢	倬雲	楚池	安徽徽州府休寧県	石楼之世祖	乾隆10	進士庶吉士	御史		世家休寧草市、入籍漢陽。	『春生閣詩集』	官	【3】13B
20	石　楼	育万		◎安徽徽州府					詩人	風流自賞、疏散不拘。詩亦清麗沖融、似其為人。	『藹園詩集』		【3】14A

21	呉仕潮	韓若		◎漢口					工詩	原籍歙県。工詩、尤長于五言。性好客、吟朋常満座也。	『野余閣詩草』		【3】14B
22	彭湘懐	念堂	棟塘	◎漢口						喜蔵書、性孤介、落落不苟交。南游呉越、北至都門、出居庸、歴俺荅旧部、関塞山川、供其吟眺。	『三山游草』『西湖紀游』『独持皐廡』		【3】15B
23	王文寧	山客	檪門	◎陝西						先世陝西蒲城、以業鹺家漢口、閲代矣。磊落好交游、復耽吟詠。	『浥露軒詩鈔』	商	【3】16A
24	劉　光		実斎	◎漢口						好学有文才、偃蹇不偶、晩耽禅悦。			【3】16A
25	危煥枢	子政	白門		元煥枢・元白門				少有文名、試輒不售。工詩画。	客有以危姓為嫌者、因改氏曰元。工詩画、綜覧群籍、勤于考証。余于夏芳原之勛斎実見其手校『隷釈』『隷続』。	『梅花』『岭雲集』		【3】16B
26	方世克	勛遠		◎漢口						原籍歙県。性好学、詩思敏贍。蓋秋斎愛其才、以其女妻之、故言益親切。			【3】17A
27	段嘉梅	寒香	夢鶴	◎湖北漢陽県			諸生	幕友	工吟賦。	幕游滇南久矣。			【3】17A
28	李廷梓	煌柱								事父孝養、父没、喪葬尽礼。生母張、被出、久無音耗。服闋、乃徒歩遍訪于湖南・江右、十年、始之得之彝陵尼舎。迎帰奉養、十八年、乃卒。			【3】22B・23A
29	黄鶴鳴	凌江				乾隆26	進士	宜昌県教授		与弟子雲明経双龍、皆以時文名。		官	【3】26B
30	戴喩譲	思任	景皐	◎家漢口		乾隆 6	挙人	山東恵民知県		素有文名、由房県教諭、補恵民知県。	『聴鸝堂集』『春草吟』『春声堂集』	官	【3】26B
31	王彭沢	五柳								嗜丹青、善医理、懸壷漢口市中、貧者仍不索値。	『尺木堂詩稿』	医	【3】27A
32	朱在鎮	定山	蘭田						善書工詩。	漢口名布衣也。善書工詩。嘗游金陵、与諸名士賦鳥			【3】27B

										夢、限四支韻、援筆先成、衆為擱筆、一時伝賞。			
33	趙　湘	秋屏					監生		少美風儀。	上舎生。少美風儀、詩才清雋。			【3】28A
34	閔　貞	正斎		◎漢口						其祖自広済遷漢。幼孤、思親不置、因刻苦習伝神之藝、数年遂妙絶一時。敬絵父母像、懸于所居之画蔵、朝夕焚香、率婦并拝、毎飯必祭、数十年如一時、人呼為閔孝子。又呼為閔呆子、以其悠悠忽忽、非狂非痴故也。			【3】28B
35	路　錞	鳴于	梅峰	◎漢口		例捐	塩大使、平湖知県、海防同知			少佐兄釗、豫・閩諸邑幕、暗達利弊、由例捐大使、官浙江、擢平湖県、遷海防同知、卒于官。		官	【3】29A
36	尚錦堂	香雪				諸生		能詩		書画奇崛可喜。家貧甚、不以介懐、飲酒賦詩自若也。年五十余而卒、諸子無以自存。	『東游草』		【3】31B
37	常芝仙			安徽					少英敏。	先籍蕪湖、遷徙漢上、閱三世矣。少英敏、耽情文史、長工書画、晋唐宋元諸大家之法、無不神領意造。精于賞鑑、能歴指其瑕疵、以定真贋。			【3】31B
38	仲節女			浙江湖州府						浙之湖州人、随父賈于楚。有殊色。			【4】8B
39	王会篇	治徵	石岭			崇禎9	挙人	武昌府教授				官	【4】10B
40	熊伯龍	次侯	鍾陵	湖北漢陽県		順治6	進士	礼部侍郎		由国史院編修、累官内閣学士、兼礼部侍郎。	『貽谷堂詩文集』	官	【4】10B
41	朱天慶	開子				順治11	明経	知県	工書善詩	順治甲午、以明経授知県職、未任卒。			【4】10B
42	魏晋封	賞延			崇禎9	挙人			工挙業、兼善詩歌。	弟晋疆、字旬會、少闊達、			【4】13A

										好経世之学。			
43	謝淳培	応侯		湖北江夏県		天啓4	挙人		好学能文	江夏人、著籍漢陽。			【4】13B
44	顧景星	黄公		湖北蘄州		康熙10	博学鴻詞科			挙博学鴻詞科、放帰。	『白茆堂集』		【4】17B
45	彭而述		禹峰	河南鄧州府		崇禎13	進士	雲南布政使		広西布政使		官	【4】18A B
46	呉美堂			安徽徽州府						歙県呉美堂、業鹺漢口、富而好奇。		商	【4】19A B
47	呉徳芝			湖北黄岡県			明経		工詩文、以明経終老。				【4】19B
48	呉曾庚			安徽徽州府	歙豊南人。					江紹蓮外舅、歙豊南人。			【4】24A
49	呉辰晋			安徽徽州府	歙豊南人。					呉曾庚族兄、客漢口、奇士。			【4】24A B
50	江紹蓮	辰聯	又字依濂	安徽徽州府	歙橙里人。		貢生		好学	好学、耤吟詠、又善捜羅奇聞異事。	『聞見閒言』		【4】24B
51	李拗枝									不知何許人、康熙間、乞食漢口、一飽外、尽飯飢者。買翁某、覚其異、頻呼而餉、割門外舍与栖止。李日游都市、夕帰宿、有年矣。		道士	【4】25A
52	李奧機									不知何許人、服気者流、寓漢陽、初不著名。順治末、有黄孝子者母病、問棒于乩、言求李奧機可如意、旦日当出朝宗門遇之、并述其形状。翌晨、果遇奧機、如乩指呼救。		道士	【4】25B
53	仙　爺									不伝其姓氏、順治初、僑居漢口之由義坊。言未来事、輒奇験。一旦指某処当火、急持杯水周行十余家。後果火、而所行処得無恙。解孝廉乾濬子以痘殤、瘞尼庵側、尋復蘇、里人陳姓収育之。		道士	【4】26A
54	僧蕙旦	東白	僧二							乃儒家龔氏之子也。髫年即剃髪于漢陽城西蘭若。		僧侶	【4】26B

										初不知書、後忽砌悟、凡五燈三乗之奥、悉能会意、駐錫江夏霊湖寺、大倡宗風。久之、仍帰漢口。〇住栳山寺、故以名集。			
55	蒋魯伝	東衍		◎湖北漢陽県						布衣。自号六経日用居士。	『愿学堂蔵稿』	僧侶	【4】26B
56	釈円昊	旦庵	一字辰山							住西庵。	『口頭語詩集』	僧侶	【4】26B
57	黄燡照	黙谷						広東仏山同知	工詩画。	罷広東仏山同知帰、旅居漢口。工詩画、甲辰吟社、常与主盟。			【4】28AB
58	范至渥	蓮賓		安徽徽州府	歙之獅塘人。		援例			家素封、援例授州司馬職、後中落、不屑依人生活、常只身往来鄖襄之間、販鮮鬻果以自給。詩文書画琴奕而外、音楽演劇、刺繍彫塑、無不能之。膂力近千斤、手技能却五、六十人。		官・商	【4】32A
59	査慎行	夏重	初白	浙江海寧県			挙人・特賜進士	編修		『敬業堂集』漢口。有漢口詩。	『敬業堂集』	官	【5】5B
60	潘　耒	次耕	稼堂	江蘇呉江県			博学鴻詞科	検討		布衣。進起居注官。纂修明史。	『遂初堂詩文集』	官	【5】5B
61	朱載震	悔人		湖北潛江県				石泉知県			『東浦集』	官	【5】6A
62	趙有成	柳江		江蘇江都県						詩「抵漢口」			【5】6A
63	許錫齢	鶴坪		江蘇江都県						詩「晩渡漢口」			【5】6A
64	饒守樸	蔚宗		江西進賢県						詩「漢口夜泊」			【5】6B
65	戴文柱	景韓		安徽徽州府休寧県								官	【5】6B
66	王　昶	徳甫	蘭泉	江蘇松江府青浦県		乾隆	進士	刑部侍郎				官	【5】6B
67	王元勛	叔華		江蘇太倉州嘉定県		乾隆43	進士	徐州教授				官	【5】6B
68	江　昱	賓谷	松泉	江蘇江都県			諸生						【5】6B7A
69	沈　泰	蘆山		江蘇蘇州府呉県									【5】7AB
70	黄承吉	謙牧	春谷	安徽徽州府	家歙之西潭渡村。		進士			入籍江都。嘉慶二年(1707)領解、後成進士。出宰粵西。引告帰、客漢上久。			【5】7B

										論詩以精彩骨力之弁、甚厳。			
71	許兆椿	秋岩		湖北雲夢県						先後入詞館。			【5】7B
72	許兆棠	召村	（石泉）	湖北雲夢県						先後入詞館。			【5】7B
73	楊　瑞	湘岩		湖南武陵県			貢生	学政教諭					【5】8A
74	何　熾	卓斎		江西九江府						久客漢皐、魚塩混迹、曾預甲辰詩会。		商	【5】8A
75	姚士銘	朝宗	達蓬山樵	浙江杭州府仁和県							『楚南游草』		【5】8B
76	方　軫	岩夫	（東山）	安徽徽州府	家歙之西霊金村。		諸生			品高神雅、学博文工、家有蔵書。			【5】8B
77	林栖鳳	桐岡	琴庵	江蘇儀徴県									【5】10B
78	黄承増		心畲	安徽徽州府						歙人。偉貌修髯、交游甚広，工作詩詞、文思斐然。嘗往来燕北・汴梁・三湘・呉下、所至公卿倒屣、争相延至、為江湖上客。而操觚染翰之士、亦無不愿交于心畲也。両游漢口、皆与題襟雅集、雖参末座、已有惨緑少年之異。			【5】12A
79	許　煥	楠屏					孝廉	鳳陽県宏文					【5】13B
80	程紹允		執斎							博学工詩			【5】15A
81	胡　晋	戟門		浙江杭州府銭塘県				新灘巡検		調莅漢口仁義司。			【5】16A
82	呉　匀	芍圃	一字灌雲							倜儻好義。			【5】16AB
83	曹学詩	以南	震亭	安徽徽州府			進士	出宰				官	【5】16B
84	黄承煜		赤城							客漢日久、			【5】16B
85	巴慰祖	蓮舫								風雅好交、為漢上塩鹺中第一。	『蝉藻閣集』	商	【5】17B
86	洪　範		石農先生	安徽徽州府	居歙桂林邨					善篆隷、工六法。			【5】17B
87	曹侍墀	曙階	門林	安徽徽州府			貢生			歙貢生、性純和、好学嗜詩、為岩夫之外舅。嘗館于鮑筠荘漢上寓斎、賓主倡酬、殆無虚日。		商	【5】19A
88	鮑兆瑞	輯玉	筠荘	安徽徽州府						歙人。以鹺業客漢、雅好詩詠。毎于春季花時、必		商	【5】19B

										高会吟朋、觴歌竟日。			
89	洪　檀	少弓	梅林		家居仁坊					業鹺漢上閲世矣。遂著邑籍。		商	【5】19B
90	金　虞	長孺		浙江杭州府銭塘県			挙人	湖北孝感知県				官	【5】20A
91	陸飛篠			浙江杭州府仁和県									【5】20A
92	周喬齢		耐士	浙江紹興府余姚県		嘉慶 4	進士				刊有『楚游草』		【5】20B
93	曹　燠	庶蕃	賓谷	江西南城県		乾隆	進士	両淮塩運使・貴州巡撫		按察湖北。		官	【5】20B21A
94	金学蓮		尹山	江蘇蘇州府呉県				幕友		詩文敏贍、曾燠幕中。		幕友	【5】21AB
95	陶本忠	定生	香泉	江西南城県			抜貢生	幕友		嘉慶十五年僑寓漢口、館于賓谷先生幕中。		幕友	【5】21B22A
96	陸芝田		秀三	甘粛臨洮県			孝廉	幕友		詩文瑰麗雄偉、硬語盤空、時有惊人之句。嘗館于素方伯署、与長洲顧剣峰日新、毎過漢上、必偕余曁芝仙尊酒論文、清談半日。		幕友	【5】22AB・23A
97	顧剣峰			江蘇蘇州府長洲県			貢生	幕友		館于秦観察（道員）署時、渡江来漢。		幕友	【5】26AB
98	熊士鵬	両溟		湖北天門県				武昌府教授		少貧力学、工古六辞、詩品峻詰。嘗来漢上、多主常芝仙家。		官	【5】26B
99	王子若			江蘇蘇州府太倉州			諸生			善六法、尤工篆刻、嘉慶十五年僑寓武昌、嘗学詩于顧剣峰、翩翩年少、文酒興豪。			【5】26B
100	黄穀原			江蘇蘇州府呉県						山水蒼秀、得宋元人秘法、復喜閉戸吟諷、不以示人。薄宦楚鄂、性情疏散、頗得随遇而安之趣。			【5】27AB
101	蒋　炯	蒋村		浙江杭州府仁和県			訓導	徳安府経歴		少負文名誉、綜覧群籍、勤于考証。道光二年之春、来省及夏帰。		官	【5】27B
102	包遐裕	雲舫		江蘇鎮江府丹徒県						以業鹺客漢。手致数万金、別業于漢陽。		商	【5】27B
103	包祥高	包山		江蘇鎮江府丹徒県						博学工詩善書、業鹺漢口。		商	【5】28A

104	呉　杰	畬恬		湖北黄陂県						★其間為漢上勝地、一時往来士大夫、莫不楽与訂交、文酒流連、皆有倡和之作。★			【5】29A
105	喩　溥	公甫		湖北黄梅県						同上			【5】29A
106	陳　沆	秋航								同上			【5】29A
107	陳　澐	大雲								同上			【5】29A
108	徐　璂	韜斎		安徽徽州府歙県						同上			【5】29A
109	周仲墀	菊存								同上			【5】29A
110	裘行恕	慎甫		四川南州						同上			【5】29A
111	詹応甲	湘亭		江蘇蘇州府長洲県				漢陽知府		同上			【5】29A
112	路　華	荘南								同上			【5】29A
113	陳在文	景華		浙江杭州府海寧県						同上			【5】29A
114	葉志詵	東卿		◎湖北漢陽県						同上			【5】29A
115	汪均之									同上			【5】29A
116	洪　檀	前86同	梅林	安徽徽州府歙県						★諸君亦同業鹾務至若春秋佳日、時讌賞於恬園中者★			【5】37B
117	巴樹蕃	菊農		安徽徽州府歙県						同上			【5】40AB
118	姚必達	小山		◎湖北漢陽県	原籍安徽桐城県					同上			【5】41B
119	傅　樅	華堂		山西絳州						同上			【5】41AB
120	黄至裳	芳谷		浙江杭州府銭塘県						同上			【5】41AB
121	丁以誠	義門	雲峰	江蘇鎮江府丹陽県						工山水			【5】36B
122	寧熙朝	双桐		湖北潜江県			孝廉			湎于詩、交漢上劉碩夫邦彦、官姚江。			【5】37A
123	劉邦彦	碩夫		◎湖北漢陽県				姚江府知府					【5】37A
124	蒋履泰	嗜山		浙江湖州府烏程県						同里（浙江湖州府烏程県南潯鎮）、皆余總角至好也。以先業在天門之岳口、故伯仲互相往来呉・楚、与双桐称莫逆交。			【5】37B
125	蒋　坦	芝坪		浙江湖州府烏程県									【5】37B
126	胡　元	子安		江蘇江都県									【5】39A
127	許源淦	墨卿		江蘇揚州府儀徵県									【5】39A

128	唐　舒	仲遠		江蘇鎮江府丹徒県									【5】39A
129	胡徳明	暁嵐	東海老人	江蘇江都県						僑寓漢口、創議于晴川閣設局、置救生船。			【5】39B
130	孫　枚	秋濤		浙江湖州府帰安県									【5】41A
131	閔文晢	秋舫		浙江湖州府									【5】41AB

【注】◎印は漢口本籍者。略伝経歴記事で壬午、甲辰など干支年は年号紀年に改めた。

第六章　中国近世、巨大都市漢口と『漢口叢談』

はじめに

漢口の地は、漢水が長江に流入する北岸にあり、漢陽・武昌とともに今日は武漢市を形成し、華中きっての大都会である。長江を遡れば洞庭湖周辺の米所や岳陽楼や赤壁の名勝から四川重慶・成都の地に続く。その奥には銀・銅等鉱産資源の豊かな地の雲南・貴州があり、四川の木材、四川・湖南の米とともに漢口の市場に集積されたのは明末、十六、七世紀以来のことであった。長江を下れば、江西の九江、南昌、さらに安徽の安慶・蕪湖を経て江寧南京に至り、さらに鎮江で南北の大動脈たる大運河に合し、南に常州・無錫さらに蘇州・嘉興・湖州・杭州と行く。長江最下流には近代中国最大の都市上海がある。鎮江から北へ運河を取ると揚州・淮安・徐州から山東諸都市さらに天津・北京へ至る。

西から東への長江水運と漢口で南北に十字に交わる交通路は、北へ河南洛陽・開封、ここからも京漢線で北京へ至る。また、西北へ路を取れば長安（西安）がある。南は湖南から広東嶺南である。粤漢線が通る。漢口が九省の通道といわれるのは少しの誇張もなく、交通要路を示すものだ。しかし、都市漢口の成立は、多くの中国都市に比して、その歴史が新しい。その歴史的運命が全く共通するのは上海市と天津市である。

漢口の名は、魏晋南北朝時代から散見するが、唐代までは詩人がその風景、いわゆる江南水郷の名勝を賞でたくらいであったが、唐末五代からにわかに市街化が始まり、酒楼などが並ぶ繁華街ができ、宋代には一層発展をみた。しかし、その画期的な発展は、十六・七世紀の明末清初であった。以後、近世近代中国では漢口鎮は河南の朱仙鎮、江西の景徳鎮、広東の仏山鎮とともに中国四大鎮の随一といわれるまでになった。一八五八年の天津条約により開港、長江河口から一千キロメートルの内地にもかかわらず、夏期には五千トンの貨物船が航行でき、当地特産の茶、綿などを積み出し、上海に続く中国第二の貿易港であった時期もある。加えて清末の湖広総督、張之洞の洋務近代化の努力により、近代工業都市としての基礎が築かれ、広大な後背地と周辺の豊富な原料、労働力と交通の至便が加わって中国の心臓ともいうべき重要地となった。十九世紀末から二十世紀にかけて帝国主義列強は競ってここに租界や租借地を設け、英・露・独・米・日本などの進出があった。そのため漢口は上海と並んで世界に名が知られるようになった。

以上のごとき漢口の都市形成の原動力は何であろうか。ウィリアム・T・ローウェ William T. Rowe 教授は、一七九六―一八九五年（嘉慶元年―光緒二一年）の漢口社会について、（一）商業と社会、（二）闘争と共同社会の二編に分けて中国近代都市形成の一典型としての歴史を叙述している[1]。その編別構成は、（一）第一冊商業と社会、序章、ヨーロッパと中国の歴史における諸都市、第一部市場交易、1。一九世紀の漢口、2。漢口の取引、3。塩交易、4。茶交易、5。漢口における信用と金融、6。国家と商業、第二部都市社会機構、7。移住都市における地方出身、8。ギルド制度、9。ギルド機能、10。ギルドと地方権力、結論、（二）第二冊闘争と共同社会、序章、初期近代中国都市、第一部都市、1。都市の人々、2。都市空間、第二部共同社会、3。民衆の福利、4。公共財産と公共事業、第三部都市闘争、5。闘争の諸組織、6。危険な諸階層と労働諸階級、7。真実の信奉者たち、第四部支配、8。秩序の諸権力、9。危機と対応、結論、以上。

本書に示された中国都市像は、種々の点で筆者（川勝）の中国都市に対する理解[2]と共通する。簡単にいえば、漢口のような中国近代都市は都市住民の諸闘争によって、都市社会が形成され、また、国家・行政と商人・労働者諸階層との絶えずの緊張関係の中で都市の発展があった、というようなことである。これは中国都市も西欧諸都市と比較が十分可能になる諸歴史事実の指摘である。民主と人権の歴史が中国前近代に遡ることは確実なのである。しかしながら、ローウェ教授の著作には欲を言えば、というよりそれ故にこそ重大な欠陥がある。一七九六年以前、特に十八世紀の雍正、乾隆期、さらに十六・七世紀の明末清初のそれぞれの漢口の都市社会と都市住民はどのようなものであったかの歴史叙述がないからである。漢口の（多分上海・天津もいえるだろうが）近代中国都市としての内容は理解できても、例えば蘇州・杭州・南京・北京・広州等々の他の中国都市との関連性が追究できない。また、都市漢口の人々の内側からの証言が少ない。漢口の都市形成史、都市の発展史を漢口の人々がいかに記憶していたか、これの検討は重要であろう。ここにこそ地域史の叙述の主要素材があると思われる。その点でローウェ教授の大著はやや物足りなさを感じる。ローウェ教授の大著に何かをつけ加え、都市漢口の十八世紀以前の歴史叙述を試みるならば、やはりローウェ教授の大著並みの紙数が必要である。それは今後に俟つとして、とりあえず、都市漢口の住人側の証言たる『漢口叢談』を紹介することから始めることとする。

第一節　『漢口叢談』の成立とその凡例

十六―八世紀に漢口に起こったさまざまの出来事や都市社会漢口の風俗、人々の生活、さらには詩詞の会から茶館、酒楼の世間話、殷周金石文の学術情報交換等々といった、漢口に関係した凡百万般にわたることを綴った筆記体の作品に『漢口叢談』六巻がある(3)。撰者は浙江省湖州府烏程県南潯鎮の人范鍇、清の道光初年（壬午二年、一八二二年）の刊本がある。

范鍇、初名音、字は声山、号は白舫、また苕溪漁隠と号した(4)。烏程の南潯鎮は、同じ湖州平野の烏青、菱湖、双林の諸鎮中最大であり、杭州の塘棲鎮、呉江県の震沢、盛湖、平望の諸鎮とも肩を並べ、それを頭一つ抜きんでた江南市鎮の中で最大の市街地を有する都市であり、優に県城に匹敵していた(5)。彼は南潯の読書人の家に生まれ、例貢生となった。その遠祖には、明の国子館祭酒となった范応期(6)がいるが、その没後に一族は各郡に散じ、祖の穎通、字希賢、号棲園は監生となったが、脈理（即ち中医）に精しく、杭州府塘棲鎮から南潯鎮に帰ってきた。著に「研北居瑣録」があり、故里文献に採録されている。父の宗鎬、字学周、号検斎もまた監生、潯著二巻を輯した。その子が鍇、すなわち范鍇である。范鍇はすぐれた才があって詩に巧みであったが、特に詞をよくした。詞は宋代に大流行し、特に江南人士に好まれた。例貢生になったので仕官も可能であったがそれをせず、中年になって四方に遠遊し、交友関係を拡大した。塩取引に関係して四川や湖南・湖北に往来すること三十年に及び、漢口に僑寓して当地の先人、友人の文章を輯集して『漢口叢談』六巻を作ったのである。

しかし、彼は漢口の人になり切ったわけでなく、郷里南潯にもしばしば帰り、南潯鎮のために『潯溪紀事詩』七十首を作っている。漢口と南潯の往来を常としたが、最晩年は揚州に寓居し、ここで八十余才で卒した。揚州また塩の大商人が多く住む江南きっての豊かな都会で、乾隆、嘉慶に文学、学問の花が咲いた地であった。范鍇の卒年は道光二十四年（一八四四）夏と伝えられる。とすれば、范鍇が中年で南潯鎮から四川・漢口・揚州へと寓居を転々とした時期は、ほぼ嘉慶元年（一七九六）以後四十余年のことであった。

范鍇が郷里南潯鎮を出た嘉慶年間の初め、丁度彼は四川（重慶）に居た時に嘉慶白蓮教徒の大反乱が四川・湖北・陝西各省に勃発している。[7]范鍇も『漢口叢談』巻四の文中で備に大反乱の叙述を行っているが、漢口の街もその脅威に曝された。范鍇は四川を脱出して漢口へ移り、また揚州へと居を転々とした。これが卒年まで居を一定させない因となったものと思われる。范鍇が揚州に最期を迎えた時には、アヘン戦争に伴って英軍艦が長江を遡り鎮江・南京に及んだ頃で、これをも親しく眼のあたりに見て、中国近代の激変に遭遇している。ただし、この点については別に考察を加えることとしたい。

范鍇は詩に巧み、特に詞の達人であったことは先に述べたが、それは江南人士、長江流域の文人の常であった。范鍇が手本にしたのは宋の姜史蘇辛、すなわち姜夔（白石道人）・史達祖（梅溪史邦卿）・蘇軾（東坡）・辛棄疾（稼軒居士・辛幼安）で、姜・史は詞の名手、蘇辛は詩文の主魁であった。なお、范鍇が手本とした宋の姜史蘇辛は江南人士の誰もが範とするもので、その限りで范鍇の交友相手も互いに師弟関係を共通する同門同学、同行の士であった。

范鍇は初め漢口に来たとき、黄均、字穀原、号墨花居士のもとに同居し、親友となったが、やがて黄均は漢口から鄂州（江夏県）に移った。彼は蘇州府元和県出身、山水花卉画に巧みで、後、道光中内庭に供奉し、書画譜を修した。当代の一流のひとりであった。

范鍇と漢口で終始交友関係を持ったのは常道性、字芝仙であった。安徽省無湖出身で書画に長じ、晋唐宋元の大家の法を継承した。

彼もまた当代江南文人の代表のひとりであった。いずれ後述するが、W・T・ローウェ教授も指摘するように、十九世紀初頭の漢口は完全な移住民、他所者の都会で、范鍇が交わった人士も新安商人徽商出身の塩商人をはじめ、長江流域を往来する下流デルタ人士等が多かった。

それでは范鍇は寓居先の漢口についてなぜ『漢口叢談』のごとき地方出版を思い立ったのであろうか、まず、凡例をみよう。便宜的に番号を附し、以下に本文叙述との対応を試みてみる。

『漢口叢談』凡例

(1)　一、漢口水源、為東漢水、有沔・漾之名。亦曰夏口。前人岐説紛紛、今証以経史。其間別流支川会于漢者、亦為臚列。按載古注以辨之、欲其眉目清晰也。閲者幸勿訝其繁贅。彭湘懐『漢口攷』一篇、余未見之、故不録入。

(2)　一、漢口重鎮、坊市街衢、花宮梵宇、指不勝屈、今就大略紀之。若招提会館、或有文人題詠、尚冀同志者録示、再為編続、幸甚。

(3)　一、漢口人物、地雖一隅、亦復不少。但已採入邑乗者、自可不煩贅記。

(4)　一、漢口市井、俗漸澆漓、生計労労、反哀于昔。安得起而振之、復帰淳厚、是以前人嘉言懿行、因類紀之、俾閲者警心神悟。至於逸事奇聞、略有渉于漢口、亦為附載。

(5)　一、漢口青楼、墨池幽巷、槃饌羶葷、自不足録。但今昔詩人無不流連江漢、形諸篇什、花月新聞、『版橋雑記』、亦前人所不棄。因取黄心盦『漢口漫記』、呉格齋『閒情麗品』、有関于風雅詩詞者録之。

(6)　一、『説文』、叢、聚也。談、語也。余少失学、弇陋実多、性復疏懶、落落寡交。其中或為漢口世籍、或為漢口寓公、詩文之集、無従借閲、又恐其久而淪没、故雖不関漢口者、亦聚而語之。随得随書、既無倫次、亦多挂漏。叢脞之談、即謂之詩話亦可。

(1)は、漢口の水系水路を中心とした地理・人文知識であるが、彭湘懐著『漢口攷』は未見という。『漢口叢談』巻一、1A—28Bであるが、その構成は水系水路（禹貢、山海経、戦国策、漢書、水経注、通典、元和郡県志、輿地紀勝、玉海、華陽国記［志］の諸書を引く）、沙州の生成、隄防攷、諸水の変遷、漢口の事件、漢口の役所衙門、諸営建と続く。

(2)は、漢口の市街構成についての説明であるが、『漢口叢談』巻二、1A—28Bで、最初に河街、正街、中路、中路後、隄街、玉帯河橋、隄外にわけて会館公所や仏教寺院、道教廟観などを挙げて説明をしている。
(3)は、漢口の人物紹介であるが、『漢口叢談』巻三にあるが、『漢陽県志』との重複は避けるという。『漢陽県志』に記載の無い人物を主に紹介するという。
(4)は、漢口の近時の風俗、人々の生活ぶり、等々であるが、『漢口叢談』巻四に当たる。ここで近時とは、撰者范鍇が漢口に往来、滞在した嘉慶初年より道光年間まで、十八世紀の極末から十九世紀前半期までの凡そ五十年の出来事である。
(5)は、漢口の色街、歓楽街の様子であるが、『漢口叢談』巻五・巻六を中心に叙述される。ここの叙述については、『板橋雑記』に倣って、徽州歙県の人、黄承增、字心畬の先掲『漢口漫記』や同じく先掲、呉格齋の『閒情麗品』が参考になったというが、両書の現存は確認できないので原典の比較は不可能である。
(6)は『漢口叢談』は撰者范鍇が漢口で種々の人々から見聞した出来事を折にふれて書きとめたものを編集したものだという。
以上の『漢口叢談』の凡例からでも、撰者范鍇が漢口で見聞した事件事物と交友関係を通じて入手した記事をいかに綿密に収集編修したかがわかる。以下本文内容に即して若干の項目について本書の内容を紹介しておきたい。

第二節　漢口の環境と都市景観

十九世紀初頭の漢口の街市の結構について『漢口叢談』巻一に次のように述べる。

漢口鎮在城北三里、有居仁・由義・循礼・大智四坊、当江・漢二水之衝、七省要道、五方雑処、分為上下二路。居仁・由義二坊為上路、自艾家嘴至金庭公店、属仁義司汛地。循礼・大智二坊為下路、自金庭公店下至額公祠、属礼智司汛地。

漢口鎮は漢陽県（湖北省漢陽府）城の北三里（一・五キロメートル）にあり、居仁、由義、循礼、大智の四坊が有る。居仁、由義二坊が上路で艾家嘴から金庭公店に至り、仁義司汎地に属す。循礼・大智二坊は下路で、金庭公庭下から額公祠に至り、礼智司汎地に属す。同治七年（一八六八）修『續輯漢陽県志』巻一輿図、漢口鎮には四坊に対応して居仁門、由義門、循礼門、大智門の四門が西南より東北へ一直線に並んでいる。また、同『漢陽県志』巻三疆城志、附坊市集鎮村落によれば、居仁、由義、循礼、大智の四坊が漢口鎮にあり、額公祠から艾家嘴まで距離長さ十五里（七・五キロメートル）という。[8]

漢口の都市景観については、『漢口叢談』巻二に、

漢口自明以来、久為巨鎮。坊巷街衢、紛岐莫絵。是以按邑志之図、尚有差池未尽。盖因其地形如眠帚、上直而下広、其広処則街衢重重、難以縷紀故耳。今就大略而言、則正街与堤街独長。自楊家河以下、始有河街、抵五彩坊、止大馬頭上下。旧時亦有河街、近因水決岸隤、逐年崩潰、直達正街矣。自大通巷後以下、始有後街、至陞基巷後、復分而有夾街、迨接駕嘴後、則夾街中更有夾街、因地広而人烟益稠密也。若堤街則自上関起、直至大智坊之堤口、迤運由東而北、曲沿外江、形似帚末、又上広而下鋭矣。堤街之後、夾以小河、名玉帯河、夏秋水漲、可通舴艋、今半淤塞、未能直行、而上下多有木橋以渡、猶始故也。過橋、俗呼為堤外、昔時荒沙一片、嗣則居民叢聚、漸成街市。再後乃謂黄花地、上如天都庵・大観音閣、下如雷祖殿・三元殿之傍、咸築堤以通後湖茶肆。堤街之前、為正街、沿江而下、至于下関。茲姑先記正街坊巷之名、上仁義司汎、下至礼智司汎地、列載于後、則河街、後街、夾街、堤街可循而覓、不致迷途矣。僧寺尼庵、亦籍以附焉。但余老懶倦歩、未能周及、或其持漏、覧者幸勿哂之。

漢口は明代以来、久しい間に巨鎮に成った。坊巷街衢は、極めて複雑で簡単に絵にかけない。そこで邑志の図を参考にしたいが、なお少し不一致がある。ここに邑志とあるのは嘉慶二十三年修『漢陽県志』であるが、それに掲載された漢口鎮図は同治『漢陽県志』にも転載されている。これは【図1】に示す通りであるが、その地の形は眠っている箒の形をしている。【図1】を見ながら『漢口叢談』巻二に書かれていることを読んでみると、【図1】の左手、漢口鎮の西方に玉帯門がある。漢水・襄河の流れに平行して正街が東方へ向かう。右手の漢口南方には興隆庵・宗三廟・関聖祠・天宝庵・楊家河・朱家巷・至公巷・三善巷・縉紳巷・遇字巷と庵祠や小巷が続いて武聖関門がある。ここへ着いた船からの入場門のひとつである。入ると楊家河の地点で正街大街から分かれた河街が有る。武聖関

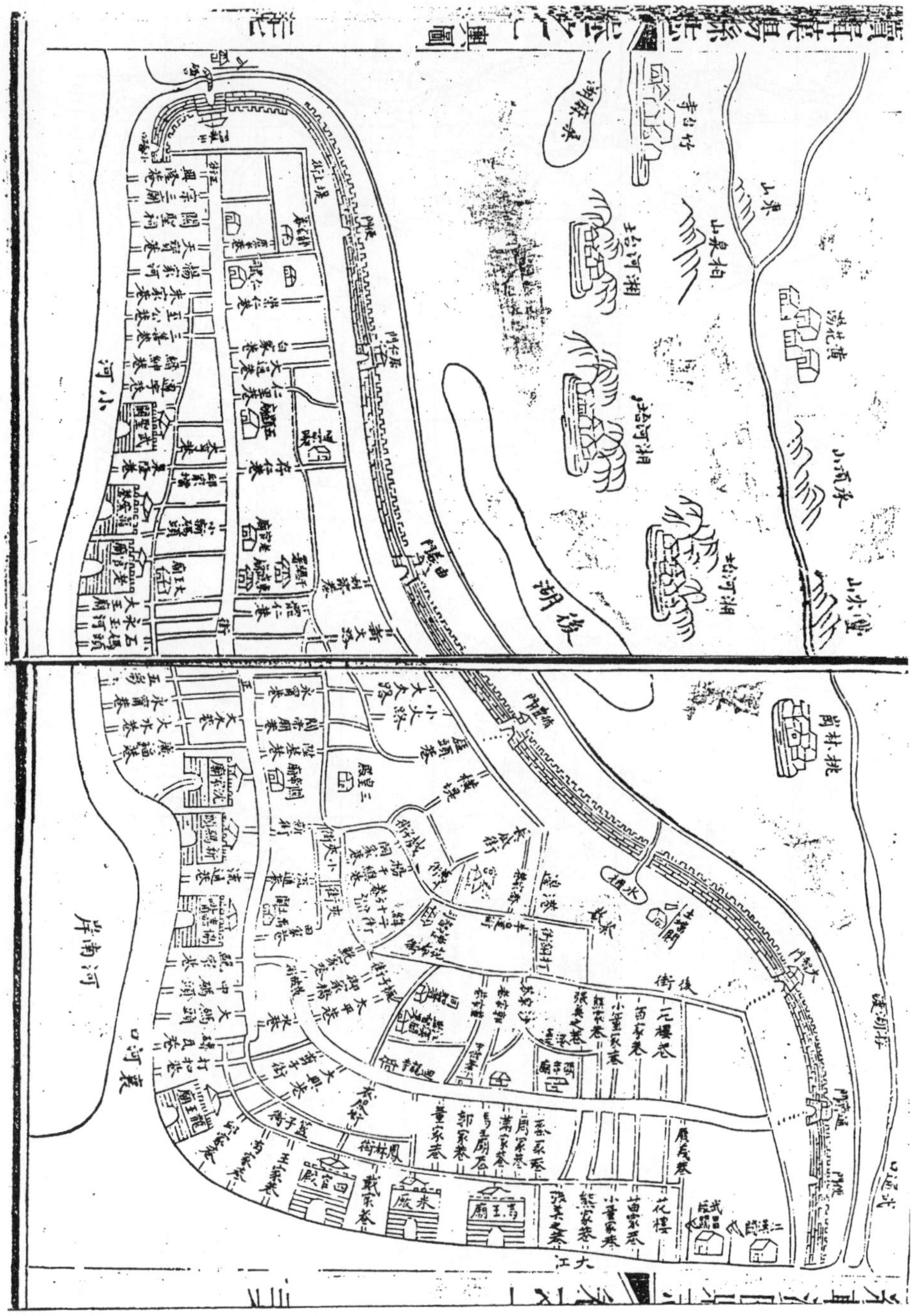

【図１】嘉慶23年修『漢陽県志』の漢口鎮図

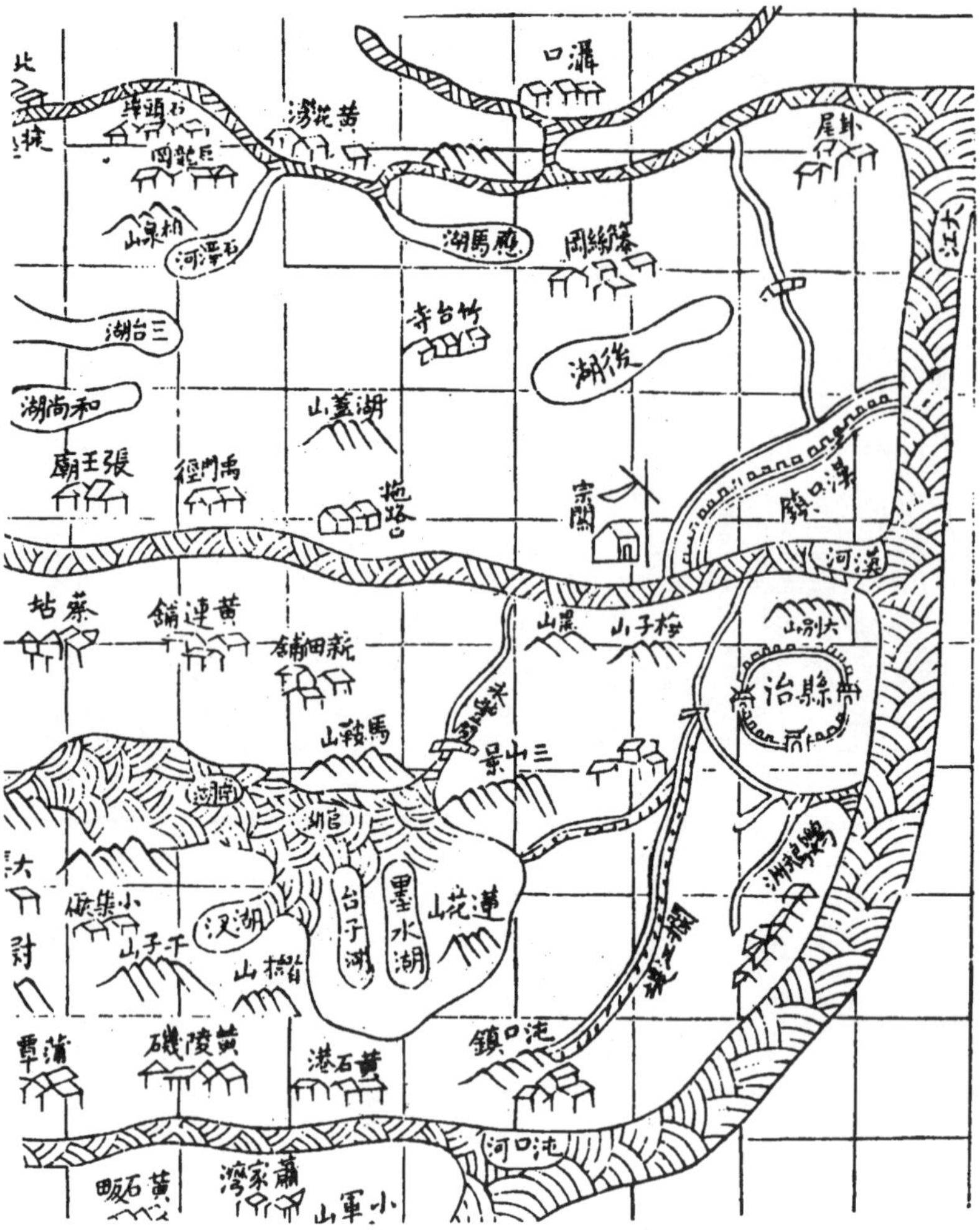

【図2】同治『続輯漢陽県志』巻一、輿図

の次は泉隆巷、萬安巷門、老宮廟、大王廟、永玉河、石碼頭、その次が五彩巷で『漢口叢談』がいう五彩坊地区であろう。永寧巷・大水巷・広福巷とあって後ろの河街は終わり、また正街となる。沈家廟門・新碼頭門・流通巷・協嘉嘴門・鮑家巷・中碼頭・大碼頭の辺りが大馬頭上下であろう。なお、『漢口叢談』の説明では河街は先に漢水の大水で決壊して河街は無くなり、正街のみになったという。

さて、また、正街のはじめ玉帯門から左側、北部の小路地を見ると、唐家巷、崇仁巷、白家巷、大通巷とある。ここで『漢口叢談』によれば、後街が始まるという。正街をそのまま行くと、仁里巷、存仁巷、老官廟、東嶽廟、千總署、体仁巷、永宝巷、関帝廟巷、そして陸基巷に着く。ここで後に復た分かれて夾街が有りというが、その続きの正街関帝廟、後街の三皇殿、それぞれの右方、すなわち東方に【図1】では夾街の名が見える。以上、簡単に言えば漢口は箒の形で上直下広、広い面に沿って正街、堤街があり、さらに河街、後街、夾街となるというのである。夾街は接駕嘴後まで、夾街中に更に夾街が有るという小道路地が数多くある地広く人烟益稠密である漢口中心街区となっている。長江の側から入れば沈家廟・新碼頭を先として龍王廟、四官廟、米廠、馬王廟の各門口が並ぶのである。漢口の広域図は【図2】参照。

漢口鎮の北辺には堤防があり、【図1】に見るように城郭造りに成っている。その手前の南側に左手西側から北東方向に向かって堤上街、『漢口叢談』にいう堤街が通る。堤街の後には夾んで小河があり、玉帯河と名づける。夏秋に水が漲り土地でいう舴艋という船を通すことができる。今は半ば淤塞して未だ直行することができない。上下は多く木橋が渡っている。橋を越えると、俗に堤外と呼び、昔時は荒沙一片の地であったが、嗣いで居民叢聚して漸く街市と成った。さらにその後は黄花地と謂い、上方では天都庵・大観音閣、下方では雷祖殿・三元殿の傍で、みな築堤して以て後湖の茶肆に通じる。堤街の前は、正街と為し、江に沿って下り、下関に至る。漢口の夏の暑さは格別である。避暑というより、涼を取ることが肝心である。その候補地は後湖である。茶肆が並んでいる。

漢口市街の街区ごとの諸施設建物は【表1】のごとくである。

【表1】の漢口鎮市街区の街巷、諸建物の並ぶ順は、同治『続輯漢陽県志』巻一輿図の漢口鎮図の西隅より始まり、東方して大碼頭に至り、そこで北向して通済門辺へ行くものである。因に両者に共通する名称を列挙すれば、

興竜（隆）庵、宗三廟、関聖殿、唐家巷、天宝巷、静室庵、崇仁巷、仁義司署、楊家河、朱家巷、至公巷、三善巷、大通巷、仁里巷、遇字巷、五顕廟、大亨巷、泉隆巷、存仁巷、万安庵、大王廟、老官廟、利済巷、体仁巷、東嶽宮、永玉河、五彩坊、新火路、永寧巷、大火路、大水巷、盔頭庵、広福巷、陞基巷、沈家廟、三皇殿、新馬頭、陶家巷、流通巷、楊千総巷、戯子街、禹王閣、十方庵、田家巷、長盛街、喬家巷、鮑家巷、緯子街、大馬頭、磚瓦巷、礼智司署、打扣巷、竜王廟、剪子街、大興巷、衣舗街、四官殿、廻竜寺、米廠、沙家巷・郭家巷、馬王廟、大蔡家巷。

以上である。街巷が圧倒的に多い。施設建造物では、

仁義司、礼智司両署、米廠、関帝廟、五顕廟、大王廟、老官廟、東嶽廟、沈家廟、竜王廟、馬王廟。関聖殿、三皇殿、禹王殿、四

表１　漢口鎮街巷

	河街	正街		中路	中路後
1	通鎮寺				
2	上関				
3		太平巷・外五甲			
4		郭家巷		長生庵	
5		大橋口	●興龍庵		
6			●宗三廟		
7			武当宮		
8			天符廟		
9			●関聖殿		観音庵
10		●唐家巷・居仁坊	万寿庵		炎官堂
11			四官殿	送子庵	
12		●天宝巷		天宝庵	
13		清遠巷	雷祖殿	●静室庵	
14		青蓮巷	天印公所	忠義殿	
15				海蓮庵	
16		安定巷		祇園庵	
17		謝家火路			
18		劉烟子巷			軒轅殿
19		●崇仁巷			薬師庵
20				寿弥庵	指月庵
21					字蔵閣
22		蔡家巷			
23		●仁義司署			
24		●楊家河			
25		尚義巷			
26		●朱家巷		太清宮	太平庵
27	西来庵	●至公巷		蓮生庵	
28	宝樹庵	●三善巷	三善閣		
29		●大通巷		準提閣	
30				太平観	
31		●仁里巷		福田庵	
32				長寿庵〔今毀〕	
33				百子庵〔今毀〕	
34				痘姥祠	
35				自修庵〔今、改裕麟	
36				庵〕	
37		板子巷			
38		●遇字巷			
39		●五顕廟・馬頭	五顕廟		
40		●大亨巷			
41		●泉隆巷	三官殿	松齢巷	
42		●存仁巷		観音殿	
43		●万安巷		雷祖殿	
44		呉家巷		蓮慧庵	財神殿
45		由義坊	●老官廟	文昌閣	
46	●大王廟	●利済巷	●東嶽宮	大士閣	鎮江会館
47		●体仁巷	法印庵		万福庵

48	●永玉河		紹興会館		
49		寅字店			満月庵
50					多宝林
51		●五彩坊		●新火路	華厳庵
52		●永寧巷		旌徳会館	
53				憐書庵	万寿庵
54					鉄仏寺
55				●大火路	天符廟
56					老君殿
57				広東会館	文公橋
58		●大水巷		玉龍庵	花園巷
59		金庭公店		●塩頭巷	準提庵
60					西関帝廟
61					鳳麟庵
62					杜家巷
63		●広福庵		白衣庵	薬王廟
64					小隠庵
65					霊佑殿
66		●陞基巷・循礼坊		百家巷	祖師殿
67		●沈家廟		九如橋	鍾山書院
68					文昌閣
69					浙寧公所
70					琴谿書院
71					洑波宮
72					●三皇殿
73					準提庵、後
74					三元殿、後
75					長寧橋
76		●新馬頭		新安書院	福慧庵
77				●陶家巷	大道観、後
78					送駕墩、後
79			仁寿宮	燕家巷	老郎廟
80		●流通巷		●楊千總巷	漢義殿、後
81					楚善庵
82					●戯子街
83	●禹王閣	接駕嘴		●十方庵	千仏庵
84				通真寺	福建庵、後
85		遵義巷		烟包巷	斉魯公所
86		●田家巷		延寿庵	●長盛街
87					青蓮庵
88					新盛橋
89					●喬家巷
90					如意道院
91					老師廟
92					法雲庵
93					紫竹庵
94					覚林庵
95					南嶽殿
96		●鮑家巷・大智坊		●緯子街	
97				慧蓮庵	

98				三義殿	
99				吉祥庵	福寿庵
100				関聖殿	
101				花布街	
102				涂家場	
103				海会庵	
104				魯班閣	
105				蒙公祠	
106				清真寺	
107				万寿庵	
108				中州公所	
109				香水庵	
110				青虚道院	
111				普賢寺	
112				二聖祠	
113				妙蓮庵	
114		老興巷	財神廟		
115		咸寧馬頭			
116		●大馬頭〔正街至此分而為二、一稍南而東、為打扣巷、一由北而東、為黄陂街。			
117			黄陂街		
118			海家堂		
119			御駕橋	忠義殿	
120			月宮橋	祝聖宮	
121			瞿家巷	万寿宮	
122	●礴瓦巷	水府廟		●礼智司署	
123	●打扣巷、河街	●打扣巷		●戴家庵	
124	柯家馬頭			長生閣	
125	●龍王廟	●剪子街	天符廟	九華庵〔今為豫章公所〕	
126	柳家巷	靛行街		老君殿	
127	後、慈航閣	●大興巷		帝王殿	
128	王家巷			鳳岡公所	
129	艸紙街			青龍街	
130		●衣舗街	●四官殿	戎府署	
131			●廻龍寺	太平会館	
132			●内、雷祖閣		
133	韤子街				
134	蘆蓆街				
135	●米廠				
136	大王廟				
137		董家巷	長郡公所	●沙家巷	
138				太平庵	
139				厳家湾	
140				不二庵	
141				紫雲殿	
142				三清殿	

143				普度庵	
144				八角亭	
145				天斎宮	
146				大士閣	
147		●郭家巷	離明宮		
148		水陸副署	十人館		
149		●馬王廟	斗姥閣		
150	通津橋				
151		隄口		興隆街	打銅街
152				老君殿	広福寺
153		龍家巷			
154	天符閣	周家巷			
155		小蔡家巷			
156		●大蔡家巷			
157		洪益巷	松筠庵	磨子橋	清和宮
158		張美之巷	土皇宮	白布街	
159		小関帝廟			
160		修来庵			
161		熊家巷	老君殿		
162		苗家馬頭	小董家巷	孃孃殿	
163		漢義殿			
164		花楼	熊黄司	陶聖庵	土档関
165		広利巷			三皇殿
166		満家巷			東嶽廟
167	楊泗廟	楊林口	静月庵	沔陽街	地蔵庵
168			五嶽殿	半頭巷	
169	紫雲殿	孝子坊			
170		公議巷			
171		紫極道院			
172		曇華林			
173		茶庵			
174	下関	甘露寺			
175		栖隠寺			
176		養済院			
177	隄街	玉帯河橋			隄外
178	西竺庵				国瑞庵
179	皇経堂				永慶院
180					如是禅林
181	百子堂	大橋口			迎水寺
182		小橋口			永貞庵
183		董家橋			雷祖閣
184		広麟橋			
185		天保橋			
186	大梵宮				
187		縄武橋			
188	恵麟庵	蒸家橋			浙湖旅寄園
189		太清橋			
190		指月橋			
191		大通橋			
192	自在庵				

193		長寿橋	土皇宮	
194		臥龍橋	天都庵	
195	風神殿			
196		飛虹橋	大観音閣	
197	普度庵		文苑公所	
198		玉皇橋	玉皇閣	
199		趙家橋		
200		万年橋		
201		永清橋	玉枢宮	
202		燕山橋		
203		多福橋		
204		裕麟橋		
205		玉虹橋	雷祖殿	
206		宝林橋	宝林庵	
207		三元橋	三元殿	
208	古三皇殿			
209	孫祖廟			
210		六度橋	六度庵	
211	棉花街			
212	南嶽殿			
213	大京南寺			
214		万寿橋	木蘭第一宮	
215		広益橋		
216		保合橋		
217		大和橋		
218		双寿橋		
219		通津橋		
220		出江木橋		

【注記】●印は同治『漢陽県志』巻一、漢口鎮図に拠る。

官殿等の閣殿、廻竜寺、等々。

道廟祠、閣殿、寺院など、いずれも道教仏教の宗教施設が多い。【表1】のリスト中に挙げられているもので、『県志』漢口鎮図に全く姿のみえないものに会館公所がある。14天印公所、46鎮江会館、48紹興会館、52旌徳会館、57広東会館、59金庭公店、69浙寧公所、85斉魯公所、108中州公所、128鳳岡公所、131太平会館、197文苑公所等である。

『漢口叢談』巻二の上掲部の続きには、

漢口東達呉会、西通巴蜀、是以瑰貨方至、纍賄紛陳、鬻良襍苦、既引既遷。居斯地者、半多商賈致富、書奇風雅匆尚、故会館公所之名、野墅琳宮之号、楹帖榜額之文、悉皆従俗、未能雅馴、至于金石碑碣、明以前無故、後亦寥寥無録者。

漢口は東西四通八達の交通要所で四方の商人が集まり、同郷同業の集まりである会館、公所が数多くできたという。

なお、会館公所は上掲リストだけではない。『漢口叢談』巻二には、

46大王廟、鹺商公建、祠宇巍煥。址後直達正街、為塩務公議之所、是以供帳甚華。
194天都庵、為鹺商公所。（下略）
60西関帝廟、為山陝公所、極為壮麗。後有春秋閣、閣上記文一篇、書之于屏、款為劉曾、不知何許人也。
125九華庵、今為豫章公所。南昌毛暁滄方琮、擅詩画、爽直喜交游、僑寓庵中数載矣。

先の【表1】のリスト分を含めて会館公所を各省に分類してみよう。

江蘇――14天印公所（南京江寧東南に天印山あり）、46鎮江会館
安徽――52旌徳会館、131太平会館
浙江――48紹興会館、59金庭公店（金庭は浙江紹興府嵊県の東にあり）、69浙寧公所
江西――128鳳岡公所（江西撫州府崇仁県）――125豫章公所（もと九華庵）
広東――57広東会館
河南――108中州公所
山東――85斉魯公所
山西陝西――60山陝公所
その他、不明――197文苑公所、46大王廟、194天都庵（倶に塩商公所、江蘇、揚州か）。

漢口の会館公所はその地理的位置と関連し、長江下流の江西、安徽、江蘇、浙江が多く、また、華南の広東、華北の河南、山西、山東各省というのものがある。

『漢口叢談』文中より漢口の環境と歴史的都市景観に関する叙述をさらに拾ってみよう。

①童承叙曰、漢水至濁、与江湖水合、其流必澄、故常鎮淤。而沮沢之区、因成沃壌、民漸芟剔、墾為阡陌。又因其地之高下、修堤防以障之。大者広輪数十里、小者十余里、謂之曰院。……按漢口一鎮、堤高地潤、或無此患。然近年来、大馬頭以下、被水衝潰、昔時街

市、今成河渓、長及里許。録此以為有守土者講求水利之一助云。（巻一、7B—8A）

②許纘曾『滇黔紀程』、由漢口陸路沿江東北行、若時値二・三月、黄花瀰漫、千頃一色、土人謂之黄花地。惟漢上有之、他処所罕見也。（巻一、9B）

③唐裔漢『風水論』云、漢陽府城竜脈、自九真山発源、従西門入城、先結鳳棲府基、後結大別北障。而大別山頭、従東拖下、余気自木場走南岸、以為後託、直至月湖口方止。其上即有臥虎山・黒石山、鎮鎖兜住、十分有力、是南岸為府城後託矣。漢口竜脈、乃平洋竜也。平洋最宜坐空朝満、今漢口以大別為朝山、南岸為近案、後漢空曠、正合坐空朝満之局。従前未盛者、以水未繞也。（巻一、13B—14B）

④明成化初、水通前道、故河遂淤、于是漢口有興機矣。蓋漢口初一蘆洲耳。洪武間未有民居。至天順間、始有民人張添爵等祖父在此築基蓋屋、嘉靖四年丈量、上岸有張添爵等房屋六百三十間、下岸有徐文高等屋六百五十一間。漢口漸盛、因有小河水通、商賈可以泊船、故今為天下名区。経云、行到平洋莫問踪、祇観水繞是真竜。又云、風吹水激寿丁長、避水避風真絶地。漢口之盛、所以由于小河也。（巻一、14A）

⑤按宋時漢陽南市之盛、甲于他郡、後為江・水衝蝕、舟莫能停、是以商賈貨物、咸集于漢口矣。（巻一、16B）

⑥明万暦元年題准、湖広衡・永・荊・岳・長沙漕糧、原在成陵磯交兌者、改併漢口水次。十一年、漢口交兌于金沙洲陳公套水次。（巻一、17A）

⑦『県志』、漢口渡有六、一在宗三廟、一在五顕廟、一在老官廟、一在沈家廟、一在接駕嘴、一在四官殿也。又郭師口渡、在漢口西外五甲。平塘渡、在漢口上十里、一名琴堂、相伝為伯牙弾琴処。蔡店渡、又在上六十里。此皆漢口渡河過郡城之路也。今則処処有渡、招招舟子、卭須我友矣。（巻一、17A）

⑧又、老官渡集、在城西八十里九真山下。其西五里、有索河集、夏秋水漲、貿遷者甚輻輳、平時則収買白布転販漢口鎮市小民、夜成匹、朝則抱布以售焉。（巻一、17A）

⑨『滇黔紀程』、漢口南数里、為漢陽府治。東渡江、即武昌府治。十里之内、置郡者二、盖上当滇黔奏蜀之衝、下控左右両江之要、故特于此厳鎖鑰焉。（巻一、18Ｂ）

⑩宋陸游『入蜀記』、……沿江辺隄上、民居市肆、数里不絶。其間復有巷陌、往来憧憧不絶。又鄂清移舟口、回望堤上、楼閣重復、灯火歌呼、夜分乃已。按此即『呉船録』所謂南市也。（巻一、19Ａ）

⑪袁公隄、明崇正八年通判袁焻創築。自後居民漸集、即今之堤街也、在漢口鎮後。鎮為水陸要衝、烟火数百万家。漢水経其南、湖水繞其西北、大江横其東。旧志謂、毎値夏秋水漲、四面巨浸、僅頼此堤為廛居保障。里人歳加修築、終未完固、水勢若虐、即慮汎溢云。此昔時之形、今則民居鱗比、十倍于前、但名堤街、幾不知為湖堤矣。（巻一、20Ａ）

⑫堤後深溝、広約一、二丈、襟帯堤街、由上路之大橋口起、直至下路堤口、長十有余里、名玉帯河。旧時大橋口下、襄水入河、別繞鎮後、至堤口東南流入江。襄河本曲折而下、又在鎮後左右回環、所以財聚。漢口之盛、甲于天下。今大橋口外、沙漲日高、玉帯河逐処淤塞、或有居民架屋于上、至于堤口、市廛相接、莫知出江之道矣。余昔年在漢、夏水漲入、猶見小艇往来、好事者作逭暑之游。今故道尚存、不通舟楫。而河上木橋横跨、或相距里許、或半里許、在在有之。過橋謂之堤外、復有土人築室聚居。近已上下成衢、且有招提・梵宇・会館・公所、以愒游人。再後則為後湖、俗名黄花地、文名瀟湘湖、即昔之廃襄河也。（巻一、20Ａ・Ｂ）

⑬後湖即廃襄河旧地、北距黄陂、孝感境三十余里、東西数十里、平疇曠野、弥望無垠。春時叢樹扶疏、芳草鮮美、覆雲在地、流靄接天、浪翻麦隴之風、香浥菜畦之露。復有茶肆羅列、歌管紛諠、百鳥鳴籠、時花当戸。（巻一、20Ｂ・21Ａ）

⑭後湖茶肆、上路以白楼為最著。白楼者、白氏之故址也。在大観音閣後、百弓地闢、畚土堅墁、編槿為籬、積石成徑。中搆小楼、作東西両箱。軒窗豁達、檻曲廊回之内、皆設小座、以供茗坐。外復四植楊柳、緑陰垂幄、翠浥襟帯間、又築堤以高之、大水不没、可通游人往来。（巻一、21Ｂ）

⑮後湖之有茶肆、相伝自湖心亭始。近者涌金泉・第五泉・翠薌・蕙芳・習習亭・麗春軒之名為著、皆在下路雷祖殿・三元殿後。其余尚有数十処、弦歌諠耳、士女雑坐、較上湖游人更盛。湖心亭、地頗疏敞、藝花壘石、位置亦宜。……涌金泉、更為爽塏、復積年畚土築

石以高之、更造小楼重閣、白石紅欄、掩映于緑楊陰裏、殊有幽致。登楼四眺、北則黄陂之風火、木蘭二山、相距或数十里、或百余里而遙、霽色雲開、翠微遙露。西南則漢陽之三山、黛影参差、常列窗外。三山者、旧志所謂其山三峯竝峙、一仙女、二楼子、三馬足、故又名三山景也。南則大別当前、花宮琳宇、暈彩曜丹、静坐試茶、似聞鍾梵。東則大江横遶、檣立颿飛、時与烟雲起滅。而湖中遠近、又有土阜布列数十処、郷人築室聚族而居、以藝湖地菜麦者、故諸墩皆以姓氏名、如呉家墩・朱家墩之類、旁多植以雑樹、遠望茗山林。（巻一、22Ａ・Ｂ）

⑯後湖、俗名黄花地、土人墾作、遍種菜麦、近成沃壌。菜花斉放、麦穂低垂、一片黄雲、斜陽燦色、真如七宝荘厳、布金満地。……有句云。紅袖嬉茶社、青帘動酒人。参差凡幔談医卜、高下楼台弄管弦。皆実録也。（巻一、22Ｂ23Ａ）

⑰漢口鎮在郡城南岸。西則居仁、由義、東則循礼、大智四坊。廛舎櫛比、民事貨殖、蓋地当天下之中、貿遷有無、互相交易、故四方商賈、輻輳于斯。三国時、市盛于石陽。『陸遜伝』、還攻石陽、石陽市盛、人奔入城、門不得闔、自斬数十人、門方可閉、呉遂虜其在外者数千人而還。迨唐宋、則集于南市、李習之・陸放翁所記是也。元曁明初、又萃于金沙州。宏治以後、沔水于郭師口直沖入江、而漢口遂有泊船之所、乃市列漸盛矣。茲漢鎮人烟数十里、賈戸数千家、鹺商典庫、咸数十処、千檣万舶之所帰、貸宝奇珍之所聚、洵為九州名鎮。然肇于有明中葉、盛于啓正之際、其間屡遭兵燹、人民散亡十之八九。百余年内、文献莫徴。自我国朝平治日隆、休養生息、万里版図、漸仁摩義、豈僅化行江漢。是以人才輩出、名利兼修、即区区一鎮、亦勝于郡邑。孝友忠貞、摛文游藝、多有足称者。録邑志之遺、採里人之説、叢脞紀之、以資揮麈。（巻三、1Ａ・Ｂ）

以上の文言から漢口鎮の環境や都市景観についてまとめてみると、次のとおりとなろう。

（一）漢口は長江と漢水その他諸水が流入し、それら河川が運ぶ土砂によって土地ができたが、その維持のためには堤を築き、「垸」(9)とよぶ水利施設が必要であった。（①）。

（二）周辺一帯は春には菜種の花（油菜）が咲き、一望黄色、土地の人は黄花地とよんだ（②・⑯）。

（三）地勢は漢水を隔てて南方の漢陽県城側が高く、九真山より大別山に至る山脈があるのに対し、漢口の地は低く、風水説では平洋竜とみなされた（④）。
（四）宋代では漢陽県城側の南市の方が盛んで沿江辺の堤上に市肆が数里も続き、市街を作っていた（⑤・⑩）。
（五）その後長江、漢水の流れの変化から、舟が漢口に停るようになり、明の天順、成化ごろより民居も築かれ、漢口が市街化した。嘉靖四年の丈量では上岸に張添爵等の房屋六百三十間、下岸に徐文高等の屋六百五十一間があり、商賈貨物がみな漢口に集まった（④・⑤）。
（六）明の万暦元年（一五七三）から湖広の衡州、永州、沔州、岳州、長沙の漕糧が漢口鎮水次で船の積み卸しが行われるようになり、同十一年漢口の交兌は金沙州の陳公套水次倉で行われるようになった（⑥）。
（七）漢口附近には南に漢陽府城が東に武昌府治がそれぞれ所在して、十里の内に二つも府治があるが、長江上流の雲南、貴州、陝西、四川各省と、下流の江西、江東を結ぶ要地であるためだ（⑨）。
（八）漢口附近には渡江用の渡として六渡がある。その多くが宗三廟、五顕廟、老官廟、沈家廟、四官殿とよぶ宗教施設附近である。しかし、その他郭師口渡、平塘渡、蔡店渡があり、漢口と漢陽府城を結ぶ交通となっていたが、今では処処至るところに渡がある（⑦）。
（九）また老官渡集が城西八十里にあり、さらに西五里に索河集があって、綿布の白布を生産しては漢口に貿易に来る（⑧）。
（十）明末崇禎八年（一六三五）袁公堤が築かれてから、居民が集住して堤街が形成され、漢口鎮の裏通り市街となった（⑪）。
（十一）堤街の裏に深い掘割溝があるが、ここにも橋がかけられ、それより先にも市街が続き、招提、梵宇、会館、公所が建ち並んだ。その後には後湖、俗名黄花地、また瀟湘湖とよぶ地がある（⑫）。
（十二）後湖には茶肆が並び、歌管紛諠の漢口きっての歓楽街となっていた（⑬）。
（十三）後湖の茶肆には白楼、湖心亭のほか、涌金泉、第五泉、翠薌、蕙芳、習習亭、麗春軒の名が著しかった。みな下路雷祖殿、三元殿の後にあった。これらは涌金泉のごとく積年土を盛り石を築いて湖辺に建造したものであったが、いずれの茶肆も数階建の重閣楼であった。ここから回望する眺めは極めてよく遠く山々が遠望できた（⑮）。

（十四）漢口は三国時代より交通の要地、商賈の輻輳地であったが、唐宋時代までは南市が盛んであり、元代に金沙州に移り、明の十五世紀末の弘治年間に沔水が郭師口のところで長江に直結するようになって漢口が船舶の停泊する地となり、市街が盛んになった。漢口は街市が数十里続き、商賈の家が数千家あり、塩商の倉庫また数十処、大船が着岸し、貸宝珍奇が聚り、天下の名鎮となった。その後明清の際の戦乱で人戸の八、九割が散じた。清朝に入って再建が始まると次第に人戸が集まり、日々隆盛を取り戻し、人才も輩出するようになった（⑰）。

第三節　漢口の都市行政と地域社会

『漢口叢談』巻一、13Aには、

同知署、旧在大智坊四官殿、後廃而復設、即今之督捕清軍同知也。

巡検司署、旧在南岸、後移北岸同知旧署。嗣同知復設、巡検退居民舎、因即為署、改名礼智司。雍正五年、増設仁義司巡検、署在居仁坊旧天主堂。

雍正八年、増設水師外委千把総署、水師額外外委署。

水師守備署、乾隆三年、移駐大智坊。

乾隆三年、総督徳沛奏請以武昌水師営守備一員、千総一員、把総二員、経制兵二百八十一名帰併漢陽営、移駐漢口、仍管理水師船隻事務、以資巡緝警虞。所謂五方雑処、姦宄是防也。上下各設有関隘、属于武昌、征税上自襄河、下及大江、舟楫往来、籍以稽防奸盗、上関至下関、東西二十余里。

市鎮の行政は、いくら戸口数が多くとも、府の同知衙門があるだけであったが、漢口鎮ではもと大智坊四官殿に在り、その後廃されて今日督捕清軍同知となった。四官殿は漢水が長江に注ぐ河口にあり、一名火神廟、清の順治八年に瞿恒岳が建てた。漢口六渡の一が所在するところでもある。本章第二節の冒頭に引用した『漢口叢談』巻一文中で漢口鎮は居仁・由義二坊の上路が仁義司汛地に、循礼・大智二坊の下路が礼智司汛地に属していたとあったが、巡検司署は明代、もと南岸にあり、後に北岸の同知旧署に移った。ついで同知署が復設されたので巡検は民舎を署とし、礼智司と改名した。雍正五年（一七二七）仁義司巡検が増設され、居仁坊の旧天主堂を署とした。雍正八年には、水師外委千把総署、水師額外外委署が増設された。水利守備署は乾隆三年（一七三八）漢口鎮、大智坊に移駐された。この年湖広総督徳沛は武昌水師営守備一員、千総一員、把総二員、経制兵二百八十一名を漢陽営に帰併し、漢口に移駐させ、水師船隻事務を管理させることを奏請し、許可された。雍正から乾隆初年にかけて長江水運の拠点としての漢口の重要性の影響であるが、それが雲南銅の京運の開始時期と一致していることも注目される[10]。因に同治『続輯漢陽県志』巻六、橋梁には「救生船義渡」を挙げ、

乾隆三年、奉上諭、湖広地方三湘七沢、水勢汪洋。凡有応設救生船之処、著該督撫確勘、照江南一例辨理。欽此、十一年、奉部覆准、湖北救生船、照内河戦船年限修造。漢陽県隻十隻、又牛湖渡船三隻。

とあって、長江救生船の設立も乾隆三年であるという。長江水運システムが乾隆期に入るやにわかに整備されることがわかる。これは本書後編前五章で述べた。

第四節　漢口の宗教施設と商業活動

すでに本章第二節で記したごとく、漢口では、大王廟が両淮塩商の公議の所、天都庵また塩商公所、西関帝廟が山陝公所となり、九華庵が江西商人の公所となったというように宗教施設が商業活動に利用されていた。その他としては『漢口叢談』巻二に（番号は表1の番号参照）

27西来庵、……按、読碑文、当時庵址宏壮可知。今已半属民居、余多敗損。内賃賈客、堆貯貨物、外作茶肆、中供関聖像、寺門無懸

額、幾不知西来庵之名矣。

28宝樹庵。

136大王廟。（前出）

83禹王閣、在接駕嘴渡口、郡民渡河、往来要道、歳久傾圮。前令劉嗣孔、奉撫軍晏公之命、率里人勧捐修建、康荘崇煥、気象一新、頗称鞏固。無如屡犯回禄之災、頻修頻燬。蓋接駕嘴上下数里、商賈雲集、五方雑居、尤為漢口市盛之区、故雖時遇祝融、亦易修築。奈于嘉慶庚午（十五年）大火之後、次第創造、已為竭蹶。復于已卯（嘉慶二十四年）被災、元気未復、民力益艱、迄今尚無倡捐者。

11四官殿、一名火神廟。国朝順治中、里人瞿恒岳首創募建。熊伯龍撰碑記云、五行皆生人之資。独火烈、民望而畏之、蓋有神焉、不可度思矣。……楚介南服、火徳居望、而漢鎮又適当五達之衢、黔廬赭壁、何時蔑有。……方伯劉公（顕貴）、臬司陳公（丹陛）、監司饒公、王公、朱公、……各捐俸金若干、竝及本郡、紳衿商民、量力資助、革故鼎新、而廟貌由是改観矣。

131廻竜寺。

149馬王廟。（後出）

12天宝庵。

19薬師庵。

194天都庵。（前出）

196大観音閣、閣奉観音大士像、金身丈六、妙相荘厳、毎于二月十九日大士誕辰、士女祷祝、宝馬香輿、寺門湏溢、香火甚盛。相伝昔有木賈、従蜀中運像送普陀山、道出漢口、因事暫供後湖。初創竹屋、蓋覆後、屡著霊異。木賈亦久不至、鎮人遂募建高閣崇奉焉。

73准提庵、在文公橋下首、橋即旧名九如橋、在沈家廟後也。……清和天気好、澹宕客懐多、野館傅香茗、旗亭問綺羅。幾時重把袂、
堤上踏青莎。

97慧蓮庵。

60西関帝廟。（前出）
125九華庵。（前出）
149馬王廟、左右有騾馬店、以駐陸路往来富商貴客也。当塗黄左田鉞騾馬店詩、騾馬店、乃在漢口馬王廟。富商大賈来、暫愒卸騾轎。有屋数十檻、幽暗失宦窔。不知何許人、出入祗取鬧。……階下何所有、糞穢堆庭隅。樓上何所有、窸窣惟群狐。狐于楼上作人歩、似怪客来非所據。狐兮狐兮尓何怒、明月天明渡江去。
167楊林口、在馬王廟下数里、沿江之街市也。王孟谷『江上懐竜星滚・許謙次』云、楊林晩泊候潮平、船趕風来波浪生。旧雨何当慰離索、新秋劇可愜胸情。阿竜早著江南録、大許曾聞月旦評。鄂渚市楼梧竹影、枕流沽酒待同傾。楚俗以五月望月為大端陽節、剪紙為竜船、中坐神像、自朔旦起、至十八日上、鼓鉦爆竹、灯火諠闐、昼夜不輟、処処皆然。楊林口為更盛。数十人駕一小舟、衆漿斉飛、疾如風雨、鼓声人声与水声相応。岸上観者如堵、謂之龍舟競渡。亦有士女、坐四柱青幔之船、竹簾傍挂、肴醸笙歌、出游助興。
39五顕廟、馬頭対岸、為月湖之郭公堤。……漢上士女、毎値春来花放、挈侶渡河、澹抹濃妝、及時行楽。

以上であるが、漢口では道教関係の土俗の廟宇楼閣を中心として市街が形成され、宗教文化と経済商業活動が密接に結びついていたことが知られるのである。また、交通の神馬王廟近くの楊林口では五月端午の節に大規模な龍舟競渡が行われるなど、年中行事も道教、仏教と関係するものばかりであった。一例を挙げれば、六月には関王会が有り、郷間では演劇が催され、秋収穫時の賽会には高蹻とよぶ、竹馬の雑伎が恒例となっていた。

第五節　『漢口叢談』中の人々

漢口は五方雑居、四方商賈輻輳の地といわれる。『漢口叢談』の著者范鍇にしても、浙江湖州府烏程県南潯鎮の人で、両淮塩商に関係して漢口に来たものであった。『漢口叢談』に叙述される人物を改めて調査検討してみよう。

(1)張三異、字魯如、号禹木。家居豊楽郷、在後湖之北、有泉名柏泉、旁有柏泉寺。…順治己丑進士、官至紹興知府。子孫皆貴顕。…按閲邑志、張氏四代科甲、読書栄仕、抑何盛哉。近則人嘆式微、屋嗟茂草矣。然聞尚有一支、寄籍維揚、遺経能守、未絶簪纓。(巻三、2AB)

(2)労必達、字磊卿、号尊三。康熙辛丑進士、官昭文知県。家居唐家巷正街。母朱氏、年二十九而寡、必達甫週晬、会呉逆煽乱、抱孤四匿、紡績撫育、備嘗艱苦。迨必達出仕、氏已先逝。雍正三年請旌。(巻三、2B)

(3)李雲田、…按雲田、名以篤。居邑之官橋。多才負気、少時俯視流俗、歴游秦晋呉越京師豫章、卒無所遇。乃縦情于緑醽紅粉。(巻三、3B)

(4)王孟穀、…按孟穀、名戩、康熙戊子副榜。挙山林隠逸、未赴。学該博、工詩、為新城王漁洋器重。父士乾、好学有大志、崇正己卯挙人、陝州牧家賓子也。任長沙府教授、以令墨被劾、波及成大獄。子戩走京師、上訴得白、戩亦名著都中矣。士乾女希貞、通女史箴訓、守節養姑、姑死不食而殉。(巻3、4A)

(5)彭擬陶、…按擬陶、名心錦。幼警敏好学、年二十八、貢入太学、屢試不售。言動端謹、恂恂若処子、生平以束脩自給、弱冠飢駆、家食率不能経歳。而頻年旅舎、衣冠危坐、即盛暑未嘗科跣、三入京師、恥于自炫。堆案盈几、排纂不輟、時以道学目之。(巻三、5A)

(6)文賓門、…按賓門、名師汲。嗜読書、負気性、為文疏爽而峭勁。詩多沈鬱、五律尤健。生平善揮霍、数十百金、随手輒罄。(巻三、6A)

(7)汪逐漁、原名穎、字鈍予。数歳解吟詩、有孔李之誉。長而雅好韜略、講求経済、思以功名自見。(巻三、6B)

(8)項大徳、字立上、又字容亭。少敏慧、八歳能涌五経、与兄大復字来一同時入泮。其先歙人、祖璘貿遷漢口、因家焉。父誠、出守四川順慶・成都両郡、以卓異著名、卒于京邸。(巻三、7B・8A)

(9)呉邦治、字允康、号鶴関。歙之信行里人、僑寓漢口。与段寒香・彭念堂称漢陽三老。好学多藝、性頗耿介。居有鸞飛楼。(巻三、8AB)

⑽歙張玉坡宏殿、与鶴関風雅斉名、同為漢上寓公。有『縁溪草堂集』。…又于乾隆元年、作漢江詩会啓、如『緑筠軒看碧桃分龍』、『長至後一日黄燕臣招集天都庵共用晴字』。汪鶴艇、柳亭漳『同人後湖納涼分韵集』、程且庵『丁丁楼賦詩』、王坡皆有序。（巻三、9AB）

⑾宜興儲六雅大文、『存研楼集』漢濱楊柳枝詞、宜興宜風十万枝、漢南春望緑参差。…儲氏文章門第、著于江南。六雅哲嗣潤書号玉琴、工于時芸、兼擅詩賦、屡躓文場、僅以優貢終。嘗為漢上游、与呉澹止狎主斉盟、継鶴関玉坡之風流、亦極一時之盛。（巻三、10B）

⑿呉澹止、名求、字警堂。歙人、入籍儀徴。少聰頴、博聞強記。嗜作韻語、詼諧不羈、未嘗向人作乞憐語。雖貧無長物而衣冠修整如富人。其寓舎有釵鼎斎耕古居、甲辰、乙巳之間、聯吟集詠、半在其家。客漢数十年、詩数千首、身没、子幼、散佚殆尽。寒食後三日、畢展卡過余耕石居、魯星村・儲玉琴・黄心龕亦相継至。（巻三、11B）

⒀畢花薑、字展卡。休寧人、隷籍鎮洋。以孝廉令湖南永興。罷帰、主講晴川書院。卒于丁巳。（巻三、12A）

⒁魯星村、家皖城（安徽）中之盛唐山。客游漢口、多主洪氏寓齋。…星村書法大米、筆力磊落、如其為人。作詩専写性情、不尚免園冊子、専宗唐律、不捨宋後塵氛。著『盛唐山人集』。（巻三、12AB）

⒂夏永、字石癯、号松期老人。我友芳原之勛之大父也。喜歌詠、愛交友、晩自江右来楚、愛晴川山水之勝、因家漢上、買田終老、遂入籍焉。築烟鬟閣、与四方往来諸名士酬倡其中。著『烟鬟閣詩草』。……按、芳原字銘旂、性恬静端謹、酷嗜金石文字、善篆、隷書及設色花卉。所居烟鬟閣、蔵弆碑版書画鼎彝之玩甚多、与余交二十余年、或聚或別、相見如一、従無濃淡之色。詩不多作、筆饒逸致。（巻三、13AB）

⒃孫漢、字倬雲、号楚池。世家休寧草市、入籍漢陽。乾隆乙丑進士、選庶吉士、官至御史。吾友石楼煦之世大父也。（巻三、13B）

⒄呉仕潮、字韓若、漢口人。原籍歙県。工詩、尤長于五言。性好客、吟朋常満座也。『懐人』詩数十首、以紀交游。其自序云、…計詩三十八章、約以相識之後先為次、歿与存、爵子歯、均弗論焉。乾隆丙申十月、鳳浦呉仕潮識。（巻三、14B）

⒅彭湘懐、字念堂、号棟塘。漢口人。嘉蔵書、性孤介、落落不苟交。南游呉越、北至都門、出居庸、歴俺荅旧部、関塞山川、供其吟眺。著有『三山游草』・『西湖紀游』・『独持皐廡』諸集。（巻三、15B）

⒆王文寧、字山客、号櫟門。先世陝西蒲城、以業鹺家漢口、閲代矣。磊落好交游、復耽吟咏。嘗手『王右丞集』、尋繹不倦。著有『浥露軒詩鈔』、頗具清矯淡遠之致。（巻三、16Ａ）
⒇劉光、号実齋。漢口人。好学有文才、偃蹇不寓、晩耽禅悦。秋齋『懐人詩』云、実齋腹貯書、癖在五車内。詞賦洞源流、理学明興廃。（巻三、16Ｂ）
(21)危煥枢、字子政、号白門。少有文名、試輙不售。客有以危姓為嫌者、因改氏曰元。工詩画、綜覧群籍、勤于攷証。余于夏芳原之勛齋頭見其手校『隷釈』『隷続』、及所作『梅花』詩甚佳。（巻三、16Ｂ）
(22)方世克、字勳遠、漢口人。原籍歙県。性好学、詩思敏贍。（巻三、17Ａ）
(23)段嘉梅、字寒香、号夢鶴。漢陽諸生。工吟賦、幕游滇南久矣。『懐人詩』云、段翁癯且清、不媿以梅名。賦詩羞貌古、往往古可幷。鋳局顔光禄、琢句庾蘭成。苦雨走詩筒、険韻凡屢賡。時余不畏虎、有如犢初生。（巻三、17Ａ）
(24)李廷梓、字煌柱。事父孝養、父歿、喪葬尽礼。生母張、被出、久無音耗。服闋、乃徒歩遍訪于湖南、江右、十年、始得之彝陵尼舎。迎帰奉養、十八年乃卒。（巻三、22Ｂ・23Ａ）
(25)黄鶴鳴、字凌江、乾隆辛巳進士。官宜昌教授、与弟子雲明経従竜、皆以時文名。詩不多作、而凌江絶句、頗有風神。（巻三、26Ｂ）
(26)戴喩譲、字思任、号景皋。家漢口。乾隆辛酉（六年）挙人、素有文名、由房県教諭、補恵民知県。有『聴鸝堂』『春草吟』『春声堂諸集。古体詩、能別出新意。（巻三、26Ｂ）
(27)王彭沢、字五柳、嗜丹青、善医理、懸壺漢口市中、貧者仍不索値。有『尺木堂詩稿』。（巻三、27Ａ）
(28)朱在鎮、字定山、号蘭田、漢口名布衣也。善書工詩。嘗游金陵、与諸名士賦鳥夢、限四支韻、援筆先成、衆為擱筆、一時伝賞。（巻三、27Ｂ）
(29)趙湘、字秋屏、上舎生。少美鳳儀、詩才清雋。（巻三、28Ａ）
(30)漢上写真名手、以曾秫田第一。継其後者、当首推閔貞。貞字正齋、其祖自広済遷漢。幼孤、思親不置、因刻苦習伝神之芸、数年遂妙

絶一時。（巻三、28B）

(31)路錞、字鳴于、号梅峰。少佐兄釗豫閩諸邑幕、諳達利弊、由例捐塩大使、官浙江、擢平湖県、遷海防同知、卒于官。（巻三、29A）

(32)尚錦堂、字香雪。諸生、能詩、有『東游草』、書画奇崛可喜。家貧甚、不以介懐、飲酒賦詩自若也。（巻三、31B）

(33)常芝仙、先籍蕪湖、遷徒漢上、閲三世矣。少英敏、耽情文史、長工書画、晋唐宋元諸大家之法、無不神領意造。精于賞鑒、能歴指其瑕疵、以定真贋。（巻三、31B）

(34)仲節女、浙之湖州人、随父賈于楚。有殊色。（巻四、8B）

(35)歙県呉美堂、業鹺漢口、富而好奇。…按、呉徳芝、工詩文、以明経終老。（巻四、19AB）

(36)江紹蓮、…紹蓮、字房聯、又字依濂。歙之橙里人、貢生。好学、癖吟詠、又善捜羅奇聞異事。（巻四、24B・25A）

(37)范蓮賓至渥、歙之獅塘人。家素封、援例授州司馬職、後中落、不屑依人生活、常隻身往来郢襄之間、販鮮鬻果以自給。詩文書画琴弈而外、音楽演劇、刺繍雕塑、無不能之。膂力近千斤、手技能却五六十人。（巻四、32A）

以上の中、漢口の土地の人は(1)張三異、(2)労必達、(3)李雲田、(4)王孟穀、(5)彭擬陶、(6)文賓門、(7)汪遯漁、(18)彭湘懐等である。安徽の徽州人は(8)項大徳、(9)呉邦治、(10)張玉坡、(12)呉澹止、(13)畢花薑、(16)孫漢、(17)呉仕潮、(22)方世克、(35)呉美堂、(36)江紹蓮、(37)范蓮賓と数多い。その他でも江西、安徽、浙江出身者や陝西、山西、山東等の商人の漢口に来た者が数多く紹介されている。漢口は正しく移住民社会、都市であった。

結び

清十九世紀前葉に書かれた范鍇『漢口叢談』を史料として清朝中期の漢口について考察してみた。漢口の環境と都市景観、行政と地域社会、宗教施設と商業活動、漢口の人々については叙述したが、漢口の学問文化、風俗習慣等については今後の課題とする。

『漢口叢談』を唯一の史料として叙述した。多数の文献を博捜し、それらを比較検討の上、史実を確認していくのが史学の王道であれば、一書しか使用しないものは歴史研究と言えない。この批判の解答も今後に残すこととする。

漢口、正確に言えば、漢陽府漢陽県漢口鎮であるが、天下四鎮と呼ばれる市鎮の一つである。河南朱仙鎮は開封近くの流通の十字路にある華北物産の集散地であり、居民数十万と言う。景徳鎮は著名な陶磁器の市鎮、最盛期には五十万人を超える陶工職人が居た。広東仏山鎮は広州付近の鉄物を中心にした製造業の市鎮でこれも数十万、いずれも巨大都市である。しかし、漢口は他の三鎮といささか趣を異にする。なによりも五方雑居の移住民社会であることは随一であろう。そして交通は長江とその他河川の船運である。漢口の市鎮としての発展の契機は明代にあった。しかし、それが百万の巨大都市になったのは十八世紀の乾隆期である。今度は都市の仲間は四川の重慶、湖南の長沙、安徽の蕪湖、さらに江蘇の淮安、華北の天津などである。多く新興百万都市であり、それらが長江・大運河沿い鎖状に繋がる巨大都市連鎖を形成した。

注

（1）William T. Row: HANKOW, (1) Commerce and Society in a Chinese City, 1796—1889. Stanford U. P. 1984. (2) Conflict and Community in a Chinese City, 1796-1895. Stanford U. P. 1989.

（2）川勝守「中国近世都市の社会構造—明末清初、江南都市について」『史潮』新六号、一九七九年。同「長江デルタにおける鎮市の発達と水利」『佐藤博士還暦記念・中国水利史論集』一九八一年。同「中国地方行政における県と鎮」『九州大学東洋史論集』第十五号、一九八六年。同「明代、鎮市の水柵と巡検司制度—長江デルタ地域について—」『東方学』七四輯、一九八七年等、いずれも、同著『明清江南市鎮社会史研究』汲古書院、一九九九年所収、参照。

（3）近時、一九九〇年八月、中国・湖北人民出版社から湖北大学教授江浦、同、朱忱、同、饒欽農、同、胡錦賢氏らの校釈本が出版されて有益である。

（4）咸豊『南潯鎮志』巻十三、人物二による。

(5) 川勝守「清初、荘氏史禍事件と南潯鎮社会」『九州大学東洋史論集』十一号、一九八三年、他、前掲『明清江南市鎮社会史の研究』、参照。
(6) 彼は晩年、悪少無頼の騒擾するところとなり、巡按御史、烏程知県に抗撃された結果自縊死している。一族離散の遠因となった。
(7) 鈴木中正『清朝中期史研究』愛知大学、一九五二年、参照。
(8) 『六部成語註解』兵部、汎地に「縁管官員所属之本処、曰汎地。」という。
(9) 長江下流デルタではこれを圩田、囲田とよぶ。日本の濃尾平野の輪中のごときものである。
(10) 川勝守「清・乾隆期雲南銅の京運問題」『九州大学東洋史論集』第十七号、一九八九年、本書後編第三章、参照。

第七章　長江・大運河流通と巨大都市連鎖の形成

はじめに

本書序章に述べたことだが著者は中国史上二回の商業革命があり、一度目は八、世紀から十二、三世紀に至る唐宋の変革と言われる時期であるのに対して、二回目は十六、七世紀の明末清初から十八、九に至る時期であるとした。それぞれの内容については序章で述べたので繰り返さないが、特に第二次商業革命の新要点の第四としたことは本章の叙述に直接に関わるのでその部分だけ繰り返して置きたい。

明清時代、特に十六、七世紀の明末清初から十八、九に至る時期、会館・公所に集まる各種商人・職人のギルド規則や法制的あり方が進展、新境地が出現したことがある。これには各地の会館等に残る金石碑文や牙帖など分析研究が今後も必要である。同郷会館や商人会館は北京・上海だけでなく、蘇州・南京の他、新興都市に拡った。重慶・漢口（武漢）・蕪湖・天津等が新興の巨大都市に成長し、それらが連鎖都市群を形成したのである。

前章後編第六章で漢口が中国近世の巨大都市社会を作ったことを見た。ここでは漢口以外の都市形成過程を見ておこう。

第一節　重慶・漢口・蕪湖・天津

重慶は必ずしも新しい城市ではない。四川省を巴蜀の地と呼ぶ謂い方があるが、蜀が成都市を指すのに対して、巴は重慶市を指す。ただ、四川省都は一貫して成都であるが、ある時期から重慶市が四川地方の商業経済また教育文化等人間活動の中心都市になった。中国西南地方最大の商業都市とされる。因みに今日、重慶市は北京市、上海市、天津市と並ぶ一千万都市である。ただ、一九二七年に市制施行当時の人口は約二十三万人であって、人口膨張はそれ以後であったと思われるが、漢代以降歴代の古墓が発見されており、巴蜀文化の中心地であったことは明らかである。問題は近代重慶の基礎が何時から確認されるかである。

周代には巴子国がここに都江州を置いたとされ、戦国期秦恵王はこれを滅ぼして巴郡とした。漢は江州県を置いて巴郡治とし、南朝斉のときこれを贛江県と改め、県治をのちの巴県に改めた。北周がこの地を領有すると、県名を巴県とし、後世歴代が踏襲したが、同時に南朝梁の楚州、隋・唐の渝州、宋代の恭州と変遷した。南宋に重慶府が置かれ、元朝はこれを重慶路の名で呼び、明が四川布政使司の重慶府となった。

乾隆四年（一七三九）七月に完成した勅撰『明史』巻四十三、地理志四、四川によって重慶周辺の行政区画を確認しておこう。同『明史』が乾隆四年に勅撰によって完成したことは康熙帝の文化政治[1]を踏襲した乾隆帝にとって意味深い事であった。

重慶府〈元重慶路、属四川南道宣慰司〉、洪武中為府、領州三、県十七、西北距布政司五百五十里。

四川布政司は成都府に置かれ、重慶府はその所属一府であったが、州三、県十三を領する四川最大の大行政区画であった。重慶府の中で長江水系に直接に関わる州県は次である。

巴〈倚、東有塗山。大江経城南、又東経明月峡、至城東与贛江合。西北有魚鹿峡、涪江所経。東南有丹渓、東北有交龍渓、倶流入大江。東有大紅江巡検司、西有仏図関、西南有二郎関、東有銅鑼関、又南有南坪関〉。

江津〈府西南北濱大江、東南有僰渓口。僰渓入江処、有清平巡検司〉。

長寿〈府東少北。洪武六年九月置、属涪州。尋改属府。北濱大江、南有楽温山、下有楽温灘、大江所経、又東有冷水関〉。

忠州〈府東、元治臨江県〉、洪武中以県省入〈南濱大江、江中有倒鬚灘、西北有鳴玉渓、流入江、西有臨江巡検司〉。

酆都〈州西南、元曰豊都。洪武十年五月省入涪州。十三年十一月復置、曰酆都。南濱大江、有葫蘆渓、自西南流入焉。東南有南賓県、洪武中省、又有沙子関巡検司〉。

涪州〈大江自長寿県流入、東逕黄草峡、又東逕鉄櫃山、又東逕州城。北達城而東又南有涪陵江流合焉。江口有銅灘、又東南有清渓関、西南有白雲関、又西有陽関〉。西距府四百三十里。


更に重慶上流には瀘州があった。ここも雲南銅京運路に出てくる地名である。同じく『明史』地理志・四川にいう。


瀘州〈元属重慶路〉、洪武六年直隷四川行省、九年直隷布政司〈旧治在州東茜草壩。洪武中徙此。城西有宝山、西南有方山。大江在東、一名瀘江、又名贛江。資水自州北来合焉。亦曰中江。又有瀘州衛、洪武二十一年十月置於州城。成化四年四月、徙於州西南之渡船舗。南有石棚鎮、北有李市鎮二巡検司。又有江門水流崖洞掃等関堡、倶成化四年四月置。又有龍透関、崇禎間修築〉、西北距布政司千五百五十里、領県三。

納渓〈州西南、北濱大江、城西有納渓、水自蕃部西南流合焉。有納渓口巡検司、南有倒馬関、石虎関、倶通雲南・交阯路〉。


さすがに瀘州は重要地点であるので洪武二十一年十月に瀘州衛が州城に置かれたが、成化四年四月には州治西南の渡船舗に移転された。南には石棚鎮、北には李市鎮の二巡検司が置かれている。市鎮が発達し、治安維持のために警察機能を果たす巡検司が置かれているのである。それというのも、瀘州南方の州属の納渓県の項の説明によれば納渓口巡検司が有り、更に南には倒馬関、石虎関が有って、倶に雲南・交阯への路に通じているからであるという。

さて、逆に重慶府から長江を下ると、夔州府がある。ここまでが四川布政司管内であり、其の先は湖広湖北地方となる。ここも重慶との繋がりは深い。

夔州府〈元夔州路、属四川南道宣慰司〉。洪武四年為府。九年四月降為州、属重慶府。十年五月直隷布政司。十三年十一月復府。

領州一県十二。西距布政司千九百里。

奉節〈倚。洪武九年四月省。十三年十一月復置。東北有赤甲山。東有白帝山、又有白塩山。南濱江。東出為瞿唐峡、峡口曰灩澦堆。又西有南郷峡・虎鬚灘、東有龍脊灘、皆江流至険処。又東有大瀼水・東瀼水、倶流入江。南有尖山、又有金子山二巡検司。又東有瞿唐関、東南有江関。南有八陣磧、磧旁有塩泉〉。

巫山〈府東。東有巫山、亦曰巫峡、大江経其中、東入湖広巴東県界。東有大寧河、又有万流渓。皆流入大江〉。

雲陽〈府西。元雲陽州。洪武六年十二月降為県。南濱江。東有湯渓、源自湖広竹山、流経此、至奉節湯口入江。西有檀渓。上承巴渠水、入於湯水。北有塩井。又西北有五渓、北有鉄檠二巡検司〉。

万〈府西、少南。元万州。洪武六年十二月降為県。南濱江。西有苧渓。東有彭渓。又西有武寧県、洪武四年省、有武寧巡検司。又西南有銅鑼関巡検司。又西北有西柳関〉。

建始〈府東南。元属施州。洪武中来属。西有石乳山、産麩金、上有石乳関、与湖広施州衛界。南有清江、自施州衛流入、又東入湖広巴東県界〉。

夔州府各州県はいずれも長江流域に所在し、特に最大の難所たる瞿唐峡、巫峡、西陵峡という三峡が続く。

以上、重慶府及び重慶周辺の瀘州、夔州府の州県の地理志をみると、いずれも州県城市と長江との位置関係、その近郊の山や渓流を叙述した上に各所の関や巡検司の配置を記す。

民国『巴県志』巻二、建置上に載る宋明以来城郷建置沿革表によれば、
宋、城無攷、郷四鎮〈石英鎮、峰玉鎮、藍渓鎮、新興鎮〉。

明、城八坊〈太平坊、仁寿坊、壁仙坊、安静坊、通遠坊、龍台坊、忠孝坊、宣化坊〉、附郭二廂〈内江廂、外江廂〉、郷七十二里〈略〉。

清康熙四十六年（一七〇七）城二十九坊〈太平坊、宣化坊、巴字坊、東水坊、翠微坊、朝天坊、金沙坊、西水坊、千斯坊、治平坊、崇因坊、華光坊、洪崖坊、臨江坊、定遠坊、楊柳坊、神仙坊、渝中坊、蓮華坊、通遠坊、金湯坊、双烈坊、太善坊、南紀坊、鳳凰坊、霊壁坊、金紫坊、儲奇坊、人和坊〉、附郭十五廂〈太平廂、太安廂、東水廂、豊碑廂、朝天廂、西水廂、千斯廂、洪崖廂、臨江廂、定遠廂、望江廂、南紀廂、金紫廂、儲奇廂、人和廂〉、郷十二里〈略〉。

清末改編、城不祥、七鎮〈木洞鎮、清風鎮、清和鎮、白市鎮、集思鎮、聚金鎮、環江〉、十四郷。

民国二十五年（一九三六）市政府編制、重慶市五区二十二坊。

第一坊、重慶旧城内、治平坊、千斯坊、洪崖坊、臨江坊、定遠坊、各段一帯。

第二坊、重慶旧城内外、南鳳坊、渝中坊、蓮華坊、金通坊、通遠坊、通遠門馬路一帯。

第三坊、重慶旧城内、崇因坊、華光坊、神仙坊、楊柳坊、太善坊一帯。

第四坊、重慶旧城内、洪崖坊、臨定坊、千斯坊、朝豊坊、西水坊各段。

第五坊、重慶旧城内、金臨坊、儲奇坊、人和坊、宣化坊、太平坊。

第六坊、重慶旧城内、翠微坊、金沙坊、東水坊、朝天坊、西水坊。

第七坊、重慶旧城内、東水坊、望江坊、金儲坊、仁和坊、平安坊、南紀坊。

第八区、黄沙渓・茶園壩両路日観音崖馬路以南一帯地方。

第九区、大渓溝・上清寺・李子壩・再加両路観音馬路以北一帯地方。

第十坊、浮図関。

第十一坊、南城坪。

第十二坊、海棠渓。

第十三坊、龍門浩。

第十四坊、弾子石。

巴県重慶市は明から清へ城内市街区が八坊から二十八坊へ、また城門に近接した附郭廂区の市街地も二廂から十五廂へ激増した。そして注目すべきことは、十八世紀初頭の清康熙四十六年（一七〇七）城二十九坊は二十世紀の前半でもその坊名が殆ど変更されずに近代重慶市政に継承されていることが分かる。巨大都市重慶市の淵源は十八世紀初頭にあることが確認された。

次に漢口については、前五章、六章で検討を加えたが、『明史』巻四十四、地理志五、湖広の漢陽府漢陽県の注文に、

洪武九年四月省。十三年五月復置。大別山在城東北、一名翼際山、又名魯山。漢水自漢川県流入。旧逕山南襄河口入江。成化初、於県西郭師口之上決而東、従山北注於大江、即今之漢口也。有漢口巡検司。大江自巴陵県西北接洞庭之水流、入府境至此与漢水会。又西南有沔水、即漢水支流也。仍合漢入江。又有沌水。大江支流也。自沔陽州流入。仍入大江、謂之沌口。有沌口巡検司。又有弇水。在大江南岸、至弇口入江。又北有弇水、亦漢水支流也。有淪水、流合焉。下流注於大江。又西有太白湖、江北諸水多滙焉。西有蔡点鎮。鎮西南有新灘鎮二巡検司。又西南有百人磯鎮巡検司。後遷於東江脳。

湖広湖北地方の長江に漢水以下の諸水が合流する地点、そこに漢口がある。水運で運ぶ物資貨物が集散する。漢口が巨大都市になる条件である。(2)

次に安徽の蕪湖についても、『明史』巻四十、地理志一、南京、太平府蕪湖県の注文に、

府西南。西南有戦鳥山、在大江中、西北有七磯、南有魯明江、一名魯港。又有石硊河。倶注大江。西有鎮巡検司。後移於魯港鎮。

ここも諸水があつまる。物資貨物の流通が激しいのだろう。要地には巡検司が設置されている。(3)蕪湖の都市史研究は緒に就いたばかりである。

天津については近代中国における研究が盛んであるが、明清期についてはあまり考察が進んでいない。『明史』巻四十、地理志一、京師、河間府静海県の注文に、

府東北。元曰靖海、属清州。洪武初更名。八年四月改属北平府。十年五月来属。県北有小直沽、衛河自西来、与白河合、入於海。

又有丁字沽、鹹水沽。又北有天津衛、永楽二年十一月置。

この地も衛河に白河が合流して海に注ぐ地点である。文後半に天津衛が明成祖永楽二年（一四〇四）に設置されたことが見える。この地は直ぐ京師順天府に続く。同じ『明史』巻四十、地理志一、京師、順天府通州武清県の注文には、

州南。元属漷州。洪武十二年来属。有三角淀、在県南、即古之雍奴、周二百余里。諸水所聚。有直沽、在県東南、衛河・白河・丁字沽合流於此、入海。有巡検司。

天津附近が諸水集まる個所であることが分かる。

嘉靖『河間府志』巻六、河道志に、

国朝漕運、府属静海・青県・興済・滄州・交河・南皮・呉橋・景州・故城。

漕運衛、天津衛、天津左衛、天津右衛。

永楽二年に天津衛を設置したのは、北京への漕運の要所として河間府志各州県が要地になって衛所の兵士による漕運担当が企図されたためである。漕運のための施設に浅舗がある。嘉靖『河間府志』巻六、河道志の右文の続きに、漕運浅夫〈見会典〉の項があり、天津三衛について、次の規定を載せる。

天津衛浅舗十一、毎舗小甲一名、夫九名、共一百名。修堤小甲五名、夫四十五名。
天津左衛浅舗二十四、毎舗小甲一名、夫九名、共二百一十六名。修堤小甲五名、夫四十五名。
天津右衛浅舗十、毎舗小甲一名、夫九名、共九十名。修堤小甲五名、夫四十五名。
静海県浅舗九、毎舗老人一名、夫十名、修堤夫六百名。
青県浅舗六、毎舗老人一名、夫十名、修堤夫六百一十六名。
興済県浅舗七、毎舗老人一名、夫十名、内軍夫二十名。
滄州浅舗七、毎舗老人一名、夫十名。

交河県浅舗五、毎舗老人一名、夫十名、修堤夫三百名。
南皮県浅舗五、毎舗老人一名、夫十名、修堤夫三百五十名。
呉橋県浅舗十、毎舗老人一名、夫十名、修堤夫四百五十名。
景州県浅舗四、毎舗老人一名、夫十名、修堤夫二百名。
故城県浅舗三、毎舗老人一名、夫十名、修堤夫八十名。

更に歳運船隻として、

瀋陽衛八隻、天津衛一十四隻、天津左衛一十二隻、天津右衛九隻。

更に衛所原造船隻として、

天津衛八隻、天津左衛三隻、天津右衛四隻。

船隻の建造修理まで衛所は担当するのであるから、天津はにわかに経済活動の中心ができるのである。それでも、天津はあくまで衛所であって、地方行政に昇格することは明代を通じて見られなかった。

それが清朝となるや、雍正三年（一七二五）、順天府の武清県と河間府の静海県、青県を来属させて直隷天津州を設置し、武清県はやがて旧の順天府属に戻した。同九年（一七三一）に府に昇り天津府とし、附郭県を置き、滄州を降し、並びに所属三県を所属せしめた。すなわち、静海県、青県、滄州県が附属したのである。天津道・総兵・長蘆塩運司・通永鎮總兵が駐在したが、その後、天津府の所属州県は拡充され、州一県六となった[4]。

天津〈衝・繁・疲・難。倚。雍正九年置。海、東南百二十里。北運河自武清入、匯大清・永定・子牙・南通為海河、逕紫竹林、歴二十一沽、左右引河以十数、至太沽口入焉。太沽鎮有協及同知。雍正初、置天津水師営。同治初、機器局〉。

第二節　重慶・漢口・蕪湖・天津の巨大都市連鎖

必ずしもすべて都市の伝統の無い個所ににわかに巨大都市が出現したと考えているわけではない。また、物資貨物の輸出輸入や人口移動が十八世紀になって突然始まったということをいうものでもない。しかし、その両者が長江と大運河を結ぶ形で西南四川重慶から湖北の漢口、安徽の蕪湖、さらに大運河を経て天津という諸都市を十八世紀に入ると俄に急成長させた現象は誰しも否定できないであろう。もう少し時期区分を厳密に言えば、一七三二年までの康熙帝の時代は物価、特に米穀価格は低廉であったとされる。穀賤と称されるのである。それが雍正帝を経て乾隆帝の時代になると俄に騰貴に転ずる。貨幣需要は当然増大する。しかし、その貨幣原料の銀や銅、その他は中国に乏しかった。銀や銅をいかに入手するかは、生糸、茶、陶磁器など中国物産の生産と流通の問題であり、外国貿易もからむ問題でもあるが、いまここでそれを詳述する準備はない。本書ではその一部を銅銭原料の問題として考察してみた。

時に清朝中期の雍正帝の時代、銅銭原料の大宗を占める銅は日本から輸入した年間五、六百万斤によって賄われていた。長崎貿易が銅貿易と言われる所以である。しかし、日本もまた八代将軍吉宗の時代、諸国産物増産が叫ばれ産業発展期であった。日本もまた銅銭需要は高まる。中国へ輸出する銅は減少せざるを得ない。

雍正帝に代わった乾隆帝は雲南銅の開発と流通確保によって難局に対処しようとする。その過程は本書後編第三章、第四章に見た通りである。雲南・貴州・広東広西の西南地方から、四川・湖北・湖南・江西・安徽・江蘇・山東、そして直隷という長江・大運河流域の総督・巡撫以下の地方官が総動員されて京運の一事に当たる。各地の主要地点には熱狂的雰囲気が興った。その重要個所に人々は動く。塩商も茶商も織物商人も、米穀商人も明代以来の物流は銅流通と輻輳共鳴、増幅作用を作りながら物と人間の大流通を起こした。単なる地方末端市場から自然発生的に積み重なる物資集積などとは訳が違う。

巨大都市は同時に各地に発生した。しかし、巨大都市どうしが互いに他の巨大都市化を誘発したことも事実である。本書ではその代表として湖北の漢口を考えてみた。

結び

十八世紀の巨大都市連鎖を漢口や天津、また重慶、蕪湖などで考えてみると、その歴史文化的成果は、例えば天津市旧市街にある孔子廟＝文廟や広東会館戯台などの建築物を想定するのがよい。明らかに商業経済と文化娯楽はこの時期の巨大都市の内容である。しかり唐長安・洛陽、宋の開封・蘇州・杭州といった全国二、三の巨大都市、百万都市は十八世紀に鎖の輪のごとく数珠繋ぎになった状態で長江・大運河地帯に出現したのである。アヘン戦争後の南京条約によって上海・寧波・福州・厦門・広州五港が開港した。十九世紀前半で五都市のうちどれか巨大であったものはあるだろうか。一八五八年の天津条約、一八六〇年の北京条約の開港都市はいかがか。新たに江寧（南京）、漢口、天津が開港場になった。租界とよぶ外国特殊権益の区域指定が開港場に設定された。一八四四年のイギリスによる厦門租界が皮切りであるが、翌年一八四五年、イギリスは上海租界を作る。一八六〇年にはイギリスにより天津租界ができた。またイギリスは翌一八六一年漢口に租界を作る。広州、鎮江が同年、その翌年一八六二年には江西九江に租界を設定している。長江流域の物産とその集散地の都市を抑えるそれがイギリスのねらいであった。フランス、ドイツ、ロシア、イタリア、ベルギー、それに日本が加わってくる。日本は日清戦争後の一八九七年に蘇州・杭州に作り、翌年九八年には天津、漢口、沙市、福州に作り、一九〇一年には重慶に租界を作っている。

ただ、海から来る外国列強の中国進出にとって長江は重要な水路であったが、大運河はかならずしも要しない。太平天国の戦火の影響もあり、十九世紀半ば大運河は山東半島で塞がったままであった。その影響は南の上海に対して北の天津の都市膨張をもたらした。長江では漢口、やがて重慶である。蕪湖や九江、沙市も然りであろう。ただし、中国巨大都市の研究は緒に着いたばかりである。

注

（1）川勝守「徐乾学三兄弟とその時代」『東洋史研究』四〇巻三号、一九八一年、後、『中国城郭都市社会史研究』汲古書院、二〇〇四年、所収。

（2）漢口については、斯波義信『中国都市史』第三章、都市の解剖図、1　メガロポリス漢口、東京大学出版会、二〇〇二年、参照。

（3）川勝守「明代、鎮市の水柵と巡検司制度―長江デルタ地域について―」『東方学』七四輯、一九八七年、後、『明清江南市鎮社会史研究』汲古書院、一九九九年、所収。

（4）『清史稿』巻五四、地理志一、参照。

結語

本書はまず、序章において、中国近世の経済システムと都市網について、中国における二回の商業革命があり、特に明清期の明清期農業、手工業の進展と江南都市網の形成とその社会構造を概観した。そして本書を前編の明代貢納制と流通構造の展開、後編の長江・大運河流通の展開と巨大都市連鎖の形成に二分した。

前編の明代貢納制と流通構造の展開は、第一章で明朝国家における人口・資源センサスを戸口・田土統計から確認し、第二章の明代塩法の流通構造では、それに見合う明代独特の塩法たる戸口食塩法を中心に「諸司職掌」以下の諸規定と各地方志を使用して地方における実施状況を見た。そして第三章において、明代戸籍制度の地域的考察を行い、特に元代諸色戸計と明代戸籍制度の関係を見た上に、明代における諸色戸籍の地域的考察を行い、明代地方志に雑役戸の名称が見える事例を検討して、雑役戸の意義を確認した。次に第四章の明代匠戸制の地域的考察においては、国家帝室の諸物品を造作する匠戸について、明初の就役規定、匠戸の就役規定の展開、明代における匠戸の地域的事例を検討し、明中期から後期においても匠戸が明代貢納制の重要な体系に位置づけられるとした。さらに第五章の明前期、御用物品の流通構造では工部・内府関連事例について、「諸司職掌」、正徳『大明会典』工部における用度事例と産物指定を見た。第六章の明代前期における歳進・歳弁上供の流通構造においては、まず「諸司職掌」における野味・皮張・翎毛の産地指定を確認した上に正徳『大明会典』工部における野味・皮張・翎毛の産地指定、明代地方志に見る野味・皮張・翎毛等の御用・国用情況を見て、明代貢納制の一具体像の展開を見た。さらに、第七章の明代前期における河泊所と魚課においては、特に江南河川資源の流通構造について、河泊所という徴税、というより貢納制の一部局の存在を検討した。第八章の明代地方志に見る商税・課程の地域史研究では華北、華中、華南それぞれの地方志の商税・課程について具体的事例を見た。そして第九章の明代地方志物産・貨之属の研究は、前編の明代貢納制と流通構造の展開の纏めになる章であるが、地方志物産・貨之属に焦点を合わせ、それが華北、華中、華南、西南中国のそれぞれに地域的特色を有し、明清期における商品作物の栽培や商品生産など商業性農業の全国的な展開の内容を表現していると した。とりわけ重要な課題は金銀はもちろん、銅、鉄など金属資源は中国本土の殆どの地域から姿を消す、資源枯渇の状況となってい た。資源は西南中国にしか残されていない。西南中国の開発が課題であるというのが前編の結論である。

後編、長江・大運河流通の展開と巨大都市連鎖の形成は、まさに西南中国の問題を扱っている。まず第一章で元代以降明代における雲南・貴州両省の成立を確認し、次に第二章の明代、長江・大運河水運の流通構造では四川などの西南中国が明代貢納制度に如何にかかわったかを見て、明清時代における長江・大運河の物産流通の動きと収取体制の展開を北京遷都後や火災で焼けた時の国都宮殿等の建築用材の調達や倭寇以降の海事に関わる船隻建造に必要な木材調達と長江・大運河流通を見た。第三章の清、乾隆『欽定戸部鼓鑄則例』に見える雲南銅の京運規定は雲南銅開発の法規定の検討であり、第四章の清、乾隆期雲南銅の京運問題は雲南銅の登場から、乾隆期、雲南銅の採弁額の変動、乾隆期、雲南銅の京運規定―『銅政便覧』について―について分析し、乾隆一〇年代～四二年間、雲南銅京運の実態を档案史料の統計的分析から行った。さらに第五章の清、乾隆初年雲南銅の長江輸送と都市漢口では、長江水運の中間地点の重要な地である漢口が乾隆初年銅銭流通の改善と雲南銅の増産政策の展開によって、長江水運システムの改善方が「救生船」の設置などを通じて講じられ、長江水運システムと都市漢口が密接に関係することを確認し、清中期における長江流域での生産・流通と都市社会の形成を漢口について窺った。そして、第六章の中国近世、巨大都市漢口と『漢口叢談』では、『漢口叢談』の成立とその凡例を見た上に、漢口の環境と都市景観、漢口の都市行政と地域社会、漢口の宗教施設と商業活動を見て、漢口が新しい都市文化社会を作っているとみた。そして『漢口叢談』中の人々を分析して、漢口が移住民から成る巨大都市であることを確認した。そして、第七章の長江・大運河流通と巨大都市連鎖の形成では重慶・漢口・蕪湖・天津が巨大都市連鎖をつくったことを見たのである。

長江・大運河はなぜ十八世紀に巨大都市連鎖を形成したのか。太古の昔から東流する「中国の母なる川」である長江はもちろん、隋煬帝の開削以来、千四百年、その中に唐宋時代も元明時代もあったはずである。さらに中国における「資本主義の萌芽」の時代である十六、十七世紀の明末清初にも巨大都市の新たな出現は若干の例外を除けばなかった。

北京、南京、揚州、蘇州、杭州、さらに寧波、福州、泉州、広州、あるいはその時代時代の国都である長安（西安）、洛陽、開封はいかがであろうか。国都か外国使節の到来する港湾都市である。しかも、それぞれ地域地方の中心として古来城郭都市が建設されてきた歴史がある。先に例外とした都市に景徳鎮がある。五十万人の陶工を要する世界に冠たる陶磁器の都市である。明代にすでに盛時を迎えていた。さらに景徳鎮とともに天下四鎮と豪語される河南朱仙鎮、湖北漢口鎮、広東仏山鎮がある。ところが漢口鎮の巨大都市化はいつ始まったのであろうか。十八世紀である。広東仏山鎮も同様である。

著者が巨大都市連鎖というのは長江を四川の瀘州・重慶から、湖北の宜昌、湖南の岳州・長沙、また湖北の漢口（武漢）、江西の九江・南昌、安徽の安慶・蕪湖、江蘇の南京と下り、さらに江蘇の儀徴から揚州・淮南・徐州、山東の済寧・臨清、そして河北天津・通州・北京と至る大運河ルートの都市連鎖である。これに附属して最大の都市上海を加えることもできよう。もちろん中には湖南岳州や江西南昌、江蘇南京、揚州のごとき伝統都市も入っている。しかし、それらも長江・大運河のルートが所在したことは動かせない。多分、他の新興都市同様にそれら伝統都市の性格にも変化があったものと思われる。

巨大都市連鎖は明清時代の物流、流通構造の発展の過程で生じたものであり、その歴史要素には特に新安商人に代表される客商の活動がある。ただ、中国の客商は官との関係を抜きには考えられない。土地制度であれ、税制役法、いわゆる賦役制度であれ、また専売制や商税制度、その他細々とした諸収取体系は中国商業の前提をなす。中国では官が民と利を争って商売することは史上何度も見られる。さらに帝室と政府、官人たちの需要欲望は底がない。時々の上供御用という物品購入は買弁という用語であるが、これは明代が最も規模が大きい。買弁は決してアヘン戦争以後の近代中国の存在に限られない。

本書は中国各地の全体的理解を企図した従来の著作に加え、以下の点を加味した新研究であることを追記しておきたい。すなわち著者の研究は戦後明清史研究の二大成果である商品生産の研究と賦役制度史研究の両者の研究から多くの知見を得ている。それに加えて、彼の東京大学東洋史研究室を中心とした歴代食貨志研究会の成果も前提とした。

長江大運河の物流幹線の成立は事態を急速に推進せしめた。先に述べたように、物と人の流れが物流と呼ばれる条件は一つには物資輸送が双方向的であり、往き荷も復り荷も貨物が存在することが必要である。宋元時代は穀物、茶、等々といった北行きは満杯だが、北から南は空では物流にならない。長江を下る荷があれば、上る荷もある。上海付近の綿布は上り荷である。また両淮塩の販売地区も四川省を除く長江一帯に西送された点に意味がある。

第二次商業革命の新要点の第四に、会館、公所に集まる各種商人・職人のギルド規則や法制的あり方が進展、新境地が出現したことがある。これには各地の会館等に残る金石碑文や牙帖など分析研究が今後も必要である。同郷会館や商人会館は北京・上海だけでなく、蘇州・南京の他、重慶・漢口（武漢）・蕪湖・済寧・天津等の連鎖都市群に成立していることを把握すべきである。それ以下の県城クラスや市鎮といった市場町（マーケット＝タウン）の商人ネットワークの分析も重要である。

跋

本書は中国近世、明清時代の人口・資源・流通・巨大都市の各課題を扱い、それらを『明清貢納制と巨大都市連鎖—長江と大運河—』という書名でまとめた。ここで本書を構成する各章の初出一覧、すなわち作成時期を示しておこう。

序章　中国近世の経済システムと都市網の形成……放送大学大学院教材『改訂版　地域文化研究Ⅱ—東アジア世界の歴史と文化—』放送大学教育振興会、二〇〇六年。

なお、放送大学大学院教材『地域文化研究Ⅱ—東アジア歴史像の構成—』放送大学教育振興会、二〇〇二年が原著。

前編……第一章～第九章の各章は新稿。

後編

第一章　明代、雲南・貴州両省の成立……『東方学』百十二輯、二〇〇六年。

第二章　明代、長江・大運河水運の流通構造……新稿。

第三章　清、乾隆『欽定戸部鼓鋳則例』に見える雲南銅の京運規定……『山根幸夫教授追悼記念論叢　明代中国の歴史的位相』汲古書院、二〇〇七年。

第四章　清、乾隆期雲南銅の京運問題……『九州大学　東洋史論集』一七号、一九八九年。

第五章　清、乾隆初年雲南銅の長江輸送と都市漢口……『東アジアにおける生産と流通の歴史社会学的研究』中国書店、一九九三年。

第六章　中国近世、巨大都市漢口と『漢口叢談』……原題「中国近世都市漢口と『漢口叢談』、九州大学文学部『史淵』百二十九輯、一九九二年。

第七章　長江・大運河流通と巨大都市連鎖の形成……新稿

以上で分かるように本書は後編の清乾隆期雲南銅の北京輸送問題から筆を起こし、次に近世都市漢口の都市形成史研究に進めた。実は本書ではまだ収めていないが、別に河北天津史研究もあり、一九九七年に天津南開大学における第二回国際明清史学会で研究報告を行った。当初、天津市史研究も本書に収める予定であったが、近年吉沢誠一郎氏の近代中国における天津市史研究が成果を挙げているので、その研究を取り入れるとなると、別の構想に展開するので、取りあえず天津は後日を期すことにして、雲南↓四川↓湖北・湖南長江ルートのセンターである漢口に集中することにした。そして次にこの銅がなぜ雲南に求められるようになったかに絡んで、明代以降の人口・塩、その他種々の貢納システムを賦・役制度史、ないし食貨志研究という日本における中国史研究の伝統を総括しながら考察したのが前編全九章である。

十八世紀後半、乾隆期における人口爆発は世紀の交には四億を数える。すでに序から結語等まで何度となく繰り返してきたこの中国における人口史の課題は同時に資源問題を抱えていた。それも農業問題における発展の欠如だけでなく、金銀銅鉄鉛錫亜鉛、等々といった金属資源問題は中華帝国の死命を制す大問題であった。帝国版図内に資源が枯渇した。金銀はおろか銅も日本に供給を仰がねばならない。長崎貿易は「地大物博」がいかに虚構かを雄弁に物語る。それどころか官員の海外渡航禁止、物産の海外買い付けの禁令の建前を簡単に破り、あまつさえ日本側が要求すれば、清実録から大清会典、賦役全書から全国の各省通志、府州県志から市鎮志に至る丸秘、持ち出し禁止の行政文書を日本へ舶載したのである。ただ、ひたすら日本の銅が欲しい。康熙・雍正という大清帝国の名君の治世と中国史上最高度に発達した明代貢納制度のシステムをもってしても事態は解決の糸口を見いだせない。実は中国に銅、亜鉛、鉛の資源はあった。ただ、その開発・利用は困難だ。これを三代の盛世最後の乾隆帝は見事に解決した。本書後編に見たとおりである。しかも、副産物として巨大都市連鎖があった。さらに思わぬ副産物が人口増加であろう。資源開発のバブル的状況が十八世紀後半に出現した。

開発・移住という山田賢氏が描く構図が出現した。ただ、問題は開発・移住がいかなる展望・計画性を持っていたかである。この点の検討は本書では不十分である。それでも乾隆帝が雲南—北京間各直隷・各省の総督・巡撫以下地方各員を動員しての銅・白鉛・黒鉛・錫の京運に吏治の徹底を期したことにより地方開発は行政効率に飛躍をもたらしたことは間違いはない。これは本書後編で論証した通りである。その結果、人口移動や文人文化の地方普及、特に漢口や天津、重慶などに新地方都市文化の急激な発展があった。巨大都市が鎖の輪（チェーン）状に繋がる。巨大都市連鎖と名付けた所以である。

二〇〇九年は上海万博と三峡ダム完成の年に予定されている。これらの事態も本書の内容に密接に関わることである。それが約二〇〇年前の清乾隆期の物流の大変動、長江と大運河の物流成立と言う事態に直接関係するものだとしたら、中国の歴史文化研究はますます重要になるのである。

おわりに本書の刊行に対して大正大学から学術図書出版助成の援助を受けた。関係各位に厚く感謝するものである。また巻末の中文要旨は大正大学への留学生、博士後期課程余瑞豊女士によるものである。

なお、いつものことながら本書の刊行を引き受けてくれた汲古書院坂本健彦氏には深甚な謝意を表したいと思う。

二〇〇八年一一月三日文化の日

川勝　守（賢　亮）

著者略歴

川勝　守（かわかつ　まもる）
1940　東京都下に生れる
1964　東京大学文学部東洋史学科卒業
1972　東京大学大学院人文科学研究科博士課程退学
1973より　九州大学文学部、講師、助教授を経て、
1987より、教授・東洋史学担当
1998に退官、大正大学文学部教授、九州大学名誉教授
1980　文学博士（東京大学）

主要著書

『中国封建国家の支配構造―明清賦役制度史研究』1980、東京大学出版会
『明清江南農業経済史研究』1992、東京大学出版会
『東アジアにおける生産と流通の歴史社会学』（編著）1993、福岡、中国書店
『明清江南市鎮社会史研究』1999、汲古書院
『日本近世と東アジア世界』2000、吉川弘文館
『聖徳太子と東アジア世界』2002、吉川弘文館
『中国城郭都市社会史研究』2004、汲古書院
『日本国家の形成と東アジア世界』2008、吉川弘文館

明清貢納制と巨大都市連鎖
―長江と大運河―
二〇〇九年二月一六日　発行
著　者　川　勝　　守
発行者　石　坂　叡　志
印　刷　富士リプロ株式会社
発行所　汲　古　書　院
〒102-0072 東京都千代田区飯田橋二－五－四
電　話　〇三（三二六五）九七六四
ＦＡＸ　〇三（三二二二）一八四五

ISBN978 - 4 - 7629 - 2861 - 1 C3022

The Ming-Qing Tribute System and the Chain of Megalopolises: The Changjiang and Grand Canal

Contents

5. The Numbers of Males and Females in Household Statistics in Local Gazetteers of the Ming and the "Household Salt Law"
6. Local Developments in the "Household Salt Law" in the Second Half of the Ming

Conclusion

Chapter 3　A Regional Enquiry into the Household Registration System during the Ming

Preamble

1. The Relationship between the *Zhuse Huji* of the Yuan and the Household Registration System of the Ming
2. A Regional Enquiry into the Registers of General Households during the Ming
3. On Regions for Which the Designations of Households Liable for Miscellaneous Labour Services Appear in Local Gazetteers of the Ming

Conclusion

Chapter 4　A Regional Enquiry into the System of Artisan Households during the Ming

Preamble

1. Regulations Regarding the Duties of Artisan Households in the Early Ming: On the *Handbook of Government Posts* of Hongwu 26
2. Developments in Regulations Regarding the Duties of Artisan Households in the Ming: On the Zhengde-Era *Collected Statutes of the Great Ming*
3. Local Examples of Artisan Households during the Ming

Conclusion

Chapter 5　The Structure of the Distribution of Goods for Official Use in the First Half of the Ming: On Some Examples Related to the Ministry of Works and the Palace Treasury

Preamble

1. Administrative Achievements during Ming Taizu's Establishment of His Rule
2. Regulations Regarding Procurement in the *Handbook of Government Posts* and the Specification of Produce

Index

English Summary

At the start of the first century, during the Han 漢 dynasty, the population of China was 60 million, at which level it remained during the Sui 隋 and Tang 唐, but by the Song 宋 dynasty it had reached 80 million, in the Ming 明 100 million, by the end of the Ming 150 million, and in the heyday of the Qing 清, during the reigns of the Kangxi 康熙, Yongzheng 雍正 and Qianlong 乾隆 emperors, 200 million, and by the end of the eighteenth century it had doubled to 400 million. This is what is called a population explosion. What were the reasons for this and what were the conditions that brought about this increase in population? This is a historical phenomenon of some concern for Japan today, with its dwindling birthrate and falling population. But while this too is a matter of interest, the prime focus of this book is to probe the historical starting point of the enormous economic growth of China today.

Scholars of Chinese history in the West were the first to consider the population explosion of the eighteenth century. Representative of this research was the study of the economic history of agriculture from 1368 to 1968, undertaken by D. H. Perkins, who was unable to discover any valid historical facts during this period able to explain the population explosion. Corn and potatoes from the American continent, which arrived in China for the first time in the sixteenth and seventeenth centuries, had little effect on the increased calory intake of the Chinese people and were used as famine relief crops. Perkins did state, however, that the key to the growth of the Chinese economy in 1968 did not lie in the development of agricultural techniques in China and that China's agriculture would not grow without the introduction of outside technology, and when one considers present-day China, one is compelled to agree with his comments.

It is an irony of history, which also shows the importance of the study of history, that although the findings of Perkins's research were correct, at the time China was in the throes of the Cultural Revolution. It was a time of self-reliance, barefoot doctors, and the slogan "In agriculture learn from Dazhai

大寨," when students and intellectuals were sent from the cities to rural villages and forced to participate in the building of a new China. At the same time, the research conducted by Liang Fangzhong 梁方仲 of Zhongshan 中山 University in Guangzhou 廣州, who had laid the foundations for the study of not only Chinese agriculture but also Chinese history by tabulating data on China's population and resources such as land area over two thousand years since the Han dynasty, was also subjected to persecution.

The reforms and opening up of China since 1978 have prompted further developments in the research of the above two scholars. Also of importance has been the fact that the internationalization of research has developed in many different ways, including greater exchange among researchers. That various discussions were conducted by trial and error in China between Chinese and overseas researchers was an unprecedented state of affairs for research. In China today, matters of feverish interest in its growth from time to time become factors that spark further research and development. One cannot help feeling that all of history is encapsulated in the present age. The emergence of households with an annual income of more than 10,000 *yuan* 元, township and village enterprises, and so on have all stimulated research.

In an earlier book of mine, entitled *A Study of the Economic History of Agriculture in Jiangnan during the Ming and Qing* (*Min-Shin Kōnan nōgyō keizaishi kenkyū* 明清江南農業経済史研究, Tōkyō Daigaku Shuppankai 東京大学出版会, 1993), I attempted to explain the emergence of 10,000-*yuan* households in historical terms, and I ended my concluding remarks with the following statement:

> It was several hundred million petty business owners striving hard in the best interests of their own businesses while making skilful use of traditional agricultural techniques and a commercial distribution network that constituted the historical fact which explains the increase in population since the eighteenth century.

The materials that I examined in connection with technological developments in China's agriculture from the sixteenth to nineteenth centuries were types of rice, the characteristics and regionality of rice varieties, the cultivation of "spring flowers" in the Changjiang 長江 basin, cotton cultivation and irrigation

in the Changjiang Delta, famine-relief policies and Changjiang Delta society, barley tax practices in Jiangnan 江南, and the landowner system in Jiangnan. I conceived of a history of agriculture in which farmers attempted to develop their own farm management through the development of commercial agriculture.

Next, on the subject of township and village enterprises, I published *A Study of the Social History of Market Towns in Jiangnan during the Ming and Qing* (*Min-Shin Kōnan shichin shakaishi kenkyū* 明清江南市鎮社会史研究, Kyūko Shoin 汲古書院, 1999). This was premised on the prewar research by Katō Shigeru 加藤繁. Of importance in this regard is the study of the growth of commerce and the rise of cities during the Tang and Song periods, especially the study of market towns in Jiangnan. Even so, some of the insights gained during several visits to market towns in Jiangnan since 1978 completely have changed my ideas about historical research. To cite two or three examples, first there is the question of the relationship between production and distribution in market-town society and the hierarchy whereby this is linked to higher-level cities such as county headquarters, prefectural headquarters and provincial headquarters. Next, there are questions pertaining to cultural elements in market-town society, such as education, customs, beliefs, and so on. Further, there is also the question of the political consciousness of the inhabitants of market towns, related to their historical character as cities. I examined the example of Shengzezhen 盛澤鎮 in an attempt to discover a picture of urban self-government.

However, the main current of Chinese cities has been five thousand years of walled cities, which I took up for consideration in *A Study of the Social History of China's Walled Cities* (*Chūgoku jōkaku toshi shakaishi kenkyū* 中国城郭都市社会史研究, Kyūko Shoin, 2004). This study serves as the direct premise for the present book, entitled *The Ming-Qing Tribute System and the Chain of Megalopolises: The Changjiang and Grand Canal*, and is linked to the choice of the term "megalopolis" in this title. These megalopolises were all cities that had newly evolved in early modern China since the eighteenth century, and a factor related to this was distribution along the Changjiang and Grand Canal.

When we consider the structure of distribution in China, the first issue to arise is the complex structure of the organization of regional administration. This has its origins in the system of commanderies and counties, which began with the unification of China by the First Emperor of the Qin 秦. In 221 B.C., the Qin conquered six states in the east and unified China. The ruler of the Qin took the title of "emperor," becoming the First Emperor, and implemented reforms aimed at the centralization of government, instituting a system of commanderies and counties whereby the realm was divided into thirty-six commanderies and, instead of appointing feudal lords as in the past, officials were dispatched from the central government. The First Emperor's institutional reforms began with the unification of weights and measures. Next, the axle length of carriages was standardized, and the writing script was also standardized. These measures provided the conditions indispensable for uniform economic development throughout the realm. As for the extent of the Qin, according to the entry for the twenty-sixth year of the First Emperor's reign in "Basic Annals of the First Emperor" in *Records of the Grand Historian* (*Shiji* 史記), "the land to the east stretched as far as the sea and Chaoxian 朝鮮 (Korea), to the west as far as Lintao 臨洮 and Qiangzhong 羌中, to the south as far as the land where the doors face north, and in the north they constructed defences along the Yellow River to form the frontier, and along the Yin 陰 Mountains as far as Liaodong 遼東." Thus, in the east, the Qin extended from the Yellow Sea and Bohai 渤海 Sea to Korea, which was for the first time positioned at the easternmost extremity of the Sinocentric world. In the west, the Qin extended as far as Lintao and Qiangzhong in western Gansu 甘粛, in the south as far as Vietnam, where house doors faced north to avoid the heat of the sun from the south, and in the north to the Great Wall area in the Ordos desert along the northernmost section of the Yellow River and from the Yin Mountains in Mongolia to Liaodong.

This being the case, the First Emperor would have aimed for the development of each region with a focus on the capital, and towards this end 120,000 wealthy households are said to have been moved to Xianyang 咸陽. But they were not moved only to the capital, and were also ordered to migrate to Han-

zhong 漢中, southern Henan 河南, and to Sichuan 四川 as far as the vicinity of Yunnan 雲南 in an attempt to have them utilize their economic power for local development by forcing them to migrate to areas under the sway of the Qin. The system of commanderies and counties was closely linked to regional development and the formation of a distribution structure, and it was a system that subsequent dynasties were compelled to regard as a precedent.

While there is no space here to embark on a substantial examination of the structure of distribution in China since the time of the First Emperor of the Qin, I would like to reflect carefully on past research, which has been overly focused on the Jiangnan delta region. Greater efforts ought to have been made to relativize Jiangnan. Furthermore, while past research has done well to position Jiangnan as an advanced region in economic growth on account of heavily taxed government land, advances in the system of landowners and tenant farmers, and the transformation of cultivation rights into an independent commodity, it ought to have measured the position and significance of its local economy within the economy of China as a whole. Among this past research, one cannot but admire the keen insight of Nishijima Sadao 西嶋定生, whose research into the early cotton industry centred on Songjiangfu 松江府 in the vicinity of Shanghai 上海 during the Ming structurally elucidated the relationship between observations on cotton cultivation throughout China and regional investigations into cotton cultivation on the one hand and the production of cotton cloth in Songjiangfu on the other. He skilfully presented a vivid picture of regions and the whole through their structural connections.

There is the notion of macro-regions put forward by W. G. Skinner. While there is nothing wrong with regional divisions, what is the meaning of positing macro-regions? And what happens to the question of interconnections between the whole and its parts? If one focuses solely on Guangdong 廣東 or Fujian 福建 or Huizhou 徽州 or any other region, the emerging historical picture will end up being partial even if one uses documents and archives as source material. The same applies to fieldwork.

I would like to add that the present work is a fresh study that, following on from my earlier works which have aimed at an overall understanding of

China's various regions, additionally takes into account the following points. That is to say, my research has gained many insights from research on commodity production and research on the history of the system of taxation and labour services, which have been the two major achievements of postwar research on Ming-Qing history. In addition, it is also premised on the findings of the "Monographs on Financial Administration (*Shihuozhi* 食貨志)" Study Group based in the Department of Oriental History at the University of Tokyo. However, the royal road to learning teaches us that all research must critically take into account foregoing research. I expect that this will require some effort on my part.

In the "Introduction," dealing with the economic system of early modern China and networks of cities, I point out that there were two commercial revolutions in China and survey in particular advances in agriculture and manufacturing during the Ming-Qing period and the formation of a network of cities in Jiangnan and their social structure. The remainder of the book is divided into two parts, with Part I dealing with the tribute system during the Ming and developments in the structure of distribution, and Part II dealing with developments in distribution along the Changjiang and Grand Canal and the formation of a chain of megalopolises.

In Part I, dealing with the tribute system during the Ming and developments in the structure of distribution, Chapter 1 ascertains the population and natural resource censuses in the Ming state on the basis of household and land statistics. Chapter 2, on the structure of distribution under the salt laws of the Ming, focuses on the Household Salt Law, a salt law peculiar to the Ming, and uses regulations found in the *Handbook of Government Posts* (*Zhusi zhizhang* 諸司職掌), etc., and local gazetteers to examine the circumstances of its enforcement in the provinces. In Chapter 3, I undertake a regional enquiry into the household registration system during the Ming, considering in particular the relationship between the Yuan 元 system, known as *zhuse huji* 諸色戸計, and the Ming system of household registration, on the basis of which I undertake a regional enquiry into the registers of general households during the Ming, examine

examples of the designations of households liable for miscellaneous labour services in local gazetteers of the Ming, and ascertain the significance of these households liable for miscellaneous labour services. In Chapter 4, a regional enquiry into the system of artisan households during the Ming, I examine with regard to the households of artisans who produced goods used by the state and the imperial family the regulations regarding their duties in the early Ming, developments in these regulations, and local examples of artisan households during the Ming, and I argue that even from the middle through to the second half of the Ming artisan households occupied an important position in the tribute system of the Ming. In Chapter 5, on the structure of the distribution of goods for official use in the first half of the Ming, I consider with reference to some examples related to the Ministry of Works and the Palace Treasury examples of procurement and the specification of produce in the *Handbook of Government Posts* and the section on the Ministry of Works in the *Collected Statutes of the Great Ming* (*Da Ming huidian* 大明會典) of the Zhengde 正德 era. In Chapter 6, on the structure of the distribution of annual tribute and annual taxes in the first half of the Ming, having first ascertained the specification of localities for the sourcing of wild game, pelts and feathers in the *Handbook of Government Posts*, I consider the specification of localities for the sourcing of these same products in the section on the Ministry of Works in the Zhengde-era *Collected Statutes of the Great* Ming and the circumstances of the official and state use of products such as these in local gazetteers of the Ming and examine developments in a concrete example of the Ming tribute system. In Chapter 7, on Fishing Tax Offices and fishing taxes in the first half of the Ming, I deal in particular with the structure of the distribution of river resources in Jiangnan and examine the existence of a bureau for tax collection, or rather for the tribute system, in the form of Fishing Tax Offices. In Chapter 8, a study of the local history of commercial taxes and tax schedules as seen in local gazetteers of the Ming, I examine concrete examples of commercial taxes and tax schedules in local gazetteers of North, Central and South China. Lastly, Chapter 9, a study of the categories of produce and goods in local gazeteers of the Ming, summarizes the tribute system during the Ming and developments

in the structure of distribution, and, focusing on the categories of produce and goods listed in local gazetteers, I argue that these possessed regional characteristics peculiar to North, Central, South and Southwest China and gave expression to the substance of the nationwide development of commercial agriculture in the Ming and Qing as seen in the cultivation of commodity crops, the production of goods, and so on. A particularly important issue was the depletion of resources, to be seen in the fact that metal resources-not just gold and silver, but also copper, iron, and so on-had disappeared from almost all parts of China proper. Natural resources remained only in Southwest China, and the conclusion reached in Part I is that the development of Southwest China is an issue that needs to be addressed.

Part Ⅱ, on developments in distribution along the Changjiang and Grand Canal and the formation of a chain of megalopolises, deals precisely with questions pertaining to Southwest China. First, in Chapter 1, I ascertain the establishment of the two provinces of Yunnan and Guizhou 貴州 from the Yuan to the Ming. In Chapter 2, on the structure of distribution by water transport along the Changjiang and Grand Canal during the Ming, I consider how Sichuan and other parts of Southwest China were related to the tribute system during the Ming, and I then examine trends in the distribution of goods via the Changjiang and Grand Canal during the Ming and the development of a requisitioning system with reference to the procurement of building materials for the construction of the national capital and imperial palaces after the transfer of the capital to Beijing 北京 or when they had been burnt down and the procurement of timber necessary for building ships, related to maritime affairs, after the emergence of pirates (*wokou* 倭寇). In Chapter 3, on regulations for the transportation of copper from Yunnan to the capital as seen in the *Imperially Approved Regulations of the Ministry of Revenue for Minting Money* (*Qinding hubu guzhu zeli* 欽定戸部鼓鑄則例), dating from the Qianlong era of the Qing, I examine legal provisions pertaining to the exploitation of copper in Yunnan. In Chapter 4, dealing with questions concerning the transportation of copper from Yunnan to the capital during the Qianlong era, I analyze the emergence of Yunnan copper, changes in its purchase price, and regulations

for the transportation of copper from Yunnan to the capital during the Qianlong era as set out in the *Handbook of Copper Administration* (*Tongzheng bianlan* 銅政便覧) and undertake a statistical analysis of the realities of the transportation of copper from Yunnan to the capital during the period from the second decade of the Qianlong era to Qianlong 42 on the basis of archival sources. In Chapter 5, on the transportation of Yunnan copper via the Changjiang in the first years of the Qianlong era and the city of Hankou 漢口, I ascertain how, through improvements in the circulation of copper coins in the early Qianlong era and developments in policies for increasing the production of copper in Yunnan and through improvements in the water transport system along the Changjiang, such as the installation of "life boats," the water transport system along the Changjiang and the city of Hankou, an important halfway point in water transport along the Changjiang, were closely linked, and I consider production and distribution in the Changjiang basin in the mid-Qing and the formation of urban society with reference to Hankou. In Chapter 6, on the megalopolis of Hankou in early modern China and *Talks on Hankou* (*Hankou congtan* 漢口叢談), I first examine the compilation of *Talks on Hankou* and its introductory notes and then consider the environment and urban landscape of Hankou, its urban administration and local society, and its religious facilities and commercial activities, concluding that Hankou created a new form of urban culture and society. Then, analyzing some of the people appearing in *Talks on Hankou*, I ascertain the fact that Hankou was a megalopolis made up of immigrants. Lastly, in Chapter 7, on distribution via the Changjiang and Grand Canal and the formation of a chain of megalopolises, I consider how Chongqing 重慶, Hankou, Wuhu 蕪湖 and Tianjin 天津 formed a chain of megalopolises.

From the Han through to the Tang the population of China was 60 million, by the Song dynasty it had reached 80 million and in the Ming-Qing period 100 million to 200 million, but by the end of the eighteenth century it had doubled to 400 million. This is what is called a population explosion. It goes without saying that increases in population are underpinned by the development of societal productive capacity based on advances in agriculture and other productive activities. But it has not been possible to ascertain the substance

of the development of productive capacity such that might prove a population explosion.

Why did the Changjiang and Grand Canal create a chain of megalopolises in the eighteenth century? It goes without saying that not only the Changjiang, "the mother of China," which has been flowing eastwards since time immemorial, but also the Grand Canal, ever since its excavation 1,400 years ago during the reign of Yangdi 煬帝 of the Sui, would have been there during both the Tang and Song periods and the Yuan and Ming periods. In addition, even in the sixteenth and seventeenth centuries, in the late Ming and early Qing, a time which corresponded to the period of the "sprouts of capitalism" in China, there did not appear, with a few exceptions, any new megalopolises.

What about Beijing, Nanjing 南京, Yangzhou 揚州, Suzhou 蘇州 and Hangzhou 杭州, or Ningbo 寧波, Fuzhou 福州, Quanzhou 泉州 and Guangzhou, as well as Chang'an 長安（Xi'an 西安）, Louyang 洛陽 and Kaifeng 開封, which were national capitals at different times? These were either capital cities or port cities where foreign envoys arrived. They also have a history of having been built in ancient times as walled cities to serve as centres for the surrounding region. One of the exceptions alluded to above is Jingdezhen 景德鎮. This was the foremost city in the world for ceramics, with 500,000 potters, and was enjoying its age of prosperity already during the Ming. Along with Jingdezhen, there were also Zhuxianzhen 朱仙鎮 in Henan, Hankouzhen 漢口鎮 in Hubei 湖北, and Foshanzhen 佛山鎮 in Guangdong, which were collectively referred to as the "four townships of the realm." But when did Hankouzhen begin to turn into a megalopolis? This happened in the eighteenth century, and it was the same in the case of Foshanzhen.

What I refer to as a chain of megalopolises is a chain of cities along the Changjiang, starting from Luzhou 瀘州 and Chongqing in Sichuan and continuing downstream through Yichang 宜昌 in Hubei, Yuezhou 岳州 and Changsha 長沙 in Hunan 湖南, Hankou（Wuhan 武漢）again in Hubei, Jiujiang 九江 and Nanchang 南昌 in Jiangxi 江西, and Anqing 安慶 and Wuhu in Anhui 安徽 to Nanjing in Jiangsu 江蘇, and along the Grand Canal, starting from Yizheng 儀徵 in Jiangsu and passing through Yangzhou, Huainan 淮南 and Xuzhou 徐

州 also in Jiangsu, Jining 濟寧 and Linqing 臨清 in Shandong 山東, and Tianjin and Tongzhou 通州 in Hebei 河北 to reach Beijing. To these may also be added the largest city, Shanghai. Of course, these also include traditional cities such as Yuezhou in Hunan, Nanchang in Jiangxi, and Nanjing and Yangzhou in Jiangsu. But this cannot alter the fact that they were situated along the Changjiang or Grand Canal. It is to be surmised that, as was the case with other newer cities, the character of these traditional cities would probably have changed.

The chain of megalopolises arose in the course of the development of the flow of goods and a distribution structure during the Ming-Qing period, and one of the historical factors behind this was in particular the activities of itinerant merchants, representative of whom were merchants from Xin'an 新安. However, China's itinerant merchants cannot be considered without taking into account their relations with officials. The land system, the system of taxation and labour services, the monopoly system, the system of commercial taxes, and other sundry systems for the collection of taxes and so on were all preconditions of commerce in China. There have been repeated instances in China's history in which officials have engaged in business and competed with private individuals for commercial gain. Moreover, the demands and desires of the imperial family, government and officials were insatiable. Purveyors to the government, known as *maiban* 買辦, were active on the largest scale during the Ming, and their existence was not confined to modern China after the Opium Wars, when they were known as compradores.

The establishment of arteries for the flow of goods in the form of the Changjiang and Grand Canal brought rapid advances. One of the conditions for the flow of goods and people is that the transportation of goods must be bidirectional, and there needs to be cargo for both the outward and return journeys. During the Song and the Yuan, boats were fully laiden with grain, tea, and so on on the north-bound journey but were empty on the return trip, and so there was no flow of goods. If there was cargo to carry down the Changjiang, there would also be cargo to bring back upstream. The cotton cloth from the vicinity of Shanghai was an example of cargo bound upriver. The significance

of the areas for selling salt from Huainan and Huaibei 淮北 likewise lay in the fact that the salt was sent westwards right along the Changjiang, with the exception of Sichuan province.

One of the crucial new points of the second commercial revolution was that the guild rules and legal nature of the various kinds of merchants and artisans who gathered in halls for native-place associations and guild associations developed further and new fields of activity emerged. To clarify this, the study and analysis of metal and stone inscriptions and tax ledgers that have been preserved in guildhalls and so on throughout the country will continue to be necessary. It needs to be understood that halls for native-place associations and guild associations were established not only in Beijing and Shanghai, but also in Suzhou and Nanjing, as well as in a chain of cities consisting of Chongqing, Hankou (Wuhan), Wuhu, Jining, Tianjin, and so on. Also important is the analysis of merchant networks in lower-level county headquarters and market towns.

中国史上的两次商业革命及中国社会经济的发展

川胜 守

将唐宋及明清这两个时期发生的两次商业革命进行比较，从而对从中所能看到的中国经济社会动态的构造性特色进行理解，在此基础上，对它与 18 世纪的人口爆发及都市化进展的关联性及今日中国经济的历史性前提进行思考。

1 中国的两次商业革命

从 9 世纪的晚唐时期到 12，13 世纪的南宋及元代，在长江下流流域即所谓的江南地区这个在全国最具先进性的基本经济地带，以水田开发(圩田、围田)为基础的经济成长可以说是当时中国经济发展的代表性事件。这个经济发展有时被称作商业革命。但是在这之后的 16 到 18 世纪时期，有了更大一些规模的经济发展，它也值得被称作商业革命。

下面将第一次商业革命的要点列举如下，①商业的扩大，商业组织的复杂化。②明显的货币经济的出现。③都市化进展，市镇的出现。④都市居住阶层的登场及他们独自文化的产生。⑤国家商业政策的变化。⑥引起经济理论与实践转换的国家财政政策的根本性再建。⑦与商人及之后的乡绅相关联的地方中间层的登场，等等。在①商业的扩大中，除由于圩田、围田的开发而带来生产量的增加之外，占城稻的引入，早稻、中稻、晚稻区分的发达，因二毛作的普及而带来的大小二麦的栽培等等，诸如此类的谷物生产的商品化有了很大的发展。由于谷物生产力的发展，通过大运河实现了年均 25 万吨的大量北送，并且作为商品在市场上销售。而且在唐以前，或许是出于儒教主义的仁政理想，只不过是纸上谈兵的各种救灾政策，通过常平仓、社仓、义仓的运营而得以实现，对社会安定做出了贡献。值得注目的是，宋元时期的两税及各种徭役等相对而言比较低和轻微。对于国家的财政收入，政府除通过在市场上进行和买及和籴等买卖交易取得收益外，对盐、茶、酒、明矾的专卖也有巨额的收入，此外还有对中国的行会行（商人)、作(工匠)征收的营业税、流通税等各种商税等等，总之，间接税收的比例非常之高是相当于直接税的两税负担较轻的原因。再将铜钱（称为制钱）的发行利益估算在内，那么与盐法、茶法相齐名的钱法同样成为宋代财政经济的重要课题。

宋代由于谷物供给的安定化及财政的均衡得以维持，在此前提下，使得人口压力和商业机会较强的江浙，徽州，福建，四川等地的产业的特化得以发展。

在这些地域，从蓝、桑、茶、糯米、蔗糖、果实、蔬菜、养鱼、漆、纸、麻、油脂原料、药材、木材等原料生产，到窑业、制油、酿造、制盐、制纸、制铁、造船及传统的制丝、绢织等等，各种加工业，制造业发展起来。正是这多样的商品生产成为唐宋商业革命中商业扩大的基础。并且在各地出现了数量很多的被称为村市、草市、墟、集、步（埠）、市、镇等的小都市。

其次，对于第二次商业革命，其要点与第一次的基本相同。但是，每项内容有质的发展，下面对第一次商业革命中没有的内容作几点补充说明。首先，关于①商业的扩大，商业组织的复杂化，以华北的山西商人（晋商）和华中的新安商人（徽商）为代表，其他的诸如福建商人（闽商）、广东商人（粤商）、四川商人（巴蜀商）、山东商人（齐商）等，他们各自拿着地方特产进行全国型的客商活动。同乡会馆，商人会馆作为其活动据点而在各地各都市建立起来。从理发业开始的各种工匠的行会还组织了公所。在苏州、杭州、南京等地的丝织业，上海附近的棉织业，景德镇的陶瓷生产，以及制盐业，酿造业中出现了商品生产，每道程序出现了分工作业，与此相对应的各种手工业者组织了行会的公所。另一方面，受到从其他地方前来交易的客商活动的触发，在各地被更加细分化的下级的地域商人，例如在江南地区的江宁（南京）商人，洞庭（苏州）商人，绍兴宁波商人（宁绍商人，浙江商人）等，不仅在该地区，而且在北京及全国地区进行活动。关于②明显的货币经济的出现，15、16 世纪以后的银的流通有着重要的意义。铜钱经济与银经济，其规模和尺寸有所不同，无论有多么巨大的铜钱铸造额，一千个铜钱只不过相当于一个银，而且还有银钱比价。关于③都市化进展，虽然都市化的概念定义仍有问题，但如果就其都市的生产与流通，消费，都市生活的普及等进行思考的话，第二次的展开是第一次所无法比拟的。如后所述，在第二期出现了重庆、长沙、汉口（武汉）、九江、安庆、芜湖、济宁、天津以及上海等新都市。关于④都市居住阶层的登场及他们独自文化的产生，在这一点上虽然第二次是第一次的继续，但是都市内的阶层分化和全国性的人口移动的影响等，与京剧的形成以及赌博，娱乐等生活文化的开发相关联。关于⑤国家商业政策的变化及⑥引起经济理论与实践转换的国家财政政策的根本性再建，在第二次商业革命中以银流通为前提，由于商品生产和地主经营向货币地代的倾斜，通过 16 世纪的一条鞭法实现了国家税收和徭役的银纳化，并且在 18 世纪又通过地丁银实现了徭役和人头税与土地税的相统一及银纳的彻底化。而且，宋代的盐法、茶法、酒法等汉代以来的国家专卖及和买、和籴等，使得国家与庶民争夺商业利润的事态发生，与此相对比，在第二期中国家的规制得以缓和，客商以及内务府商

人等特权商人，其自由定夺的权限有所增加。关于⑦与商人及之后的乡绅相关联的地方中间层的登场，16 到 18 世纪正是乡绅出现的时期，这一点非常重要，以后的篇幅中再做详述。

16 到 18 世纪第二次商业革命的新要点，首先是大航海时代的开始，西欧诸国商船的到来以及美洲大陆产的银的流入。与此相反，生丝、绢、棉布、茶、陶瓷器等中国物产被输出。当初这些只是被输送到日本、琉球、朝鲜、东南亚诸国进行中继贸易，不久便在 18 世纪以后被直接输出到欧洲。在 17、18 世纪的法国，以波旁王朝路易十四为中心的绝对主义和重商主义的全盛时期，在布洛克式的凡尔赛宫殿里，景德镇出产的彩绘大瓷罐被装饰其中，并且用同样是景德镇出产的萤瓷碗来品味龙井茶。这茶便是那位马可波罗的《东方见闻录》中提到过的金寨临安（杭州）市的特产名茶。列坐的王侯贵族的衣裳，与毛织物相比绢的也多了起来。于是从中国清朝归国的天主教的传教士，对康熙大帝的名君风范，北京宫殿的宏伟绚丽，以及官僚制和科举制这些制度的完备性都赞不绝口。英国、荷兰先于法国组建了东印度公司从事亚洲贸易，并在生丝、茶、陶瓷器这些中国物产上获得了巨大利润。

16 世纪，首先来到中国沿岸的是葡萄牙和西班牙的船只。葡萄牙以澳门为据点将中国物产生丝带到日本的博多、堺，与日本的金银等物产作交易。西班牙则对秘鲁、玻利维亚、墨西哥等地进行银山开发，再横渡太平洋来到中国。为和东亚诸国进行贸易而在菲律宾建设马尼拉市，并以此为据点。稍晚一些这两国又来到日本。虽然葡萄牙人带着铁炮来到了种子岛，但那只船是中国人倭寇王直的船。不久，西班牙便和基督教的传教士萨比尔一同来到了鹿儿岛、平户、山口。日本将他们称作南蛮人，交易称为南蛮交易。葡萄牙人传教士为在日本布教，甚至还编写了日本语字典和五十音图，但这些与基督教、从本国带来的玻璃器皿、毛织物，直至纸牌之类的玩具、蛋糕之类的糖果一样，被称为南蛮文化。

葡萄牙、西班牙虽然给日本带来了胡椒、香木、象牙以及美洲产的银，但是日本有金银。再者像胡椒、香木、象牙之类的南海物产，在通过琉球进行的环支那海地域交流中进行了交易，琉球的南海贸易正是明帝国东亚册封体制的朝贡的特质所在。向其发起挑战的是以下的日本指导者。最具变革精神的织田信长是自由贸易论者，丰臣秀吉与德川家康则想通过“朱印船贸易”来支配贸易。葡萄牙从中国带到日本的生丝（白丝、特别是湖州产的称为湖丝）是由“丝割符仲间”来交易的。当初的堺、京都、长崎，再加上之后的江户、大阪这五个地方接受了“丝割符仲间”这一贸易卡特尔的规制。17 世纪以来这五都市便是德川幕府

的直辖地。由此古代以来日本最大的国际贸易港口博多和平户等开始凋落，长崎则取而代之。但重要的是我们应该了解，这种日本对外贸易等的构造变化是在作为东亚世界中心的中国发生第二次商业革命的构造转换中发生的。

第二次商业革命的新要点之二，由于明帝国女真人支配的安定化，从中国的华北到东北，帝国在扩大，农业开发在发展，棉花、大豆以及大豆制品等农作物，朝鲜人参、毛皮等特产不仅在中国市场，而且向东亚全域扩大流通。大豆制品中除豆油外，其制造过程中产生的豆渣（豆饼），则作为肥料提供给长江下流的商业性农业地区。物流也一改宋代的单向流通而变成了双向南北经济交流。这也适用于四川、湖广和长江下流区域之间的交流。这一地区先从木材、棉花开始，随后由于 16 世纪以来湖广的水田开发（垸田），又有了湖广米的流通。12 世纪的宋代有“两浙熟，天下足”的谚语，16 世纪末则被“湖广熟，天下足”的谚语所取代。但是这米的流通里还有一些复杂的内容。总的说来，中国在宋代以后，由于占城稻（籼）的流行，同以前的粳米一起就有两种米被种植。籼的种植期间短（有百日稻、八十稻之称），耐旱性也比粳米强，因此在长江三角洲以外被广泛种植。但是籼在保存和运输上有缺点，因此没有作为大运河的北送物资。此外，由于粳米的价钱要高得多，并在销售和典当上有用，因此长江下流的农民将生产的粳米卖出再买进籼米，就这样这个米流通的构造便完成了。

而且，对于中国物流来说，还有具有划时代意义的云南铜（滇铜）的开发和流通。清朝雍正期以前，中国的铜钱（制钱）主要采用从日本输入的铜（洋铜）。17 世纪以来，在日本住友开发的别子铜山、秋田铜山采掘原材料运到大阪，并在住友的精炼所将它制造成纯度较高的棹铜，再在长崎会所出售给唐商。装铜的货船到达苏州南部的乍浦，再从嘉兴、苏州通过大运河北送。云南铜则从云南铜山通过金沙江运河，还有一部分越山通过陆路运往四川的泸州。从这里用长江水运经重庆、三峡、湖北的宜昌、湖南长沙、再到湖北的汉口、江西九江、安徽省的安庆、芜湖、江苏的江宁南京、扬州附近，进入大运河，经由淮安、徐州，到达山东济宁、临清、以及河北天津，再从白河经通州最终到达北京。以上各地其大部分都是 18 世纪中叶成长起来的新兴都市。当然，在新兴都市里客商及本地商人的商业机会有了显著的增加。

第三，伴随着地域开发和都市建设而带来了社会移动、新阶层的登场。特别是在前项中叙述的，随着南北、东西经济的交流，不仅商业交流，新田开发、铜山开发等都使得大量的人口移动和迁徙变得活跃起来。长江——大运河这一物流干线的形成，更推动了事态的急速发展。如前所述，人和物的流动被称为物流，

其条件之一便是物资输送的双向性。宋元时代将谷物、茶等满载北送，返回时却是空的，这不能称为物流。有顺江而上的货物，也要有顺江而下的货物。上海附近的棉布便是往上运的货物。两淮盐的销售区域涵盖了除四川省外的长江一带，这也是很有意义的事。

第二次商业革命的新要点之四，汇集在会馆、公所里的各类商人、工匠，其行会规则和法制性现状有所进展，出现了新境地。今后对各地会馆遗留下的金石碑文、牙帖等进行分析研究也是有必要的。同乡会馆、商人会馆不仅在北京、上海，在苏州、南京、重庆、汉口、芜湖、济宁、天津等连锁都市群也成立起来，此外对下一级的县城、市镇的商人网络的分析也是重要的。下面，要让给明清时期的都市网的研究，但在这之前要对明清时期农业的基本性格及其历史意义进行确认。

2、明清时期农业的发展，特别是商业性农业的进展

公元前 5、6 世纪开始的铁制农具的使用及牛耕之后，中国的农业有了怎样的展开，在这里将它作成一览表“中国农业史概貌”， 以帮助理解。

请看表的左半部，华北农业的发展大致分为两个阶段，即 5 世纪旱地农法的完成和 8 世纪二年三毛作的普及，至此，华北农业完成。另一方面，对于华中、华南农业来说，江南农业的火耕水耨、陂塘灌溉等低等级状态一直持续到 8 世纪。同一世纪虽然有了田植的开始，但并未成为足以影响中国全体经济的状态。尽管如此，7 世纪初期隋炀帝开凿大运河和大量米谷漕运的北送则确实成为江南农业开发的契机。8 世纪中叶的安史之乱这一唐朝危机之际，就曾有年间 200 万石的米谷漕运作支持。再者，8 世纪的唐朝中期，关于水稻种植陆龟蒙写了《耒耜经》，陆羽则写了有关茶叶种植的《茶经》，这些都可以说明江南农业的发展。

一览表的右半部是问题所在，可以看到与左半部相反，华北农业出现停滞。取而代之，华中、华南农业有了显著发展。由于圩田、围田这一水利田的开发，水田面积有所增加，大小二麦这个二毛作的普及，增加了农家的收入。但是，对于 10 至 13 世纪宋元时代佃户制的历史性评价，有两种见解，一种是将它看作封建性农奴、隶农（周藤吉之、仁井田升），另一种将它看作自由度较高，以契约关系被经营地主使用的农民（宫崎市定）。宫崎先生甚至把它看作是资本主义性质的，提出了宋代近世说。周藤先生等当然是中世说。

但是，宫崎先生所说的地主土地并非整体的大块土地，而是散在性的零星小片土地的集聚。这是中国农业经营的前提，也是重要的事实认识。而且到了宋

代，在北部长城内外，辽、西夏、还有金这些异民族王朝的版图在扩展，对与之相对峙的宋军，以及国都开封以下大量的官僚、市民，按照宋的容量计算，年间要提供600万石的供给，若按明代的换算，则需要400万石的漕运。正是由于有如此大规模需要的存在，才构成江南农业生产的前提，这一点应该留意。再者，与华中、华南的地主制相对，华北则是庄园制、自作农，在土地经营上二者也有差别。

从 14 世纪的明开始向右看，肥料栏里，华北是豆饼、牛骨（金肥），华中也是，在棉花栽培等商业性农业中初次被作为肥料使用，这一点值得注目。此外，上段的徐光启的《农政全书》、一条鞭法、地丁银制等，是以全国为对象的部分，与之相比较，下段的记载稍多一些。小圩田（分圩）是考虑到水利的功效而将大圩分割成小圩。同时，山地开垦在 17、18 世纪向少数民族区域扩展。中国的明清史学家傅衣凌先生指出，从烟草、蔗糖、蓝、红花等商业性农业的展开来看，山地农业是先进的。油菜是 17 世纪初叶出现的“春花”的重要内容。二毛作中就有稻、麦、春花。春花如其字意就是春天的花，以金黄一片的油菜为主，说明了明末时期用油进行烹饪已经很普遍了。但是蚕豆、豌豆等春夏的豆类也是春花的一种，是商品作物。总之和麦类一起是二毛作的二茬作物。这既表明了集约式农业经营的性质，也说明了商业性农业的普及。因二期作物占城稻的普及使其在华中华南变成一般性作物。但是，对于稻类中开发的‘多收品种’的实际状态并不清楚。此外，王祯的《农书》、清朝的《钦定授时通考》，则对华中华南农业的实情做了叙述。前者从南宋到元，后者则是清乾隆帝的钦定。

明清农业史上最大的问题或许就是没有找到能够表明理应对 18 世纪的人口爆发起支撑作用的农业生产力的扩大的东西。当然，由于 16、17 世纪长江中流的湖北湖南的水田增加，18、19 世纪向云南、贵州西南、台湾、新疆，以及东北三省、内蒙古这些地区开拓前线的延伸，使耕地面积有所增加。此外还有玉米、马铃薯、花生等美洲大陆的农作物，以及甘薯等新作物的登场。但后者主要用于救荒，不能给予太多期待，而且耕地面积的增加也不足以说明相当于三四倍的人口增长。答案与其说是由于贫富差距的扩大，不如说是由于农业的商业化和盈利化使小农经营扩大，也就是没有发展的经济成长。这也可以与今日中国的农业问题相联系。在富裕的万元户、亿元户的旁边还存在着贫穷落后的农业、农民、农村这三农问题。

3、明清时期江南手工业和商品生产的展开

明清时期江南各地的手工业生产取得了惊人的进展。在农村缫丝、丝织业、纺纱、织布业等手工业成长起来，其商品几乎在全国范围内形成了流通市场。并且，农村手工业的展开就如下一项叙述的那样，在各地形成了中小经济都市，即市镇。这样一来，在江南就形成了农村——市镇这一手工业生产网络，以前作为地方行政都市的县城、州城、府城，有的则加强了其作为工商业都市的性格。例如，上海西北地区的嘉定县城，苏州东北的昆山县城、太仓州城，南方的吴江县城，以及再往南一些的浙江嘉兴府城等。

那么，明清时期在江南各地的农村和城市里展开的手工业商品生产，显示了怎样的中国经济社会动态的内容性格，对此，战后新中国的历史学界，围绕着“资本主义的萌芽”这一评价展开了热烈的争论。另一方面，战前就素有对中国社会经济史进行研究传统的日本，对它的历史意义又有怎样的思考，下面就将代表性研究简单介绍如下。

西嶋定生先生将上海附近的松江府棉业称为中国初期棉业，并将它适用于西欧农村工业的概念而展开研究。首先，明末，根据 17 世纪初叶曾在上海县城逗留的西班牙的耶稣会传教士的观察记事记载，同一间屋内并排摆放着数台织机，而且都市与农村的制品有所不同，都市的产品作为皇帝御用的优质棉布而被上缴。他还指出上海地区最靠东的地方出产棉花非常之多，这主要是由于地势高便于水利灌溉，以及过重的劳动。此外，西嶋先生还考察了明代赋役制度史与江南棉业的关联，宣德 8 年（1433 年）巡抚周忱进行了税制改革，其结果首先是作为直接交租手段而被公认的松江府的棉布生产，由于生产意欲被刺激，且立足于先进地带，而被卷入到明代中期以后银流通的普遍化所导致的飞速膨胀的商业市场的漩涡中，至此，只是以实物形态进行的交租手段终于获得了完全的商品生产的性格。此外，关于纺纱经营的分工形态和布局形态有如下史料，农村的老妇清晨来到市场出售棉纱，即木棉丝，再买回棉花，第二天清晨再来出售棉纱，据此西嶋先生认为，纺织过程中至少棉花和棉纱是以商品形态在市场上出现的，因此在工序上首先能够承认这一经营形态的区分。同时，西嶋先生根据这一史料，认为农家的收获，即生产者辛勤劳动的成果，如果除去纳税，剩余部分会在这一年中消费掉。尽管如此，他仍极力主张棉业是当地的生活手段。但在木棉生产者的面前等待的是木棉批发商残酷的交易，他强调对这一点应加以留意。并且，由于对这样的木棉批发商的憎恶，把“布庄”又叫作“杀庄”。

对于明清时期江南松江府地区所展开的农村棉业的历史性性格，西嶋先生指出，“农村织布业的构造，只局限于零散细碎的小农的副业生产的范围内，从

中所看到的分工形态，并不是基于近代合理主义为提高生产效率而产生的，而是因为生活贫困为缩短再生产周期而产生的，而且各经营单位重复着单纯再生产，阻止了其向高一级的发展”。

针对于西嶋先生对商品生产的理解，田中正俊先生则对湖州府、嘉兴府的缫丝业（湖丝），苏州府、嘉兴府的正绢、绸、缎子、锦等各种丝织业作了研讨，并应用批发制和预付这一概念对其发展作了检证。他叙述了这样一个过程，浙江省嘉兴府崇德县（石门县）的农业生产，分为水田和旱地，且盛行养蚕，农家为了生计把米谷拿到当铺换取银两。对此田中先生认为，不论米谷的生产模式如何，我们能够看到流通现象和此间的价格变动，这样一来，通过表示的交换价值可以对农工二者进行比较，“公私仰给，维赖蚕息”，可见缫丝手工业的优越性是压倒性的。关于农业和手工业的关系，田中先生认为，以商品生产为媒介，二者在向社会化特定的结合关系发展的同时其性质也开始发生变化。乍一看，似乎是同一经营内在生产工序上农工未分离的手工业，事实上，它并不是同一农民的农业生产物的直接加工业——附着在农业上的手工业，伴随着手工业内部的分工化，商品生产这个楔子被订在它和农业之间，使手工业从农业中分离出来，并成长扩大，其结果是，不久便导致了小农经营内部已出现个别化倾向的农业生产的荒废。西嶋先生认为商品生产的社会性分工是不成熟的，只给了较低的评价，与此相对，田中先生则认为，社会性分工在若干局面上确实开展起来，并且，在税役收取上缫丝业商品生产的利益占有优越地位。

4、明清时代江南都市网的形成

关于明清时期江南都市网的形成，战前的加藤繁先生作了开拓性的研究，战后田中正俊先生对江南市镇的发展状况作了如下介绍。

盛泽在明初时（14 世纪后期）只是一个有五、六十户的集落，成化年间（15 世纪后期），包括商人在内的居民逐渐增多，1561 年（嘉靖 40 年）达到数百家，成为以棉、绸为业的“市”，1620 年，绸、生丝的牙行就有千余家鳞次栉比，17、18 世纪之交，康熙年间居民达到了一万余户，1740 年（乾隆 5 年）升格为镇，被称为苏州府吴江县第一镇。同样，苏州府吴江县的震泽，在元末至正年间（14 世纪后期）只是“村市萧条数十家”的状态，明成化年间达到三、四百家，嘉靖年间达千家之多。而且在 1726 年（清雍正 4 年），震泽县从吴江县分离独立出来，其管辖下的震泽镇在乾隆年间居民达到二、三千家之多。给市镇带来如此发达和

繁荣的原动力，便是农村地带手工业的成长，其商品几乎在全国规模的流通市场上展开。像这样的江南市镇，如果列举具有代表性的事例，则比如，伴随着缫丝、丝织业而发展起来的江南的嘉兴府秀水县的王江泾镇、濮院镇，同府嘉兴县的王店镇，湖州府归安县的双林镇、菱湖镇，乌程县的乌镇、南浔镇等，以农村棉织业为中心的都市，如江南的嘉兴府嘉善县的枫泾镇、魏塘镇，松江府华亭县的朱泾镇，苏州府太仓州嘉定县的新泾镇、安亭镇等。这些以农村手工业为基盘的新都市的建立，没有理由只局限于市镇水准，以前作为地方行政都市的府城、县城，随着当地手工业的发展，具备了作为工商业都市的新性格，或者进一步加强，繁荣的都市并不少见，上述的吴江县城、华亭县城，还有苏州府城等大都市便是其中一例。

关于明清时代的松江府，以上海附近为中心的棉业地带的市镇网络，西嶋定生先生有如下见解，鹤王市（太仓州）——棉花出产地，新泾镇——棉花集散地，朱家角镇（青浦县）、庄家行镇（奉贤县）——棉花集散地，南翔镇、罗店镇（均属嘉定县）——徽商系布商集结地，各地除在分工中承担的作用有所区别之外，特别是棉布生产地，根据种类还有不同的分工，如 ，乌泥泾镇（上海县）——番布系，三林塘镇（同县）——斜纹布、整纹布、高丽布，安亭镇（嘉定县）——棋布。上述的上海附近的市镇都是靠水路相连结的，这一点可以得到确认（参照川胜守著书）。

其次，对于嘉兴府，湖州府等浙江省北部的生丝、丝织业地带的市镇都市网络，佐伯有一先生有所言及，王江泾镇（嘉兴府秀水县）——绸，濮院镇（同县）——丝纻，菱湖镇（湖州府归安县）——水绸，双林镇（同县）——包头纱、花绢、素绢，盛泽镇（苏州府吴江县）——绫、罗、纱、绸等，每一种丝织品都进行了各自的特产化。其他再如藤井宏，横山英，小山正名，寺田隆信，森正夫等诸位先生，在明清商品市场的研究中对江南市镇都有不少论述。但未必是专论。作为专门论述的像北村敬直先生在 1960 年出版的《浙江省湖州府乌程县南浔镇的木棉问屋论考》。

在 1978、79 年以后，不论是在中国还是日本，对明清时期江南市镇的研究突然一遍。中国的樊树志先生，陈学文先生，台湾的刘石吉先生，日本的川胜守等，相继发表了研究论文或专著。至此，明清时期的市镇不仅仅是地方小经济都市这样的印象，从市镇居民的构成到政治立场，再到市镇文化，都给与了说明。

5、明清时期江南都市的社会构造

今日，苏州市附近的周庄镇、同里镇，杭州市附近的乌镇等，以明清古市镇的形象而成为观光地。从中还可以列举出世界遗产的候补地。山西商人的城廓平遥等地则已经被登录为世界遗产。在这里想要对中国都市发展史上的明清都市，特别是江南市镇所持有的历史性意义加以说明。下面就来陈述一下我的个人见解。

明清时期的中国都市，特别是市镇，对由于市镇居民的各种斗争而形成的市镇社会，笔者将试着作一下历史性确认。同时，对于可能将中国都市与日本、西欧的都市发展史进行比较的历史性诸事实加以确认。

那么，就来列举一下乾隆《盛湖志》卷下，建置志的史料。为便于说明将段落从A至I分为九个部分。

A、本朝鼎兴以来，文教日盛。雍正年间奉特旨，省会各设书院，发帑金万两，为修脯资。惟江南则江宁、苏州、扬州，并皆设焉。盛泽向无义、社学，前任苏府雅，劝捐公费，设有书院一所，在充字圩西栅。乾隆9年7月13日，知苏州府事觉罗雅尔哈善，撰记立碑于学舍第三进东壁颜，日松陵学舍。知县丁元正，分防县丞熊晋。碑阴，乾隆10年清和月，县丞属县事熊晋记。

计开

姚重英、殷宜錞等共三十九人，及济宁、济南、平阳众商共捐实银一千零二十两零四分。

一、置买沈渭纶房屋一所，并基地、渔池、空地共三亩九分，价二百七十两。文契附卷。

一、除修造外，存各典生息银五百两，每年息银六十两，遇闰加五两。

一、东首房屋十一间，出赁每岁收足制钱十五千四百八十文，遇闰加三百九十文。

一、每岁塾师修脯五十两，门役工食六两，余作会课饭食并修理等费，每年例由分防厅造册，报府核销。

一、学舍计共三进，第一进墙门三间，第二进敬业堂五间，第三进七间内设先贤紫阳文公朱子神位。

B、又，添设义学教读，其按年公费，系本邑原任长沙府通判倪南溟名兆鹏，捐所捐田亩，仍属本家掌管。每年交七折钱二十八两，作修脯资。

C、又，乾隆年间，设立社仓五所，社长王任堂等五人，分任其事。谷亦分贮各家。

D、中丞书院，为巡抚吴公名存礼设也。康熙五十年以后，郡豪借普济堂名，

私税一镇绸匹，设柜按日敛钱。是时行头范秉如、汤维柱、戴起瞻等，奔控抚宪，立饬禁止。其患遂熄。镇人感之，建立书院。规模宏敞，费千余金。乾隆33年，县胥藉稽查匪类名色，令绸丝各行，按月巡环填报为累。亦经行头陆惠中等，控府饬销。此与前事，皆扰累商民之弊政也。故附记之，以备后人参考。

E、盛泽属分湖司，借寓白衣庵，无所为公署也。自添设分防厅，遂即以吴公书院，广之为署。

F、驻防汛公署，向寓充字圩三官堂。康熙 19 年汛官张骑龙，与里老等，价买西观音堂居之。遂为公署，在西栅口。后又添设汛官一员借寓。

G、施棺局，设在火神庙内。乾隆 6 年，里人募资公建。凡孤贫者，到局领棺，分文不费，并给楮锭，立有碑碣。今董事陆惠中等，实心任事，镇人共乐道之。近又添置水龙，以备救灾之用。

H、义冢，管君宜等，设普同塔于地藏庵东。徽人设义冢于洞真宫侧，绍兴人设义冢海角湾种福庵前。近乾隆年间，分防熊公名晋，捐设义冢于饭字圩东南近向家荡，皆美事也。

I、新庄，旧庄向在市河南北大街。四乡业绸，俱赴庄售买。自乾隆壬申三月，庄面被火灾者多。因于西肠圩之极南，择地面空润处，构造百余间，谓之新庄。

上述史料是有关位于苏州市南，以丝织业著称的苏州府吴江县盛泽镇的公共设施的史料。首先，书院、义学、社学等教育机关被优先受理，可见盛泽镇对教育是极为重视的。其次是社仓、施棺局、义冢这样的社会事业，以及丝绸业会所新庄的设置。这些无论是在建设设置上，还设在管理运营上，都是由盛泽镇的自治组织担当。在事例 D 中，行头范秉如、汤维柱、戴起瞻等，对于郡豪，即乡绅，或者说是地方官，借修善堂普济堂之名而私自对盛泽镇的丝织物课税一事，奔控江苏巡抚，成功获得禁止令。D 的中丞书院，是康熙 50 年（1711 年）由巡抚吴存礼设置的，与其说是以他的名字命名的书院，不如说是为了称赞绸行行头的功绩而修建的。随后，乾隆 33 年（1768 年），吴江县县吏以稽查匪类为名，命绸丝各行按月巡环填报，即按月索取钱财之际，也是经由绸行行头陆惠中等，奔赴苏州控告而得以撤销。这两件事例，与堺町的民众拒绝上缴织田信长的军资一样，显示出掌握了都市自治的行会商人的力量，是里程碑式的事件。他们说，“惟江南则江宁、苏州、扬州，并皆设焉。盛泽向无义、社学”，显示了盛泽镇人要与江南超一流的大都市南京、苏州、扬州相对抗的气概。关于 A 中的乾隆 9

年（1744 年）7 月 13 日建立的松陵学舍，是由该盛泽镇的姚重英、殷宜錞等三十九人，以及济宁、济南的山东商人、还有平阳的山西商人等众商人义捐建设的。关于 H 的义冢，盛泽镇人管君宜等在地藏庵东面修建普同塔，徽人（新安商人，徽州商人）在洞真宫修建义冢，绍兴人（浙江人，或许是宁波人）将义冢设于海角湾的种福庵前。从以上记事可以了解到全国性的客商为购买盛泽镇的特产丝绸而云集到此的事实。其交易的场所就是 I 的新庄，“旧庄向在市河南北大街。四乡业绸，俱赴庄售买”，乾隆壬申（17 年，1752 年）三月，火灾之后，修建了百余间新庄。在作为共同墓地的 H 项义冢之外，G 项施棺局等，则表明它是一种以救助贫困者为目的的镇民相互扶助设施。并且将它设置在盛泽镇的火神庙内之后，近日又添置水龙，以备火灾。这些都与义冢一起成为“美事”。以上事例充分表明了盛泽镇的都市机能及其管理运营的自治性发展。

A 项松陵学舍的建设及其运营规定充分显示了盛泽镇人及云集到此的全国客商对学问教育的重视，在建筑物的深处设先贤紫阳文公朱子之神位，则表明它是一所朱子学的书院。此外，对书院经营的具体内容也应给与关注。书院除主要建筑物之外，还购买民家的基地、渔池、空地作为基本资产。资金运营方面除修缮营造费外，在各典当行存生息银五百两，每年得息银六十两，遇闰加五两。这些是用银计算的，与每年给塾师的修脯五十两，门役工食银六两等用银支付的部分相呼应，相当于通常经费的收支。与之相对，“东首房屋十一间，出赁每岁收足制钱十五千四百八十文，遇闰加三百九十文”，则是用制钱铜钱来计算的，这些作为何用则不清楚，或许是用作饭食费等杂费、临时支出之用吧。

参考文献

①、斯波义信《宋代商业史研究》风间书房、1968 年
②、斯波义信《宋代江南经济史的研究》汲古书院、1988 年
③、渡部忠世、樱井由躬雄编《中国江南的稻作文化——其跨学科研究》日本放松出版协会、1984 年
④、天野元之助《中国农业经济史研究》茶水书房、1961 年
⑤、西嶋定生《中国经济史研究》东京大学出版会、1966年
⑥、田中正俊《中国近代经济史研究序说》东京大学出版会、1973年

结语

本书首先在序章中关于中国近世经济体系及都市网进行了论述，对中国发生的两次商业革命，特别是明清期的农业、手工业的进展，江南都市网的形成及其社会构造进行了概观。并且将本书分成两部分，即前编、明代贡纳制和流通构造的展开，后编、长江大运河流通的展开和巨大都市连锁的形成。

关于前编明代贡纳制和流通构造的展开，在第一章中，从户口、田土的统计着手、对明朝国家的人口、资源的统计调查进行了确认，第二章明代盐法的流通构造中，对于以足以与之相配的明代独特的盐法户口食盐法为中心的〈诸司职掌〉中的诸规定进行考察，并且察看各地方志、对地方的实施状况作了调查。在第三章中，对明代户籍制度进行了地域性考察，特别是在研究了元代诸色户籍与明代户籍制度的关系的基础上，对明代诸色户籍进行了地域性考察，并且对明代地方志中含有杂役户的事例进行研究，确认了杂役户的意义。其次是第四章明代匠户制的地域性考察，关于为国家帝室制造各种物品的匠户，对其明初的就役规定、匠户就役规定的展开，明代匠户的地域性事例作了研讨，确定了匠户从明中期到后期在贡纳制体系中的重要位置。并且在第五章明前期、御用物品的流通构造中，关于工部、内府的关联事例，对〈诸司职掌〉、正德《大明会典》工部的供给事例及物产指定作了考察。第六章明代前期岁进、岁弁上供的流通构造中，首先在确认了〈诸司职掌〉中野味、皮张、翎毛的产地指定之后，对正德《大明会典》工部中的野味、皮张、翎毛的产地指定以及明代地方志中所见野味、皮张、翎毛等的御用、国用情况进行分析，由此对明代贡纳制的一个具体事例的展开作了考察 。第七章明代前期的河泊所和鱼课中，特别是关于江南河川资源的流通构造，对河泊所这个征税，即贡纳制的一个部门作了研究。在第八章明代地方志中所见商税、课程的地域史研究中，对华北、华中、华南各地方志的商税、课程的具体事例作了考察。第九章明代地方志物产货之属的研究，可以说是对前编明代贡纳制和流通构造的展开进行总结的一章，聚焦于地方志物产货之属，华北、华中、华南、西南中国，各自拥有其地域性特色，本章就明清时期商品作物的栽培、商品生产等商业性农业的全国性展开这一内容作了表述。金银自不用说，铜铁等金属资源在中国本土的大部分地域也消失了踪影，陷入资源枯竭的状况可以说是尤为重要的课题。资源只是在西南中国还有所残留。西南中国的开发成为课题，这也是前编的结论。

后编、长江大运河流通的展开和巨大都市连锁的形成，恰好涉及到西南中国

的问题。首先在第一章中对元代以后至明代、云南、贵州两省的成立作了确认，其次在第二章明代、长江大运河水运的流通构造中，对四川等西南中国与明代贡纳制有怎样的关系作了考察，对于明清时代长江大运河的物产流通的动向及收取体制的展开，则通过北京迁都后因火灾而烧毁的国都宫殿等建筑用材的调配、倭寇之后与海事相关联的船只建造所必需的木材供应等事例作了分析。在第三章清、乾隆《钦定户部鼓铸则例》中所见云南铜的京运规定中，对云南铜开发的法规性规定作了探讨，第四章清、乾隆期云南铜的京运问题，则通过对云南铜的登场，乾隆期云南铜的采弁额的变动，乾隆期、云南铜的京运规定--《铜政便览》等的分析，对乾隆十年代到四二年之间，云南铜京运的实态作了档案史料的统计性分析。第五章清、乾隆初年云南铜的长江输送与都市汉口，由于乾隆初铜钱流通的改善以及云南铜增产政策的开展，作为长江水运的中间地点的重要市镇汉口，通过设置‘救生船’ 等方法对长江水运体系做了改善，确认了长江水运体系与都市汉口的密切关系，通过汉口窥见到清中期长江流域的生产、流通和都市社会的形成。并且在第六章中国近世、巨大都市汉口与《汉口丛谈》中，在考察了《汉口丛谈》的成立及其凡例之后，对汉口的环境与都市景观，汉口的都市行政与地域社会，汉口的宗教设施与商业活动进行了分析，可以看到汉口正在创建新的都市文化社会。同时又分析了《汉口丛谈》中的民众，确认了汉口是由移住民构成的巨大都市。在第七章长江、大运河流通和巨大都市连锁的形成中，论述了重庆、汉口、芜湖、天津构成了巨大都市连锁。

中国人口在一世纪初的汉代有六千万，隋唐与之相同，宋代有八千万人，明有一亿人，明末一亿五千万人，十八世纪前半的清朝盛期，即从康熙到乾隆初年有二亿人，到十八世纪末达到了四亿，被称作人口爆发。那么其理由和带来人口增长的条件是什么呢？对于少子化、人口缩小的今天的日本来说，是有点让人放不下的历史现象。此外对于今日巨大的中国经济发展的历史出发点的探寻，它也是当前所关心的问题。

由于农业和其他生产活动的进展而使社会生产诸力得以发展，不用说这是人口增长的基础。但是，能够证明人口爆发的生产力发展的内容却无法确认。

长江、大运河为什么会在十八世纪形成巨大的都市连锁？从太古东流的‘中国母亲河’长江，到隋炀帝开凿大运河以来，一千四百年，其间当然也包括唐宋和元明时代。甚至于十六、十七世纪中国‘资本主义萌芽’时代的明末清初，除若干例外，并未出现新的巨大都市。

北京、南京、扬州、苏州、杭州，宁波、福州、泉州、广州、还有那个时代

的国都长安（西安）、洛阳、开封，又如何呢？或是国都或是外国使节来到的港湾都市。但是，作为各个地域地区的中心，自古就被作为城郭都市而建造。前面所说的例外中就有景德镇，需要五十万陶工的世界陶都。明代就已盛极一时，并且与河南朱仙镇、湖北汉口镇、广东佛山镇一起被冠以天下四镇。然而，汉口镇的巨大都市化是什么时候开始的呢？是十八世纪，与广东佛山镇相同。

笔者所说的巨大都市连锁，在长江上，顺江而下从四川的泸州、重庆开始，经湖北宜昌、湖南的岳州、长沙，又经湖北汉口（武汉）、江西的九江、南昌，安徽的安庆、芜湖，至江苏南京，并且还有从江苏的仪征经扬州、淮南、徐州，山东的济宁、临清，河北天津、通州、至北京的大运河路线上的都市连锁。同时还可以附加上上海这座最大的都市。当然这其中包括了像湖南岳州、江西南昌、江苏南京、扬州这些传统都市。但是这些并不能改变长江、大运河路线的存在。也许其他的新兴都市同样会有那些传统都市的性格变化。

巨大都市连锁是明清时代物流、流通构造的发展过程中的产物，以新安商人为代表的客商活动是其重要的历史要素。但是，如果除去与官的关联是无法想象中国客商的。土地制度，税制役法，所谓的赋役制度，还有专卖制，商税制度，以及其他各种琐碎的收取体系成为中国商业的前提。在中国官与民互相争利贩卖的事例在历史上有数次可以看到。况且帝室与政府、官人们的需求欲望是没有底的。有时上供御用的物品购入由买弁经办，明代时规模最大。买弁绝不仅存在于鸦片战争以后的近代中国。

本书是在企图全面理解中国的旧著的基础上，又加进了以下几点的新研究。一方面笔者得到了战后明清史研究的二大成果，即商品生产的研究和赋役制度史研究。此外又加上以东京大学东洋史研究室为中心的历代食货志研究会的成果。

长江大运河物流干线的成立使事态被急速推进。如上所述，物与人的流动被称作物流，其条件之一是物资输送的双向性，既有运来的货物，又有运回去的货物，宋元时代，谷物、茶等等北行货物满载而去，南下时却是空的，这不能成为物流。有顺江而下的货物，就有溯江而上的货物。上海附近的棉布就是上运的货物。还有两淮盐，向西被运往除四川省外的长江一带，这一点也是有意义的。

第二次商业革命的新要点之四，汇集在会馆、公所里的各类商人、工匠，其行会规则和法制性现状有所进展，出现了新境地。今后对各地会馆遗留下的金石碑文、牙帖等进行分析研究也是有必要的。同乡会馆、商人会馆不仅在北京、上海，在苏州、南京、重庆、汉口、芜湖、济宁、天津等连锁都市群也成立起来，此外对下一级的县城、市镇的商人网络的分析也是重要的。

索　引

＊印は代表事例のみ、以下略の意味

あ行

か行

さ行

た行

わ行

音未詳

図表一覧